心理学原理

(第二卷)

〔美〕威廉·詹姆士 著

田平 译

目　　录

第十七章　感觉 ················· 1
感觉和知觉的区别　1　　感觉的认知功能　3　　"知识的相对性"　10　　对比法则　14　　感觉的"向外投射"　34

第十八章　想象 ················· 49
我们的意象通常是模糊的　50　　个体在想象的方面存在差异　57　　作为想象基础的神经过程？　83

第十九章　对"事物"的知觉 ············ 92
知觉和感觉的比较　92　　知觉是关于明确和可能的事物的　99　　错觉　102　　知觉中的生理过程　124　　"统觉"　128　　知觉是无意识的推论吗？　134　　幻觉　137　　幻觉中的神经过程　149　　"知觉时间"　157

第二十章　空间知觉 ··············· 160
对原始的广延的感受　160　　对空间秩序的知觉　172　　"实在"空间的建构　196　　关节中的感受和肌肉中的感受　220　　盲人如何感知空间　235　　视觉空间　245　　一般性的总结　308　　历史　310

第二十一章　对实在事物的知觉 ·········· 327
信念　327　　各种实在　332　　许多世界　336　　"实践的

实在"的世界 339　感觉的最高实在性 346　情绪和强烈的冲动对信念的影响 356　对理论对象的信念 362　怀疑 371　信念和意志的关系 373

第二十二章　推理 ……………………………… 378

"接受物" 380　在推理中,我们挑选出本质的性质 383　一个构想方式意味什么 386　全称命题涉及什么 391　所以,推理有两个要点 395　洞察;或对本质的知觉 398　相似联想的帮助 401　兽类与人在智力上的对比 404　人类天才的不同等级 417

第二十三章　动作的产生 ……………………… 430

第二十四章　本能 ……………………………… 440

本能并非总是盲目或不变的 447　本能的两个非一致性法则 452　特殊的人的本能 463

第二十五章　情绪 ……………………………… 508

至少在较粗糙的情绪中,情绪跟随在身体表现之后 517　以实验的方法检验这一理论的困难 523　对反对意见的考虑 525　较细致的情绪 539　情绪没有特别的大脑中枢 544　个体之间的情绪差别 546　各种情绪的发生 549

第二十六章　意志 ……………………………… 559

观念发动的动作 599　慎思之后的行动 606　五种类型的决定 609　努力的感受 613　爆发的意志 616　阻塞的意志 627　作为行动原动力的快乐和痛苦 631　意志是心和其"观念"之间的关系 642　"自由意志"问题

653　意志的培养　665

第二十七章　催眠术……680
催眠法和易感性　680　　关于催眠状态的理论　683　　恍惚状态的症状　688

第二十八章　必然真理和经验的作用……705
何谓经验？　707　　大脑结构起源的两种方式　714　　基本心理范畴的发生　719　　自然科学的产生　724　　纯科学的产生　732　　均等差异和间接比较的序列　735　　分类序列　737　　逻辑序列　738　　数学关系　744　　序列意识是理性的基础　751　　形而上学的公理　763　　审美的和道德的原则　766　　对前面内容的总结　770　　本能的由来　773

索引……787

译后记……823

第十七章 感觉

内知觉之后就是外知觉！下面的三章将讨论我们每时每刻由以认识当下空间世界及其所含物质事物的过程。首先是被称为感觉的过程。

感觉和知觉的区别

在通俗言谈中,感觉和知觉这两个词的意义并没有得到非常明确的区分,而它们的意义在心理学中也是相互交错的。它们二者都是我们在其中认识对象世界的过程的名称;二者(正常条件下)在发生之前都需要进来的神经的刺激;知觉始终包含作为自己一个部分的感觉;反过来在成年人的生活中感觉也始终不会离开知觉而发生。因此它们是不同认知功能的名称,而不是不同种类心理事实的名称。认识的对象越是接近于像"热""冷""红""声响""疼痛"这类独立于其他事物而被感知的简单性质,心的状态就越是接近于纯粹的感觉。相反,一个对象的关系越多,它就越是一个得到分类、定位、测量、比较、归因于一个功能等等的东西;我们越是无保留地称这种心理状态为知觉,感觉在其中起的作用相对就越小。

因此,从分析的观点看,感觉与知觉的不同就仅在其对象或者内容的最大的简单性。① 它的功能仅仅是对事实的亲知。另一方面，知觉的功能则是关于②事实的知识；而且这种知识可以有数不清的复杂程度。但是在感觉和知觉中，我们都将事实感知为直接呈现的外部实在，这使它们与"思想"和"概念性认识"区分开来，后者的对象不会以这种直接物理的方式呈现出来。从生理学的观点看，感觉和知觉都与"思想"（在这个词的较窄的意义上）区别于这个事实，即从外周流入的神经流对它们的产生是起了作用的。在

---

① 有些人会说，我们从来都不会有真正简单的对象或内容。我的感觉定义并不要求简单性到绝对的极致，而只要求相对的极致。然而，值得在这里顺便提醒读者警惕人们常做的几个推论。一个推论是说，因为我们逐渐学会了分析这么多的性质，我们应该推断出心中并不存在真正不可分解的感受。另一个推论是，因为产生出感觉的过程复杂多样，被看作主观事实的感觉也一定是复合的。举一个例子，对一个孩子而言，柠檬水的味道最开始是作为一个简单性质到来的。后来他知道许多刺激和许多神经都和这种味道在他心中的呈现有关，他还学会了分别感知酸、凉、甜、柠檬香味等等，感知这每一个味道的不同强度以及所有这些事情，——这个经验有了许多不同的面貌，每一个面貌都被抽象了，分类了、命名了等等，而且所有这些似乎就是原初的"柠檬水味道"分解出来的基本感觉。人们由此论证说，"柠檬水味道"从来都不是它似乎所是的那种简单事物。我已经在第六章（见第170页及以下诸页）批评过这种推理。享受简单柠檬水味道的孩子的心，和长大以后分析这种味道的这同一个孩子的心，处于两种完全不同的状态。主观地看，两个心理状态是完全不同种类的事实。后一个心理状态说"这是早前状态感知为简单味道的那同一种味道（或液体），"但这并不能使两个状态本身同一起来。这只是关于相同谈话主题或者事物学习得越来越多的一种情况。——然而必须承认，这些主题中有许多都不能进行分析，比如各种颜色。"在"某种绿色中看见了蓝色和黄色的人，只是意味着当绿色遇到这些其他颜色时，他看见了相似性关系。在其中看见了抽象"颜色"的人，只是意味着他在它和所有其他被称为颜色的对象之间看见了相似性。（正如已经在第492页及以下诸页表明过的那样，相似性本身不能由隐匿在所有相似者中的同一个抽象元素得到最终的解释。）在绿色中看见了抽象的暗淡、强度、纯净的人，意味的也是其他的相似性。这些是各种关于那种特殊绿色的外部规定，是关于它的知识，偶有灵感（zufällige Ansichten），如赫尔巴特所说，而不是构成它的元素。比较迈农（Meinong）在《科学哲学季刊》，XII，324中的文章。

② 见上面，第221页。

知觉中,这些神经流在大脑皮层激起许多联想或者再现的过程;但是当感觉单独发生时,或者与最少量的知觉一起发生时,相伴随的再现过程就也是最少的。

我将在这一章讨论特别与感觉相关的一些一般性的问题。后面的一章将会讨论知觉。我将完全略掉关于特殊"感觉"的分类和自然史的讨论,所有生理学的书籍中都有这类问题的恰当位置,并且对这些问题进行了充分的处理。①

感觉的认知功能

纯感觉是一种抽象;当成年人谈到自己的"感觉"时,指的是这两个东西中的一个:或者是某些对象,即像硬、热、疼痛这样的简单性质或属性;或者是在其中对这些对象的亲知与关于它们与其他事物关系的知识混合得最少的思想的对象。由于我们只能思想或者谈论我们已经亲知的对象的关系,所以我们必须假定思想有一种功能,由这种功能我们能够首先觉知使不同对象得以区分开来的简单明了的直接性质。这个功能就是感觉。正如逻辑学家经常指出谈话中实词性的术语与它们之间的关系是不同的,心理学家通常也愿意承认,这个功能(涉及这些术语的视觉形象或者它们的所指)与关于它们以及它们之间关系的知识是有区别的。带

---

① 想要了解比马丁在《人的身体》中所做的讨论更详尽的内容的人,可以阅读伯恩斯坦的"人的五个感官"(Five Senses of Man),在《国际科学论丛》(International Scientific Series)中,或者莱德或冯特的《生理心理学》。最完备的概要是 L. 赫尔曼的《生理学手册》,第 3 卷。

有前一种功能的思想是感性的,而带有后一种功能的思想是理智的。我们最初的思想几乎全部是感性的。它们给与我们的仅仅是谈话主题中一系列的那个或者它,而没有它们之间的关系。第一次看见光时,用孔狄拉克的短语说,我们就是它,而不是我们看见了它。但是我们后来所有的光学知识都是关于这个经验所给出的东西的。而且,虽然我们在那最初的时刻被刺得睁不开眼睛,但是只要记忆保持着,我们关于这个主题的学识就不会缺少任何基本的特点。在盲人训练机构中,人们像在普通学校一样教给学生关于光的知识。反射、折射、光谱、以太理论等等都在这里得到学习。但是学得最好的先天盲的学生,也缺少受指导最少的有视力儿童拥有的一种知识。他们始终不能向他表明在其"最初的意义"上光是什么;而且所有的书本学习都不能弥补那种感觉知识的缺失。所有这些是如此地明显,以致我们通常会发现,甚至是那些最不看重感觉,或者对感觉所带来的知识最少尊重的哲学家,都"假定"感觉是经验的一个要素。①

---

① "我们假定为知觉的标记或偶发原因的感觉。"(A. 塞思(Seth):《苏格兰哲学》(*Scottish Philosophy*),第 89 页) "人们假定它们的存在,这只是因为,如果没有它们,直接呈现在意识中的复杂现象就不可能得到解释。"(J. 杜威:《心理学》,第 34 页) 甚至像 T. H. 格林这样的感觉的大敌也极不情愿地承认它是一种假设的存在。"知觉预设感受。"(《当代评论》,第 31 卷,第 747 页)。还可参见他的《伦理学绪论》中第 48 节和 49 节中的那些段落。——从生理学上说,感觉过程和再现或者联想过程的盛衰可以是相互独立的。如果直接由感官刺激而产生的部分占据了优势,思想就有一种感觉的特性,并且与其他思想在感觉的方向上有所不同。为了实际的方便,我们将处于这个方向上最远端的思想称为感觉,正如我们将离相反一端较近的思想称为概念性认识一样。但是和纯感觉一样,我们也并不拥有纯的概念性认识。我们最纯净的理智状态包含有某种身体感受性,正如我们最单调的感受也有理智的用武之地。常识和普通心理学也表达了这一点,它们说心理状态由不同的构成部分组成,其中的一个是感觉,另一

第十七章 感觉

但是麻烦在于,大部分(如果不是全部)承认这一点的人,都是在经常受到我们批评的那种旧式原子论的意义上将它作为思想的一个构成部分来承认它的。

以叫作牙疼的那种疼痛为例。我们一次又一次地感受到它,并且把它当作宇宙中相同的实在事物来接受它。人们设想,我们的心里因此就一定有一个用来装它的独特口袋,这个口袋只适合它,而不适合任何其他东西。这个口袋在装满了的时候就是牙痛的感觉;每当牙痛以任何形式呈现给我们的思想,无论此时心的其余部分装的东西是多还是少,这个口袋都一定是或者被装满了,或者装得半满。当然由此就出现了悖论和神秘之处:如果关于牙痛的知识被关在这个单独的心理口袋里,那它怎么能随着其他的东西(cum alio)被认识,或者与任何其他东西一起呈现出来?这个口袋不知道任何其他东西;心的其他部分也都不知道牙痛。随着其他东西(cum alio)知道牙痛就一定是个奇迹。而这个奇迹必须有一个能动者。这个能动者一定是"不合时宜"的主体或自我,——及其他这类东西,正如我们在第十章所了解的。于是就开

个是概念性认识。然而,我们这些相信每个心理状态都是一个完整事物(第276页)的人却不能这样说,我们必须谈论的是心理状态的感觉或理智的特性或功能的程度。像往常一样,赫林教授比任何其他人都更接近真理。在写到视知觉时,他说:"在现在的知识状态下,我们不能断言相同的视网膜图像在第一次和最后一次激起的是完全相同的纯感觉,而是应该说,作为实践和经验的结果,这个感觉在最后一次得到了不同的解释,并且被加工成了与第一次不同的知觉。一方面,因为唯一真实的材料是视网膜上的物理图像——而它在这两个时间都是相同的;另一方面,作为结果而产生的意识状态[感觉复合体(ausgelöste Empfindungscomplex)]在这两个时间是不一样的。对于任何第三个事物,即插在视网膜图像和心理图像之间的纯感觉,我们一无所知。如果想要避开所有的假定,我们就只能说,神经器官最后一次对相同刺激所做的反应与第一次不同,因此意识就也是不同的。"(赫尔曼的《手册》,Ⅲ.Ⅰ.567—568)

始了感觉主义者和唯灵论者之间的一连串老生常谈的相互指责，而我们由于一开始就决定接受心理学的观点，并且承认无论是关于简单牙痛的知识还是关于哲学体系的知识都是终极事实，所以就能够免受这样的指责。存在着实在，也存在着"心理状态"，后者认识前者；对于心理状态来说，作为一个"感觉"并且知道一种简单的疼痛，和作为一个思想并且知道一个相互关联的事物的系统，是同样的了不起。① 但是没有理由设想，不同的心理状态是通过全都微弱或生动地包含了原初的疼痛，而知道关于同一个牙痛的不同事情的。情况完全与之相反。我过去了的痛风感觉是疼痛，正如里德在某处所说；关于这同一次过去了的痛风的思想则是愉快的，而且在任何方面都不与那个早先的心理状态相类似。

因此，感觉最先让我们亲知无数的事物，然后为以完全不同的方式知道这些相同事物的思想所取代。无论他的一些话说得多么模糊，洛克的这一主要思想都永远是正确的，即

> 虽然我们可以在许多思考的方式中对事物进行比较，并因而得到许多的关系；但是它们全部终止于并且关系到那些简单观念，无论是感觉的还是反省的②，这些简单观念是我们所有知识的全部材料。……来自感觉和反省的简单观念是我们思

---

① 然而，甚至像贝恩教授这样的作者也会以一种最无端的方式否认感觉知道任何事情。"显然，最低或者最有限的感觉不包含知识元素。只是被称为鲜红色感觉的心理状态不是知识，尽管它是知识的一种必要准备。"贝恩教授所能正确说的只是"它不是关于鲜红色的知识"。

② 洛克用简单感觉观念只是指感觉。

第十七章 感觉

想的界线；越过了这个界线,心无论做出怎样的努力,也不能前进一步；如果心要去窥探这些观念的本性和隐藏的原因,它也不会有任何的发现。①

在我们弄清大脑和意识的关系之前,观念的本性和隐藏原因是决不会揭示出来的。我们现在只能说,感觉是意识过程中最初的东西。在有概念性认识之前,必须先有感觉；但是在有感觉之前,则无需有任何心理事实存在,神经流就足够了。如果没有神经流,任何其他东西都不能替代它。再次引用可尊敬的洛克的话：

> 最高贵的心智和最广博的知性,也没有能力凭着思想的机敏或者多变,在心中创造或者构想出一个新的简单观念[即感觉]。……我很愿意让任何人来试着想象从未刺激过其上腭的味道,或者构想出他从未嗅到过的香气的观念；如果他能够做到,我就也能断言,盲人可以拥有颜色的观念,聋人可以拥有真正清晰的声音观念。②

大脑中所有的流都是单行的。某种类型的意识伴随着所有的流,但是只有当新的流进入时,它才具有感觉特性。而且只有在那时,意识才直接遇到(使用布拉德利先生的词)它自身之外的实在。

这种遇到与所有概念知识之间的差异非常大。盲人可以概念

---

① 《人类理解论》,第2卷,第23章,第29节；第25章,第9节。
② 在前面引用的书中第2卷,第2章,第2节。

性地拥有关于天之蓝色的所有知识,我可以概念性地拥有关于你的牙痛的所有知识;将其原因追溯至太古时代的混沌状态,将其结果探索至世界的末日。但是只要他没有感受到蓝色,只要我没有感受到牙痛,我们关于这些实在的知识,尽管广博,也是空洞和不充分的。必须有人感受蓝色,必须有人感到牙痛,人类关于这些事情的知识才是实在的。既非开始于亦非终止于感觉的概念系统,就像是没有桥墩的桥梁。关于事实的系统必须将自己插入感觉之中,就像桥梁将桥墩插入岩石之中。感觉就是稳固的岩石,是思想的起点和终点。我们所有理论的目标就是找到这样的端点——首先想出某种感觉会在何时何地出现,然后去感受它。找到它就终止了讨论。找不到它就否定了错误的知识奇想。只有当你为我从你的理论中推断出一种可能的感觉,并且在理论所要求的时间和地点让我感受到它,我才会开始确信你的思想与真理相关。

纯粹的感觉只能在生命的最早期得到实现。对于拥有记忆和联想储备的成年人来说,它们是不可能的。在所有的感官印象之前,大脑处于沉睡之中,意识实际上并不存在。甚至人类婴儿在出生后的最初几周都是在几乎不间断的睡眠中度过的。要用来自感官的强大信息打断这种沉睡。在一个新生的大脑中,这会引起一种绝对纯粹的感觉。但是这个经验在脑回物质上留下了"不可思议的痕迹",感官传递来的下一个印象又引起了大脑反应,被唤起的前一印象的痕迹在这个大脑反应中起着作用。其结果就是另一种感受和更高级的认知;而且直到生命的最后,复杂程度不断增加,相继的印象不会于同一的大脑,相继的思想也不会完全相同。

第十七章 感觉

（见前面第 230 页及以下诸页）

婴儿得到的第一个感觉对他来说就是整个世界。而他其后开始认识的这个世界，只是那个最初的简单胚芽的增大和结果，通过合生和套迭，这个胚芽已经长得如此巨大、复杂和清楚，以至它的最初状态已经记不起来了。在关于那里的某物的意识，一个单纯的这个（或者某个甚至这个对它来说都过于具有辨别性了，最好是用直截了当的感叹词"瞧！"来表达的东西）的无言觉醒中，婴儿遇到了其中包含了全部"知性范畴"的对象（虽然是在纯粹感觉中给出的）。在这些术语的完整意义上，即在所有其后的对象或者对象系统都拥有这些东西的意义上，它具有客观性、统一性、实体性和因果性。年轻的认知者在这里遇到和问候他的世界；而且正如伏尔泰（Voltaire）所说，婴儿最低级感觉中的知识奇迹的迸发和牛顿大脑中最高级成就的迸发差不多。最初的感觉经验的生理条件可能是神经流同时从许多外周器官的进入。之后，由这些神经流的引发而呈现出来的那一个混乱事实就被感知为了许多事实，并且包含许多的性质。① 因为随着神经流的变化和大脑通路为它们所塑造，带有其他"对象"的其他思想出现了，而被理解为现在的这个

---

① "认为我们必然在意识中同时拥有和受影响感官的入口一样多的感受，认为这是一条纯感觉的基本法则，即有机体每一片刻的状态都只产生一个感受，无论这个状态有多少个部分，无论它显露的次数有多么多，这太远离真实了。……对于这个原初的意识统一体来说，通向单一感受的支流是在有机体之外，而不是在它的里面，是在拥有不同可感性质的外部对象中，而不是在带有不同感觉功能的活的身体之中，这并没有什么不同。……因此这个统一体不是由不同组成部分的'联结'而造成的；而多数性却是由将统一体内部未曾料想的多样性分离开来而形成的；实在的事物不是综合的产物，而是区分的结果。"[J. 马蒂诺：《宗教研究》(*A Study of Religion*)(1888)，第 192—194 页]比较 F. H. 布拉德利，《逻辑学》，第 1 卷，第 2 章。

的"同一个事物"很快就成了过去的那个,关于它的许多出乎意料的事情就都显露了出来。这个发展的原理已经在第十二和第十三章中阐述过了,在这里就不需要对那个解释再添加什么了。

"知识的相对性"

对厌倦了这么多的知识理论(Erkenntnisstheorie)的读者,我只能说我自己也是如此,但是鉴于人们对感觉持有各种看法的真实状况,澄清这个词的意思是必要的。洛克的弟子想要用感觉做不可能的事情,与他们相反,我们必须再次坚持,"聚集在一起"的感觉并不能构成更加理智的心理状态。柏拉图的早期弟子时常勉强承认感觉的存在,但是他们把感觉当作某种肉体的、非认知的和低劣的东西而践踏了它。[①]他的最近的追随者

---

① 反感觉主义的著述中充满了下面这样的段落:"感觉是一种从外部强加于灵魂的单调、混乱和愚蠢的知觉,它由此感知到自己身体内的变化和运动,并认识到存在于它周围的个别物体,但却不能清楚地理解它们是什么,也不能洞悉它们的性质,正如普罗提诺(Plotinus)所说,与其说自然打算用它来服务于知识,不如说用它来服务于身体的使用。因为灵魂遭受着它通过情感而感知的东西,所以不能主宰或者制服它,也就是说,不能认识或者理解它。因为这个缘故,亚里士多德笔下的阿那克萨哥拉非常恰当地用制服这个观念表达了知识和理解的性质。之所以这是必要的,是因为心理解所有的事情,它应该摆脱混乱和情感,为了这个目的,如阿那克萨哥拉所说,它就应该能够主宰和制服它的对象,也就是说,能够认识和理解它们。普罗提诺在《感觉和记忆》(Sense and Memory)这本书中以同样的方式将遭受和被制服看作一回事情,也将认识和制服看作一回事情;出于这个理由,他断言说遭受者不能认识……遭受着外部对象的感觉就好像降服在它们之下,为它们所征服。……因此感觉就是沉睡在身体之中并与身体一起活动的灵魂的那个被动部分的某种昏昏欲睡和困倦的知觉。……它是来自身体的一种能量,某种昏昏欲睡或者沉睡着的灵魂与它混合在一起。这种混合物的知觉,或者似乎是半睡半醒的灵魂的知觉,是混乱、模糊、浑浊和受阻碍的思考,

第十七章 感觉

似乎想要完全否认感觉的存在。对于新黑格尔主义作者来说,唯一实在的东西似乎就是关系,没有关系项的关系,或者只是似是而非的关系项,而实际上却是无限精细的关系的结点或节点。

"从我们认为是实在的东西中除去所有由关系构成的性质,我们就会发现什么也没有剩下来。""从一个事物中抽掉那许多关系,就什么也没有了。……没有关系,它就完全不存在。"①"单一的感受完全不是实在。""认识到关系构成了观念的本性,是任何站得住脚的关系实在性理论之可能性的基础。"

与理智部分的能量完全不同,……后者是自由、清晰、平静、满足和唤醒了的思考。这就是说,知识。"等等。[R. 卡德沃斯:《论永恒和不变的道德》(*Treatise concerning Eternal and Immutable Morality*),第 3 卷,第 2 章]马尔布兰奇也说了类似的话:"THÉODORE——哎呀,阿里斯特!上帝知道痛苦、快乐、温暖及其他的一切。但是他不感受这些事情。他知道痛苦,因为他知道痛苦是在于灵魂的哪一种改变。他知道它,因为就是他在我们中间引起了它(如我马上就要证明的那样),而且他知道他做的事情。总之,他知道它是因为他的知识没有界限。但是他不感受它,因为如果他感受了,他就不快乐了。所以,知道痛苦就是不感受痛苦。阿里斯特——是的。但是感受它就是知道它,不是吗?Théodore——确实不是,因为上帝丝毫也感受不到它,然而却完全知道它。为了不在术语上吹毛求疵,如果你愿意说感受痛苦就是知道痛苦,至少同意不是清楚地知道它,不是通过知识和证据知道它——总之,不是知道它的本性;换句话说,并且准确地说,这完全不是知道它。比如,感受痛苦就是感受到我们自己不快乐,而并不清楚地知道我们是什么,或者使得我们不快乐的我们的存在形态是什么。……让你的感觉、想象力和情感都保持安静,你就会听到纯粹的内在真理的声音,听到我们共同主人的清楚明白的回答。永远不要将来自观念比较的证据与让你感动和兴奋的感觉的生动性混淆起来。我们的感觉和感受(感情)越生动,也就越模糊。我们的幻觉越可怕或者越惬意,它们看上去拥有的强度和实在性越多,也就越危险,越会将我们引入歧途。"[《形而上学谈话录》(*Entretiens sur la Métaphysique*),第三次谈话,开篇]马尔布兰奇的 Théodore 没有试图解释上帝的"无限至福"如何与他不能感受快乐相一致,这是明智的。

① 格林:《伦理学绪论》,第 20、28 节。

如果不是感觉主义的作者们自己相信一种所谓的"知识相对性",一种只要他们理解,就会知道它与格林教授的学说是一回事的东西,那么,来自已故 T.H.格林的这类引文①,就不是重要,而是奇怪了。他们告诉我们,感觉之间的关系属于感觉的本质,没有一个感觉带有绝对的内容:

> 比如,黑只有与白相对照,或者至少与一种更浅或更深的黑相区别,才能被感受到;同样,一个音调或声音只有与其他音响或寂静相交替,才能被感受到;同样,一种气味、味道或触觉可以说也只有在起源阶段(in statu nascendi),才能被感受到,而如果那个刺激继续下去,全部感觉就都消失了。初看起来,所有这一切似乎都与自身,同时也与事实极

---

① 《休谟导论》,第 146、188 节。很难说清在这位人类的使徒同时又是紧张脆弱的作者这里关系指的是什么。有时它似乎代表相互关联的事实的系统。在他的书页中随处可见的"心理学家谬误"(见第 196 页),以及他持续不断地将被认识的事情、认识那个事情的思想、以及后面另外的思想关于那个事情和那个思想所认识的进一步的事情混淆起来,使得人们无法弄清楚他的意思。然而,与文本中像这样的其他表述相比较:"自我意识从感觉的沉睡中觉醒过来,是一个绝对新的开始,而且除了为智能所决定的以外,没有任何东西能够处于智能的这个'水晶球'之内。对于感觉来说的感觉,对于思想来说是无。对于思想来说的感觉,就正如为思想所决定的那样。所以,在感觉中不可能存在可以看作思想世界的起源的'实在。'"(爱德华·凯尔德的《康德哲学》,第 1 版,第 393—394 页)格林又说,"在感受到热度的痛苦或快乐是与接近火焰的活动相联系的时候,我没有感知到其中一个成分无论如何都是简单感觉的关系吗?真实的回答是:没有。""知觉在其最简单的形式方面……——作为对象的最初所见或所触,而且其中只有所见或所触者得到认识的知觉,——既不是也不包含感觉。"(《当代评论》,XXXI,第 746、750 页)"单纯的感觉实际上是一个不表象实在的用语。""单纯的感受,作为一个未经思想成形的东西,在事实的世界中,在可能经验的宇宙中,没有一席之地。"(《伦理学绪论》,第 46、50 节)——我在《心》,X.,第 27 页及以下诸页中较为充分地阐述了我对这个问题的想法。

第十七章 感觉

为一致。但是看得更仔细一些,人们就会发现事实并非如此。①

使得关于普遍相对性的学说得到广泛支持的两个主要事实是:

(1)心理学的事实,即我们这么多的实际知识都是关于事物之间的关系的——甚至成年人的最简单的感觉,在我们接受它们的时候,也被习惯性地归属于不同的类别;

(2)生理学的事实,即我们的感官和大脑必须有变化和静止的时期,否则我们就会停止感受和思考。

对于心中是否能呈现我们感性亲知的绝对性质这个问题,这两个事实没有提供任何的证明。心理学事实确实没有,因为我们对将事物进行联系和比较的根深蒂固的热爱,并没有改变被比较事物的内在性质或本性,也没有消掉它们的绝对所与性。生理学事实也确实没有,因为我们感受或者注意一个性质的时间的长度,与被感受性质的内在构成完全没有关系。而且,在许多实例中这个时间是足够的长,正像遭受神经痛的人所知道的那样。② 没有为这些事实所证明的相对性学说,更明显地受到了其他事实的断

---

① 斯顿夫:《声音心理学》,I. 第 7、8 页。霍布斯的用语,对同一个东西的感觉和不感觉经常归于同一个东西(sentire simper idem et non sentire ad idem recidunt),通常被看作对相对性学说的最早陈述。J. S. 密尔(《汉密尔顿研究》,第 6 页)和贝恩(《感觉和理智》,第 321 页;《情绪与意志》,第 550、570—572 页;《逻辑学》,I. 第 2 页;《身与心》(*Body and Mind*),第 81 页)是这一学说的支持者。并参见 J. 密尔的《分析》,J. S. 密尔版,II. 11,12。

② 我们能稳定地听一个音符长达半小时之久。不同感官的差异被记录了下来。嗅觉和味觉似乎很快就疲劳了。

然否证。我们远非不能认识(用贝恩教授的话说)"任何一个事物自身,而只能认识它和另一事物之间的差异",如果事情是这样,那么我们整个的知识大厦就坍塌了。如果我们感受的只是音阶中 C 和 D 或者 c 和 d 之间的差异,在这两对音符中是相同的,那么这两个对子本身就是相同的,语言就不需要实词了。但是贝恩教授的意思并非严格地就是他所说的话,我们不需要在这个模糊和流行的学说上花更多的时间了。① 萦绕其支持者心头的事实最好是在生理学的法则之下进行描述。

对 比 法 则

我将首先列举出可以归入这一法则的主要事实,然后讨论它们对心理学的意义。②

〔在与视觉有关的方面,对比现象展现得最好,其法则也最易于得到精确的研究。在这里,同时和相继这两种类型都很容易被观察到,因为它们是不断发生的。但是依照一般的经济法则,它们通常不会受到注意,这条经济法则使得我们为有意识的注意选择的只有对象中那些对我们有审美或实用功效的元素,并使我们忽略掉其他元素;就像我们会忽略双像、飞蝇幻视等等那样,这些现

---

① 在大众的心里,它是与为汉密尔顿和斯宾塞所倡导的那种完全不同的"知识相对性"学说混合在一起的。这个学说指出,我们的知识是相对于我们的,而不是关于对象自身的。它与我们一直在讨论的关于我们的知识对象是包含了绝对的项还是只包含关系的问题没有任何关系。

② 下面括号中直到第 27 页的内容,出自我的朋友和学生 E. B. 德拉巴尔(Delabarre)先生之笔。

第十七章 感觉

象所有人都会有，但是如果不认真加以注意就不会被分辨出来。但是通过注意我们就可以很容易发现对比的一般事实。我们发现，一个对象的颜色和亮度通常总是会明显地影响与它同时被看到或紧接它之后被看到的任何其他对象的颜色和亮度。

首先，如果我们盯着一个表面看一会儿，然后将眼睛转开，第一个表面的互补色和它的相反亮度就趋向于与第二个表面的颜色和亮度相混合。这是相继对比。视觉器官的疲劳可以对它做出解释。由于疲劳，特定刺激持续起作用的时间越长，视觉器官对这个刺激的反应就越来越迟钝。持续不断地凝视任何区域中的一个点时出现的明显变化、清楚地表明了这一点。这个区域慢慢地暗下去，变得越来越模糊，最后，如果这个人做过足够的练习使眼睛保持完全稳定，明暗和颜色的微小差别就会完全消失。如果我们此时将眼睛转开，刚刚凝视着的区域的负后像立刻就形成了，后负像的感觉与碰巧来自任何所见事物的感觉就混合到了一起。只有在"凝视"第一个表面时眼睛不发生移动，这种作用才是清晰明显的。然而，这种情况还是会出现在所有的时间，甚至当眼睛无目的地在点与点之间移动时，也会使每一个感觉或多或少为前面刚刚经验过的感觉所改变。由于这个原因，相继比较几乎肯定也会出现在同时比较的情况中，并且使后一现象变得复杂了。

一个视觉意象不仅会为前面刚刚经验过的其他感觉所改变，也会为所有与它同时经验的其他感觉，特别是发生于视网膜邻接部分的感觉所改变。这是同时对比现象。和在相继对比那里一样，这里也涉及亮度和颜色。当一个明亮物体的环境比它更暗时，这个物体就显得更亮，当环境比它更亮时，它就显得更暗。并列的两种颜色，每一种都明显为它与另一种颜色的互补色的混合物所改变，最后，临近有颜色表面的灰色表面也染上了前者的互补色。①

视觉方面的同时对比现象也由于其他相伴随的现象而复杂化了，以至我们很难将它们分离开来，并观察它们的纯净状态。然而，如果要进行精确的研究，这样做显然是极为重要的。忽视这条原则曾经导致对观察事实的解释出现过很多错误。正如我们已经看到的，如果眼睛可以像通常那样无目的地在视野的各处移来移去，相继对比就会发生，它的出现就必须得到考虑。只有用休息好的眼睛小心凝视一个区域中的一个点，然后当对比区域放在它边上的时候，观察这个区域中发生的变化，才能避免这种情况。这个过程能确保纯净的同时对比。但是甚至在这时它的纯净也只能持续片刻的时间。在对比区域引入之后，它立刻就达到了最大效果，之后，如果继续凝视，它就开始快速变弱并很快就消失了；所以，当稳定地凝视任何区域，视网膜为不变的刺激而变得疲劳了时，就

---

① 这些现象与温度感所表现出来的对比现象有很大的相似之处(参见 W. 普赖尔，在《全部生理学文库》，第25卷，第79页及以下诸页)。这里的相继对比表现在这个事实中，即如果刚刚经验过冷的感觉，暖的感觉就显得更暖；如果前一个感觉是暖的，冷的感觉就显得更冷。如果伸进过热水里的手指和另一根伸进过冷水里的手指一起浸入微温的水中，相同的水对前一根手指就显得凉，对后一根手指就显得暖。在同时比较中，皮肤任何部分的温暖感觉都趋向于在与它直接相邻的部分引发冷的感觉；反之亦然。从下面的情况就可以看出这一点：如果我们将手掌压在两块大约1.5平方英寸大的金属表面上，两块金属的距离是3/4英寸远，两块金属之间的皮肤就明显地显得更暖。所以，如果一个冷的物体接触了皮肤，在它附近与手掌温度完全相同的小物体就会显得暖，如果接触皮肤的是一个暖的物体，它就会显得冷。

第十七章 感觉

会出现与观察到的这些变化相似的变化。如果更进一步地继续凝视那同一个点,一个区域中的颜色和明亮度就会趋向于将自己散布开来,并与相邻区域的颜色和明亮度混合起来,于是同时对比就代替了"同时诱导"。

在分析同时对比现象时,我们不仅必须识别出并且消除掉相继对比、由凝视而发生的短暂变化以及同时诱导的作用,而且还必须考虑改变同时对比现象效果的各种其他影响。在有利情况下,对比效果就非常显著,而且如果总是那么强烈地出现,它们就能始终吸引注意。但是由于各种干扰性的原因,这些原因并非对比法则的例外,但却能使它的现象发生改变,所以这些对比效果并非总是清楚明显的。例如,当被观察的区域有许多可区别的特征——粗糙的纹理、不平的表面、复杂的形式等等——对比效果就显得比较弱。这并不意味没有对比效果,而只是表明作为结果而产生的感觉,为许多其他完全占据注意的更强的感觉压倒了。在这样的地区域,一个微弱的负后像——无疑来自视网膜改变——可能就变得看不见了;而且甚至颜色的微弱客观差异也会变得不可察觉了。例如,毛料衣物上不明显的斑点或油污,在距离稍远还看不出织物纤维的地方很容易被看到,可是在较近距离查看时,织物表面的复杂性质显露出来,斑点或油污就消失了。

对比明显缺乏的另一个经常性原因是狭窄和黑暗的中间区域的出现,如由黑色线条包围一个区域,或者由物体的阴影轮廓就可以形成这样的区域。这样的区域干预了对比,是因为黑与白能够吸收大量的颜色,而它们自己却不会被清楚地染上颜色;还因为这样的线条将其他区域分隔得太远而使它们不能有明显的相互影响。

使用这样的方法甚至会使颜色的微弱客观差异变得不可察觉。

对比没有清楚出现的第三种情况,是对比区域的颜色太弱或者太强,或者两个区域之间的亮度差异太大。在后一种情况下,如很容易表明的那样,是亮度对比干预了颜色对比,并使得它不可察觉了。由于这个原因,在亮度大约相等的区域之间对比表现得就最好。但是颜色的强度一定不能太大,因为这样它的黑暗就必然会造成一个黑暗的对比区域,后者对于诱导色的吸收能力太强,以至对比不能明显地呈现出来。如果对比的区域太亮,情形也是一样。

因此,要获得最好的对比效果,相对比的区域就应该邻近,应该不被阴影或者黑色线条所分隔,应该有类似的质地,并且应该有大致相等的亮度和中等的颜色强度。这些条件不会经常自然地发生,干扰性的影响会出现在几乎所有的普通物体那里,从而使得对比效果远不那么明显。为了消除这些干扰,并产生出最有利于好的对比效果出现的条件,人们设计了各种实验,这些实验将在对相竞争的解释理论的比较中得到解释。

有两种理论——心理学的和生理学的——试图解释对比现象。

在这两种理论中,心理学理论首先占据了突出的地位。它的最有才干的倡导者是赫尔姆霍茨。它将对比解释为一种**判断欺骗**。在日常生活中,感觉只有在能够为我们提供实际知识的时候才让我们感兴趣。我们主要关心的是辨识对象,我们没有机会去精确评估它们的绝对亮度和颜色。因此我们在这样做时不会变得灵巧,而是会忽略物体颜色深浅的不断变化,对它们确切的亮度或色调也非常没有把握。当物体相互挨得近时,"我们就倾向于认

第十七章 感觉

为,那些得到清楚和确定感知的差异,比在知觉中显得不确定或者必须借助记忆来判断的差异更大,"[①]就像当一个中等个子的人站在一个矮个子旁边时,我们会将前者看得比他实际更高。与对大的差异的判断相比,这类欺骗更容易发生在对小差异的判断之中;在只有一个而不是有许多差异元素的地方也是如此。在大量的比较案例中(全部都是有一个白色斑点为有颜色的表面所包围)——迈耶(Meyer)的实验,镜子实验,有颜色的阴影等等,很快就会谈到——根据赫尔姆霍茨的说法,都由于这个事实,即"有色光照或者透明的有色覆盖物好像在那个区域铺展开来,而观察并没有直接表明它对白色斑点不起作用",而产生出了那种对比。[②] 因此我们以为我们透过前面的颜色看见了后者。那么

> 只要颜色是物体的性质,并且能够充当物体辨识的标记,颜色对于我们就极为重要。……在形成对物体颜色的判断中,我们已经习惯于消除光照方面的不同亮度和颜色。我们有充分的机会在充足的阳光下,在晴朗之日的蓝色光线下,在多云之日的弱白光线下,在落日或者蜡烛的红-黄光线下,探查物体的相同颜色。而且,这还涉及到周围物体的颜色反射。由于我们在这些不同的光照之下看见了相同颜色的物体,我们就学会了不管光照方面的差异而对物体颜色形成正确的概念,也就是说,学会了判断这样的对象在白色光照中会呈现出的样子;而且由于我们感兴趣的只是物体固定不变的颜色,

---

[①] 赫尔姆霍茨:《生理光学》,第392页。
[②] 在上述引文中第407页。

所以就没有意识到自己的判断所依据的特殊感觉。因此,当我们透过有色覆盖物来看物体时,我们也完全能够区分什么是覆盖物的颜色,什么是物体的颜色。在提到的实验中,当物体的覆盖物完全没有颜色时,我们也在做同样的事情,这是由于我们陷入其中,并且由此将错误颜色(覆盖物有颜色部分的互补色)归与了物体的那个欺骗。①

我们以为透过有颜色的覆盖物我们看见了互补色,——因为这两种颜色在一起会给出一种实际经验到的白色的感觉。然而,如果那个白色斑点以任何方式被辨识为一个独立的物体,或者如果将它与另一个已知为白色的物体相比较,我们的判断就不再是欺骗的了,对比就不会出现。

> 一旦对比区域被辨识为有色底子上的独立物体,或者通过充分描出它的轮廓,它被看成一个独立的区域,对比就消失了。由于对相关物体的空间位置和物质独立性的判断对于确定它的颜色具有决定性的意义,所以对比色不是经由感觉活动而是经由判断活动出现的。②

总之,通过对比而发生的颜色或者亮度的明显变化,不是由于器官兴奋的变化,不是由于感觉的变化;但是由于错误的判断,没有变化的感觉被错误地解释了,并因而导致了关于亮度或颜色的变化了的知觉。

---

① 在上述引文中第408页。
② 在上述引文中第406页。

第十七章 感觉

与这一理论相反,有人提出了一种试图将所有的对比都解释为仅仅依赖于终端视觉器官的生理活动的理论。赫林是这个观点最重要的支持者。凭借实验设计方面的极大创造力和坚持对实验的严格操作,他发现了心理学理论中的错误,并且通过实践确立了他自己理论的正确性。他主张,每一个视感觉都与神经器官中的物理过程相关联。对比不是由来自无意识结论的错误观念引起的,而是由这样一个事实所引起,即视网膜任何部分的兴奋——以及随之发生的感觉——不仅依赖于它自己的光照度,而且也依赖于视网膜其他部分的光照度。

> 如果像通常发生的那样,这个心理-物理过程被投射在视网膜上的光线所激起,它的性质就不仅依赖于这些光线的性质,而且依赖于与视觉器官相联系的整个神经器官的构造,依赖于它所处的状态。①

当视网膜的一个有限部分被外部刺激激起时,视网膜的其他部分,特别是直接邻接的部分,也会趋向于做出反应,并且是以这样的方式,即由此产生出相对亮度和直接兴奋部分的互补色的感觉,来做出反应的。一个灰色的点被单独看见时,和它通过对比而显得有颜色时,来自这个点的客观的光线在这两种情况下是一样的。赫尔姆霍茨主张,神经过程和相应的感觉也没有变化,但是得到了不同的解释;赫林主张,神经过程和感觉本身都变化了,而"解释"则是改变了的视网膜状态的直接的意识关联物。在一个人

---

① E. 赫林,在赫尔曼的《生理学手册》中,III.1,第 565 页。

看来，对比的来源是心理的；而在另一个人看来，对比的来源纯粹是生理的。在前面引述的那些对比色不再明显——在有许多可分辨特征的底子上，在有黑色线条作为边缘的区域——的例子中，正如我们已经看到的，心理学理论将它归因于这个事实，即在这些情况下我们将较小的一块颜色判断为那个表面上的一个独立物体，而不再欺骗性地将它判断为染上了底子颜色的某个东西。另一方面，生理学理论主张，对比效果还是产生了，但条件是由它所引起的颜色和亮度的微小变化变得不可察觉了。

这里略述的这两个理论看上去好像同样有道理。然而，赫林通过后像实验决定性地证明，如果不可能发生判断欺骗，视网膜一个部分的过程就不会改变相邻部分的过程。[①] 认真考察对比事实

---

① 赫林：《光感原理》。——在这些实验里面，下面这一个（第 24 页及以下诸页）可以作为典型实验来引述："将深灰色的纸裁成长 3—4 厘米、宽 1/2 厘米的两个纸条，将它们放在一半白色一半暗黑色的背景上，分界线的每一边都放有一个纸条，而且纸条与分界线平行，与分界线距离至少 1 厘米。凝视两个纸条之间的分界线上的一个点 1/2 至 1 分钟。一个纸条会显得比另一个纸条明亮很多。闭上并且蒙上眼睛，负后像就出现了。……后负像中纸条亮度的差异通常比它在直接视觉中呈现的要大得多。……纸条亮度的这种差异并非总是随着背景的两个部分的亮度差异而增加和减少。……会出现这样一个阶段，在其中背景上两个部分的亮度差异完全消失了，而两个纸条的后像却仍然非常清晰，其中的一个比背景更亮，另一个比背景更暗，而背景的两个部分是一样亮的。这里不再会有任何对比效果的问题，因为对比的不可缺少的条件（conditio sine qua non），即背景亮度的差异不再出现了。这证明了纸条后像的不同亮度一定是基于视网膜相应部分的不同兴奋状态，而由此可以进一步推出，在最初的观察中，视网膜的这两个部分是受到不同刺激的；因为在这里不同的后效要求不同的前效。……在最初的排列中，客观上相似的纸条呈现出不同的亮度，因为视网膜的两个相应部分实际上受到了不同的刺激。"

第十七章 感觉

就会看到,对比现象一定是出于这个原因。研究对比现象的所有案例都表明,心理学理论的支持者没有能够足够谨慎地进行他们的实验操作。他们没有排除相继对比,忽略了由于稳定凝视而发生的变化,并且没有能够对前面已经提到的各种改变作用做出适当的解释。通过考察同时对比中最引人注目的实验,我们很容易就能确立这一点。

这些实验中最广为人知和最容易安排的,就是迈耶实验。一小片灰纸放在有颜色的背景上,二者都为一张透明的白纸所覆盖。于是,那个灰点就微微带白地透过覆盖着它的那张纸,呈现出与背景颜色互补的对比色。赫尔姆霍茨这样解释这个现象:

> 如果背景是绿色的,覆盖的纸本身看上去也会是绿色的。如果此时将这张纸延展开来,而不对放在它下面的灰纸片有明显干扰,我们会以为自己看见了一个物体透过绿纸发出微光,而这个物体反过来一定是紫红色的,这样才能产生白光。然而,如果那个灰点的边界清楚得让它看上去是一个独立的对象,与表面绿色部分的连续性就没有了,于是我们就将它看作是这个表面上的一个灰色物体。[1]

因此,通过用黑色描出那个灰纸片的轮廓,或者通过在那张薄棉纸上放上另一片有相同亮度的灰纸片,然后比较这两块灰色,对比色就会消失。这两块灰上都不会出现对比色。

---

[1] 赫尔姆霍茨:《生理光学》,第407页。

赫林[①]清楚地表明这个解释是错误的,而且需要对干扰因素做出不同的解释。首先,可以这样安排这个实验,让我们不可能被欺骗去相信自己透过有色媒介物看到了那个灰色。在一块灰纸上以下述方式裁出一些5毫米宽的纸条:让相同宽度的空当和灰色纸条相间隔,灰色纸条由未切断的灰纸边缘连在一起(因而呈现出像铁算子的样子)。将裁后的纸放在一个有色背景上——比如绿色——用透明的纸覆盖二者,然后在最上面放一个覆盖了所有边缘的黑框,此时只有绿灰相间的条状物是可见的。尽管由于灰色条状物和绿色条状物所占的空间一样多,我们没有被欺骗去相信是透过绿色媒介物看见了前者,但是由于对比,灰色条状物看上去有很重的颜色。如果我们将窄细的绿色和灰色条子以篮筐的样子编织在一起,并且用透明的纸覆盖在上面,情况也是一样。

那么,如果它是由于生理原因而产生的真实感觉,而不是引起了对比的判断错误,为什么当描出了灰色纸片的轮廓时颜色就消失了,并使我们能够将它辨识为一个独立的对象呢?首先,它并非必然如此,如果去做那个实验就很容易看到这一点。尽管有黑色的轮廓,对比色时常还是清晰可见的。其次,有许多充分的理由表明为什么这个效果会有所改变。同时对比始终在两个区域的分界线处最强;但是用一个狭窄的黑色区域将这两个区域分隔开来,通过对比,它本身就强化了已经没有多少饱和度的两个原初区域中的白色;而对比色只有在最有利的条件下才会在黑和白的上面

[①] 《全部生理学文库》,第XLI卷,第1页及以下诸页。

显现出来。通过这样描画轮廓,甚至也会让颜色的微弱客观差异消失,正如我们将微带颜色的纸片放在灰色背景上,用透明的纸覆盖它,并且描出它的轮廓时所能看到的那样。由此我们看到,不是将对比区域辨识为独立对象,而是许多完全可以解释的生理干扰,干预了它的颜色。

在薄棉纸的上方固定第二片灰纸,并将它与下面的那片灰纸相比较,也可以证明这一点。为了避免由使用不同亮度的纸所引起的干扰,应当用相同的薄棉纸覆盖相同的灰色,并从这两块纸上小心地剪下大约10平方毫米的小块,从而使第二片灰纸与第一片完全一样。为了彻底预防很容易让对比现象复杂化的相继对比,我们必须小心不让视网膜在此前受到任何有色光的刺激。可以通过这样安排来做到这一点:将薄棉纸片放在有四个支点的玻璃上;在纸的下面放第一个灰纸片。用一根金属丝将第二个灰纸片固定在这片玻璃上方2或3厘米的地方。除了边缘处以外,两个灰纸片看上去完全一样。现在凝视两个灰纸片,眼睛不要做精确调节,这样它们看上去就相互离得很近,中间只有一个非常窄的空间。现在将一个有颜色的区域(绿色)插到玻璃的下面,对比立刻就在两个纸片上出现了。如果对比在上面的纸片上呈现得不那么清晰,这是因为它的明暗边缘,它的不均等性,它的纹理等等。如果眼睛做了精确调节,就不会根本性的改变,虽然此时上面纸片上朝向亮光一方的亮边和在阴影一方的暗边有一些干扰。持续注视下去,对比就变弱了,最后屈服于同时诱导,使得这两个纸片与底子无法区分了。移开绿色的区域,由于相继诱导的作用,两个纸片就都变绿了。如果眼睛随意移动,后面所说的这些现象就不会出现,而对比则会无限期地持续下去,并会变得更强。当赫尔姆霍茨发现下面纸片上的对比消失了时,这显然是因为他的眼睛那时确实是固定不动的。错误地固定上面的纸片,这个纸片边缘亮度的差异,或者其他不均等性的情况,都可以干扰这个实验,但是将它辨识"为放在有色底子上的一个独立物体"这个心理学解释的基础,却不会干扰这个实验。

我们也可以同样表明,在其他对比的案例中心理学的解释是不充分的。经常用到的是旋转的圆盘,它能特别有效地让对比现象充分显示出来,因为底子上的所有不均等性都消失了,留下来的是完全同质的表面。一些彩色的扇形面排列在白色的圆盘上,这些扇形面在中间被狭窄的黑色区域所截断,以致在圆盘转动时,白色与彩色和黑色混合起来,形成一个上面呈现出一个灰色环的低饱和度的彩色圆盘。圆盘的颜色是由与周围区域的对比而呈现的。赫尔姆霍茨这样解释这个事实:

> 相比较颜色的差异显得比实际大,或者是因为这个差异是唯一的差异,并且将注意只吸引到它自己这里,这与它是许多差异之一的情况相比,能产生更强的印象,或者是因为表面的不同颜色被设想为表面的一个底色上发生的变化,就像通过阴影落在它上面,通过颜色反射,或者通过与有色颜料或粉末相混合,就会出现的那样。事实上,要在绿色表面产生一个如实的灰点,微红的着色是必不可少的。①

---

① 赫尔姆霍茨,在上述引文中第 412 页。

通过用狭窄的绿和灰色的同心环来染这个圆盘,让每一个同心环的饱和度都不相同,我们就很容易证明这个解释是错误的。虽然没有底色,而且不再是只有单一的差异,而是有许多差异,对比还是出现了。赫尔姆霍茨用来支持其理论的那些事实也很容易转过来反对他。他认为,如果底子的颜色太强烈,或者如果灰色的环镶着黑边,对比就变弱了;固定在有色区域上方的白纸片上不会出现对比;当与这样的纸片相对比时,灰色的环就或者全部或者部分地失去了它的对比色。赫林指出了所有这些主张的不准确性。在有利的条件下,不可能通过使用黑色轮廓线来使对比消失,尽管这些轮廓线自然构成了一种干扰因素;如果要避免来自增加了的亮度对比的干扰,区域饱和度的增加就要求有一个更暗的灰色区域,在这个区域对比色不那么容易被感知;对白纸片的小心使用会导致完全不同的结果。当最初把它放在有颜色的区域上方时,对比色确实会在它的上面出现;但是如果小心地凝视它,由于已经解释过的原因,对比色在它上面和在那个环上都减少得非常快。为了确保观察的准确性,所有来自相继对比的复杂因素都应当这样来避免:首先放好白纸片,然后在白纸片和圆盘之间插入一个灰板,让眼睛休息,转动轮子,凝视纸片,然后移开灰板。对比立刻就清楚地呈现出来,而由持续凝视造成的对比的消失也能被准确观察到。

简单提及几个其他对比的案例就够了。所谓的镜子实验是这样的,以45度角放置一块绿色(或其他颜色)的玻璃片,与一个水平、一个竖直的两个白色表面形成一个角度。每个白色表面上都有一个黑点。竖直表面上的黑点是透过玻璃看到的,并呈现为暗绿色，另一个黑点从玻璃的表面反射到眼睛，并由对比而呈现为红色。可以这样安排这个实验，即我们不知道绿色玻璃的存在，以为是直接看着上面有绿点和红点的表面；在这样的情况下，就不存在由将我们以为是透过它而看到那个点的有色媒介物考虑进去所引起的判断欺骗，所以心理学的解释是不适用的。像在所有的类似实验中一样，通过凝视排除了相继对比，那种对比很快就消失了。①

很长时间以来，人们认为有色阴影有说服力地证明了同时对比在起源上是心理的这个事实。每当一个不透明物体从分开的两边由不同颜色的光照亮，有色阴影就形成了。当一个光源是白色的时，它的阴影就是另一个光的颜色，而第二个阴影则是由两个光照亮的区域颜色的互补。如果我们现在拿起一根里面为黑色的管子，通过这根管子去看那个有色阴影，所有周围的区域都不可见，然后移开有颜色的那个光，阴影仍然有颜色，尽管"引起它的条件已经消失了"。那些心理学家将这看作颜色来自判断欺骗的决定性证据。然而很容易表明，通过管子看到的颜色的持久性，产生于占优势的光所带来的视网膜的疲劳，还有，当有色光被移开时，随着视网膜的平衡逐渐得到恢复，颜色就慢慢地消失了。如果小心预防了相继对比，不管是直接看到还是通过管子看到的同时对比，在有色区域移开以后，就决不会有片刻的持续。生理学的解释则始终适用于有色阴影表现出来的所有现象。②

---

① 见赫林：《全部生理学文库》，第 XLI 卷，第 358 页及以下诸页。
② 赫林：《全部生理学文库》，第 XL 卷，第 172 页及以下诸页；德拉巴尔：《美国心理学杂志》，II. 636。

第十七章 感觉

如果我们有一个亮度不变的小的区域,被亮度变化着的大的区域所包围,后者亮度的增加或减少,会引起前者的亮度有相应明显的减少或增加,而大的区域看上去是没有变化的。埃克斯纳说:

> 这个感觉的错觉表明,我们倾向于将视野中占优势的亮度看作是不变的,并因而把它和有限区域亮度的差异的变化归之于后者的亮度变化。

然而可以表明,这个结果并不依赖于错觉,而是依赖于视网膜的实际变化,这个变化会改变经验到的感觉。为大的区域所照亮的视网膜部分的应激性由于疲劳而大大降低,与应激性没有降低的情况相比,亮度的增加变得远不那么明显了。然而,那个小的区域则是通过由视网膜的周围部分在它那里诱导出的对比效果的变化来呈现变化的。①

上面的案例清楚地表明,是生理过程,而不是判断欺骗,造成了颜色对比。然而,这样说并不就是主张,我们对一种颜色的知觉始终不会在任何程度上为我们对面前的特殊有色物体可能是什么所做的判断而改变。我们确实有一些错觉是由对面前是什么物体的错误推论而产生的。因此冯克里斯(von Kries)②谈到漫游在雪覆盖着的常绿森林中,以为透过树枝的间隙看见了长满松木的山峦的深蓝色,为雪所覆盖,沐浴着灿烂的阳光;而他看到的实际上是处在阴影中的附近树上的白雪。③

---

① 赫林:《全部生理学文库》,第 XLI 卷,第 91 页及以下诸页。
② 《视觉感觉及其分析》(*Die Gesichtsempfindungen u. ihre Analyse*),第 128 页。
③ 德拉巴尔先生的贡献在这里结束。

这样的错误无疑产生自心理的方面。这是对显象进行了错误的分类,原因则是复杂联想过程的出现,其中就包括对与眼前颜色不同的颜色的提示。接下来的几章将会相当详细地讨论这样的错觉。但是用这样的错觉来解释更为简单的对比的情况则是错误的。这些错觉可以立刻得到纠正,然后我们就会疑惑它们是怎么会出现的。它们来自不充分的注意,或者来自于这个事实,即我们所得的印象是不止一个可能对象的标记,并且能够以其中任一方式得到解释。而在所有这些点上它们与简单颜色对比都没有相类之处,后者无疑是一个直接激发起来的感觉现象。

我如此详尽地讨论了颜色对比的事实,这是因为在我与将感觉看作与较高级心理功能共存的不变心理事物这个观点所做的斗争中,它们构成了可以用来讨论的极好的文本。感觉主义者和理智主义者都承认这样的感觉存在着。纯感觉主义者说,它们相融合,并且导致了更高级的心理功能;理智主义者说,它们由**思想本原**的活动而结合起来。我自己曾经提出,在有高级心理功能存在时,它们并不存在于这样的功能之中,也不与之并列存在。激发它们的事物存在着;高级心理功能也知道上述这些事物。但是正如它的关于事物的知识取代和替代了它们的知识,所以当它和它们一样也是作为任一短暂大脑条件的直接结果到来时,也取代和替代了它们。另一方面,心理学的对比理论主张,感觉自身仍然无变化地存在于心前,心的"关联活动"自由地处理它们,并且在考虑到其他感觉是什么的情况下,自己来确定它们每一个是什么。冯特明确地说,相对性法则"不是感觉的法则,而是统觉的法则";而在

第十七章 感觉

他那里统觉这个词是指一种较高级的理智自发性。① 这种对待事情的方式，属于将感觉材料看作是土生土长和不自由的，而将"把它们联系起来"看作精神性的和自由的哲学。看！精神甚至能改变可感事实自身的内在性质，如果这样做能让它更好地将它们相互联系起来！但是（除了很难了解改变感觉如何会将它们联系得更好以外），这些关系和感觉一样，是意识"内容"的一部分，是"对象"的一部分，这难道不明显吗？为什么要将前者单独归于认知者，而将后者单独归于被认识者？认知者在任何情况下都是与大脑对其条件的独特反应相应的独特的思想脉动。对比的事实向我们表明的，只是在条件变化了的时候，相同的实在事物会在我们这里产生完全不同的感觉，因此，对于选择哪一个来作为那个事物的最真实的代表，我们必须小心仔细。

除了对比现象以外，还有许多其他事实证明，当两个物体一起作用于我们时，任一物体单独引起的那个感觉就变成了一个不同的感觉。浸泡在热水里的一定面积的皮肤，会产生某种热的知觉。更多的皮肤浸泡进去，热就强烈了许多，尽管水的热度是相同的。感受任何性质都必需有特定范围和强度的刺激量。如果热和触摸都通过卡片上的一个孔施加给菲克和旺德利，并

---

① 《生理心理学》，I. 351，458—460。冯特的讨论最好地表明了相对性法则彻底的空洞无意义。在他的陈述中，曾被援引来解释韦伯法则和对比现象以及许多其他问题的那个了不起的"普遍关系法则（allgemeiner Gesetz der Beziehung）"，只能被解释为在相互关系中感受所有事物的一种趋向！保佑它的小精灵！但是当它在关系中这样感受事物时，它为什么能这样地改变它们？

且局限在一小块皮肤上,他们就无法将这二者区分开来。同样,也有物体颜色面积的最低界限。这些物体投在视网膜上的图像必须有一定的面积,否则就不能引起任何颜色感觉。相反,外部印象强度越大,主观对象也就越大。如将要在第十九章表明的那样,这种情况在光照增加的时候就会发生:随着我们提高或降低煤气火焰,整个房间都扩大和变小了。很难将这些结果解释为由推出了我们所得感觉的错误的客观原因而产生的判断错觉。要对下面的观察做这样的解释也并非易事,如韦伯观察到,放在前额皮肤上的一枚德国银币,在冷的时候比热的时候感觉重;萨巴弗尔迪(Szabadföldi)观察到,小木盘在加热到122华氏度时常常感觉比更大但却没有加热的圆盘更重;① 霍尔观察到,在皮肤上移动的重的尖状物显得比以相同速度移动的轻的尖状物走得更快。②

布洛伊勒(Bleuler)和莱曼在若干年前使人们注意到一些人的一种奇怪的特异反应,它表现为这个事实,即眼睛和皮肤等等的印象有明显的声音感觉相伴随。③ 人们有时称这个现象为有色听觉,现在它得到了人们的反复描述。最近,维也纳耳科医生厄本切奇(Urbantschitsch)证明,这些案例只是一条非常一般的法则的极端例子,我们所有感官的感觉都是相互影响的。④ 在他的病人

---

① 莱德:《生理心理学》,第348页。
② 《心》:X. 567。
③ 《对强迫的射线或照射的光线感受》(*Zwangsmässige Lichtempfindung durch Schall*)(莱比锡,1881)。
④ 《弗吕格文库》,XLII. 154。

那里,当音叉在耳边响起时,距离远到无法辨识的色块的颜色立刻就被感知到了。有时那个区域由于声音反而却变暗了。在听到音叉的声音时,视觉的敏锐程度提高了,以致因距离太远而无法看见的字母也能看见了。通过变化他的实验,厄本切奇发现,它们的结果是相互的,当各种颜色的光出现在眼前时,处于听觉限值上的声音就变得可以听见了。他发现,在看见光和听到声音时,嗅觉、味觉、触觉和温度感觉等等都会发生波动。在程度和产生效果的种类方面个体之间有很大差异,但是几乎每一个接受实验的人都以某种方式受到了影响。这种现象让我们多少想起了费雷(Féré)观察到的感觉对肌肉收缩力量的"动力发生"效果,我们将在后面谈到这一点。其中最熟悉的例子似乎就是噪声和光线造成的疼痛加剧,以及所有伴随的感觉造成的恶心感的增强。以任何方式遭受痛苦的人都本能地寻求寂静和黑暗。

也许每个人都会同意,阐述所有这些事实的最好方式是生理学的:情况一定是这样,最初的感觉的大脑过程为进来的其他神经流所强化或改变。在这里肯定没有人会更倾向于心理学的解释。不过在我看来,对多种刺激的心理反应的所有案例都和这里的案例一样,而且生理学的阐述在所有地方都是最简单和最好的。当同时出现的红光和绿光让我们看见黄色时,当音阶上的三个音符让我们听见一个和弦时,这不是因为红色、绿色和每一个音符的感觉本身进入了心中,并在那里"合并"或者"由心的关联活动合并"为黄色和那个和弦,而是因为更大的光波和空气波动激发起了与黄色和和弦直接相应的新的大脑皮层过程。甚至在事物的感觉性质成为了我们最高级思想活动的对象时,情况也肯定是这样。它们各自的感觉不是继续隐秘地存在于那里。它们为更高级的思想所替代,这思想虽然与它们不是相同的心理单元,但却同样知道它们所知道的感觉性质。

第六章提出的那些原理现在似乎在这种新的联系中得到了确证。你不能将许多思想或感觉聚集成一个思想或感觉;只有直接的实验才能让我们知道,当我们同时受到许多刺激时,我们感知到的是什么。

感觉的"向外投射"

我们经常听到有人说,我们的所有感觉最初都对我们显现为是主观的或内部的,此后通过我们这方面的一种特殊动作,才被"引渡"或者"投射",从而显现为是位于外部世界之中。所以我们在莱德教授的重要著作中读到,

> 感觉……是心理状态,心是它们的处所——如果可以说它们有处所的话。这些感觉从纯心理状态到位于身体外周的物理过程,或者到投射在身外空间中的事物性质的转变,是一个心理动作。我们也可以更恰当地说它是一个心理成就[参见前面提到的卡德沃斯(Cudworth),将知识看作征服],因为这个动作的完备性来自于长期和复杂的发展过程。……感觉呈现的加工过程中有两个值得注意的阶段或者'划时代'的成就,需要得到特殊的考虑。它们是'定位',或者是复合感觉由单纯的心理状态,向被辨识为发生在身体上较明确的固定点或者固定区

第十七章 感觉

域的过程或条件的转变；以及'向外投射'(有时被称为'向外知觉')，或者给与这些感觉一种客观存在(在'客观'这个词的最完整的意义上)，这是作为位于一个空间区域并且与身体相接触，或者或多或少远离身体的对象性质的客观存在。①

在我看来，并不存在支持这一观点的证据。它与这样的观点联系在一起，即认为我们的感觉起初是完全没有空间内容的，②我承认我完全不理解这个观点。当看着对面的书架时，无论多么具有想象力，我都只能形成对我正在感知的这个体积巨大的外部事实的感受的观念。认为我们最初感受事物的方式是将它们感受为主观的或者心理的，这种观点远离了真理，以至与它正相反对的观点看上去才反而是真的。我们最早、最本能、发展最少的那种意识是客观的；只有当反省发展起来，我们才对内部世界有所觉知。此后我们确实使它越来越丰富，甚至到了成为观念论者的程度，作为最初我们所认识的唯一世界的外部世界，则成为了战利品。但是觉知到自己的主观性的主观意识最初并不存在。甚至疼痛的发作最初肯定也被客观地感受为激起运动反应的存在于空间中的事物，而在最后它不是被定位于心中，而是被定位在了身体的某个部分。

---

① 《生理心理学》，385，387。也参见贝恩：《感官与理智》第364—366页中的类似段落。

② "我们必须要特别地避免试图(无论是公开的还是隐蔽的)仅仅通过描述简单感觉的性质和它们相结合的方式，来解释感觉所呈现的东西的空间性质。是空间中的位置和广延构成了对象的这种不再只是心中的感觉或情感的特性。作为感觉，它们既不在我们自己之外，也不具有为延展这个词所提示的性质。"(莱德：在前面引用的书中第391页)

不能唤起运动冲动或者唤起任何产生外部结果的倾向的感觉,对有生命的动物显然没有用处。根据进化的原理,这样的感觉决不会发生。因此,每一个感觉最初都指向存在于外部并且独立于有感觉动物的某个事物。每当根足虫(根据恩格尔曼(Engelmann)的观察)的假足碰到外来物体时,它们就会将假足缩回,甚至在这些外来物体是其同类其他个体的假足时也是这样,而它们自己的假足的相互接触则不会引起这样的收缩。所以这些低等动物已经能够感受外部世界了——甚至是在没有因果性的先天观念,可能也没有任何清楚的空间意识的情况下。事实上,关于某物存在于我们自己之外的信念并非来自于思想。它来自于感觉;它与我们关于我们自己的存在的信念有着相同的基础。……如果我们细查新出生动物的行为,我们决不会看出它们首先将其感觉意识为纯主观的兴奋。我们更容易倾向于将它们利用其感觉时的那种令人惊讶的确定性(这是适应和遗传的结果)解释为对外部世界的一种先天直观的结果。……不是从感觉的一种原初的纯粹主观性开始,去探求它如何可能获得客观意义,相反,我们必须从感觉所拥有的客观性开始,然后再表明对于反省的意识来说,后者如何被解释成了对象的一种作用,简言之,原初的直接客观性如何变成了一种遥远的客观性。①

比否认感觉的全部客观性质更加常见的另一个混乱,是设想

---

① A.里尔:《哲学批评》,第2卷,第2册,第64页。

第十七章 感觉

感觉起初全部位于身体之中，并由一个次级动作而向外部投射。在泰恩看来，就感觉本身的位置而言，这个次级判断就始终是错的。但是它偶尔命中了位于感觉所投射之点的真实对象；因此根据这位作者的看法，我们可以将它的结果称为真实的幻觉。① 首

---

① 《智力》，第 2 部分，第 2 卷，第 2 章，第 7、8 节。比较一下这样的陈述："结果是，当一个感觉出现的通常条件就是或多或少远离我们身体的对象的出现，而且经验曾经使我们对这个距离有过亲知，我们就会将自己的感觉定位于这个距离。——事实上，听觉和视觉的情况就是这样。听觉神经的末梢终端位于耳道的深处。视觉神经的末梢终端位于眼睛最里面的凹进之处。但是，在现在的状态下，我们决不会将自己对声音或者颜色的感觉定位于这些地方，而是定位于我们之外，而且通常是在离我们相当远的地方。……因此，我们的全部颜色感觉都被投射到我们的身体之外，覆盖了远处的物体、家具、墙壁、房屋、树木、天空等等。这就是为什么当我们事后回想它们时，不再将它们归于我们自己的原因；就它们显得与我们不同而言，它们疏远和脱离了我们。从我们定位大多数其他感觉的神经表面投射出去，它与这些其他感觉以及与我们自己相联系的纽带就被解开了。……因此，我们的所有感觉都定错了位，就像刺痛感不是位于我的指端一样，红颜色也不在扶手椅上。它们全都位于大脑的感觉中枢；它们好像都位于别处，而且有一条普通法则给它们中的每一个都指派了表面上的位置。"（第 2 卷，第 47—53 页）——与之相类似，叔本华说，"我现在要用视觉来表明相同的情况。这里的直接材料局限于视网膜感觉，确实它可以有相当大的差别，但是从根本上还是要回到深浅不同的明暗印象，还有颜色印象。这个感觉完全是主观的，也就是说，是处于有机体内部，并且是在皮肤下面的。"（叔本华：《基本原理》，第 58 页）然后这位哲学家逐一列举了理智为使原本主观的感觉成为客观的做了些什么：(1) 它将它颠倒过来；(2) 它将它的双重性还原为单一性；(3) 它将它的平直性转变为立体性；以及 (4) 它将它投射到远离眼睛的地方。还有，"就它们作为我们自己身体的状态，特别是我们神经器官的状态，来到意识这里而言，感觉就是我们称之为感官印象的东西；当我们由它们形成了对外部对象的表象时，我们就称它们为知觉。"（赫尔姆霍茨：《声音的感受》，1870，第 101 页）——再一次："感觉始终是在心理中枢完成的，但是它在神经末梢的兴奋部分显示它自己。换句话说，我们在神经中枢意识到现象，……却在末梢器官感知它。这个现象依赖于对感觉本身的经验，在其中有对这个主观现象的反省，还有在知觉方面似乎返回到曾经激起这个心理状态的外部原因的趋向，因为后者是与前者联系在一起的。"[瑟吉（Sergi）：《生理心理学》(*Psychologie Physiologique*)（巴黎，1888），第 189 页]——我所知道的最清晰和最好的段落在利布曼：《客观景象》(*Der Objective Anblick*)（1869），第 67—72 页，但不幸的是它太长了，所以不能在这里引述。

先,在心理学文献中,人们不断地这样使用感觉这个词,就好像它与作为其先行条件的终端器官或者中枢里面的物理印象是一个意思,尽管我们是用感觉来指心理的而非物理的事实。但是那些明确用它来指心理事实的人仍然给它保留了一个物理位置,仍然认为它客观地栖居于受到刺激就会导致它出现的神经通道之中;于是他们(更进一步地)认为,它必须将自己安置在他们安置它的地方,或者在一开始就能主观地感觉到那个地方就是自己的栖居地,但是后来不得不被移动以便可以出现在其他的地方。

所有这一切看上去都非常混乱和不可理解。如我们在前面的一章(第 214 页)看到的,在严格的意义上,我们不能说意识栖居于任何地方。它与大脑有动力学的关系,与所有事物都有认知的关系。从一个观点看,我们可以说感觉与大脑处在同一个位置(如果我们愿意这样说),正如从另一个观点看我们可以说它与它正在认识的无论什么性质处在同一个位置。但是这个假定,即感觉最初感受到它自己或者它的对象与大脑处在同一个位置,是完全没有根据的,而且前验的可能性和来自经验的事实也都不能表明,这种说法构成了我们感受性的原初认知功能的任何部分。

那么,我们感受到我们原初感觉的对象在哪里呢?

无疑,一个新近在波士顿出生的孩子,照亮卧室的蜡烛火焰或者尿布夹给了他感觉,但是他并没有感受到这其中的任何一个对象位于西经 72°和北纬 41°的位置。他没有感受到它们在这所房子的三楼。他甚至没有以任何清楚的方式感受到它们是位于他同时从房间里的其他对象那里得到的任何其他感觉的右边还是左边。总之,关于它们与世界上任何其他事物的空间关系,他一无所

第十七章 感觉

知。火焰在它自己的位置,疼痛在它自己的位置;但是这些位置既不与任何其他位置等同,也没有与后者区分开来。这是以后出现的事情。因为以这种方式最初在感觉上认识的位置,是伴随这个孩子一生的空间世界的构成要素;通过记忆和以后的经验,他学到了许多关于这些最初他没有认识的位置的东西。但是,世界上的某些位置在他那里就永远被规定为那些感觉曾经所在的位置了;而他对任何事物在哪里这个问题的唯一可能的回答,就是说"在那里",并且说出能确定那个点的像最初感觉的某个感觉。空间只是意指我们所有可能感觉的聚合体。不存在由其他来源认识的,或者由最初没有空间性质的感觉落入其中的"划时代成就"所创造的完全一样的空间。它们将空间及其全部位置带给我们的理智,而不是从理智那里获得它。

那么,对这个孩子来说,他的身体后来只是指他感受过或者正在感受的来自尿布夹的疼痛以及许多其他这类感觉的地方。说他将那个疼痛定位于身体,并不比说他将身体定位于那个疼痛更真实。二者都是真的:疼痛就是他用身体这个词所意味的部分意思。同样,对于这个孩子来说,外部世界只是指他感受到蜡烛火焰以及许多其他这类感觉的地方。与将外部世界定位于蜡烛相比,他并没有更多地将蜡烛定位于外部世界。再说一次,他在做这两件事情;因为蜡烛就是他用"外部世界"这个词所意指的部分意思。

这一点(在我看来)是正确的,并且(我相信)在关于空间知觉的一章中将会更具有可信性。但是这种知觉后来的发展太复杂了,这些简单的原理很容易被忽略。一个复杂情况来自这个事实,即事物是移动的,我们感受到其存在的原初对象分裂成了两个部分,其中的一个仍然在它们的所在之处,而另一个则随着它们的性质或本性移开了。于是我们对它们曾经的所在之处与现在的所在之处进行比较。如果我们没有移动,对于它们曾经的所在之处的感觉就保持不变;但是我们自己不久也移动了,于是这个感觉就也变化了;而且"它们曾经的所在之处"就不再是它原本所是的真实感觉了,而只是一种我们想象为可能的感觉。逐渐地,这些可能感觉的系统越来越多地取代了真实感觉。"上"和"下"成为了"主观的"看法;东和西比"右"和"左"等等变得更加"正确";事物最后更"真实地"为它们与某些理想的不变坐标的关系所定位,而不是为它们与我们的身体或者与最初规定了其位置的那些对象的关系所定位。对我们原初定位的这种修正是一件复杂的事情;并包含一些可以被很自然地描述为位置改变的事实,感觉由这种改变被推到了比它们原本看上去更远的地方。

确实,很少有事情比许多感觉对象可以被设想的可变距离更令人惊讶了。苍蝇的嗡嗡声会被当作遥远的汽笛;或者苍蝇本身,在没有对上焦的情况下看到时,可以短暂地给我们一种远处飞鸟的错觉。取决于我们是从观剧小望远镜的这一端还是那一端看它们,相同的事物会显得近得多或者远得多。我们的全部视觉训练,确实在很大程度上都是在致力于将适当的距离指派给我们视网膜感觉的对象。婴儿会去抓月亮;后来,他将那个感觉投射到他知道不能及的远处。在切塞尔登(Chesselden)先生被大量引述的那个"先天盲"并且"除去了"白内障的"年轻绅士"的病例中,有关于这个病人的这样的报告,"当第一次能够看见时,他完全不能做出任何距离判断，将所有触碰了（他是这样表达的）他眼睛的物体，都看作是他感到触碰了皮肤的东西。"有人描述过其他先天盲但通过外科手术治愈的病人，说他们让手靠近眼睛来触摸它们最先看见的物体，而当发现没有摸到时，才逐渐将手伸开。很多人从这些事实得出结论说，我们最早的视觉对象一定像是与我们的眼睛直接接触的。

但是触觉对象也会染上类似的情境模糊性。

如果有人拉我们头上的一根头发，我们能通过传递给头部的运动而相当准确地感觉到拉扯的方向。① 但是拉扯的感受不是定位在头发上为手指所握的部位，而是定位在头皮本身。这似乎是与我们的头发不是触觉器官这个事实联系在一起的。然而，在有触须的动物那里，以及在那些胡须就是触觉器官的四足动物那里，几乎无可置疑，感受从根部投射到了须发的茎干上。当胡须或者头发整个被触碰到时，我们自己也有与之接近的感受。我们在离头皮有些距离的地方感知到这种接触。

当像牙齿和指甲这样的固定而坚硬的身体附属物被触碰时，我们在它客观所在的地方，而不是在神经终端所在的深处，感受到接触。然而，如果牙齿松动了，我们就感受到在空间上分隔开来的两种接触，一个在牙齿的根部，一个在顶部。

从这种情况可以直接过渡到硬的物体与表面没有器官上的联系，而只是偶然与它相接触的情况。我们可以像用指尖那样用一

---

① 这为韦伯的设计所证明：由另一个人把这个人的头部紧压在一个支持物上，于是拉扯的方向就感知不到了。

根杆子的末端在空中或者在墙上描画出字母；在这样做时，我们能够像没有杆子时我们感受用指尖描画出的路径一样直接地感受到杆子的末端描画出的路径的大小和形状。同样，绘图员的直接知觉似乎是在铅笔的笔尖上，外科医生的直接知觉是在手术刀的刀刃上，角斗士在用剑刺穿敌人的皮肤时，他的直接知觉是在剑的尖端上。站在颤动着的梯子的中间时，我们不仅感受到自己的双脚站在梯级上，而且感受到梯子的腿立在更下面的地面上。如果我们摇动一扇锁着的铁门，我们感受到双手所扶的中间部位的晃动，但同样也感受到合叶和锁所在的端点的稳固性，我们好像同时感受到这三个地方。① 然而在这三种情况下接受接触的地方都是皮肤，它的感觉相应地有时被解释为那个表面上的对象，另一些时候又被解释为远处的对象。

在关于空间的一章我们将会了解，我们关于自己运动的感受主要来自转动着的关节的感受性。有时，通过将注意集中在比如说我们的肘关节上，我们就能感受到关节里面的运动；但是我们始终同时意识到运动过程中我们的指尖在空中描画出的路径，而这些指尖本身却完全没有因为这样的运动而发生任何物理的改变。对肘后尺骨神经的一击在那里也在手指上被感受到。肘部受冻手指上会产生疼痛。流过神经干的电流，无论是负责皮肤感受性还是负责更加特殊的感受性（如视神经）的神经干，都会引起模糊定位于所流经神经通道之外的感觉。众所周知，腿或者胳膊被截了肢的人，往往会保持失去的手或脚还在那里的错觉。甚至在

---

① 洛采：《医学心理学》，428—433；利普斯：《精神生活的基本事实》，582。

第十七章 感觉

并非持续不断地有着这种感受时,也能让这种感受偶尔再回来。有时这是对残肢里面的神经干进行电刺激而产生的结果。

> 米切尔医生说,"我最近在没有告知病人可能结果的情况下,用感应电流治疗了一个肩部关节断离的病例。在两年的时间里,他完全感受不到那个肢体。在电流作用于臂神经丛时,他突然大喊'噢,手,——手!',并试图去抓住那个失去了的手臂。我魔法般召唤来的幻觉很快就消失了,但是他惊愕无比,它显得如此真实。"①

失去的肢体的显见位置各有不同。通常,脚好像是在地面上,或者当使用了假脚时,就是假脚的位置。有时,在失去胳膊的情况下,肘好像是弯的,手在胸部的一个固定位置。有时位置是不自然的,手好像直接从肩膀上接出来,或者脚好像与存留下来的那条腿的膝关节处于同一高度。有时位置是模糊的;有时它模棱两可,就像在韦尔·米切尔医生的另一个病人那里的情况,他

> 在11岁的时候失去了一条腿,还记得那只脚逐渐接近并最后到达了膝关节的位置。当他开始用假肢时,它及时地再次回到了原来的位置,而他现在决不会再觉知到那条腿是缩短了的,除非在……朝向那个部分的注意引起了不舒服的感受以及对活跃和令人不快的脚趾运动的主观感觉的时候,他会有一段时间谈论起或者想起那段残肢,还有那条失去了的腿。位于膝关节处的脚的错觉立刻就和这些感受一

---

① 《神经损伤》(*Injuries to Nerves*)(费城,1872),第350页及以下诸页。

起回来了。

人们很容易这样描述所有这些事实以及其他与之类似的事实,就好像所处情境会使我们的感觉从接近大脑或者身体表面的原初位置移开,而显得更远了;而且在移开之后(在不同情境下)又会再次返回。但是对所发生的事情做少许分析就可以表明,这个描述是不准确的。

每一个感觉最初来到我们这里时所带有的那种客观性,构成其内容原始部分的占位和空间性质,起初是不与任何其他感觉相关的。第一次睁开眼睛,我们就得到了一个视觉对象,这就是一个位置,但是它并非处于与任何其他对象的关系中,也并非与以其他方式知道的任何位置相等同。它是我们至此只是亲知的一个位置。当后来我们知道这同一个位置是在我们"前面"时,那只意味着关于它我们学到了一些东西,也就是说,它与称之为"前面"的那个其他位置相一致,后者是通过上肢和手或者头和身体的特定感觉而给与我们的。但是在我们视觉经验的最初时刻,虽然我们已经亲知了自己的头、手和身体,但是关于它们与这个新看见的对象的关系,我们还是不可能知道任何事情。它不能直接相对于它们而得到定位。它的位置如何与它们的感受所给出的位置相一致,是只有后来的经验才能告诉我们的事情;在下一章我们将会较细致地看到以后的经验是如何通过辨别、联想、选择和心的其他持续行使的功能而做到这一点的。因此,当婴儿去抓月亮时,那并不表明他看见的东西没能给与他其后知道是距离的感觉;它只表明他还不知道在那个视觉距离呈现的事物,是处在什么触觉的或者手

第十七章 感觉

动的距离。① 一个刚做过白内障手术的人在眼前摸索远处的物体,表明的也只是同样的事情。不同距离的所有普通的视觉标记,在这个可怜人的感觉中都是不存在的。他的视觉是单眼的(一次只有一只眼睛做手术);晶体没有了,一切都失焦了;他感受到畏光、流泪,以及眼球本身(其位置是他很久以前通过触觉了解的)的其他本地的疼痛感觉;那么,新感觉所引起的最初触觉反应是与那个器官本身的触觉位置相联系的,这有什么奇怪的呢?至于他对这件事情的断言,如果如保罗·詹尼特教授所说,仍然是通过作为他所知道的唯一语言的触觉语言表达的,又有什么奇怪的呢?"对于他来说,被触碰的意思就是没有先做出动作就接收了一个印象。"他的眼睛此时得到了这样的印象,所以他只能说物体在"触碰它"。

> 他的所有得自触碰却应用于视觉对象的语言,都让我们以为他与我们自己的感知方式不同,而实际上这只是他谈论相同经验的不同方式。②

其他感觉位置改变的案例,同样也很容易无需假设任何来自最初感知它们的中心区的"投射"而得到解释。可惜细节很复杂;只有等到下一章,才能完全弄清楚我现在所说的话。那时我们会看到,我们不断将某些感觉作为实在选择出来,并将其他感觉降级

---

① 实际上,它可能只是表明有一种欲望的躁动,甚至在他已经觉知他触及不到那个物体之后,他也可能会有这样的躁动。

② 《哲学评论》,VII,第 1 及以下诸页,这是一篇极好的批评文章,詹尼特在其中给出了相关病例的参考书目。并参见杜南;同上,XXV,165—167。T. K. 阿博特(Abbot)在《视觉与触觉》(*Sight and Touch*)(1864)的第 10 章也讨论了这些病例,并对其做出了类似的解释。

至这些感觉的标记的地位。当得到其中一个标记时，我们就想到它所表示的那个实在；奇怪的是，这时那个实在（那时它自身完全不必是一个感觉，而只需是一个观念）是如此有趣，以至它获得了一种幻觉的力量，这力量甚至能够胜过那个相对无趣的标记的力量，并将我们的注意完全从后者那里转移开来。因此，关节转动所引起的感觉，是我们通过大量其他感觉（触觉和视觉的）而知道的整个肢体动作的标记。整个肢体的这种动作，就是当关节神经以那种方式受到刺激时，我们所想到的东西；它的位置比关节的位置重要得多，以至我们关于后者的感觉可以说被吸收进了关于前者的知觉当中，而对动作的感觉似乎也弥漫进了我们的手指和脚趾之中。但是将注意从整个末端的提示转移开来，我们就能很好地将同样的感觉感知为好像是集中在一个部位。我们就能将它识别为位于不同地方的"关节"本身的触觉和视觉意象。

当我们感受到拐杖的尖端顶着地面时，情况也是这样。在尖端触及"地面"时所经验到的手的奇怪运动（在一个方向上不可能，但在所有其他方向上都不受阻），是拥有那个名称的视觉和触觉对象的标记。我们想到"地面"在那里，并给我们这种运动的感觉。我们说，这个感觉来自地面。地面的位置好像就是它的位置；虽然与此同时，并出于完全相同的实际理由，我们也想到了另一个视觉和触觉对象，也就是"手"，并且以为它的位置也一定是我们的感觉的位置。换句话说，我们接受一个对象或者感觉内容 A，并将它与以其他方式知道的另一个对象 B，或者与以其他方式知道的两个对象 B 和 C 相混淆，我们将它的位置等同于它们的位置。但是在这整个过程中，都不存在将 A 从一个原初位置"投射"（如引渡

第十七章 感觉

论的哲学家所说)出去的情况；它最初占据的原始位置(远离那些其他感觉)并非必须要否认；不存在它从那里被驱赶出来的自然"中心区"。那会意味 A 最初就是带着与其他感觉的明确位置关系来到我们这里的，因为在 B 和 C 之外与在它们之中一样，都是与它们有了位置的关系。但是在它最初来到我们这里时，和它不在 B 和 C 之中一样，它也不在它们之外。它与它们完全没有关系。说我们感受到一个感觉的处所是"在大脑中"，或者"贴着眼睛"，或者"在皮肤下面"，就是和说它有一英里远一样说着关于它的事情，就是在用说它有一英里远一样的非原始的方式对待它。这些都是次级知觉，都是通过另外的方式(per aliud)明确感觉之处所的办法。它们包含无数的联想、识别和想象，并且在结果上可以有许多波动和不确定性。①

因此我断定"向外投射"理论是不正确的。它来自这个混乱的假定，即引起一个感觉的身体过程也一定是这个感觉的处所。②

---

① 截肢病例中失去了的手和脚的居间的和缩短了的位置也表明了这一点。很容易看到为什么幻觉中的脚会持续跟随假脚的位置。但是我承认我无法解释它的中间位置。

② 关于我们如何能够由视网膜上的颠倒图像看出正过来的事物这个由来已久的谜题，正是产生自这个混乱的假定。人们朴素地认为我们的意识栖居在那个图像上，并且将图像的位置感受为是与其他空间物体相关的。但事实是，无论是作为栖居地还是作为任何其他东西，对于直接意识来说，那个图像是不存在的。我们关于它的观念是极为后来的概念过程。外部对象是带着后来在与其他感觉的关系中得到命名和规定的全部性质而直接给与我们的。这个对象的"底部"是我们看见后来通过触觉知道是脚的地方，它的"顶部"是看见我们知道是其他人的头部的地方，等等。贝克莱很久以前就把这个问题讲得非常清楚了。(见他的《视觉新论》《Essay towards a new Theory of Vision》,第 93—98 节,113—118)

43 但是感觉没有这个意义上的处所。一旦经验将它们联结在一起,它们就成为了相互间的处所;但是这并未侵犯它们中的任何一个所拥有的原始处所。而且,尽管我们的感觉此时不能这样分析和谈论它们自己,然而,它们在最初呈现出来之时,就和在任何以后的时间完全一样,知晓所有我们最终在客观性、外在性和广度的名称之下所引出和了解的那些性质。主观性和内在性确实是人心最晚获得的观念。①

---

① 读者要到下一章才会看到完整的辩护。针对现在给出的概括性解释,他也许会反驳说,呈现在婴儿直接视野中的各种事物,从一开始就是相互之间相对定了位的。我承认,如果得到了辨别,它们就会显得是这样定位的。但它们是一个感觉的内容的不同部分,而不是这里的讨论所涉及的分别经验到的多个感觉。在其中我们的所有感觉都最终找到了位置的完全发展起来了的"世界",只是依照视野的模式,以一种有序和系统的方式让一个又一个感觉相加和继续而构成的一个想象对象。为了确证我的观点,我必须求助于在前面第 32 页引述过的里尔书的第 57—60 页,以及厄普尤斯(Uphues):《感性与感受》(*Wahrnehmung und Empfindung*)(1888),特别是导论和第 51—61 页。

第十八章 想象

感觉一旦经验过，就会改变有神经的生物体，以至这些感觉的复本在原初的外部刺激消失以后还会再次出现在心中。然而，从来不曾直接由外部激发的任何种类感觉的心理复本，都不会出现在心中。

在失去视觉或听觉以后的很多年里，盲人可以梦见景象，聋人可以梦见声音；① 但是我们决无可能让生来就聋的人想象声音是什么样的，或者让生来就盲的人拥有心理视觉。用已经引用过的洛克的话说，"心不能给自己设想出一个新的简单观念"。所有的观念原型都必须已经从外部被给予。幻想或想象是人们为再现感受过的原型复本的能力所起的名字。如果复本是如实的，想象就被称为"再现性的"；当来自不同原型的要素被结合起来构成了新的整体时，想象就被称为"创造性的"。

后像属于感觉，而非想象；所以最直接的想象现象似乎就是在第一卷第 647 页谈到过的那些较迟缓的意象[源于德国人称为感性记忆(Sinnesgedächtniss)的东西]，——在不同寻常的持续几

---

① 贾斯特罗教授通过对盲人进行的统计学研究发现，如果他们的失明发生在 5 至 7 岁之间的阶段，视觉中枢似乎就衰退了，视觉的梦境和意象也渐渐地过时了。如果失明发生在 7 岁以后，视觉想象力似乎就能保持一生。见 J. 教授在 1888 年 1 月的《新普林斯顿评论》(*New Princeton Riview*)上发表的有意思的文章"盲人的梦"(Dreams of the Blind)。

个小时的经验发生之后，心凭借这些经验的回声进行的强制性追寻。然而，通常人们认为属于想象的现象，是普通联想性思想过程所产生的可能感觉经验的心理图像。

当再生之时，如果这些图像带着具体得足以构成一个确定时间的环境被表象出来，它们就是回忆。我们已经在第十六章研究了回忆的机制。当心理图像是材料的自由组合，没有精确地再现过去的组合时，我们就有了真正的想象活动。

我们的意象通常是模糊的

对于普通的"分析"心理学来说，被想象对象的每一个在感觉上可分辨的元素，都由它自己的单独观念所表象，而整个对象则由一"团"或者一"群"观念所想象。我们已经看到了许多拒斥这个观点的理由（见第276页及以下诸页）。被想象的对象，无论多么复杂，在任何时刻都在一个观念中被思想，这个观念同时知晓它的全部性质。如果我有时用这种普通的方式说话，谈到各种观念的"结合"，读者要理解这只是为了通俗和方便，而不要把它解释为对心理学中的原子论的让步。

休谟是原子论的杰出代表。在他看来，观念不仅是原初感官印象的复本，而且还是完全充分的复本，全部都是相互分离的，没有任何的联系。休谟不是诉诸观察，而是诉诸前验推理，来证明想象中的观念是完全充分的复本的：

> 如果没有对量或质的不同程度形成精确的观念，心就无法形成任何量或质的观念，"因为"人们承认，如果不在量和质

第十八章 想象

的程度上得到规定,就没有对象能够呈现给感官;或者换句话说,就没有印象①能够呈现在心中。印象有时陷入的混乱只是起因于它们的模糊和不稳定性,而并非产生自心中的任何接受印象的能力,后者实际上并不具有特殊的程度或比例。这是用词上的矛盾;而且甚至意味着最直截了当的矛盾,即同一个事物既存在又不存在是可能的。因为所有观念都来自印象,而且只是印象的复本和表象,所以任何对其中一个为真者也必须在另一个那里得到承认。印象和观念只在强度和生动性方面有所区别。前面的结论不是基于任何特殊程度的生动性。因此它不能为那个个别者的任何变化所影响。观念是较弱的印象;由于强的印象必然有确定的量和质,其复本或表象的情形也一定是这样。②

最些微的内省就可以表明这个观点是错误的。休谟肯定无需清楚地看见浮现在他心眼之前的纸页上的每一个词和字母,就能拥有他自己著作的意象。因此他的宣言就是被前验理论遮住双眼而看不见最明显事实的一个精致的例子。这也相当值得注意,即休谟自己的经验主义学派的心理学家们通常比其反对者更加要对这种盲视负有罪责。唯灵论作者在总体上更加准确地报告了意识的基本事实。就我所知,在泰恩和赫胥黎之前,休谟的门徒从未费心去反驳其师长的观点。赫胥黎教授在论休谟的杰出的短小著作中,以下述言词直率地提出了这个问题:

---

① 在休谟那里,印象的意思就是感觉。
② 《人性论》,第 1 部分,第 7 节。

当复杂印象或复杂观念再现为记忆时,有可能这些复本从未完全准确地给出过原型的全部细节,可以肯定它们极少做到这一点。没有人会拥有这么好的记忆,以至如果对一个自然物体他只观察过一次,在第二次的查看中他不会看到已经遗忘了的东西。因此我们的记忆几乎全部(如果不是全部)都是原型的速写而非肖像——突出的特征是明显的,而次要的性质则是模糊和未得到表现的。

那么,当几个相互或多或少有所区别的复杂印象——比如说在每一个复杂印象中的 10 个印象里,有 6 个总的来说是相同的,4 个与所有其他印象都不同——相继呈现在心中时,我们很容看到结果的性质一定是什么。6 个相同印象的重复会强化复杂观念中的 6 个相应元素,后者因而会具有更大的生动性;而每一个复杂印象中的 4 个不同印象,则不仅不能获得比它们起初拥有的强度更大的强度,而且,根据联想法则,它们会趋向于同时出现,并因而会相互抵消。

考虑一下复合照片形成过程个中发生的事情,这种心理运作就变得可以理解了——比如,6 个坐着的人的脸部形象,每一个都以拍一张肖像所需的六分之一的时间拍摄在同一张照片底版上。最后的结果是 6 张面孔相重合的那些点都很明显地显示出来,而所有这些面孔相区别的那些点则都是模糊的;因此就制造出了与任何一个人的特殊肖像截然不同的可以被称为 6 个人的类属肖像的东西。

因此,我们关于单一复杂印象的观念在某个方面是不完备的,而我们关于许多或多或少相似的复杂印象的观念又在另一个方面是不完备的;这就是说,它们是类属的,而不是特

第十八章 想象

殊的。由此可以断定,在这个词的严格意义上,我们关于相关印象的观念不是那些印象的复本;同时它们在心中可以独立于语言而存在。

由几个相似却并非等同的复杂经验形成的类属观念,就是我们所说的抽象或者一般观念;贝克莱试图证明,所有一般观念都只是附加在特定术语上的特殊观念,这个术语给了一般观念更广泛的意义,并且使它们有时能够回想起与其相似的其他个别观念。休谟说,他认为这是"近年来知识界所做出的最伟大和最有价值的发现之一",他还试图表明它将"免受任何怀疑和争论"。

我可以大胆表达对他是否成功实现了这个目标的怀疑;但这是一个深奥的问题;而我必须满足于提出,尽管贝克莱的观点看上去在很大程度上适用于在习得语言之后形成的一般观念,适用于更加抽象的概念,但是关于感觉对象的一般观念却也能以提到的方式产生,并且可以独立于语言而存在。一个人在梦中看见马、树和其他物体,这些东西本身完全可以辨识,但却让人想起像是"用眼角一瞄"看见的真实物体,或者想起由聚焦不好的幻灯投下的图像。对我们讲话的人像是在暮色中看到的样子;或者我们在乡村旅行,每一个景色都是模糊的;小山的轮廓不对,河流也没有清晰的岸。总之,它们是许多人、小山和河流的过去印象的类属观念。全神贯注地研究某种新种类动物的标本的解剖学家,在时间进程中获得了关于其形状和结构的生动概念,以至观念会以可见的形式出现,并成为一种醒梦。但是这样呈现出来的形象是类属的,而不是特殊的。它不是任何一个标本的复本,但或多或少是这一系列标本的均值;而且似乎没有理由怀疑,学会说话以前的儿童以及聋哑人的心,充满了以类似方式产生的关于感觉对象的类属观念。①

模糊意象是"抽象观念"吗?

在这个问题上我唯一要批评的地方,是赫胥黎教授将这些类属意象与普遍概念性认识意义上的"抽象或一般观念"的等同。泰恩更准确地表达了这个观点。他写道:

> 若干年以前,我在英国的皇家植物园第一次见到南洋杉。我沿着花圃走,观看这些奇怪的植物。它们长着坚硬的树皮和紧密、短小的暗绿色鳞叶,以突兀、粗糙、直立的形态插在新修剪草坪上的那块光线柔和的草地上。如果我现在询问这个经验给我留下了什么,我最先找到的是南洋杉的感觉表象;事实上,我几乎可以准确地描述出那种植物的形态和颜色。但是在这个表象和先前的感觉(前者是后者现在的回声)之间存在着差别。我刚刚由以做出描述的内部形态是模糊的,而我过去的感觉却是清晰的。因为我看过的每株南洋杉都肯定在我的内部激发起了一个独特的视觉;自然中不存在两株完全相同的植物;我也许观察了20或者30株南洋杉;无疑,其中的每一株都与其他株在大小、粗细、枝条或大或小的钝角、鳞叶或多或少突兀的伸出,以及质地的类型等方面有所不同;

---

① 赫胥黎的《休谟》(Hume),第92—94页。

第十八章 想象

因此,我那20或者30个视觉是不一样的。但是这些感觉中没有一个在其回声中能够完全幸存下来;那20或者30个复苏者相互削弱;为它们的相似性而打乱和凝集,混淆起来,而我此刻的表象则只是它们的残余物。当经历过一系列相似的事实或个体时,沉积在我们心中的是那个产物,或者更确切地说,是那个碎片。在我们的许多经验里,第二天会有4或5个多少有些差异的回忆保留下来,这些自己在销毁着的回忆,给我们留下的是简单苍白的模糊表象,各种复苏的感觉以十分微弱、不完备和发育不全的状态作为组成部分进入其中。——但是这个表象不是一般和抽象的观念。它只是后者的伴随物,而且,如果我可以这样说,是后者从中抽取出来的矿砂。因为这个表象(尽管画得不那么好)是一幅速写,是关于一个独特个体的感觉速写。……但是我的抽象观念与整个的类相应;它不同于对个体的表象。——而且,我的抽象观念是完全清晰和明确的;拥有了它,我就决不会在所见的各种植物中认不出南洋杉来。所以它不同于我拥有的关于某株特殊南洋杉的混乱和流动的表象。①

换句话说,模糊图像和清晰图像一样都是单一的心理事实;而心使用任何一个图像来代表整个一类个体,则是一个新的心理功能,除了对这个图像清晰与否的单纯知觉以外,还需要有意识方面的其他改变。我也许会抱怨我关于一个不在场朋友的心理意象不清晰。但这并不妨碍我的思想仅仅意指他。而且,我也可以用

---

① 《智力》(纽约),第2卷,第139页。

我心中对一个人的非常清晰的意象,来意指整个人类。意指是意识的比较"过渡性"的部分的功能,即我们感受到围绕那个意象的关系"边缘"的功能,无论意象是清晰还是模糊的。这已经在前面的地方(见第 473 页及以下诸页,特别是第 477 页的注释)解释过了,除了历史的兴趣之外,我不会在这里涉及这个问题。

那么,我们关于过去感觉经验的观念或意象,可以或者是清晰和充分的,或者是暗淡、模糊和不完备的。很可能,它们在不同的人那里清晰和完备程度的不同,与如贝克莱与洛克关于抽象观念的哲学争论有点关系。洛克曾经谈到我们拥有的"三角形的一般观念","必须既不是斜角的,也不是直角的,既不是等边的、等腰的,也,不是不等边的,而是同时是所有这一切,而又不是其中的任何一个。"贝克莱说,

> 如果任何人拥有在心中形成如这里所描述的三角形观念的能力,向他质疑这一点是徒劳的,我也不会去讨论它。我所希望的,只是读者自己能够完全和确定地知晓他是否拥有这样的观念。①

直到最近几年,所有哲学家都认为存在一种所有个体的心都与之相似的典型的心,认为对于诸如"想象"这样的能力可以提出普遍有效的命题。然而,不久前大量的新发现涌现出来,这些新发现让我们看到这是一个多么错误的观点。存在着多种想象,而非"那个想象",必须对它们进行详细的研究。

---

① 《人类知识原理》,导言,第 13 节。比较在前面的边码第 469 页引用过的段落。

第十八章 想象

个体在想象的方面存在差异

这个方向上最初的开创者是1860年的费克纳。费克纳拥有不同寻常的进行主观观察的天赋。在《心理物理学》的第44章,他给出了对他自己的视觉后像和视觉记忆图像所进行的最细心比较的结果,还有其它人对他们的视觉记忆图像所做的叙述。① 这个结

---

① 费克纳记述的后像和严格意义上的想象意象之间的差异如下:

后像	想象意象
感到是强迫的;	感到受我们的自发性的控制;
好像是虚幻的,空想的;	似乎更有质感;
轮廓清晰;	是模糊的;
明亮,	甚至比最黑的后像还要暗;
几乎没有颜色,	有生动的着色;
持续耐久;	不断消失,通过意志的努力才能恢复。最后甚至这也不能使它们复苏。
不能随意改变。	可以随意换成其他想象意象。
是原型的精确复本。	不能违背原型外观的必然法则——比如,不能同时从前面和后面想象一个人。可以说,想象必须围着他走;
闭着眼睛比睁着眼睛时更容易获得;	睁着眼睛比闭着眼睛更容易获得;
当头或眼睛移动时,似乎也移动;	不需要跟随头或眼睛的移动。
它们呈现其中的视野(闭眼时)是暗的,收缩了的,平的,离眼睛近、在前面,而且意象没有透视;	视野是三维延展的,在其中,从上面或者后面想象物体与从前面想象它们一样容易。
在观察后像时,注意似乎向前指向感官。	在想象时,感到注意好像朝后向大脑收回。

最后,费克纳谈到不可能同时注意后像和想象意象,甚至在它们是同一个物体的后像和想象意象,并且想要将它们合并时,也不可能做到这一点。所有这些差异对于费克纳来说都是真实的;但其中许多差异对于其他人来说却可能并不真实。我是将其作为任何一个有足够耐心的读者都可以重复的那类观察,来引述它们的。对它们还可以加上一个普遍命题,即如果我们将后像投射在远处的屏幕上,它们就显得较大,如果将它们投射在近处的屏幕上,它们就显得较小,而心理图像则不会发生这样的变化。

果是要表明一种巨大的个人差异。

他写道:"对这个问题进行统计学研究一定很有意思;遗憾的是其他工作使我未能实现我早些时候打算以这种方式进行研究的想法。"

费克纳的想法由高尔顿先生独立完成了。1880年发表的这些研究的结果可以说在描述心理学领域是开创性的。

高尔顿说,"不必用我早期的尝试性步骤来烦扰读者。在研究适当地开始以后,采取的形式就是给大量的人发送一些印出来的问题。几乎没有比构想出不会被误解、容易回答,并且覆盖了所探究领域的问题更困难的任务了。我在这些方面尽了最大的努力,没有忘记最重要的部分——让我的通信者自由地写出对其回答的充分解释,对关联话题的处理也是一样。到现在为止,这些单独的信件比对指定问题的回答更具有启发性,也更有意思。

第一组相当长的问题系列关系到心理意象的亮度、清晰度和着色。它们是这样表述的:

在着手处理背面那一页上的任何问题之前,先想某个明确的物体——假定它是你早上坐在它旁边的早餐桌——仔细想一下在你的心眼之前出现的图像。

"1.亮度。——那个意象是模糊的还是非常清晰的?它的亮度比得上真实景象的亮度吗?

"2.清晰度。——是所有物体的轮廓同时都非常清晰,还是在任何一个时刻最清晰之处的清晰度比它在实际景象中降低了?

"3.着色。——瓷器、烤面包片、面包皮、芥末、肉、西芹或

第十八章 想象

者无论桌子上的什么东西,它们的颜色是非常分明和自然的吗?"

询问的最初结果让我吃惊。我是从向科学界的朋友们提问开始的,因为对于这种想象能力来说,他们是最有希望给出准确回答的那一类人。这种想象能力也得到小说家和诗人的不断运用,在每一种语言的词汇中都留下了永久性的痕迹,并且为睡梦和病人的幻觉提供了材料。

令我吃惊的是,我发现绝大多数我最先提问的科学界人士都表示他们不了解心理意象,以为"心理意象"这个词实际上表达的是我相信每个人以为它意指的东西,所以觉得我想入非非和不可思议。对于它的真实性质,他们并不比一个没有察觉自己缺陷的色盲人对于颜色的性质了解得更多。他们有一种自己没有察觉的心理缺陷,并且十分自然地以为断言自己拥有它的那些人是信口开河。从我的一个通信者的信中引述几行文字,就足以说明他们的思想方法,他写道:

"这些问题预设了对涉及'心眼'和它所见'意象'的某种命题的赞同。……这指向了某个最初的谬误。……只是通过使用比喻修辞法,我才能将我对一个景象的回忆描述为我能用'心眼'看见的'心理意象'。……和一个人在适当压力之下就可以重复索福克勒斯的无数文字,却并没有看见那些文字一样,我也并没有看见它……。记忆拥有它,"等等。

一个朋友在法国研究院的成员中间为我所做的问询也得到了几乎相同的结果。

另一方面,当我与在普通社会中遇到的人们谈话时,我发现盛行的是一种完全不同的倾向。许多男人,还有更多的女人,以及许多男孩和女孩,都宣称他们经常看到心理意象,它是完全清晰的,而且富有色彩。我越是追问和交叉询问,公开表示出自己的怀疑,他们最初断言的真实性就越是明显。他们极为细致地描述心中的意象,并且用惊奇的语调笑话我在接受他们所说的话时表现出来的明显的犹豫。我感到,如果是我向一个坚持对视觉的真实性持怀疑态度的盲人描述在大白天呈现在我眼前的景象,我自己也肯定会像他们那样说话的。为这一愉快的经历而重新恢复了信心,我又重新开始对科学界的人士进行询问,并很快找到了我所寻找的分散的实例,尽管在数量上完全比不上其他地方。然后我更广泛地在我们朋友们中间以及通过他们的手散发了我的问题,并得到了……来自两个性别和不同年龄的人的回复,还在最后得到了来自几乎每一个文明国家的不多的通信回复。

我还收到了来自英国和美国的各种教育机构的成批回答。这些回答是在教师充分解释了问题的意思,并且使孩子们对问题发生兴趣之后做出的。这些回答有着由普通调查而来的回复的优点,这是我的其他材料所缺乏的,因为我不认为这些其他材料的作者是收到材料的人中的随机部分。确实我知道有一些完全否认拥有这种能力的人,以及这种能力太弱以致不能以自己满意的方式说出他们的经验实际是些什么的许多其他人,根本没有做出回复。然而,在中小学生提供的回复和我的单独通信者们发回的回答之间,我观察到了大量统计学意义上的相似性,而且我可以补充说,它们与我在其他地

第十八章　想象

方获得的口头信息在这方面是一致的。从一开始就很清楚的出自这么多不同来源的回复的一致性,它们显而易见的可信性在总体上通过交叉询问而大大增加的事实(虽然我可以给出一、两个不成功的有趣例子),以及为给出准确回答而做出的明显努力,让我确信,获得对心理学问题的可信回答比我预期的要简单得多。许多人,特别是女人和理解力强的儿童,喜欢内省,并会尽最大的努力解释他们的心理过程。我认为,自我解剖的乐趣一定是许多人在向神父忏悔时所感受到的快乐中的一个重要成分。

这里有两个相当值得注意的结果:一个是得到证明的获得对他人心理过程的统计学洞见的能力,无论人们对其可能性会做出什么样的前验反驳;另一个是科学界的人(作为一个类)视觉表象能力是弱的。关于这后一点,无论人们如何解释,都不存在任何疑问。我自己的结论是,对清晰心理图像的过于容易的知觉,是与高度概括和抽象的思维习惯的养成相对立的,特别是当推理的步骤是凭借作为符号的语词而进行的时候,而且,如果勤于思想的人曾经有过这种看图像的能力,不使用它就很容易失去。最强大的心可能是这样的,它们的这种能力没有丧失,而是处于从属的地位,遇到适当的时机就可以派上用场。然而,我一定要说,那个失去了的能力似乎是为其他概念性认识方式(我相信主要与不仅是眼球的,而且通常还有肌肉的早期运动感觉相联系)适用性地取代了,以至那些宣称在看心理图像的能力方面完全欠缺的人,还是能够对他们的所见做出生动的描述,并且能以不同的方式表达自己,就好像他们拥有生动的视觉想象力。他们还能成为皇家艺术院院士等级的画家。① ……

以为清晰的景象伴随清楚的视觉记忆,这是个错误。我有不少的实例都明显地表明这两个能力具有独立性;而且我至少有一个清楚的案例,在其中对轮廓的极大兴趣,以及对平直和正方等等的准确察知,都没有视觉想象力相伴随。这个能力也不伴随做梦。在我的一些案例中,这种能力很强,但梦却很少、很模糊,或者完全没有梦。一个朋友告诉我,他的梦境的强度还不及清醒时想象强度的百分之一。

视觉想象和识别的能力决不是必然结合在一起的。一位著名的形而上学作者使我确信,他能异常快地识别以前曾经看见过的面孔,但却不能唤起任何一张面孔的清晰的心理意象。

一些人拥有将比任一时刻用两只眼睛能够看到的更多的东西整合进单个知觉的能力。……

我发现,少数人能够凭借他们通常说的一种触视(touch-sight),在同一时刻对一个固体物意象的所有的面进行视觉想象。许多人近乎可以这样做,但是不能完全围绕球形物体的意象做到这一点。一位杰出的矿物学家让我确信,他能同时想象他所熟悉的结晶体的所有的面。关于这一点,可以让我引述我自己的一种奇特的能力。它只是偶尔在梦中或者更

---

① 我自己就是一个不错的绘图员,并且对绘画、雕塑、建筑风格和装饰有强烈的兴趣,对艺术效果有敏锐的感受性。但我是一个视觉想象力极差的人,我发现自己经常无法在我的心之眼中再现我极认真观察过的图像。——威廉·詹姆士

第十八章 想象

确切地说在噩梦中得到运用,在这些情况下我完全意识到在单个知觉中把握了整个球体。它好像位于我的心理眼球之中,并且是以向心的方式来观看的。

这种理解能力实际上在许多情况下是通过间接方法获得的。以快得无法确定是否并非在同时观看的心理扫视,将被想象房间的全部环境尽收眼底,是一个普通技艺。一些人有这样的习惯,他们观看物体时就好像它们是部分透明的;所以,如果他们想象一个地球,同时看到它的北极和南极,他们就看不到它的赤道部分。他们也能用心理的一瞥来感知一所想象的房子里面的所有房间,墙和地板就好像是用玻璃做的。第四类人习惯于不是从他们观察景象的地点,而是从远处回忆景象,而且他们把自己的自我想象为心理舞台上的演员。通过这些方式中的某一个,许多人就拥有了看到物体的整体,而不只是它的一个方面的能力。

意象看上去的位置有很大差异。大部分人以一种难以确定的方式看见它,其他人在眼睛的前面看见它,还有另外的人在与实在相应的稍远的地方看见它。将心理图像投射在一张纸上,将它保持在那里,以便可以用铅笔描出它的轮廓,这是一种天生非常少有,但是我相信用不着费多大力气就可以获得的能力。我还会再回到这个问题上来。

意象通常不会由于全神贯注于它们而变得更强烈;最初的观念通常是最有力的,但也并非总是如此。有时对一个位置的心理判断是与对它和罗盘方位(无论真实的或想象的)相应的位置感不可分地联系在一起的。关于这一强烈的地理倾向,我收到了来源不同的完整而奇特的描述,而在一或两个案例中,我有理由认为它与地理理解的重要能力有关联。

女性的视觉想象力比男性强,公立学校的男生这方面的能力比成年男性强一点,但强得不多。根据大量的陈述可以断定,成年以后,年龄的进一步增长似乎不会减弱这种能力,而是相反;但是年龄的增长有时伴随发展着的努力抽象思考的习惯,而在这样的情况下——在我提问的人中并非罕见——这个能力无疑是削弱了。有理由相信,这个能力在一些年幼儿童当中非常强,这些儿童似乎在区分主观世界和客观世界的方面要经历很多年的困难。语言和书本的学习无疑会降低这个能力。

视觉想象力是一种天赋,并且像所有的天赋能力一样,有遗传的倾向。我有大量的证据证明,这个能力的遗传倾向格外强,特别是就某些相当罕见的特性而言,……这些特性如果存在,人们通常会在两个、三个或者更多兄弟姐妹、父母、孩子、叔伯和姨母以及堂兄弟姐妹中间找到它们。

由于不同家庭在这个能力方面的差异是如此之大,我们可以设想不同民族之间也有差异,无疑情形就是这样。我不大愿意提及文明国家,因为在那里自然能力为教育改变了太多,以至不能以原本的方式评价他们。然而,我可以谈论法国人,他们似乎拥有很高程度的视觉想象力。他们在预先安排各种仪式和盛宴方面表现出来的特有能力,以及他们无可置疑的战术和战略天赋,表明他们能够格外清楚地预知结果。他们在各种

第十八章 想象

技术发明中的独创性进一步证明了这一点,他们非凡的清晰表达也是如此。他们的"请你想想(figurez-vous)"或者"想象一下(picture to yourself)"这个短语似乎表达了他们主导的知觉方式。我们的对等词"想象"则是模糊的。

我有许多这样的人的案例,弹奏钢琴时他们在心里流利地读出总谱,或者做演讲的时候在心里读出讲稿。一位政治家告诉我,他说话的过程中有时会出现犹豫,是因为他被带有最初的删除和修正的讲稿的意象所烦扰。他无法降伏那个幻影,试着要将它辨认出来。

有些人能在心里看见他说出的每一个词的印刷字体;他们注意的不是词的声音,而是它们的视觉对等物,而且他们通常就像是从一张想象中的长条纸(例如从电报设备上展开来的)上流利地读出它们的。

读者可以在高尔顿先生《人的能力的研究》(*Inquiries into Humnan Faculty*)的第83—114页找到进一步的细节。① 我自己多年来收集了我的每一个心理学的学生对他们自己视觉想象的描述,并且发现(与一些奇怪的特异品质一起)高尔顿先生报告的所有差异都得到了进一步的证实。我增补接近等级两端的两个案例的摘录作为例子。两位作者是堂兄,是著名科学家的孙子。具有较好视觉想象力的那个说:

---

① 还可参见麦科什和奥斯本(Osborne),《普林斯顿评论》,1884年1月。在1878年12月28日的《伦敦观察》(*London Spectator*)第1631、1634页,和1879年1月4日、11日和25日,以及3月18日中,有一些这种能力高度发展的好的例子。

今天的早餐桌既暗淡又明亮；如果我在眼睛看向任何物体的时候去想它，它就是暗淡的；如果我闭着双眼去想它，它就十分清楚明亮。——所有的物体同时都是清楚的，然而当我将注意限制在任何一个物体上时，它就变得更加清晰了。——我回忆颜色比回忆任何其他东西的能力都强：比如，如果我要回忆一个有花朵装饰的盘子，我能在一幅图中准确再现它的色调等等。桌子上所有东西的颜色都十分生动。——我的意象的范围很少有限制：我能看见一个房间的四个面，我能清晰地看见两个、三个、四个甚至更多房间的四个面，以至如果你问我任何一个房间里面的任何一个特殊地方有什么东西，或者让我数椅子等等，我都能毫不犹豫地去做。——我记住得越多，就能越清晰地看见我书页的意象。甚至在我背出那些文字之前我就看见了它们，以至我能非常慢地一个词一个词地把它们说出来，但是我的心却在忙于看我的印刷字体的意象，以至我完全不知道我在说什么，不知道我所说的意思等等。在最初发现自己在这样做时，我习惯于认为这只是因为我不完全知道那些文字；但是我相当确信我确实看到了意象。我认为，下面的情况最有力地证明了事实确实如此：

我能俯视我心理上看见的那一页，看见所有的行起始的那些词，而且由其中的任何一个词我都能将那一行继续下去。我发现，与有空格相比，如果那些词开始在一条直线上，这样做就容易得多。例如：

第十八章 想象

>   *Étant fait* ……
>   *Tous* ……
>   *A des* ……
>   *Que fit* ……
>   *Céres* ……
>   *Avec* ……
>   *Un fleur* ……
>   *Comme* ……
>
> （拉封丹(La Fontaine)8. IV）

视觉想象力差的人说：

　　从我对其他人的意象的研究来看，我自己形成心理意象的能力似乎是有缺陷的，并且有点奇特。我不是通过一系列的清晰意象，而是通过一种全景图来记住特殊事件的，这个图上最微弱的印象是透过一层浓雾被察知的。——我闭上眼睛就无法得到任何一个人的清晰意象，虽然几年前我是能够做到这一点的，这个能力好像逐渐消失了。——在发生的事件就像是最真实事实的最生动的梦里，我经常受到视力模糊的困扰，它使意象不能清晰地呈现出来。——说到早餐桌的问题，没有任何确定的东西。一切都是模糊的。我说不出我看见了什么。我不可能去数椅子，但我碰巧知道有 10 个。我看不到任何东西的细节。——主要是这样一个总体印象，即我无法准确地说出看见了什么。就我所能回忆起来的而言，颜色大致也是这样,只是大大地褪色了。也许我能清楚看见的唯一颜色是桌布的颜色,如果我还记得墙纸的颜色是什么,我也许也能看见它的颜色。

一个视觉想象力强的人觉得很难理解那些没有这种能力的人怎么还能思想。一些人无疑完全不具有配得上这个名字的视觉意象,①不是看见了早餐桌,他们告诉你记得它,或者知道桌子上有什么。这种知道和记得无疑是通过语词意象发生的,正如已经在第九章第265—266页中解释过的那样。

近年来关于失语症的研究(见第54页)已经表明在想象力方面个体之间的差异是如何出人意料的巨大。同时,这个疾病不同病例中的损伤和症状之间的差异已经在很大程度上得到了澄清。在一些个体那里,习惯性的"思想材料"(如果可以这样称呼它)是视觉的;而在其他人那里,它是听觉的、发音的或者运动的;也许在大部分人那里它是均匀混合在一起的。相同的局部大脑损伤,对于在这方面有差异的人来说,一定会造成不同的实际结果。在一个人那里,它会让经常使用的大脑通道失常;而在另一个人那里,它也许影响的是一个不重要的区域。夏尔科在1883年发表了

---

① 看看来自我的一个学生的下述报告:"我无法在我的心之眼中形成关于任何桌子的视觉相似物。试过许多次之后,我只能得到一个上面没有任何东西,我也对其一无所知的模糊表面。我看不到颜色的变化,看不到尺寸上的明确限度,同时,我也看不到我看得足够清楚的东西来确定它相对于我眼睛的位置,或者赋予它任何大小方面的性质。对于狗这个词,我也处于同样的状态。我完全不能在我的心之眼中看见它;所以说不出如果我看见了它,我是否一定要扫视它。"

第十八章 想象

一个特别具有启发意义的病例。① 这个病人是

X 先生。他是一位出生于维也纳的商人,受过极高的教育,精通德语、西班牙语、法语、希腊语和拉丁语。直到将他带到夏尔科教授这里的这个疾病开始时,他都能随时诵读荷马。从《伊利亚特》第一卷的任何一行开始,他都能毫不迟疑地凭记忆背诵出下面的诗行。他对维吉尔(Virgil)和贺拉斯(Horace)也很熟悉。他还会足够用于商业目的的现代希腊语。在一年内(从夏尔科见到他的时候起),他拥有罕见的视觉记忆。他刚一想到人或者事物,外貌、形状和颜色就同样清晰、锐利和准确地出现,就好像对象就站在他的面前。当他试图回忆其大量多种语言通信中的一个事实或者数字时,信件本身带着它们全部的内容、不规则性和删除的地方等等就呈现在他的面前。在学校时,他依据心里看见的纸页来背诵,逐行逐字地流利读出上面的内容。在做计算时,他用心之眼扫视想象中的一栏栏数字,并以这种方式进行各种各样的算术运算。他想到一段戏剧时,总是有整个的背景、舞台、演员和观众呈现对他呈现出来。他曾经是一个很棒的旅行者。作为一个不错的绘图员,他时常为令他愉悦的风景画速写;而他的记忆总是能让他准确地想起整个景象。如果他想到一次谈话、一句陈述、一次约会,地点、人物和整个景象就都出现在他

---

① 《医学进步》(*Progrès Médical*),7月21日。我对威尔布兰德《心理失明》(1887)中的德国病例报告做了节略。

的心中。

他的声觉记忆始终有缺陷,或者至少是次级的。他没有音乐欣赏力。

做检查前的一年半,在生意上的焦虑、失眠、失去食欲等等之后,有一天他突然注意到他自己的一种不同寻常的变化。在十分的混乱之后,在他的旧状态和新状态之间出现了强烈的对比。关于他的一切似乎都是如此的新鲜和陌生,以至最初他以为自己一定是发疯了。他紧张易怒。虽然他能看清所有的东西,却完全失去了对形状和颜色的记忆。弄清了这一点以后,他又恢复了对其健全心智的信心。他很快发现,他能够通过以一种完全不同的方式使用记忆来继续从事他自己的事务。此时他能清楚地描述他的两种状态之间的差别。

每次回到 A(这是经常有生意上的事情的地方),他自己感觉都好像进入了一个陌生的城市。他惊奇地看着山、房子和街道,就好像是第一次看见它们。然而,渐渐地他的记忆恢复了,他又感觉熟悉了。让他描述城里的最重要的公共地点,他会回答说,"我知道它在那里,但却不能想象它,关于它我什么也说不出来。"他过去经常画 A 的港口。今天他却描画不出它的主要轮廓。让他画清真寺的尖塔,他想了想,说这是一个方塔,并粗略地画了四条线,一条是地面,一条是塔顶,两条是两个边。让他画拱廊,他说,"我记得它有半圆的拱,两个拱以一个角度相遇形成了拱顶,但

第十八章 想象

是我完全想象不出来它看上去是什么样子。"他应邀而画的一个人的侧面像,就像是小孩子画出来的;他承认曾经求助于观看旁观者来画这幅画。同样,他画的一棵树也是潦草而不成形。

和记不起 A 的港口一样,他也记不起妻子和孩子的面孔。甚至在与他们共处一段时间以后,他们在他看来也不同寻常。他忘记了自己的面孔,有一次与他在镜子里的形象说话,把它当成了陌生人。他抱怨自己失去了颜色感受。"我妻子的头发是黑的,这我知道;但是像我想不起她的身材和相貌一样,我也想不起它的颜色。"这种视性失语延伸到了对童年时期对象的时间的确定——父亲的宅第等都忘记了。

除了视觉意象的这种丧失以外没有出现其他混乱。如果他要寻找通信中某个内容,他必须像其他人一样在信件中搜寻,直到找到那一段。他只能记起《伊利亚特》最开始的几行,而且必须摸索着读出荷马、维吉尔和贺拉斯。在做数字相加时,他必须小声对自己说出来。他清楚地意识到,他必须用声音意象来帮助自己的记忆,而这样做是需要付出努力的。他回忆的词和句子此时好像在他的耳中回响,这对他来说是一种全新的感觉。如果他想要记住任何东西,比如一系列短语,他就必须大声朗读几遍,让它们作用在他的耳朵上。当他后来重复它时,先行于发声的内部倾听的感觉就出现在他的心中。这个感受是他先前不知道的。他能流利地说法语;但却肯定地说自己不再能用法语思考;而是必须从他儿时的语言西班牙语或德语翻译过来,才能理解法语单词。他不再以视觉的方式做梦,而只用语词做梦,通常是西班牙语的语词。一定程度的言语盲影响了他——希腊语的字母表等等困扰着他。①

如果这个病人从一开始就拥有听觉类型的想象力,视觉想象中枢受到的损害(无论是什么)对其实际生活的影响显然就远不会有这么大。

彼耐特说②,"听觉类型似乎比视觉类型更为罕见。这种类型的人用声音的语言想象他们思想到的东西。为了记住要学的东西,他们不是用心去铭记页面的样子,而是语词的声音。他们用耳朵推理和记忆。在做心理加法时,他们口头重复着数字的名称,无需任何关于书写符号的思想,就将声音相加了起来。想象也会采取听觉的形式。'当我描写一个景象时,'勒古韦(Legouvé)对斯克里布(Scribe)说,'我听;但是你看。在我写下的每一个短语中,我都听到说话者的声音。你们是一台戏(Vous, qui êtes le theater même),你的演员在你的眼前行走,做手势;我是听者,你是观者。'——'千真万确,'斯克里布说;'你知道在写一个作品的时候我是在哪里

---

① 在给夏尔科的一封信中,这位有趣的病人补充说他的性格也改变了。"我以前乐于接受,容易产生热情,有丰富的想象力。现在我安静而冷漠,想象再也不能充斥我的思想。……我比以前更不容易生气或悲伤。最近我失去了亲爱的母亲;但是,与如果我的心之眼能够看见她的容貌和她痛苦的样子比,特别是与如果我在想象中曾经目击了她的过早离世对家庭成员的明显影响比,我对她的去世感受到的悲痛要少得多。"

② 《推理心理学》(*Psychologie du Raisonnement*)(1886),第25页。

第十八章 想象

吗?在正厅后排的中间。'显然,只想发展一种单一能力的单纯听象型的人,可以像单纯视象型的人一样记忆超群——比如莫扎特在听了两声之后就根据记忆指出了西斯廷教堂圣经诗篇第五十一诗篇的乐曲;聋人贝多芬创作并在内部重复其庞大的交响曲。另一方面,听觉类型的人,像视觉类型的人一样,也面临重大的危险;因为如果他失去了听觉意象,他就没有了资源,就完全垮掉了。

有幻听的人和遭受躁狂症之苦以为自己是受迫害者的人,可能都属于听觉的类型;而且某种想象占优势的情况可能容易发生某种幻觉,也许还有谵妄。

"还有运动类型——也许是有类型中最有趣,肯定也是人们知道最少的一个类型。属于这一类型的人[法语是 les moteurs,高尔顿先生提议用英语称之为运动型],在记忆、推理和所有智力活动中使用的都是来自动作的意象。记住'眼睛和四肢的动作是我们全部知觉,特别是重要的视觉和触觉知觉中的必要元素;以及如果动作是我们实际看见对象的一个必要因素,当我们在想象中看见同一个对象时,它也一定是同等必要的因素'(里伯特),就足以理解这一重要之点了。① 例

---

① 我自己的视觉想象力很差,并且发现我甚至很少能在纯粹视网膜的意义上回忆起字母表中的一个字母。我必须通过用我的心之眼扫过它的轮廓来摹写它,它的意象才能有任何的清晰性。我询问了大量其他的人,大多数是学生,发现也许他们中有一半的人说他们在心理性地看字母时没有遇到过这样的困难。很多人肯定地说,他们能同时看见整个的词,特别是像"狗"这样的短词,而没有通过用眼睛摹写它们来相继造出这些字母的感受。——威廉·詹姆士

如,关于我们手中的一个球的复杂印象,是触摸、眼睛的肌肉调节、手指的动作,以及它们所引起的肌肉感觉的视觉印象的产物。当我们想象那个球时,球的观念必须包含关于这些肌肉感觉的意象,正如它包含视网膜和表皮感觉的意象一样。它们构成了如此之多的运动意象。如果人们早些时候没有意识到它们的存在,那是因为我们关于肌肉感觉的知识是相对新近的。老旧的心理学从未被提及过它,在那里感觉的数量被限制为五个。

"一些人用手指在一幅画的轮廓上描画过,就能更好地记住它。为了让他的学生习惯于从记忆中作画,勒科克·德布瓦博德朗(Lecoq de Boisbaudran)在美术教学中使用过这一方法。他让他们用举在空中的铅笔描画肖像的轮廓,以此迫使他们将肌肉记忆和视觉记忆联结起来。高尔顿引述了一个奇特的确证性事实,蒙克里夫(Moncrieff)上校在北美洲经常观察偶尔造访其兵营的年轻印第安人,他们对展示给他们看的版画发生了极大的兴趣。其中一个人用刀尖小心地描画了伦敦新闻画刊(Illustrated London News)上的一幅画的轮廓,说这能让他在回家后更好地把它刻出来。在这个案例中,运动意象是用来强化视觉意象的。这位年轻的未开化者是一个运动型。①……如果一个人的运动意象毁坏了,他就失去了对动作的记忆,更为奇怪的是,有时

---

① 几乎无需说,在大量使用黑板的现代小学教育中,儿童是同时通过全部的可能途径,视觉、听觉和运动,来学习字母等等的。

第十八章 想象

他还失去了执行动作的能力。病理学给出了运动性失语症、失写症等等的例子。看看失写症的病例。一个受过良好训练的会写字的人，由于大脑损伤而突然失去了这个能力。他的手和胳膊都没有瘫痪，但他却不能书写。他是出于什么原因丧失了这个能力呢？他自己告诉我们：他不再知道如何书写了。他忘记了怎么着手开始写那些字母，他失去了对要执行的动作的记忆，他不再拥有先前书写时引导他的手的运动意象。……其他词盲病人恰恰凭借这些运动意象来矫正另外的缺陷。……一个有这种病的人读不出放在他眼前的字母，尽管他有足够好的视力来完成这件事情。在一定的时间里，这种靠视觉阅读的能力的丧失可以是病人遭受的唯一麻烦。有这种缺陷的人能够通过通常是他们自己发现的巧妙的间接方式进行阅读：用手指描画字母以理解其意义，这就足够了。在这样的案例中发生了什么？手怎么能代替眼睛？运动意象提供了这个问题的答案。如果这个病人能够用手指阅读，这是因为在描画字母时他给了自己一定数量的肌肉印象，这是书写肌肉印象。一句话，病人通过书写来阅读（夏尔科）：对书写动作的感受像视觉那样提示了所写之物的意义。"[①]

像劳拉·布里奇曼这样的盲聋哑人的想象，一定是完全局限

[①] 见法尔热（Farges）报告的与之类似的有趣案例，在《脑》，第 7 年度，第 545 页。

在触觉和运动材料上的。所有的盲人一定都属于法国作家的"触觉"和"运动"的类型。向白内障被弗朗兹(Franz)医生摘除的年轻人出示不同的几何形状,他说"直到在指尖上感知到关于他所见之物的感觉,就好像他真的摸到了这些物体时,他才能由这些形状形成关于方块和圆盘的观念。"①

维也纳的斯特里克教授似乎拥有不同寻常强度的运动类型的想象力,曾经在所有学生都应当了解的几篇专题论著②中,对他自己的案例做过非常仔细的分析。他对自己和其他事物的运动的回忆,始终都有他身体自然会用来产生或者跟随那个运动部分的清楚肌肉感受相伴随。例如,在想到一个士兵行进时,他就好像通过让自己行进在他的后面来帮助那个意象行进。如果他抑制自己腿上的这种共鸣感受,并将全部注意集中于想象中的士兵,后者就瘫痪了。通常,如果没有对自己眼睛或者四肢的动作感受相伴随,无论什么对象的想象中的运动似乎就都瘫痪了。③ 发音清晰的讲话动作在他的心理生活中起着主要的作用。

当我在实验之后着手对它进行描述时,通常首先再现出来的只有语词,即我在观察的过程中已经将其与对各种观察细节的知觉联结起来的语词。因为讲话在我的所有观察中都

---

① 《哲学学报》(1841),第65页。
② 《有关语言想象的研究》(*Studien über die Sprachvorstellungen*)(1880),以及《有关运动想象的研究》(*Studien über die Bewegungsvorstellungen*)(1882)。
③ 斯特里克教授承认,通过练习他已经能够在想象人行走时让他的眼动成为其腿动的"替代动作"。

第十八章 想象

起着非常重要的作用,我通常会立刻用语言来表达自己观察到的现象。①

在被问到用哪种方式想象语词时,大多数人都会说"用听觉"。直到他们的注意明确地落在问题的要点上,他们才发现很难说出是听觉意象还是与发声器官相联系的运动意象起着主要的作用。斯特里克提出了让人意识到这个困难的一个好办法:半张着嘴,然后想象任何像"bubble"或者"toddle"这样的包含唇音或者齿音的词。你的意象在这样的情况下清晰吗?在大多数人那里,意象最初是"口齿不清的",就像这个词在他们试图张开着嘴唇来发声时的声音。许多人始终不能张着嘴清楚地想象这些词;其他人在几次初步的试验之后能够做到这一点。实验证明我们的语词想象是多么地依赖于嘴唇、舌头、嗓子和咽喉等等上面的实际感受。

在回忆一个词或者一句话的印象时,如果不把它说出来,我们会感到马上就要把它说出来那样的器官颤动。发声的部分——咽喉、舌头、嘴唇——全都可以感觉到地兴奋起来;被压抑的发声实际上是我们回忆的材料,是智力的表现,言说的观念。②

斯特里克实验中张开着的嘴不仅防止了双唇实际发出声音,

---

① Bewegungsvorstellungen,第 6 页。
② 贝恩:《感觉和理智》,第 339 页。

而且对其张开状的感受也阻碍了我们想象它们的发声,就像对耀眼强光的感觉使我们无法清楚地想象黑暗。在听觉想象力弱的人那里,发声意象似乎就构成了语词思维的全部材料。斯特里克教授说在他自己这里,没有听觉意象进入他所想的语词之中。① 然而,像大多数心理学家一样,他将自己的个人特质作为规则,说言语思维通常和普遍地都只是运动表象。除了这位作者如此强调的发声意象或感受以外,我确实拥有关于元音和辅音的听觉意象。我还发现,我的许多学生在重复过他的实验之后也得出了这个结论。由于嘴是张开着的,起初确实有困难。然而,困难很快就消失了,就像在想着一个元音时连续发出另一个元音的困难也会很快消失一样。真实的情况可能是,大多数人拥有的听觉上的语词想象力比他们通常意识到的要少,而他们拥有的发声上的语词想象力比他们通常意识到的要多。斯特里克教授自己拥有听觉意象,能够想象乐器的声音和朋友的独特嗓音。关于听觉想象、触觉想象和运想象之间差异的大规模统计学研究,可能比高尔顿对视觉意象所做研究的成果要少。像斯特里克这样有资格的观察者所写的关于自己奇特之处的专题论文,对普遍存在的差异可以提供更

---

① 《有关语言想象的研究》,28,31 等。参见第 49—50 页等。反对斯特里克观点的,见斯顿夫,《声音心理学》,155—162,以及《哲学评论》,XX. 167。还可参见波尔汉,《哲学评论》,XVI. 405。斯特里克在第 XVIII 卷 685 页回复了波尔汉。波尔汉在第 XIX 卷第 118 页进行了反驳。斯特里克报告说,在他询问的 100 个人里面,他发现只有一个人在无声地想 M、B、P 的字母时没有嘴唇上的感受;在 60 个人里只有两个人在阅读时没有意识到内部发声(第 59—60 页)。

第十八章 想象

有价值的信息。①

一些人有很强的触觉意象。当我们自己刚好避开局部损伤,或者当我们看见另一个人受伤时,最生动的触觉意象就产生了。那个地方可能真的会带着想象的感觉而刺痛起来——也许不完全是想象的,因为鸡皮疙瘩、发白或者变红,以及真实的肌肉收缩的其他迹象可能会在那个部位产生。

"一位有教养的人,"在谈论想象力的问题时总是要引述

---

① 我认为必须承认,一些人在其感受性的任何一个方面都没有生动真实的意象。我的一个学生,一个聪明的年轻人,顽固地完全否认在思想时他的心里有任何东西,以至我对他的情况感到非常困惑。我自己这里肯定没有斯特里克教授所描述的那种初期动作或者运动意象的生动活动。在我想要描述一排士兵行进时,我捕捉到的只是静止不动的双腿先是处在一个运动阶段,然后处在另一个运动阶段的景象,而这些景象是极不完善和短暂的。偶尔,特别是当我比如通过重复维克多·雨果关于军团(regiment)的诗行来这样做时,

"他们的步伐那么正确,既不慢,也不快,
人们觉得自己看见了剪刀,闭合又分开。"

来试图刺激想象时,我似乎能即刻瞥见实际的运动,但却极为模糊和不确定。所有这些意象最初似乎是纯视网膜的。然而我认为,有快速的眼动与它们相伴随,虽然它们引起的感受是很轻微,以至几乎不可能被察觉到。绝对没有我自己的腿动;事实上,唤起这样的运动会抑制我对士兵的想象。我的视觉意象通常是模糊、暗淡、短暂和节略的。完全不可能把它们画出来,但是我可以很好地把它们相互区分开来。我的听觉意象是其原型的极不充分的再现。我没有味觉或者嗅觉意象。触觉想象相当清晰,但是极少在大多数思想到的对象那里起作用。我的思想也不是全部语词化的;因为我有模糊的关系图式,像倾向于终止于一个明确的词一样,它也倾向于终止于一个点头,或者一口长气。总之,我头脑中朝我正在思想的词所在或者暂时象征性地所在空间的各个部分运动的模糊意象或感觉,与通过我的咽喉和鼻孔而进行的呼吸的运动一起,构成了我的思想材料的绝非无足轻重的部分。我怀疑我在做出更清晰解释方面的困难,是否完全是内省注意能力较低的问题,虽然它无疑尽到了自己的本分。在其他条件均同的情况下,较低的注意总是与提供给它的内部意象的微弱成比例的。

的一位作者说①,"有一次告诉我,有一天走进房子时,他因为房门挤压了孩子的手指而受到震惊。在惊骇的那一刻,他在自己身体的相应手指上感受到了剧烈的疼痛,而且这个疼痛持续了三天的时间。"

同一位作者还做出了也许能在大多数人那里得到证实的下述区分:

> 我很容易让皮肤上任何我想要的地方出现所提示的感觉。但是因为必须要延长这种心理效果,所以我只能唤起本性上具有持久性的那些感觉,如温暖、寒冷、压力。我无法唤起短暂的感觉,如刺痛、割痛和打击等等的感觉,因为我不能没有准备地(ex abrupto)以必要的强度想象它们。我能在皮肤上的任何部位激发起前一类感觉;而且它们可以非常生动,以至无论是否愿意,我都不得不把手伸到那里,就好像它是皮肤上的一种真实感觉。②

迈耶对他自己的视觉意象的解释十分有趣;我们可以用它来结束我们关于不同个体正常想象能力之间的差异的考察。

> "经过许多练习,"他说,"我能够随意唤起主观视觉了。我在白天或者黑夜闭着眼睛尝试全部的实验。开始的时候十分困难。在最初的成功实验中,整个景象都是明亮的,阴影处

---

① Geo. Herm. 迈耶:《有关生理学与神经纤维的研究》(*Untersuchungen üb. D. Physiol. D. Nervenfaser*)(1843),第233页。其他的案例,见图克《心对身的影响》(*Influence of Mind upon Body*),第2和7章。

② 迈耶,在前面引用的书中,第238页。

第十八章 想象

在不那么强的淡蓝色的光之下。在后来的实验中,我看到的物体是暗的,带有明亮的轮廓,或者更确切地说我是在暗背景上看到了它们明亮的轮廓图。我可以把这些轮廓图比作夜里用磷在暗黑的墙上画出的画,而不是黑板上的粉笔画,尽管磷会呈现出我的那些线条所没有的发光的样子。例如,如果我想看到一张面孔,而非某个特殊的人的面孔,我就会在暗的背景上看到一个侧面轮廓。在重复老达尔文的实验时,我只能看到方块的边缘,那是暗背景上的明亮线条。然而,我有时看到那个方块实际是白色的,边缘是黑色的;这时它是在一个比较淡的底子上。我很快就能随意在亮底子上带有黑色轮廓的白色方块和暗底子上带着白色轮廓的黑色方块之间变换;而现在我在任何时候都能这样做了。经过长时间的练习……这些实验更加成功了。现在我几乎能将任何我喜欢的物体作为一种主观显象召唤到眼前,而且是带着它自己的自然颜色和亮度。我几乎总是在一个或明或暗,大多数时候变化不明显的底子上看到它们。认识的面孔我甚至能看得相当清楚,看得见头发和面颊的真实颜色。很奇怪,我大多数时候看见的是这些面孔的侧面,而[在前面的摘录中]所描述的那些面孔却都是正面。以下是这些实验的一些最后结果:

"(1)画面出现一段时间之后就消失或者变成其他画面了,而我不能阻止这种情况。

"(2)如果颜色不是物体的固有颜色,我就不能始终控制它。比如,一张脸决不会对我显现为蓝色,它始终是它的自然颜色;另一方面,我有时却能将一块红布变成蓝布。

"(3) 我有时能看见没有物体的纯颜色;它们这时充满了整个视野。

"(4) 我经常无法看到我不认识的物体,我的想象力的单纯虚构,而代替它们呈现出来的是相似种类的熟悉物体;比如,有一次我试图去看带有黄铜护手盘的黄铜剑柄,代替它呈现出来的是轻剑护手盘的熟悉画面。

"(5) 大部分这样的主观显象(尤其当它们是明亮的时),在呈现期间眼睛快速睁开时,都会留下后像。例如,我想着一个银马镫,在看了它一会儿之后睁开眼睛,并且在之后的很长时间里能看到它的后像。

"当我安静地平躺着并且闭着眼睛时,这些实验最为成功。我不能忍受周围的噪音,因为这会使我的视觉无法达到所需的强度。现在这些实验在我这里很容易就能取得成功,以至我为它们最初不是这样而感到惊奇,而且我感觉好像它在每个人那里都应该是成功的。实验中的重要之点,是通过将注意全部集中在它的上面,通过除去所有干扰印象,来让意象有足够的强度。"①

迈耶睁开眼睛时出现在他的想象之后的负后像,是一个尽管少有却十分有趣的现象。就我所知,其他已经发表的关于相似

---

① 迈耶,在前面引用的书中,第238—241页。

第十八章 想象

经验的报告只有一个。① 在这样的情况下,与想象相应的神经过程似乎必须是参与真实感觉的整个通道,甚至向下远至视网膜。这引向了我们现在要讨论的一个新问题——什么是

作为想象基础的神经过程?

人们通常接受的观点是,它只是当此时想象的事物被感性地感知时所发生的程度较缓和的相同过程。贝恩教授写道:

> 由于一个感觉起初将神经流由大脑内部向外扩散至表达和动作器官,——在外部的刺激原因消失之后,那个感觉的持续就只能是同样的扩散性神经流的继续,也许不那么强烈,但是没有其他的不同。雷声过后留在耳朵和大脑中的冲击,一定会经过与真实雷声发生时相同的轨道,并且是以相同的方式运作的。我们没有理由认为,在这种自保持的情况下,印象改变了它所在的位置,或者进入了拥有使它得以保持的特殊性质的新轨道。冲击之后激发起来的每一个部分,都必须曾经被那个冲击激发过,只是力度更强一

---

① Ch. 费雷博士在《哲学评论》,XX. 364 上发表的报告。约翰内斯·米勒(Johannes Müller)关于睁开眼睛后短时间飘浮在眼前的睡前幻觉的解释,似乎在更大程度上属于自发幻觉的范畴[见他的《生理学》(*Physiology*)(伦敦,1842),第 1394 页]。无法确定冯特在《讲座》I. 387 中所说的话,指的是否是他自己的个人经验;也许不是。更不要说(Il va sans dire)像我自己这样的视觉想象力差的人,是无法得到这种后像的。到目前为止我也尚未得到来自我的学生的任何报告。

些。虽然有这种单一的强度上的不同,事情发生之后的感觉的存在方式本质上与它在事情发生之时的存在方式是一样的。……如果印象在原因中断之后持续下来的情况是这样的,那么,对于像在通常的回忆中那样,只是通过心理原因,或者不借助原型而再现出来的印象,我们会持有什么看法呢?在复苏一种有阻抗的感受(一种气味或一个声音)时,大脑的占位方式是什么?可接受的答案似乎只有一个。复苏的感受与原初感受以相同的方式占据着完全相同的部分,而不是占据着任何其他的部分,也没有采用任何其他可以确定的方式。我猜想,如果最早的研究者们拥有我们现在的大脑知识,这就是他们所能想到的唯一假说。因为如果不是与当下感受实现于相同的器官,过去的感受又会实现于哪里呢?它的身份只能以这种方式得到保持;以不同的方式实现出来的感受是不同的感受。①

在贝恩教授的文本中,"相同的部分"只是指大脑中与原初感受占据部分相同的部分,还是也指与之相同的外周部分,这一点并不清楚。他自己接下来给出的例子几乎都是动作想象的案例,在这些案例中外周器官确实受到了影响,因为他发现真实发生的弱的动作也伴随着这个观念。这就是我们应当期盼的。所有神经流都趋向于在大脑中向前流动,并释放进肌肉系统;而动作观念则

---

① 《感觉和理智》,第338页。

第十八章 想象

趋向于特别容易实现这一点。但是问题仍然存在：神经流会向后流动，以至如果（比如）视觉中枢为"联想"所激发，一个视觉对象得到想象，神经流也会向下流向视网膜，并与高级通道相一致地激发起它来吗？换句话说，外周感觉器官能够从上面激发，还是只能从外面激发？在想象中它们激发起来了吗？贝恩教授的例子对这一点几乎是沉默的。他只是说：

> 我们可以去想手受到的击打，直到皮肤真的灼痛起来。在很大程度上指向身体任何一个部分（如脚拇指）的注意，都很容易在那个部分产生一种清楚的感受。要解释这种情况，我们只能设想复苏了的神经流流到了那里，引起了一种不真实的感觉，来自内部的作用模仿了在真正的感觉中来自外部的作用。——（见曼彻斯特的布雷德（Braid）先生关于催眠术等等的著述。）

以我自己的经验来判断，所有这类感受都是接续在侵袭皮肤并在那里引起肌肉收缩的运动神经流之后发生的，这些肌肉收缩的范围广大时就会出现"鸡皮疙瘩"。如果皮肤自身的状态没有发生真实的改变，无论我怎么强烈地想象，也始终得不到皮肤上的感受。事实似乎是，外周感觉器官由想象直接激发的情况，如果存在，也是极少的例外。在想象的一般情况下，认为过程仅仅发生在大脑之中，而对感觉器官不加考虑，似乎是更自然的。下面是得出这种结论的简略理由：

（1）在想象中，过程的起点一定是在大脑之中。现在我们知道,神经流通常是在神经系统中单向流动的;在这些情况中要让外周感觉器官得到激发,神经流就必须倒流。

(2) 在想象的对象和感受到的对象之间存在着可以说是几乎绝对的意识质性的差异。几乎不可能将最生动的想象意象与最微弱的真实感觉弄混淆。感受的对象拥有想象的对象完全缺乏的可塑的实在性和外部性。而且,正如费克纳所说,在想象中注意好像被拉回到大脑;在感觉(甚至是对后像的感觉)中注意则向前指向感官。① 这两个过程之间的区别好像是种类上的区别,而不只是同类事物的"更多"或者"更少"。② 如果声音感觉只是强的想象,而想象只是弱的感觉,那么就会存在一条经验的分界线,在此处我们永远无法弄清自己是在听一个弱的声音还是想象一个强的声音。在将感受到的当下感觉与想象中的过去感觉相比较时,人们会记得,我们经常认为想象的感觉曾经是更强的那个(见前面,第500页的注释)。如果想象只是感觉过程的较弱的激发,这就无法解释了。

对这些理由可以提出下述反驳:

对于(1):在迈耶和费雷的负后像中,神经流确实向下倒流至视觉神经了。所以它能够倒流;因此在所有的想象中,它都可以

---

① 见前面第 2 卷,第 50 页的注释。
② V. 坎丁斯基(《幻觉领域的批判性与临床思考》(*Kritische u. klinische Betrachtungen im Gebiete der Sinnestäuschungen*)(柏林,1885),第 135 页及以下诸页)坚持认为,甚至在可以被看作想象过程的最强烈结果的最生动的假性幻觉那里(见下面,第 20 章),在被表象事物中也感知不到外在的客观性,以及有一条完全的深谷(a ganzer Abgrund)将这些"观念"与真实幻觉和客观知觉分离开来。

第十八章 想象

在某种无论多么轻微的程度上倒流。①

对于(2):所说的区别并不是绝对的,而且当感觉微弱得刚刚能被感知时,感觉和想象就是很难辨别的。夜里听到很远的地方非常微弱的报时钟声,想象再现出节律和声音,我们通常很难弄清哪一声是真实的最后的敲击。婴孩在房子的较远处哭泣,我们不能确定是否仍然听到了哭声,还是只是在想象那个声音。一些小提琴演奏者在以渐弱音结束时就利用了这一点。在达到了极度轻奏的乐段后,他们继续拉弓,就好像仍在演奏,但却小心着不要碰到琴弦。听者在想象中听到了比前面极度轻奏的乐段更微弱的声音。这个现象并不局限于听觉:

> 如果慢慢将手指伸向水的表面,我们经常会在手湿发生

---

① 它似乎在某些催眠幻觉中也会倒流。向催眠迷睡中的"被试"提示纸上有一个红十字,然后,在你让他凝视纸上的一个圆点时,假装移开了那个想象的十字,他马上就会告诉你他看见了一个"带蓝色的绿"的十字。有人怀疑这个结果的真实性,但是似乎没有好的理由来拒绝彼耐特的解释(《生物磁性》(Le Magnétisme Animal)(1887)第188页)。跟随着帕里诺(Parinaud),并且依靠特定的实验,彼耐特曾经认为,视觉大脑中枢,而非视网膜,是普通负后像所在的位置。实验是这样的:睁着一只眼睛,凝视白色背景上的一个彩色斑点。然后闭上那只眼睛,用另一只眼睛凝视一个素色表面。那个彩色斑点的负后像会立刻呈现出来。[《推认的心理学》(1886)第45页]但是德拉巴尔先生已经证明(《美国心理学杂志》,II. 326),这个后像不是产生于更高级的大脑过程,而是产生于这个事实,即那只闭着的眼睛中的视网膜过程在特定的时刻影响了意识,于是它的对象就投射进了为睁着的那只眼睛所见的视野之中。彼耐特告诉我,德拉巴尔先生提供的证明让他改变了想法。

然而,如果迈耶、费雷和那些催眠被试的负后像产生自传出神经流向视网膜的倒流,那么必须承认,它们构成了我们关于神经流的所有知识的例外。也许它们将来会通过其他方式得到解释。同时,我们只能将它作为一个悖论写出来。瑟吉关于在知觉中始终有倒流波存在的理论几乎不值得认真考虑(《生理心理学》,第99、189页)。最近,隆布罗索(Lombroso)和奥托朗奇(Ottolenghi)在《哲学评论》,XXIX. 70(1890年1月)中以几乎难以置信的生硬方式再次肯定了瑟吉的理论。

的时刻上受到欺骗。当外科医生的手术刀还未到达之时,忧虑的病人就以为自己感受到这把刀了。①

视知觉提供了无数这样的例子,即根据心所给出的解释,相同的视觉会被感知为不同的对象。我们在下面的两章里会遇到许多这样的例子;而在第十九章我们会讨论其他感官的类似错觉。总之,所有这些事实都迫使我们承认,想象的和感受的对象的主观差异并不像人们曾经宣称得那么绝对,而且作为想象和感觉之基础的皮层过程,也不像人们起初设想的那样是完全分离的。想象通常包含外周感觉过程,这似乎是不可能的;不过,我们也不能独断地否认它们有时能够由皮层向下被激发。

因此,想象过程**能够**过渡到感觉过程。换句话说,真正的感觉能够发源于中枢。在关于外部知觉的那一章研究幻觉时,我们将会看到这绝非极少发生的事情。然而,现在我们必须承认,这两个过程通常**不会**相互过渡;而且我们必须弄清这是为什么。原因一定是这两个情况之一。或者

1. 感觉过程与想象过程占据着不同的位置;或者
2. 占据的位置相同,但是感觉过程的强度在正常情况下是不能由来自其他皮层区域的神经流激起的,需要从外周区域产生出这样的神经流来。

想象过程在强度上而不是在位置上区别于感觉过程,这好像几乎是确定的(在说过第2章第49—51页上的那些话之后)。不过,在低等动物那里可能是这样,而观念中枢和感觉中枢占据不同

---

① 洛采:《医学心理学》,第509页。

位置的设想却没有得到对人类的观察所得事实的支持。枕部损伤之后,在人这里引起的偏盲是感觉盲,而不仅仅是失去了视觉观念。如果皮层下存在原始的视觉中枢,这些病人就应该仍然能够感受到明暗。由于他们在失去了的那一半视野中连这个印象也没有保存下来,所以我们必须推测,在皮层之下不存在任何种类的视觉中枢,而四叠体和其他低级视神经节是眼部肌肉反射动作的器官,而不是有意识视觉的器官。而且,没有事实迫使我们认为,在枕部皮层之内,一部分是与感觉,而另一部分是与单纯的观念或者想象相联系的。而对于用来证明这一点的所有病理学案例的更好解释,是视觉中枢和其他中枢之间的传导受到了干扰(见第50页)。在严重的偏盲病例中,病人的视象与其对光的感受性一起丧失了。它们丧失得如此彻底,以至于他甚至不知道自己怎么了。一个人要感知到他对右半边视野是盲的,他就必须拥有关于那部分视野之可能存在的观念。但是这些病人的缺陷却必须由医生告诉他们,他们自己只知道他们的眼睛"有点问题"。你对其没有观念的东西,你也不可能漏掉;他们没有明确地在视觉中漏掉这个巨大的区域,似乎是由于这个事实,即他们关于它的观念和记忆都与感觉一起丧失了。只是双眼失明的人看见的是黑暗。而大脑视觉中枢失明的人,就像不能用他的后背皮肤看见黑暗一样,也无法用与大脑损伤相联系的视网膜部分看见黑暗。他完全看不见视野中的那个部分;他无法思想他本该在那里感受到的光线,因为关于那个特殊的"那里"之存在的观念已经不在他的心里了。①

---

① 见彼耐特在《哲学评论》(1888),XXVI. 481 上的重要文章;还有迪富尔(Dufour)在《瑞士罗曼德州医学评论》(*Revue Méd. De la Suisse Romande*)(1889),No. 8 上的文章,在《神经病学中心报》(1890),第 48 页中引述。

74 　如果承认感觉和想象产生自相同大脑皮层中枢的活动，我们就可以看到一个非常好的目的论理由，说明为什么它们应该是这些中枢里面不同种类的过程，以及为什么让人感觉到对象就在那里的过程，通常只能由从外周进入的神经流，而不是由从相邻皮层部分进入的神经流所激发。简单地说，我们就能够了解，为什么感觉过程**应该**与所有正常的观念活动过程（无论多么强烈）都是不连续的。因为，正如明斯特贝格博士准确观察到的：

"如果没有这种奇特的安排，我们就不能将现实与幻想区分开来，我们的行为举止就不能与我们周围的事实相适应，它们就会是不适当和无意义的，而且我们就无法活下去。……所以，我们的思想和记忆应当是强度大大减弱了的感觉的复本，这是可以由大脑机制对其环境的自然适应逻辑地演绎出来的结论。"①

　　从机械的方面说，观念活动过程和感觉过程的非连续性一定意味着，当观念活动过程达到了最大的强度时，一个等级的阻力就出现了，而只有新的等级的力才能将其打破。来自外周部分的神经流就是所需要的新的等级的力；而在克服阻力之后发生的事情，就是感觉过程。我们可以设想，后者是神经物质的某种新的和更加猛烈的解体，此时比其他时候都更强烈地爆发了。

　　那么，我们应该如何理解常常阻止这种解体发生，阻止在过程中获得这种强度的"阻力"呢？它肯定或者是一种内部阻力，是神经分子本身的某种内聚力；或者是一种产生自其他皮层细胞的外部作用。在对幻觉过程的研究中我们将会看到，这两个因素都必

---

① 《意志行为》(1888)，第 129—140 页。

第十八章 想象

须要考虑进去。我们的脑细胞中存在着某种程度的向内的细胞内聚力,也许要有一种破坏能量的突然涌入,才能让它裂开。流入的外周神经流从一开始就拥有这种能量。如果来自相邻皮层区域的神经流能够在我们考虑的中枢内积累起来,就也可以获得它。但是,由于在醒着的时间每个中枢都通过联想通路与其他中枢相联络,所以不可能发生这样的积累。流入的皮层神经流又径直流了出去,唤起下面的观念;细胞中的紧张水平没有达到那个较高的爆发点;只有通过来自外周部分的突发神经流,才能到达那个爆发点。

第十九章 对"事物"的知觉

知觉和感觉的比较

我们在前面的第 7 页看到,纯粹的感觉是永远不会在成年人的生活中得到实现的抽象活动。影响我们感官的事物的任何性质,都还做了更多的事情:它在因过去经验而组织起来的大脑半球中激发起各种过程,而这些过程在意识中的结果则通常被描述为那个感觉所提示的观念。最初的观念是关于那个感觉性质所属的事物的。对呈现给感官的特殊物质事物的意识,如今被称为知觉。① 对这类事物的意识可以具有或多或少的完备性;它可以仅仅是关于这个事物的名称以及它的其他基本属性的,它也可以是关于这个事物的各种较远关系的。在比较简单和比较丰富的意识之间不可能做出任何清楚的区分,因为在我们超出最初的原始感觉的那一刻,我们的全部意识都只是一种提示,而各种提示逐渐相

---

① 然而,人们曾经以各种方式使用过知觉这个词。要做历史性的了解,见汉密尔顿的《形而上学演讲》,II, 96。在汉密尔顿那里,知觉是关于外部对象的意识(同上,28)。斯宾塞十分奇怪地将它定义为"对部分为呈现的(presentative)、部分为表象的(representative)意识状态之间的关系或多种关系的识别,这些意识状态本身必须在关于它们的知识所涉及的程度上被认识"。(《心理学》,第 355 节)

第十九章 对"事物"的知觉

互融合，变成为同一个心理联想机制的唯一产物。起作用的联想过程在较直接的意识中少，在较遥远的意识中多。

因此，知觉与感觉的区别就在于对与感觉对象相联结的较远事实的意识。 77

  当我从正在书写的纸上抬起双眼时，我看见了房间里的椅子、桌子和墙壁，每一个事物都有适当的形状，并且距离适当。我从窗户看见了树木和草地，看见了马和牛，还有远处的小山。我看见它们每一个都大小适当，形状适当，并且处于适当的距离；而且这些特殊事物就像我用眼睛看见的颜色一样，呈现为用眼睛获得的直接信息。然而哲学已经确定，我们由眼睛获得的只有颜色感觉。……那么，我们是如何通过眼睛接收到关于大小、形状和距离的准确信息的呢？只是通过联想。根据外形、形状和大小，物体上面的颜色是不同的。但是，颜色感觉与我们在这里（为简明起见）可以称为对广延、外形和距离的感觉曾经经常结合在一起，并且一起被感受到，以至如果没有关于广延、外形和距离的观念出现，颜色感觉就决不会被经验到。广延、外形和距离与颜色感觉是如此亲密地结合在一起，人们不仅不能将它们分离开来，而且实际上会以为是看见了它们。对外形或者距离的视觉（如人们所说），呈现为一种简单感觉，但实际上却是复杂的意识状态——一个前项（颜色感觉）和后项（许多观念）被联想结合得如此紧密，以至它们不是呈现为一个观念，而是呈现为一个感觉的序列。

来自詹姆斯·密尔的这个段落①,清楚地陈述了贝克莱在《视觉论》(Theory of Vision)中第一次使之成为心理学必要组成部分的那个学说。贝克莱将我们的视觉比作语言中的词,后者只是使我们的理智通达说话者意思的标记或机会。由于被称为词的声音与它们所指的观念没有内在的关系,所以,在贝克莱看来,视觉与我们通过视觉觉知到其出现的事物之间也不存在任何内在关系。这些事物是可触知者;其真实属性,如形状、大小、质量、坚固性、位置,只向触觉显示自己。但是可见标记和可触知的被指物在长久的习惯中是如此"紧密地缠绕、混合和结合在一起,由于语言的使用和缺乏反省,这种成见长时间地在我们的思想中得到确证和加固"②,以至我们认为自己在一个简单和不可分的动作中看见了可触知也可见的整个对象。

所以,是感觉的和再现的大脑过程的结合,给予了我们知觉的内容。每一个具体的特殊物质事物,都是我们在不同时间亲知的感觉性质的汇合。其中的一些性质,由于比较持久、有趣或者具有实际意义,就被我们看作是这个事物的基本成分。通常这些就是可触知的形状、大小、质量等等。我们将其他比较摇摆不定的属性,多少看作是偶然或者无关紧要的。我们将前面的性质称为实在,而将后者称为实在的显象。所以,我听到一个声音,然后说"一辆马车";但是那个声音并不是马车,它是马车的最不重要的表现之一。真实的马车是一个可以触摸或最多是一个可以触摸和可以

---

① 《分析》,I. 97。
② 《视觉论》,51。

第十九章 对"事物"的知觉

看见的东西,声音在我的想象中唤起了它。所以,当我像现在这样看见一个褐色的画面,上面有不平行的线条和不一样的夹角,并称它为结实的长方形胡桃木大书桌时,这幅图画并不是那张桌子。它甚至不像正常观看时视觉所见的桌子。它是我在整体上和以未歪曲的形状(或多或少)在心理上感知到的它的三个面的歪曲了的透视图。桌子的后面、它的直角、它的大小以及它的沉重,都是在我看它的时候意识到的特征,几乎就像我意识到它的名字一样。名字的提示作用当然只是产生自习惯。后面、大小、重量、直角等等的提示作用也是一样。

如里德所说,自然的运作是节俭的,不会以一种特殊的本能为代价而给与我们经验和习惯很快就会形成的知识。再现的视觉和触觉与当下的感觉在带有名称的事物的统一体中结合起来,这些就是构成我实际感知到的桌子的复杂的客观材料。婴儿必须经过长时间的眼睛和耳朵的训练,才能感知成年人所感知到的实在。每一个知觉都是获得性知觉。①

用萨利先生的话说,我们可以将知觉定义为这样一个过程,心由此

> 让复苏了的感觉伴随着或护对感觉印象,整个实际感觉和复苏感觉的集合体固化或者"整合"进了一个知觉表象之中,这就是对此时出现在特殊空间位置或区域的对象的明显直接的

---

① 耳朵的训练过程特别明显,因为所有的突然响声都令婴儿惊恐。房子里和街道上的熟悉声音不断使他们惊恐不安,直到他们或者知道了发出这些声音的对象,或者通过经常经验到它们并无害处而对它们变得迟钝了。

领会或认知。①

每个读者的心里都有大量这里所描述的过程的例子；所以将它们写出来既无必要，也会令人厌烦。在关于空间的一章里，我们已经讨论过一些较有趣的例子；在关于形状和位置的知觉中，确实很难确定我们对对象的感觉有多少应归因于过去经验的再现，有多少应归因于眼睛的直接感觉。在这一章的其余部分，我将相应地将自己限制在与知觉过程相联系的另外一些一般情况上。

第一点关系到萨利先生说的当下感觉与不在场而只是得到表象的感觉的"固化"或"整合"。从大脑的方面理解，这些词的意思只是说，在感官中激发起来的过程进入了大脑半球中已经由习惯组织起来的各种通路，我们不是有了与简单感觉过程相关联的意识，而是有了与这个更复杂的过程相关联的意识。实际上，这是关于那个更复杂的"对象"，那整个"事物"的意识，而不是关于那个较简单的对象，那几个实际影响了我们外周神经性质或属性的意识。只要客观内容没有发生可觉察的变化，这个意识就一定具有我们思想流的每一个"截面"所保有的统一性。除此之外我们就不能说了；我们肯定不该说通常由心理学家们说出的那些话，并将知觉当作不同心理实存的总和，即当下的感觉加上许多来自过去的意象，一切都以一种不可描述的方式"整合"到一起。知觉是心的一种状态，或者什么也不是——正如我经常说的那样。

在许多情况下，将感觉过程的心理结果与知觉过程的心理结

---

① 《心理学提纲》，第153页。

第十九章 对"事物"的知觉

果相比较很容易。于是我们会看到,由于与在较高级心理状态中再现的部分一起被认识,对象直接产生印象的部分在被感受的方式上有一个明显的区别。它们的感觉性质就在我们的眼前变化了。看看这段已经引述过的文字,Pas de lieu Rhône que nous:一个人可以一遍又一遍地读这段文字,而不知道这些声音与 Paddle your own canoe 这些词的声音是一样的。当我们掌握了英语的意思时,声音本身好像就变化了。词的声音通常是在被听到的那一刻与它们的意思一起被感知到的。然而有时联想的扩散受到短时间的抑制(心正忙于其他的思想),词就像声音感觉的单纯回声徘徊在耳边。然后,对它们的解释通常突然就出现了。但是在那一刻,人们经常会惊异于那个词的感受上的变化。如果听的时候没有理解,我们自己的语言听上去就会很不一样,就好像我们听的是一种外国语言。声音的起落、奇怪的咝音和其他辅音,会以一种我们现在想象不到的方式进入耳中。法国人说,英语在他们听起来就像是鸟儿啁啾(gazouillement des oiseaux)——一种决不会在本地人耳中产生的印象。我们许多讲英语的人会用类似的话来描述俄语的声音。我们所有人都会意识到德语说话中强有力的声音转调、爆破音和喉音,而没有德国人能够意识到它们。

　　这可能就是为什么如果我们看一个单独的印出来的词并且重复足够长的时间,它最终就会呈现出完全不自然的样子的原因。让读者用这一页上的任何一个词试一试。他很快就会开始疑惑它是否可能是他一生都在使用的带有那个意思的词。它像一只玻璃眼从纸上盯着他,其中不带任何思考。它的身体确实在那里,但是它的灵魂消逝了。由这种注意它的新方式,它缩减成了赤裸裸的感觉。我们以前从来不曾以这种方式注意过它，而是习惯性地在看到它的那一刻就把握了它的意义，并且很快就由它这里转到了短语的其他词上。总之，我们通过大量的联想项理解了它，并因此感知了它，我们对它的感受与我们此时对剥光了的单独的它的感受完全不同。

另一个广为人知的改变发生在我们以头朝下的方式看风景的时候。知觉在一定程度上受到这种动作的困扰；距离的远近变化和其他的空间性质变得不确定了；简而言之，再现或联想的过程衰退了；而在它们衰退的同时，颜色变得更加丰富多样了，明暗对比也更明显了。在我们将一幅画倒过来看的时候，也会发生同样的事情。我们在很大程度上失去了对其意义的把握，但是为了补偿这个损失，我们更清新地感受到单纯的色彩和阴影的价值，并且对它们可能会表现出来的任何单纯感觉上的和谐与平衡的缺乏也能够觉知了。[①] 如果我们躺在地板上，向上看在我们后面说话的人的嘴。在我们的视网膜上，他的下唇占据了上唇的习惯性位置，并且好像由最特别和不自然的活动性而赋予了生命，这种活动性此时触动了我们，是因为（不习惯的视角打扰了联想的过程）它是作为一个赤裸的感觉，而不是作为感知到的熟悉对象的一部分而被我们感受到的。

在后面的一页我们将看到其他的例子。现在这些就足以证明我们的观点了。我们再一次发现自己不得不承认，当一个对象的

---

① 参见赫尔姆霍茨，《生理光学》，第 433、723、728、772 页；以及斯宾塞，《心理学》，第 2 卷，第 249 页的注释。

性质影响我们的感官,我们由此感知到那个对象时,关于这些性质的感觉本身并非仍在知觉之内,并成为它的一个构成要素。感觉和知觉是两个不同的东西,二者都不能与另一个同时发生,因为它们的大脑条件是不相同的。它们可以相似,但却决不是相同的心理状态。

知觉是关于明确和可能的事物的

知觉最重要的大脑条件是已经形成的由感觉印象发出的联想通路。如果某个感觉与某个事物的属性有很强的联结,那么当我们得到那个感觉时,那个事物几乎肯定也会被感知。这类事物的例子包括我们一眼就能认出并叫出名字的熟悉的人和地点等。但是,如果与感觉相联结的实在不止一个,以至两组不相一致的残留属性中的任何一组都有可能出现,那么知觉就是不确定和犹豫的了,对它最多也只能说,它是关于一个**可能**事物的,是关于通常最有可能给我们那种感觉的事物的。

有意思的是,在这些有歧义的情况中,知觉极少会中途夭折;某个知觉会发生。两组不一致的联想项不会相互抵消或混合,并且模糊起来。更通常的情况是,我们先得到一个完整对象,然后得到另一个完整对象。换句话说,全部大脑过程引起了我们可以称之为**成形**意识的东西。通路一旦扩散,它们就扩散在协调一致的系统中,并且会产生关于明确对象的思想,而非仅仅是元素的混合物。甚至在大脑功能部分失调的状态下,如在失语症或者睡着了的时候,这条成形意识的法则依然有效。一个在大声朗读时突然打起瞌睡的人会读错；但是他的错误可能是将"sovereign"读成了"supper-time"，将"opposite"读成了"overthrow"，或者将书上的短语读成了由几个确定的词组成的完全虚构的短语，而不是仅仅发出一连串无意义的音节。在失语症中也是这样：当病得不重时，病人的错误是在于使用了完全错的而不是对的词。只有在损伤严重的情况下，他才完全不能清楚地发声。这些事实表明联想的联系是多么的微妙；大脑通路间的联系是多么精细又多么强大，任何数量的大脑通路一旦同时激发起来，其后就会趋向于作为一个系统性的整体而振动。两个系统 A 和 B 共有的一小群元素"这个"，取决于偶然性对下一步的决定，而激发起 A 或者 B（见图 48）。如果由"这个"通向 B 的一个点碰巧暂时比任何由"这个"通向 A 的点都更容易通过一点点，那么这一小小的优势就会打破平衡而有利于整个系统 B。神经流首先会通过那个点，然后进入 B 的所有通路，每前进一步都使 A 变得越来越不可能了。在这样的情况下，与 A 和 B 相关联的思想就会拥有尽管相似却并不相同的对象。不过，如果"这个"很小，相似性就仅存在于某个非常有限的特征上。

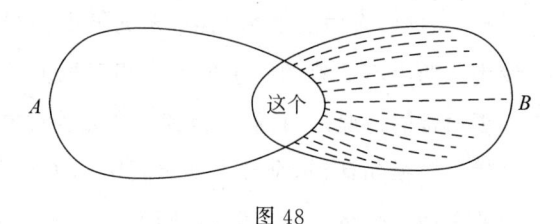

图 48

因此，最微弱的感觉也能引起对明确事物的知觉，只要它们与这些事物惯于激起的感觉是相似的。事实上，感觉必须强烈而且清楚,才能不提示对象,并且,如果它是一种无可名状的感受,那它实际上就像是对象。癫痫的先兆、光球、刺激的视觉、耳中的轰鸣、电流通过头部时产生的感觉,因为强烈,所以都是不成形的。相同种类较弱的感受就可能提示对象。许多年以前,在读过莫里(Maury)的《睡眠与梦》这本书之后,我第一次开始观察那些经常弱弱地掠过心头的观念——词,视觉等等,它们是与主要的思想之流相脱离的,但在密切的注意之下能够被识别出来。比如,在我写着后面这几行字的时候,马头、一卷绳子和锚的观念就不请自来了。它们时常能够通过联想的微妙联系得到解释,但也时常完全无法解释。但是我有不少次在注意到某个这样的观念之后,闭着眼睛,惊奇地发现了近期看到过的某个明亮或深暗的对象留在视网膜上的后像,它显然提示了这个观念。我说"显然"是因为想到的对象和后像的一般形状、大小和位置是相同的,尽管观念拥有网膜像所缺乏的细节。我们也许永远也不知道视网膜后像在决定我们的思想序列中起着什么作用。根据我自己的经验来判断,我猜想它并非是无关紧要的。①

---

① 由按压眼球、头部充血、吸入麻醉剂等等而产生的多少有些规则的几何学幻影,也可以用来证明感觉器官微弱模糊的兴奋被大脑转换成了有形对象,只是这些事实还不能得到完全清楚的解释;成形的过程也许可以归因于某种尚未得到探究的视网膜特性。长时间地按压眼球,就会出现可以用作墙纸的美丽图案。歌德对于他自己的花的幻影的描述已经广为人知。每当他闭上眼睛并且低下头时,它就出现在他视野的中间部位,"它自己伸展开来,从它的内部开出新的花朵,由彩色或者有时是绿色的花瓣组成,形状不是自然的而是奇异的,并且像雕塑家手下的玫瑰造型一样是辐射状的",等等。(转引自米勒《生理学》,巴利(Baly)译,第1397页)为人们熟知的某些功能异常视野中的强化锯齿形图案有一些特性(稳定性、强制性、遮蔽其他对象)提示出是来源于视网膜的——这就是为什么这条注释中处理的整个那一类现象,在我看来仍然令人疑惑地与文本所讨论的知觉中的大脑要素相联系的原因。——我从泰恩《智力》

错　觉

为了简明起见,现在让我们将图47中的A和B看作是代表了对象而非大脑过程。让我们进一步设想,A和B二者都是可能激起我曾经称之为"这个"的感觉的对象,但是此时实际激发了这

(第1卷,第61页)一书中抄录对拉扎勒斯教授的一个有趣观察的翻译,在这个观察中可以看到后像的相同效果。拉扎勒斯自己提议用"幻影错觉(visionary illusion)"来称呼周围刺激给虚构图像带来的这种改变[《错觉理论》(Lehre von den Sinnestäuschungen)(1867),第19页]。"在一个非常晴朗的下午,我在里吉山的卡特马德阶地,想要辨认出瓦得布鲁德(Waldbruder),一块从围绕它的大山的巨大山壁中间耸立起来的岩石,在其顶峰我们看见提特里斯(Titlis)、尤里-罗斯多克(Uri-Rothsdock)等冰川就像一个王冠。我交替着用裸眼和小型望远镜观看;但是无法用裸眼将它识别出来。我一动不动地对那些山凝视了6至10分钟,依照它们各自的高度或倾斜度的不同,那些山的颜色在紫罗兰色、褐色和暗绿色之间变化着,在停止观看并转身离开的时候,我已经无缘无故地疲劳了起来。在那一刻,我在自己的前面看见了(我想不起来眼睛是闭着还是睁着)一位不在场的朋友的形象,就像一具尸体。……我立刻问自己是如何想到这位不在场的朋友的。——几秒钟之内,我恢复了被寻找瓦得布鲁德所打断的思路,并很容易就发现我的朋友的观念已经被一种非常简单的必然性引入其中。我回想起他来也就自然地得到了解释。——但是除此之外,他看上去像一具尸体。这是怎么回事?——此时,不管是因为疲劳还是为了思考,我闭上眼睛,并立刻发现整个视野的相当大的范围都带有相同的尸体般的色调,一种带绿的黄灰色。我马上知道我在这里找到了我想要的解释的源泉,并试图回忆其他人的样子。事实上,他们的样子看上去也像是尸体;随我所愿地站立或坐着,所有人都带有尸体样的色泽。并非我想要看见的人都对我呈现为感觉幻影;同样,当我睁着眼睛时,我看不到幻影,或者只是微弱地看见它们,不带任何确定的颜色。——于是我又问,人的幻影为它们周围的视野所影响,并且带有这个视野的颜色,这是怎么回事,它们的轮廓是怎么描绘出来的,以及他们的脸和衣服的颜色是否相同。但是太晚了,或者也许是思考和查问的作用太强大了。一切都突然暗淡下来,而且本来也许会多持续几分钟的主观现象也消失了。——显然,在这里依照联想法则出现的一种内部回忆与视觉后像结合了起来。外周视神经的过度兴奋,我指的是在细究山的颜色时的眼睛长时间持续在的先感觉,间接地激起了一种主观和持久的互补色感觉;而我的回忆与这个主观感觉相结合,就变成了我描述过的尸体样幻影。"

第十九章 对"事物"的知觉

个感觉的是 A 而不是 B。如果此刻"这个"提示了 A 而不是 B,那么结果就是一个正确的知觉。但是相反,如果"这个"提示了 B 而不是 A,结果就是一个错误知觉,或者如人们在严格的意义上所说的,一个错觉。但是,无论知觉是真还是假,过程都是一样的。

要注意的是,在每一个错觉中,假的东西都是推论出来的,而不是直接给予的。那个"这个"如果单独被感受到就不会有问题,它只是由于它所提示的东西才错了。例如,如果它是视觉,它会提示出后来的触觉经验证明并不存在于那里的一个触觉对象。古代怀疑论者重视的所谓"感官谬误",并不是严格意义上的感官的谬误,而是理智的谬误,它错误地解释了感官所给出的东西。①

做了这么多铺垫,现在让我们更仔细地看看这些错觉。它们的产生有两个主要原因。感知的是错误的对象,或者是因为

(1)它虽然此时不是"这个"的真实原因,却是其习惯性的、长期形成的或最为可能的原因;或者是因为

(2)心中暂时充满了关于那个对象的思想,所以此刻"这个"就特别容易提示它。

我将简单给出这两种情况下的一些例子。第一种情况更为重要,因为它包括了一些在所有人那里都会出现的持久错觉,这些错觉只能通过大量的经验才能消除。

---

① 参见 Th. 里德的《智能》,论文 II,第 22 章,以及 A. 彼耐特在《心》,IX,第 206 页的文章。彼耐特指出了这个事实,即被错误推论出的东西始终是与"这"不同的某个其他感觉的对象。"视错觉"通常是触觉和肌肉感受性的错误,而在这些案例中被错误感知的对象和对它进行了纠正的经验都是触觉的。

第一种类型的错觉

最早的实例之一可以回溯到亚里士多德。交叉两根手指,在两根手指之间转动一个豆子、笔杆或者其他小物体。它看上去是双重的。克鲁姆·罗伯逊(Croom Robertson)教授曾经对这种错觉做出过最清楚的分析。他观察到,如果是食指先接触这个对象,然后第二根手指再接触它,这两次接触就好像是在不同的空间点上发生的。食指的触感似乎比较高,尽管这根手指实际上是在较低的位置;第二根手指的触感似乎比较低,尽管这根手指实际上较高。"我们将接触感知为双重的,是因为我们认为它们属于两个不同的空间部分。"两根手指接触对象的一面通常在空间中不是在一起,在习惯上不会接触一个东西;所以,此时接触了它们的那一个东西看上去就好像是在两个地方,也就是说,好像是两个东西。①

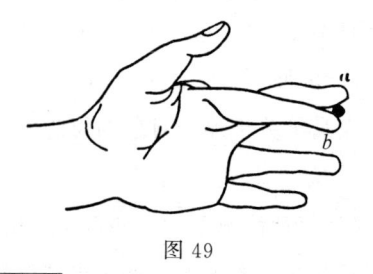

图 49

---

① 很难引起相反的错觉。正常接触的 a 和 b 两个点,对于我们意味着相同的空间,所以人们可能会以为,当比如说用两脚规同时触及它们时,我们感受的只能是一个对象,而事实上我们感受的是两个对象。在对这种情况做出解释时应当注意的是,放在两根处于正常未交叉位置的手指中间的对象始终会唤起两个接触感觉。当两根手指夹紧时,我们感受到它们之间有一个对象。当两根手指交叉,而且它们相应的 a 和 b 两个点同时紧贴,我们确实得到某种好像是单一性的错觉——也就是说,我们得到了非常可疑的双重性。

第十九章 对"事物"的知觉

许多错觉的发生都是由于我们依照通常的规则解释了此时由不同寻常的对象引起的视觉。立体镜就是一个例子。双眼各看一张图片，两张图片有一点差异，右眼所见的对象是在比左眼的看点偏右一点的地方看到的。立体的对象投在双眼上的图像也表现出同样的差异。以通常的方式对这个感觉做出反应，我们会感知到一个立体物。如果两张图片交换了，我们感知到的就是对象的中空凹模，因为中空凹模投射出来的就是这种有差异的图像。惠特斯通（Wheatstone）的工具幻视镜使我们能够看立体的对象，并且让每一只眼睛看到另一只眼睛的图像。于是，如果它有可能是凹进去的，我们就感知到凹进去的立体对象，否则我们就不会这样感知。比如，人脸就从来不会对幻视镜显现为是凹进去的。在对不同对象的这种不合常规的反应中，有一些看上去是凹进去的，另一些则不是这样；知觉过程遵循了它的法则，这个法则就是如果可能就始终以明确和成形的方式，以及情况所允许的可能方式对感觉做出反应。将面孔与凹陷相结合违背了我们所有的联想习惯。[88]出于相同的原因，很容易让一张凹雕的脸形，或者一个画过的纸板面具的内里看上去是外凸的，而不是实际上的凹入样子。

我们对事物与眼睛相关位置的感觉，是对我们必须如何移动自己的手去触及它们的提示。表象在视网膜上的某些位置，眼球主动产生的某些位置，在正常情况下是与对外部事物可能会占据的每一个确定位置的感觉联系在一起的。所以，即使视感觉是从一个不同的空间部分人为造成的，我们感知的还是通常的位置。棱镜会以这种方式使光线弯曲，并且会以与（没有棱镜）位于 b 点的对象投射其表象的相同方式，将位于比如说空间 a 点的对象的表象投在视网膜上。相应地,我们在 b 而不是 a 摸索那个对象。如果只有一只眼睛的前面有棱镜,那只眼就会看到对象在 b,而另一只眼则看到它在其正确的位置 a——换句话说,我们看到它是双重的。如果两只眼睛的前面都有角度朝右的棱镜,当我们想要快速触摸对象时,我们就会将手伸向所有对象的右边。对其位置的这种错觉一直会持续到一个新的联想确定下来,当移去棱镜时,首先出现的是相反的错觉。眼球位置的被动或者无意的改变,对心的影响似乎并不比棱镜多;所以在对距离和运动的知觉中,我们自然不会将它们考虑进去。用手指将一个眼球按压到不自然的位置,对象就相应地移动和改变了位置,就像使用了棱镜一样。

每当眼球在没有我们意图的情况下发生运动,就会出现奇怪的对象运动错觉。在下一章我们将会知道,视网膜上过往的任何表象都会引起对运动的原初视觉感受。然而,这个感觉最初既未明确地指向对象,也未明确地指向眼睛。这样的明确指向是后来才发展起来的,并且遵循一些简单法则。在下述情况下我们就相信对象运动了:(1)每当我们有了视网膜上的运动感受,但是以为我们的眼睛是静止的;(2)每当我们以为眼睛运动了,但却没有视网膜上的运动感受。相反,在下述情况下我们就相信对象是静止的,(1)每当我们有了视网膜上的运动感受,但是以为我们的眼睛在运动;以及(2)每当我们既非以为自己的眼睛在运动,也没有视网膜上的运动感受。因此,关于对象运动或静止状态的知觉取决于我们对于自己眼睛的运动所形成的看法。有许多种类的刺激都会在我们不知情的情况下使我们的眼睛发生运动。如果我们看瀑布、河流、火车,或者任何向着同一方向在我们面前持续经过的对象，它就会带着我们的眼睛一起动。旁观者会在我们的眼中注意到这样的运动。如果对象不断向我们的左边移去，我们的眼睛就会一直追随它最先引起其注意的移动的点，直到那个点从视域中消失。然后眼睛又急转到右边，捕捉到一个新的点，再次追随它到左边，并且一直这样进行下去。这让它们发生了一种摆动，缓慢的不随意向左旋转与快速的随意向右急转相交替。但是在对象停下来或者眼睛转向新的对象之后，这种摆动还会持续一段时间，这就引起了事物此时向相反方向运动的错觉。因为我们没有觉知到眼球缓慢向左的自动运动，以为由此发生的视网膜运动感觉一定是由所见对象的向右运动而产生的；而我们将眼球的快速随意向右运动解释为是要再次追寻和捕捉对象已经消失在左边的那些部分。

眩晕中也会出现完全相同的眼球摆动，结果也完全一样。很容易通过旋转而引发眩晕。这是对我们自己的头部和身体在空中运动的感受，现在人们已经完全知道它是由对内耳半规管的刺激而产生的。① 在旋转之后停下来时，我们好像向相反的方向转动了几秒钟，之后，对象似乎向前一时刻我们的身体实际旋转的相同方向继续旋转。原因是我们的眼睛在正常情况下趋向于保持其视野。如果我们突然向左转头，眼睛很难跟上去。眼睛通过一种补偿惯性而在眼窝里向右转动。即使我们错误地以为自己的头是在向左转动，这个结果还是会发生，我们的眼睛还是会向右运动——

---

① 对眩晕感的解释主要应归功于普基涅、马赫和布罗伊尔（Breuer）这几位作者。我发现[《美国耳科学杂志》(*American Journal of Otology*)，1882 年 10 月]聋哑人（他们的半规管或者整个听觉神经大多是紊乱的）经常对眩晕或旋转缺乏感受性。

正如可以在任何一个旋转后发生眩晕的人那里观察到的情况一样。由于这些运动是无意识的,它们引起的视网膜运动感受自然就指向了所见的对象。而眼睛的间歇性随意向左急转(我们不时地由此将它们从反射动作将其带至的极右端位置恢过来),只是确证和强化了我们对向左旋转的视野的印象:我们自己感觉好像是在间歇性地追寻和追赶向左飞逝的对象。几秒钟之后这整个现象就完全消失了。如果我们随意注视一个给定的点,它通常也会中止下来。①

视觉眩晕(人们就是这样称呼这些对象运动错觉的)有时产生自脑疾、麻醉、麻痹等等。人会在醒来时出现有一块眼肌变弱的情况。有意的眼窝转动就不会在视网膜运动感受的方面引起预期的结果——于是就有了错误的知觉。在后面的章节中将会讨论这方面最有趣的案例中的一个。

还有相反一类的运动错觉。在火车站每个人都很熟悉这类错觉。当我们自己向前运动时,我们的整个视野都习惯性地在视网膜上向后滑过。如果运动是由我们乘坐的有窗马车、汽车或者船的运动造成的,所有通过窗户可见的静止对象都会给我们一种向相反方向滑过的感觉。因此,每当我们感觉到这样一扇窗,所有通过它看见的物体都在向一个方向运动,我们都会以习惯的方式对这扇窗做出反应,感知到一个静止的视野,窗户以及在窗户里面的我们都由于我们自己的运动而在这个视野中穿过。因此,如果在

---

① 在这些情况中,眼动的不随意持续不是错误知觉的唯一原因。如我们将在第二十章中看到的,还有原初视网膜运动感觉的真实负后像。

第十九章　对"事物"的知觉

火车站有另一列火车停在我们的火车旁边，充满了整个窗户，并且在停了一会儿之后开始滑动，我们就会判断是我们的火车在移动，而另一列火车是静止的。然而，如果我们通过窗户或者在另一列火车的车厢之间看到车站的任何一个部分，关于我们自己在移动的错觉马上就消失了，我们就会感知到是另一列火车在移动。这又是由感觉而做的惯常和可能的推论。①

赫尔姆霍茨解释了另一种来自运动的错觉。大部分的路边物体（房屋、树木等），从快速行驶的火车窗看出去都显得小。这是因为我们最初将它们感知得过分地近了。而我们将它们感知为过分地近，是因为它们视差上的极快速的向后飞逝。如前所说，在我们自己向前运动时，所有物体都向后滑动；但是它们离我们越近，这种显见的位置改变速度就越快。因此，向后移动的相对快速与距离的接近经常联结在一起，以至我们感受到它的时候就会感知到距离的接近。但是，对于一个大小确定的网膜像，物体越近，我们对其实际大小的判断就越小。所以，在火车里我们行进得越快，树木和房屋就显得越近，而它们显得越近，看上去就越小。②

其他错觉是由于错误地解释了会聚感。我们让眼球会聚时，感知到的是我们所看东西的逼近状态。所有的事物，只要离我们不是太远，如果我们要会聚双眼去看它们，确实都会显得逼近。所以，事物的逼近是我们感受到眼睛会聚时的可能客观事实。在大

---

① 就我所知，我们从来不会在火车站得到相反的错觉，以为另一列静止的火车在移动。

② 赫尔姆霍茨：《生理光学》，365。

多数人那里，引起会聚的内直肌比其余的弱；而眼球的完全被动的位置，即当被遮盖住和没有特别地看任何东西的时候它们所在的位置，或者是一致的或者有些许的偏离。让一个人用双眼看某个近处的物体，然后用一张卡片或一本书遮蔽他的一只眼睛使它看不见那个物体。很可能你会看见被遮蔽起来的那只眼睛向外转了一点点。移去遮蔽物，你会看见它在再次看到那个物体时向里转了。另一只眼睛在这期间保持着它最初的样子。相应地，对于大多数人而言，在用一只眼睛看那些物体之后再使用双眼时，所有物体都显得更近了；而在相反的变化发生时，它们就好像退远了。在外直肌不够发达的人那里，错觉的类型可能是相反的。

网膜像的大小是错觉的一个丰富来源。通常，随着物体的接近，网膜像会变大。但是，任何确实变大了但却并没有改变其距离的对象，也会引起由这种网膜像的增大而引起的感觉。因此网膜像的增大是一个有歧义的标记。观剧用的小望远镜会放大月亮。但是大多数人会告诉你，在望远镜里她看上去更小了，只是近得多，明亮得多了。他们将增大看作接近的标记；而对接近的知觉让他们实际上颠倒了提示了它的感觉——通过夸大将所有接近着我们的物体看作在增大，并在想象中将它还原为其本来大小的习惯。同样，在剧院里，望远镜让舞台更近了，却似乎不大可能放大舞台上的人。

广为人知的刚刚冒出地平线的月亮显见大小的增加，是联想和可能性的结果。它是透过雾状的空气看到的，比它升高了以后看上去更朦胧，更暗淡；而且，它是在田野、树木、篱笆、河流等上面看到的，这些东西打破了我们和月亮之间的空间，让我们更多地

第十九章 对"事物"的知觉

意识到了后者的广袤。这两个原因使得月亮在位置低的时候看上去离我们更远；而且由于其视角并没有变小，我们就以为它一定是一个较大的物体，并且就这样感知了它。当它直接升到某个为人熟知的大物体（如一所房子或者一棵树）的后面，这个大物体足够地远以致其视角不比月亮自身的视角大，月亮看上去就特别大。

调节的感受也会引起对大小的错误知觉。通常，我们会为接近我们的物体调节自己的眼睛。在这样的情况下物体通常会投下较大的网膜像。但是由于相信物体是保持不变的，我们接受这一点，认为我们的整个眼睛感受所表明的只是接近。在放松调节的同时网膜像就变小了，可能的原因始终是退远了的对象。然而，在我们戴上凸镜的那一刻，调节放松了，网膜像却变得更大而不是更小了。如果对象退远的时候在增大，这种情况就会发生。我们相应地就感知到这样一个可能对象，虽然对于退远这一点还有些摇摆不定，因为显见大小方面的增长也是接近的可能标记，并且不时地会得到相应的解释。——阿托品可以麻痹调节神经。可能有一个剂量，能够弱化这些肌肉，却不使它们完全残废。在看一个近处的已知物体时，我们不得不同样让肌肉做出随意紧张以进行调节，就好像它近得多；但是由于它的网膜像并没有与这种提示出来的逼近成比例的增大，我们就以为它一定是变得比通常更小了。由于这个所谓的视物显小现象，奥博特说他曾看见一个人明显不比一张照片大。但是小尺寸使这个人看上去更远了。真实的距离是 2 到 3 英尺，而且他看上去是紧挨着房间的墙壁。① 在下一章我们

---

① 《生理光学》，第 602 页。

还会再次讨论这些摇摆不定之处。①

C. L. 富兰克林夫人最近以少有的敏锐描述和解释了一种错觉。关于这种错觉最奇怪的事情是，它以前从未受到过人们的注意。画一对交叉的线（图50），将它们放在眼前的一个水平面上，在这样的距离，即右眼闭着时——1、左眼闭着时——2，看上去像是一条垂线的投影的距离，沿着它们看。现在睁着两只眼睛凝视这两条线的交点，你将会看到第三条线像根针一样垂直于前两根线构成的平面从纸上穿出来。对这种错觉的解释很简单，但却非常细致，所以我必须求助富兰克林夫人自己的解释。② 我们只需说，两条线的表象落在"相应的"两行网膜点上，那条错觉中的垂线是唯一可以投射下这些表象的对象。这是那个实验的一个变体：

在图51中，所有画出的线都可以穿过一个共同的点。稍做努力就可以让一只眼睛看到这个点的位置——唯一必需的是这样拿着这张纸，以使在一只眼睛闭着时，另一只眼睛看到的所有的线都既不向右也不向左偏斜。过一会儿之后，就可以想象这些线直立在那张纸的平面上。……[富兰克林夫人说]我认为这个错觉的来源完全是心理的。当位于平面任何地方的一条线，穿过一只眼睛可见的垂直线（vertical meridian），

---

① 直肌的紧张与这些阿托案例中的摇摆判断很可能有些关系。每当我们进行调节，内直肌就收缩。当用于调节的神经支配过度了时，就会发生斜视，并引起复视。在受到阿托品作用的调节发生紧张时，要想单视，内直肌的收缩就必须被一种相应的过度外直肌收缩所抵消。但这是对象后退等等的标记。

② 《美国心理学杂志》，I，第101页及以下诸页。

第十九章 对"事物"的知觉

并且只有那只眼睛看着它时,……我们没有办法知道它在那个平面上的角度是怎样的。……自然界中处于这种平面上的线,迄今大部分都是垂线。因此我们特别倾向于认为,我们感知到的处于这样一个平面上的线是垂线。但是同时看许多全都可以将表象投到垂直线上的线,却是一件几乎不曾发生过的事情,除非它们已经都是垂线。所以,当这种情况发生时,我们就有了更强的倾向认为我们看到的是一组垂线。

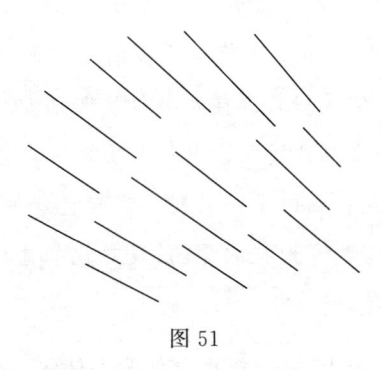

图 51

换句话说,我们总是看见最可能的对象。

前面讨论的情况可以作为在第 86 页提到的第一种类型错觉的例子。我当然可以举出许多其他例子,但是列举出它们所涉及的留影盘和西洋镜、透视画以及花招计谋是冗长乏味的。在关于感觉的那一章我们看到,通常被归入这一类型的许多错觉,从生理学上考虑都完全属于另一个类型,而且严格意义上的联想过程与它们的产生没有任何关系。

第二种类型的错觉

我们现在可以转到在第86页区分开来的两种类型错觉的第二种上面了。在这类错觉中,感知了错误的对象是因为当时我们的心里充满了关于它的思想,而任何与它有最低限度关联的感觉都会激发起一个已有的序列,并让我们感觉到那个对象真的就在我们面前。这是一个熟悉的例子:

> 如果一个运动爱好者在矮树丛中猎杀丘鹬的时候,看见一只大小和颜色都与丘鹬差不多的鸟飞起来并在树叶中飞过,除了看到它是一只这样大小和颜色的鸟之外,没有时间看到更多,他会立刻通过推论填补上丘鹬的其他特性,并在事后难受地发现他打到的是一只鸫。我自己就做过这样的事情,而且很难相信我开枪打的是鸫,我对视知觉所做的心理填补是如此地完整。①

像游戏一样,敌人、鬼魂等也是如此。任何一个在黑暗中等待并强烈地期盼或者恐惧某个对象的人,都会将任何突然发生的感觉解释为意味着那个对象的出现的。玩"我来找"的男孩,躲避追捕者的罪犯,在半夜匆忙穿过树林或者路过教堂墓地的迷信者,在林中迷路的人,怯懦地与情郎有个晚间约会的女孩,都很容易发生直到消失都一直会让他们心跳的视觉和声音的错觉。一天里面有20次,恋爱中的人带着他全神贯注的想象徘徊在街上,以为感知

---

① 罗马尼斯:《动物心理进化》,第324页。

第十九章 对"事物"的知觉

到了所爱对象的帽子就在前面。

校·**对**·**者**·**错**·**觉**·。记得在波士顿的一个夜晚,在等待"芒特奥本"(Mount Auburn)车送我去剑桥的时候,我在一辆车的车牌上非常清楚地看到了这个名字,而那个车牌上印着的却是"北街"(North Avenue)(这是我后来知道的)。这个错觉清晰得让我几乎无法相信是我的眼睛欺骗了我。所有的阅读都或多或少是以这种方式进行的。

有经验的小说或者报纸的读者,如果必须要准确地看清每一个词中的每一个字母才能感知那些词,就不可能读得如此之快。一大半的词都是从他们的心里出来的,而来自印刷纸页上的词却难及一半。否则,如果我们单独地感知每一个字母,那么就决不会漏掉大家熟知的词中的排印错误。在观念上还没有完全准备好一眼就能对词进行感知的儿童,对于印错了的词就会读错,也就是说,按印刷的方式说他们读的是对的。在一门外语中,虽然它可能是用相同的字母印出来的,如果我们不理解,或者不能当即对词进行感知,读起来就慢得多。但是我们格外容易注意到印刷错误。由于这个原因,与德文著作相比,拉丁语和希腊语,还有更进一步的希伯来语的著作,印刷上的正确程度就高得多,因为校样得到了更好的校正。我的两个朋友,一个会很多希伯来语,另一个会得很少;然而,后者在体育馆用希伯来语进行指导;当他让那另一个人帮助纠正其学生的练习时,结果发现他自己比这位朋友更能发现各种小的错误，因为后者对作为整体的词的知觉太快了。①

众所周知，对于人格同一性的断言也会由于相同的原因而出现错误。一个人目睹了一场快速的犯罪或事故，形成了他的心理意象。其后，他遇到一个囚犯，立刻根据那个意象感知他，并将他辨识或者"识别"为一个参与者，尽管此人可能从未接近过那个地点。同样，在骗人的巫师给出的所谓"显灵集会"上：黑屋子里，一个人看见一位身穿纱袍的人，这个人低声告诉他，她就是他的姐妹、母亲、妻子或者孩子的幽灵，并抱住他的脖颈。黑暗、先前的外形，还有预期，让他的心中充满了预感的意象，他无疑会感知到所提示的东西。只要对这些骗人的"集会"进行令人满意的探究，它们就会为知觉心理学提供最珍贵的文献。在催眠恍惚状态，任何暗示对象都可察觉地被感知到了。一些被试在从催眠状态中清醒过来之后，还会或多或少完全地有这种情况发生。似乎在有利的条件下，一些原本完全没有进入催眠状态的人，对暗示也有在某种程度上相似的易感性。

较低级的感觉比较高级感觉具有更大的可暗示性。一位德国研究者写道：

---

① 拉扎勒斯：《灵魂的生活》(*Das Leben d. Seele*)(1857)，II，第32页。在日常听别人讲话时，我们觉得是听到的一半的词，都出自我们自己的脑袋。甚至在讲话声音低并且离得远时，我们也能理解自己十分熟悉的语言。而不熟悉的语言在这样的条件下就无法听懂。如果在一个外国剧院没有很好的座位，我们就跟不上剧中的对话；而且在国外我们大多数人遇到的麻烦，不仅是当地人说话那么快，还有他们说得那么不清楚，声音那么低。用来解释声音的词语对象，在我们的心中不像它们在我们熟悉的母语中那样是警觉和现成的，不会被这样微弱的刺激所激发。

第十九章 对"事物"的知觉

我们知道,一种弱的气味或者味道可以得到非常多样的解释,而相同的感觉此时被命名为一个事物,下一刻又被命名为另一个。设想房间中有好闻的花香:访问者会注意到它,想要辨识出它是什么,而最终越来越清楚地感知到它是玫瑰的芳香——直到最后他发现了一束紫罗兰。然后他突然辨识出了紫罗兰的气味,并且惊异于怎么可能会想到了玫瑰。——味觉的情况也是这样。品尝一种其可见特征为烹饪方法所掩盖了的肉,你也许开始会把它当作是鹿肉,并且在最后相当肯定地认为它就是鹿肉,直到有人告诉你它是羊肉;于是你清楚地品尝出了羊肉的味道。——就这样,我们可以让一个人品尝出或者闻到我们想让他尝出或者闻到的味道,需要做的只是通过对他说"那品尝起来不像……等等吗?"或者"它闻起来不就像……等等吗?",来确保他会预先像我们所愿的那样想到它。一个人可以用这种方式欺骗整群的人;比如,在进餐时宣布那种肉尝起来"有臭味",几乎每一个不是充满着对立精神的人都会尝出腐烂的味道,而实际上那里完全没有这种味道。

这个现象在触感这种感觉中不那么明显,因为我们是那么地接近对象,以至我们对它的感觉从来都不会是不完全的。然而,从这种感觉中也可以举出例子。轻轻地触摸一块布,一个人可能会自信地说它是天鹅绒,而它也许是一块长毛织物;或者一个人可能无法确定他穿的是毛袜还是棉袜,他试图通过脚上皮肤的触感来弄清这一点,取决于他想着的是棉还是毛,他也许就会觉知到他得到的就是那个触感。当手指上的触感因寒冷而变得有些迟钝时,我们会注意到许多这类现象,此时是更多的触觉对象相互混合起来。①

高级权威人士曾经对想象力能够把当下的感觉印象弄错有所怀疑。② 而这种能力无疑是存在的。在过去的两个星期,我曾经在书房里受到一种轻微却令人不快的气味的烦扰。我的烦扰开始于楼梯下面的炉子漏出来的煤气。这似乎成了我想象中的一种知觉标准;因为在炉子修好几天以后,我再次感知到了那种"相同的气味"。这次我追踪到了一双新的印度橡胶鞋,它是我从商店里带回来放在桌子上的。我持续闻到这种气味有几天之久,尽管所有其他家庭成员或来访者都没有注意到任何令人不快的东西。在其中的部分时间里,我不能确定这种气味是想象中的还是真实的;最后它消失了。每个人都能举出这类来自嗅觉的例子。我们付钱给不诚实的管子工假装修理排水管,也许直到几天的时间过去之后,我们的理智才让鼻子感知到相同的没有改变的气味。至于房间的空气流通和供暖,在一段时间里我们则易于在自己认为应该感受到的时候感受到它们。如果我们以为通风装置是关着的,我们就会感觉房间是密闭的。一旦发现它开着,压迫感就消失了。

下面这段引文给出了一个极端的例子:

> 有一天一位病人在极为激动的状态下来我的办公室访问,激动是由她来时所乘马车里的一种令人作呕的气味引起

---

① G. H. 迈耶:《研究》,第 242—243 页。
② 赫尔姆霍茨:《生理光学》,438。在关于空间知觉的一章中,这个问题很快又会出现在我们的面前。

的。她说这种气味可能是刚刚乘坐过这辆马车的某个患有重病的人散发出来的。毫无疑问有什么事情严重地影响了她，因为她极为苍白，恶心，呼吸困难，还有其他身体和心理不适的表现。在经历了一些困难和时间之后，我成功地让她安静下来，她离开了，坚持说这种气味与她曾经闻到过的任何气味都不同，非常讨厌。很快我也离开了办公室。我发现她在街角等车；我们因此一起上了车。她立刻让我注意她在另一辆车上闻到过的那种相同的令人作呕的气味，并且开始像以前一样受到影响，此时我向她指出那种气味只是马厩里的稻草始终都会散发出来的气味。她很快就认出了是那种东西，此时，她在对其特征的另一种知觉的支配下所产生的那种令人不快的结果立刻就消失了。①

触觉也是一样。每个人一定都有过这样的感受，突然在黑暗中摸到某个潮湿或者多毛的东西，唤起了厌恶或恐惧，后者又消失在对某个熟悉对象的冷静的辨识之中时，他手下的感觉性质变化了。甚至像桌布上的土豆屑这么小的东西，我们以为是面包屑把它捡起来，也会在短时间内让我们感到不快，并感到它与其本来所是的东西不同。

重量或者肌肉感受是一种感觉；谁没有听说过汉弗莱·戴维（Humphry Davy）先生向某人显示他刚发现的金属钠的趣闻轶事呢？那个人说，"我的天哪，它多么重啊！"；表明他关于金属作为一

---

① C. F. 泰勒（C. F. Taylor）：《感觉与疼痛》（*Sensation and Pain*）（纽约，1882），第37页。

个类应该是什么样子的观念,歪曲了他从一种非常轻的物质那里得来的感觉。

在听觉这里,也有大量类似的错误。我已经提到过像远处钟声这种非常微弱声音的心理意象的幻觉效果(前面,第71页)。但是甚至在较强的声音感觉出现时,一旦理智将它们归于一个不同的来源,每个人也一定会回想起它们的声音特征发生了改变的某个经验。又有一天,当带有浑厚低音的钟开始敲响时,一个朋友正坐在我的房间里。"喂!"他说,"听园子里的那架手摇风琴,"并在发现了声音的真正来源时感到了诧异。几年前我自己也有过这种惊人的错觉。一天夜里我坐着阅读到很晚,突然听到来自房子上部的一种极为可怕的声音,它充满了那里。它停下来,片刻又重新开始。我走到前厅去听,它却不再响了。然而,再次在房间里坐下,声音又出现了,低沉,强大,令人惊恐,就像是上升着的洪水,或者是一场可怕大风的前锋。它来自各处。我十分吃惊,再次走进前厅,但它又一次停止了。第二次回到房间里,我发现它只是在趴地板上睡觉的一只苏格兰小猎狗发出的呼吸声。值得注意的事情是,我一旦将它辨识出来,就不得不认为它是一种不同的声音,而且无法像片刻之前那样听到它了。

在德博甫和里德给出的轶事中,虽然不是这样陈述的,情形可能也是这样。里德说:

> 记得有一次受过惊吓后躺在床上,我听见了自己的心跳;但是在我发现这个声音是在我自己的胸腔里之前,我把它当成了敲门声,并且起来打开了门。(《研究》,第4章,第1节)

第十九章 对"事物"的知觉

德博甫的故事是这样的:

> 显赫的老 P. J. 范贝内登一天傍晚和朋友一起沿绍德方丹附近的一个树木茂密的小山散步。他的朋友说,"你没听见山上追猎的声音吗?"范贝内登先生听着,事实上在辨认着狗的狂吠声。他们听了一段时间,不时地会看见一只鹿从旁边跳过;但是狗的叫声似乎既没有向后退去,也没有接近过来。最后有一个庄稼人走过,他们问是什么能在这么晚的时间追猎。他指着他们的脚附近的一些水坑回答说:"你们听到的就是那边的小动物的声音。"事实上那里有一些红腹铃蟾属的蟾蜍。……这种蛙类动物在交配季节会发出银铃般或者水晶般的叫声。……悲哀而纯粹,这声音一点也不像追猎的猎狗发出的声音。[①]

如在关于空间的研究中已经看到的,视觉中也有许多我们所说的这两类错觉。没有感觉像视觉这样能够对同一个对象给出如此摇摆不定的印象。没有感觉让我们这么容易将直接给与的感觉当作单纯的标记;没有感觉让记忆中的事物的调用,以及随后对后者的知觉如此直接。如我们已经看到的,我们感知的这个"事物"始终与关于某个不在场的感觉对象的那个对象(通常是在我们心中已经成为实在之标准的另一个视觉形象)相类似;正是我们的视觉对象向更"实在"形式的这种持续不断的还原,使得一些作者错误地认为,最先捕捉到这些对象的感觉,原初地和天生地就具

[①] 《心理学规律的批判性研究》(*Examen Critique de la Loi Psychophysique*)(1883),第 61 页。

有任何的形式。①

对于偶然的、非经常发生的视错觉,可以举出许多有趣的例子。两个就够了。一个是我自己的回忆。我躺在轮船的铺位上,听着水手在外面用磨石磨甲板;当我将眼睛看向窗户时,我非常清楚地感知到船上的总工程师进入了我的特等房舱,站着看着窗外干活的人。诧异于他的闯入,以及他的专心致志和静止不动的状态,我一直看着他并且疑惑着他会这样站多长的时间。最后我说话了;但是没有得到回答,我在铺位上坐起来,于是看到我是把挂在窗边挂钩上我自己的帽子和外衣当成了那个工程师。这个错觉是完备的;工程师是一个有特别相貌的人;我清清楚楚地看见了他;但是在错觉消失以后,我发现就很难再随意将帽子和外衣看作工程师了。

下面的故事(对此我感谢我的朋友海厄特(Hyatt)教授)可能也并非不同寻常:

> 1858年的冬天在威尼斯的时候,我有过那种你让我讲述的奇怪错觉。我非常准确地记得当时的情况,因为我经常重复讲述那个故事,并且努力不让任何相伴随的情况有所夸张。我正在和我的母亲一起旅行。我们在位于一个旧宫殿里面的旅馆订了房间。我入住的房间既大又高。月光明亮,我记得站在一个挂着窗帘的窗前,想着周围环境的浪漫性质,骑士和

---

① 比较 A. W. 沃尔克曼的论文"论空间直观中的原初性的东西与后天习得的东西"(Ueber Ursprüngliches und Erworbenes in den Raumanschauungen),在他的《光学领域内的研究》(*Untersuchungen im Gebiete der Optik*)第139页;还有赫尔曼的《生理学手册》第3卷上赫林文章的第8章。

第十九章 对"事物"的知觉

女士们的古老故事的遗留物,以及甚至爱的场景和血淋淋的悲剧可能就在那个房间里发生过这样的可能性。那个夜晚是如此美好,许多人在狭窄的巷子或者所谓的街上漫步,边走边唱,我有一段时间醒着,倾听这些游走着的情歌,当然最后我入睡了。我觉察到有个人很近地向我俯下身子,妨碍了我的呼吸;一种关于某个不受欢迎的东西出现了的明确感受让我醒来。睁开眼时,我像以前看见活生生的人一样清晰地在我右边1英尺或者18英寸的地方看见了一个悬挂着的人头,就在我的床的上方。占据我年轻内心的恐惧超过了我经历过的任何事情。那个头上遮着一块长的黑色面纱,面纱飘在月光之中,面孔苍白而美丽,下半部裹着天主教会的修女们通常穿戴的白色饰带。我的头发好像都立起来了,大量的出汗证实了我感受到的恐惧的真实性。我这样躺了一会儿,然后渐渐地对我迷信式的恐惧有了更多的掌控,最后试图去与这个幽灵搏斗。它一直都十分清楚,直到我快速地伸手去抓它,这时它消失了,可是我一躺回到枕头上,它就又回来了。我第二次或第三次去抓那个头之后它没有再出现,那时我知道了这个幽灵并非真的在场,而是取决于我的头的位置。如果我在醒来时向我的头原来所在位置的左或右转动眼睛,那个幽灵就会消失,而在回到差不多相同的位置时,我就能让它以与最初几乎相同的强度再次出现。通过这些实验我很快就明白了,错觉产生自想象的作用,借助了由透过窗户纱帘照射进来的月光的可见部分形成的真实形象。如果我为对这种情境的最初恐惧所征服,把头盖起来,我可能就会相信幽灵真实存在了，因为就我所知，对于我的感受的生动性，我丝毫也没有言过其实。

知觉中的生理过程

对于证明知觉的一般法则，即虽然我们感知到的东西的一部分通过感官来自我们面前的对象，另一部分（它可能是更大的部分）则始终出自（用拉扎勒斯的短语说）我们自己的头脑，我已经说得足够多了。

实际上，这只是下述一般事实的一种情况（而且是最简单的情况），即我们的神经中枢是用来对感觉印象做出反应的器官，特别是，我们拥有两个大脑半球就是为了让我们过去的私人经验记录能够在反应中给以协作。当然，用这种一般性的方法来陈述这个事实是模糊的；而所有信奉目前的观念理论的那些人都会立刻将这种模糊性当作对它的谴责之词。他们对这个过程的描述要细致得多。他们说，感觉唤起了在过去与它相联结的其他感觉的"意象"。自我将这些意象与当下的感觉"融合"或者"结合"为一个新的产物，即知觉表象，等等，等等。真实发生的事情就是实际结果中与之如此难以区分的东西，以至我们反对这样一个陈述显得是过于苛求了，特别是如果我们提不出关于这个基本过程的竞争理论的话。然而，如果关于意象产生、聚集和融合的这种看法是虚构的（我们一直就是这样看待它的），那么，除非确定无疑地只是将其当作一种比喻，我们为什么要持有它呢？当然，就这一点而言，它是方便的和为人们所乐于接受的。但是如果我们试图要给它一个

第十九章 对"事物"的知觉

精确的意义，我们就只能发现，大脑通过先前经验磨出的通路来做出反应，使我们通常感知的是可能的事物，即在先前的场合最经常地激发起反应的事物。

但是我认为，无需冒过于思辨的风险，我们就能比这再精确一点，设想出一个生理学的理由，说明为什么在对象不是在单纯的感觉中被领会，而是在被感知为一个事物时，它的被感受到的性质就改变了。全部意识似乎都依赖于大脑皮层细胞里面的过程的某种缓慢性。神经流越快，它们唤起的感受就越少。如果区域 A 与另一个区域 B 的联结，使得每一个进入 A 的流立刻就排出到 B 之中，我们就不能很强地意识到 A 能让我们感受的那种对象。相反，如果 B 没有这么多的释放通道，兴奋在扩散到其他地方之前就会在那里停留较长的时间，我们对 B 让我们感受的那种对象的意识就是强烈的。将这一点带至理想的极限，我们可以说，如果 A 对神经流向前的传递没有任何阻力，如果这个流终止于 B，那么，无论是什么原因引起了这个流，我们都不能得到关于 A 所独有的那个对象的意识，但是相反，却会得到关于 B 所独有的那个对象的生动感觉。虽然在其他时间 A 和 B 之间的联结没有这么畅通，每一个那时进入 A 的神经流都会让我们产生关于 A 的独有对象的强烈意识，情况也是如此。换句话说，被提示事物的性质在意识中替代直接存在于那里的事物的性质的趋向，是与联结的习惯性成正比的；或者更简短地说，它被直接感受到的趋向，是与经验的可能性成正比的。在所有这类经验中，从最先受到影响的细胞到与所提示观念相关的细胞之间的通路是大开着的。逐渐远离的墙或者天花板上的圆形后像，实际被看成了椭圆的，十字形事物的方形后像被看成了斜腿的,等等,因为只有在与关于后面形状的视觉相关联的过程里,向内的神经流才能停顿下来(见下一章)。

在讨论眼睛的问题时,如果要指出里德和赫尔姆霍茨所主张的真实感觉决不会被经验提示所改变的原则的错误,我们就必须记住这一点。

我还没有谈到的一种错觉可以为这一点提供进一步的说明。当我们意欲做出一个动作,而那个动作由于某种原因没有发生时,除非关于那个部分**没有**动作的感觉很强,我们往往会感到好像实际上做出了那个动作。运动部分感觉缺失的情况通常就是这样。让病人闭上眼睛,让其感觉缺失的上肢静止不动,然后要求他将手举到头部;他在睁开眼睛时会吃惊地发现那个动作并没有做出。所有关于感觉缺失病例的报告似乎都提到过这种错觉。1885年对这一主题有过著述的斯腾伯格(Sternberg)[①]提出了这样一条法则,即做出运动的意图与对运动的感受是同一个东西。我们在后面将会看到这是错误的(第25章);但是它无疑会提示出带有幻觉强度的运动感受。斯腾伯格做了下面的实验,我发现至少有一

[①] 在《美国心理学研究会会刊》第253—254页。我曾经试图对这种意识的一些变化做出解释。在我发现感到失去了的脚的140个人里面,有一些人的感受是可疑的。"或者他们只是偶尔感受到它,或者只是在它让他们疼痛时,或者他们想要移动它时才感受到它;或者他们只是在'使劲想着它'并且努力让它在脑海里出现时,才会感受到它。在他们'变得漫不经心'时,那种感觉就'飞回到'或者'跳回到'了残肢上。从完备而持久的幻觉到某种几乎与日常想象难以区分的东西,每一个程度的意识似乎都体现在了对病人以为他们还拥有的缺失肢体的感觉中。确实,关于支持想象和感觉只是同一个过程的不同生动性这个观点的可能证据,我很少见过比这些陈述放在一起包含的更多。许多病人说他们几乎弄不清是在感受还是在想象那个肢体。"

半试着做这个实验的人都会取得成功:将你的手掌放在桌子的边缘,让食指弯曲到极限,然后动用你的意志让它进一步弯曲。其他手指的位置使得这样做是不可能的,然而如果我们不去看那根手指,我们就会以为感受到它运动了。他引述了埃克斯纳用颌骨做的一个类似实验:在后牙之间放一声硬橡胶或其他牙齿咬不进去的障碍物,用力咬。尽管肯定不可能有运动发生,你还是以为感受到了颌骨的运动以及前牙的相互接近。① ——我们在第41页讨论过的那个情况,即将指尖经过的路线作为关节中运动感受位置的视觉提示,是这种被提示事物半幻觉力量的另一个例子。如我们已经知道的,截了肢的人仍然感受到他们失去了的脚等等。这是特定能量法则的一个必然结果,因为如果与那个脚相关联的中枢区域引起了任何感受,它所引起的一定是关于一只脚的感受。②但奇怪的是,许多这样的病人能够意欲让那只脚移动,而当他们这样做了时,会清楚地感受到运动发生了。用他们自己的话说,他们能够"操作"或者"摆动"他们失去了的脚趾。③

在所有这些各种各样的病例中,我们处理的都是在正常生活中不可分地结合在一起的材料。对于所有的可能经验来说,很难想象有比做出运动的意志和对身体部分位置变化的感受这二者更一致和持续地结合在一起的对子了。从我们最早的有双足的祖先开始,直到今天,脚的运动一定始终与让它们运动的意欲相伴随;而如果要找,我们就应该在这里找到习惯的影响。意欲的过程应

---

① 《弗吕格文库》,XXXVII,1。
② 并非所有的病人都有这种另外的错觉。
③ 我应该说,几乎在所有的病例中,在意志之后都发生了残肢肌肉的真实收缩。

该会大量涌入那个命令所引起的感受的过程,而且,只要同时没有其他明确与之矛盾的感觉进来,它就应该在最大程度上唤起那个感受。在我们大多数人这里,当意欲未能生效时,就会出现一种相反的感觉。我们会觉察到肢体的抵抗或者未曾改变的位置。但是无论是在感觉缺失还是在截肢的情况中,脚上都不可能有任何相反的感觉来纠正我们;所以想象力拥有全部实际的力量。

"统　　觉"

在德国,自从赫尔巴特的时代以来,心理学就总是对人们称之为统觉(apperception)的过程有许多话要说。① 人们说,进来的观念或感觉被心中已有的"大量"观念所"统觉"。显然,照此说法,我们一直当作知觉来谈论的那个过程就是统觉过程。所有的辨识、分类和命名也都是如此;而且在这些最简单的提示之外,所有关于知觉象的进一步的思想也都是统觉的过程。我自己没有使用统觉这个词,是因为它在哲学史上曾经有过非常不同的意义,②而且宽泛地说,"心理反应""解释""概念性认识""同化""阐述",或者简单地说"思想"(thought),都是其赫尔巴特意义的完全的同义词。而且,几乎不值得花费时间假称去分析超过了最初或者知觉阶段的所谓统觉活动,因为它们的变化和程度实际上多得不计其数。

---

① 参见赫尔巴特,《作为科学的心理学》(*Psychol. als. Wissenschaft*),第125节。
② 比较下述历史评论:K. 兰格(Lange)的《论统觉》(*Ueber Apperception*)(普劳恩,1879),第12—14页;冯特《哲学研究》中的斯托德,I. 149;还有《科学哲学季刊》中的马蒂,X,第347页及以下诸页。

第十九章 对"事物"的知觉

"统觉"是我们作为联想来研究的那个东西的总和效果的名称；而且显然，一个给定经验向人提示的事物取决于刘易斯先生所说的他的全部心理静力学条件，他的本性和观念储备，或者换句话说，他的品格、习惯、记忆、教育、先前的经验，以及他瞬间的心情。将所有这些东西称作"统觉群"，并不能让我们洞悉在心里或者脑中实际发生了什么事情，虽然有时候这当然是方便的。总之，我倾向于认为刘易斯先生的"同化"这个术语是人们使用过的最富成效的一个。①

H.施泰因塔尔（H. Steinthal）教授用一种简直让人难以忍受的细致分析了统觉的过程。②不过还是可以引述一下他关于这个问题的导言。他是从一个喜剧剧本上的一段趣事开始的。

> 在火车车厢的隔间里，6个互不相识的人进行着生动的谈话。人们开始为同伴中的一个必须在下一站下车而感到遗憾。其他人中的一个说，他特别喜欢与完全不认识的人的这种相聚，在这样的场合他习惯了既不问他的同伴是谁或者是做什么的，也不告诉他们他是谁或者是做什么的。另一个人说，如果他们每一个人都回答他一个完全不相关的问题，他就会判定这个问题。他们开始了。他从自己的笔记本里抽出5张纸，在每一张纸上写一个问题，给了他的同伴每人一张，并要求他们在下面写出答案。这几张纸返回到他这里。他读了

---

① 《生命与心的问题》，第1卷，第118页以下诸页。
② 见他的《心理学与语言学导论》（*Einleitung in die Psychologie u. Sprachwissenschaft*）（1881），第166页及以下诸页。

上面的内容之后，毫不犹豫地转向其他人，对第一个人说，"你是科学家"；对第二个人说，"你是军人"；对第三个人说，"你是语言学家"；对第四个人说，"你是新闻记者"；对第五个人说，"你是农民"。大家都承认他说对了，于是他走了出去，将那五个人留了下来。每个人都想知道其他人收到的是什么问题；并且看到他给每一个人的问题都是相同的。它是这样的：

"哪种存在会毁灭它自己产生出来的东西？"

对于这个问题，博物学家的回答是"生命力"；军人的回答是"战争"；语言学家的回答是"克罗诺斯"；时事评论员的回答是"革命"；农民的回答是"公猪"。在我看来，这段趣闻如果不是真的，至少也编得极好。它的讲述者让新闻记者继续说："有趣的地方就在这里。每个人都与他最先想到的东西相一致①，那是与他的职业关系最紧密的。每个问题都是一次钻孔实验，而回答就是让人得以看见我们内心的孔穴。"……我们所有人都是如此。我们都能不仅根据服装式样和身体姿态，而且根据他们说什么和如何表达他们的所说，辨识出神职人员、军人、学者和商人。我们通过人们表现出来的兴趣和表现它的方式，根据他们所谈论的对象，根据他们看待事物的观点，来猜测他们在生活中的位置，简言之，根据他们的统觉方式来判断他们，了解他们。……

---

① 我的一个同事在读过这个趣闻后问了自己这个问题。他告诉我他的回答是"哈佛学院"。学院的全体教员在几天前为阻止在上课日的夜晚有不正当行为的毕业班学生获得学位进行了投票。

第十九章 对"事物"的知觉

每个人都拥有与他自己的人格和兴趣相联系的一组观念，拥有另一组与社会相联系的观念。每个人都拥有他自己关于植物、宗教、法律、艺术等，特别是关于玫瑰花、史诗般的诗作、布道、自由贸易等的一组观念。所以每一个人，甚至是没有受过教育的人和儿童的心理内容中，都包含有一堆堆或者--团团的知识，每一个这样的知识堆或团，都与同样包含于其中的其他堆或团一起存在于更大的团中，而且每一个也都在其中包含着更小的团。……对像一匹马这样的事物的知觉……是我们眼前当下的马的图像，和我们曾经见到过的所有马融合或交织在一起的图像和观念之间的过程；……是两个因素或者要素之间的过程，在这两个因素或者要素中，一个存在于过程之前，是心的旧的占有物（即一群观念或概念），而另一个则只是刚刚对心呈现出来，是即刻附随着的因素（感觉印象）。前者统觉后者；后者为前者所统觉。统觉的产物从它们的结合中产生了：关于被知觉的事物是一匹马的知识。较早的因素相对于后面的因素是主动的和前验的；附随的因素是被给与的，后验的，被动的。……我们于是可以将统觉定义为两团意识（Vorstellungsmassen）为产生出一种认知而进行的相向运动。

我们将前验的因素称为主动的，而将后验的因素称为被动的，但这只是相对的。……虽然前验的要素通常表现得较为有力，但是在其中新的观察改变或丰富了统觉观念群的统觉过程，也是完全可以发生的。一个迄今只见过有四只角的桌子的儿童，将圆桌统觉为桌子；而那个统觉群（"桌子"）由此得到了丰富。这个新特征,即它们不必有四个角,而可以是圆的,加到了他先前关于桌子的知识之上。在科学史中经常发生的情况是,某个发现,在得到统觉的同时,即与我们的知识系统联系起来的同时,也改变了整个系统。然而,在原则上我们必须坚持,虽然这两个因素都是既主动又被动的,先验的因素几乎始终是这两个里面更加主动的一个。①

施泰因塔尔的这个解释非常清楚地表明了我们心理学意义上的概念性认识(conception)与在逻辑学中被称为概念(concept)的东西之间的区别。在逻辑学中,概念是不可改变的;但是大家通常所说的"关于事物的概念性认识"则会通过使用而发生改变。"科学"的目标是获得我们永远都不需要再去改变的充分和准确的概念性认识。每一个人的心里都存在着保持观念不变和更新观念这两个趋向之间的永恒斗争。我们的教育是保守因素和进步因素之间的不断妥协。每一个新经验都必须在某个旧的标题之下得到处理。重要之点是找到为接受它所必须要发生的变化最小的那个标题。一些波利尼西亚土著人,在第一次看见马的时候称它们为猪,那就是最接近的标题。我的两岁的孩子玩了一个星期别人给他的第一个橙子,管它叫做"球"。习惯于看到"鸡蛋"是被打进玻璃杯中的,以及没有皮的土豆,他管第一次看到的整鸡蛋叫做"土豆"。他毫不犹豫地管折叠着的袖珍瓶塞起子叫做"坏剪子"。我们几乎没有人能够在新的经验到来时很容易就制造出新的标题。我们大多数人都越来越成为了我们曾经熟悉的库存概念性

---

① 在前面引用的书中,第166—171页。

第十九章 对"事物"的知觉

认识的奴隶,除了旧的方式以外,越来越不能以任何其他的方式同化印象。简而言之,生活不可避免地把我们最终都变成了顽固守旧的人。违反了我们已经建立起来的"统觉"习惯的对象,就完全得不到注意;或者,如果在某些时候我们通过论证而被迫承认了它们的存在,24个小时之后这个承认就好像没有做出过,而不可同化的事实的全部踪迹就都从我们的思想里消失了。事实上,天才的意思差不多就是以非习惯的方式进行感知的能力。

另一方面,能够将新东西同化到旧东西之中,在我们熟知概念系列的危险冒犯者或者突破者进来之时,迎接它,看透它的不同寻常,并揭去它作为伪装着的老朋友的标签,从婴儿时期到生命的终结,没有什么事情比这个更加惬意的了。事实上,对新事物的这种胜利的同化,是所有理智愉悦的范例。对它的渴望是好奇。旧东西与新东西在同化发生之前的关系是惊异。对于远远超出了我们的理解力,我们没有概念来归属它们,或者没有标准来测量它们的事物,我们既感受不到好奇,也感受不到惊异。[1] 达尔文旅行中的

---

[1] 教学法上的一条重要准则,就是将每一个新知识编织进先前已有的好奇之中——即将它的内容以某种方式与已知的东西同化起来。于是就有了"将所有遥远和外来的东西与某个家附近的东西相比,用已知事物的例子让未知事物变得明白,将全部指导都与学生的个人经验结合起来"的好处。"……如果教师要解释太阳到地球的距离,就让他问……'如果在太阳上的一个人径直地向你开炮,你会做什么?'学生会回答'躲开它'。教师会回答说'不需要那样做'。'你可以安静地在你的房间里睡觉,然后起来,你可以一直等到你的坚信礼日,你可以学习一门手艺,可以长到我这么大,——只有到那时那枚炮弹才会接近这里,那时你就可以跳开了!看,太阳的距离就是那么远!'"[K. 兰格(K. Lange),《论统觉》,1879,第76页——虽然冗长却很有意思的小书。]

火地人对那些小船感到惊异，却把大船看作是"理所当然"的。只有我们已经部分地知道了的东西才会激发我们进一步去认识的欲望。更细密的织物，金属上更繁复的纹印，对于我们大多数人来说就像空气、水和地面，是无法唤起任何观念的绝对存在。一张版画或者一枚铜板上的铭文自然具有那种程度的美妙。但是如果我们看到的是一幅同样完美的钢笔画，我们自己对这个任务之困难的同情就会让我们立刻对所用的技能感到惊讶。那位年老的女士赞美艺术家的画时对他说："这真的都是用手完成的吗？"

知觉是无意识的推论吗？

一种广为流传的看法（曾经为像叔本华、斯宾塞、哈特曼、冯特、赫尔姆霍茨这样的人所持有，不久前得到了彼耐特的有意思的辩护[①]）认为，知觉应当被称作一种或多或少无意识和自动进行的推理操作。这个问题初看上去是一个用词问题，取决于人们在多么宽泛的意义上使用推理这个术语。如果每一次当下的标记对我们的心提示出一个不在场的实在，我们就做了推论；如果每一次我们做推论都是在推理；那么，知觉无疑就是推理。只是我们在

---

① A. 叔本华：《基本原理》，第 4 章。H. 斯宾塞：《心理学》，第 6 部分，第 9、10 章。E. v. 哈特曼：《无意识哲学》(B) ，第 7、8 章。W. 冯特：《论文集》，第 422 页及以下诸页；《讲座》，4、13。H. 赫尔姆霍茨《生理光学》，第 430、447 页。A. 彼耐特：Psychol. du Raisonnement，第 3、5 章。冯特和赫尔姆霍茨在更近一些的时间"宣布放弃"了。见前面第 1 卷，第 169 页的注释。

第十九章 对"事物"的知觉

其中看不到任何无意识的部分。两个联想项,当下的标记和它所提示的接近事物,都光明正大,无需任何中间观念。然而,大多数曾经拥护这个论题的人都做出了更为复杂的假定。他们的意思是说,知觉是一种间接推论,中项是无意识的。他们认为,当一个人感受到我称之为"这个"(前面第 83 页)的感觉时,心里就会经历某种像下面这样的过程:

"这个"是 M;

而 M 是 A;

所以"这个"是 A。[①]

现在似乎没有站得住脚的根据来设想心里有这种外加的运转装置。将"这个"归类为 M 本身就是一个知觉动作,如果全部知觉都是推论,那么它的完成就需要有发生在更早时间的三段论,因而就会发生无穷倒退。摆脱这个麻烦的唯一办法就是改变一下对这个过程的表现方式,因此:

"这个"像那些;

那些是 A;

所以"这个"是 A。

这里的大前提不包含接近联想,不包含将那些命名为 M,而只包含对未命名的相似意象的提示,包含对构成了与 A 的性质习惯性结合在一起的过去类似感觉的回想。但是同样,有什么事实根据来承认这种回想呢?我们对任何这样的过去的意象都是完全无意

[①] 当并非所有 M,而只有某些 M 是 A 时,也就是说,当 M 是"非分布式的"时,结论就容易出错。如果真知觉是有效的三段论,那么错觉就是逻辑错误。他们就会由非分布式的中项得出错误的结论。

识的。而对所有联想形式都是习惯在大脑中磨出的通路这个基本事实的结果的概念性认识，使得这样的意象对于解释这个现象来说成为了完全多余的东西。由于"这个"的大脑过程（A 的标记）曾经反复与整个对象 A 的过程一起被激发，从一个到另一个扩散的直接通路一定是已经建立起来了。尽管迂回的通路也是可能的，像从"这个"到"那些"，又从"那些"到"A"（应该会与较直的通路引向实际上相同的结论），却没有任何根据来设想此时经过的就是这样的通路，特别是因为表面现象指向了另外的方向。明晰的推理（explicit reasoning）无疑要经过这样的通路；而在知觉中这些通路很可能是封闭着的。所以，知觉远不是严格意义上的推理的类别，知觉和推理都是更深层过程的同等重要的两个类别，这个过程在心理学上被理解为观念的联想，在生理学上被理解为大脑中的习惯法则。因此，将知觉称为无意识推理，或者是一个无用的隐喻，或者是两个不同事物之间的一种完全误导性的混淆。

还有一个问题，之后我们就可以离开知觉这个话题了。汉密尔顿先生认为他发现了一条完全为心理学家们忽视了的"简单而普遍"的"伟大法则"，这就是："知识和感受，——知觉和感觉，虽然总是共存着，却相互始终是成反比例的。"在汉密尔顿的话里就好像知觉和感觉是进入单一意识状态的两个共存要素。斯宾塞通过声称它们是两个相互排他的意识状态，而不是一个单一状态的两个要素，而改进了他的说法。如果用感觉（汉密尔顿和斯宾塞在这场讨论中就主要是这样做的）来意指对快乐或痛苦的感受，那么

第十九章　对"事物"的知觉

这条法则无论如何表达就都无疑是真的；而且强烈意识到一个经验的快乐或者痛苦的心，事实上也不大适合于观察和分析它的外部原因。① 然而，除了快乐和痛苦，这条法则似乎就只是下述事实的一个必然结果了，即一个意识状态越是集中，它就越生动。与只是把一种颜色或一个音调作为对象整体的许多其他属性中的一个而觉知相比，我们在感受它本身的时候，会更强烈地捕捉它，更好地注意它。知觉状态较为弥漫的大脑兴奋可能与感觉状态表现出来的单独部分相同强度的兴奋是不相容的。所以我们在这里回到早些时候在知觉和感觉的过程之间所做的区分，回到我们在第 80 和 81 页举出的例子。②

幻　觉

我们已经看到，在正常知觉和错觉之间不存在断裂。二者的过程是完全一样的。我们刚刚在前面讨论过的那些错觉完全可以被称为幻觉。现在我们必须来研究人们较普遍地用那个名称来

---

① 关于用来解释这一事实的生理学假说，见斯宾塞的《心理学》，II，第 250 页注。
② 这里有另一个好的例子，来自赫尔姆霍茨的《光学》，第 435 页："一个人行走的情景对于我们来说是一幅熟悉的景象。我们将它觉知为一个联系着的整体，而至多只会注意到它的最引人注意的特点。要感到这样一个行走者的纵向和横向的摇摆，就需要有较强的注意，以及对观察点的特殊选择。我们必须在背景中选择合适的点或者线，用以比较他的头的位置。但是如果用一架天文望远镜（它会颠倒被观察的对象）来观看远处行走的人，他会呈现出一种多么奇特的跳动和摆动的样子啊！此时看到他身体的摇摆，以及他的步态的许多其他细节，就没有什么困难了。……但是，另一方面，它的整体特征，无论是轻巧还是笨拙，高贵还是优雅，就都比在直立的位置更难感知了。"

称呼的那种错误知觉。① 在日常用语中,幻觉与错觉之间的不同是在于,在错觉中有对象真实地在那里,而在幻觉中则完全没有对

---

① 我们必须将错觉和幻觉这二者与妄想(delusion)区分开来。妄想是关于事实的一种错误看法,虽然它经常包含,却不必然包含对可感事物的错误知觉。比如,我们可以随意产生宗教妄想、医学方面的妄想、关于我们自己的重要性以及关于其他人的品格等等的妄想。精神病人的妄想往往有某种典型的通常非常难以解释的形式。但是在许多病例中,它们无疑是病人发明来解释其不正常的身体感觉的理论。在其他的病例中,它们是因听觉或者视觉方面的幻觉而产生的。克劳斯顿博士(《心理疾病的临床演讲》(*Clinical Lectures on Mental Disease*),第3讲的最后)给出了下面这些在大约一百个遭受这种痛苦的抑郁症女病人中发现的特殊妄想。这些妄想有

一般性的迫害;	被剥夺;
一般性的怀疑;	有警察跟随在后面;
被下毒;	非常邪恶;
被杀害;	即将到来的死亡;
有人共谋反对自己;	即将到来的灾难;
被欺骗;	失了魂;
在教堂布道中受到反对;	没有胃;
怀孕了;	没有内脏;
喉咙里有一块骨头;	既没有胃也没有脑;
丢了许多钱;	身上爬满了害虫;
不适合活着;	有人写关于她的信件;
她不会康复;	财产被盗;
她将会被谋杀;	孩子被杀害;
她将要被活煮;	偷盗;
她将会挨饿;	腿是玻璃的;
肉体在像沸水般翻腾;	头上长了角;
头被从身上割下来了;	被人用氯仿麻醉;
孩子在燃烧着;	惧怕被吊死;
周围发生着谋杀;	被人骂;
吃食物是错误的;	被幽灵控制;
在地狱里;	是个男人;
为魔鬼所诱惑;	身体被转换了;
为魔鬼所控制;	昆虫从身体里出来;
犯了不可宽恕的罪恶;	被强奸;
看不见的力量在运作;	得了性病;
	是一条鱼;
她自己的身份;	死了;
着火了;	"灵魂自杀"了。

象的刺激。我们很快就会看到,人们设想在幻觉中没有对象的刺激是错误的,幻觉通常只是知觉过程的极端,在其中次级大脑反应与引发了这种活动的外周刺激完全不成正常的比例。幻觉通常是突然出现的,并且具有强加于主体的性质。但是它们拥有不同程度的显见的对象性。我们必须在开始预防一个错误。它们通常被看作是错误地向外投射的心理意象。但是,如果幻觉是完备的,它就远不止是一个心理意象。幻觉是严格意义上的意识的感觉形式,就像有真实对象在那里一样的地道而真实的感觉。只是对象碰巧不在那里。

程度比较和缓的幻觉曾被称做假性幻觉。只是在近几年,人们才将假性幻觉和幻觉清楚地区分开来。关于它们之间的区别,坎丁斯基(Kandinsky)博士写过这样的话:

> 在漫不经心地询问病人时,我们会将他的假性幻觉式的知觉与幻觉混淆起来。但是对于病人自己不混乱的意识来说,即使他是个痴愚者,将这两个现象视为同一也是不可能的,至少在视觉的领域是这样。在拥有视觉方面假性幻觉的那一刻,病人就感受到他自己与这种主观感觉显象的关系,完全不同于他知道自己拥有真实视幻觉时的那种关系。后者自身就是实在;前者则相反,它始终是主观现象,持有它的个体通常或者将它看作是上帝恩典的标记,或者看作是他的秘密施害者人为导致的⋯⋯如果他根据自己的经验知道什么是真正的幻觉,他就完全不可能把假性幻觉错当成它。⋯⋯一个具体的例子可以清楚地表明这个区别:
>
> N.L.博士有一天在一些施害者的声音("来自墙壁中间

的一个中空的地方")中突然听到一个相当大的声音郑重地对他说:"改变你效忠的国家。"将这句话理解为他唯一的希望是在于不再做俄国沙皇的臣民,他想了想效忠哪个国家会更好,并决定成为英国的臣民。与此同时,他看见了一个自然大小的假性幻觉的狮子。它出现了,并很快将前爪放在了他的肩上。他清楚地将这两只前爪感受为带有可以忍受的疼痛的局部压力(完备的接触幻觉)。然后来自墙壁的相同声音又说:"现在你有了一头狮子,你将进行统治。"于是这个病人想起来狮子是英国的象征。这头狮子对 L 显现得非常清楚和生动,但是如他后来所说,他一直都知道他不是用身体上的眼睛,而是用心理眼睛看见这个动物的。(恢复之后,他用"有表现力的可塑观念"这个名称来称呼类似的幻象。)相应地,他没有感觉到害怕,尽管他感受到了脚爪的接触。……如果那头狮子完全是幻觉,这个病人,如他自己在恢复之后所说,就会感到巨大的恐惧,并很可能会尖叫起来或者逃走。如果它只是想象中的意象,他就不会将它与那些声音联系起来,他当时是完全相信这些声音的客观实在性的。①

假性幻觉与普通的记忆和想象中的意象的区别,是在于它远比后者更加生动、精细、详细、稳定、突然和具有自发性,是在于这样一种感觉,即完全感受不到产生它们时我们自己的活动。坎丁斯基博士有过一个病人,在服用了鸦片或者大麻(haschisch)之后,会出现许多假性幻觉和幻觉。由于他也拥有很强的视觉想象

---

① V. 坎丁斯基:《幻觉领域的批判性与临床思考》(1885),第 42 页。

力,并且是一位有教养的医生,这三种现象就很容易得到比较。虽然是向外投射的(通常不会远过最清晰视觉的限度,1英尺左右),假性幻觉还是缺乏幻觉所拥有的客观实在性的特征,但是,与想象中的图像不同,它几乎不可能随意将它们产生出来。人们听到的大多数"声音"(无论是否会引起妄想)都是假性幻觉。它们被描述为"内部"声音,虽然它们的性质与一个人说给自己的内部言语完全不同。我认识两个人,每当安静下来倾听这样的内部声音时,他们就会听到这声音说出他不曾预料的话语。这在妄想型精神失常中是一种非常普通的事件,最后会变成为生动的幻觉。后者以零星的形式相对比较频繁地发生;而某些个体则倾向于会经常出现这样的幻觉。从由埃德蒙·格尼开始的"幻觉统计"结果中似乎可以看到,粗略地说,每10人中至少有1人很可能在其生命的某个时间曾经有过生动的幻觉。① 来自健康人的下述案例将会让我们对这些幻觉有一些理解:

> 在还是一个18岁的女孩儿的时候,一天傍晚我与一位长者进行了一场非常痛苦的讨论。我的悲伤是如此之大,以至我拿起了放在起居室壁炉台上的一根粗象牙织针,并在说话的时候将它掰成了小碎块。在讨论的中间,我非常渴望知道我与其有着不同寻常亲密关系的兄弟的想法。我转过身,看见他坐在屋中桌子的远端,抱着胳膊(对他来说是一种少有的

---

① 见《精神研究协会会刊》,1889年12月,第7,183页。国际实验心理学会(The International Congress for Experimental Psychology)现在负责这项统计,而笔者是其美国方面的执行人。

姿势),但让我沮丧的是,从他嘴上讥讽的表情我感知到他并不赞同我,没有"站在我的一边"(如我那时本来会说出来的那样)。这个意外的发现让我冷静下来,讨论结束了。

几分钟后,有了与这位兄弟说话的机会,我转向他,他却已经离开了。我询问他是什么时候离开房间的,却被告知他不曾在这个房间里,我不相信,以为他在没人注意的情况下进来了一小会儿,又走出去了。一个半小时以后他出现了,费了一番周折他才让我相信,那天晚上他根本不曾走进这所房子。他还活着而且很健康。

还有另一个案例:

1873或74年(我想不起是哪一年了)3月的一天夜里,我在母亲的病床旁照料。大约在晚上8点的时候,我到餐厅去泡茶,而在从餐柜返回位于燃烧旺盛的火炉前的餐桌时,我看到桌子的另一边有一位大约30岁的军人,以真正军人的样子将握着的手放在身侧,他的黑色并带有穿透力的眼睛直接看着我的眼睛。他戴着一顶带有直立羽毛的小帽子;衣服也是军人的式样。他并没有让我感觉到是幽灵、鬼魂或者任何神秘的东西,而只是一个活人;但是在凝视了他至少1分钟之后,我意识到他根本不是尘世间的东西,因为他的眼睛和身体都一动不动,再仔细看,我能看见更远处的火。我当然吃了一惊,却并没有跑出房间。我目瞪口呆。我快步走了出去,走向前厅的仆人,并问她是否看见了任何东西。她说没有。我走进母亲的房间,持续说了大约一个小时的话,但是因为怕刺激

第十九章 对"事物"的知觉

她,所以一直没有提及刚才的事情,而最后就完全把它忘记了。又回到餐厅,对发生的那件事还是处在遗忘的状态,但是重复着前面的动作,在泡茶的时候从餐柜返回到餐桌。我偶然看向炉火,我又看见了那个军人。这一次我十分惊恐,急忙从房间逃了出去。我喊父亲,但是他过来的时候却什么也没有看到。

有时候受影响的不止一个感官。下面就是一个案例:

应你让我写出1886年10月30日的经历的要求,我给你写这封信。

在前面所说的那一天,即1886年的10月30日,我在_____,那里是我教书的地方。我完成了一天中常规性的日常工作,坐在房间里计算三角学方程式。我每一天都期盼听到妻子分娩的消息,而自然地我的思想就有一段时间或多或少是与她在一起的。顺便说一下,她在B,离我有50英里远。

然而在那时,我并没有在想她和我所期盼的那个事件;如我所说,我在计算三角学方程式,而且我整个晚上都在研究三角学。大约11点的时候,在坐在那里埋头于正弦、余弦、正切、余切、正割、余割之中的时候,我非常清楚地感受到左肩上被触碰了一下,还轻轻地晃了一下,就好像有人试图以其方式引起我的注意却未能成功一样。我保持着坐姿,回过头来,妻子站在我和门之间,穿的衣服与大约5个星期前我最后一次见到她时穿的一样。在我转身时,她说:"是个小赫尔曼;他来了。"她还说了一些其他的话,但这是我能想起来的唯一一句。为了确信自己没有睡着和做梦，我从椅子上站起来，拧自己，并朝那个我一站起来就立刻消失了的人形走去。我说不出这段插曲所占的时间有多长，但我知道我是醒着的，身体和往常一样健康。那个触觉很清楚，那个人形绝对完整无缺，站在离门大约3英尺的地方。门是关着的，而且整个晚上都没有开过。那个嗓音是不会弄错的，即使我没有转身，完全没有看见那个人形，我也能听出是我妻子的声音。语调是交谈式的，就好像如果她真的站在那里，她就会说出同样的话。

至于我自己，我要说（正如已经说过的），我的身体像往常一样健康；在这个事件之前和之后，我都没有生过病，甚至连头痛的苦都没有吃过。

在上面说过的经历发生后不久，我睡下了，并且像往常一样，一直安静地睡到早晨。我没有特别地思考前一夜的奇怪所见，而且虽然我想到过它几次，却没有告诉任何人。次日早晨起来，没有意识到梦见了任何事情，一个观念牢牢地印在了我心里，即电报局里有我的东西。我想要抛开这个印象，因为就我所知它没有理由。没有什么事情可做，我走出去散步；为了有助于抛开刚才提到的那个印象，我向远离电报局的方向走去。然而，在我走着的时候，这个印象就变成了信念，而我实际上又向后转，去了那个我决定不去造访的地方，那个电报局。到达所说的电报局时我看到的第一个人是电报操作员。他与我很熟，说："你好，爸爸，我这里有你一封电报。"电报中宣布了一个男孩的出生，重9磅，一切都好。现在，我对前面讲述的事件完全说不出道理；此前和此后我都再也没有过任何这样的经历；我不相信唯灵论，一点也不迷信，对"思想感应""无意识大脑作用"等知道得很少，但是对于我讲述的这些话，我是绝对确信的。

至于我听到的那句话，"是个小赫尔曼"等等，我要补充说，我们之前已经决定，如果这个孩子是男孩，就叫他赫尔曼——我自己的名字，顺便说一句。①

幻觉有时带有一般意识一种变化，以致显得更像是突然进入了梦境。下面这个案例是我从一个43岁的人那里得到的，他以前从来没有过类似的情况：

> 在这一天的上午我坐在桌前读忠诚军团通报的时候，一件我从未经历过的非常奇怪的事情发生了。它非常真实，真实得让我用了一些时间才恢复过来。它让我觉得好像直接进入了另一个世界。除了夜里做梦时，我以前从来不曾有过任何类似的感受。当然，我是完全醒着的。但是这个感受来了。我刚刚坐下，开始对那份通报发生兴趣，此时我好像有片刻的时间迷失了自己，然后发现自己在一座雪白、明亮和光洁的高大建筑的顶层，紧挨我所坐地方的右边有一扇大窗。我从这扇窗子向外看着全新的奇异景色。以前我从来不曾有过这种对自然之无限性的感觉，不曾有过这种对光线、颜色和明净的华美绵延的感觉。我知道有3分钟的时间我完全不知所措，因为当我开始可以说是醒过来时——坐在那个世界里时，我

---

① 这个案例属于迈尔斯先生所说的"符合事实"的一类。在其后的一封信里，写信者告诉我，他的视觉在这个孩子出生前大约5个小时就出现了。

又用了3或4分钟的时间在想哪个是梦境,哪个是真实的。坐在那里我有了一种关于C……[作者所在城市]的微弱感觉,起初是遥远和模糊的。然后我记得在想"为什么,我曾经生活在C……;也许我回来了"。慢慢地,C……真的回来了,我发现自己又坐在我的书桌旁。有几分钟的时间,确定我在哪里的过程非常有趣。但是这整个体验都十分令人愉快,它给人一种辉煌、明净和光亮的感觉。我推测它总共持续了大约7或10分钟。

狂热型谵妄的幻觉是假性幻觉、真幻觉和错觉的混合。鸦片、印度大麻制成的麻醉品和颠茄引起的幻觉在这方面与之类似。下面是一个朋友提供给我的关于印度大麻制品引起的谵妄发作的生动讲解:

我正在读报,即将到来的谵妄迹象是无法将精力集中在报纸的内容上。我直接躺在了沙发上,眼前出现了几排人手,这些手摇摆了一会儿,然后旋转,然后又变成了勺子。相同的运动重复着,对象又变成了轮子、锡制玩具兵、路灯柱、扫帚以及其他数不清的荒唐东西。这个阶段持续了大约10分钟,可以稳妥地说在那个时间里我至少看见了上千个不同的对象。这些旋转的意象并不像生活中的真实事物,但具有眼睛在看过某个明亮发光的物体之后所看到的次级意象的特性。与我一起在房间里的人的一个提示,就足以唤起所提示事物的意象,而如果没有提示,出现的就是生活中的所有普通物体,以及许多不真实的怪物,这些怪物完全无法描述,它们似乎是大脑的创造。

第十九章 对"事物"的知觉

症状的性质很快就变化了。某种波动好像传递到了我身上,我开始觉知到我的脉搏在快速跳动这个事实。我拿出手表,凭借相当大的意志力才得以测量心跳,1分钟135次。

我能通过我整个的系统来感受每一下脉动,而奇怪的抽动开始了,心里所做的任何努力都不能让它终止。

有一些明显的头脑清醒的时刻,此时我好像能看见自己的内部,看见自己心脏的跳动。我突然感受到一种奇怪的恐惧,确信我永远也不能从鸦片制剂的效果中恢复过来了,很快我又感受到对实验的极大兴趣,确信这个体验是我曾有过的体验中最为新奇和刺激的。

我的心处于一种非常敏感的状态。想到或者被提示出来的任何地方都会带着真实事物的全部清晰性呈现出来。我想到斯塔法的巨人堤道,立刻我就站在了芬格尔岩洞的入口处。巨大的玄武岩柱在四面耸起,大浪滚过裂隙,静静地打碎在多岩石的岸上。突然,出现了吼叫和爆炸声,"Ishmaral"这个词在洞穴的上方回响。在这个不同寻常的词的声音发出之时,巨大的玄武岩柱变成了旋转着的衣夹,对这种荒谬性我大声笑了起来。

(在这里我可以说,"Ishmaral"这个词似乎也萦绕着我的其他幻觉,因为我记得在那以后我经常听到它。)其后我经历了一种灵魂的转生。我想到的任何动物或东西,都能成为拥有我心的存在。我想到一只狐狸,立刻我就变成了那个动物。我能清楚地感受到自己是一只狐狸,能看见我的长耳朵和蓬松的尾巴,而且通过内视,我感受到我的全部解剖结构都和狐狸一样。突然,视点改变了。我的眼睛好像位于嘴的后面;

我从分开的嘴唇看出去,看见两排尖利的牙齿,而啪嗒一声闭上嘴就什么也看不见了。

之后我又变成了一颗炸弹,感受到我的体积、重量和厚度,体验着被从一个巨大的迫击炮中射出去,俯视地球,炸开,又以无数碎铁的形式落回来的感觉。

我变成过无数其他物体,其中有许多都荒谬得让我想不出是什么提示了它们。例如,我是一个小小的中国玩具娃娃,浸在一瓶橄榄油里,之后又是一颗螺旋状的糖,然后是关闭在旋转着的棺材里面的一具骨架,等等,没有止境。

在谵妄快到最后的时候,旋转的意象又出现了,大脑的单一创造缠住了我,它每过一会儿就重复出现一次。它是一个双面娃娃的意象,有个圆柱形的身体,像个木制梨形陀螺一样向下跑到一个点。

它始终都一样,头上戴着花冠,被染成了两种颜色,绿色和棕色,背景是蓝色的。伊阿诺斯般侧面像上的表情也始终一样,身体上的装饰也是这样。在从药物的作用中恢复过来之后,我无法准确地想出这个单一的怪物是如何出现的,但是在其后的经验中,我总是会有这个幻觉,而且总是能辨认出其构造上的每一个细节。这就像访问某个被长久遗忘的地方,看见某个已经从记忆中消退、却一看就显得十分熟悉的景象一样。

药物的作用大约持续了一个半小时,之后我还有一点踉跄和眩晕;但是在 10 个小时的睡眠之后,我又回到了我自己,只是有些难以在任何的时间长度里专心于任何一件工作,在第二天的大部分时间里也一直是这样。

第十九章 对"事物"的知觉

幻觉中的神经过程

这些奇特的知觉反常的例子可以有无限的多,但是我没有更多的空间了。让我们转向它们是由什么生理过程引起的这个问题。当然,它一定包含正常知觉中活跃中枢的来自内部的兴奋,这个兴奋在种类和程度上都与通常需要由真实外部对象引起的兴奋相等同。来自感官的神经流所激起的特殊过程,在正常条件下似乎不能以其他的方式激起。在前面第72页及以下诸页我们已经看到,为进来的外周神经流所激起的中枢与在单纯想象中用到的中枢很可能是同一的;还有,感觉类型的意识的生动性很可能是与在那里激起的过程自己的强度相联系的。向读者重新提及那一段以及更近的时候在第103页及以下诸页所说的话以后,现在我要着手分析在严格意义上的幻觉中最有可能发生了什么,来完成我的知觉过程理论。

我们已经看到(第75页),细胞通过联想的通路相互自由释放到对方之中,这很可能是当细胞为皮层中的相邻部分激发时不能达到功能最大强度的一个原因。在第二十五章的最后我们将会再回到这个看法上来,并同时将它更加精确化,用它来解释某些与意志相关的现象。想法是这样的,沿这些通路向前的渗漏太快了,以至无法让任何中枢里面的内部紧张积累到最大的爆发点,除非兴奋的神经流比皮层各个部分相互提供的神经流更强。来自外周的神经流(似乎)是唯一其能量能够克服细胞的超观念活动抵抗(可以这么说),并引起与感觉性质相联的那种特别强烈的衰变的流。

然而，如果向前的渗漏停止了，某些细胞内部的紧张就会达到爆发点，尽管激发它们的那种作用只是来自相邻的皮层部分。让一只底部有漏洞，斜靠在支持物上，如果里面装满了水就会翻倒的桶，代表负责某种感受的中枢的静息状态。让流入桶中的水代表作为它的自然刺激物的流；而桶底部的洞自然就代表它用以将兴奋传递给其他相联结的细胞的"通路"。现在让另外两个容器具有给它供水的功能。其中一个容器代表相邻的皮层细胞，它为桶中灌入的水几乎从不会超过漏出去的水。因此这只桶就始终不会由于这个来源提供的水而倾倒。水流从它这里经过并确实也在其他地方起作用，但是在桶自身之中所激起的却只有代表观念性活动的东西。而另一个容器代表的是外周感官，它提供的水流是如此之大，以致那只桶尽管有漏洞还是立刻就被装满，并且马上就倾倒了；换句话说，感觉活动被激起了。但是显然，如果漏洞被堵住，较慢的水流供应也会让这只桶倾倒。

将这个情况应用于大脑和思想，如果我们看一个过程的系列 A B C D E（以这个顺序相联结），设想流经它们的流非常顺畅，也许在 E 发生停顿之前，任何地方都没有多少强度。但是一旦这个流在任何地方被阻塞，比如说在 C 和 D 之间，C 中的过程就一定会变得更急剧，甚至可以被看作爆发了，以在心中产生出感觉，而不是观念。

某些幻觉似乎最好是以这种方式来解释。事实上有一系列常规性事实都可以用下述单一法则来阐述，这个法则就是：意识状态的实际强度与它的提示性成反比。清晰意象所占据的是我们思想的停止之处。我们说出的大部分语词都完全没有时间唤起意象；它们只是唤起了后面的语词。但是在语句停下来的时候，意象就会在心眼(mental eye)之前停留片刻(见第一卷,第243页)。还有,每当联想过程为无意识的来临(如睡着了,晕厥了,或者被麻醉了)而减弱和停止了时,我们会发现任何存留下来的部分意识都会有相伴随的强度增加。在一些人那里,莫里所说的"睡前"幻觉①是入睡过程的常规性伴随物。一系列的面孔、景物等等最初是作为幻影,然后作为假性幻觉,最后作为构成了梦境的完全成熟了的幻觉在心眼之前经过。如果我们将联想通路看作排水道,那么,随着大脑麻痹状态的进展而一个一个地将它们关闭起来,就像是塞住了桶底的洞,并使得仍然有活动性的细胞系统中的活动更加强烈了。因为水流没有排出去,水平面升高了,最后就会发生完全的感觉爆发。

对睡前幻觉的通常解释是,它们是未能像通常那样减弱的观念。在睡眠中,感觉消失了,据说心没有了用来与观念进行比较的更强的东西,于是就将充分的实在性归与了这些观念。在平时,通过用感觉与之进行常有的比较,想象的对象就退缩到了主观事实的地位。然而,在这种观点看来,消除掉感觉,"意象"马上就"投射"到了外部世界之中,并显现为实在。对梦境中的错觉也是这样解释的。这确实勉强解释了这样的事实。② 然而它肯定没能解释我们那么多梦中幻影的不同寻常的生动性和完备性。"想象"的过程必须(至少是在这些情况下③)不仅相对地,而且绝对地和本身

---

① 《睡眠与梦》(1865),第3和4章。
② 泰恩在《智力》这部著作的第2卷,第1章中,最为杰出地陈述了内部意象通过常有的减弱来得到不完全矫正的理论。
③ 当然不是在所有的情况下,因为保持着活动性的细胞本身也正要被引起睡眠的一般(未知)条件所压倒。

就比在其他时间更强烈。事实上,它不是想象过程,而是真正的感觉过程;因此,就这一点而言,这里谈到的理论是错误的。

人们公认休林斯·杰克逊博士对癫痫病发作的解释是巧妙的。它包含的原则与我在这里提出的原则十分相像。癫痫病中的"意识丧失"是由于得到最高度组织的大脑过程耗尽了或者不正常了。通常为其他过程所抑制的组织程度较低的(更为本能的)过程此时加强了,于是就有了经常发生在癫痫发作之后的无意义或者躁狂的动作,而这仅仅是解除压抑的结果。①

同样,入睡之时经常惊着我们的肌肉痉挛(subsultus tendino-

---

① 对杰克逊理论的充分解释,见他发表于 1884 年的《英国医学杂志》(*British Medical Journal*)的"克鲁尼安讲座"。并参见他在《大脑》,XI,第 361 页关于默西埃博士论抑制的文章的讨论。

意象的生动性在苏醒过程中的丧失,以及在入睡时这种生动性的获得,都得到了泰恩很好的描述。他写道(《智力》,I,第 50、58 页),通常在白天,疲劳地坐在椅子里,用手帕盖住一只眼睛,"渐渐地,另一只眼睛的视觉变得模糊起来,然后它就闭上了。所有外部感觉都逐渐消除,或者无论如何是不再受到注意了;另一方面,它完全醒着的状态下微弱而快速的内部意象,却变得强烈、清晰、多彩、稳定和持久了;有一种为膨胀和舒适的感受所伴随的出神状态。经常性的经验让我知道睡眠就要来了,我不能打扰这个是升中的视觉;我保持被动,几分钟以后它就完结了。建筑样式、风景、移动的人缓慢地经过,有时会停下来,有着无比清晰的形式和无比丰富的存在;睡意袭来,我不再知道我所在的真实世界了。像莫里一样,在这个状态的不同时刻我有许多次让自己慢慢地醒来,因而能够记下它的性质。——像是外部对象的强烈意象,只是片刻之前我还以为是在内部的微弱意象的更强有力的延续;我闭着眼睛模模糊糊想象过的某一片森林,某座房子,某个人,立刻就带着全部的物质细节出现在我面前,以至成为了完整的幻觉。于是,醒来时有一只手在触摸我,我感到手指腐坏了,失去了颜色,并蒸发掉了;曾经像是实体性的东西,缩减成了一个影子。……在这样的情况下,我经常一过性地看到意象变苍白了,衰弱了,蒸发了;有时在睁开眼睛的时候,看见风景的一个部分或者衣服的下摆静止不动地漂浮在炉具或者黑色的火床之上"。梦中的对象在眼睛睁开之后还会持续一会儿,这似乎并非是极少的经验。我直接收到过许多关于这样的案例的报告。比较米勒的《生理学》,巴利的译本,第 945 页。

rum)或肌肉抽搐,可以被解释为是由于通常由较高级中枢进行的抑制过于突然地消失了,在一些较低级的运动中枢里,平常"有兴奋作用的"紧张上升到了爆发点。

这样,幻觉的一个可能条件已经揭示出来了(不管可能还有什么其他条件)。当一个中枢和其他中枢之间的正常联想通路失常时,第一个中枢里的任何活动就趋向于增加强度,直到最终最后的内部阻力被克服,完整的感觉过程爆发了。① 所以就可能会发生这样的情况,即通常会产生出弱意识的大脑细胞活动的原因,当这些细胞的溢流因为大脑其余部分的迟钝而停止了的时候,就可能会产生出非常强的意识。因此,轻微的外周刺激,如果在睡眠中到达了意识中枢,就会引起有强烈感觉的梦境。所有关于做梦的书籍中都充满着用来解说这种现象的趣闻。例如,在睡眠中,有人用一根羽毛弄痒了莫里的鼻子和嘴唇。他梦见自己正在受折磨,有人将沥青膏涂在他的脸上,撕扯下去,撕裂了他的鼻子和嘴唇上的皮肤。笛卡尔在被跳蚤叮咬时,梦见被剑刺穿了。在我进行现在的写作时,一个朋友告诉我,几天前在椅子里"打瞌睡"时,他的头发在前额上的位置改变了。他立刻就梦见某个人打了他一下。还可以随意引述许多例子,但是这些已经足够了。②

---

① 我说"正常"通路是因为幻觉与某些留下来的联想通路并非是不相容的。一些催眠病人不仅会产生提示给他们的对象的幻觉,还会强化它们,并对其付诸行动。但是这里的通路似乎极为狭窄,而且能让幻觉变得难以置信的反思在被试的心里并没有发生。一般地说,"观念"的序列越是狭窄,关于其中每一个观念的意识就越生动。在通常情况下,整个大脑可能都参与了排泄任何可能在观念活动上活跃的中枢。当这个排泄过程减弱了的时候,它可能就会使那个活跃的过程变得更加强烈。

② 莫里举出了一些这样的例子:在前面引用的书,第126—128页。

128　我们似乎有了关于某些幻觉的一种解释。每当经由联想通路而进行的皮层内兴奋的正常向前扩散受到阻碍,任何偶然的自发性活动,或者任何可能造访大脑中枢的外周感觉(无论在其他时间是多么地不充分),都会在那里引起有充分感觉强度的过程。

在人为造成的催眠被试的幻觉中,通常需要有某种程度的外周刺激。只要它自己的自发性思维终止了,大脑就睡着了,"施迷者"说出的词就会唤起一个皮层过程,后者能将从外周进入的任何相关种类的流拉入自己之中,其结果就是对所提示事物的生动的对象性知觉。因此,指向纸上的一个小圆点,称它为"格兰特将军的照片",被试就会在那里看见将军的照片,而不是那个圆点。圆点给予了显象对象性,而提示出的将军观念则给予了它形式。然后用透镜将圆点放大;用棱镜或者通过轻推眼球让它变成双重的;让它在镜子里映出来;将它颠倒过来;或者将它擦掉;被试就会告诉你"照片"放大了、成双了、映出来了、倒转过来了,或者消失了。用彼耐特的话说,①这个圆点是为你的提示具有对象性所需的外部基准点(point de repère),如果没有它,你的提示就只能在被试心中产生出一种概念性认识。② 彼耐特已经表明,这样的

---

①　最先发表在《哲学评论》(1884)第 17 卷的彼耐特的极为重要的实验,也在《国际科学论丛》中他和费雷论"动物催眠(Animal Magnetism)"的著作的第 9 章全文登载。如果纸上没有圆点,也没有任何其他可见痕迹,被试关于"肖像"的判断似乎会受到他看到整张纸上发生的事情的引导。

②　要让催眠病人将某个被提示事物的真正感觉幻觉,和与相信它在那里的信念相伴随的关于它的概念性认识区分开来,是一件困难的事情。我曾经为这样的被试经常在空白纸上描画他们说在那里"看见"了的图像轮廓时所带有的那种茫然而感到惊奇。另一方面,你会听到他们说,他们在你出示给他们的真实的花,和你告诉他们在这朵花旁边的想象的花之间看不出区别。当告诉他们一朵花是想象的,他们必须要挑选出那朵真实的花时,他们有时会说这种选择是不可能的,而且有时他们会指向想象的花。

第十九章 对"事物"的知觉

外周基准点不仅被用于大量的催眠幻觉中,还用于精神病人的幻觉中。后者通常是单边的;也就是说,病人听到的声音总是在他的一边,或者只有当他的某只眼睛是睁开的时才能看到形象。许多这样的案例都很清楚地证明,因疾病引起的内耳疼痛,或者不透明的眼房水,就是病人患病的听觉或者视觉中枢以观念的形式让其带有它们特有产物的神经流的起始点。以这种方式产生出来的幻觉是"**错觉**";而彼耐特的理论,即全部幻觉都必须开始于外周,则可以被看作将幻觉和错觉还原为一个生理学类型(也就是说正常知觉所属的类型)的尝试。根据彼耐特的看法,在每一个案例中,无论是知觉的、幻觉的、还是错觉的,我们都通过来自外周神经的流来获得感觉上的生动性。它可以仅仅是一个流的踪迹。但是那个踪迹已经足以激起最大的或者超观念活动的过程,以至被感知的对象具有了外在性的性质。对象的性质是什么,完全取决于激起那个过程的独特的通路系统。在所有的案例,那个事物都是部分来自感官,其他则由心所提供。但是我们不能通过内省将这些部分区分开来;我们对结果的唯一阐释就是,大脑以正常的方式对印象做出了反应。同样,对于我们讨论过的梦,以及彼耐特讲述的幻觉,我们只能说大脑以不正常的方式做出了反应。

彼耐特的理论确实解释了许多案例,但肯定不是全部。棱镜并非总是能够让假的显象成双,[①]闭上双眼时,这个影像也并非总是会消失。哈克·图克(Hack Tuke)博士[②]举出了几个心智健全

---

① 就在另一天,在三个被催眠的女孩那里,我没有能够通过使用三棱镜让一个幻觉变成双的。当然也可能它还不是发展完全的幻觉。

② 《大脑》,XI,441。

者得到具有良好外表形式的幻觉的例子，这些例子没能响应彼耐特的实验；埃德蒙·格尼先生①提出了几个理由，说明为什么皮层过程的强度可能会像它的特有性质一样产生自局部由疾病引起的活动。对于彼耐特来说，皮层的一个异常或者单独活跃的部分产生出的是将要显现之物的性质，而一个外周感官独自产生的强度就足以让这个东西显现为是投射到了实在的空间中。但是因为这个强度只是程度上的，我们看不出为什么在罕见的情况下，这个程度不会单独通过内部原因而获得。如果是那样的话，与发生自外周的幻觉一起，我们就会拥有某些发生自中枢的幻觉，而前者是彼耐特的理论所允许的唯一一种幻觉。因此，总的来说，发生自中枢的幻觉能够存在，这是有可能的。它们有多么经常地存在，这是另一个问题。影响不止一种感觉的幻觉的存在，是发生自中枢的幻觉存在的证据。因为假定所见事物的起始点是在外部世界，所听到的声音就一定产生自视觉区的影响，也就是说，一定来自中枢。

一生只出现一次（这似乎是迄今最惯常的类型）的幻觉的零星案例，基于任何理论都难以细致理解。它们通常非常完备；而且，这个事实，即它们中的许多都被报告为是真实的，即与所见之人的诸如事故、死亡等等的真实事件恰好一致，又使得这个更加复杂了。在大量经验材料的基础上，最初对幻觉从各个可能的方面进行真正科学的研究，是由埃德蒙·格尼先生开始的，并由精神研究协会的其他成员继续了下去；那种"统计"现在正在国际实验心理学会的支持下在几个国家进行。可以预期，在人们这些联合起来

---

① 《心》，X.161, 316；还有《活者的幻觉》(1886)，I.470—488。

的努力中最终会产生出一些可靠的东西。这些事实逐渐混合进了运动自动症、催眠恍惚状态等现象之中；而只有大范围的比较研究才能得出真正具有启发意义的结果。①

外周感官在幻觉中所起的作用，就像我们发现它在想象中所起的作用一样难解。看到的东西总显得是晦暗的，并且遮蔽了它们投射其上的背景。然而并不能由此推出视网膜也实际上牵涉进了这样的视觉之中。视觉中枢里面进行着的相反过程，会阻止外部实在造成的网膜印象被感受到，而用心理的术语说，这就等同于用想象的图像将它们遮蔽起来。迈耶和费雷报告的心理图像的负后像，以及彼耐特等人报告的催眠幻觉的负后像，是到目前为止支持视网膜牵涉其中的唯一证据。但是在这些后像以其他方式得到解释之前，我们必须承认从视觉中枢向下进入外周视觉器官的传出的流的可能性，尽管这个流的行程会显得反常。

"知觉时间"

许多实验人员都探讨过知觉过程占用的时间。一些人称之为知觉时间，一些人称之为选择时间，还有一些人称之为辨别时间。我在第十三章（第一卷第523页及以下诸页）已经给出了这些实验的结果，读者可以去查阅。

罗马尼斯博士对这些时间测量做出了有趣的改变。他发现不同个体之间在阅读速度方面有惊人的差异。当然，阅读涉

---

① 在刚刚引述的格尼先生的著作中，有非常多的真实案例得到了批评性的讨论。

及到感觉类型和理智类型知觉的极为复杂的过程；但是如果我们的观察选择的是已经习惯于经常进行阅读的人,我们就可以将他们在所受训练的量的方面看作是一样的,这样我们就能将他们的阅读速度的差异,完全归于其形成快速相继的复杂知觉速度的真实差异,而不是任何由通过特殊训练而获得的或大或小熟练程度的偶然差异。

我的实验是在一本书中标出一个简短的段落,这本书所有将要看到它的人都没有读过。这个段落(包含对简单事实的简单陈述)是用铅笔在书的页边空白处标出来的。然后将这本书打开着放在读者的面前,不过,上面盖着一张纸。在这张纸上向读者指出标记出来的段落是在下面书页的哪个部分之后,我突然用一只手移去这张纸,同时用另一只手打开计时器。可以有 20 秒的时间用来读这个段落(8 开纸上的 10 行),时间一到我再次突然将那张纸盖在书页上,把这本书传递给下一个读者,并像前面一样重复这个实验。同时,第一个读者要在书被移走之后的那一刻写下他或她记得读过的所有内容。所有其他读者的情况以此类推。

如我已经说过的,用这种方法进行的一些实验的结果是要表明,已经习惯于进行大量阅读的不同个体之间可能的最高阅读速度具有惊人的差异。这就是说,这个差异相当于 4 比 1;或者换句话说,在一个给定的时间,一个人的阅读量可以是另一个人的 4 倍。而且,在阅读的缓慢和同化能力之间似乎并没有关系；相反,当在给定时间里所有的努力都朝向尽可能多地进行同化时,与读得慢的人相比,读得快的人(通过他们写下的笔记表现出来)通常能对读得慢的人完成了的那个段落部分给出更好的解释;而我发现的阅读速度最快的读者也是最善于进行同化的。我应该进一步说,在这样测试出的知觉快捷性和由理智工作的一般结果测出的理智活动之间并无关系;因为我曾经对几个极为著名的科学家和文学家做过这个实验,我发现他们大多数人都是缓慢的读者。①

---

① 文献。我了解的对知觉的最好处理,是《国际科学论丛》中詹姆斯·萨利先生论"错觉"一书。幻觉方面的文献很庞大。格尼、坎丁斯基(如已经引述过的)、以及克雷珀林(Kraepelin)在《科学哲学季刊》第5卷(1881)中的一些文章,是近年来最为系统的研究。所有关于精神病的著述都会处理这个问题。W. W. 爱尔兰博士的著作《大脑的瑕疵》(1886)和"《穿过象牙之门》"(Through the Ivory Gate)(1890)提供了关于这个问题的大量信息。格尼提供了关于旧文献的相当完备的参考书目。从理论的观点看,关于这个问题最为重要的东西,是迈尔斯先生在1889年《精神研究协会会刊》第522页发表的文章。

第二十章 空间知觉[①]

对原始的广延的感受

在听觉、触觉、视觉和痛觉中,我们习惯于将体积大小这个元素从许多其他元素中区分出来。我们说雷暴的回响比石板笔发出的短促刺耳的声音体积更大;进入温热的浴盆比针刺给我们的皮肤带来更大体积的感受;脸上像蛛网一样纤细的轻微神经痛好像比疖子的严重疼痛或急腹痛或腰痛的巨大不适更小;单个的星星看上去比正午的天空更小。在眩晕或者主观运动的感觉(近期研究证明是与耳朵的半规管刺激相联系的)中,空间性质非常突出。"肌内感"是否直接给了我们空间知识,在心理学家之间仍然是一个争论的问题。一些人甚至到了将我们对广延的全部认知都归于它的作用的地步,而另一些人则否认它有任何广延的性质。在这样的情况下,我们最好是推迟对它的考虑;但是承认初看上去好像在收缩大腿肌肉时比在抽动眼皮或者脸上的某块小肌肉时,显然感受到某种体积更大的东西。而且,这个区别似乎是在于大腿肌肉本身的感受。

在嗅觉和味觉中,不同的大小这个元素似乎不那么突出,但也

[①] 重印自1887年的《心》,做了大量的修订。

第二十章　空间知觉

并非完全没有。某些味道和气味显得比像烤肉或者葡萄干布丁这样的复合味道,以及像麝香或者晚香玉这样的浓重气味在广延上更小。加之于酸类物质的特征形容词尖刺,似乎表明这类物质在大众心智中造成了某种狭窄而且好像还有条状的印象,而其他味道则更大、更丰满。

来自内部器官的感觉也清楚地具有或大或小的体积。饱胀、空腹、窒息、心悸、头痛,都是这方面的例子,而且我们在恶心、发烧、严重的瞌睡以及疲劳时对一般身体条件的意识,所占空间肯定也不小。我们整个的体积似乎就这样在感觉上向我们显现出来,而感受起来比任何局部的脉动、压力或者不适都要大得多。然而,空间元素起着最活跃作用的器官是皮肤和视网膜。不仅由视网膜造成的最大广度超过了由任何其他器官所能造成的,而且我们的注意再分这个广度,并将其感知为是由同时共存的较小部分所组成时所带有的那种复杂性,在其他地方也没有可以与之匹敌者。①耳朵比皮肤提示的广度更大,但却更难对它进行再分。②

我的第一个论题就是,在每一个感觉中都可以识别出(虽然在

---

① 贾斯特罗教授已经发现,当用视觉空间的术语来表达时,我们始终都趋向于低估自己通过与对象接触而受到刺激的皮肤的量;也就是说,当被要求在纸上标出受影响皮肤的范围时,我们总是会把它画得小得多。这表明眼睛从较小的范围得到的空间感受与皮肤从较大的范围得到的一样多。参见贾斯特罗:《心》,XI,546—547;《美国心理学杂志》,III,53。

② 在声音里,较低沉的声音显得最有广度。斯顿夫对此给出了三个原因:(1)与更大原因的联结;(2)当唱出低沉的声音时,手和身体发生响应的范围更大;(3)可以在更远的距离听见。他认为这三个原因让我们无需设想这样的声音感觉有一个内在的广度。见他在《声音心理学》I,207—211 中的讨论。

一些感觉中比在其他感觉中更发达)的这个元素,就是原始的空间感觉,我们后来拥有的全部的精确空间知识,都是通过辨别、联想和选择的过程,由这样的原始空间感觉编织出来的。根据这个观点,像强度一样,"广延"(如詹姆斯·沃德先生所称)成为了每一个感觉中的元素。每一个人都承认,强度是感觉性质中虽然不可分离却可以区分出来的一个组成部分。同样,作为一种除自身而言就无法进行描述、在实际经验中与其必定伴随的感觉性质无法分离的完全奇特感受,广延本身除了感觉元素以外不能有其他的名称。

现在必须要特别提到,至此所说的广度在不同的方向上是一样大的。它的维度很模糊,以至到现在为止在它这里还不存在与深度相对的表面的问题;"体积"是相关感觉的最好的简称。就体积而言,不同种类的感觉自己相互间是大体相当的。这表明每一种感觉的空间性质处处都是同一的,因为不同的质性元素(如温度和气味)是不能用同一个标准来比较的。有人报告过,先天盲的人在视觉得到修复时为物体向他们显现得那么大而感到惊讶。弗朗兹谈到其治愈了白内障的病人时说道:"他看见每一件东西都比他根据由触觉获得的观念而推测的要大得多。移动的,特别是活的对象显得非常大。"[1]响亮的声音有某种广大的感受。不可想象一门大炮发出的炸裂声充塞在一个小的空间里。通常,声音似乎占据了我们和声源之间的全部空间;而某些特定的声音,蟋蟀的叫声,风的呼啸,拍岸海浪的吼叫,或者远处的火车,似乎没有明确的起点。

在视觉的领域也有同类的事实。如赫林所说,"发光"物体给我

---

[1] 《哲学学报》(1841)。

第二十章 空间知觉

们的知觉,"比对严格意义上的表面颜色的知觉显得大(raumhaft)。一块发光的铁看上去通体都是亮的,火焰也是如此"[①]。一团光雾和一道阳光影响我们的方式也是相同的。正如赫林主张的:

> 我们必须将广大的和表面的感觉,以及有清楚边界的和没有清楚边界的感觉区分开来。例如,闭着眼睛看到的黑暗是一种广大的感觉。我们不是看见前面有像墙一样的黑色表面,而是充满了黑暗的空间,而且甚至在我们能够看到这个黑暗为一堵墙所终止时,在这堵墙的前面还是黑暗的空间。我们睁着眼睛在一个完全黑暗的房间里时,也会发生相同的事情。这种黑暗的感觉也是边界模糊的。边界清晰的广大感觉的例子,是对在玻璃杯里看到的清澈有色液体的感觉;果子酒的黄色不仅在杯子边界的表面可以看到;黄色的感觉充满着整个杯子的内部。白天看到的我们和对象之间所谓的空的空间,与它在夜晚看到的样子显得非常不同。不断增加的黑暗不仅停留在那些事物上,而且还存在于我们和那些事物之间,以至最终完全覆盖了它们,独自充满了这个空间。如果我看向一个黑盒子的里面,我发现它充满了黑暗,而不是只看见盒子黑色的侧面或者侧壁。照明良好房间里的阴暗角落充满着黑暗,这黑暗不仅在墙和地板上,而且还存在于它们之间所包含的空间中。每一个感觉都在我经验它的地方,如果我同时在某个广大空间的每一个点都有这个感觉,这就是一个大体积的感觉。一块绿色透明玻璃的立方体能给我们一种空间

[①] 赫尔曼的《生理学手册》,第 III 卷,1,第 575 节。

感觉；相反，一块涂上绿颜色的不透明的立方体，则只能给我们表面的感觉。①

我们改变注意方向的时候，头部会有某种准运动感觉，这些感觉似乎同样都有三个维度。如果闭着眼睛去想房顶，然后想天花板，想我们前面的间隔，然后想后面的间隔，想右边的空间，再想左边的空间，我们就会得到远比一个观念更强的东西，——一种真实的感受，就好像头里的某个东西移动到了另一个方向。我相信，费克纳是第一个发表关于这些感受的讨论的人。他写道：

> 当我们将注意从一个感官的对象转移到另一个感官的对象时，我们会有一种不可描述的改变了方向或者紧张（Spannung）的位置变化了的感受（虽然它同时是非常明确并可以随意在心中复现的）。我们在眼睛里感受到向前的紧张，在耳朵里感受到横向的紧张，随着我们注意的程度而增加，依照我们是认真看一个对象，还是注意倾听某个声音而改变；因此我们谈到注意的紧张。当注意在眼睛和耳朵之间快速转换时，可以最清楚地感受到这种差异。取决于我们是想用触觉、味觉还是嗅觉来精细地辨别一个东西，这种感受就以相对于那个感官而言最明显的差异来将自己定位。

> 但是，当我设法生动地回想记忆或者想象中的图像时，我得到的感受与我想要努力用眼睛或耳朵去把握一个东西时所经验到的感受非常类似；而这个类似感受所在的位置是完全

---

① 在上述引文中第 572 节。

第二十章　空间知觉

不同的。在对真实对象（以及后像）可能有的最集中的注意中，紧张显然是向前的，而当注意从一种感觉转向另一种感觉时，紧张只在感官之间的方向上发生变化，而头部的其他部分都没有紧张发生，这与记忆或想象中的情况不同；因为在这里感受完全退离了外部感官，而好像是到了为大脑所充实的头部的部分来寻求庇护。例如，如果我想要回忆一个地方或者一个人，它会生动地出现在我之前，不是依照我向前的注意紧张，而可以说是与注意的向后收回相一致的。①

费克纳描述的感受有可能部分地是由想象中的半规管感觉构成的。② 它们无疑传递着关于方向变化的最精细的知觉；而且当（像在这里）变化不是被感知为发生在外部世界的时候，它们就占据了头里面的一个模糊的内部空间。③

---

① 《心理物理学原理》(*Elemente der Psychophysik*)，II，475—476。
② 见福斯特的《生理学教科书》(*Text-book of Physiology*)，第3卷，第6章，第2节。
③ 不了解只是近期才发现的半规管功能的费克纳，对这些感受的器官定位做出了不同的解释。它们可能是高度混合的。对于我来说，眼中的真实运动在这些感受中起着相当重要的作用，虽然我几乎没有意识到费克纳接下来这样描述的头皮上的奇特感受："对不同感官中的紧张注意的感受，好像只是一种肌肉感受，这种肌肉感受是在通过将属于它们的一组肌肉发动起来，通过这组肌肉的反射动作，而使用这些不同感官的时候产生的。那么，人们会问，努力回忆某件事情时的紧张注意感是与哪个特殊的肌肉收缩相联系的？对于这个问题，我自己的感受给了我一个确定的答案；在我这里，它显然不是作为头里面的一种紧张感觉而出现的，而是带着无疑是由头皮肌肉的收缩而引起的头盖骨上从外至内的压力，作为头皮上的一种紧张和收缩的感受而出现的。这与绞尽脑汁（sich den kopf zerbrechen, den Kopf zusammennehmen）这个表达是非常一致的。在先前的一次疾病中，我无法对连续的思想做出最轻微的努力，我在这个问题上并没有理论偏向，每当我试图去思考时，头皮的肌肉，特别是后头部的肌肉，就会出现完全是病态的敏感。"(*Elem. Der Psychophysik*，II，490—491)

139　　在皮肤自身,有一种向赫林称之为注意的第三个维度投射的模糊形式。

> 热不仅只在皮肤表面被感受到,而且当通过空气传导时,还会显得或多或少是从表面向周围空间的第三维度扩展出去。……我们能够在黑暗中通过来回移动手臂,并注意我们温度感受的波动,来确定一个发热物体所在的位置。然而,这个感受本身并非完全投射进了我们定位那个热物体的地点,而是始终保持在手的周围。

用舌头探索口腔的内部比用眼睛看时感觉更大。新拔出的牙的牙洞,以及松动了的牙齿在其牙窝里面的晃动,感受起来相当巨大。在耳鼓膜前嗡嗡叫的小虫子时常会显得和蝴蝶一样大。鼓膜的空间感受性至今没有得到多少研究,尽管对这个主题的研究无疑会带来回报。如果我们在外耳插入像薄棉纸卷成的纸捻的尖那样的小物体,我们会惊异于它的出现给我们带来的那种大范围辐射开的感觉,以及将它移除时的那种畅通和开放的感觉。询问这种广泛的感觉是否产生自向远处神经的真实扩散并不重要。我们现在考虑的,不是空间感受的客观原因,而是它的主观变化,而且实验表明同一个物体在耳朵的内表皮比在外表皮引起的感受更大。鼓膜腔里的空气对鼓膜形成的压力会引起令人惊讶的大的感觉。我们可以通过捏住鼻孔,闭上嘴巴,用呼气来迫使空气通过耳咽管来提高这个压力;我们还能通过在同样闭住嘴和鼻子的条件下吸气或者吞咽,来减低它。在任何一种情况下,我们都会在头的内部得到一种大的完整的三维感觉,这种感觉就好像一定是来自比表面几乎不超过人的小指指甲大小的鼓膜大得多的器官的作用。

鼓膜还能表现出外部大气压力的可以感觉得到的差别,这些差别微弱得不能作为声音或者以这种更猛烈的方式被感受到。如果读者闭着眼睛坐下,让朋友拿某个坚实物体(如一本大书)无声地接近他的脸,他会立刻觉知到这个物体的出现和位置——同样也能觉知到它的离开。笔者的一个朋友第一次做这个实验,毫不犹豫地分辨出了拿近他耳朵的一块木板、一个网架和一个格筛的三种不同程度的坚固性。由于这个感觉从未被普通人用作知觉的手段,我们可以正当地设想,它的被感受到的性质,在第一次注意到它的人那里,是通过(quâ)感觉而属于它的,而完全没有教育的提示作用。但是这个感受到的性质最清楚、最真切地就是对模糊的三维空间广度的感受——完全就像我们仰面躺着,让空的蓝天充满整个视野时,视网膜感觉里被感受到的性质。当对象接近耳朵时,我们立刻就感到迫近和收缩了;当对象移去时,我们突然感到就好像我们的外面变得透明、通畅和开放了。任何愿意尽力去观察这种感受的人,都会承认它包含了处于模糊和不可测量状态中的第三个维度。①

在列举这些事实的过程中,读者应该已经注意到,感受的体积大小似乎与产生这个感受的器官大小没有多少关系。耳朵和眼睛是比较小的器官,然而它们却能给我们带来有很大体积的感受。在特定感觉器官的范围内,在感受的大小和受作用器官的大小之

---

① 所说的感觉是触觉感受性而非听觉感受性方面的,这似乎为这个事实所证明,即笔者的一位医学方面的朋友,他的两个鼓膜都十分正常,但是一只耳朵却几乎全聋了,他的两只耳朵能同样好地感受到对象的出现和隐退。

间也同样没有严格的比例。对象在视网膜侧面的部分比在中央窝要显得小,这很容易通过下面这个方法来证实,即让两个食指平行,相隔几英寸远,让一只眼睛轮流凝视这两根食指。此时,没有直接看到的那根食指就显得好像是缩小了,而无论两根手指的方向是怎样的,情况都会是这样。面包屑或者小管子的管口,在舌头上比在手指间显得更大。如果两个点在距离保持相等(比如弄钝了的圆规或者剪子的尖端)的情况下在皮肤上划过,真实地划出一对平行线,这两条线会在某些点而非另一些点上显得相距更远。比如,如果我们让它们水平地划过脸部,让嘴在两条线之间,被试就会感觉好像它们在嘴的附近开始叉开,并将嘴包含在一个明显的椭圆里。同样,如果我们让圆规的两个尖端保持 1 或 2 厘米的距离,将它们由前臂向下划过手腕和手掌,最后让一个尖端划过一根手指,另一个尖端划过相邻的手指,显现出来的就是一条单一的线,很快分成两条,在手腕以下距离变得更宽,在手掌中距离又再次缩小,最后又快速向指尖叉开。图 52 和图 53 中的虚线代表圆规尖端经过的真实路径,实线代表它们显现出来的路径。

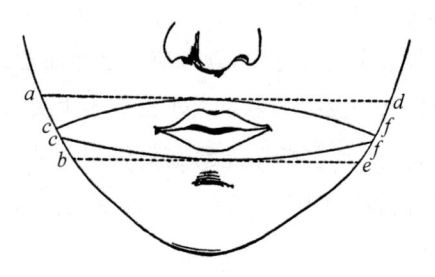

图 52 仿照韦伯

第二十章 空间知觉

而且,相同的皮肤长度会依据刺激的方式而传递广延更大的感觉。如果将一张卡片的边缘压在皮肤上,它两端的距离会显得比触及相同端点的两个圆规尖之间的距离更短。①

在眼睛这里,神经刺激的强度似乎能增加感受的体积和亮度。如果我们交替着提高和降低燃气,整个房间和里面的所有物体就好像交替着变大和收缩了。如果我们用一块灰玻璃盖住印着小字的半页纸,透过玻璃看到的字就肯定显得比外面的字更小,而且那块玻璃越暗,差别就越大。如果视网膜前面的局部混浊挡住了它所覆盖部分的部分光线,投射到那个部分的对象就会显得只有其视象落在那个部分外面时的一半大。② 某些药物和麻醉剂似乎可以引起相反的效果。吗啡、阿托品、曼陀罗全

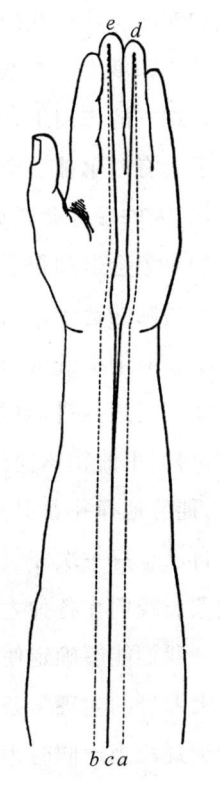

图53 仿照韦伯

---

① 皮肤在这里似乎与眼睛遵循的是不同的法则。如果先是用一系列的点刺激一个给定的视网膜通道,然后用两个端点进行刺激,端点之间的间隔之处没有刺激,那么,在第二种情况下这个间隔就比在第一种情况下显得小得多。在皮肤上,未受刺激的间隔则感到更大。读者可以很容易通过拿一张名片,将它的一个边剪成锯齿形状,把对面的一边只留下两个角,其余的地方都剪掉,然后比较这两个边压在皮肤上时所引起的感受,来证实这样的事实。

② 克拉森(Classen):《视觉生理学》(*Physiologie des Gesichtssinnes*),第114页;并参见 A. 里尔:《哲学批评》,II,第149页。

碱和寒冷会让皮肤的感受性变得迟钝，所以皮肤上的距离就显得小了。印度大麻制成的麻醉品会使一般的感受性出现奇怪的反常。在它的作用下，人的身体会显得极大地增大了，或者奇怪地缩小了。有时单独一个部分与其他部分的比例会发生改变；或者，比如，人的后背会感觉好像完全没有了，就好像后面是空的。比较近的对象会退到很远的距离，一条不长的街道会对眼睛呈现出一幅无边际的远景。乙醚和氯仿有时也会产生类似的结果。德国生理学家潘纳姆(Panum)说，当他还是个孩子的时候曾经因为神经痛而用醚进行过麻醉，在他的视野全部变暗，耳中的响声开始之前，房间里的物体变得非常小而且远。他还提到教会里的一个朋友，徒劳地挣扎着保持清醒，看见布道者变得越来越小，越来越远。我自己也有一次在氯仿麻醉开始的时候观察到同样的物体后退的现象。我们在各种大脑疾病中都发现了类似的混乱。

　　我们能够确定使一个感觉与另一感觉的基本可感广度有如此之大差异的生理学条件吗？只能不完全地确定。结果中的一个因素无疑相当于同时为唤起这个感觉的外部作用所激起的神经终端的总数。当许多皮肤神经活跃起来，或者大量视网膜表面被照亮时，我们的感受会比较小的神经表面受到刺激时更大。两个圆规尖端引起的单一感觉，尽管显得简单，却比只由一个尖端引起的感觉感受起来大得多，钝得多。单一尖端的接触总是会让人识别出它的尖锐性质。读者闭上一只眼睛，这张纸就会显得比他在两只眼睛都睁开时小得多。月亮也是一样，最近有事实表明这个现象与视差完全没有关系。那个由切泽尔登(Cheselden)摘除了白内障的出了名的男孩，在第一只眼睛做过手术以后，认为"他看到的所有东西都非常大",但是在第二只眼睛的白内障也摘除了以后,他说"物体起初在这只眼睛看起来很大,但是没有它们在另一只眼睛那里起初看起来的那么大;用双眼看同一个物体,他认为它看上去差不多有只用第一次手术的那只眼看上去的两倍大,但不是两倍,我们总是能发现这一点"。

同一表面某些部分的感受比其他部分有更大的广度,一种表面比另一种表面(如视网膜比皮肤)的感受有更大的广度,这也可以在一定的程度上通过相同因素的运作而得到解释。这是一个解剖学上的事实,即对空间最敏感的神经干表面(视网膜、舌头、指尖等等)有不同寻常的厚度,这一定使得表面区域的每一个单元都拥有异常多的终端神经纤维。而感受到的广度的不同可能只遵循与纤维数量数字上成比例这条非常粗略的法则。两只耳朵听到的声音的音量并不是一只耳朵听到的两倍;前面引述过的同一个表面在不同条件下受到刺激时的感受变化表明,感受是由几个因素产生的结果,其中解剖学因素只是最重要的一个。人们提出过许多有创造性的假说,在不同条件产生出相互冲突的感受空间之处,找出协作的因素。我们将在后面详细分析一些这样的案例,但是在这里我们必须预先承认,其中的许多案例是完全抗拒分析的。①

---

① 在这个地方值得强调让人们注意这个事实,即虽然感受的解剖学条件与感受自身相类似,我们的知性却不能以为这种相似性能够解释为什么那个感受恰恰就是它之所是。我们听到唯物论者和唯灵论者不知疲倦地反复重申,我们看不到任何可能的内在理由来说明为什么某个大脑过程会产生红的感受,而另一个大脑过程又会产生气恼的感受:一个过程并不比另一个过程的气恼更红,而就我们所知,过程和感受的匹配是纯粹的并列。但是在空间感受中,在心里产生出三角形的视网膜部分自身也是一个

对空间秩序的知觉

到目前为止,所有我们已经确立和试图要确立的,就是与我们每一个感觉的其他特性密不可分的模糊空间性或者空间感受质的存在。我们为这个广度要素的变化所举的许多例子,只是要阐明其严格意义上的感觉特性。其中很少能让读者用附加的理智要素(如一个回忆起来的经验的提示)来解释这种变化。几乎在所有的例子中,它都是一种奇特的受激发神经过程的直接心理结果;而且所有这样的神经过程,在以一种简单完整的广度(至少原始地看,没有部分或者再分的秩序在其中起支配的作用)的形式为心提供他们实际提供的那个空间方面,都是一致的。

请不要对关于没有秩序的空间这个观点感到惊讶。可能存在

三角形等等,这初看上去就好像感觉是对自身神经条件的直接认知。然而,如果真是这样,我们的感觉就应该有许多的而不是连续的广延;因为这个感受的条件是视觉神经终端的数量,而且这也只是一个间接条件,而不是直接条件。这个感受的直接条件不是视网膜中的过程,而是大脑中的过程;而且大脑中的过程也许就像它不像红或者气恼一样,也不像三角形——不,它很可能是这样。就空间来说,生理组织上的条件之一,即印在皮肤或者视网膜上的三角形,在被观察的被试心里产生的表象,应当与它在心理观察者那里产生的表象相类似,这只是一个巧合。在任何其他情况下人们都没有发现这样的巧合。我们甚至应该承认,我们认识空间中的三角形,是由于我们对兴奋起来的神经末端群的三角形状的直接认知,事情不可能更显而易见了,因为那个秘密还在那里,为什么我们对指尖上的三角形比对后背神经末端的三角形,对眼中的三角形比对耳中的三角形,对任何这些部分上的三角形比对我们大脑中的三角形认识得好得那么多?托马斯·布朗十分正确地拒斥了用"受影响神经扩张"的形状来解释感知到的空间形状的观点。"如果单独这个是必要的,我们就会有平方英寸和半英寸的,以及各种其他形式的,直线的和曲线的香味和声音。"(《演讲》,XXII)

第二十章 空间知觉

没有秩序的空间,就正如可能存在没有空间的秩序一样。① 对空间的原始知觉无疑属于无秩序的那种。在清楚地为心所领悟之前,最初感知到的空间所潜在包含着的秩序,必须被相当复杂的一组理智动作编织进那些空间之中。感觉所提供的原始广度,在能够通过综合而形成我们所知道的客观世界的真实空间之前,必须由意识进行测量和再分,并且加到一起。在这些操作中,想象、联想、注意和选择起着决定性的作用;虽然它们在任何地方都不会将任何新的东西加之于空间感觉材料,但它们却会搅乱和操作这些材料,并将当下的材料隐藏在想象的材料之后,所以如果某些作者走得如此之远,认为感觉材料完全没有空间价值,认为由于是理智在进行再分,所以理智就从自己的资源中给了它们空间的性质,也就不足为奇了。

至于我们自己,已经知道我们的全部感觉(无论此时是如何地不相关联和未得到辨别)都是关于有广延的对象的,我们的下一个问题就是:我们如何将这些最初在混乱中给与我们的空间,**安排**进我们现在所知道的那一个正常和有秩序的"空间世界"?

首先,没有理由设想,有感觉能力的造物能够意识到的、每一个都充满着它自己独特内容的不同感觉空间(sense-spaces),仅仅因为他们有许多,就应该趋向于进入任何明确的相互空间关系之中,或者处于任何特殊的位置秩序之中。甚至我们在自己这里也

---

① 比如,乐音的音质次序就或者独立于其空间次序,或者独立于其时间次序。音乐来自打乱了其音质次序的音符的时间次序。通常,如果 a b c d e f g h i j k 等代表依质排列的感受,它们可以采取任何空间次序或时间次序,如 d e f a h g 等,而质的次序仍保持固定不变。

能认识到这一点。不同的感受可以在我们这里共存,而无需具有任何特殊的空间秩序。我写作之地附近的小溪的声音,雪松的气味,早餐给与我的舒适,以及我对这一段落的兴趣,都清晰地在我的意识之中,但它们决非一个在另一个之外,也不是相互并排着。它们的空间融合着,至多充实着同样的模糊的客观世界。甚至在性质远没有那么不同的地方,情形也是类似的。如果我们只考虑主观的和肉体的感觉,在我们一动不动地躺着或者坐着时,我们有时就会发现很难清楚地感受自己后背的长度,或者我们的脚相对于双肩的方位。通过一种强大的努力,我们能够成功地将注意平均分散到我们整个的人,于是我们就以一种整体的方式感受到了自己身体的真实形状。但是通常有几个部分在意识那里得到有力的强调,其余部分则沉到了注意之外;值得注意的是,我们对它们的相对位置秩序的知觉是多么地模糊不清。显然,多种感觉空间要在意识中有序排列起来,就需要有某种比其单纯分离开的存在更多的东西。这个进一步的条件是什么呢?

147   如果几个可感知的广度要相互并排,并且以明确的秩序被感知,它们就必须呈现为能够一次同时进入心中的更大可感知广度的部分。我认为我们将会看到,通过单纯的感受来正确估量一个人身材的困难产生自这个事实,即我们很难将其整体性作为一个单元来感受。这个麻烦与同时向前和向后思想相类似。在意识到头的时候,我们倾向于失去对脚的意识,于是一种时间相继的元素就进入了我们对自己的知觉之中,它将后者从一个直观活动转变为了建构活动。当我们处理太过巨大以至不能一眼囊括的客观空间时,这个建构元素还会以更高的程度出现,并带来相同的结果。城市里为许多弯曲街道分隔开来的商店的相对位置,只能从相继领悟的材料中这样建构出来,而结果就是程度或大或小的模糊性。

因此,被辨别为更大周围空间里的一个部分的感觉,就是它以明确的空间秩序得到领悟的不可缺少的条件(conditio sine quâ non)。所以,为感受在空间中排序的问题,首先就是一个辨别问题,但不是纯粹的辨别;因为那样的话,不仅共存的景象,而且还有共存的声音就都必然会具有这样的秩序了,而众所周知它们并不具有这样的秩序。确实,所有得到辨别的东西都会呈现为更大空间里面的一个小空间,但这只是非常初步的秩序。它在那个空间里的位置要变得准确,必须还有其他附带的条件;研究这些条件是什么的最好方法,就是暂停一下,先来分析"空间秩序"这个表达式的意思是什么。

空间秩序是一个抽象术语。它包含的具体知觉有形状、方向、位置、大小和距离。从整个的广度中选出其中的任何一个,部分地就是将秩序引入那个广度。要将那个广度再分为许多这样的东西,就是以一种完全有序的方式来领悟它。那么这些东西分别都是什么呢?首先,所有人都会毫不迟疑地说它们中的一些是感觉性质,就如它们处于其中的整个广度一样。比如形状:正方形、圆形和三角形最初只是对眼睛呈现为三种不同的印象,每一个都是如此独特,以至如果它再次出现我们就能认出它来。在农尼利(Nunnely)的病人移除了白内障之后,给他看一个立方体和一个圆球,他能马上感知到它们的形状有差异;虽然他说不出哪个是立方体,哪个是圆球,但是他看到它们的形状不一样。线条也是一样：只要能在视野中注意到线条，我们都无法想象垂直线条不是以和水平线条不同的方式作用于我们，而且当再次出现时不会被看作是以相同的方式作用于我们的，尽管除了感受性的这种奇特作用之外，我们还不知道"垂直"这个名称，或者它的任何含义。角度也是这样：钝角直接就以不同于锐角的方式作用于我们的感受。距离也是一种简单感觉——对连接着两个远处的点的线的感觉：延长这条线，你的感受就变了，感受到的距离也随之改变。

空间关系

但是我们随着距离和方向转到空间关系的范畴，立刻就遇到了一种观点，它认为所有关系都是与任何感受或者想象事实完全不同的。对于心理学中的柏拉图学派来说，关系是纯粹思想的能量，本身是完全不能与人们由此感知到它的感受材料用同一个标准来比较的。

我们因而可以想象这个学派的追随者此时对我们说："设想你已经有了对每一条线和每一个角的单独的特殊感觉，是什么促成了它？在能够说将秩序带进了你的空间之前，你还有方向和距离的秩序要解释；你还有所有这些感受到的形状的相对大小要说明；你还要明确它们各自的位置。除非通过进行关联的思想的活动，所有这些限定都无法完成，所以你要用纯粹感受性来解释空间的尝试，几乎从一开始就失败了。例如，位置从来都不是一种感觉，因为它没有任何内在的东西；它只能存在于点、线或其他形状与外部坐标之间，它本身决非感觉材料（那个线或者那个点）的元素。所以让我们承认，仅**思想**就能解开空间之谜，而且**思想**是一个值得敬慕却又深不可测的奥秘。"

第二十章 空间知觉

这种处理问题的方法有简洁的优点。但是我们不要这么着急,而是要看一看通过耐心思考这些空间关系是什么,我们是否无法走得更深入一些。

"关系"是一个非常不严谨的词。它有如此之多不同的具体意思,以至将它用作抽象的普遍概念很容易将混乱引入到我们的思想之中。因此,我们必须通过使用这个词的时候弄清楚在这个特殊的使用范围内它的确切意义是什么,来小心地避免歧义。此刻,我们处理的是空间关系,而非任何其他关系。大部分"关系"都是与它们关联起来的术语完全不同种类的感受。比如,相似关系可以同样在茉莉和晚香玉或者布朗宁先生和斯托里夫人的诗句之间成立;它自身既没有气味也没有诗意,而那些否认它具有任何感觉内容的人是完全可以得到原谅的。但是,正如在量的领域两个数之间的关系是另一个数一样,在空间的领域,关系是与它们所关联的事实相同种类的事实。如果前者是视觉范围中的碎片,后者就是它们之间的某些其他碎片。当我们谈到两个相向的点的方向关系时,我们只是指对将两个点连接起来的那条线的感觉。那条线就是关系;感受它,你就感受到了关系,看见它,你就看见了关系;你无法以任何可以想象的方式思想后者,除非通过想象前者(无论多么模糊);你无法描述或者表示其中的一个,除非通过指向另一个。而在你想象那条线的那一刻,无需做任何进一步的事情,那个关系就以其全部的完备性出现在你的面前。同样,两条线之间的方向关系与对它们之间空间形状的特殊感觉相同一。这通常被称为角度关系。

如果这些关系是感觉,位置关系就更是这样了。一条垂线的顶端和底端两个点之间的位置关系就只是那条线。一个点和在它之下的一条水平线之间的位置关系潜在地有很多。有一个位置关系比其他的更重要，这就是它的距离。这是对从那个点向那条线所画的垂线的感觉（观念的或实际的）。① 从水平线的两个端点延伸到那个点的两条线，给了我们三角形的独特感觉。我们可以说这个感受就是相关元素的全部位置关系的所在。右和左，上和下，都是特别地说互不相同，而一般地说又与所有其他事物都不相同的纯感觉。像所有感觉一样，我们只能表示它们，而不能描述它们。如果我们拿一个立方体，将一个面标明为上，另一个面标明为下，第三个面标明为前，第四个面标明为后，我们就没有其他形式的词能用来向另一个人描述哪个余下的面是右，哪个是左了。我们只能指着说这里是右，那里是左，就像我们说这是红的，那是蓝的一样。在看到的两个相互邻近的点中，一个总是受到这些感受之一的影响，而另一个则受到相反感受的影响；对于任何一条线的两个端点而言，情况也同样。②

---

① 可以说整个几何学的存在都要归功于人心对线条产生的过度兴趣。我们在每个方向上将空间切割开来，以将它们制造出来。

② 我相信，康德是第一个让人们注意到这最后一种事实的人。他指出两个相反的球面三角形，一副手套里的两只手套，以及向相反方向转动的两个螺旋，具有相同的内部规定性，也就是说，它们的部分是根据相同的法则通过相互间的关系得到规定的，所以必须被看作是等同的，之后他表明，将它们相互叠加起来的不可能性，迫使我们为对称对子中的每一个形状确定一种它自己的独特差异，这个差异只能存在于一种外在规定性之中，或者不是存在于它的部分之间，而是存在于它的部分与罗盘方位点绝对确定的整个客观上远离中心的空间的关系之中。这种不可想象的差异只能"通过作为即刻直观到的与右和左的关系"被感知。在最后这几个词[那直接与直观相关者（welches unmittelbar auf Anschauung geht）——序言，12 节]里面，康德表达的正是我们说作为感觉的上和下、右和左所表达的意思。不过，诉诸与外在整体空间的关系，将其看作对于图形中这些差异的存在具有实质性的意义，在这方面，他是错误的。与我们自己身体的关系就足够了。

第二十章 空间知觉

所以,似乎毫无疑问,除大小方面的空间关系以外的所有空间关系,都恰好不多不少就是纯粹感觉对象。但是大小却好像超出了这个狭窄的范围。我们有不同时间、不同数量、不同强度、不同性质以及不同空间之间的多和少的关系。这样的关系不可能只是形成一个特殊种类的空间感受。我们必须承认这一点:量的关系是一般的,发生在意识的许多类别之中,而我们考虑过的其他关系是特殊的,只发生在空间之中。当我们的注意从较短的线转向较长的线,从较小的点转向较大的点,从较弱的光转向较强的光,从较浅的蓝色转向较深的蓝色,从进行曲转向加洛普舞曲的时候,这样的转变在意识的综合领域中有我们称之为对更多的感觉的独特差异感受相伴随——更长的长度,更大的区域,更强的光,更多的蓝,更多的运动。这个转变中的更多感觉必须在所有这些不同者的伴随之下与它自身相同一,否则我们就不会在每一种情况下都管它叫同一个名字。当我们从一条短垂线转到长的水平线,从一个小正方形转到大的圆形的时候,当我们在形状一致的图形之间转换时,我们都会得到这种感觉。但是在形状一致时,我们对那种关系的意识要清楚得多,而当运用我们的分析注意,首先注意单独的线或形状的一个部分,然后注意到整体时,它就是最清楚的。然后这个整体的更多实际上就作为一块单独的空间突出了出来,并且被设想为是这样了。当我们将一条线或者一个形状叠加到另一个之上时,我们就会对它有同样确切的感觉。对更多进行精确测量的这个不可缺少的条件,曾经使得一些人认为,这种感受本身在所有情况下都产生自原初的迭加经验。这个看法可能并非绝对正确,但是对于我们当前的目的来说那并不重要。就对再分出来的感觉空间相互比较着进行准确测量而言,占据一个再分空间的客观形状就必须直接或者间接地与另一个再分空间相迭加,心就一定会得到对一种突出增量的直接感受。甚至在我们只是模糊地感受到一个再分部分较大或者较小时,心也必须快速地从它转到另一个再分部分,并对那个更多产生一种直接感觉得到的惊诧。

至此,我们好像已经解释了全部的空间关系,并且在我们的知性中将它们弄清楚了。它们只是对特殊的线、特殊的角、特殊的转变形式,或者(在有明显更多的情况下)两个形状交迭之后的特别突出空间部分的形状的感觉。当几何学家用铅笔在一个图形上画出新的线条,以表示其部分之间的关系时,或者这些也可以是没有画出来的线条的观念性表征,这些关系感觉就可以实际上像这样产生出来。但是在这两种情况下,它们都和对所考虑空间的更为细致的再分、认知和测量一样地进入到了心中。所以,将再分的部分带到意识之中,就构成了我们由以从对整个广度的最初模糊感受转到对这个广度的细致认知的整个过程。再分的部分越多,认知就越精密和越完善。但是由于所有的再分部分本身都是感觉,而且甚至对"更多"或者"更少"的感受,虽然本身不是形状,也至少是对在两个形状感觉之间转换的感觉,因此,也许可以反过来说,全部空间知识在根本上都是感觉的,而且由于感觉在意识统一体中是交融在一起的,所以没有任何新的材料要素能够从超感觉的来源到达它这里。①

将再分的部分带到意识之中！这就是我们的下一个题目。与它们的位置、大小和形状相应，这些再分的部分可以从三个方面被带到意识之中。

定位的意思

现在我们只讨论位置问题，让我们从上面只有两个点接收外部刺激的感觉表面的简单情况开始。首先，这两个点是如何被感受为是相互并排着，并且二者之间有一个空间间隔的？为此我们必须意识到两件事情：受刺激之点的双重性，以及未受刺激之间隔部分的广度。仅仅这个双重性，虽是空间分隔的必要条件，却不是充分条件。比如，我们可以辨别出同一地方的两个声音，同一种柠檬水里面的甜和酸，皮肤上同一个地方的热与

---

① 在很多人看来，将关系称为单纯的线，将线称为单纯的感觉，这好像很奇怪。我们可以很容易地学到关于任何关系比如两个点之间的关系的大量东西；我们可以分割连接这两个点的线，对它进行区分、归类，并通过画出或者表象出新的线来弄清它的关系，等等。但是所有这些进一步的事情的初衷都与我们对这个关系的亲知毫无关系。这样看来，那个关系就只是那条线。将它称作某个更少的东西确实也是有道理的；而且事实上很容易理解我们大部分人怎么会感到那条线好像是比那个关系更粗略的东西。在我们的经验过程中，那条线或粗或细，或蓝或红，是由这个或那个物体做成的；它因此是独立于这其中的任何一个巧合的；所以，由于不是将它看作这类感觉性质中的任何一个，我们最后就可以将它看作某种不能被规定的东西，除非规定为所有感觉性质的否定，某种需要由"进行关联的思想"的神秘活动来放进感觉之中的东西。

我们为什么会感到好像空间关系必须是某种不是单纯一条线或者一个角的感受的另一个原因是，在两个位置之间我们可以潜在地弄出任意多的线和角，或者不断地发现(为适合我们的目的)许多关系。当我们以一种一般的方式说到"空间关系"时，对这种无限潜在性的感觉就依附在我们的语词之上，并误导我们以为甚至它们中的任何单独的一个都不能完全等同于单独的角或单独的线。

冷、圆的和尖锐的接触等。① 在所有的辨别中,两个感受在性质上的对比越强烈,心对其双重性的认识就越容易。如果受刺激的两个点唤起了相同的感觉性质,它们就必然会对心呈现为是一个;完全没有被区分开来,它们的位置就更不是分离开的了。后背上相距4厘米的点完全没有性质上的差别,融合为一个单一的感觉。相隔不到千分之三毫米的点,在视网膜上唤起的感觉的差异,能让我们立刻就领会出它们是两个。那么,这些差异,当我们在后背从一个点到另一个点时出现得如此缓慢,在舌头和指尖快得多,而在视网膜上又是快得难以想象,它们是什么呢?对于它们的内在性质,我们能够有任何的发现吗?

最自然和直接的回答是,它们是纯粹的位置差异。用一位对心理物理学做出过巨大贡献的德国生理学家的话说②:

> 感觉从一开始(von vornherein)就是定了位的。……每一个感觉本身从一开始就带有空间性质,所以这个性质与通过更高的能力进入到感觉中的外在属性完全不同,它必须被看作是某种内在于感觉自身之中的东西。

然而在我们认真思考这个回答的那一刻,一个难以克服的逻辑困难就出现了。所有感觉里面的感受质本身都不能成为对位置的意识。设想唤起的只是对一个单独的点的感受。这有可能是对

---

① 这种情况经常发生在这样的时候,即热和冷的点,或者圆和尖的点,在一个单一"感觉回路"(Empfindungskreis)的限度内施加到皮肤上。

② 维尔罗特,《生理学基础概论》(*Grundriss der Physiologie*)(1877),第5版,第326、436页。

第二十章 空间知觉

任何特殊的在哪里或者在那里的感受吗？当然不可能。只有当感受到第二个点出现了时，第一个点才能获得上、下、右或者左的规定性，而这些规定性都是相对于那第二个点而言的。就其有一个位置而言，每一个点都只是凭借他所不是的东西，即凭借着另一个点，而存在(is)的。这就等于说位置没有任何内在的东西；而且，虽然对绝对大的感受可能会，而对位置的感受却不可能构成任何单独感觉中的内在要素。我们引用过的那位作者注意到了这个反驳，因为他继续下去（第335页）说，这样原始定位的感觉"只是自身，而不是在意识的表象中，就是这样的，意识的表象此时还没有呈现出来。……它们相互之间起初就没有任何关系。"但是，感觉"自身"的这种定位似乎也只是意味着，在那个时间到来而且其他条件都具备了的时候，具有对清楚定位的易感性或者潜在性。在这种易感性在发展了的意识中结出其未来的果实之前，关于它自身我们现在能够有任何的发现吗？

"位置标记"

首先，每一个皮肤感觉和每一个内脏感觉似乎都从其解剖意义上的所在获得了一种在其他地方所不能拥有的特有感受。这个感受本身与位置知觉好像完全不是一回事。冯特说[①]：

> 如果我们用手指先触摸脸颊，然后触摸手掌，虽然每次都

---

① 《关于人和动物的灵魂的讲座》（莱比锡，1863），I. 214。还可参见莱德的《生理心理学》，第396—398页，并比较G. 斯坦利·霍尔（《心》，X. 571）对由轻轻在皮肤上移动一个不锋利的尖端引起的感觉所做的解释。切割痛、颤动、发抖、旋转、发痒、刮划以及加速的点沿着那个表面相互交替。

使用完全相同的压力,在这两种情况下感觉还是有明显的差异。当我们将手掌与手背,后颈与前颈的表面,前胸与后背;简言之,皮肤上任何不相连的部分相互比较时,情形也是一样。而且,通过留心观察,我们很容易注意到,甚至是彼此相距较近的点在其感受的性质方面也是有差异的。如果我们从皮肤表面的一个点转到另一个点,我们的感受中就会有一种逐渐和持续的改变,虽然那种接触的客观性质始终都是一样的。甚至身体相反两侧的相应点上的感觉,虽然相似,却也并不相同。比如,如果我们先触摸一只手的手背,然后触摸另一只手的手背,我们就会注意到感觉的一种质性上的差异。我们一定不能以为,这样的差异只是想象问题,我们将这些感觉看作是不同的是因为我们将它们每一个都向自己表象为是占据了一个不同的空间。充分集中注意,将自己限制在这些感受的性质上之后,我们可以从它们的位置完全抽离出来,却仍然能同样显著地注意到这些差异。

我们还说不出这些位置差异是否是完全连续渐变着相互渗入的。但是我们知道(冯特继续说)

当我们从皮肤上的一个点转到与它相邻的点时,它们会以完全不同的速度发生变化。在主要用于触觉的敏感感受部分(如指尖),位置十分接近的两个点之间的感觉差异已经表现得很明显了;而在不那么敏感的部分,如手臂、后背和腿,感觉的差异只在相距较远的点之间可以观察到。

内部器官也有其特有的感觉上的感受质。肾脏的炎症与肝脏

第二十章 空间知觉

的炎症;关节疼痛与肌肉疼痛也不一样。牙神经的疼痛与灼伤的疼痛完全不同。但是非常重要和奇特的相似性普遍存在于所有这些差异之中。我们看不到其所在位置,而且除非由疼痛的性质自己显露出来我们也无法知道其位置的内部疼痛,是能被感受到它们的所属之处的。胃、肾、肝、直肠、前列腺等等的疾病,骨头的疾病,大脑以及脑膜的疾病,都涉及它们的专有位置。神经痛描画出那条神经的长度。像来自颅内顶部、前额和枕部的头痛的定位,迫使我们断定,相邻的部分(无论内部还是外部)可以仅凭那个事实就拥有一种共同的特殊感受,这是其感觉相一致的一个方面,是其接近性的标志。而且,这些位置特色是如此强烈,以至我们在相伴随知觉的全部感觉性质的差异中都将它们看作是相同的。冷和热相隔像两极那么远;但是如果二者都落在脸颊上,就有某种东西与它们混合起来,这个东西使得它们在那个方面等同起来;正如相反地,尽管冷与其自身总是等同的,但当我们先是在手掌,然后在脸颊感受到它时,某种差异就出现了,这差异总是将这两个经验分离开来。①

---

① 对于这些事实的解剖学和生理学条件,我们目前只知道一点点,而这一点点无需在这里讨论。在视网膜的方面曾经产生过两个重要假说。冯特(《关于人和动物的灵魂的讲座》,I.214)唤起了人们对有色物体从中央窝到外周移动时视网膜显示出的颜色感受性变化的注意。颜色变化了,更深了,而在某些方向上变化的速度比其他方向更快。然而,这种改变本身一般是我们完全意识不到的。我们看见天空到处都是鲜明的蓝色,蓝色感觉的变化不是被我们解释为对象颜色的差异,而是解释为其位置的不同。另一方面,洛采(《医学心理学》,333,355)曾经指出过这样一种独特的趋向,即视网膜上每一个特殊的点都一定会引起将刺激对象的网膜像从相关的点带至中央窝的眼

157　现在让我们回到不久前提出的问题：这些单纯感受性质上的差异，随着位置而变化，而每一个自身在感觉上和内在地却又与位置没有任何关系，这样的差异能构成我们提到的对它们所属位置的"易感性"（被感知为在适当位置的条件）吗？一排房屋上的数字，一串词的首字母，与空间的点没有内在关系，然而它们是我们关于一所房子位于这排的什么位置，或者一个词位于字典中的什么位置的知识的条件。这里讨论的感受变化可能是这一类的标签吗——它们绝非一开始就揭示出它们附着的那个点，但却通过贝克莱所说的"习惯的纽带"而将我们引向它？许多作者立即就做出了肯定的回答；在其《医药心理学》(*Medizinische Psychologie*)①中第一次以这种方式描述了这些感觉的洛采，将它们称之为位置标记(local-signs)。这个术语在德国得到了广泛的传播，此后在说到**"位置标记理论"**时，我将始终指这样的理论，它否认在感觉中存

158 在任何实际位置的元素，任何内在空间秩序的元素，任何立即就直接向我们喊出"我在这里"或者"我在那里"的腔调。

　　如果（很可能）我们此时发现自己很想以一种一般的方式接受这个位置标记理论，我们就必须要澄清几个进一步的问题。一个标记要将我们引向它所意指的那个东西，我们必须要拥有关于那

球运动。我们可以设想感受性的一种独特改变与每一个单独的运动趋向（就像与每一个实际运动）结合着。这个改变就构成了由每一个点带来的那个网膜像的独特位置表现。还可参见萨利的《心理学》，第118—121页。B. 厄尔德曼(B. Erdman)教授最近否认有任何证据能够支持这种表示每一个位置的感受的内在感受质。他的讨论虽然敏锐，却没能让我信服。我应该说，这种感受质在皮肤上是明显的。而在像视网膜这样的地方，它们则不那么明显（克里斯和奥尔马赫），这很可能只是尚未训练出来做这种分析的辨别能力的困难。

① 1852，第331页。

第二十章 空间知觉

个东西的某种其他知识来源。或者那个东西曾经在那个标记也构成了其一部分的先前经验中给出过——它们是联结着的；或者它是里德所说的"自然"标记，也就是说，是这样一个感受，在它第一次进入到心中时，就由那里的先天能力唤起了对至此一直休眠着的那个东西的认知。然而，在这两种情况下，标记是一回事，那个东西是另一回事。在此时我们所关心的情况中，标记是一种感受性质，而那个东西是一个位置。现在我们已经看到，通过与一个点具有明确关系的其他点的存在，这个点的位置不仅显露了出来，而且被创造了出来。如果这个标记能够通过任何它发动起来的机制唤起对其他点，或者对关系，或者对这二者的意识，它似乎就能行使其功能，向我们显示我们所寻求的位置。

但是我们已经熟悉了这样的机制。它恰好就是神经系统中的习惯法则。如果感觉表面上的任何点曾经频繁地与其他点同时，或者刚好在其他点之前或之后受到刺激，而其后又单独受到刺激，它的知觉神经中枢就会趋向于扩散进其他点的神经中枢。主观地考虑，这就好像是在说，第一个点的独特感受**提示**了其刺激与这个点自己的兴奋习惯性**联结**着的整个区域的感受。

看看胃的情况。在上腹部受到重压时，在某些肌肉收缩时等等，胃就受到挤压，而它独特的位置标记就与其他受挤压部分的位置标记同时在意识中唤醒了。还有一种被结合起来的兴奋所激起的对整个广度的感觉，而胃的感受好像就存在于其中的某个地方。设想后来胃里由于某种非机械的原因出现了疼痛。它会带有胃的位置标记，而支持这个感受的神经中枢会激发起支持在机械刺激发生时习惯性地与之相联结的皮肤和肌肉感受的中枢。同样的特殊广度会从这种结合中产生出来。总之,胃部感觉中的"某个东西""提醒"我们有一个整体空间,隔膜和腹部的感觉也构成了其中的一个部分,或者更简短地说,它提示了后面这些器官的相邻关系。①

回到一个表面上的两个受刺激的点,其间有一块未受刺激的空间的情况。先前经验的一般结果是,当任何一个点受到外部对象的作用,这同一个对象也会触及直接相邻的部分。每一个点与其位置标记一起,是与周围一圈的点联结着的,随着那个圈的增大,联结的强度就变弱了。每一个都会复苏它自己的那个圈;但是当两个点一起受到刺激时,由结合起来的扩散所引起的那个复苏是最强的。将两个受刺激的点结合起来的那个通道是这两个圈唯一共同的部分。因此,当通道的两个终端受到外部刺激时,这整个通道的感受就会带着相当的生动性在想象中被唤起。心由对这两个不同点的印象就得到了一条线的模糊观念。点的成双性来自于其位置标记的差异;那条线则来自于经验由这些标记而得到的联想。如果没有出现观念上的线,我们就只有成双性,而没有间隔感觉;如果那条线实际上而非在观念上被激发了,我们就以一个感受到的有广度的单独对象的形式,获得了那个带有终端的间隔。

---

① 也许颅内疼痛的定位本身也应归于位置标记相互之间的这种联结,而不是这些标记在相邻部分的质性上的相似性(前面,第19页);虽然可以想象联结和相似本身在这里应该有一个而且是相同的神经基础。如果我们设想来自皮肤下面身体的那些部分的感觉神经,像来自皮肤自身的感觉神经那样,终止于相同的传导感觉的大脑通道,如果任何一个纤维的兴奋都趋向于通过整个通道扩散,通往那个通道的所有纤维的感受可能就会有一种相似的内在性质,并且同时趋向于相互激发。由于在大多数情况下皮肤和其下的部分由相同的神经干提供供给,解剖学假说并没有提出任何不大可能的事情。

在其为涉及这些主题的全部精确知识打下了基础的著名文章中，E. H. 韦伯提出，感知两个分离点的逻辑必要条件是，与对它们的意识一起，心应当觉知到这样一个未受刺激的间隔。我只是试图表明已知经验法则如何会让这个条件得到满足。当然，如果整个区域的位置标记只提供了它们之间很小的质性差异，那么提示出来的线就只是模糊地得到规定，或者在长度或方向上模糊地与附近其他可能的线区别开来。在后背发生的就是这种情况，在那里意识能分开两个点，但只是模糊地领悟其分开的距离和方向。

这两个点的位置关系就是提示出来的间隔或者线。现在转向最简单的情况，即单独一个受刺激的点的情况。它如何能够提示出它的位置呢？不是通过唤回任何特殊的线，除非经验曾经不断地习惯于标出或者勾勒出从它这里到某个相邻点的某一条线。在后背、腹部、内脏等等，没有习惯性地这样勾勒过。结果就是，唯一的提示就是对整个邻近的圈的提示；也就是说，那个点只是唤回了它碰巧位于其中的一般区域。通过连续建构的过程，我们确实也可以得到对那个点与另外某个特殊点之间的距离的感受。通过强化那个圈的一个部分的位置标记，注意能够在这个部分的周围唤起一个新的圈，这样渐渐地(de proche en proche)我们的感受就可以从脸颊向下滑到比如说脚了。但是当我们第一次触摸脸颊时，我们完全没有脚的意识。[①] 在四肢、嘴唇、舌头和其他活动部分，情况是不同的。当那里的一个辨别感受性较弱的部分受到触

---

① 除非脚在那一刻碰巧同时刺痛起来或者发生类似的事情。身体的整个表面始终处于半意识的兴奋状态，只需注意或者某个偶然内部兴奋的强调，就能在任何点上变得强烈。

161 碰时，我们有一种本能的趋向，要移动那个器官以使触碰它的对象沿着它滑至感受性最强的位置。如果一个物体触碰了手，我们就会贴着它移动那只手直到手指能够探查它。如果脚掌触碰到任何东西，我们就让它接触到脚趾，等等。这样就形成了从器官上面所有的点到其敏感末端的习惯性通路的线。这些是在任何点被触碰时最容易被唤回的线，而它们的唤回与关于从"末端"到被触碰点的距离的意识是一回事。我认为任何人一定都知道，当触碰自己手或腕上的一个点时，他通常最清晰意识到的是与指尖的关系。前臂上的点提示的或者是指尖或者是肘部（后者是具有更大感受性的点[①]）。在脚上就是脚趾，等等。一个点只能通过唤起整个身体的视觉意象，而在与整个身体的关系中得到认识。与先前讨论过的情况相比，这样的唤起更明显地是纯粹联想的问题。

这将我们引向了眼睛。在视网膜上，中央窝和它周围的黄斑形成了敏锐感受性的集中点，每一个落在视野远离中心部分的印象，都由眼球肌肉的一种本能活动而移向它。直到注意到这个事实，很少人会意识到要将一个明显可见的对象保持在视野的边缘几乎是多么的不可能。在意志放松的那一刻我们就会发现，眼睛在我们不知道的情况下就已经转动起来要将它带到中心来了。这

---

① 确实，虽然前臂内侧的辨别感受性通常比外侧更弱，但是当外侧被触碰时，内侧却通常会非常显著地进入到意识之中。它对接触的审美感受性要精细得多。与相反的方向相比，我们更喜欢围绕尺骨一侧从伸肌到屈肌的表面抚摸它。手掌向下的运动产生出这个次序的触摸，而且当前臂的背面感受到有物体的接触时，这样的运动就经常会一直进行下去。

就是为什么大多数人都不能让眼睛稳定地保持会聚于空间里的一个其中空无一物的点上。房间里靠墙的物体顽强地将中央窝吸引向它们自己。如果我们凝视一面空白的墙或者一张空白的纸，我们总是马上就会注意到我们正在直接看着它上面的某个斑点，它最初没有引起我们的注意，最后却"吸引住了我们的眼睛。所以，每当落在视网膜 P 点之上的视象激发起了注意，它就会更为习惯性地从那个点移向中央窝，而不是任何其他的方向。这个视象描画出的线并非总是直线。如果从中央窝到那个点的方向既不是垂直，也不是水平，而是倾斜的，那么描画出的通常就是一条曲线，如果方向是向上的，它的凹面就朝上，如果是向下的，凹面就朝下。任何一个不怕麻烦愿意去用像黑暗环境里的烛火或者星星那样的发光体来做一个简单试验的人，都可以证实这一点。先凝视远离光源的某个点，然后让眼睛突然完全转向那个光源。明亮的视象必然会相继落在一系列连续的点上，从最先影响的那个点到达中央窝。但是由于视网膜兴奋是缓慢地逐渐减弱的，那些点的整个系列会有片刻的时间作为一种后像而看得见，并依其位置情况而表现出上面那种形式特性。[①] 这些发光的线在同一个人那里既不是规则的，也不是不可改变的，可能在不同个体那里弯曲的程度也不一样。我们不断地在中央窝和视野中的每一个点之间划出这样的线。只有在未被注意的时候，物体才会保持其外围的模糊性。在我们注意它们的那一刻，它们就通过这些运动之一而变得清晰

[①] 这些事实是最先由冯特注意到的：见他的《论文集》，第 140、202 页。并见拉曼斯基，《弗吕格文库》，XI，418。

了——这导致了在不了解实情的人中间流行着的一个观念,即我们同时清楚地看见了视野中的所有部分。这样不停地追踪光线的结果,就是每当一个位置标记 P 为落在其上的光点所唤起,它立刻就会唤回(虽然眼球还没有运动)P 和中央窝之间所有其他点的位置标记。它以想象的形式唤回它们,正如正常的反射动作会以生动的形式唤回它们一样;而随着它们的唤回,就有了关于它们所在的整条线的多少有些微弱的意识。换句话说,如果没有那个点的位置标记向我们显示(通过唤回由其最习惯的联想项所组成的那条线)由视野中心到它的方向和距离,就没有光线能够落在任何视网膜点上。所以中央窝的作用就像是一个极坐标系统的原点,在与它的关系中,每一个视网膜点都通过一种不断重复的联想过程而确定了自己的距离和方向。如果只有 P 是亮的,而视野的其余部分都是暗的,甚至在眼睛不动的情况下,我们也还是能够通过只 P 能唤起的观念的线条(与所有其他线条都不同),而知道 P 的位置是高还是低,是右还是左。①

---

① 至此,一切都一帆风顺。但是,在我们进入到更细微的细节时,我们的行程就开始变得曲折了,以至我要用一个长注释来更精确地处理位置的规定性。当 P 召回一条导向中央窝的观念线时,这条线是完整但却模糊地被感受到的;而被我们设想为是有实际亮度的单独一颗星星的 P,则在与它的明显差别中突出出来。P 与为其所终止的那条观念线形成差异的原因是明显的——P 是强烈的,而那条观念线是微弱的;但是为什么 P 会在这条线的末端,而不是在任何其他地方,比如说线的中间,占据它所占据的那个特殊位置?这似乎还完全不清楚。

为了澄清我们关于这后一个奥秘的思想,让我们看一条真实光线的情况,这条线上没有任何部分是观念的。如我们所知,如果大量的视网膜点一起兴奋,这些点中的每一个在单独兴奋时都会引起一个被称为位置标记的感受,此时,关于这条线的感受就产生了出来。这些标记中的每一个都是关于一小块空间的感受。我们完全可以设

第二十章 空间知觉

想,它们的同时被激起会产生出关于更大空间的感受。但是,为什么这是必然的,即在这个更大的空间广度里,标记 a 应该始终在线的一端出现,z 在另一端,而 m 在中间? 因为虽然这是一条整体的光线,在选择性注意的眼睛之下,组成它的点还是可以各自从它里逃脱出来,并有了活力。

在粗略地看了一眼这个问题之后,缺乏批判力的读者会说,这里面没有什么神秘之处,位置标记"当然"一定会相邻着出现,每一个都在它自己的位置;——不存在其他的可能性。但是不仅要摆脱困难,同样也要发现困难的更富于哲学理性的研究者,会想到这是可以想象的,即局部的要素可以融合为一个更大的空间,而每一个局部要素却并不定位于其中,就像一个声音并不定位于合唱中一样。他想知道,在结合进了那条线中以后,那些点如何能够个别地再活跃起来:一声声单独的"汽笛(sirene)"声,在融合为特定的音高之后,就不再冲击耳朵了。他会想起这个事实,即在闭着一只眼睛看东西之后,当我们通过睁开另一只眼来让受影响的视网膜点的数量增加一倍时,新的视网膜感觉通常并不显得是在旧视网膜感觉的旁边而且是外加的,而只是使旧的视网膜感觉看上去更大更近了。为什么新的点对同一个视网膜的影响会有如此不同的结果? 事实上,在下述几个方面之间他看不到任何种类的逻辑联系:(1)原初分离着的位置标记,(2)作为一个整体的线,(3)包含了得到辨别的点的线,以及(4)支持所有这些不同事情的各种神经过程。他会怀疑我们的位置标记是一种非常不可靠和模糊的东西。它最初没有位置,可是刚一出现在一伙同伴中间,就被发现拥有了它自己最精确的位置,并且还给它的每一个联想项指定了位置。这是怎么可能的? 我们必须要接受前不久我们刚刚拒斥为荒谬的东西,承认每一个点都拥有自身的位置吗? 或者,我们必须怀疑我们全部的解释都是错误的,我们是试图从联想中魔术般地变出那些联想项从来不曾包含的性质吗?

这里无疑有一个真正的困难;而最简单的处理方式就是承认它是不可解决的和终极的。即使位置不是任何一个我们称之为位置标记的感觉的内在性质,我们还是必须承认,它们中的每一个都有某种东西意味着位置的潜在性,并且是当位置标记被定位时,它定位在这里而非那里的根据。如果这个"某种东西"被解释为生理学的某物,解释为单纯的神经过程,那么就很容易以一种直白的方式说,在它单独兴奋时,这就是一个"终极事实",(1)即一个没有位置的点会出现;当它与其他相似的过程一起兴奋起来,而没有辨别注意的过程,这就是另一个"终极事实",(2)即一条整体的线将会出现;而最后的"终极事实"(3)是当这个神经过程与支持注意感受的那个其他过程一起兴奋起来时,所产生的就是指明一个特殊位置的位置标记在其中的那条线。因此,我们应该求助于心理神经关系的永恒深奥来逃避释解的责任。一旦我们说定位的基础是生理学的,我们就只需尽我们所能地指出,生理过程在有定位发生的情况下如何不同于没有定位发生的情况。这将要求无懈可击的逻辑,我们可以在这里放下这个问题,知道这里面没有自相矛盾,只有这样一个普遍的心理学难题,即每当有根本性的新的神经活动形式发生时如何就会有新的意识形式出现,这就行了。

但是，在逻辑上我们应该让这样的战术无可指责，让我们看看是否不能将我们的理论洞见推进得更远一点。在我看来我们是能够的。确实，我们给不出理由说明为什么当过程(2)被唤起时我们感受到的那条线会有它自己的独特形状；我们也无法解释辨别注意过程的本质。但是，如果承认这些赤裸裸的事实，即一条线的一个部分可以由注意挑选出来，以及那个部分可以在与其他部分的关系中显现出来，我们就可以看到为什么那个关系必须在那条线自身当中，——因为那条线和那些部分是被认为存在于意识之中的仅有的东西。我们还能进一步提出理由，说明为什么在相互关系中显现在一条线上的部分会进入一种不可改变的次序当中，并且各自在那个次序中保持它特有的位置。

如果许多这样的位置标记都拥有一种性质，这种性质随着我们从一个标记转到另一个标记而均匀地增大，我们就能将这些标记安排在一个观念的连续次序里，在其中任何一个位置标记都必须处于拥有更多这种性质的标记之下，处于拥有更少这种性质的标记之上。它必须将这个序列分为两个部分，——除非确实它拥有的这种性质达到了最大或最小的程度，此时它或者开始了这个序列，或者结束了它。

然而，心里的这样一个位置标记的观念序列还并不等同于对空间里的一条线的感受。相继触及皮肤上的一些点，似乎没有必然的理由说明为什么会出现一条明确的线的观念，尽管我们在这些接触之中强烈地觉知到性质的逐渐变化。我们当然可以在思想里象征性地将它们安排在一条线中，但是我们始终能够将象征性地想到的线和直接感受到的线区分开来。

但是现在要注意所有这些位置标记的神经过程的独特性：虽然它们在相继兴奋起来时可能不会产生出任何的线，但是在一起兴奋起来的时候，它们确实就会产生出对空间里的一条线的真实感觉。它们的总和就是那条线的神经过程；它们的感受的总和就是关于那条线的感受；而且如果我们开始从那条线上挑选出特殊的点，并按它们的等级来注意它们，我们不可能知道这个等级如何能够显现出来，除非是作为感受为整条线之一部分的真实确定的空间位置。那个等级本身就显为一条线，它里面的行列一定是作为这条线的一个确定部分而显现出来的。如果一起听到的8度音的7个音符对听觉显现为一条伸展开的声音线——无需说它们并不是这样——那么为什么如果不依据一个音符的音高来在那个线上定位(或者作为这条线的一个终端，或者作为两个终端之间的某个部分)，这个音符就不能被辨别出来。

但是，不仅是它们的性质的逐渐变化将位置标记感受安排在了一个等级里。我们的运动也将它们安排在了时间的等级中。每当一个刺激从皮肤或者视网膜上的a点传到f点，它都会以十分确定的时间次序abcdef唤起那些位置标记感受。直到cde相继得到激发，它才能让f兴奋起来。根据运动的方向，有时ab在感受c之前，有时感受c为ba所跟随；其结果就是，如果a、c或者f的上面没有附着在过去经验中它曾经在其中被唤起的各种转换的时间次序的微弱响应，我们就始终不能感受到它们。在位置标记a的上面，附着了bcd转换的色调或音调、半影或边缘。在f和c的上面，附着的色

第二十章 空间知觉

我们可以由此结束所讨论主题的第一个大部分了。我们已经表明,在每一个感觉的范围内,经验从一开始就都采取了空间的形式。我们还表明,在视网膜和皮肤方面,每一个感觉整体都可以由辨别注意再分为感觉部分,这些部分也是空间,并再分为这些部分之间的关系,这些也是感觉空间。而且,我们已经看到(在一个脚注中),不同的部分一旦得到辨别,就必然有了确定的秩序,一个原因是其质性上明确的逐渐变化,另一个原因是它们为运动所引起的确定的时间相继次序。但是在所有这一切中,我们还没有说到一个感觉空间整体相对于另一个感觉空间整体的比较测量,或者我们通过将不同的简单感觉空间经验汇总起来,最终建构出被我们看作是整体的、连续的和无限的真实世界客观空间的方式。我们下面就转向这项更为困难的探究。

调又完全不同。我们一旦承认了对习惯性转换的再现意识可以给一个感受着上一种色调,即使在这个转换并没有做出时也是如此这条原则,那么,承认下述观点似乎也就是完全自然的了,即如果这个转换习惯性地以 abcdef 的次序发生,如果 a、c 和 f 各自单独被感受到,a 就会带着一种实质性的早(earliness)被感受到,f 带着实质性的晚(lateness)被感受到,而 c 则在这二者之间。所以,那些在解释空间知觉时不那么重视位置标记,而极为重视运动的心理学家,就会有一个十分明确的来自运动的时间次序,用以解释在所有敏感点都同时兴奋时所显现出来的明确的位置次序。然而,如果没有预先承认这个"终极事实",即这个共同的兴奋感受起来会像是一条线而非其他任何东西,那么对于为什么新的次序一定是位置次序,而不只是观念的连续等级这个问题,就始终无法得到解释。此后我们将会有许多机会看到,运动是多么彻底地参与了我们所有的空间测量。无论位置标记各自性质的逐渐变化是否均匀,对转换的感受都一定会被看作是在定位的真实原因(veroe causoe)之中。但是几乎没有人怀疑位置标记的逐渐变化;所以我们可以相信我们自己确实拥有两套理由,来解释我们可能碰巧从任何一条线上或者任何一个更大空间中区分出来的任何点的定位。

"实在"空间的建构

这个问题可以分为两个次一级的问题。

(1) 对各个感觉空间的再分和测量是如何完全实现的？以及

(2) 它们相互添加、融合和缩减至相同的规模,简言之,它们的综合是如何发生的？

我认为,就像在刚刚完成的研究中,我们无需诉诸除纯粹感受性和普通辨别与回忆的理智能力所提供的材料以外的任何东西,就能做得很好;在这里我们也将带着下面的信念从更为复杂的探索中脱出身来,这个信念就是,假定除了我们在心理学的其他任何地方都能找到的心理力量——用来获得材料的感受性,和用来对这些材料进行重新排列和组合的辨别、联想、记忆和选择——以外,没有其他心理力量在起作用,那么所有的事实就都能够得到解释。

1. 原初感觉空间的再分

空间的再分是怎么进入到意识之中的？换句话说,空间辨别是如何发生的？辨别的一般问题已经在前面一章处理过了。在这里我们只需要探讨,是什么条件使得空间辨别在视觉中比在触觉中精细得多,在触觉中又比在听觉、嗅觉或味觉中精细得多。

第一个重要条件就是,表面上的不同点在其内在感受性的性质上是不同的,也就是说,每一个点都带有它独特的位置标记。如果皮肤各处感受起来都完全一样,足浴能与全身浸没相区别(它比较小),但决不能与湿的脸区分开来。位置标记是必不可少的;拥有相同位置标记的两个点始终会被感受为是同一个点。除非察觉出它们的感觉是不同的,否则我们就不会判断出它们是两个。①只允许有同质的刺激物,器官就能识别出最大量的刺激——数出最多的星或者圆规的尖,或者对两个潮湿表面的大小做出最好的比较——它们的位置感受性是最不均匀的。对于空间知觉来说,感受性快速从一个集中点(比如疖子的尖端)消退的皮肤,要好于同质的皮肤。带有精细敏感的中央窝的视网膜,就具有这种特质,而且,我们能够对它产生的感觉的整个广度进行再分的那种精确性,无疑在很大程度上归功于它。在它的外周,位置差异不会很快消退,那里发生的再分就少一些。

但是,只要表面没有受到外部刺激,这些位置的感受差异就几乎是零。我不能仅凭注意的心理动作就感受到它们,除非它们属于身体的完全不同的部分,如鼻子和嘴唇,指尖和耳朵;它们的差异需要外部刺激的强化才能被感受到。在急腹痛——或者用听起来更具空间感的俗名来称呼它,"肚子疼"——的空间广延里,一个人可以困难地区分出东北角和西南角,但是如果用手指压住前一个区域就会使疼痛加剧,那么做出这个区分就容易得多了。

---

① 彼耐特(《哲学评论》,1880年9月,第291页)说,在相继兴奋起来时,一旦它们的感觉的差异足以让我们将其区分为在质性上是不同的,我们就会判断它们的位置不同。这并非完全正确。相继出现时的差异足以使其得到辨别的皮肤感觉,如果同时兴奋起来也会在位置上发生融合。

所以，位置差异需要有外来的感觉添加在它们之上才能唤起注意。一旦注意以这种方式被唤起，它就会继续意识到那个无外援的差异；正如地平线上的一只帆船，它模糊得让我们注意不到它，直到某个人的手指放在那个点上，向我们指出它来，此时在手指收回之后我们就仍然能够看得见它。但是所有这一切只有在下述条件下才是真实的，即表面上分离的点可以单独受到刺激。如果整个表面同时受到来自外部的同质刺激，比如将身体浸入盐水之中，位置辨别就不会有所增进。确实，位置标记全部同时被唤起了；但数量却是如此之多，以至其中没有任何一个能够带着它独特的性质在与其他位置标记的对比中突出出来。然而，如果浸入的是身体的一肢，潮湿和干燥部分的差异就明显了，而且，特别是在水的表面，位置标记就会吸引注意，产生出对包围那个肢体的环的感受。同样，两或三个为干燥的点所分隔开的潮湿点，或者两或三个顶着皮肤的硬点，会有助于分开我们对皮肤广度的意识。对于这种类型的案例，即受到同类刺激的点还是被感受到了位置的不同，而且客观刺激物也被判断为有多个——比如皮肤上的圆规尖，或者视网膜上的星——一般的解释无疑是正确的，而且我们判断外部原因有多个是因为我们察觉到对其感觉的位置感受是不同的。

部分刺激的能力因而就是有利于辨别的第二个条件。一个所有部分总是同时兴奋起来的敏感表面，只能产生对没有分开的广度的感觉。嗅觉表面，实际上还有味觉表面，情况好像就是这样。许多味道和气味，甚至在同时出现的时候，其中的每一个都会影响它自己器官的整体，每一个都带着来自那个器官的整个广度，并且

第二十章 空间知觉

渗透着其他味道或气味而显现出来。①

几年前我应该会愿意不加犹豫地提出辨别的第三个条件——我会说,它在能有最多样感受性质的器官中发展得最好。视网膜无疑就是这样一个器官。它所感知的颜色和色调比皮肤感受的多样性要多得多。而且它能同时感受白和黑,而耳朵却决不能这样

---

① 然而,也许可以说,甚至在舌头上,后部确定了会接收苦的味道,而前部边缘则确定了接收酸的味道。香料的味道作用于它的两边和前部,而像明矾那样的味道则通过收敛的作用将自己定位于黏膜的部位,这是它直接接触之处,比如说烤猪肉更强烈,后者对所有的部分施以同样的刺激。所以,猪肉尝起来比明矾或胡椒更具空间感。鼻子也是一样,某些像醋那一类的气味显得比像麝香那样的浓重、窒闷的气味在空间的广度上更小。原因似乎是,前者以其刺激性抑制了吸入,而后者则被吸入了肺里,因而激发起了一个客观上更大的空间。对某些音符高低的判断,似乎不是产生于任何声音定位,而是产生于这个事实,即对胸腔振动和食道紧张的感受伴随着低音音符的唱出,而当我们唱出高音时,腭黏膜为运动咽喉的肌肉所牵拉,在上颚唤起了一种感受。

对文中提出的部分刺激法则的唯一真正反驳,是可以从听觉器官引出的反驳;因为根据现代的理论,耳蜗的不同神经终端可以单独为不同音高的声音所激发,而这些声音却似乎全都在一个共同的空间里,而并不一定是相互并排着。至多,高音被感受为是较暗背景上的一道较细而明亮的条纹。在1879年1月发表于《思辨哲学》(*Speculative Philosophy*)杂志上的一篇关于空间的文章中,我大胆地提出,听觉神经终端有可能是为"每一个音高的声音同时激发起来的,就像如果没有附加任何折射装置,整个视网膜就会为每一个发光的点所激起一样。"我还补充说:"尽管过去几年有一些了不起的猜想,将不同的听觉末梢器官指派给了不同速度的空气波,对于这个问题我们仍然在很大程度上处于黑暗之中;在我这方面,拒绝违背这篇文章所提原则的听觉理论,比为迄今发表的任何关于柯笛器官或基底膜的假说的缘故而放弃这些原则要更加有把握得多。"拉瑟福德(Rutherford)教授在1886年英国协会的会议上提出的听觉理论,已经提供了一个可供选择的观点,它使得听觉不再成为我所辩护的空间理论的例外,而且无论最后被证明为是真还是假,它无论如何都会让我们感到,赫尔姆霍茨的理论可能并非听觉生理学的定论。斯特帕诺夫(Stepanoff)《赫尔曼与施瓦布的年报》(*Hermann und Schwalbe's Jahresbericht*)(1886),XV. 404,文献)报告了一个案例,一个耳蜗上半部的一大半都失去了,而那一边却并没有出现任何赫尔姆霍茨的理论所认为一定会出现的对低音音符的失聪。

来感受声响和寂静。但是新近由唐纳森(Donaldson)、布利克斯(Blix)和戈德沙伊德①所做的关于皮肤上热、冷、压力和疼痛的特殊点的研究;更早时候切尔马克(后来为克卢格(Klug)在路德维格实验室里所重复)的研究,都表明一热一冷的圆规尖并不比两个相同温度的圆规尖更容易被辨别为是两个;我自己还有一些未发表的实验——所有这些都使我现在不再重视这个条件了。② 然而,有一个感觉性质特别令人兴奋,这就是对在我们身体任何表面的运动的感受。把它当作感受性的一个独立的基本性质,是最近的生理学成就之一。我们值得在这一点上暂且留步。

对在表面上的运动的感觉

生理学家普遍认为,直到由此开始的端点和至此结束的端点的位置各自得到认识,而且运动物体对这些位置的相继占有被感

---

① 唐纳森,《心》,X.399,577;戈德沙伊德,《(解剖学和)生理学文库》;布利克斯,《生物学杂志》(*Zeitschrift für Biologie*)。莱德《生理心理学》的第 2 部分第 4 章第 21—23 节有很好的概述。

② 我对 9 或 10 个人做过试验,对每个人都做了大量的观察,想看看让两个点一样或不一样在对这两个点的辨别中起什么作用。所选择的点是(1)两个大的针头,(2)两个螺丝钉头,以及(3)一个针头和一个螺丝钉头。螺丝钉头之间的距离是从它们的中心测量的。我发现,当这些点引起了不同的感受性质时(如在 3 的情况下),就会有助于辨别,但是远没有我预期得那么强。事实上,这个差异通常测试很多次都感受不到。然而,当其中的一个点进行旋转运动,另一个保持静止,点的双重性就变得比以前明显多了。为了这项观察,我使用的是一只脚的尖端变钝了的普通圆规,用一根金属杆替换那只可动的圆规脚,可以在任何时候通过与金属杆相连接的牙科医生的钻孔机,让这根金属杆在原来的位置旋转。这时让圆规的两个尖端触皮肤,两个尖之间的距离是让它们感受上去是一个印象的距离。突然转动那个钻孔装置几乎总是会让它们显现为是两个。

第二十章 空间知觉

知为被一个清晰的时间间隔分隔开来,运动感受才是可能的。①然而,事实上,我们以这种方式认识到的只是最缓慢的运动。看见钟上的指针指向 XII,之后又指向 VI,我们判断它经过了这个间隔。此时看见太阳在东边,后来又看见它在西边,我推断它从我头顶上经过了。但是我们只能推断我们以某种更直接的方式已经一般性地知道了的东西,而且通过实验可以确定的是,运动感受是作为一种直接和简单的感觉给与我们的。切尔马克很久以前指出过在我们直接看着表的秒针时所见的它的运动,与我们凝视表盘某个其他点时注意到它已经改变了位置的事实之间的区别。在第一种情况下,我们拥有一种在第二种情况下所没有的特殊的感觉性质。如果读者能找到自己皮肤上——比如胳膊——的一个地方,在这里两个相距 1 英寸远的圆规尖能被感受为一个印象,如果他在那个地方用铅笔尖画出十分之一英寸长的线,他会清楚地觉知到笔尖的运动,并且模糊地觉知到运动的方向。这里的运动知觉肯定不是来自于先前已有的关于其起始点和终结点是相隔开的空间位置的知识,因为相隔比这宽 10 倍的空间位置在用圆规刺激时就没能得到这样的辨别。视网膜的情况也是一样。我们无法去数投射在视网膜外周部分的手指——也就是说,它们占据的五个网膜带没有被心清楚地理解为五个相隔开的空间位置——而手指最轻微的运动却能被最生动地感知为运动,而非任何别的事情。因此,比我们的位置感觉精细得多的运动感觉,确实是不可能来自它

---

① 这只是我称之为"心理学家谬误"——认为他所研究的心必定要以心理学家自己意识到对象的方式意识到那个对象——的另一个例子。

的。埃克斯纳的一个奇特观察①通过表明它比我们对时间中的相继的感觉精细得多,而完成了关于运动是感受性的一种原始形式的证明。这位非常有才干的生理学家让两个电火花快速相继出现,一个在另一个的旁边。观察者要说出先出现的是右边还是左边的那个。当间隔缩短到 0.044″ 这么短的时间时,对火花时间次序的辨别就变得不可能了。但是埃克斯纳发现,如果两个火花在空间上很接近,以至它们的辐射圈相重合,那么眼睛就会将它们的闪烁感受为好像是单独一个火花从为第一个火花占据的点向为第二个火花占据的点的运动,而时间间隔可以到 0.015″ 这么短,心才会开始拿不准那个显见的运动是从右还是从左开始的。在皮肤上,类似的实验也得出了类似的结果。

维尔罗特几乎是在同一时间②让人们注意到了某些持续存在的错觉,其中有:如果另一个人轻轻地在我们静止不动的手腕或者手指上画一条线,我们就会感到好像那个肢体在向与画线的点相反的方向运动。相反,如果我们的肢体越过一个固定的点,那个点就好像也在移动。如果读者用自己保持不动的食指触摸着前额,然后转动头部以使前额的皮肤在食指的指尖下经过,他就会有一种食指自身在与头相反的方向运动的不可抗拒的感觉。所以,在手指相互间外展的时候,有的手指会移动,而其他手指则保持不动,那些不动的手指感受起来就好像它们也在主动与其他手指分离开来。根据维尔罗特的看法,这些错觉是在运动被这样感受到,

---

① 《维也纳皇家研究院会刊》(*Sitzb. Der. K. Akad. Wien*)(1875),Ed. LXXII.,第 3 部分。

② 《生物学杂志》(1876),XII. 226。

但却被归于整个的意识内容,而还没有被辨别为是专属于其一个部分的情况下,一种原始知觉形式的残存。当知觉完全发展起来时,我们就超越了单纯的事物和背景的相对运动,而能将绝对运动归于整个对象的一个组成部分,把绝对静止归于另一个部分了。当(比如说在视觉中)整个背景都一起运动时,我们会以为是我们自己或者我们的眼睛在运动;而任何相对于背景运动的前景对象,都会被我们判断为是静止的。但是在初期还不能很好地做出这种辨别。运动的感觉扩展至我们所见的一切,并且对其发生影响。对象和视网膜的任何相对运动都会让那个对象看上去是运动的,并让我们感受到自己在运动。甚至现在当整个对象运动时,我们还是会头晕目眩;而且每当我们突然猛地转动头或眼睛,或者来回快速摇动它们时,我们还是会看见整个视野的显见运动。按压眼球会引起相同的错觉。在所有这些情况下我们都知道实际发生的是什么事情,但是条件不同寻常,所以我们的原始感觉未受抑制地持续存在着。当云从月亮边飘过时也是这样。我们知道月亮是静止的;但是我们看见它移动得甚至比云还要快。甚至在我们慢慢移动眼睛时,这种原始感觉也会依那个得胜的概念性认识而持续着。如果我们仔细注意这个经验,我们会发现我们看向的任何对象都好像是在向我们眼睛的方向移动。

但是对这方面问题的研究最有价值的贡献是 G. H. 施耐德的文章①。他从动物学的方面对这个问题进行研究,通过讨论来自动物王国每一个分支的例子表明,运动是使动物得以最容易吸引

---

① 《科学哲学季刊》,II. 377。

相互间注意的一种性质。"假死"的本能完全不是假死,而是由恐惧而来的瘫痪,这使得昆虫、甲壳纲动物或其他动物免受敌人的注意。在人类这里,它与玩"我来找"游戏的男孩在找寻者靠近时憋住呼吸静止不动是类似的;而它的对应面则表现在当我们想要吸引远处某人的注意时不随意的挥动手臂、蹦跳起落等等之中。动物们"偷偷接近"猎物以及躲避追捕者,都表明静止不动如何能让它们更少地引起注意。在森林中,如果我们静静地待着不动,松鼠和小鸟就会真的来触碰我们。飞虫会落在吃饱肚子的鸟和静止不动的青蛙身上。① 另一方面,感受到我们坐在上面的东西开始移动时的极大震惊,一只昆虫出乎意料地爬过我们的皮肤,或者一只猫悄无声息地过来用鼻子嗅我们的手所给予我们的那种夸张的惊吓,以及呵痒所带来的过度反应效果等等,都表明运动感觉本身有多么兴奋。一只小猫忍不住要追着运动的球跑。过于微弱而完全得不到认知的印象,如果运动起来马上就被感受到了。落在一个地方不动的飞虫引不起注意,——而在它开始爬动的那一刻,我们就感受到了它。影子可能太微弱以至无法被感知。然而,只要它一移动,我们就看见它了。施耐德发现,带有清晰轮廓并且被直接凝视着的影子,尽管其客观强度可能只有微弱得刚好消失的静止不动影子的客观强度的一半,在移动时还是能够被感知到。对于间接视觉中的模糊影子而言,让运动起作用的差异要大得多——也就是说,13.3∶40.7。将手指放在合拢的眼皮和阳光之间,我们

---

① 埃克斯纳试图表明,有节动物的复眼结构几乎只是为了适应对运动的感知而形成的。

第二十章 空间知觉

注意不到手指的存在。但是一开始让手指来回移动,我们就察觉到它了。这样的视知觉再现了光线辐射中的视觉条件。①

现在已有很多讨论表明,在空间辨别训练中,在感觉表面移动的印象一定是将我们对表面的意识打破为对其部分的意识的主要作用者。甚至现在,视网膜外周区域的主要功能也是站岗放哨,光线从上面经过时,它们就会喊"谁在那里?"并将中央窝召唤到那一点。大部分的皮肤也对指尖行使相同的职能。当然指尖和中央窝将一些直接知觉的能力分别交给了边缘视网膜和皮肤。但是值得注意的是,这样的知觉在皮肤最具活动能力的部分发展得最好(维尔罗特及其学生的工作很好地表明了这一点);还有,在皮肤辨别

---

① 施耐德试图解释一个感觉表面为什么在印象移动时会有这么强的兴奋。人们早已注意到,对相继差异的辨别比对同时差异的辨别要敏锐得多得多。但是对于比如说在视网膜上移动的印象而言,我们有两种差异的总和;这种情况的自然结果就一定是产生出最完善的辨别。

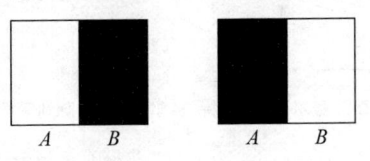

图 54

在左边的图里,让黑的部分 B 比如说从右向左移动。一开始时,在 B 和 A 中有黑和白的同时对比。当运动已经发生以至右边的图形产生出来,同样的对比保持下来,黑和白的位置交换了。但是除此之外,还有一个双重的相继对比,第一个是在 A 里,它片刻之前是白的,此刻变成了黑的;第二个是在 B 里,它片刻之前是黑的,此刻变成了白的。如果我们让每一个单独的对比感受 = 1(一个太过有利于静止状态的假设),运动情况下的对比总和就是 3,而静止状态下的对比总和是 1。这就是说,只要那个颜色开始移动,我们的注意就会被三倍的力量引向颜色差异。——[参见弗莱施尔(Fleischl),《生理学原理的和光学的备注》(*Physiologische Optische Notizen*),第 2 次备注,《维也纳会刊》(1882)。]

力特别强的盲人那里,这似乎是通过他们大部分人都拥有的一种根深蒂固的习惯,即将它移至任何触及他们的物体的下面,以更好地直接获得同样的认可而实现的。切尔马克是注意到这一点的第一个人。它很容易得到证实。当然,在物体下面表面的运动(为了刺激的目的)和表面上的物体的运动是相同的。在用眼睛或者皮肤探索事物的形状和大小时,这些器官的运动是不间断和不受约束的。每一个这样的运动都描画出物体在表面留下的点和线,百倍清晰地留下它们的印记,并将它们带到注意之下。许多生理学家①认为,运动在我们的知觉活动中所起的巨大作用证明,肌肉自身就是空间知觉的器官。对于这些作者来说,不是表面的感受性,而是"肌肉感觉",才是对象广延的原初和唯一的显示者。但是他们全都没能注意到肌肉收缩是以什么样的特殊强度调动起表面感受性的,以及单纯的印象辨别(且不说对它们之间的空间进行测量的问题)在很大程度上依赖于它们所落表面的活动性。②

---

① 布朗、贝恩、J. S. 密尔,以及冯特、赫尔姆霍茨、萨利等等以一种有所改变的方式持有这样的看法。

② 杜南在发表于1888年《哲学评论》上的有说服力的文章"视觉空间和触觉空间"(I'Espace Visuel et I'Espace Tactile)中,通过举出盲人着手获得物体形状观念的方式来努力证明,仅仅表面还不能产生关于广度的知觉。他说,如果表面是知觉器官,那么"能看见的人和盲人就都应该能够通过将手平放在物体上(当然条件是它比手更小),来获得关于物体大小(和形状)的准确观念,这是由于它们对受作用触觉表面的量的直接辨识,而没有求助于肌肉感觉。……但是事实上,一个先天的盲人从来不会以这种方式来测量对象的表面。他用了解物体大小的唯一方式,就是用手指沿着形成物体边界的线摸过去。比如,如果你把一本他不知道其体积的书放在一个先天盲人的手里,他开始的时候会将书顶着胸部以便水平地持有它;然后将两手一起放在其身体对面的那条边的中间,他会让两只手向两个方向摸,直到摸到那个边的尽头;那时,而且只有到了那时,他才能说出那个物体的长度。"(第15卷,第148页)我认为,任何想要

2. 感觉空间的相互比较中的测量

关于辨别的问题,能说的我们已经在前面都说过了。现在转向对不同空间相互比较中的测量的问题,而这是我们从各种空间经验中建构出我们相信是实在世界空间的那一个空间的第一步。

似乎很明显的第一个情况就是,我们不具有将由不同感觉显示出来的广度放在一起进行准确比较的直接能力。与用手指或眼睛来感受相比,我们的口腔在它自己感受起来要更小些,而用舌头感受起来则更大些。我们的鼓膜感受起来比指尖大,嘴唇比大腿上同样大小的表面大。比较是那么的直接;但它又是模糊的;而要得到精确的东西,我们就必须寻求其他的帮助。

对由一个感觉表面感受到的广度与另一个感觉表面感受到的广度进行比较的重要机制是迭加——将一个表面迭加在另一个表面上。于是就有了精确的等量和共同的测量,以及为产生数值结果而准备的方法。

如果我们不能将自己皮肤的一个部分迭加在另一部分之上,或者不能将一个物体迭加在这两个部分之上,我们就很难获得关

仅仅通过"将手平放在上面"来辨识物体大小和形状的人都会发现,一个巨大的障碍就是他对轮廓线的感受是那么的不完善。然而,他的手一开始移动,轮廓线就明显和清晰地被感受到了。所有对形状和大小的知觉都是对轮廓线的知觉,而首先必须使这些知觉清晰。移动就起的是这个作用;而在知觉中移动我们的器官的冲动,主要就来自我们感受到的想要让表面感觉清晰的强烈渴望。在我们用某种共同标准来对物体进行命名和测量时,我们也马上就会看到运动如何会提供帮助;但是它们在这种情况下所能给予的帮助也并不比在其他情况下更多,因为广延的性质本身是由"肌肉感觉"促成的。

于我们自己的外形的知识。我们自己不同部分之大小的原初差异会模糊地起作用,而我们却不能确定多大的嘴唇与多大的前额是等量的,多大的手指与多大的后背是等量的。

但是用表面的一个部分来探索另一个部分的能力,让我们获得了关于等量皮肤的直接知觉。当我们通过直接的感觉感受到特定长度的大腿表面接触到了整个手掌和手指时,大小的原始差异就被压倒了。当对侧指尖先是沿着这个相同的大腿长度,然后沿着整个那只手移动着画一条线时,我们就有了一个新的测量方法,不那么直接,但却确证了为第一种方法所确定的等量关系。用这样的方法,通过部分的迭加以及用同样的移动来描画不同部分的线,一个没有视力的人很快就能学会将他整个身体的面积折合为单一的比例。将同样的方法应用到和他身体一样大小或者更小的物体上,他能同样很容易地让自己知道它们的广度,这是用来自他自己的身形、手掌、双脚、腕尺、指距、步度、英寻(臂展)等等的术语陈述出来的。需要注意的是,在这些折合中,当对两个相对表面之大小的本地感觉相冲突时,其中一个感觉就被选作真实的标准,而另一个就被当成了错觉。所以一个空牙窝会被认为确实比伸不进去的指尖小,尽管它可能感受起来更大些;而且,我们可以一般地说,作为几乎是唯一触摸器官的手,将自己的大小赋予了其他部分,而不是让其他部分来决定自己的大小。总之,如费克纳所说,其他广度还原为了被更敏感的部分所感受的广度。[①]

---

① 费克纳描述了(《心理物理学,I.132)用来测量皮肤敏感性的一种等量方法。使用两个圆规,一个用于表面的 A 部分,另一个用于表面的 B 部分。必须对 B 上面的圆规的两个尖进行调整,以使它们分开的距离看上去与 A 上面两个圆规尖之间的距离

第二十章 空间知觉

但是尽管用一个表面来探索另一个表面是不可能的,我们却始终都能通过将同一个有广度的物体先应用于一个表面,再应用于另一个表面,来在各个表面的相互比较中测量它们。我们当然还可以设想物体本身在从一个部分滑至另一部分时会有盈亏(参见前面第141页);但是尽可能简化我们的世界这条原则,很快就将我们从那个假定中拉出来,而进入一个更简单的假定,即物体的大小通常是保持不变的,而且我们的大部分感觉都会出现必须始终要容许的错误。

在视网膜的方面,我们没有理由设想落于不同区域的两个印象(线条或斑点)的大小,最初会被感受为有任何准确的相互比例。只有当印象来自同一个物体的时候,我们才判断它们的大小是相同的。而且,只有当我们相信物体与眼睛的关系大体不变时,才会这样判断。当物体由于移动而改变了与眼睛的关系时,物体视象所激发的感觉甚至在相同的视网膜区域也变得起伏不定了,以至我们最终无法将任何绝对的意义归与我们随时都会得到的视网膜空间感受。视网膜上的大小被忽略得如此彻底,以至如果不使用交迭实验,就几乎不可能对处于不同距离对象的视觉大小进行比较了。我们不能预先说出我们的手指能覆盖远处房屋或者树木的多大一部分。对"月亮有多大?"这个熟悉问题的各种回答——从车轮到薄饼——最突出地说明了这个问题。训练年轻绘图员的最

相等。A位置固定不变,对于B位置上的每一次改变,第二个圆规的两个尖都必须做出很大的改变,尽管对于相同的A和B,两个圆规之间的关系是相当恒定的,并且数月持续不变,只要每天做的实验的次数不多。然而,根据文中提出过的那条法则,如果我们每天进行练习,它们的差异就会变小。

困难的部分,是让他学会直接感受视野中不同物体在视网膜上的(即最初可感觉的)大小。要做到这一点,他必须恢复拉斯金(Ruskin)所说的"眼睛的纯真"——也就是说,一种对单纯颜色斑点本身的孩童式知觉,不带有对于它们意指什么的意识。

我们其他人都已经失去了这种纯真。在每一个已知物体的所有视觉大小中,我们已经选择出了一个,把它作为**实在的**那个来思考,而将所有其他的都降级为它的标记。这个"实在的"大小是由审美的和实际的兴趣决定的。当物体处在最有利于我们对其细节做精确视觉辨别的距离时,我们得到的就是这个东西。这是我们对物体进行细查的距离。比这个距离更远,我们就把物体看得太小了,更近就把它看得太大了。而那个更大或者更小的感受在提示出这一个(它们的更重要的意义)的动作中消失了。在沿着餐桌看时,我忽略了远处的盘子和玻璃杯感受起来比我自己的要小得多的事实,因为我知道它们是一样的大小;对它们的感受(作为当下的感觉)在这个只是想象的知识的光辉之下黯然失色。

如果能够这样来折合视觉空间之间的不一致性,那么将视觉空间与由触觉得到的空间在量上相等同当然就没有困难了。在这一等同的过程中,很可能触觉感受会占据优势成为了实在的,而视觉感受则充当了标记——这样的折合成为必然,不仅是由于触摸到大小的比看到的大小有大得多的恒定性,还由于触觉对于我们的生活具有更大的实践兴趣。通常,事物只能通过与我们皮肤的直接接触来帮助或者伤害我们;视觉只是一种预期的接触;而后者用斯宾塞先生的话说是"思想的母语",而且女仆的行话在能够

第二十章 空间知觉

清楚地说给心之前必须先被翻译为女主人的语言。①

我们在后面将会看到,肢体运动时在关节处激发起来的感受,被用作那个肢体的末端所经路径的标记。不久我们会更多地谈到这一点。至于将声音、气味和味道的体积与由辨别力更强的感觉所产生的体积相等同,则因为前者太模糊而无需做任何讨论。然而,在疼痛的方面可以观察到,它的大小必须要折合为它所在器官的正常触觉上的大小。长了瘭疽的手指,以及那里的动脉的搏动,"感受"起来都比我们认为它们实际的"所是"更大。

在所做的解释中人们应该已经注意到,如果被认为来自同一物体的两个感觉空间印象不同,那么**最具兴趣**(在实际的或者审美的方面)的那一个就会被判定为是真实的那一个。这条兴趣法则始终成立——虽然持久的兴趣(如触觉兴趣)会抵制像疼痛这样的强烈却短暂的兴趣(如刚刚谈到的瘭疽的情况)。

3. 感觉空间的聚合

现在来讨论我们建构实在空间的下一个步骤:各个不同的感觉空间如何相加成为一个牢固而统一的连续统?因为在人这里它

---

① 贾斯特罗教授对其实验结果做出了下述一般性的结论(《美国心理学杂志》,III. 53):"不同种类感觉的空间知觉本身也属于不同的种类,对于存在于它们中间的任何一致性,我们都有理由看作是经验的结果。一个没有视觉,只使用其他空间感官的人的空间观念,肯定一定与我们自己的空间观念不同。"但是他继续说:"我们的视知觉和其他空间知觉之间的明显异质性的存在,没有让我们迷惑,而且通常也没有引起我们的注意,这只能由将所有的维度都解释为它们的视觉等量物的趋向得到解释。"但是这位作者对于他说的是"视觉的"而不是"触觉的",没有给出任何理由;而我必须继续认为,就关系到我们所说的真实大小而言,可能性指向了另一个方向。

们在开始时总是支离破碎的。

这里最先呈现出来的又是这个事实,即我们的空间经验最初构成了一团混乱,我们没有直接的能力将它们从中解脱出来。不同感官的对象在一起被经验的时候,起初不会显现为一个在另一个之内,或者相互并列,或者相互远离,既不是空间上连续的,也不是不连续的(在这些词的任何明确的意义上)。在辨别完成了自己的任务之前,同一器官的不同部分感受到的对象的情况几乎都是如此。我们最多可以说,我们全部的空间经验一起构成了一个对象总体,而这个对象总体是巨大的。

甚至我们嘴里的空间,虽然它的居住者舌头非常私密地了解和准确地测量过它,我们也很难说它内部的方向和范围已经在与外面更大世界中的方向和范围的任何精确关系中得到了认识。它几乎独自形成了一个小世界。同样,当牙医在我们的一个牙齿上开了个小洞时,我们感受到其工具的硬尖在明显不同的方向上刮擦一个表面,这个表面让我们模糊地感觉比随后通过镜子知道的它的"实际"大小要大。而且,虽然刮擦的方向相互间完全不同,其中却没有一个方向能等同于外部世界与之相应的那个特殊方向。所以,牙齿感受性的空间确实自身就是一个小世界,它只能通过会改变其大小、识别其方向、融合其边缘、并最终将其作为一个确定部分嵌置进一个确定整体中的进一步经验,而与外部空间世界一致起来。而且,虽然在公共休息室里的每一次关节转动都会被感受为是在很多不同方向上的改变;虽然皮肤上的各种痕迹,还有视网膜上的各种痕迹也是这样,我们还是不能由此推出,这

第二十章 空间知觉

些不同表面上的方向感受是可以直观地相互比较的,或者是可以直观地与产生自半规管感受的其他方向相互比较的。不能由此推出,我们能够在一个空间世界里直接判断出它们相互之间的关系。

如果我们在胳膊处于不自然的姿势时"感受"事物,我们会对它们的形状、大小和位置产生困惑。让读者平躺下来,胳膊伸过头顶,他会惊讶地发现,对于辨识其手边物体的几何关系,他是多么的无能为力。但是这里谈到的几何关系,只是在以这种方式和以较通常的方式感知的方向和大小之间识别出来的一致性。这两种方式并非在直观上是相互一致的。

视觉方向和触觉方向的系统之间在人这里的联系是多么的松散,在使用显微镜的技术人员用来学习在仪器台面上操作物体时颠倒手的移动方向所使用的设备中表现了出来。要将玻片移到看到的左边,他们必须将其拉至感受到的右边。但是在很短的几天里,这个习惯就成为他们的第二自然。所以在镜子前面系领带、刮胡子等等的时候,右边和左边是颠倒的,我们手的移动方向与其看上去的相反。然而这从未让我们烦恼过。只有在偶然给另一个人系领带时,我们才知道有两种结合视知觉和触知觉的方式。让任何人第一次试着在看着镜子里面的手和纸的映像时写字或画画,他会完全不知所措。但是很短时间的训练就能教会他取消以前的生命中在这方面形成的联想。

三棱镜以更惊人的方式表明了这一点。如果戴上一副装有轻微棱柱形镜片、底座向右转(比如说)的眼镜,看到的每一个物体就都会明显地移位到左边;伸出去抓握物体的手都会错误地从物体的左边错过。但是戴着这样的眼镜进行不到一个小时的练习，就会使判断得到纠正，以至不会再犯这样的错误了。事实上，新形成的联结已经非常牢固了，当首次拿开棱镜时，就又会犯相反的错误，违背终生的习惯，手伸向它想要触碰的每一个物体的右边。

就我们的直接感受性而言，那种原始的混乱会在很大程度上持续一生。我们同时或者相继感受各种对象及其大小；但是一旦涉及许多对象同时的次序和关系，我们的直观理解就会一直到最后都是十分模糊和不完备的。当我们注意一个对象，或者最多两或三个对象时，所有其他的对象就都退后了，对它们我们最多能感受到的就是它们仍然在边缘徘徊，通过以某种方式转动才能再次被捕捉到。不过，在这整个的混乱中，我们形成了关于以一种十分稳定和有序的方式展开的世界的概念，而且我们相信它的存在。问题是：这个概念性认识和信念是如何产生的？这个混乱是如何消除和理顺的？

主要是通过两种操作：一些经验被理解为是相互外在和并列地存在着，而另一些则被理解为是相互渗透，并占据着相同的空间。本来不连贯和不相关的东西通过这种方式最终就变得连贯和明确地相关起来；细致地探查引导着心这样来安排其知觉的原则也并非难事了。

首先，遵循那条伟大理智的经济法则，我们尽可能多地进行简化、统一和识别。我们将所有能够一起得到注意的感觉材料定位在一起。它们各自的广度似乎是一个广度。每一个感觉材料出现的位置都被认为与其他感觉材料出现的位置相同。简言之，它们

第二十章 空间知觉

成为了<u>同一个实在事物</u>的如此多的性质。这是首要的命令,是我们的世界由以在空间上得到安排的基本"动作"。

在这种在一个"事物"中的融合里,融合进去的感觉中的一个被认为就是那个事物,其他感觉则被看作那个事物的有几分偶然的<u>属性</u>或者<u>显现方式</u>。① 被选作本质上就是那个事物的感觉,是那些感觉里最持久和最具实际意义的;通常它是硬度或者重量。但是硬度或重量决不会没有可以触摸的体积;而由于当我们感受到有东西在手里时,我们总是能看见有东西在那里,我们就将感受到的体积与看到的体积看作是等量的,此后这个共同的体积就也容易被设想为是这个"事物"的本质。我们常常会这样设想形状,有时也会这样设想温度、味道等等;但是在大多数情况下,温度、气味、声音、颜色或任何其他可以与感受到或者看到的体积同时生动作用于我们的现象,是被看作偶性的。确实,在我们既没有看到也没有触摸那个东西时,气味和声音会作用于我们;但是在我们看见或者触摸到了它们时,它们才是最强烈的,所以我们将这些属性的<u>来源</u>定位于我们触摸到或者看见了的空间里,而将这些属性<u>自身</u>看作是以一种弱化的形式溢出到了为其他事物所充实的空间里。我们可以看到,在所有这些里面,其空间融合为一的感觉材料是由不同的感官产生出来的。这样的感觉材料并不趋向于相互将对方从意识中排挤出去,而是能同时一起受到注意。它们确实经常相伴随着发生改变,并且一起达到顶点。因此我们可以确定,我们的心的普遍规则是将在同时发生的经验中联结在一起,并且互

---

① 参见利普斯论"复杂性"(Complication),《精神生活的基本事实》,第579页。

不干预彼此知觉的所有感觉相互定位在对方之中。①

同一个感觉器官的不同印象确实会干预相互的知觉,而不能同时受到充分的注意。因此我们不是将它们定位在相互的空间里,而是将它们安排在一个连续的外在次序中,每一个都在比任一感觉的空间更大的空间里与其他印象并列着。然而这个更大的空间是概念性认识的对象,而非直接直观的对象,并且带有一步步为心所建构起来的一切标志。盲人通过触觉的、运动的和听觉的经验形成它,而有视力的人则几乎完全是通过视觉经验形成它的。由于视觉建构最容易理解,让我们首先来研究它。

每一个单独的视感觉或者"视野"都是有限的。要为我们的对象获得一个新视野,旧的视野就一定会消失。但可能只是部分地消失。让第一个视野为 A B C。如果我们将注意移至界限 C,它就不再是界限了,而是成为了视野的中心,在它的外面又出现了以前那里没有的新的部分:②简言之,A B C 变成了 C D E。然而虽然 A B 的部分看不见了,但它们的意象还保留在记忆中;如果我们把最初的对象 A B C 看作是曾经存在过,或者仍然存在着,我们就一定会把它看成是其最初呈现的样子,也就是说,看成是由 C 向一个方向伸展的,就像 C D E 是向另一个方向伸展的一样。A

---

① 口技就非常好地表明了这一点。口技表演者说话时不动嘴唇,同时将我们的注意引向玩具娃娃、盒子或者某个其他物体。我们立即就会将声音定位在这个物体里。在舞台上,不懂音乐的演员有时必须要唱歌或者弹奏吉他或小提琴。他在我们的眼前做出那些动作,而音乐在乐队里或者其他地方演奏着。但是因为我们在听的时候看到的是那位演员,我们几乎不可能不把音乐听成是好像来自他坐或站的地方。

② 参见尚德(Shand),《心》,XIII,340。

第二十章　空间知觉

ＢとＤＥ绝不会在融合一个位置上（如果它们是不同感觉的对象，就会那样），因为它们决不能同时被感知：我们必须失去一个才能看见另一个。所以（现在这些字母代表"事物"），我们就仿照在一个单独视野中感知不同事物的情况，来思考事物的相继视野。它们一定是相互外在和并列的，而且我们以为其并列在一起的空间一定会构成一个更大的空间。总之，只要想象ＡＢＣ＋ＣＤＥ，它就一定会被想象为是以ＡＢＣＤＥ的形式存在的。

我们通常能够通过将注意和眼睛转回它的方向，来恢复任何消失不见的东西；而且通过这样的不断改变，所见事物的每一个视野都最终被认为始终有一个边缘，这是由在它周围向各个方向扩散开的其他有可能被看见的事物所组成的。同时，各个视野的更迭所伴随的运动也被感受到并且记住了；渐渐地（通过联想），这个和那个运动进入到我们的思想中，提示所引入的新对象的这个或那个广度。由于对象在种类上有不确定的变化，我们也是渐渐从它们的不同性质中抽离出它们的单纯广度，并且分别思想这些广度，而各种运动依然是这些广度唯一不变的引入者和联想项。所以，我们越来越多地将运动和所见广度看作是相互关联的，直到最后（与贝恩和 J. S. 密尔一起）我们会将它们看作是同义的，并且说"除了可能的运动，广度这个词的意思还能是什么？"① 我们在这个结论中忘记了（无论运动看上去会具有什么内在的广延性），作为想象中抽象广延性之典范的所见的延展性，最初是由视网膜感觉来到我们这里的。

---

① 参见比如贝恩的《感觉和理智》，第 366—367、371 页。

眼球的肌肉感觉意味这种可见的延展性,正如这个可见的延展性可以在后来的经验中意味为触觉和运动所知的"实在"体积、距离、长度和宽度。① 然而,到最后,在我们有视力的人这里,那种性质,那种本性,我们用广延性所意指的东西,似乎就是视网膜刺激所带来的那种感受。

在失去了视力的人那里,建构实在空间观念的原则也是相同的。当为移动物体所唤起的注意从皮肤感受的一个区域转到另一个区域时,皮肤感受在他那里就代替视网膜感受,提供了横向延展性的性质。通常,这个移动物体就是我们的手;而我们关节里面的运动感受始终与皮肤感受相伴随。但是在盲人那里,皮肤感受就是皮肤所意指的东西;所以皮肤感受的大小就是绝对的或者实在的大小,而关节感受的大小则成为了它们的标记。比如,设想(简短地说)脚趾上长了一个水疱的盲人婴儿,用手指尖探查他的腿,在触碰到水疱的那一刻突然产生了剧烈的疼痛。实验给了他四种不同的感觉——其中两种是延迟的,两种是突然的。第一对感觉是上肢关节中的运动感受,以及腿和脚皮肤上的运动感受。在一起受到注意时,这些感受的广度被识别为一个对象空间——手的移动经过的是与腿相同的空间。第二对对象是水疱上的疼痛

---

① 比如,当一个婴儿看着他自己的移动的手时,他在看着一个物体的同时感受着另一个。二者都吸引了他的注意,他将它们定位在一起。但是那个感受到的物体的大小是比较恒定的大小,正如感受到的物体在总体上是更有趣和更重要的物体一样;所以视网膜感觉就被看成了它的标记,而这些感觉的"真实的空间值"则是通过可触知的方式解释的。

第二十章 空间知觉

和水疱给手指带来的独特感受。它们的空间也是融合的;而且由于它们各自都标记出一个特殊运动序列(胳膊移动了,腿被抚摸了)的终端,运动空间也在那个终端明显地等同起来。如果腿上还有其他小水疱,就会有一些这样的明显的点;运动空间就不仅仅作为整体,而且在每一个点上得到识别。①

超出身体界限的空间也是如此。继续着超出脚趾的关节感受,婴儿碰到了另一个物体,在他把手再次放回到水疱上的时候,他还能想到它。关节感受末端的物体对于他来说意味着一个新位置,这样的物体在他的经验中增加得越多,他概念性认识中的空间就变得越广。如果今天在树林里散步走的是一条新路,我突然发现自己置身一块林中空地,它对我感觉的作用与上星期我在另一

---

① 不同原始感觉空间相互间的不连贯,经常被当作否认原始身体感受有任何空间性质的托词。没有什么比听到人们这样说更平常了:"婴儿最初是没有空间知觉的;因为当一个婴儿的脚趾疼痛时,他不会将疼痛定位在脚趾上。他不会做出任何明确的保护性移动,而且还能在没有人抱住他的时候给他接种疫苗。"事实确实如此;但是解释是完全错误的。真实的情况是,婴儿不能把他的"脚趾"定位在疼痛里;因为他对自己的脚趾还完全一无所知。他还不曾将它作为视觉对象注意过;他还不曾用自己的手指触摸过它;它的正常的器官感觉或者接触也还没有变得足够有趣,以至可以从对它所属的脚甚至腿的整个大面积感受中辨别出来。总之,脚趾既不是这个婴儿的视觉空间、手动空间的一部分,也不是其腿和脚的空间的一个独立部分。它实际上除了作为这个小小的疼痛空间以外,还没有心理上的存在。如果疼痛仅凭自身就像一个小小的空间世界,这有什么奇怪的呢?但是一旦让疼痛与其他空间世界联结起来,它的空间就会成为它们的空间的一部分。让那个婴儿感受护士抚摸那条腿,以及她的手指每次移向脚趾时唤起那种疼痛;让他在每次疼痛出现时观看并且看见她的手指在那个脚趾上;让他自己触摸他的脚,每次那个脚趾在他的指间或者嘴里时都产生疼痛;让腿的移动加重那种疼痛,——一切都改变了。疼痛的空间与每一个其他空间里在它被唤起时感受到的那个部分等同了起来;而通过它们与它的等同,这些部分也就相互等同起来,并且作为一个具有更大广延的整体的部分而系统地联系了起来。

次散步的最后走到的另一块林中空地完全一样，我相信两种相同的作用呈现出的是同一块持续存在着的林中空地，并且推论出我由两条不同的道路走到了它这里。走过的空间由于终端而变得一致了；虽然除了终端给与我的共同感觉以外，我不必将这两次散步联系起来。当涉及的是较短距离的移动时，情形也决非不同。如果先移动一只胳膊，然后移动另一只，盲人儿童在手上得到的感觉是相同的，而且每当他重复其中的任何一个过程时又会再次得到那个感觉，他就会判断在这两种移动里他触碰到的是同一个物体，并且得出结论认为两种移动终止于一个共同的地方。他从这样标记出来的一个地方移动到另一个地方，将移动经过的地方一个一个地添加起来，建构起了自己关于外部世界的广度的观念。有视力的人所经历的过程也是一样的；只是他的感觉单元（可以是相继的鸟瞰图）比盲人的要大得多。

关节中的感受和肌肉中的感受

1. 对关节中的运动的感受

我曾经谈到过关节里面产生的感受。由于迄今的心理学过于忽略了这些感受，在对它们进行更细微的研究之时，我可能要同时提起读者的兴趣（它在前面几页相当枯燥的抽象讨论中可能已经减弱了）。

在只是通过屈曲右手食指的掌关节来让指尖在左手掌画出一英寸的长度时，我对这一英寸长度的感受只是手掌皮肤上的感受吗？或者右手和前臂的肌肉收缩与之有任何的关系吗？在前面几

第二十章 空间知觉

页我一直设想空间感受性是表面部分的事情。在一开始,对"肌肉感觉"作为空间测量者的考虑被推延到了后面的阶段。许多作者,其中最重要的是托马斯·布朗(在其《关于人类心灵哲学的演讲》中),最新近的是不亚于心理学家的德博甫教授,[①]都认为关于主动肌肉运动的意识(觉知到自己的量)是全部空间测量的本源。如果这个理论是正确的,似乎就可以推出,一大块皮肤和一小块皮肤的两个皮肤感受,不是作为一种直接的要素,而仅只是通过大块皮肤比小块皮肤需要更多的肌肉收缩才能让上面的点相继兴奋这个事实,而拥有不同的空间性的。这一特殊经验所需的与不同肌肉收缩量的稳定联结,就解释了皮肤块的显见大小,这些大小因而就不是原始的材料,而是派生的结果。

在我看来,并不存在这里所说的肌肉测量的证据;但是,只要我们把关节表面的感受性也算进去,所有的事实就都可以通过表面感受性得到解释了。

肌肉理论的主张者可能会提出的最引人注目和最明显的论证无疑是这个事实:如果我们闭着眼睛用伸出的食指在空中画图(运动可以由掌骨、腕部、肘部或者肩部关节发生),每一次我们意识到的(而且确实是最敏锐地意识到的),是由指尖描画出来的几何路线。它的角和再分后的部分都像亲眼所见一样被清晰地感受

---

① "为什么视觉感觉被扩散?"(Pourquoi les Sensations visuelles sont elles étendues)《哲学评论》,iv. 167。——这一章的证明是做过修正的,我收到了明斯特贝格的《实验心理学论文集》的第三册,在这部书中,这位充满活力的年轻心理学家比以往更彻底地再次肯定了(如果在如此匆忙的一瞥之后我理解了他)这个学说,即真正的肌肉感觉是我们测量广延的一个工具。无法在这里再次进行讨论,我有责任让读者注意明斯特贝格先生的著作。

到；而指尖的表面却没有获得任何印象。① 但是随着图形的每一处变化，肌肉收缩也变化着，这些收缩所产生的感受也在变化。后面这些难道不是让我们觉知在所画线条中察觉到的长度和方向的感觉材料吗？

如果我们想要反驳知觉来自肌肉感受的倡导者的这个假定，说我们是通过重复这样的经验，即在感受到每一个特殊肌肉组合的时候看见画出来的是什么图形，来获知这些感受的空间意义的，所以肌肉空间感受最终来自视网膜表面感受，我们的反对者马上就会指出这个现象在先天性盲人那里比在我们自己这里要更加完善这个事实，来堵住我们的嘴巴。

如果我们提出，盲人可能最初在脸颊、大腿或者手掌的皮肤表面画过那些图形，此时可能会想起每一个当下运动在以前曾经让皮肤表面感知到的特殊图形，他会回答说，运动知觉的精细程度远远超过了大部分皮肤表面的精细程度；事实上可以说我们只能在鉴别中感受一个画出的图形，——我们刚刚开始用指尖描画的图形，另一个人的手以同样的方式在我们的指尖上画出的图形，几乎是无法辨识的。

肌肉感觉的捍卫者好像胜利了，直到我们求助于关节软骨，将它看作我们做出的每一个运动（无论多么精细）都调动起了它的感受性的内部表面。

---

① 甚至在那个图形是画在一块板子上而不是画在空中时，手指表面接触上的变化也比画出来的图形本身的特性要简单得多。

第二十章 空间知觉

要确定它们在我们画几何图形的过程中所起的作用,有必要回顾几个事实。开业医师们长久以来一直知道,在一个肢体的皮肤感觉缺失、肌肉对感应电流的震颤没有感觉的病人那里,对另一个人的手使那个肢体屈曲或者伸开的方式的非常准确的感觉却可以保持下来。① 另一方面,这种运动感觉可以在触觉感受性保持得很好时有所减弱。声称的对外出神经支配的感受在这些情况下不起任何作用,这一点明显地来自这个事实,即让肢体改变了位置的运动是实验医生施加于它的被动运动。在这个问题上寻找根据的作者,因而就通过排除法设想关节表面就是所说知觉的处所。②

关节表面是敏感的,这似乎明显得到了下述事实的支持,即在发炎时它们是折磨人的疼痛的所在。每一个提起重物或者承受阻力的人的知觉也支持了这一点,他知觉到与他相对抗的力量的每一次增加,都主要通过关节之内或者关节周围新感受的开始或者旧感受的增加而将自己暴露在他的意识面前。如果将两个关节表面的结构和相互适用的方式也考虑进去,情况似乎就是,如果承认这些表面是敏感的,那么将感受性精细调动起来的可能的最有利的机械条件,就是实现于每一个伸展或屈曲动作中有细微刻度的转动和受到有力抵抗的压力变化的条件。然而,非常遗憾的是我们到现在还没有获得直接的证言,没有来自健康关节偶然受伤的病人关于在软骨受压或受到摩擦时所经验的印象的表达。

---

① 比如见迪谢内(Duchenne),《局部带电》(*Electrisation localisée*),第 727、770 页,莱顿;《菲尔绍文库》(*Virchow's Archiv*)(1869),第 XLVII 卷。
② 比如,奥伊伦堡(Eulenburg),《神经病学教材》(*Lehrb. d. Nervenkrankherten*)(柏林,1878),I. 3.

就我所知,1879年发表的莱温斯基(Lewinski)的文章①中有最早试图获取直接证据的方法。这位观察者有一个病人的腿的内侧半边是感觉缺失的。这个病人在站起来时,会产生一种关于其肢体位置的奇怪错觉,而在他再次躺下的那一刻错觉就消失了:他以为自己是膝内翻。如果如莱温斯基所说,我们设想关节的内侧半边也有皮肤相应部分的感觉缺失,那么,在做站起来的动作关节表面相互挤压时,他就应该很强烈地感受到关节的外侧半边。但是每当把他的腿弄成膝内翻的姿势时,他也会有这种感受。这种情况促使莱温斯基考察了一些位置感觉不完善的共济失调病人的脚。他发现,每当同时弯曲和拉拽(将关节表面拉开)脚趾时,所有对弯曲的量的感觉就都消失了。相反,当他在弯曲脚趾的时候向里压它,病人对弯曲的量的感知就会有很大改善,这明显是因为,人为增加的关节压力补偿了那些部分病理上的感觉缺失。

自从莱温斯基的文章发表以来,又有了A.戈德沙伊德所做的重要实验研究②,这项研究完全确立了我们的观点。这位耐心的观察者让其手指、胳膊和腿在一个记录了所施加运动的速度和角位移的量的机械装置里被动地在各个关节处转动。没有主动的肌肉收缩。在所有情况下感受到的最小位移量都令人惊讶地小,比除手指关节以外所有关节的单一角度都要小得多。这位作者说(第490页),这样的替代很难被眼睛察觉。施加转动肢体的力的具体位置对结果没有影响。比如,在运动进行中,支架装在足跟时

---

① 《关于力》(*Ueber den Kraftsinn*),《菲尔绍文库》,第 LXXVII 卷,134。
② 《(解剖学和)生理学文库》(1889),第 369、540 页。

对围绕髋关节的转动的感受与支架装在大腿时一样精细。感应电流引起的皮肤感觉缺失对这种知觉也无干扰作用，在皮肤上移动的力的各种程度的压力对它也没有影响。事实上，当人为的感觉缺失消除了相伴随的压力感受时，它就相应地变得更清晰了。然而，如果关节本身被人为弄成感觉缺失了，运动知觉就变得不清晰了，角位移必须要增强才能被感知到。在戈德沙伊德看来，所有这些事实都证明，关节表面，而且只有关节表面，才是让我们直接感知到肢体运动的印象的起点。

将这个结果（似乎是无懈可击的）应用于画图的指尖，我们看到，我们关于后者的知觉并没有支持肌内感觉理论。我们无疑是通过由关节得到的感觉来将指尖定位于它所经路线的相继点上的。但是人们可能会问，如果情况是这样，那为什么我们不是在关节自身里面，而是在这样一个完全不同的地方，感受到那个图形？为什么我们感到它比实际上要大得多？

我通过问另一个问题来回答这些问题：为什么我们要移动自己的关节？当然是为了获得某种比乏味的关节感受本身更有价值的东西。而这些更有趣的感受基本是在运动部分或者它经过的某个其他部分的皮肤上产生的，或者是在眼睛上产生的。我们用手指的移动来探索我们必须要应付的所有实在对象的外形，包括我们自己的身体以及外部的事物。所有对我们有趣的事物都不会定位在关节里；每一个对我们有趣的事物都或者是我们皮肤的某个部分，或者是某个我们在触摸它时看见的东西。在皮肤上感受到的和看到的广度因而就被看作我们自己关心的重要事物。每一次关节运动，即使我们既没有看到也没有在皮肤上感受到，对先前与那个运动的广度同时发生的皮肤事件和视觉的回忆,作为那个运动的意指而被观念性地唤起了,心放下了当下的标记而只去关注那个意指了。这样的关节感觉自身不会在这个过程中消失。少许注意就很容易察觉它,带着藏在更多提示之下的全部细微特性;所以心此时确实拥有两种形式一致但等级和位置不同的空间知觉,它可以单独注意其中的任何一个,或者同时注意这两个,——它感受到的关节位置和它意指的实在空间。

关节位置如此出色地起着标记作用,是因为它们能够与所有外部运动特性平行变异。没有任何一个实在世界的方向或者距离比例不能为关节转动的某个方向或广度所匹配。关节感受和所有感受一样是宽敞的。相互间比较出有不同方向差异的特殊关节感受,是在同一个广度内进行比较的。如果我在肩部将胳膊直着伸开,肩部关节的转动就会给我一种运动感受;如果随后我将胳膊向前扫,同一个关节又会给我另一种运动感受。这两个运动都被感受为发生在空间中,而在特殊的性质上有所不同。为什么这种性质的特殊性并不只是在于对一种独特方向的感受?[①] 为什么不同的关节感受不是关于很多不同方向运动的很多知觉?我们解释不出它们为什么应该,并不是推论出它们不是的根据,因为我们永远也不能解释为什么任何感觉器官应该唤起它所唤起的感觉。

但是如果关节感受是相互关联着的方向和广度,那么对于根据眼睛或皮肤来解释它们的意指而言,联想的任务就在很大程度

---

① 当然是其"最初意向"上的方向;我们到目前为止仅仅亲知的方向,也许除了它与片刻之前以相同方式经验到的另一个方向不同以外,关于它我们还一无所知!

上被简单化了。让某个关节的运动 bc,从其始终都能引起的皮肤感受中获得它的绝对空间值;那么,同一个关节更长的运动 abcd,就会被判断为有更大的空间值,虽然它可能从来都不曾完全与皮肤经验结合起来。方向上的差异也是这样:多少关节差异=多少皮肤差异;所以,更多的关节差异=更多的皮肤差异。事实上,关节感受能够很好地充当实在的一张缩小了比例的地图,这是想象力能够随意与以其他方式同时知道的这个或那个可感广延相等同的实在。

当关节感受自身获得了一种情绪上的兴趣时,——每当关节发炎疼痛时这种情况就会发生——次级提示就无法出现,运动就在它所在之处并以其内在的量的等级被感受到。[①]

在以其他方式(比如对于眼睛或皮肤)同时知道的空间中对关节感受进行的定位,通常被称为感受的引渡或者向外投射。关于这个问题我在前面的一章说了很多;但是我们现在必须更仔细地了解在这个情况下发生了什么。首先,关节感受的内容是一个对象,并且自身是一个位置。要将它定位,比如说定位在肘部,看见或者触摸到的肘部必须已经是心的另一个对象,关节感受所在的位置必须与这样知道的它的位置融合起来。所以,

---

① 在前面的讨论中,对于与视觉空间的联结我几乎还什么也没有说,因为我想要呈现一个盲人和有视力的人可以共有的过程。要注意的是,关节运动时提示给想象的和投射到指尖远处的空间,并没有被表象为任何特定的皮肤通道。有视力的人想象的是一条可见通路;而盲人想象的却是一个一般意象,是由许多其位置标记已经相互抵消,除了它们共同的广度以外什么也没有留下的皮肤空间而来的抽象。我们随后将会看到,在盲人以及有视力的人获得的知觉中,都存在大量由第一次被感受时与之相伴随的各种位置感受特性而对空间的量进行的一般抽象活动。

前者应当被感受为"在肘部",这就是它向另一个对象位置的"投射",和它在指尖或者一根杆子的末端被感受到的情况差不多。但是,在说"投射"时我们一般想到的是作为与这里相对照的那里。当我们说关节感受在那里时,这个这里是什么?这个"这里"似乎是心选择来作为自己的观察站的一个点,通常是头颅里面的某个位置,但有时是在喉咙或者胸腔里——不是严格固定的点,而是心可以从它的任何部分发出各种注意动作的一个区域。从这些区域中的任何一个进行引渡,是我们感知北极星、我们自己的声音、我们牙齿间的触碰、我们的指尖、地面上我们所持杆子的尖端,或者我们肘关节内部运动的所在之处的普通法则。

但是,要感受"这里"和"那里"之间的距离,介于其间的整个空间本身就必须是知觉的对象。对这段介于其间的空间的意识是关节感受向它的更远端投射的必要条件。在它为我们自己的身体组织所充实的时候(就如投射只能远至肘部或者指尖时的情况),对它的广度,我们通过眼睛、通过探索性的移动,以及通过充实着其长度的本地感觉而获得的感觉是相同的。当它超过了我们身体的界限时,本地感觉没有了,但是四肢、手和眼睛还是足以让我们了解它。比如,让我将来自肘关节的运动感受定位在我所持杆子离我的手有1码远处的尖部。或者我在摆动杆子时看见了这一码,我见到的它的终端承受了我的感觉,就像我看见的肘部会承受它一样,或者我看不见,我把那根杆子想象为延续了我的胳膊一个物体,这或者是因为我用另一只手探索过这只胳膊和杆子,或者因为我曾经在我的身体和腿的边上对它们施加过压力。如果我将关节感受投射得更远,我所借助的是对这个空间的一种概念性认识而不是对它的清晰想象。我想到:"更远""远三倍"等;并因而得到了关于我所指向的一条远处路径的象征性意象。①但是,无论怎么理解远处的那个点,关节感受之为远处那个点所"承受",都只是同时引起我们注意的不同感觉对象融合进了一个"事物"之中,这在第184页已经谈过了。

2. 对肌肉收缩的感受

在我们至此所做的解释中,通晓心理学文献的读者还没有看到对"肌肉感觉"的一般诉求。人们对这个词的使用极为模糊,用它来涵盖我们器官中的所有本地感觉,无论是运动的还是位置的,甚至还用它来指对大脑传出释放的感受。我们在后面将会看到否认这后一种感受存在的很好的理由。我们至少已经在很大程度上通过关节表面的感受性解释了四肢中的本地运动感受。在屈曲和伸展中被拉伸或压紧时,皮肤和韧带的感受也一定会被唤起。我倾向于认为,收缩肌肉的感觉本身在我们精确空间知识的建构中所起的作用,可能和我们的任何种类的感觉一样小。确实,肌肉起着十分重要的作用,但这是通过肌肉收缩在其他敏感部分所产生

---

① 心对一个感觉系统进行观念上的扩大决非罕见。视觉中就充满了这样的事情;在手工艺术中,在工匠得到的工具比他习惯使用的那个更大,他必须快速让自己的所有动作都适应它的大小的时候,或者当他在身体处于一种不自然位置的状态下不得不做出一组熟悉的动作时;在一位钢琴演奏者碰上按键异常宽或窄的琴时;当一个人不得不改变其手写字迹的大小时——我们都看到心是如何以一个常数来迅速而且似乎是一劳永逸地增加其整个系列的操作的,而此后就不必再烦扰自己去在细节上做进一步的调整了。

的远端作用,而不是通过唤起它们自己的本地感觉而实现的。换句话说,在通过它对表面的作用而让我们产生空间知觉这方面,肌肉收缩只是间接工具性的。在皮肤和视网膜处,它引起表面刺激物的运动;在关节处,它引起表面相互间的运动——这样的运动无疑是激发相关表面的最精细的方式。有人会想要怀疑,这样的肌肉感受性是否甚至是作为一种标记,即作为客观上看起来的收缩结果而与它始终联结在一起的更直接的几何图形知觉的标记,而起着一种从属的作用。

可以提出许多理由来支持这个看法。首先,像肌肉这样的器官会给与我们这样的感受,即在收缩时这些感受的变化与所经过的空间有任何的精确相称,这似乎前验地就是不大可能的。正如G. E. 米勒(G. E. Müller)所说,[①]它们的感觉神经必须在收缩持续期间或者是化学地或者通过机械的紧压而激发,而在这两种情况下,兴奋都不可能与四肢所落的位置相称。肌肉的化学状态更多地取决于先前的工作,而不是实际出现的收缩;而它的内部压力则更多地取决于做出的抵抗,而不是产生的缩短。内部肌肉感觉因此很可能只是大量紧张或疲劳的感觉,而并不带有对移动经过路径长度的准确辨别。

我们在经验上发现这种可能性为许多事实所确证。审慎的A. W. 福尔克曼(A. W. Volkman)观察到[②]:

> 肌肉感受给出了关于运动存在的相当好的证据,但却几

---

① 《弗吕格文库》,XLV. 65。
② 《光学领域内的研究》(莱比锡,1863),第188页。

第二十章 空间知觉

乎没有给出任何关于其广度或方向的直接信息。我们不知道旋后长肌比旋后短肌收缩的广度更大;不知道二回羽状肌纤维向相反的方向收缩,是肌肉感受本身给不出一点暗示的事实。肌肉感受属于向我们表明自己的内部状态,却不表明外部关系的那类一般感觉;它不属于空间感知的感觉。

E. H. 韦伯在《触觉》(E. H. Tastsinn)这篇文章中让人们注意这个事实,即像隔膜运动一样大而强的肌肉运动,在没有被我们感知为运动的情况下持续进行着。

G. H. 刘易斯也说了同样的话。我们将肌肉感觉看作空间中的运动,这是因为我们已经在想象中将它们与同时感受到的表面上的运动牢固地联系了起来。

> 每当我们呼吸时,都有肋骨和隔膜肌肉的收缩。由于我们看见胸部在扩张,所以我们知道它是一种运动,而且只能将它看作是运动。但是我们并没有看见隔膜本身,所以不具有这方面生理学知识的人谁也不会想到这个隔膜在运动。不仅如此,甚至当被生理学家告知每一次呼吸时膈膜都会运动时,每一个不曾看见过它向下运动的人都将它想象为向上的运动,因为胸部是向上运动的。①

我自己的一次亲身经历也很强地证实了这个观点。很多年来,我熟悉了打哈欠时喉咙里的一种大、圆和平滑的感觉,这是打哈欠所独有的感觉。但是虽然我时常对它有所好奇,它却从未向

---

① 《生命与心的问题》,问题 VI,第 4 章,第 45 节。

我的心提示过任何东西的运动。读者可能会从他自己的经验确切地知道我所指的是一种什么感受。直到一个学生告诉我,我才知道了它的客观原因。如果我们在打哈欠的时候向镜子里看,就会看到在有这个感受的那一刻悬垂着的腭部由于其内部肌肉的收缩而提了起来。这个感受是由这些肌肉的收缩和腭黏膜的压缩而引起的;我起初感到惊讶的是,它来自这么小的一个器官,却能显得如此之大。奇怪之处是在这里——一旦我通过眼睛知道了它的客观的空间意义,我就发现自己能够在心理上将它感受为在小舌位置的一个东西的向上运动了。当我现在有这种感受的时候,我的想象力向它注入了(可以这么说)提升着的小舌的意象;它也很容易和自然地承受了这个意象。总之,肌肉收缩给了我一种感觉,我在 40 年的时间里都解释不出它的运动意义,而看了两眼我就永久地掌握了这个意义。在我看来,肌肉收缩本身不必被直接感知为空间中那么大的运动这个事实,不需要再有任何进一步的证明了。

再来看看让眼球转动的肌肉收缩。许多作者认为对这种肌肉收缩的感受在我们的广度知觉中起着主要的作用。在这些作者看来,在两个事物之间看到的空间的意思,只是为将中央窝从第一个事物带到第二个事物所需的收缩的量。但是闭上眼睛注意这些收缩本身(甚至当它们仍然与在眼皮下转动的眼球的精细表面感觉结合在一起时),我们会惊讶地发现它们的空间意义显得有多么地模糊。闭上并转动眼睛,你无需采用精确的方法就能说出再次睁

第二十章 空间知觉 233

开眼睛时你最先看到的外部对象。① 而且,如果眼部肌肉收缩对于对所见广度的感觉的产生有很大作用,我们就应该会产生一种无踪迹可寻的自然错觉。由于在眼球转动至很偏的位置时肌肉中的感受会变得不相称地强烈,视野最边缘部分的所有位置都应该显得比实际离中心更远,因为如果这个感受的总量没有超出实际转动的量,中央窝就无法到达它们那里。② 当我们转向整个身体的肌

---

① 沃尔克曼,在前面引用的书中第 189 页。比较赫林说的,他在眼窝中转动闭着的眼睛时,不能让后像看上去移动,以及他的会聚感受对于距离感没什么意义[《生理学论文集》(*Beiträge zur Physiologie*),(1861—1862),第 31、141 页]。赫尔姆霍茨也承认会聚肌肉对于我们第三维度的感觉起的是非常微弱的作用(《视觉生理学》,649—659)。

② 比较利普斯,《心理学研究》(1885),第 18 页,以及在第 12 至 27 页给出的其他论证。支持眼球肌肉收缩是广度知觉的最初促成者似乎最可信的理由,是冯特在《生理心理学》,II. 第 96—100 页中提出来的。这些理由是从我们在判断线条和角度时常犯的一些错误中得出的;然而,所有这些错误都容许有不同的解释(我们会在后面看到其中的一些)。——就在我的 MS. 付印之时,明斯特贝格的《实验心理学论文集》第 2 期到了我的手中,书中记录了空间测量方面的一些实验,在这位作者看来,这些实验证明,肌肉紧张的感受是我们的广度视觉中的一个主要因素。由于明斯特贝格在一年半的时间里每天用三个小时对他的眼睛从不同位置看到的线条的长度进行比较;由于他仔细计算了 20,000 个观察的平均数和"百分比",我们必须带着极大的敬意来听取他的结论。简单地说他的结论是,"我们对大小的判断,取决于对我们看向远处时在眼球肌肉中产生,并且与对光的感觉融合在一起的运动感受强度的比较。"(第 142 页)作为这个结论的基础的事实,是明斯特贝格发现的取决于标准的或者给定的间隔是在要标出与它等同的那个间隔的右边还是左边,是在它的上面还是下面,或者是处于某种更复杂的关系中,而犯的一些常见错误。他承认,他无法逐一解释所有的错误,而我们"面对着看上去出人意料而且无法解释的结果,因为我们不能对进入我们获得的复杂感觉之中的元素做出分析。"但是他无疑还是解释了这个一般事实,"即眼睛的运动和关于其位置的感觉在固定不变时,会对我们对所见空间的判断产生决定性的影响,以至这些错误只能通过运动感受及其在记忆中的再现来解释。"(第 166、167 页)如果你不曾有过一个人的经验就去怀疑他的观点,这是自以为是了;然而有几个地方还是让我感到想要搁置对明斯特贝格陈述的判断。比如,他发现了低估右边间隔和高估左边间隔的恒常倾向。他独创性地将这种情况解释为阅读习惯的结果,阅读的训练让我们很容易将眼睛沿直线从左向右移动,而在从右向左看时,我们在纸页上则是沿曲线

肉时,我们会发现同样的模糊性。戈德沙伊德发现,能感受到的一个肢体围绕关节所做的最小转动,在这个运动是"主动的"或者是由肌肉收缩产生的时,并不比它是"被动"施加的时候更小。① 当关节(只是关节!)因为感应电流刺激而变得感觉缺失时,对主动运动的意识就会变得很迟钝,收缩的感受就完全不能用来对广度作精细的辨别了。从详尽得我无法逐一引述的一些其他结果中,戈德沙伊德清楚地看到它没有被用来作粗糙的辨别。② 他的总的结论是,我们只在关节表面感受到运动,而肌肉收缩很可能根本不能引起这种知觉。③

我的结论是,"肌肉感觉"必须落回到查尔斯·贝尔(Charles Bell)

移动眼睛的。在我们测量作为直线的间隔时,从右向左测量比反过来测量要付出更多的肌肉努力,因而左边的间隔在我们看来就比它实际所是的更长。与明斯特贝格相比,我阅读的年份更长;然而在我这里却有一种明显的相反错误。向右的间隔对我来说显得比它实际所是的更长。而且,明斯特贝格戴着凹面镜,头部固定不动地透过眼镜看出去。一些错误难道不会是由于眼睛不再从镜片的中心而是从它的边缘看出去时,网膜像发生的变形吗?总之,有了反对肌肉收缩被明确感受为长度的所有设想,我认为,可能有一些对明斯特贝格结果的解释甚至连他的睿智都没有捕捉到;我提出悬搁判断,直到它们得到了其他观察者的证实。我自己并不怀疑我们对所见广度的感受可以为相伴随的肌肉感受所改变。我们在第 17 章(第 28—30 页)看到了许多一个神经过程的感觉效果为另一个神经过程所改变、干扰和提高的例子。我不知道为什么与视网膜印象同时进来的来自肌肉或者眼皮的神经流,不能以更大强度视网膜刺激使它显得更大的同样的方式;或者以兴奋表面的更大广度使得那个表面的颜色显得更强烈的方式,或者如果它是皮肤表面,使得它的热度显得更高的方式;或者以前额上的一美元的寒凉(在韦伯过去的实验里)使得那张美元显得更重的方式,使视网膜印象显得更大。但这是生理学的方式;而所获得的广度毕竟是网膜像的方式。如果我理解了明斯特贝格的意思,事情完全不是这样:广度属于肌肉感受本身,而且只与视网膜感受相联结。这是我所否认的。

① 《(解剖学和)生理学文库》(1889),第 542 页。
② 同上,第 496 页。
③ 同上,第 497 页。戈德沙伊德认为,我们的肌肉甚至不能让我们产生抵抗的感受,这种感受也是由关节表面产生的;而重量感受则产生自筋腱。同上,第 541 页。

由以将它提升起来的那个低微位置,并且在心理学中不再被看作是人们在这么长的时间里所"称颂"的空间知觉的最主要器官。

在更细致地研究为眼睛所捕捉的空间之前,我们必须转而看一看对盲人了解的空间我们能够发现些什么。但是在做这件事的时候,让我们看一眼前面几页的那些结果,并且再一次问自己,从原始的支离破碎中建构起有序的空间知觉,除了表现在普通理智运作中的心理能力以外,是否还需要任何心理能力。我认为很显然——如果承认空间感受质存在于原始感觉之中——辨别、联想、相加、增殖和分割、混合进类的意象、相似者的替换、选择性的强调,以及从无趣的细节转开,完全能给予我们到目前为止研究过的所有空间知觉,而无需任何神秘的"心理化学"或者"综合"能力来创造原始感受材料里没有的元素。面对神秘的尝试(无论是如何获悉的),无论怎么强烈地主张下述观点都不过分,这个观点就是,实在空间中没有一个界标、一个长度、一只圆规的尖部,不是我们的某个感受(或者作为一种呈现而直接经验到,或者为曾经充当其标记的另一个感受而观念性地提示出来)。在将某些感觉降低至标记的等级,将另外一些感觉提升至所表示实在的等级时,我们抚平了最初的混乱印象的皱纹,并让许多曾经相当不连贯的东西有了连续的次序。但是这个次序的内容仍然与那许多东西的内容完全相同——二者都完全是感觉的。

盲人如何感知空间

盲人对实在空间的建构与有视力者的最明显不同,是综合在其中起着更大的作用，而分析则居于次要的地位。有视力的婴儿的眼睛同时将整个房间都接收进来，他必须已经有了辨别注意的能力，才能在视觉上辨认出单个的对象。相反，盲人儿童则必须通过将他相继知道的部分一点一点地相加起来才能形成他对这个房间的心理意象。我们用双眼能够即刻大范围地鸟瞰一道风景，而盲人则注定要在也许是几个星期的探索之后才能一点一点地将它建构起来。然而，对于超过了我们视觉范围的空间来说，我们就恰恰处于盲人的困境。我们通过在心理上将每次在海上得到的印象添加起来，来在整体上思考海洋。纽约和旧金山之间的距离是在很多天的旅程中计算出来的；从地球到太阳的距离是地球直径的那么多倍等等；而对于更长的距离，我们可以说是没有任何充分的心理意象，而只有用数字表示的语词符号。

但是这样的符号常常让我们产生出知觉的情绪效果。诸如天的深不可测的天穹、海洋的无限浩瀚等等这样的表达，就是想象中许多计算的概述，并产生了对广阔范围的感觉。在盲人那里情况似乎也是这样。他们在心理上将清楚感受到的运动自由的量添加起来，获得了对一种更大自由的直接感觉。所以盲人始终拥有对其所处范围的意识。他们都享受旅行，特别是有一个能向他们描述所遇物体的人陪伴的旅行。他们在大草原感受巨大的开放性；在山谷感受封闭；而且有一个人曾经告诉我，他认为有视力的人中很少有人比他更享受山顶的景象。盲人在进入一所房子或一个房间时，马上能通过他的声音和脚步的回响，获得关于房子或房间大小的印象，并且在一定程度上感知到它里面的布置。在第140页的前面提到过的鼓膜感觉对这里的讨论有所帮助，也许还有我们尚未理解的其他形式的触觉感受性。W. 汉克斯·利维（W. Hanks Levy）先生，《失明与盲人》（*Blindness and the Blind*）（伦敦）一书的盲人作者，对他的知觉能力做了如下描述：

> 不管是在房子里还是在户外，不管是行走还是站立不动，在面对一个物体时，虽然完全看不见，我还是能知道，而且能感知出它是高还是矮，是纤细还是粗大。我也能察觉它是单个的物体还是延续的篱笆；是封闭的篱笆，还是由开放的围栏构成的篱笆；通常还能察觉出它是木质篱笆，还是砖墙或石墙，或是速装篱笆。如果物体比我的肩部低很多，我通常就无法感知它们，但有的时候又能察觉到非常低的物体。这可能取决于物体的性质，或者环境中的某种反常状态。空气的流动与这种能力没有关系，因为风的状态对它没有直接的影响；听觉与它也没有关系，因为当地面的雪很厚时，尽管听不到脚步声，物体却更清楚。我好像是通过脸部的皮肤来感知物体，并立刻把印象传送给大脑的。我身体上唯一拥有这个能力的部分是我的脸；我通过恰当的实验确认了这一点。塞住耳朵对它没有影响，但是用一块厚布盖住脸就会完全毁掉这种能力。五个感官都与这个能力的存在没有任何关系，而上面所说的情况使得我要用"面部知觉"（facial perception）这个名称来称呼这个我们尚未认识的感官了。……在走过一条街时，我能将店铺和私人房屋区分开来，甚至还能指出门和窗户等等的位置，而无论门是关着还是开着。上面只有一整块大玻璃的窗户比有许多小窗格的窗户更难发现。这似乎表明，玻璃不是好的感觉导体，至少是特别与这种感官相联系的感觉。当感知面部以下的物体时，感觉

就好像是沿着从物体到脸的上部的斜线进来的。与一个朋友在斯特拉特福的森林路散步时，我指着将道路和田野分隔开来的栅栏说，"这些栏杆的高度不到我的肩膀。"他看向栏杆，然后说它们要更高些。然而，我们测量了，发现它们比我的肩膀低了大约3英寸。在做出这一观察时，我离栏杆大约有4英尺远。在这个例子中，面部知觉确实比视觉更精确。如果栅栏的下半部分是砖砌的，上半部分是栏杆，我也能察觉这个事实，而且很容易就能感知到两个部分相接的那条线。我还能发现高度上不规则的地方，以及墙上的突出和凹进之处。

根据利维先生的说法，雾会降低这种用脸看的能力，普通的黑暗却不会。他曾经能够察觉云朵模糊了地平线，现在他失去了这个能力，而他知道有几个全盲的人拥有这个能力。水气的这些效果直接向我们提示，物体发出的热量的涨落可能是知觉的源泉。一位盲人绅士基尔拍恩（Kilburne）先生，南波士顿帕金斯学院的讲师，在不同寻常的程度上拥有这里所说的能力，但脸部却并没有比普通人更精细的温度感觉。他自己推测他的耳朵与这种能力没有任何关系，直到有一次完全阻塞了耳朵（不仅用棉花而且用腻子盖在上面），彻底废止了那种知觉，才证明他最初的印象是错的。许多盲人会直接说他们的耳朵是与这种能力相关的。

声音在盲人的心理生活中所起的作用肯定比在我们自己这里要重要得多。在乡村散步时，声音的远近变化是他们的主要乐趣。而在很大程度上他们对距离和对物体从远处的一个位置移动到另一个位置的想象，似乎就在于考虑某个洪亮的声音会如何由于位置的变化而发生改变。无疑，在盲人那里和在我们这里一样，半规

第二十章 空间知觉

管感受在确定圆规尖和远处位置的方向上起着很大的作用。我们由这种感受而开始朝向它们；然后很多的方向,很多的不同感受就开始了。①

带来理论困难的只有一点,就是那个方向在开始以后向空间里的延长。我们在10页之前看到,要发生超出皮肤之外的引渡,相关的皮肤部分和超出皮肤的空间必须对某个其他感觉表面构成一个共同对象。对于我们大多数人来说,眼睛就是这个感觉表面；对于盲人,它只能是有或没有运动相伴随的皮肤的其他部分。但是手单纯地在每一个方向上摸索,最后一定会让身体为一个感受到的空间范围所包围。而且这个范围一定会随着每一次的位移运动而增大,这些运动由伴随它们的半规管感受和由于它们而变得可及的越来越远的大的固定物体(如床、护墙板或者篱笆),而获得空间值。人们会认为,通过这么多相继的分离动作而获得的空间知识,总是会保留下某种拼接的以及可以说是颗粒样的特性。当我们有视力的人想到一个太大以至不能进入单一视野的空间时,我们往往会把它想象成复合的,到处都是突然的停止和开始(比如,想一想从这里到旧金山的空间),或者我们象征性地缩小它的尺度,想象在地图上这个间隔看上去比我们熟悉其整体的其他间隔大得有多么多。

在询问过许多盲人以后,我倾向于相信,他们对想象中缩小了尺度地图的使用不如我们其他人频繁。很可能事物视觉上大小

---

① "虽然人们对一个人保留下来的记忆,都以由他的形象、身高、步态构成的某种外表形式为中心,而在盲人那里,所有这些记忆都来自于某种完全不同的东西,即那个人说话的声音。"(杜南,《哲学评论》,XXV.357)

的极大可变性使得这个习惯对于我们来说变得很自然,而触觉大小的固定性则使他们难以形成这个习惯。(当向那位由弗朗兹医生做了手术的年轻盲人出示项链下金属小盒里的一张肖像时,他对可以把人脸放进这么小的东西里感到非常惊讶:他说,在他看来这就像把一蒲式耳放进一品脱里一样不可能。)然而,尽管如此,每个盲人感受得到延伸到他身体之外的空间,都是被感受为平滑的连续统一体的——所有肌肉方面开始和停止的痕迹以及构成其形成过程的逆转,都从记忆中消除了。换句话说,它就像是所有这些经验所共有的空间元素的一般意象,那些不重要的特性都被略去了。事实上,开始或者停止可能会发生在这个空间里的什么地方,是十分偶然的。它也许再也不会恰恰发生在那里,所以注意就让将它完全放下了。甚至像步行几英里走过的那么长的空间,也不一定会假借一系列运动动作而呈现在盲人的思想中。只有在明显存在某种运动困难的情况下,如上台阶、困难地过马路或者道路消失了,清楚的运动意象才构成了这样的观念。在其他情况下,空间似乎就是连续的,而且它的部分甚至像是全部并存的;尽管就像一位非常有智慧的盲人朋友曾经对我说的,"思考这样的距离,盲人比有视力的人可能要涉及更多的心理劳作和大脑损耗。"这似乎是指盲人观念中更显著的相继增添和建构的要素。

我们自己的视觉探索是通过眼球数不清的停止和开始而进行的。然而在我们视觉想象的最后空间范围中,这些都被抹去了。它们相互抵消了。我们甚至可以同时注意右边和左边,并且将这两个空间区域看作是并存的。从盲人的触觉空间范围中消除运动干扰,会引起任何更大的悖论吗?当然不会。而且注意到这一点很奇怪,即在他那里和在我们这里,都存在一种往往会顽固地将自

第二十章 空间知觉

己坚持到最后的特殊运动感受。出于太明显以至无需列举的原因,我们和他一样都自发地将空间想象为在我们的前面。如果我们想到处于我们后面的空间,我们通常就必须要在心理上转身,而在这样做的时候前面的空间就消失了。但是在这一点上以及在我们一直在谈论的其他事情上,个体之间有很大的差异。有些人在想象一个房间时能同时想到它的6个面。而其他人则要在心理上转身,或者至少要用几个相继和相互独立的动作来想象这个房间(参见前面第54页)。

威廉·汉密尔顿先生和其后的 J.S. 密尔,曾经赞许地引述了普拉特纳(Platner)(一位18世纪的哲学家)关于盲人空间知觉的看法。普拉特纳说:

> 对一位先天性盲人的留心观察……让我确信,触觉本身完全无法为我们提供广延和空间的表象。……事实上,对于那些生来就失明的人来说,起作用的是时间,而不是空间。在他们的嘴里,接近和远离的意思只是为从一个感受到另一个感受所必需的较短或者较长的时间……。

如果没有杜南(Dunan)发表在1888年《哲学评论》上的非凡文章《论触觉和视觉空间》(*Essay on Tactile and Visual Space*),在自己对盲人做过观察之后,我很难将这看作只是一种适合与认为颜色在最初被看到时没有广度那个信念配成一对的偏执看法。这位作者引证了[1]三位非常有资格的证人,全部是服务于盲人的

---

[1] 第25卷,第357—358页。

机构的职员[文中没有说他们中间不止一人自己就是盲人]。他们说盲人只活在时间中。杜南自己并不完全相信这一点,但是他坚持认为,盲人和有视力者的空间表象绝无共同之处,我们被他们中的那么多人只是半盲并仍然用视觉语言来思维这个事实,以及他们全都像我们自己一样用视觉语言说话这个进一步的事实所欺骗,以为他们所说的空间的意思与我们的意思是相似的。但是考察杜南提出的理由,我们会发现,这些理由都是以下面这个没有根据的逻辑假定为基础的,这就是我们由眼睛得到的对几何形状的知觉,和盲人由手指得到的对几何形状的知觉,一定或者完全一样或者完全不同。它们不可能是有差异的相似,"因为它们是简单观念,必定会同时进入心中或者从心中离开,所以一个人一旦拥有一个简单观念,就是在其全部的完备性上拥有它。……因此,由于盲人不可能拥有与我们有视力者完全相同形式的观念,由此可以推出他们的观念完全与我们自己的观念不同,而且也完全不能还原为后者"①。随后杜南很容易就找到了一位仍然对弥散光保留有粗略感觉的盲人,在被问到的时候他会说这个光没有广度。然而,在进一步询问的时候,"没有广度"似乎仅仅是指没有包裹着任何特殊的触觉对象,也没有位于它们的轮廓之内;所以(把表达上可以有的差异也考虑进去)这个结果与我们自己的观点完全一致。对弥散光相对迟钝的视网膜感觉,在操控不同的物体时不发生变化,自然会让物体显得是松散的。如果"广度"这个词习惯上用来指触觉的广度,那么人们自然就会否认不带任何触觉联想项的这

---

① 第135页。

个感觉没有"广度"。然而在拥有大小的性质这方面,它始终与触觉感觉是相类似的。当然,它没有其他的触觉性质,正如触觉对象除了大小以外没有其他的视觉性质一样。各个感受性的领域之间有各种相似之处。为什么在大多数的语言中"甜美"和"柔软"都在同义上使用?为什么这两个形容词适用于这么多种类感觉的对象?其他的例子有粗糙刺耳的声音、刺鼻的气味、强烈的光线、寒冷的颜色。我们不能从这些相似之处中推出,相比较的感觉必须是混合的,并且其中的一些部分是相同的。我们在第十三章看到,相同和差异是一种基本关系,不能在每一种情况下都被解析为完全同一和完全异质的内容的混合(参见第一卷,第 492—493 页)。

因此我的结论是,虽然在较为表面的规定方面,盲人的空间与我们的空间非常不同,然而在这二者之间却有着深层的相似之处。"大"和"小","远"和"近",在我们双方这里是相同的意识内容。但是他与我们对大小和远近的测量是很不相同的。比如,他不知道我们说物体在移开时显得更小的意思是什么,因为他必须始终认为它们有着不变的触觉上的大小。无论这两种广延有什么相似之处,我们都不应该期待初次获得视觉的盲人能够用他们熟悉的触觉名称辨识出新的视觉对象。莫利纽克斯(Molyneux)对洛克写道:

> 设想一个生来就看不见的人长大成人了,并且用触觉学会了区分立方体和球体,……在感受了一个和另一个的时候,能够说出哪个是立方体,哪个是球体。设想将立方体和球体放在桌子上,让那个盲人去看;请问,此时在触摸它们之前,他能否通过视觉区分开并且说出哪个是球体,哪个是立方

体呢？

这就是文献中的"莫利纽克斯疑问"。莫利纽克斯的回答是"不能"。而洛克说：①

> 我同意这位我骄傲地称为朋友的有想法绅士的看法，盲人在最初看到对象的时候，不能说出哪个是球体，哪个是立方体；虽然他能通过触觉正确地叫出它们的名字，并能通过手指感受的不同而将它们确定地区分开来。

这个观点不乏实验的确证。自切塞尔登的病例以后，做过先天性白内障手术的病人最初叫不出他们所见事物的名字。切塞尔登的病人在捉住那只猫，凝视它，然后放下它之后说，"那么，小猫，我下次就认识你了。"有一些这方面的无能无疑是由于面临新经验时的一般性心理混乱，以及刚刚摘除了眼球晶状体的眼睛所处的对知觉极度不利的条件而产生的。视网膜感觉和触觉感觉之间内在性质的相似之处超出了单纯的广延性这一点，已经得到了一些病例的证明。在这些病例中，病人都有极强的理解力，就像在由弗朗兹医生做过手术的那位年轻人那里的情况一样。这位年轻人第一眼就认出了圆形、三角形和四边形。②

---

① 《人类理解论》，第 2 卷，第 9 章，第 8 节。
② 《哲学学报》(1841)。在 T. K. 阿博特的《视觉与触觉》中，有关于这些病例的很好的讨论。显然，肯定的病例比否定的病例更重要。洛桑的迪富尔医生(《先天盲人的复原》(Guérison d'un Aveugle-Né)(1876)，记述过一个痴呆农民诺埃 M. 的病例，纳维尔(Naville)和杜南对这个病例做了大量的解释；但是在我看来它只是表明一些人处理其他人很快就能应付自如的新经验的能力是多么的小。这个人甚至说不出他的一些最初的视觉对象是移动了还是静止不动(第 9 页)。

视觉空间

到了细致分析视知觉的条件时,那些使得心理学家们诉诸新的准神秘主义心理能力的困难才出现了。但是我坚定地相信,甚至在这里,精确的研究也会带来与到目前为止所研究的情况相同的判决。这个主题将结束对事实的考察;如果它给出的是我预测的结果,我们就将处于最有利的位置,可以在最后几页做一番批评性的历史回顾了。

如果问一个普通人他是如何能够看到事物的实际样子的,他会简单地回答说,睁开眼睛来看。然而,这个朴实的回答对于科学来说早已是不可能的事情了。关于我们在看上去相同的视觉条件下感知的是什么,存在着各种悖论和不规则性,这直接提出了问题。现在不去说为什么我们通过颠倒的网膜像看到的是直立的事物,以及为什么我们看到的不是双重事物这个由来已久的难题;也将颜色对比的整个领域作为与空间问题没有直接关系的事情放到一边,——确定无疑的是,相同的网膜像在不同的时间能让我们看见完全不同大小和不同形状的对象,同样确定无疑的还有,相同的眼睛运动在其知觉意义方面也不一样。如果知觉动作能够完全和简单地得到领会,为每一个关于大小、形状和位置的清晰判断确定一个清楚的视觉改变作为其发生的原因,就应该是可能的。而这二者之间的联系应当是如此的恒常,以至有了相同的改变,我们就总是能够做出相同的判断。但是如果认真研究这些事实,我们很快就会发现,在判断和视网膜改变之间,或者判断和肌肉改变之间，都不存在这样的恒常联系。判断似乎产生自视网膜、肌肉和理智因素的相互结合；而其中任何一个因素都可能偶尔会以能让这个问题不受任何简单法则统辖的方式压倒其他因素。

如果略掉笛卡尔，那么对这个问题的科学研究就开始于贝克莱，而他在其《新视觉论》(New Theory of Vision)中分析的那种特殊知觉就是距离或者深度知觉。从这样一个物理假定开始，即一个点的距离的不同对其网膜像的性质没有影响，因为"距离是一条朝向眼睛的纵向的线，它只投射一个点在眼睛上——无论距离是远还是近，这个点都始终是相同的，"他得出结论说，距离不可能是视感觉，而一定是来自某个非视觉经验"习惯"的理智"提示"。在贝克莱看来，这个经验是触觉的。他对这个问题的整个论述都极为模糊，——作为一个新领域的开创者，这不是他的耻辱——但是由于它就带着这样的模糊性得到了在他之后几乎所有英国心理学家的采纳和热情拥抱，我们最好还是从拒绝它关于深度不可能通过纯视觉感受被感知的观点开始我们的视觉研究。

第三个维度

贝克莱观点的主张者们一致认为，所有的视网膜感觉原初都不可能是关于体积的；如果它是关于广延的（他们很少有意承认这一点），它也只能是关于二维而非三维的广延。在这一章的开始我们否定了这个观点，并举出了事实表明所有感觉对象都是有三维体积的（参见第136页及以下诸页）。我们不可能仰面躺在小山上，让那空而深不可测的蓝充满我们全部的视野，并越来越深地沉入对它的纯感觉的意识状态，而没有感受到一种不确定的、抖动并旋转着的深度,像其宽度一样是它的一个不可或缺的属性。我们可以人为地增大这个深度感觉。站起来,从山顶看远处的景象;尽可能鲜明地向你自己表象最远端地平线的距离;然后把头倒置过来看同样的东西。物体的远近关系会有令人吃惊的增加,最远的距离会发生明显可以感觉到的后退;而在你抬起头的时候,你又能真实地看到地平线变近了。①

注意,关于对这个深度或距离的"真实的"量的判断,我还什么都没有说。我只想确证它作为其他两个视觉维度的自然和必然的视觉同伴的存在。视野始终是一个体积单位。无论人们认为它的绝对和"真实"的大小是什么,其不同维度的相对大小是互为函数的。确实,最经常发生的情况可能是,宽度和高度感受通过深度感受而得到绝对的测量。如果我们将头伸进洗脸盆,感受到的盆底部的接近让我们觉得侧面的部分很小。相反,如果我们在山顶上,地平线的距离在我们的判断中就会带有与将它带入我们视野的山

---

① 很难发现与这种深度感觉的增加相联系的生理过程是什么。它似乎与受影响的视网膜部分没有任何关系,因为仅仅将图像倒转过来(用镜子、三棱镜片等等),而不倒转头部,它似乎就不会出现;也与能通过加大两个网膜像的差异而增加物体远近关系的眼睛共鸣性轴向旋转(sympathetic axial rotation)没有关系(见 J. J. 米勒,"旋转与深度"(Raddrehung u. Tiefendimension),《莱比锡科学院报告》(1875),第 124 页——因为一只眼睛的人能和两只眼睛的人一样强地得到它。我没有发现它与瞳孔中的任何改变,或者与和身体肌肉相一致的眼部肌肉的任何能确定的紧张有任何关系。在看的时候,向后仰头收缩外直肌比向前弯曲收缩内直肌距离的增加甚至更大。用弱的三棱镜片让眼睛轻微地分开不会产生这样的效果。对于我以及所有在我的要求下重复这项观察的人来说,结果都很明显,以至我不太理解像曾经仔细研究过倒转头部的视觉的赫尔姆霍茨这样的观察者怎么会忽略了它。(见他的《生理光学》,第 433、723、728、772 页)我不禁认为,任何能够对这种情况下的深度感觉的增加做出解释的人,都会同时对其正常的构造带来更多的理解。

脉相称的高度和长度。但是如前所述,现在我们先不要考虑绝对大小这个问题,——它将会在后面得到透彻的研究。让我们将自己限制在所见三个维度的值相互间相对确定下来的方式上。

在其《人类心灵研究》(Inqiry into the Human Mind)中,里德写了"论可见物的几何学"(Of the Geometry of Visibles)一节。在其中他设想要弄清"伊多曼尼安斯"这个民族缩减至单一视觉的知觉会是什么样的。他同意贝克莱的观点,认为单独的视觉不能提供关于第三维度的知识。他幽默地推论出在他们对眼前出现的材料所进行的解释中存在的各种精巧的荒谬之处。

相反,我现在坚定地相信,如果里德的一个伊多曼尼安斯人拥有我们的理智能力,他就会形成和我们完全一样的关于外部世界的概念性认识。[①] 甚至如果他的眼球是固定的,不能像我们的眼睛那样转动,这也只会减慢而不是破坏他的训练。因为同一个对象通过向侧面的移动将视网膜的不同部分轮流覆盖住,就能确定视野前两个维度的相互等同;而通过在不同程度上激发起深度知觉的生理原因,就能建立起前两个维度和第三个维度之间等同的级别。

首先,根据在第178和179页提出的原则,对象引起的感觉中的一个,会被选择来代表它的"真实"大小和形状。一个感觉测量

---

① "在弗罗里普(Froriep)的《笔记》(Notizen)(1838,7月)第133期上,可以找到带有插图的关于一个出生时既没有胳膊也没有腿的14岁爱沙尼亚女孩伊娃·劳克(Eva Lauk)的详细叙述。这篇文章是以下面的话结束的:'据她母亲说,她的智力发展得和她的兄弟姐妹们一样快;特别是,虽然不能使用手,她却能同样快地做出关于可见物体大小和距离的正确判断。'[叔本华,《作为意志的世界》(Welt als Wille),II. 44.]"

第二十章　空间知觉　　　　　　　　　　　　　　　　　249

呈现出来的"事物",而那个"事物"又测量其他的感觉。视网膜的外周部分通过接收同一个对象的视象而与中心部分相等同。如果对象的距离或者正面不发生变化,这就不需要解释。但是设想一种更复杂的情况,对象是一根棍子,先是看到它整个的长度,然后让它围绕着自己的一个终端旋转;让靠近眼睛的一端为这个固定的终端。这根棍子的视象在这个运动中会变得越来越短;它较远的一端与它固定近端在一侧的距离会显得越来越小;很快就会被近的一端遮蔽,然后又在相反的一侧再次出现,最后在那一侧恢复其原来的长度。设想这个运动成为了一种熟悉的经验;心可能会按照其通常的方式(这就是将它有可能统一起来的所有材料都统一起来)对它做出反应,并且将它看作是一个恒定对象的运动,而非起伏不定的对象的变化。那么,它在这个经验中得到的深度感觉就更多地为对象的远端而非近端唤起的。但是,多深的深度呢?拿什么来测量它的量呢?在远端就要被遮蔽的那一刻,为什么它的距离和近端距离之间的差异一定会被判断为是与那根棍子的整个长度相等的;而那个长度已经被判断为是与某个视觉上的宽度感觉相等的了。因此我们发现,特定量的视觉深度感受变成了固定量的视觉宽度感受的标记。正如贝克莱正确地指出的,距离的测量是提示和经验的结果。但是仅只视觉经验就足以产生它,而他错误地否定了这一点。

设想在阅兵式上一位陆军上校站在队列的前面,设想他垂直走向这一行最中间的那个人。在他行进着并且向两个方向察看这一行时,他越来越多地扫视它,越来越少地直视它,直到与最中间的人并列时,他感受到末端的那两个人是最远的;然后当那一行几乎不能在他的视网膜上投下任何侧面的视象时,他会判断末端的两个人是处在什么距离呢?为什么当然是他最初所见的那个队列长度的一半;但是片刻之前这个长度是在他眼前向两侧伸展出去的视网膜对象。此时他只是将视网膜深度感受与视网膜宽度感受相等同了。如果移动的是这个队列,而这位上校站着不动,结果也是一样的。以这样的方式,只长了眼睛的动物也几乎不会测量不出他所居之处的三个维度。我认为,我们自己虽然可能经常通过运动器官"了解"距离(贝克莱就说我们一定始终是这样),但是我们通过视网膜地图来做这件事情的时候也并不比那更少,而且这种方式总是更具有自发性。否则,那三个视觉维度就不可能被我们感受为是同质的,也不会被我们感受为是相互可以公度的。

让我们承认距离至少是和高度或广度一样的真正视觉的意识内容。那个问题立刻就又回来了:我们能够在任何严格的意义上说它们中的任何一个是视感觉吗?我们一直主张对这个问题的肯定回答,但是现在我们必须要来应对比至此困扰过我们的任何困难都更大的困难了。

赫尔姆霍茨和里德论感觉

如我们已经在第十七章看到的,感觉是紧跟在感觉通道刺激之后的心理感情。在它之前的东西完全是物理的,其间没有心理链环,没有记忆、推论或者联想活动。相应地,如果我们设想感官中的神经过程和有意识的感情之间的联结本性上是不变的,那么相同的过程就应该总是引起相同的感觉;相反,如果像是感觉的一个东西变化了,而感官中的过程却没有改变,原因可能就是它实际上并不是感觉,而是一个更高级的心理产物,它的变化依赖于发生在高级大脑中枢系统中的事件。

视野的大小在三个维度上都会发生极大的变化,而我们无法带有任何确定性地指定这种变化所依赖的视觉通道中的过程。我们刚刚看到,在向下翻转头部会产生增大的情况中,我们是如何不可能这样指定的。总之,对深度或距离的最大感受似乎在确定整个视野的显见大小中起着主要的作用,其他两个维度跟随其后。使用先前的一个例子,如果我近距离地看进洗脸盆里,视野的侧面广度与其接近性成比例地缩小了。如果我从山上看,所见事物的高度和宽度之长是与地平线之远成比例的。但是,如果我们问是眼睛中的什么变化决定了这个对深度或者距离(这无疑被感受为一种不变的广度)的最大感受有多大,我们会发现自己无法指向这些变化中的任何一个作为其绝对固定的伴随物。会聚、调节、双重和不同的视象、运动头部时视差移位中的差异、色彩的微弱、轮廓的模糊,以及能叫得出和认识对象的网膜像之小,都是与对"远"和"近"的知觉有某种关系的过程;但是它们中的任何一个某一时刻在决定这个知觉中所起的作用,在另一时刻也许就会被对象中某个其他感觉性质的出现而倒转过来,这个感觉性质显然通过让我们想起过去的经验,而使我们判断它在不同的距离,有不同的形状。如果我们将一个纸板面具的里面画得和外面一样,用一只眼睛看它,调整和视差的感受仍在那里,但我们却无法将它看成像它本来那样是中空的。我们关于人脸始终是凸起的这个事实的心理知识压倒了这些感受,我们直接感知到鼻子比脸颊离我们更近,而不是更远。

类似的实验(对此我们将很快做更细致的讨论)证明,其他关于远近的器官标志也有同样的意义变化。每当并行的情境支持这样一个强的理智信念,即呈现在眼前的对象是不可能的——不可能是我们感知其所是的东西,也不可能在我们感知其所在的地方,它们就失去了全部的价值。

疑问立刻就出现了:由于它们可以这么容易就因为理智的提示而被抵消或颠覆,对眼睛里的这些过程的感受有任何可能是直接的距离感觉吗?由于我们无视它们而看到的距离是由过去经验所得的结论,我们不该设想,我们通过它们看到的距离也是这样的结论吗?简单地说,我们不该毫不犹豫地说,距离一定是理智的而非感觉的意识内容吗?不该说每一个这样的眼睛感受都只是唤起这个内容的信号,而我们理智是这样构成的,有时它更容易注意一个信号,而有时又更容易注意另一个?

里德在很久前(《研究》,C. VI. 第17节)说过:

> 这可以被看作是一条一般规则,即由习惯产生的事情可以通过停止那个习惯或者通过相反的习惯来取消或改变。另一方面,这是一个有力的论证,即如果相反的习惯既不能改变也不能弱化一个结果,这个结果就不是产生自习惯,而是产生自自然的构造。

更简短地说,可以丢弃的看事物的方式可能是习得的,而只有不能丢弃的东西才是本能的。

这好像就是赫尔姆霍茨的看法,因为他用强调的字体认可了里德的准则:

第二十章 空间知觉

我们的知觉中不可能存在为确实来自经验的因素所克服或反转的感觉元素。任何能够被经验的提示所克服的东西，都必须被看作其自身就是经验和习惯的产物。如果我们遵循这个规则，似乎就只有性质（qualities）是感觉的，而几乎所有的空间属性都是习惯和经验的结果。①

赫尔姆霍茨的这个段落获得了一种在我看来几乎是令人遗憾的声誉。读者可以看看它的很基本的意义。出于我们自己刚才考虑过的理由，他不仅确实否定了距离是一种视感觉；而且通过将这同一种谈论方式扩展到对大小、形状和方向的判断上，发现眼睛里面的视网膜或者肌肉过程没有一个是与这些中的任何一个牢固地联系着，他说所有视空间知觉都一定有理智的来源，一定有任何视觉感受性的成分都无法解释的内容。②

由于冯特等人同意赫尔姆霍茨的看法，还由于他们的结论（如果是真的）是与所有我至此一直在讲授的感觉主义不相容的，显然现在要转由我来针对这种新的攻击辩护我的立场了。但是由于关于空间的这一章已经有了太多的插曲和细节，我认为最好是将对其一般原则的反驳留到下一章，在这里只假定它是站不住脚的。这当然看上去有些目中无人；但是如果读者能容忍我不太多的页

---

① 《生理光学》，第438页。赫尔姆霍茨对"性质"的保留是前后矛盾的。我们对光和颜色的判断与我们对大小、形状和位置的判断可以有同样多的变化，而根据对等推理，我们就应该称它们为理智的产物，而不是感觉。在其他地方他确实将颜色看作好像是一种理智的产物。

② 在这里无需考虑赫尔姆霍茨关于理智空间产生过程的性质的看法会是什么。他是动摇的——我们在后面将会看到他是如何动摇的。

数,我就有希望能抚慰他的内心。同时,我满怀信心地断言,取决于大脑让我们将相同的外部对象感知为这种或者那种事物,而以这种或者那种方式对它们做出反应,这些对象实际上给我们的**感受**是不一样的。这一点是很真确的,我们可以与斯顿夫①一起,保留赫尔姆霍茨的问题,并且问:"如果经验不能这样改变它们,我们的感知觉会是怎样呢?"斯顿夫补充说:"所有由器官特性造成的错误知觉,或多或少都可以通过经验指导下的想象的作用而得到很好的纠正。"

因此,我们如果能够在视空间知觉的事实(我们现在要对它们做更细致的考察)中找到这样的实例,即相同的器官上的眼睛过程,因为不同的并行情境对想象力提示出不同的客观事实,而在不同的时间让我们产生不同知觉,那么我们就一定不要跟随着赫尔姆霍茨和冯特学派仓促得出结论,认为纯粹的器官上的眼睛过程,如果没有那个并行的情境,就不能让我们产生任何空间感觉。我们必须力求发现,那些情境通过什么方式能够这样改变一个如若没有它们的出现就很可能会以其自然纯净的面目而被感受到的空间感觉。现在我可以预先说,我们将会发现这些方式恰好就是联想——向心提示并非真实出现,但却比此时被它们所取代并以一种准幻觉的强度被想象的感觉更习惯性地与"并行的情境"联结着视觉对象。但是得出这个结论之前,有必要在与其所依赖的器官条件的关系中,回顾那些对视空间知觉的最重要的事实。熟悉德

---

① 在前面引用的书中,第 214 页。

国光学的读者可以不用阅读下一节中他们已经熟知的内容。①

---

① 在开始这个新的题目之前,最好将作为距离感受之基础的生理学过程是什么这个问题永久地搁置起来。由于一只眼睛的人也拥有这种感受,而且只是在对其渐变的测量方面才低于两只眼睛的人,所以它与由双目视差引起的双重和不同的网膜像没有独有的联系。由于人们闭着眼睛看一个后像,通常不能通过会聚的变化而看见它拉近了或者退后了,所以它不可能只是由会聚感受构成的。出于同样的理由,它好像也不能与调节感受相等同。在我们移动头部时显现出来的远近对象之间视差移动的差异,不能构成距离感觉,因为这样的差异很容易通过实验的方法(可见点在背景上的移动)再现出来,而不会造成任何远近关系方面的错觉。最后,可见的微弱、模糊和细小本身显然不是对可见距离的感受,无论在涉及广为人知的对象时它们在多大程度上可以充当提示它的标记。

然而,某个最大的距离值出现在那一刻的视野中,无论它是什么,与刚才谈到的过程相伴随的感受,就成为了这个最大深度内距离渐变许多位置标记。这些标记帮助我们对它进行再分和测量。然而,它自身则被感受为一个单元,一个整体距离值,决定着整个视野的大小,后者相应地就显现为具有一定体积的深渊。而这个问题仍然存在:作为这个距离值感觉基础的神经过程是什么?

赫林曾经试图通过两个视网膜上每一个点的先天距离值的相互作用,来解释它内部的渐变。他似乎愿意承认,先天固定下来的相对距离在其中出现的空间体积的绝对等级不是固定的,而是每一次都由"最广义的经验"所决定(《论文集》,第344页)。他所说的这个空间体积的核心(Kernpunkt),是我们很快就要集中讨论的问题。整个体积的绝对等级取决于观看者判断这个核心所在的绝对距离。"这些所见空间的内部关系丝毫也没有为核心的位置变化而改变;这个空间在整体上可以说是一个固定单元,对于观者的自我来说移动了。"(第345页)但是,赫林没有想要确定,除了"经验",即涉及记忆的更高级的大脑和理智过程,在任何给定时间是什么构成了这个核心的定位。

另一位对这个问题的困难有着最充分认识的感觉主义作者斯顿夫认为,关于距离的原始感觉,必须或者以"与调节过程相伴随的器官改变"的形式,或者"直接在视神经的特殊能量中",有一个直接的物理先行者。然而,与赫林相反,他认为这样原始、直接和在生理学的意义上给定的东西,是那个被凝视点的绝对距离,而不是这个点周围其他东西的相对距离。他认为,这些东西最初看上去是与它(宽泛地说)在一个平面上的。如果我理解得正确,对于被看作我们原始感受性现象的这个平面的距离是不可变的材料,还是可以发生起落变化的,他并没有武断地确定,但是倾向于前一种看法。和赫林一样,对于他来说,被称为"经验"的较高级的大脑联想过程,创造了我们在任何特定时间拥有的距离知觉的整整一半的部分。

萨利先生向英语读者报告了赫林和斯顿夫的理论(《心》,III.第172—176页)。阿

221　　让我们从最重要的情况来开始这项漫长而沉闷的探究。生理
222　学家一直在寻找将对象的所见方向和距离与它们引起的视网膜印
象联系起来的简单法则。关于这个问题人们主要持有两个理论,

博特(Abbott)先生在《视觉与触觉》(第96—98页)中提出了一个理论,这个理论对我来说太晦涩,所以我只向读者提及它所在的位置,并补充一句,即它似乎将距离看作是为焦点调整所改变了的视网膜感觉的一个固定功能。除了潘纳姆,我就不知道在这三位作者之外的其他人了。潘纳姆可能想要将距离定义为一种直接感觉。而且在他们那里,直接感觉在我们的完全距离判断中的份额,缩减到了一个所占比例非常小的部分。

像费里尔在关于贝克莱的评论[《哲学遗稿》(*Philosophical Remains*), II, 第330页及以下诸页]中所做的那样,利普斯教授在其非常敏锐的《心理学研究》(第69及以下诸页)中论证说,通过视觉感知任何事物与眼睛之间的距离,这在逻辑上是不可能的;因为所见的距离只能在所见的终端之间;而在与眼睛之间的距离方面,其中的一个终端是不可见的眼睛本身。前后两个点之间的距离也是一样:近处的点遮蔽了远处的点,它们之间的空间是看不见的。要看见两个对象之间的空间,这两个对象须一个在另一个的旁边,这样的空间才是可见的。没有其他条件能让它的可见性成为可能。结论是,事物只有在利普斯所说的表面上才能被真正看到,我们关于第三个维度的知识一定是概念的,而不是感觉的或视觉直观的。

但是没有任何论证能够证明一个实际存在的感受是不可能的。关于深度或者距离的感受,关于远和离开的感受,确实是作为我们视觉感受性的事实而真实存在的。对此,利普斯教授的所有推理所证明的是,它不是线形的,或者在直接性上不是与对两个所见终端之间实际距离的感受完全同质和同体的;总之,存在着两种视觉,每一种都不可解释地产生自一种特殊的神经过程。在横向延伸或者延展性的方面,我们很容易发现这个神经过程就是受到光的作用的视网膜神经终端的数量;在伸长或者单纯远近的情况下,这个神经过程就更复杂,而且如我们已经总结过的,还仍然是我们要寻找的。这两种感觉性质在原始的视觉大小上结合起来。它们各个量之间的相互测量,遵循所有这类测量的一般法则。我们习惯了通过对象来发现它们的等量关系,将相同的单位应用于二者,并且让它们相互转化,以至于最后在我们看来它们在种类上甚至十分类似了。这最后的同质现象可能由于这个事实而更容易出现,即在双眼视觉中,位于一只眼睛的视轴延长线上的两个点,近处的点遮蔽了远处的点,而在另一只眼睛看上去这两个点是横向分开的。每一只眼睛事实上都拥有另一只眼的视线的缩短了的侧视图。在1884年2月8日的《伦敦时报》(*The London Times*)上,刊登了J. D. 道格尔(J. D. Dougal)的一封有趣的函件。他试图用这个理由来解释为什么用两只眼睛进行步枪射击比闭着一只眼睛射击有这么大的好处。

"对应点理论"和"投射理论"——这两个理论互不相容,而且每个理论超过了特定的界限就与事实不一致了。

对应点理论

这个理论开始于这个事实,即在两个视网膜上,上半部分的印象让我们感知到对象是在水平线以下,下半部分的印象让我们感知到对象是在水平线以上;而且右半部分的印象,对象在中线的左边,左半部分的印象,对象在中线的右边。因此,一个视网膜上的每个四分之一圆都作为整体与另一个视网膜上的同样的四分之一圆相一致;而且,如果这种一致性能一直保持,那么在两个同样的四分之一圆(比如 al 和 ar)里面,就应该有这样的几何学上相同的点,如果同时受到从同一个物体发出的光的作用,这样的点就会使那个对象在每一只眼睛的相同方向上呈现。实验证实了这个推测。如果我们用双眼观看布满星星的苍穹,所有的星星看上去都是单个的;而透视法则表明,在这样的情况下,来自每一颗星星的平行光线一定会作用于两个视网膜上的几何学上相同的点。用更加人为的方式也可以获得一样的结果。如果我们拿两张完全相同的图片,这两张图片要比普通的立体幻灯片更小,或者至少不是更

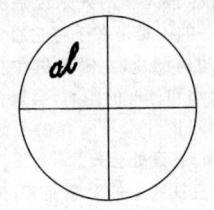

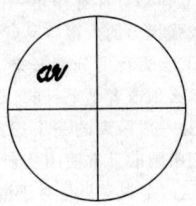

图 55

大,如果我们用看立体幻灯片的方法看这两张图片,也就是说,用一只眼睛看一张图片(有一个中间隔板让每只眼睛只看到它对面的那张图片),我们就将只能看见一张无立体感的图片,其所有的部分都显得清晰而单一。① 对应点受到作用,双眼在相同的方向看到它们的对象,两个对象因而融合为一个。

还可以用另外的方法表明相同的情况。头部固定不动,将双眼会聚在玻璃平面后面某个明显的对象点上;然后交替着闭上两只眼睛,并在玻璃上用墨水做一个小标记,"覆盖"住那只片刻睁开着的眼睛所见的对象。现在用两只眼睛看,那个墨水标记看上去是单一的,并且与那个对象点在相同的方向上。反过来,让双眼会聚在玻璃上单一的墨水点上,然后通过交替着闭上两只眼睛,注意在右眼和左眼分别看来,玻璃后面为这个墨水点所覆盖的是什么对象。现在睁开双眼,这两个对象和这个点会出现在相同的位置,而且取决于视网膜注意的波动,这三个东西里面的某一个会变得更加清晰起来。②

那么,这个共同位置的方向是什么?确定对象方向的唯一方

---

① 同样,离眼睛大约1英尺远的一副眼镜,就像是一块大的中间玻璃。不使用工具就能将立体幻灯片看作单一的这种能力,对于研究生理光学的人来说是极为有用的,而有较强视力的人很容易就能获得这种能力。唯一的困难是在于将它通常伴随的调节程度和会聚程度分离开来。如果右眼聚焦在右边的图片,左眼聚焦在左边的图片,视轴就必须或者是平行的,或者根据两张图片的大小和分开的距离,会聚在图片所在平面后边一段距离的一个想象的点上。然而,必须对图片本身所在的平面做出调节,而我们眼睛的日常使用从未教会过我们在近处调节,在远处会聚。

② 这两个观察只是对于激发了中央窝或者位于直视线上的对象而言,证明了相同方向法则。然而,熟练于间接视觉的观察者,则或多或少能够容易地在远离中心的视网膜点上证实这个法则。

法就是指向它。大多数人在被要求看在一张挡住了手和胳膊的纸的横边上方的对象,然后用手指指向它(逐渐抬起手,最后指尖出现在这张纸的上方)的时候,会将手指不是放在任何一只眼睛和那个对象之间,而是放在后者和鼻根之间,无论使用两只眼睛还是单独使用其中的任何一只,情况都是这样。赫林和赫尔姆霍茨对此作出陈述说,我们是把对象的方向判断为它们对想象的中央眼显现的位置,这个中央眼位于我们的两个真实眼睛之间,其视轴将后者的会聚角一分为二。在赫林看来,我们的两个视网膜动作就好像它们被叠加在了这个想象的双重眼的位置上;我们由比实际相距得更远的两个视网膜上相应的点所看到的,就如它们叠加着并且能够被一起激发起来我们应该会看到的。

对对象单一性的判断和相同方向的判断似乎必然结合在一起。而对相同方向的判断似乎必然要求有一个共同的起点(在眼睛之间或其他地方),由此来估量所有感受到的方向。这就是为什么中央眼实际上是网膜对应点理论阐述中的一个基本部分,以及为什么这个理论最著名的捍卫者赫林给予了它那么多强调的原因。

这是视象对应投射在几何学相同点上这条法则的一个直接结果,即落在两个视网膜几何学**不相称**点上的视象,会投射在**不同的方向**,以及它们的对象因而会显现在**两个位置**,或者**看上去是双重的**。让我们看看来自一颗星上的平行光线落在会聚于一个近处对象 O,而不是平行着的双眼上的情况(如前面所举例子中)。如果图 56 中的 SL 和 SR 是平行的光线,它们各自会落在它所落视网膜的鼻半侧。

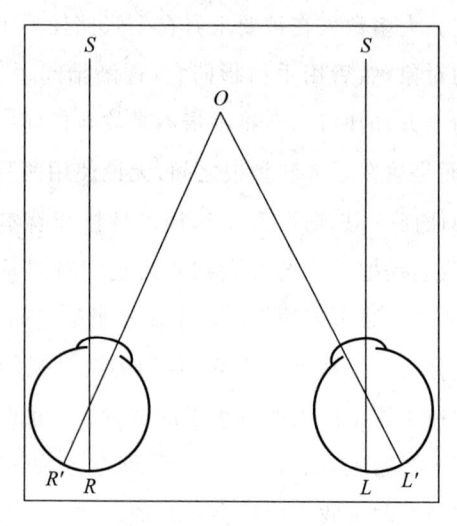

图 56

但是，两个视网膜鼻半侧是不同的，几何学上对称，而不是几何学上相同。所以，左边鼻半侧上的视象会显得是在中央眼视线向左的方向上；而右边鼻半侧上的视象则会显得是在这个视线方向向右的地方。总之，这颗星看起来是双重的——"同音异义的"双重。

反过来，如果直接由平行轴线去看这颗星，O 就会被看成是双重的，因为它的视象会影响两个视网膜的外半侧或颞半侧，而不是一个外半侧和一个鼻半侧。视象的位置在这里与先前情况中的位置是相反的。右眼的视象此时呈现在左边，左眼的视象呈现在右边——这个双象是"异音异义的"。

对于对象的位置相对于两个视轴的方向而言，对象的视象不是落在不同的视网膜半侧，而是落在相同半侧不同部分上的情况，同样的推理和结果也应该适用。当然，投射方向不如在另一情况

第二十章 空间知觉

下差得那么远,而双像也分开得没有那么远。

许多观察者用所谓双眼视觉仪的方法做的一些认真的实验确证了这个法则,并且表明单一视觉方向上的相应点存在于两个视网膜上。关于这方面的详细讨论,读者要查阅专门的论文。

现在注意一个重要的结果。如果我们看一个静止不动的对象,允许眼睛改变方向和会聚,纯几何学上的研究将会表明,在一些位置上这个对象的两个视象是在对应的视网膜点上,但是在更多的位置上这两个视象是在不相称点上。前者构成了所谓的双眼单视界,其发现曾带来过极大的数学困难。在任何给定的时间位于眼睛双眼单视界中的对象或者对象的部分不可能呈现为双重的。如果对应点理论完全正确,那么位于双眼单视界之外的对象似乎就必然和始终都呈现为双重的。

这里出现了对应理论与经验的第一个巨大冲突。如果这个理论是正确的,我们就都应该拥有关于双眼单视界是最清晰视觉的界限的直观知识。位于其他地方的对象看上去如果不是双重的,至少也应该是模糊的。然而所有活着的人都不会在其视野的不同部分之间做出任何这样的区分。对于我们大多数人来说,整个视野显现为是单一的,而只有通过罕见的偶然事件或者通过特殊教育,我们才能看到双像。1838年,惠特斯通在其关于双眼视觉和立体镜的经典研究报告①中表明,一个对象的两个视象所落之点

---

① 发表在《哲学学报》上的这篇论文,包含了其后应用于视知觉研究的几乎所有方法的胚芽。似乎很可惜,英格兰这么辉煌地开始了这项研究的现代新纪元,却这么快就退出了这个领域。几乎所有其后的进步都是在德国、荷兰,以及经过漫长的间隙之后(longo intervallo)在美国做出的。

的不同，在特定限度内对对象之被看成是单一的完全没有影响，影响的是它出现的距离。此外，惠特斯通做了一项观察（其后成为了激烈争论的焦点），在观察中他努力要表明，不仅不相称的视象会融合起来，而且在对应点上的视象也会被看成是双重的。①

我不幸由于自己的弱视力而不能对这个问题进行足以形成确定的个人看法的实验。然而在我看来，证据是偏向于反对惠特斯通式解释的，不相称点可以融合，而对应点可以无需为此而引起双像。这两个问题，"我们能通过不相称点看见单一视象吗？""我们能通过对应点看见双像吗？"尽管乍一看好像（如它们在赫尔姆霍茨看来的那样）只是表达同一个问题的两种方式，但实际上却是不同的。第一个问题可以得到非常肯定的回答，而对第二个问题的回答则可能是相当否定的。

再做一个补充，前面从赫尔姆霍茨那里引述的实验决非总是成功的，许多个体将手指放在对象和他们的一只眼睛之间，通常是

---

① 这里没有空间来报告这个争论，但是列举几条参考文献也许并非是不恰当的。惠特斯通自己的实验是在其研究报告的第 12 节。赞成他的解释的，有赫尔姆霍茨：《生理光学》，第 737—739 页；冯特：《生理心理学》，第 2 版，第 144 页；内格尔(Nagel)：《用两只眼睛看》(Sehen mit zwei Augen)，第 78—82 页。反对惠特斯通观点的，见沃尔克曼《眼科学文库》，v.2—74，以及《研究》，第 266 页；赫林：《生理学论文集》，29—45，还有赫尔曼的《生理学手册》，第 III 卷，第 1 册，第 435 页；奥博特：《视网膜的生理学》(Physiologie d. Netzhaut)，第 322 页；舍恩：《眼科学文库》，XXIV.1，第 56—65 页；以及东德斯，同上，XIII 1，第 15 页和注释。

右眼;^①最后请注意,以中央眼为所有方向线起点的对应理论,自身提供不出任何根据来表明对象在任何一条线上出现的距离,在这方面它必须求助于辅助假说,而在赫林和其他人那里,这样的假说已经变得如此复杂,以至很容易就会遭到批评者的攻击;而且我们很快将会看到,基于对应点的相同的所见方向法则,尽管是用来简要表达许多基本现象的一个简单阐述,却决不是对整个视网膜知觉问题的充分解释。^②

投射理论

投射理论的结果会更好吗?这个理论承认,每只眼睛都在与另一只眼不同的方向上,沿着从对象经过瞳孔中间再到视网膜的那条线,看见对象。因此直接被凝视的点是在两只眼睛的视轴上看到的。然而,这两个视轴所共有的点只有一个,那就是它们的会聚之点。每一个直接看到的东西都是在这个点上看到的,因而看起来是单一的,并且是在其本来的距离。很容易表明这个理论与

---

① 当我们自始至终都能看到那根手指时,如果它是左手指,我们通常就会将它放在将对象与左眼连接起来的那条线上,如果它是右手指,我们就会将它放在将对象与右眼连接起来的线上。显微镜使用者、射手,或者一只眼的视力比另一只眼好得多的人,在方向上几乎总是求助于一只眼睛,这可以从他们指向蜡烛火苗时他们脸上的阴影位置看出来。

② 坚定相信对应理论的约瑟夫·勒孔特教授,曾经将这一理论体现在关于看到的单一和双重、近或远的位置,与会聚和视网膜印象之间关系的一对法则之中。这对法则虽然复杂,在我看来却是迄今关于正常的视觉事实所做的最系统的阐述。读者很容易在《国际科学论丛》"视觉"第一卷第Ⅱ册第3章中找到他的解释,所以除了说它没有解决我们在对应理论中注意到的任何困难,也没有对我们将要讨论的波动性知觉做出解释以外,我现在就不再多说了什么了。

对应理论的不相容性。让一个对象点（像图57中的O,当看着那颗星的时候）将其视象 R′ 和 L′ 投在两个视网膜的几何学上不相同的部分上,并且影响每只眼睛的外半侧。根据对应理论,它必然会呈现为双重的,而根据投射理论,没有任何理由认为它为什么不应该呈现为单一的,只要它被判断为是位于每条可见方向的线上,离它与另一条线的交点既不更近,也不更远。

如果投射理论始终有效,那么视野中的每一个点事实上都应该呈现为是单一的,完全不受眼睛的不同位置的影响,因为可见方向的两条线可以由空间里的每一个点到达两个视网膜;而根据这个理论,它就应该出现在这两条线的交叉处,或者就出现在那个点的所在之处。将对对应理论的反驳反过来,恰恰就是对这一理论的反驳。如果对应理论胜出,我们就会始终都将大部分事物看成是双重的。如果投射理论胜出,我们就会始终不能将任何东西看成是双重的。事实上,对于对应理论来说,我们得到的双像太少,而对于投射理论来说,我们得到的双像又太多了。

从阿吉洛纽斯（Aguilonius）开始,投射理论的支持者一直将双像解释为对对象距离的错误判断的结果,对象的视象被想象力投射到了可见方向的两条线上比两条线的交叉点更近或者更远的地方。一个图示可以清楚地表明这一点。

让 O 为所看的点,M 为比它更远的对象,N 为比它更近的对象。M 和 N 会将可见方向的线 MM 和 NN 送至两个视网膜。如果 N 被判断为和 O 一样远,它就必然位于两条可见方向线 NN 穿过那支箭所在平面的地方,或者位于两个地方,N′ 和 N″。如果 M 被判断为和 O 一样近,出于同样的原因,它一定会在 M′ 和 M″ 形

第二十章　空间知觉　　265

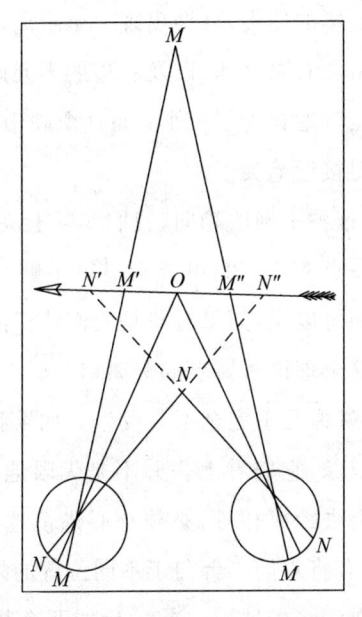

图 57

成两个视象。

事实上,我们确实经常会以这个方式错误地判断距离。如果读者能将自己的两只食指一前一后放在中线上,交替着凝视它们,他就会看到没有看着的那只手指是双重的;他还会注意到,这只手指离看着的手指(无论是哪一只)所在的平面显得比实际更近。它的显见大小在眼睛的会聚发生改变时的变化,也表明了显见距离的变化。事实上,视轴会聚的距离似乎对位于其他地方的对象产生了一种吸引力。作为我们能够最敏锐地感觉到的距离,它(可以说)侵入了我们的整个知觉范围。如果将两个半元硬币相隔 1 或 2 英寸放在桌子上,双眼稳定地凝视位于中线上硬币和脸之间不同距离处的一支笔的笔尖,就会出现一个距离,在此处那支笔位于左边的半元硬币和右眼之间,以及右边的半元硬币和左眼之间。两个半元硬币于是就融合为了一个;而这个硬币就会好像突然变得小了很多而显得接近笔尖了。①

然而,尽管有这种不确的趋向,我们实际上决不会把那半元硬币在笔尖后面这一点弄错。它可能会显得不够远,但还是要比笔尖更远。一般我们可以说,如果对象是我们认识的,那么在任何人那里都不会发生这个理论所要求的距离错觉。而且在一些观察者(如赫林)那里,这好像几乎完全不会发生。如果我看向无限远处,并得到我手指的双像,它们看上去并不是无限地远。要让处在不同距离的对象看上去距离相等,必须小心谨慎地让它们在外观上相同,还要排除所有将它们二者归于不同位置的外部原因。因此,东德斯尝试使用在深暗场地上一前一后的两个相同的电火花,一个被看成是双重的;或者一根离眼睛如此之近以至它的双像看上去像凝视下的火炉烟囱那么粗的铁棒,来证明投射法则。他将对象的顶部和底部都用隔板遮挡住,以防止所有透视等方面的提示。每个实验中的三个对象看上去都在同一个平面上。②

在这以外再加上所有观察者都认识到的用中央窝看双像的不可能性,以及像在对惠特斯通观察的评论中所引述的那些人那么才华出众的权威,都否认能用对应点看到双像这个事实,我们被迫得出这样的结论,即投射理论像它的前任一样失败了。两个理论

---

① 自然,较近距离的较小对象的网膜像,就可以遮盖一个大小不变的视网膜表面。
② 《眼科学文库》(1871),第 XVII 卷,第 2 部分,第 44—46 页。

第二十章 空间知觉

都不是关于我们全部知觉的确切或者详尽的法则。

视网膜印象的含糊性

这两个理论各自是要做什么？要让所见位置成为视网膜印象的固定功能。其他事实可以用来表明视网膜印象的知觉功能是多么地不固定。不久前我们谈到过网膜像作为大小的揭示者具有多么大的含糊性。制造出一个太阳的后像，看你的手指尖：它会比你的指甲更小。将它投射到桌子上，它像草莓一样大；投射到墙上，它像盘子一样大；投射到远处的山上，它比一所房子更大。然而它是一个没有变化的视网膜印象。准备一张纸，在上面清楚地画出图 58 中的图形，通过直接凝视获得每一个图形的清楚后像。

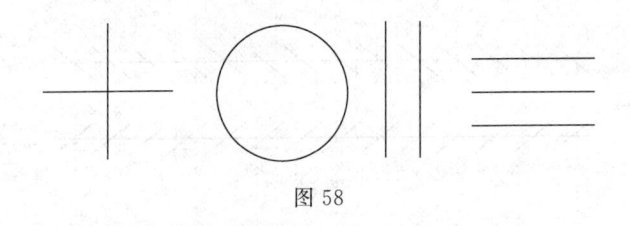

图 58

将十字的后像投射到墙壁的左上部分，它会呈现为图 59 中的样子；投射到右上部分，它就会呈现为图 60 中的样子。以同样的方式投射的圆，会变形为两个不同的椭圆。如果将两条平行线投射到前面远处的天花板或地板上，两条线的远端就会岔开；如果将三条平行线投射到相同的表面，上面的两条线会显得比下面的两条线离得更远。

图 59　　　　　　　图 60

将一些线条加到其他线条上，会产生同样的变形效果。在人们所知的佐尔纳图形（图 61）中，当我们在长的平行线上画上短斜线时，这些长的平行线就相互倾斜了，而它们的网膜像却始终是一样的。平行线的一种类似变形在图 62 中也出现了。

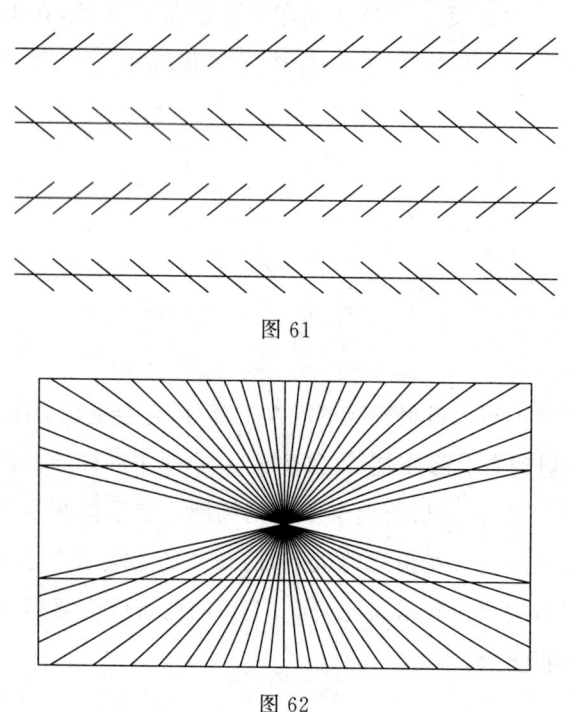

图 61

图 62

第二十章 空间知觉

在圆里画一个正方形（图 63），在正方形的角接触到圆的轮廓的地方，会让圆的轮廓出现锯齿状的外观。

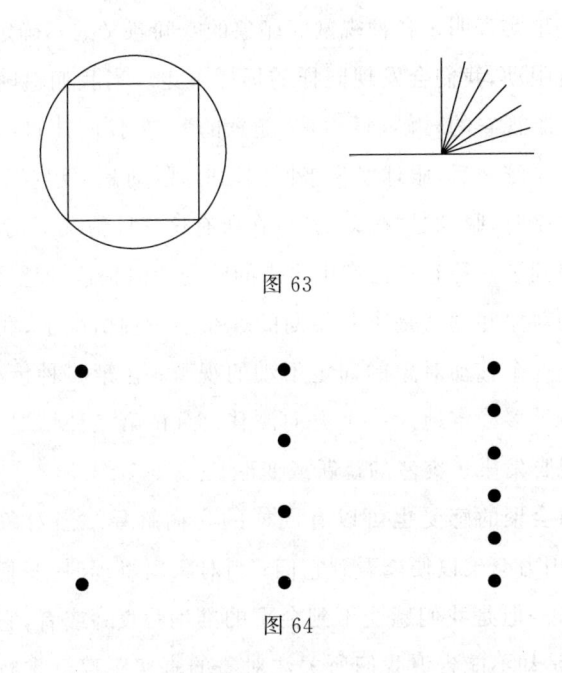

图 63

图 64

在同一图形的一个直角里面画几条半径，会使这个直角显得比其他直角更大。在图 64 中，两端的点之间空间的网膜像在三条线中都是相同的，但是当填补进其他的点时，它看上去就大多了。

通常条件下在立体镜中看上去是单一的一对线条，当我们给其加上其他线条时，马上就显得是双重的了。[1]

---

[1] A. W. 沃尔克曼，《研究》，第 253 页。

眼动的含糊意义

这些事实表明了各种视网膜印象的空间意义的不确定性。现在来看看眼动,我们会发现同样的摇摆不定。当我们追随一个运动对象并凝视它的时候,眼动是"随意的";在我们让自己快速旋转而产生晕眩之后,眼球发生来回摆动时,眼动是"反射";当眼球被手指推挤时,眼动是"被动的"。在所有这三种情况下,我们都从眼动中得到了一种它自己产生出来的感受。但是这种感受帮助我们形成的对象知觉却是决非相同的。在第一种情况下,我们会看到其中有一个移动对象的固定不动的视野;在第二种情况下,整个视野差不多稳定地向一个方向漂移;而在第三种情况下,同样的整个视野发生了突然的跳跃或变形。

眼球会聚的感受也可以有同样的含糊解释。当对象离得近时,我们用力会聚以便能看到它们;当对象离得远时,我们让视轴平行起来。但是我们感受不到会聚的准确程度;或者,它被感受到了,但是却不能告诉我们所关注对象的真实距离。惠特斯通这样安排了他的立体镜,以使在会聚没有改变的情况下,网膜像的大小可以发生变化;或者相反,在网膜像没有改变的情况下,会聚可以变化。他说,①在这样的条件下,在第一种情况下对象可以不改变大小而看上去接近了或者退远了;在第二种情况下,对象可以不改变距离而改变大小——恰恰与可以预期的相反。然而,惠特斯通补充说,"固定注意"将每一个这样的知觉转换成了它的反面。

---

① 《哲学学报》(1852),第4页。

第二十章 空间知觉

在通过能改变眼睛会聚的三棱镜眼镜观看时,也会出现同样的困惑。我们不能确定对象是更近了,还是变得更大了,还是二者都是,还是二者皆非;而且我们的判断以最为不可思议的方式摇摆不定。我们甚至可以让眼睛发散,而对象还是会在一个有限的距离呈现出来。当我们通过立体镜观看时,图像似乎就不在任何确定的距离。这些以及其他的事实曾经使得赫尔姆霍茨否定了会聚感受作为距离测量者拥有任何确切的价值。①

调节感受的情况也大同小异。东德斯曾经表明,② 适度凸形的眼镜所具有的明显的放大能力,几乎完全不依赖于它们使网膜像发生的增大,而是依赖于它们为调节肌肉带来的放松。这提示对象在远处,并因而是一个较大的对象,因为它的网膜大小增大了,而不是缩小了。但是在这种情况下也发生了与前面提到的聚合情况中一样的判断的摇摆不定。后退使得对象看起来更大了,但是对象看上去的体积的增大又让它看起来好像变得更近了,而不是在后退。所以这个结果与它自己的原因相矛盾了。在第一次戴眼镜时,每个人都会产生关于视野是拉近了还是后退了的疑问。③

---

① 《生理光学》,649—664。后来这位作者把会聚的价值看得高了一些。《(解剖学和)生理学文库》(1878),第 322 页。

② 《调节和折射的反常》(*Anomalies of Accommodation and Refraction*)(新锡德纳姆协会(New Sydenham Soc.)译本(伦敦,1864),第 155 页。

③ 奥博特曾将这些奇怪的矛盾称作判断的"次级"欺骗。见《生理光学基础》(*Grundzüge d. Physiologischen Optik*)(莱比锡,1876),第 601、615、627 页。一个最好的例子是第一次从望远镜中看到的月亮体积很小。它更大也更明亮了,所以我们更清楚地看见了它的细节,并判断它更近了。但是因为我们将它判断得如此之近,所以我们认为它一定是变小了。参见沙尔旁捷,《年报》(*Jahresbericht*),X.430。

还有另一种欺骗,发生在一只眼睛的肌肉突然瘫痪了的人那里。这种欺骗曾使得冯特断言,真正的眼球感受,对所发生转动的进来的感觉,只告诉我们眼动的方向,而不是它们的整个范围。①由于这个原因,还因为不仅冯特,还有许多其他作者,都认为这些部分瘫痪中出现的现象证明了神经支配感受,一种对外出神经流(与每一个传入感觉相反)的感受的存在,所以以一定的细致程度来解释这些事实似乎是恰当的。

设想一个人在某一天的早上醒来时右眼的外直肌轻瘫了。结果会怎样?他必须要付出巨大的努力才能转动眼睛以看向很右边的对象。在他所做的努力中,有某个东西让他感到好像对象是在比实际更右边的地方。如果闭上左边那只好眼,让他用手指快速触摸右边的一个对象,他会将手指指向它的右边。目前对于其努力中引起这种欺骗的"某个东西"的解释是,它是对神经中枢外出释放的感觉(用冯特的话说,是"对神经支配的感受"),这是为让肌肉虚弱地睁开着的眼睛朝向被触摸对象所需要的。如果那个对象位于向右 20 度的地方,病人要让眼睛转动这 20 度,其神经支配的力度就要和以前他让眼睛转动 30 度时神经支配的力度一样大。所以他像以前一样认为他已经让眼睛转了 30 度;直到通过一种新获得的习惯,他知道了其大脑向右侧外展神经所做全部释放的不同的空间意义。"对神经支配的感受"(其存在得到这项观察以及其他观察的支持)在一些哲学家特别是冯特的空间理论中起着很大的作用。我将在其他地方尽力表明,这些观察决不能保证由

---

① 《哲学评论》,III. 9,第 220 页。

第二十章 空间知觉 273

它们得出的结论的合理性,这里所说的那种感受很可能是一个完全虚构的东西。① 同时,指出这一点就够了,即甚至那些最重视它的人也由于纠正视野位置的改变和避免进一步的错误是件很容易的事情,而不得不承认,设想的对外出能量的感觉的确切空间意义,与我们至此考虑过的任何其他眼睛感受的确切空间意义一样是含糊和不确定的。

对于用来消除对每一种眼睛感觉单独都可以直接将空间呈现出来这一点的信任的事实和论证,我已经做了绝非轻描淡写的讨论。读者会承认它们似乎是有道理的,并且很可能会怀疑我自己关于这个问题的理论是否能够从它们的破坏性证据中恢复过来。但情况远非无望;而且,引入一种至此尚未引入(如果我没有弄错的话)的辨别,就很容易让在这些书页中采纳的观点得到辩护,同时又能慷慨地容纳大受理智主义理论倡导者强调的所有的含糊性和错觉。

视觉实在的选择

我们拥有天生和固定的视空间感觉;但是经验引导我们从它们中间选择出特定的一些作为实在的唯一负载者:其他的则成为了这些感觉的单纯标记和提示物。和其他地方一样,得到过我们那么多强调的选择因素,就是解谜之词。如果赫尔姆霍茨、冯特和其他人,眼前出现了含糊的视网膜感觉,一会儿意味一个大小和距离,一会儿又意味另一个大小和距离,却还不满足于只是说:——

---

① 见第 XXIV 章。

大小和距离不是这个感觉,它们是超出它之外的某个东西,它只是将这个东西唤起了,而这个东西自己的诞生地是在远处——可能是在"综合"里(冯特)或者在"经验"中(赫尔姆霍茨);如果他们继续明确地提出和回答这个问题:本来的大小和距离自身是什么?他们就不仅能摆脱掉其空间理论目前这种令人遗憾的模糊性,而且还能看到,"所意指的"客观空间属性只不过是某些此时不在场但是为在场感觉所提示的其他视感觉。

比如,在将长方形后像投射到右上方或左上方时,我们认为自己在墙上看到的斜腿的十字(图 59 和 60)是什么?它本身实际上难道不是视网膜感觉吗?确实,是一种想象的感觉,而非感受到的感觉,但它因而仍然在本质上和原初地就是感觉的或者视网膜的,——也就是说,是如果在我们面前的墙上有一个"真实的"斜腿十字,它的视象落到我们的眼睛上,我们就会得到的感觉。那个视象不是此时我们视网膜上的视象。此时我们视网膜上的视象,是正方十字在前面时投下的视象,但也是只要斜腿十字真实地位于墙上我们看着的那个远处位置,就也会投下的视象。让我们将这个真实的网膜像称为"正方"视象。那么,这个正方视象就是斜腿十字能够投射出的无数视象之一。为什么不是这些无数视象中的另一个视象,那个不在场的视象,被挑选出来单独再现那个斜腿十字的"真实"形状?为什么那个不在场的和想象中的斜腿视象在我们的心里取代了在场的和感受到了的正方视象?为什么当客观的十字由于变化位置而给予了我们那么多的形状时,我们会认为只有当那个十字在正前方时我们才感受到真实的形状?如果那个问题得到了回答,那么那个不在场和表象出的斜腿图形感受,如何能

第二十章 空间知觉

够这么成功地让自己入到在场的正方图形的位置之中？

在回答任何一个问题之前，让我们加倍地确保事实的可靠，并看看这是如何地正确：在我们与对象打交道时，我们确实总是挑选出由它们引起的视觉意象中的一个，将其看作是真实的形状或大小。

我们已经谈过了大小的问题，所以在这里无需多说了。对于形状而言，几乎对象投下的所有视网膜形状都是透视的"变形"。正方形的桌面始终呈现出两个锐角和两个钝角；画在墙纸、地毯或者纸张上的圆，通常显得像是椭圆；两条平行线随着向远退去会变得接近起来；人的身体会发生透视缩短；而这些变化着的形状之间的转换是无限和不间断的。然而，有一个阶段总是会从这个变迁之中突出出来。这就是我们最容易和最清楚看到的对象的形状：那就是当我们的眼睛和对象都处在可以称之为正常位置的时候。在这个位置，我们的头是直挺的，我们的视轴或者是平行的或者是对称会聚的；对象所在的平面与视平面相垂直；而且如果对象上面有很多线条，它就会发生旋转以让这些线条尽可能地或者与视平面平行或者与它垂直。我们正是在这样的情境之下对所有的形状进行相互的比较；在这里可以进行各种精确的测量和决断。①

很容易看到为什么这个正常情境会有这种不同寻常的超群之处。第一，它是我们最容易手持所察之物的位置；第二，它是给定对象的全右和全左透视图之间的转折点；第三，它是让对称图形

---

① 唯一的例外似乎发生在我们明确地想要从个别事物中进行抽象，想要对一般"结果"进行判断的时候。见证一下女士们在试穿新衣时歪着头斜着眼的样子；或者画家以同样的姿势判断其画作里的"浓淡和明暗"。

看上去对称,相等的角度看上去相等的唯一位置;第四,它通常是眼动的这样一个起点,在这里眼睛最少受到视轴转动的干扰,不同线条和相同线条不同部分的网膜像的迭加[①]最容易产生,因而眼睛能够在扫视中做出最好的比较测量。所有这些优点都将这个正常位置挑选了出来。视野里没有其他的点能够提供这么多审美的和实际的好处。我们相信在这里看见的是如其所是的对象;而在其他地方,我们看见的只是它看上去的样子。然而,经验和习惯很快就会让我们知道,看上去的样子通过连续的渐变而逐渐变成了真实的样子。而且,经验和习惯还告诉我们,看上去的样子和实际的所是可以奇怪地互换。一个真正的圆可以在滑动中不知不觉地变成看上去的椭圆;而一个椭圆通过向相同的方向滑动,也可以变成看上去的圆形;长方的十字可以变成斜腿的;斜腿的十字也可以变成长方的。

几乎偏斜视觉中的任何形状都因而可以是"主要"视觉中几乎任何其他形状的衍生物;而且当我们得到前一种外观中的一个时,我们必须学会将它转变为后一种外观中的恰当的一个;我们必须知道它是什么视觉"实在"的视觉标记之一。学到了这些以后,当我们仅只注意那个"实在",而在我们意识许可的范围内尽可能地忽略我们由以捕捉到它的"标记"时,我们确实就只是在服从着支配我们全部心理生活的经济或者简单性法则。每一个可能实在事物的标记都有很多,而那个事物本身只有一个而且是固定的,我们为了后者而放弃前者,获得了心理上的轻松,就如同我们为了

[①] 后面将会讨论迭加的重要性。

第二十章 空间知觉

心理意象所提示的确定和不变的名称,而连同其全部变化不定的性质一起放弃这些心理意象一样。从一堆视觉经验中选择出几个"正常"外观,充当我们要去思考的真实所见,在心理学上是一个与用词思维的习惯并行的现象,而且也有相同的用途。二者都是用少而固定的项取代了多而模糊的项。

我们忽略的感觉

贝克莱第一个注意到,感觉充当着单纯的标记,当唤起了作为其意指的其他感觉时就被忽略了。他在许多段落中对此做过讨论,如下面这段:

> 标记很少自身或者因其自身的缘故,而只是以其相关能力和因那些它们为其标记的事物的缘故而得到考虑,心忽略它们,以将自己的注意直接带到被意指的事物上……这些事物事实上和严格地说并没有被看见,而只是通过唯一被看见的视觉专有对象而得到提示和把握。[《神圣的视觉语言》(*Divine Visual Language*),第 12 节]

在设想被提示事物像此时将其唤起的标记一样,甚至在原初就不是视觉的对象这一点上,贝克莱当然是错了。里德用更清晰的语言表达了贝克莱的原则:

> 自然只是要将对象的可见外观作为标记或征兆,心瞬间就转到了被意指的事物上,而没有对那个标记有一点点反映,或者甚至没有感知到有任何这样的东西存在。……心已经获得了一种不去注意它们(那些标记)的坚定和根深蒂固的习

惯。因为它们刚一出现，它们意指的事物就闪电般地快速出现，并吸引了我们全部的注意。它们在语言中没有名称；而且虽然在它们从心中经过时我们意识到了它们，但是它们的经过是如此的快速和熟悉，以至完全没有受到注意；它们在记忆或者想象中也都没有留下自己的任何足迹。（《研究》，第5章，第2、3节）

如果考察那些事实，我们就会在里德所说的那种极端形式的忽略（或者更加极端的形式）和对所出现感觉的完全有意识的知觉之间，发现无注意的每一个等级。有时实际上不可能对那种感觉有所觉知。有时一点技巧或努力就很容易让我们一起察觉它和它所显示的"对象"，或者交替着察觉这二者。有时当下的感觉就被认为是对象，或者以没有变形的样子再现了对象的特征，于是，它当然就得到了心的全部注意。

最严重的注意缺乏是对于严格意义上的主观视感觉的，或者是对于完全不是外部对象标记的那些感觉的。赫尔姆霍茨对这些现象——飞蝇幻视、负后像、双像等——的处理十分令人满意。他说：

> 我们只有在自己的感觉能够被用来获取关于外部事物的知识时，才能轻松和准确地注意它们；我们习惯于忽略它们的那些对于外部世界不具重要性的部分。事实上，在绝大多数情况下，特殊的技巧和练习是为观察后面这些更为主观的感受所需要的。虽然好像没有什么是比意识到一个人自己的感觉更容易的事情了，但经验还是表明，或者是像在普基涅那

里得到极高程度表现的特殊才能,或者是意外事件,或者是理论的思辨,常常是发现主观现象的必要条件。例如,视网膜上的盲点是由马里奥特通过理论的方法发现的;我也用同样的方法发现了声学上的"和"音("summation"-tones)。在大多数情况下,是意外事件最初引导那些特别训练过注意主观现象的观察者发现这个或者那个主观现象的;只有在主观现象强烈得扰了对象知觉的情况下,它们才会受到所有人的注意。但是它们一旦被发现,处于适当条件并将注意集中在正确方向的其后的观察者,一般就很容易感知到它们。但是在许多情况下——比如,在盲点现象中,在将乐音的泛音和结合音与基础音进行区分的过程中等等——就需要这样的注意紧张,甚至在有适当的器具帮助时,大多数人也做不到。只有在格外有利的条件下,大多数人才能感知到明亮物体的后像,而要经过不断的练习才能看到较微弱的后像。这是通常会反复发生的经验,患有某种突然损伤视力的眼疾的人,第一次注意到其玻璃体液里一直带有的飞蝇幻视,但此时他们却坚定地相信飞蝇幻视是由于他们的疾病引起的,而事实上后者只是使他们对其所有的视感觉都更敏感了。还有一些这样的案例,即一只眼睛逐渐失明了,病人在不知道的情况下生活了一段时间,直到由于偶然地仅只闭上那只健康的眼,他才注意到另一只眼睛失明了。

大部分人在第一次觉知到双眼的双像时,都会对以前从来不曾注意过它们而感到不同寻常的惊讶,尽管他们在一生中都已经习惯于只是看到与注视点距离大约相等的少数物体是单的,而那些更近和更远的其他物体(构成了大多数)则始终都是双的。

所以我们必须学习将注意转向特殊的感觉,而我们通常只是对于作为认识外部世界之手段的感觉才进行这样的学习。我们的感觉只有服务于这个目的,才能在日常生活中对我们具有意义。主观感受主要是对于科学研究者是有趣的;如果它们在感觉的日常使用中受到注意,它们就只会引起混乱。因此,虽然我们在客观的观察方面达到了极高程度的坚实性和安全性,而在涉及到主观现象之处,我们不仅没有达到这一点,而且实际上还在很大程度上获得了一种完全忽略这些现象,在对对象进行判断时让自己不受它们影响的能力,甚至在其强度很容易让它们引起我们注意的情况下也是如此。(《生理光学》,第431—432页)

甚至在感觉并非仅仅是主观的,而是某个外部事物的标记的地方,如在赫尔姆霍茨谈到的案例中,我们也如里德所说很容易忽略它的内在性质,而只注意它所提示的"事物"的意象。但是在这里,如果想要去注意,每个人就都能很容易地注意到这个感觉本身。通常我们将一张纸看作是有着均匀的白色,尽管它的一个部分可能是在阴影中。但是如果我们愿意,我们可以立刻就注意到阴影的局部颜色。一个向我们走来的人,身材通常看上去并没有发生变化;但是通过以一种特殊的方式调整我们的注意,我们就能让他看上去身材改变了。艺术家的全部教育都在于学会看见呈现的(presented)标记,也看见表象的(represented)事物。无论视野意指什么,他也将它看作感受起来的样子——即看作一堆由线条联系在一起的色块——这个整体形成了一个视觉图形,不是艺术家的人很难对其内部比例有一点点意识。普通人的注意会越过它们而达到它们的意指;艺术家的注意则会因其自身的缘故而转回到它们这里并全神贯注于它们。"不要把这个东西画成它所是的样子,而要画成它看上去的样子!"每个老师都会没完没了地对学生做出这样的指点;忘记了如果它位于我们所说的"正常"视觉情境之中,它所"是"的也就是它所"看上去"的。在这样的情境中,作为"标记"的感觉和作为"对象"的感觉融合为一了,它们之间没有差别。

似乎被抑制了的感觉

但是一个很大的困难出现在了我们现在要转而讨论的一些特殊案例中。在这些案例中,一个其存在应该由它的外部条件的在场来证明的呈现的感觉,好像完全被它所提示"事物"的意象抑制或者改变了。

这个问题将我们带回在第 218 页说过的话。在那里引自赫尔姆霍茨的那段话所涉及的就是这样一些案例。他认为,这些案例结论性地否定了我们任何视网膜感觉的原初和内在的空间性;因为如果一个实际呈现的这样的感觉自身拥有内在和本质的空间规定,这可能就会添加到其意义的提示之上,覆盖它,甚或暂时为它所遮蔽,但是它如何可能为这个提示所改变或者完全抑制呢?关于为经验的提示所抑制的实际呈现的感觉,他说

> 我们还没有一个得到证明的例子。在所有为其通常的刺激对象不在场的感觉所激起的错觉中,错误从来都不会由于

更好地理解了实际呈现的对象和了解了欺骗的原因而消失。由对眼球施加压力而引起的压眼闪光,通过视神经入口处的牵引、后像等等,仍然投射它们在视野中的显见位置,就像从镜面投射出来的映像仍然被看成是在镜子的后面,尽管我们知道所有这些显象都没有与之相应的外部实在。确实,我们可以将注意从不涉及外部世界的感觉(比如关于较弱的后像、内视对象等等的感觉)那里转移开,并且保持这种转移的状态。……但是,如果我们有能力不仅忽略它们与外部经验(其意象作为当下实在的意象在心中与它们相伴随)不同的任何部分,而且能将其转化为它们的对立物,那么我们的知觉会是怎样的呢?①

他又说:

根据其他经验类推,我们应该期望被征服的感受会持续为我们所知觉,即使只是以已经识别出的错觉的形式。但是情况并非如此。当那些相信原本就具有空间性的感觉的人,最后发现自己不得不设想它们被基于经验的更好判断所征服了时,人们就无法理解关于原本具有空间性的感觉的假定如何能够解释我们的视觉认知。

来自这样一个出处的这些话必然带有极大的分量。但是,甚至像赫尔姆霍茨这样的权威也不应该动摇一个人重要的沉着镇定。而且我认为,一个人一旦放弃了抽象的一般而直面个别,他就

---

① 《生理光学》,第 817 页。

第二十章　空间知觉

很容易看到,由后者得不出我们引述的那个结论。但是,我们必须将所说实例分为三类,以有利于讨论的进行。

(a) 在赫尔姆霍茨那里,颜色知觉与空间知觉一样是一种理智活动。他将所谓的同时颜色对比(一种颜色由此改变它近旁的另一种颜色),解释为了一种无意识推论。我们在第十七章讨论过

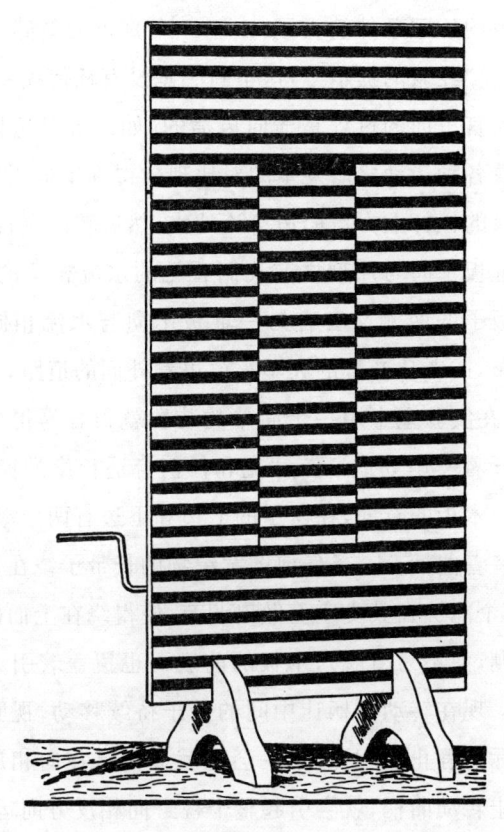

图 65

颜色对比的问题；用来解决这个问题的原则也将适用于部分地解决目前的问题。在我看来，赫林已经清楚地证明，当一个颜色在另一个颜色的近旁时，它会改变后者的感觉，不是像赫尔姆霍茨会认为的那样通过任何单纯的心理提示，而是通过实际激发起与改变了的颜色感受直接相应的新的神经过程。解释是生理学的，而不是心理学的。原初颜色通过诱导颜色而发生的变化，是由于产生第一种颜色的生理条件消失了，由于一个真正的新感觉在新条件下的引入，而"经验的提示"与这个新感觉没有任何关系。

视觉器官里面的过程是横向传播的（如果可以这样表达），这也由在观看各种运动之后发生的对比现象得到了证明。如果我们在移动船只的栏杆上方看船边急流的水，然后转而凝视甲板，我们会看见一堆板子向与片刻之前我们看见的水流相反的方向移动，而在这堆板子的两侧又会有另一堆板子向与水流相同的方向移动。看瀑布，或者从开着的火车车窗里看外面的道路，会产生同样的错觉，这在实验室中用一个简单的装置就很容易得到证实。一块木板上开着一扇 5 或 6 英寸宽和任何合适长度的窗，直立在两个支脚上。木板的背面，在窗子的上边和下边有两个滚轴，其中的一个上面装着曲柄。一条任何图案织物的长带子绕在这两个轴上（其中的一个能够在其支座上做出调节，使得绕在上面的东西能始终保持紧绷，而不易滑脱），木板的前表面也覆盖着引人注意的织物或纸张。现在转动曲柄让中间的带子持续移动，视野的边缘还保持着实际的静止，但是过了一会儿就显得是在向相反的方向转动了。停止转动曲柄，就会引起整个视野向相反方向运动的错觉。

一只上面画着阿基米德螺旋的圆盘，在普通的旋转电机上旋

第二十章 空间知觉

转,会引起更加令人吃惊的结果。

图 66

如果转动发生在螺旋线接近圆盘中心的方向上,圆盘的整个表面就好像在转动中扩展开来,而在转动停下来后又会收缩回来;如果转动发生在相反的方向,情况则与之相反。如果在前一种情况下观察者的眼睛从旋转的圆盘转向任何熟悉的对象——比如一个朋友的面孔——后者就会显得是明显地收缩或者退后了,而在相反方向的旋转之后,则会显得是扩展或者接近了。[1]

---

[1] 鲍迪奇和霍尔,《生理学杂志》,第 III 卷,第 299 页。赫尔姆霍茨试图通过眼球的无意识转动来解释这个现象。但是眼球的运动只能解释在整个视野中全部都一样的运动显象。在有窗子的木板上,视野的一部分似乎是以一种方式运动,而另一部分以另一种方式运动。当我们的眼睛从那个螺旋转到墙上时,情况也是这样——只有视野的中心膨胀或者收缩,边缘部分则出现相反的情况或者保持着静止。马赫和德沃夏克(Dvorak)曾经很好地证明了这种情况下眼睛转动的不可能性[《维也纳研究院会刊》(Sitzungsber. D. Wiener Akad.),第 LXI 卷]。并参见鲍迪奇和霍尔在前述期刊上的文章,第 300 页。

这些运动错觉的一个基本形式似乎是赫尔姆霍茨在其《生理光学》的第568—571页中描述过的。视野中任何事物成锐角朝向直线的运动都会在感觉上让那条线变形。所以在图67中：AB为画在纸上的一条线，CDE是为眼睛紧紧追随的圆规尖移动时在这条线上画出的踪迹。圆规尖从C到D时，这条线看上去在向下移动；而圆规尖从D到E时，这条线看上去在向上移动；同时，在前半部分的圆规运动里，整条线好像自身在向FG的方向倾斜；而在后半部分的运动里，整条线又好像在向HI的方向倾斜；在圆规尖经过D的时候，从一种倾斜到另一种倾斜的变化十分明显。

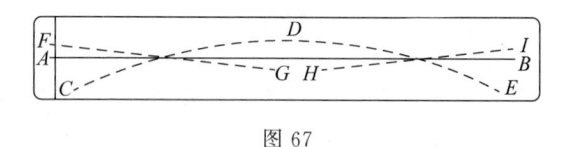

图 67

任何一条我们用铅笔尖画过的线，看上去都由于它自己朝向铅笔尖的快速运动而有了活力。两个事物的这种相互向对方移动的显见运动，甚至在其中之一是完全静止不动的时候，也让我们想起在第188页引述的维尔罗特的例子，而且好像将我们带回到了知觉的原初阶段，在这个阶段还没有做出我们在感受到一个运动时所做出的辨别。如果我们用铅笔尖画过佐尔纳图形（图61，第232页），并用眼睛追随着它，整个图形看上去就会显得极不安稳，赫尔姆霍茨曾经非常仔细地解释过这种情况出现的条件。如果稳定地用一只不动的眼睛看它的一个点，在大多数人那里，佐尔纳图形的错觉就完全或者几乎完全消失了；许多其他错觉的情况也是一样。

所有这些事实放在一起似乎表明——确实是模糊地，但也是

第二十章 空间知觉

确定地——当下的兴奋和先前兴奋的后效,可以改变同时发生在与它们有些距离的视网膜或视感觉器官其他部分中的过程的结果。在刚刚讨论的情形中,运动着的眼睛的中央窝掠过图形的特定部分时,似乎会决定其他部分产生的感受的变化,而这个变化就是图形的"变形"。这个陈述确实没有解释任何事情。它只是防止了它所适用的情况得到假的解释。对这些错觉的假的解释是,它们是理智的而非感觉的,是次级的而非原初的心理事实。变形的图形被说成是心在由它并非清楚觉知的前提错误做出的无意识推论的引导下去想象的图形。而被想象的图形又被认为是强大得足以抑制对那里可能有的任何真实感觉的知觉。但是,在这些无意识的前提和推论可能是什么的问题上,赫尔姆霍茨、冯特、德博甫、佐尔纳以及所有无意识推论的倡导者,相互之间是存在意见分歧的。

简言之,小角看上去比大角相应地更大,是一个基本错觉,几乎所有作者都会将图 68 以及图 61、62、63(第 232、233 页)的特性归结于此。

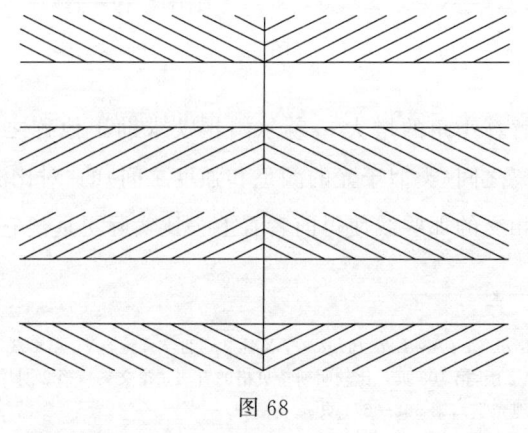

图 68

冯特将小角的这个特性看作是充实空间显得比空的空间更大的一种情况（如图69）；而且德博甫和冯特都认为，这是由于这个事实，即眼睛经过充实的空间比经过空的空间需要更多的肌肉神经支配，因为充实空间中的点和线不可避免地会阻止和限制眼睛，而这又让我们感受到就好像它做了更多的工作，也就是说，经过了更长的距离。① 然而，当我们回想起肌肉运动已经被明确地证明与瀑布和旋转螺旋错觉没有关系，以及很难看出冯特和德博甫特殊形式的肌肉解释如何可能适用于不久前讨论过的圆规尖错觉的时候，我们就必须得出这样的结论，即这些作者可能至少是在有再分的角和线条的方面对其肌肉解释所及的范围言过其实了。我们从未得到在（违反自然的进程）强制眼睛保持静止不动时那么强烈的肌肉感受；但是用眼睛盯着图形上的一个点，不但不会让图形的那个部分看上去更大，却（在大多数人那里）完全消除了这些图形的错觉。

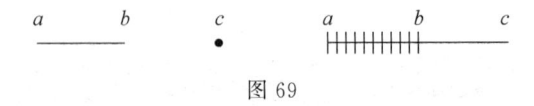

图 69

为了解释小角的增大②，赫尔姆霍茨求助于他称之为线条的方向和距离之间（类似于光的颜色和强度之间）的"对比法则"。与另一条线相交的那些线使得前者看上去比实际更远离它们的方向

---

① *Bulletins de l'Acad. de Belgique*，XXI. 2；《哲学评论》，VI. 第 223—225 页；《生理心理学》，第 2 版，第 103 页。比较明斯特贝格的看法，《论文集》，第 2 期，第 174 页。

② 《生理光学》，第 562—571 页。

倾斜。而且,可以清楚辨识的大小显得比只能模糊捕捉到的同等大小更大。但是这无疑是一条感觉主义法则,是我们视觉器官的先天功能。如果这样的对比能够由任何观念的联想或者过去对象的回忆推论而来,旋转螺旋的负后像也会是同样的小。冯特批评了对比原则,①说根据这一原则,小的空间就应该对我们显现得比实际更小,而不是更大。赫尔姆霍茨也许能反驳说(如果这个反驳不会让他自己原则的一致性受到和冯特的原则同样的致命打击),如果肌肉解释是正确的,它就不会在皮肤上引起恰好相反的错觉。我们在第141页看到,在皮肤上,再分的空间比空的空间显得更短。对在那里给出的实例我要补充一点:在纸上将一条线分成相等的两半,在终点刺孔,并沿着其中的一半刺孔;然后用指尖在纸的反面摸过由刺孔构成的线;空的那一半会变得比刺了孔的一半长得多。这似乎将问题带回到了一些不可分析的法则那里,由于这些法则,我们的大小感受在皮肤和在视网膜上是被不同地决定的,甚至在客观条件相同时也是如此。我们可以在赫尔曼的《生理学手册》,III. 1. 第579页找到赫林对佐尔纳图形的解释。利普斯②提出了另一个理由来说明为什么与另一条线相交的那些线会使前者看上去比实际更向离开它们的方向弯曲。他说,如果我们在线 ab 上画(图70)线 pm,并让眼睛沿着 ab 看,在到达 m 点时,我们将会有片刻的时间趋向于离开 ab,而去沿着 mp 看,却没有清楚地意识到我们已经不在那条主线上了。这让我们感受到好

---

① 《生理心理学》,第107—108页。
② 《精神生活的基本事实》,第526—530页。

像那条主线的剩余部分 mb 由它原来的方向弯开了一点。这个错觉在两条主线的 b、b 端显得接近了的样子上明显地表现了出来。在我看来,如果不考虑皮肤方面的情况,与前面的作者们给出的任何解释相比,这是对这类错觉的一种更为令人满意的解释。

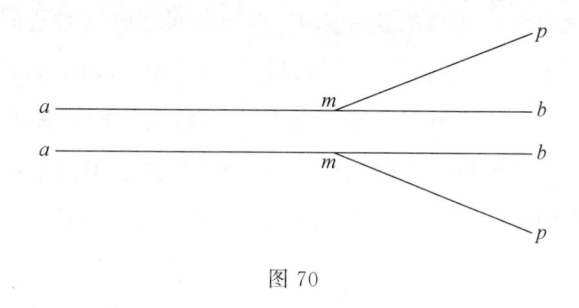

图 70

考虑到所有的情况,我感到有理由将他那一堆错觉都作为与我们目前的探讨不相关的东西而丢弃掉。无论它们能证明什么,它们都没有证明我们关于形状和运动的视知觉象不能是严格意义上的感觉。它们更有可能与扩散和颜色对比现象,以及维尔罗特的原始运动错觉归到一起。它们如果向我们显示了什么,那就是显示了这样一个感觉领域,在其中我们的习惯性经验还没有留下痕迹,尽管有更好的知识它也仍然会持续,对我们由外部证据而始终知道构成了图形真实空间规定的其他空间感觉没有提示。很可能,如果这些感觉过去经常发生和具有实际意义,就像它们现在的无足轻重和少有发生一样,我们最后就应该会用它们的意指——这个图形的真实空间值——来取代它们。我们于是应该会直接看到后者,而那些错觉就会像牙齿拔出一星期后对牙洞大小的错觉那样消失了。

第二十章 空间知觉

(b) 我们可以丢弃的另一堆案例就是双像案例。一个彻底的反感觉主义者应该否定所有在视网膜的不相称点受到刺激时看见双像的先天趋向,因为他应该说,大多数人从未得到过双像,而是将经验让他们相信是单一的事物看作是单一的。这样一位反感觉主义者会问,"这么容易为我们的知识所抵消的双重性,竟能是一种感觉材料吗?"

对此的回答是,它就是感觉材料,但是像许多其他材料一样,是一种必须首先得到辨别的材料。通常,没有动机,感觉性质就不能得到辨别。① 而那些我们后来学会辨别的东西,原初感受起来是混乱的。正如人们有理由声称,我们已经学会了挑选出来的声音或者气味,此时已经不是感觉了。一个人可以很容易就获得辨别双像的技能,虽然如赫林在某处所说,这是一项一个人无法用一两年的时间驾驭的技艺。对于像赫林自己或者勒孔特(Le Conte)这样的专家,普通的立体镜图形没有多少用处。它们不是结合为一个立体显象,而只是通过其双重线条而相互交叉。

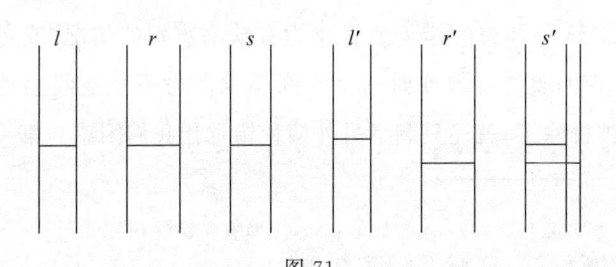

图 71

---

① 参见前面,第 515 及以下诸页。

沃尔克曼已经表明,两个视野中不同次级线条的添加,可以以许多不同的方式帮助我们将原来的线条看成是双重的。这个结果类似于在我们刚刚讨论过的案例中出现的结果,在那里,给定线条的空间值为新线条的添加而改变了,而除了说线条的某种相互附着和作为其结果的感受的改变遵循着心理生理学的法则发生了之外,我们说不出为什么会是这样。所以,如果一条横线在相同的高度穿过图 71 中的 l 和 r,并且用立体镜来观看,l 和 r 看上去就是空间中的一对线 s。但是如果横线是在不同的高度,像在 l′ 和 r′ 中那样,就会出现 s′ 中的三条线。①

关于双像我们就讨论到这里。那些事实所证明的,只是沃尔克曼所说的,②虽然可能有一些视网膜纤维组会组织起来产生两个分离点的印象,但是其他视网膜纤维的兴奋可能会抑制第一个兴奋的结果,并阻止我们真正做出那个辨别。然而,更进一步的视网膜过程会给注意中的眼睛带来双重性;而且,一旦在那里,它就会是像我们的生命所给予我们的任何感觉一样真实的感觉。③

(c) 这些种类的错觉或者作为有缺陷辨别的情况,或者作为在整个视网膜过程改变时一个空间感觉向另一个空间感觉的变化,而被排除了,就还只剩下另外两种错觉让我们困惑。第一种就

---

① 参见《眼科学文库》,第 2 卷,1(1859),这里有更多的例子。
② 《研究》,第 250 页;并参见第 242 页。
③ 我略过关于双像的一些来自几个斜视者知觉的困难(比如,施魏格尔(Schweigger):《斜视的临床研究》(*Klin. Untersuch über das Schielen*)(柏林,1881);雅威尔(Javal):《眼科学年报》(*Annales d'Oculistique*),LXXXV,第 217 页),因为那些事实充其量是例外,而且很难解释。支持对这类案例的感觉主义或先天论看法的,见冯克里斯的一篇重要文章,《眼科学文库》,XXIV,4,第 177 页。

是由于投射到斜面上而变形的后像的错觉；第二种则与我们用眼睛对相对距离和大小所做判断的不稳定性相关,尤其包括了人们已知的幻视镜错觉。

我在第 232 页描述了第一种现象。A. W. 沃尔克曼曾经以其惯常的清晰和谨慎研究过这类现象。① 甚至图片上一面想象中倾斜的墙,如果一个后像投到它的上面,也会让其形状变形,会让我们

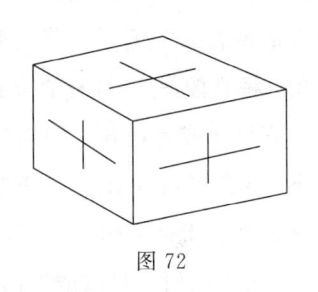

图 72

看到这个后像就是其视网膜上自然投影的形状(如果那个形状在墙上)。因此,在屏幕上按透视法画一块告示板,在眼睛稳定地看一个长方十字之后,转向那个画上去的告示板。后像在告示板上显现为斜腿的十字。它是像图 72 这样的透视图的相反现象,在这个透视图中真正的斜腿图形被看成了长方十字。

我们在第 231—232 页提到过对相对距离和大小的不稳定判断。无论一个对象的网膜像有多大,这个对象都被看成是它自己的正常大小。比如,一个向我们走来的人并没有被感知为在变大；能绰绰有余地在我眼前挡住他的一节手指,还是会被看作比那个人小得多的对象。至于距离,我们经常能够让一个对象的远的部分显得近,让近的部分显得远。用一只甚至两只眼睛稳定地看凹雕的侧面人像,后者马上就不可抗拒地显现为浅浮雕的样子。画

---

① 《光学领域内的生物学研究》(*Physiologische Untersuchungen im Gebiete der Optik*),v。

得和外面一样的普通纸板面具的里面,用一只眼睛在直射光下看,也会显得是外凸的,而不是内凹形。在长时间的凝视之后,错觉是如此之强,一个为我画了这样一个面具的朋友告诉我,他很快就很难弄清该怎么下笔了。将一张名片在中间折弯,形成大约90°的直角;将它像图73那样直立在桌子上,然后用一只眼睛看它。你能让它显得或者是开口朝向你,或者是开口背向你。在前一种情况下,ab角平放在桌子上,b比a离你更近;在后一种情况下,ab好像是垂直于桌面的——像它实际所是的那样——a比b离你更近。① 再用任何一只眼或者两只眼看位于眼睛的高度上方或者下方的酒杯或者无脚玻璃杯(图74)。杯口的网膜像是个椭圆,但是我们可以用两种方式中的任何一种来看这个椭圆——看作b边线比a边线离我们更远的圆的透视图(在这种情况下我们似乎应该是向下看这个圆),或者它的a边线是较远的那条边线(在这种情况下我们应该是透过水杯的b边向上看它的)。随着观看边线方式的变化,杯子本身也变换着它的空间形状,取决于眼睛是在它的下面还是上面,它看上去就会是直向眼睛或者弯离眼睛的。②

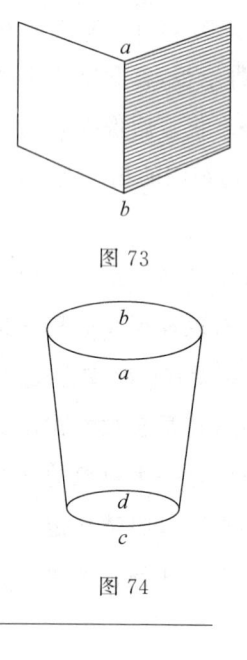

图73

图74

---

① 参见 E. 马赫:《感觉分析论文集》,第87页。
② 参见 V. 埃格,《哲学评论》,XX,488。

第二十章 空间知觉

平面图形也能以多种方式被看成是立体的。比如,图75、76、77就是两可的透视投影,而且每一个都能让我们想到两个不同的自然对象。无论在我们看着图形的那一刻清晰把握的是这些对象中的哪一个,我们好像都在自己的面前看到它全部的立体性。经过些许的练习,我们就能随意让这几个图形从一个对象到另一个对象来回变换(可以这么说)。我们只需注意图上的一个角,并想象它是实心的或是中空的——从纸张的平面上向我们拉过来,还是从这个平面向后推过去,——整个图形就会听从这个暗示,在我们的注视下瞬时发生变换。①

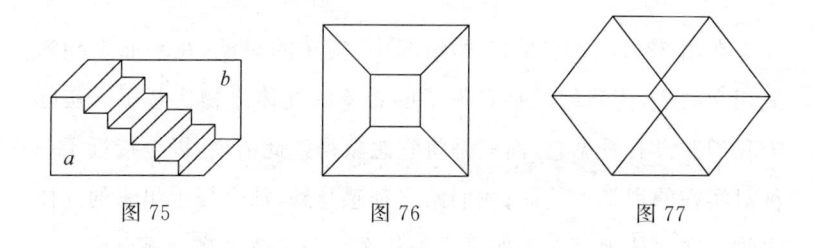

图75　　　　　图76　　　　　图77

所有这些情况的独特之处就是固定视网膜印象所引起的知觉的两可性。我们的视网膜以完全相同的方式为无论是后像、面具还是图形而兴奋起来,我们都是一时看见这个对象,一时看见那个对象,就好像网膜像本身不具有实质性的空间意义。确实,如果形状和长度是原初的视网膜感觉,那么视网膜上的长方形就不应该变成锐角或者钝角的,线条也不应该改变其相对长度。如果浮雕

---

① 洛布(《弗吕格文库》,XL,274)曾经证明,决定浮雕形状的,是眼中适应远近距离的肌肉变化。

是一种视觉感受,它就不应该在所有视觉条件都没有变化的情况下变来变去。空间感觉的否定者本该能够在这里找到他们最后的立足之地。①

必须承认,他们的抗辩初看起来似乎是有道理的。但是,我们在视网膜感受性的判定中发现了两可性的那一刻,就完全抛弃掉这种感受性造就空间的功能是一回事;而无偏见地考察可能引起那种两可性的条件,则是另一回事。前一种方式是廉价、批量和肤浅的;而后一种方式则是困难和复杂的,但最终却会满载而归。让我们自己来试着做这件事情。

在图 73、74、75、76、77 的情况中,实在的对象,在平面上相遇或相交的线,为我们说是看见了的想象的立体之物代替了。实际上我们并没有看见它,而只是将它想象得如此清晰,以至接近于一种对实在的视觉。然而,我们始终都感受到,那个提示出来的立体之物并非立体地存在于那里。为什么一个立体之物会显得比另一个更容易被提示出来,为什么一般来说更容易将那个图形感知为立体的而不是平面的,原因似乎要归结为可能性。② 那些线条在我们过去的经验中曾经无数次地由立体之物画在我们的视网膜

---

① 赫尔姆霍茨反对空间感觉论证中的最有力的段落,是与所见浮雕的这种摇摆不定有关的:"我们不应该得出结论说,如果真的存在浮雕感觉,这些感觉也一定是如此地微弱和模糊,以至与过去经验的影响比较起来根本就没有什么影响吗?我们不应该认为,对第三维度的知觉没有它们也能产生,因为我们现在看到,无论是与它们相冲突还是相一致,这个知觉都发生了?"(《生理光学》,第 817 页)

② 参见 E.马赫:《感觉分析论文集》,第 90 页,以及现在这部书的前面的一章,第 86 页及以下诸页。

第二十章 空间知觉

上,而就那么一次我们在纸上看见它们处于平面的状态。无数次我们向下看平行六边形、楼梯和玻璃杯的上表面,而就那么一次我们向上看它们的底部——所以我们最容易将立体物看作我们从上面看到的样子。

习惯或者可能性似乎也统辖着关于凹雕侧面像和内凹面具的错觉。我们从不曾看见过不是以浮雕的方式出现人的面孔——因此就有了呈现的感觉被压倒的情况。也因此就有了人的面孔、身形以及其他极为熟悉的外凸对象,在通过惠特斯通的幻视镜去看的时候拒绝显现为内凹的那种顽固。我们的知觉似乎是与看对象的整体方式结合着的。对象一旦得到提示,它就以完整的老一套习惯的形式占据了心灵。这解释了在知觉变化了的时候变形的突然性。对象只在这个和那个熟悉的事物之间来回快速变动,而拿不准、不确定和混合的事物则被排除在外,这显然是因为我们不习惯于它们的存在。

当我们从图形转向真实的折叠着的名片和真实的玻璃杯时,想象的形状就好像完全和正确的形状一样真实了。名片折过去了;杯子边缘向这里或者那里倾斜了,就好像某个内部的弹簧突然在我们的眼中松开了。在这些变化中,真实的网膜像接收到来自心中的不同的补充物。值得注意的是,那个补充物与网膜像结合得非常完全,二者好像成为了一体,无法分辨。如果那个补充物是我们所说的(第 237—238 页)一组想象的不在场的眼睛感觉,它们的生动性就决不会亚于眼睛此刻从外部得到的感觉的生动性。

由于投射在斜面上而变形的后像的情况就更奇怪了,因为平面上那个想象的透视图形看上去不是与前一刻眼睛看到的图形相结合,而是抑制并取代了它。① 在所有这一切中需要解释的问题是,在想象的感觉在活力上通常比真实感觉低那么多的情况下,它们怎么会在这些不多的经验中几乎或者完全成为了后者的对手。

当我们注意到所有这些经验所属的那个种类时,这个谜团就解开了。它们是关于确定"事物"的"知觉",确定地位于三维空间之中。心始终如一地使用它的感觉来辨认事物。感觉始终被事物的观念、名称或者"正常的"样子(第 238 页)所统觉。事物视觉标记的特殊之处是它们的极大的可变性。一个我们用眼睛追随并且决不怀疑其物理身份的"事物",会不断改变它的网膜像。在空中挥动的十字和环形物,会经历各种可以想象的角度和椭圆的形状。然而,在看它们的时候,通过在心理上将即叶接收的图像与特殊空间位置的观念结合起来,我们能始终保持对其"真实"形状的知觉。我们感知的不是单纯的十字和环形物,而是这样拿着的十字,这样拿着的环形物。从出生那天起,我们就在生活中不停地通过不断注意它们被放置或持有的方式,来纠正事物的显见形状,并将其转变为真实的形状。没有任何其他种类的感觉中会发生这种不断的纠正。那么,"如此放置"的观念会顽强地发挥其习惯性的纠正作用,甚至在它与之结合的对象只是一个后像时也是如此,并让我们感知后者的一种变化了但却更加"真实"的形状,这又有什么奇怪呢? 这个"真实"形状也是由记忆召回的感觉;但是,在我们恰恰

---

① 我应该说,我好像始终都能随意将那个十字看成是长方的。但这似乎是由于眼睛所看的倾斜平面对长方形后像的不完全吸收造成的。在我这里,那个十字往往会与这个平面分离开,于是看上去就是正方的。我更能从其后像投射到房间的不同表面上时会以不同的方式变成椭圆,并且不容易再被看成圆形的圆那里,得到那种错觉。

第二十章 空间知觉

有了视觉经验的这种结合时,它是那么可能、那么习惯地被唤起,以至它带有了实在的顽强活力,似乎打破了那条在其他地方判定再现过程要比感觉微弱得多的法则。

这些情况再次构成了一个极端。在对不在场感受的想象的清单中,某个地方一定有所有感受里最生动的那个。由这个等级较低位置的情况,来证明这个等级不可能包含这样的极端情况,这是愚蠢的;而由于我们明确地知道为什么每当这些想象召回了习惯和可能事物的形状时,它们都会比其他想象更加生动,这就尤为愚蠢。这些形状通过不断重复地出现和再现,就会在神经系统中掘出深沟。与它们相应,那里会发展出最少阻力、不稳定平衡、在任何一个点被触发时都会整体活跃起来的通路。甚至在客观刺激并不完整时,我们还是能看见一张人脸的整个凸面,一个角的正确倾斜或者一条曲线的弯曲,或者两条线的距离。我们的心像一个多面体,上面的各个面就是它最容易安歇下来的知觉状态。这些面是由习惯的对象在上面磨出来的,而心只能从这些面中的一个翻转到另一个。①

赫林很好地解释了这些习惯性再现出来的形状在感觉上的生动性质。在提醒我们每一个视感觉都与神经器官中的一个物理过程相关联之后,他说:

> 如果像通常发生的那样,这个心理生理过程被撞击视网膜的光线所激起,它的形状不仅取决于这些光线的性质,而且取

---

① 在第十八章边码第 74 页我给出了为什么想象不应该像感觉一样生动的理由。应当记住,那个理由不适用于对实际出现在眼前的事物的真实形状的补充性想象。

决于与视觉器官相联系的整个神经器官的构造,以及它所处的状态。依照这个状态,相同的刺激可以激发起非常不同的感觉。

神经器官的构造自然地部分取决于先天倾向;但是在生命的进程中刺激在它上面形成的效果的总体,无论是来自眼睛还是其他地方,也是影响其发展的一个共同因素。换句话说,不随意和随意的经验和练习,对于决定视神经器官的物质结构,以及它对作为外部刺激的网膜像做出反应的方式,都起了作用。视觉中的经验和练习之所以可能,是其神经物质的再现能力或者记忆的结果。这个器官的每一次特殊活动都让它更加适合重复相同的事情;为重复的发生所需的触动越来越轻微。器官让自己习惯了重复的活动。……

设想在对由特殊网膜像引起的复杂感觉的第一次经验中,一些部分成为了特殊的注意对象。在这种感觉经验的重复中,尽管外部刺激有自己的身份,这些部分还是会更容易和更有力地得到再现;而当这种情况发生了上百次时,复杂感觉的不同成分在引起意识注意方面的不平等性就更大了。

我们在现在的知识状态下还不能断言,上面所说的网膜像在第一次和最后一次发生时都唤起了相同的纯感觉,但是由于经验的缘故心在最后一次对它做了不同的解释;因为我们所知道的唯一给定的事情,一方面是两次相同的网膜像,另一方面是两次不同的心理知觉象;而对于像插在网膜像和知觉表象之间的纯感觉这样的第三个东西,我们一无所知。因此,如果我们想要避开假设,我们就应该只是说,神经器官在最后一次做出了与第一次不同的反应,并因而给予了我们一

第二十章 空间知觉

组不同的感觉。

但是不仅相同网膜像的重复,而且相似网膜像的重复,都使这条法则得以成立。相继经验所共有的网膜像的部分,似乎会比其他部分在神经器官中唤起更强的回声。所以结果就是,再现通常是选择性的:图像的回响更强的部分会比其他部分产生更强的感受。这会使后者在相当程度上被忽视,并被排除在知觉之外。甚至有可能不是这些部分通过选择被排除了,而是一种由完全不同要素构成的感受进入了意识之中——并非客观地包含在刺激中的要素。也就是说,如果将一组感觉再现的强大趋向通过经常的重复已经渗透进了神经系统之中,当并非它的整个网膜像,而只是一个主要部分回来了的时候,这组感觉也很容易作为整体而复苏。在这种情况下,我们获得了网膜像上没有充分的刺激,其存在完全归功于神经器官再现能力的感觉。这就是补充(ergänzende)再现。

所以,几个点和几道不相连的笔画,就足以让我们看见一张人脸,而且如果不对注意加以特别的引导,我们就注意不到我们看到了许多实际并没有画在纸上的东西。加以注意我们就会知道,轮廓在我们以为是完备的地方却是有缺陷的。……然而,由补充再现所填补的知觉象的部分,和它的其他部分一样地依赖于神经器官对网膜像的反应,尽管在填补的部分,这个反应可能是间接的。而且只要它们出现了,我们就完全有权利称它们为感觉,因为它们和与真实视网膜刺激相应的感觉没有任何区别。然而,它们常常是不持久的;它们中的许多会被更仔细的观察驱赶出去,但是并没有证据表明所有情况都是如此。……在单眼视觉中……第三维度上的部分的分布基本是由这种补充再现完成的,也就是说是由先前的经验完成的。……当定位特殊一组感觉的某个方式已经成为了我们的第二自然时,更好的知识、判断和逻辑就都毫无用处了。……实际上不同的事物可以引起相似或者几乎完全一样的网膜像;比如,一个三维对象和它的平面透视图。在这种情况下,得到激发的是哪一组感觉,通常取决于小的偶发事件,特别是我们的意志。……我们可以将一个浮雕看成是像模子那样内凹的,也可以看成是相反的样子;从左边照明的浮雕看上去和从右边照明的它的模子完全一样。考虑到这一点,一个人可以从影子的方向推论出他的前面有一个浮雕,而关于浮雕的观念又会将神经过程引导到正确的通路,于是浮雕感受就突然出现了。……只要网膜像有这样的性质,即神经器官方面的两种不同反应方式可以说是同样或者近乎同样地急迫,那么哪一个反应得到实现就一定取决于小的偶发事件。在这些情况下,我们先前的知识通常会起决定性的作用,并帮助正确的知觉取胜。关于正确对象的赤裸观念本身是一种微弱的再现,在恰当的视网膜图像的帮助下就会发展为清楚和生动的感觉。但是如果不是在神经器官中已经有了产生出判断为正确的知觉象的倾向,我们的知识就无法唤起关于它的感受;我们于是知道,我们看到了某种没有实在与之相应的事物,但我们依然看到了它。①

---

① 赫尔曼的《生理学手册》,III.1,第565—571页。

第二十章 空间知觉

注意,只有可能的对象,只有在再现中我们不断与之打交道的对象,才能在想象中具有这种生动性。对象的拐角始终对眼睛改变着它们的角度,空间改变着它们的显见大小,线条改变着它们的距离。但是没有任何空间中的位置变化,能让一条直线看上去是弯的,而只有在无数位置中的一个位置上,一条断断续续的线才能看上去是直的。相应地,也不可能通过将一条直线的后像投射到一个立体角的两个表面,来让那条线本身给人"弯曲"的感觉。这样来看你房间的角落:那个可以遮住这个角落所有三个表面的后像仍然是直的。沃尔克曼建构了一个像图78那样复杂的投影表面,但是他发现不可能这样将一个直的后像投在上面而改变这个后像的可见形状。

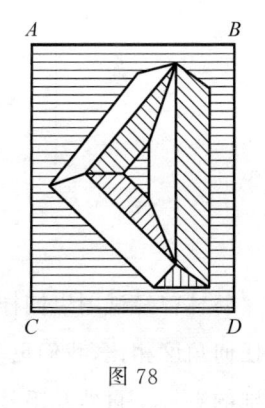

图 78

我们看事物最经常的情境之一就是展开在我们面前的地面上。我们不断地练习使用这个视角,在有视觉透视缩短的情况下,将事物还原为它们的真实形状。所以,如果前面的解释是对的,我们就应该发现这个习惯是根深蒂固的。视网膜的下半部分,习惯于看展开在地面上的事物的较远一半,应该获得了通过想象让图像增大,以使它们比落在视网膜表面较上部位的图像更大的习惯;而且,人们很难逃脱这个习惯,甚至当对象的两半与眼睛的距离相等时(如纸上的一条垂线),情况也是这样。相应地,德博甫发现,如果我们要将这样一条线进行二等分，我们就会将分割点放在比正确位置高出其长度 1/16 的地方。①

同样，画在纸上的正方十字或者正方形，看上去应该比它的宽度更高。读者可以通过看一眼图 79，来证实事实就是如此。由于类似的原因，字母 S 或者数字 8 的上半部分和下半部分，很难看上去有所不同。但是当颠倒过来成为 ꙅ 和 8 的时候，上半部分看起来就大得多了。②

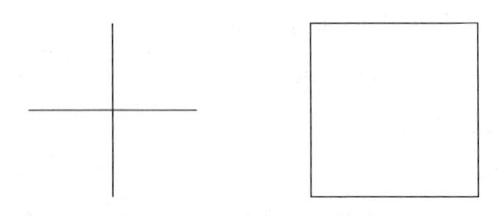

图 79

赫林曾经试图以同样的方式解释我们对小角度的夸大。与其他任何角度相比，我们更关心直角：事实上，人心对于直角有一种特别的兴趣。自然几乎从来不会产生出它们来，但是我们用它们来思考空间，并将它们放置在所有的地方。因此，钝角和锐角就总是容易成为透视缩短了的直角的意象，特别容易在记忆中复苏直

---

① 《比利时研究院公报》(*Bulletin de l'Académie de Belgique*)，第 2 辑，XIX.2。
② 冯特想要通过为眼睛向上运动所需的相对较强的"神经支配感受"，以及由此而产生的对所经过距离的更高估量，来解释所有这些错觉，——他对相关肌肉进行了仔细研究以证明这一点。然而，只要和利普斯一起说明这一点就足够了，即如果神经支配就是一切，那么一个一个的圆柱 S 从下至上垒起来，每一个圆柱就都应该看上去比它下面的那个大，巨大尖塔上的风标也应如此。但事实并不是这样。只有同一个对象的不同部分看上去才在大小上有所不同，因为对透视缩短的习惯性纠正只对展开在我们面前的特殊事物的部分之间的关系起作用。参见冯特，《生理心理学》，第 2 版，II. 96—98；Th. 利普斯，《精神生活的基本事实》，第 535 页。

第二十章 空间知觉

角。很难看着像图80中的a、b、c这样的图形,而不合乎透视地将它们至少看成是透视缩短了的长方形的近似物。①

图 80

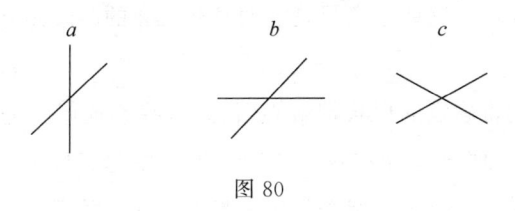

同时,在所有由提示的透视而发生变形的情况下,能够完全从透视中抽离出来的心可以正确地感受我们面前线条的真实感觉形式。个体之间在这种抽离能力方面是有差异的。艺术训练能够提高这种能力,不久之后在垂直二等分、相对于宽度估量高度等等方面就不会再犯错误了。换句话说,我们学会了接受单纯的视感觉。②

---

① 赫林会以这种方式部分地解决图61、62和68的谜团。这种解释无疑有部分的适用性;但是它没能解释错觉在我们定睛凝视时奇怪消失的情况。

② 赫尔姆霍茨试图(《生理光学》,第715页)用让画在我们面前地面正中平面上的一条线能够将其网膜像分别投在两只眼睛上的方式,来解释两个视网膜上显见的垂直经线的叉开。这个问题技术性太强,不适合在这里进行描述;不了解情况的读者可以参阅J. 勒孔特的"视觉"(Sight),《国际科学论丛》,第198页及以下诸页。但是,为了那些非得让我说点什么才满足(verbum sat)的人,我还是忍不住要说,在我看来,两条经线关系的准确性——无论叉开与否,因为它们的叉开在不同个体以及经常在同一个体的不同时间都会有差异——使得它不可能只是由于一条客观的线的网膜像习惯性地落在了两只眼睛上而产生的。比如勒孔特测量它们的位置到了六分之一度,其他人到了十分之一度。这表明两个视网膜感觉有一种器官上的一致性,正中视角水平线的经验应该大体上与之相一致,但是很难产生这样的经验。冯特像往常一样用神经支配感觉(Innervationsgefühl)(在前面引用的书中,II,第99页及以下诸页)来解释这种叉开现象。

于是可以这样总结我们关于错觉的研究,即事物的每一个空间规定最初都是以眼睛感觉的形式给出的,这个观点决不会为这些错觉所损伤。这些错觉只是表明某些想象的眼睛感觉会变得多么有力。

就它们将确定的形状带给心而言,这些感觉似乎完全是视网膜的。确实,眼球运动在我们的知觉训练中起着极大的作用;但是它们与任何一个形状感受的构成都没有任何关系。它们的功能局限于通过追踪视网膜条纹而激发起各种形状感受;以及通过将视网膜表面的不同部分应用于同一个客观事物而对这些形状感受相互之间进行比较和测量。除了一两处笔误之外,赫尔姆霍茨对我们的"视野测量"事实的分析是很出色的,并似乎证明眼动与视网膜等量感觉的产生有某种关系——注意,是不同视网膜形状和大小的等量,而非形状和大小本身的等量。迭加就是眼动实现这一结果的方式。对象在视网膜的一个外周带上画出 AB 线。我们很快地移动眼睛,以使这同一个对象在一个中心带上画出 ab 线。立刻,我们的心就将 AB 和 ab 判断为相等的了。但是如赫尔姆霍茨所承认的,这个相等判断独立于我们感受不同视网膜图像本身的形状和长度的方式:

> 视网膜就像一个圆规,我们相继将它的两个尖应用于不同的线的两端,看看它们的长度是否一致。关于这个圆规我们需要知道的只是它的两个尖之间的距离是保持不变的。至于那个距离是多少,以及这个圆规的形状是什么,则是无关紧要的。①

---

① 《生理光学》,第 547 页。

第二十章 空间知觉

测量意味着有一个要测量的东西。视网膜感觉给出这个东西;客观的事物是标尺;运动则进行着测量的操作;当然,只有在相同对象有可能落在许多网膜带上的情况下,这个测量才能进行得好。如果那些带相互间形成了一个大的角度,这实际上就不可能了。但是对象的视象特别容易沿着视野中的某些方向、某些网膜线滑动。于是,这个对象就变成了赫尔姆霍茨所说的这些线的"尺子",①如果这个对象在看得最清楚的部分看上去是直的,它就使这些线始终都看上去是直的。

但是,这个迭加的需要只是表明,运动感受本身毫无准确的空间意指。就像我们通过将两个网膜带相继迭加在同一条客观的线上,来比较这两个网膜带的空间值那样,我们也必须将客观的角和线迭加在同一条网膜带上,来比较这些角和线的空间值。如果眼动通过比如纯肌肉感受或神经支配而被直接理解为空间中确切的长度和方向,这两个方法就都不需要了。要比较网膜带,只要注意任何视象在其上移动时它感受起来是怎样的就够了。两条客观的线,通过让不同的网膜带沿着它们移动,就像将它们沿着同一个网

---

① "我们能够用这样的方法,即在平面上先画出一条尺子所能画的线,然后沿着所画的线滑动尺子再画一条等等,来用一条短尺画出我们想要多长就多长的线。如果尺子完全是直的,我们就用这个方法得到一条直线。如果尺子有点弯,我们就得到一个圆。现在,我们不是滑动尺子,而是使用视野中最清晰视觉的中心点,带着线形的视感觉,它会不时地得到加强,直到成为后像。在看的时候,我们追随这条线的方向,并沿着它自身来滑动这条线,使这条线得以延长。在平面上,我们能用任何种类的直尺或曲尺来进行这样的操作,但是在视野中,对于眼睛的每一个方向和运动来说,只有一种线有可能让我们在它自己的方向上连续滑动。"这就是赫尔姆霍茨所说的视野的"方向圈"——他以其惯常的谨慎研究过这些线。参见《生理光学》,第 548 及以下诸页。

膜带放置一样,也能得到比较。比较非平行的图形会和判断平行的图形一样容易。① 要用等量的运动来经过的图形是相等的,无论运动发生在什么方向。

一般性的总结

我们可以以此结束这项过长而且恐怕对许多读者来说也是乏味的详细考察了。视觉方面的事实构成了一个错综复杂的丛林;那些深入到生理视觉中的人,会更多地为我们的遗漏而非我们陈述的大量细节所吸引。但是对于只见树木不见森林的学生,我将从开始处对我们整个论证的要点进行简要概述,然后再做一个简短的历史回顾,这将会让他们放松下来。

我们的所有感觉都确定而不可思议地是有广度的整体。

促成空间知觉的感觉似乎只局限于皮肤、视网膜和关节的表面。"肌肉"感受对形状、方向等等感受的产生没有明显的作用。

皮肤或视网膜感受的总体大小很快就被辨别注意再分了。

因为由在表面移动的刺激所引起的感觉具有特别兴奋的性质,所以运动帮助了这种辨别。

再分的部分一旦得到辨别,就获得了相互间在整个空间中的确定位置关系。这些"关系"自身是对其间再分部分的感受。当这些再分部分不再是刺激的所在时,这些关系就只能以想象的形式再现了。

---

① 参见赫林,在赫尔曼的《生理学手册》,III.1,第553—554页。

第二十章 空间知觉

各种感觉空间起初是不连贯的；而且，在体积和形状上，各种感觉空间以及其再分部分最初都只能模糊地进行比较。

空间知觉的训练主要在于两个过程——将各种感觉感受折合为一种共同的量度，并将它们加在一起成为实在世界单一而无所不包的空间。

测量和添加都是在事物的帮助下进行的。

我们知道的所有实际或可能、运动或静止的事物所占据的位置在想象中的聚合，就是我们关于"真实"空间的观念——在所有人的心中这都是一种非常不完备和模糊的概念性认识。

空间感受相互间的测量，主要是通过由同一事物相继唤起不同的空间感受，将某些感受选作对这个事物的真实大小和形状的感受，将其他感受降低到只是这些感受的标记的地位来实现的。

要将同一事物相继应用于不同的给出空间的表面，运动是必不可少的，而且在我们的空间训练（特别是眼睛的空间训练）中起着巨大的作用。抽象地考虑，对象在敏感表面上的运动应该和敏感表面在对象上的运动一样好地训练我们。但是带有那个表面的器官的自我运动会极大地推进这个结果。

在得到过充分训练的空间知觉中，呈现的感觉通常就是赫尔姆霍茨（《生理光学》，第797页）所说的"要由知性来对其意义进行解释的一个标记"。但是在这个过程中知性完全是再现的，而决非创造的；而且它的功能仅局限于对呈现的感觉曾经与之相联结，并且可以被判断为比呈现的感觉更真实的以前空间感觉的回忆。

最后，在某些视觉形状方面，这种再现可以和实际感觉一样或者几乎一样生动。

第三维度构成了我们全部空间感觉的一个原初要素。在眼睛这里,它为各种辨别所再分。距离较远的再分部分通常会被完全遮蔽住,而且由于受到抑制,就具有了减少整个视野的绝对空间值的作用。①

历　　史

现在让我们用简短的历史回顾来结束讨论。空间知觉研究的第一个著名成就是贝克莱的视觉理论。这个理论要确立的两个要点是,第一,距离不是意识的视觉形式,而是由视觉标记所提示的意识的触觉形式;第二,没有任何性质或"观念"为触觉和视觉所共有,以至一个人在经验之前就有可能从对象看上去的样子,去对其感受到的大小、形状或位置有任何预期,或者由其触觉预期任何它看上去的样子。

换句话说,贝克莱决定性地确立了我们已经解释过的各种感觉空间的原初混乱或者半混乱状态;他将描述这些感觉空间,使其和谐一致地全都指向同一个有广度世界的方式的问题,留给了心理学。

他的英国追随者们以贝克莱自己的方式,而且在很大程度上像我们自己所做的那样,通过由联想而相互提示的各种感觉的观

---

① 整个视感觉的绝对空间值的缩小或扩大,在我看来依然是这整个问题的最难解的部分。它是一种真实的视感觉,内省地看似乎与运动器官或其他方面的提示没有任何关系。很容易说"理智产生了它",但是这句话的意思是什么?想要阐明这一点的研究者很可能还要解决其他的困难。

第二十章 空间知觉

念,解决了这个问题。但是,或者因为陶醉于联想原则,或者因为在一些细节上迷失了方向,他们通常忘了说明,其后要与这么多其他感觉标记相联结的那种原始空间经验的感觉形式是什么。没有听从其老师洛克的箴言,即心不能对自己形成任何新的简单观念,他们似乎在很大程度上试图通过单纯地将原本没有广延性质的感受联结在一起,来解释广延的性质本身,说明这个性质和引出这个性质。他们先是通过将广延等同于单纯的"共存"来蒸发掉这个性质,然后又将共存解释为和相继是同一个东西,只要它是一种极为快速或者可逆的相继。这样,空间知觉的出现就无需任何假定了。唯一假定的事情是没有广延的感受和时间。托马斯·布朗(演讲23)说:"我倾向于将普遍设想的过程完全颠倒过来;不是从广延中获得时间的测量,而是从时间中获得广延的知识和对广延的最初测量。"布朗和两位密尔都认为,视网膜感觉,颜色,在最原始的状态下感受起来是不带广延的,广延只是逐渐与它们不可分地联结在一起了。约翰·密尔说:"无论围住两种颜色的一条线会传送什么视网膜印象,我们都没有根据认为,仅仅通过眼睛就能获得我们现在说一个颜色在另一个颜色的外面[旁边]时所意指的概念。"①

与这些无广延的颜色感觉如此不可分地联结在一起的广延来自哪里?来自眼睛的"扫视和运动"——来自肌肉感受。但是如贝恩教授所说,如果运动感受能为我们提供任何的事物属性,"它应

---

① 《汉密尔顿研究》,第3版,第283页。

该不是空间,而是时间。"①约翰·密尔说,"从根本上说,空间观念就是时间观念。"②那么,空间就不会出现在任何最初的感觉中,而是,用贝恩的话说,"除了这些不同(非空间的)运动和感觉效果的联想以外,作为一种性质,它没有其他来源,也没有其他意义。"③

对于认为联想不会产生任何东西,而只是将已经以不同方式产生出来的东西联结在一起的人来说,这个短语听起来十分难以理解。事实上,英国联想主义学派在试图表明他们的原则能取得多大的成就时,已经完全越过了这个目标,并倡导了其哲学的一般宗旨应该会让他们拒绝的一种空间知觉理论。事实上只存在三种可能的空间理论。或者(1)完全不存在感觉的空间性质,空间只是相继的一种象征;或者(2)某些特殊的感觉直接给出了广延性质;或者,最后(3)有一种性质产生自心的内部资源,它笼罩住最初没有空间性质,但被置入了空间形式之后就统一起来并有了秩序的感觉。最后这个是康德的观点。斯顿夫很好地称它为"心理刺激"理论,未加工的感觉被看作心的刺激物,让心发挥出它沉睡着的能力。

布朗、两位密尔和贝恩似乎在这些可能性中间像迷途的羔羊一样迷路了。对于两位密尔所说的"心理化学"——与冯特的"心理综合"完全是一回事,我们很快将会看到,这是一条明确地想要做联想所不能做的事情的原理——他们持有第三种观点,但是在其他地方则暗示了第一种观点。而且,在将任何没有包含在感觉之中的东西由单纯的联想联结起来的不可能性,与对允许自发性

---

① 《感觉和理智》,第 3 版,第 183 页。
② 《汉密尔顿研究》第 3 版,第 283 页。
③ 《感觉和理智》,第 372 页。

第二十章 空间知觉

心理创造的厌恶之间,他们在痛苦的两难困境中挣扎。萨利先生以一种我必须说是模糊和摇摆的方式在这个地方加入了他们。斯宾塞先生当然一定要声称能够从与它们自身不同的前事中"发展出"所有的心理性质,所以我们也许无需对他拒绝把空间性质给予任何产生出空间知觉的各个最初感觉而感到惊讶了。因此(《心理学》,II. 168,172,218):

> "没有任何广延观念能够产生自"大量像皮肤或视网膜那样的神经终端的"同时兴奋",因为这意味着"关于它们的相对位置的知识"——也就是说,"先已存在的关于一种特殊广延的观念,这是荒谬的。""相继意识状态之间的关系自身不能产生任何广延观念。""与运动相伴随的肌肉感觉和与它们相联结的空间和时间观念是完全不同的。"

斯宾塞先生还是猛烈抨击了康德的立场,即空间是由心自己的资源生产出来的。然而他在任何地方都没有否认空间是与时间不同的特殊的意识作用!

这样的不一致性令人惋惜。实际上,从根本上说,所有这些作者实际上都是"心理刺激论者"或康德主义者。他们所说的空间是一种超感觉的心理产物。在我看来,这个立场完全是神话般的。但是让我们看看那些更清楚自己想法的人是如何持有这一立场的。叔本华比其他任何人都更有力和更清晰地表达了康德的观点。他说:

> 一个人一定会为众神所抛弃,去梦想那个我们看见在自己之外的世界,充满了三维的空间,经过无情的时间之流,每

一步都为不变的因果法则所统辖,——但在这一切中,都只遵循我们在所有的经验之前指定给它的规则,——我是说,去梦想这样一个世界存在于我们之外,具有相当客观的实在性,没有我们的合谋,随后由一个动作,通过单纯感觉的方式,它进入我们的头脑,并重建一个像它在外部世界一样的它自己的复制品。这个单纯感觉是一个多么贫乏的东西!甚至在最高贵的感觉器官里,它也只不过是一种局部和具体的感受,在它自己的种类里可以有少许的变化,但始终是完全主观的,本身不包含任何客观的东西,不包含任何与知觉相类似的东西。因为每一种感觉都是并且一直是有机体自身内部的过程。所以它的领地就局限于皮肤里面,它自身相应地就始终不能包含任何在皮肤之外或者我们自己之外的东西。……只有当知性……活跃起来,让其专有和唯一的形式——因果法则——发挥作用的时候,将主观感觉变成对象直观的巨大转变才会发生。也就是说,知性通过其先天的、前验的和先于经验的形式,将身体的给定感觉理解为必然有一个原因的结果。同时,知性召唤同样已经在理智(或大脑)中已经预先形成了的外感觉的形式——这就是空间——来帮助它,以在有机体的外面找出那个原因。……在这个过程中,如我很快将会表明的那样,知性留意到给定感觉的最微小的特性,以在外部空间中建构起能够完全对它们做出解释的原因。然而,知性的运作不是凭借语词和概念而推论地、反思地和抽象地发生的;而是直观的和直接的。……所以,知性必须首先创造出对象的世界;后者(自身(in se)已经是完备的)决不会只是通过感觉和

第二十章 空间知觉

器官的孔眼漫步进我们大脑的。因为感觉只能为我们提供未加工的原材料,这些原材料必须通过前面所说的空间、时间和因果性的简单形式,而首先被加工成关于一个有序物理世界系统的对象性的概念性认识。……让我通过表明那个美好结构由此建立起来的材料是多么地原始,来表明感觉和知觉之间的巨大裂缝。只有两种感觉能为对象知觉所利用:触觉和视觉。它们独自提供了知性(通过已表明的过程)由以建立起对象世界的材料。……这些材料本身还不是知觉;那是知性的工作。如果我将手压在桌子上,我得到的感觉与关于这块东西的各个部分牢固结合着的观念没有相似之处:只有当知性由这个感觉到达其原因时,它才为自己创造出了一个带有坚固性、不可穿透性和硬的属性的物体。在黑暗中将手放在一个表面上,或者抓握一个直径为 3 英寸的球,在这两种情况下,接收印象的是我的手的相同部分:但是由这两种情况下手的收缩的不同,知性建构起了与其接触引起了那种感受的物体的形式,并通过引导我在那个物体上移动自己的手来确认它的建构。如果一个生来就盲的人拿着一个立方的物体,他手上的感觉在所有的面和所有的方向上都相当一致,——只有那几个角压在他皮肤的较小部分上。在这些感觉中没有任何东西与一个立方体相类似。但是从感受到的阻力中,他的知性直接和直观地推论出一个原因,此时它呈现为一个立体物;从在手的感受保持不变时手臂所做的探索运动中,他在其前验地知道的空间中建构起了这个物体的立方形状。如果他没有现成的原因和空间的观念,以及关于原因和空间的法则，从他手上的那些相继的感受中就决不会产生出立方体的意象。如果让一根细绳在握紧的手中穿过，我们立刻就会将一个长圆柱体在一个方向上的均匀移动，建构为手中的摩擦及其持续时间的原因。但是，从手中的纯感觉里，决不会产生出运动观念，即关于通过时间而在空间中发生的位置变化的观念：这样的内容决不会存在于感觉之中，也不会由感觉所引起。我们的理智必须在所有经验之先自身就带有空间和时间的直观，还有运动之可能性的直观，更不用说因果性的观念了，才能由经验地给与的感受到达它的原因，并将后者建构为这样运动着并有着所表明形状的物体。因为在手上的单纯感觉和因果性、物质性以及发生在时间中经过空间的运动的观念之间，有一条多么巨大的深渊啊！手上的感觉，甚至在接触和位置都不同的情况下，也是某种内容太过一致和贫乏的东西，不可能由它建构出三维空间的观念，建构出带有广延、不可穿透性、结合、形状、硬、软、静止、运动——总之，对象世界的基础——性质的物体相互作用的观念。这只有通过在理智自身之中预先形成空间、时间和因果性才有可能，……由此我们可以推出，关于外部世界的知觉本质上是一个理智过程，是知性的工作，对此感觉只是提供了时机，以及在每一个具体情况下所要解释的材料。①

我说这个观点是神话般的，因为我在自己的心里意识不到这

---

① 《充足理由律的四重根》(*Vierfache Wurzel des Satzes vom zureichenden Grunde*)，第 52—57 页。

种康德式的机械车间,感受不到以这种残忍方式轻视可怜的感觉能力的理由。我没有关于在心理上产生或创造出空间的内省经验。我的空间直观不是发生了两次,而是发生了一次。并不存在片刻的为另一个主动的有广延知觉所跟随的被动的无广延感觉,我所看到的形状是和充实着它的颜色一样直接地感受到的。谁能否认心的更高级的部分加入了进来?它们进行着加和减、比较和测量、再现和抽象。它们将空间感觉与理智关系交织在一起;但是空间系统要素之间的这些关系,与世界所由以构成的任何其他要素之间的关系是一样的。

康德派论点的实质是,不存在多个空间,而只有一个空间——一个无限延伸的单元——我们关于它的知识不可能是一个由聚合和抽象而造成的零碎的感觉事件。对此,显而易见的回答是,如果任何已知事物的脸上都带有零碎建构和抽象的相貌,这就是关于世界之无限统一的空间的观念。它是观念,而非直观。我们大部分人都是以最简单明了的象征性的简略方式理解它的;如果我们偶尔试图要让它更充分些,我们也只是将一个可感觉的广延的意象添加到另一外之上,直到我们厌倦了。我们大部分人在思想身后空间的时候,都不得不转过身来,并将关于前面空间的思想丢放掉。而且,被表象为离我们近的空间,比我们认为离得远的空间能有更细的再分。

其他讨论空间问题的杰出的德国作者也是"心理刺激论者"。影响最为广泛的赫尔巴特说"静止不动的眼睛看不见空间",[①]并

---

① 《作为科学的心理学》,第111节。

且将视觉上的广延归因于与非空间视网膜感受结合在一起,使后者形成为渐变序列的运动的作用。这个序列里的给定感觉,以正常的次序再现其联想项的观念,而这个感觉的观念同样又会以颠倒的次序为那些联想项中的任何一个所再现。从这两个不同再现过程的融合中就产生了空间形式①——天知道是怎么产生的。

显而易见的反驳是,单纯的序列次序是一个属,而空间秩序则是那个属的一个非常特殊的种;还有,如果可颠倒序列里面的项,由于那个事实而变成了在空间中共存的项,那么,音乐的音阶、热和冷的度数以及所有其他在观念上分了级的序列,就都应该以有广延的有形聚合物的形式对我们显现出来,——广为人知的是它们并非如此,尽管我们当然可以用一个空间图式来象征它们的次序。赫尔巴特派的 W. 沃尔克曼·冯沃尔克玛大胆地处理了这里的难局,说肌肉的等级是有空间广延的,尽管他承认其空间并不属于实在的世界。② 我不知道任何其他如此大胆的赫尔巴特派的人。

我们应该将大量使用的"位置标记"这个术语归功于洛采。他坚持主张,空间不可能从外面直接迁移到心中,而是必须由灵魂重建起来;而且他似乎认为,灵魂对它的最初重建一定是超感觉的。但是洛采没有能解释,为什么感觉自身不会是灵魂原初的空间重建活动。

---

① 《作为科学的心理学》,第 113 节。
② 《心理学教科书》,第 2 版,第 2 卷,第 66 页。沃尔克曼的第 5 章里很珍贵地收集了关于空间知觉理论的历史关注。

第二十章 空间知觉

冯特一生致力于详尽阐述一种空间理论,在他的《逻辑学》(II.457—460)中有这个理论的最近和最终的表达。他说:

> 在眼睛这里,空间知觉有某些不变的特性,这些特性证明,单一的视感觉本身都不拥有广延的形式,但是不同的感受在我们空间知觉的各处结合起来。如果我们只是设想清楚的感觉本身感受起来是有广延的,那么这个设想就会为清楚地存在于视野测量中许多正常错误里的视觉中的运动作用所破坏。另一方面,如果我们假定运动及其感受独自就拥有广延的性质,那么我们就是提出了一个没有正当理由的假说,因为这个现象确实迫使我们承认运动的作用,但却没有给予我们将视网膜感觉看作无关紧要的权利,因为没有视网膜感觉就没有视觉观念。那么,如果我们希望严格地表达给定的事实,我们就只能将空间构造归于视网膜感觉和运动感觉的结合。

所以,将理论区分为"先天论"和"发生论"的冯特,称他自己的理论为发生论。为了将其与同类的其他理论相区分,他将它命名为"复杂位置标记理论"。

> 它假定两个位置标记系统,我们可以将二者的关系——以眼睛为例——看作是……用简单的运动位置标记系统对繁多的视网膜位置标记系统进行的测量。在心理性质上,这是一个联想综合的过程:它表现为两组感觉融合为一个产物,后者的基本成分在观念中不再是可以相互分开的了。在完全融化进它们创造的那个产物时,它们变得在意识上不可区分了,心只能领会它们的结果,即空间直观。

所以,在这个心理综合和那个化学综合,即由简单之物产生出对直接知觉显现为带有新属性的异质整体的复合物之间,有某种类似之处。

现在不要让谦虚的读者以为,如果这让他听起来模糊难解,那是因为他不了解整个的语境;也不要让他以为,如果一位像冯特这样的博学教授会如此流畅和自信地谈论"结合"和"心理综合",这一定是因为这些语词对博学的心比对缺少知识的心传达出了更加充实得多的积极意义。实际上完全相反;这个短语的全部优点都只在其单纯的声音和外皮上。学习只能使人对其内部的难以理解性变得更敏感。冯特的"理论"是世界上最脆弱的东西。它开始于一个不正确的假定,然后用一个无意义的短语纠正它。视网膜感觉是空间的;如果它们不是,那么任何与同样没有空间的运动感觉的"综合",就都不能在可以理解的意义上使它们成为空间的。总之,冯特的理论只是一种公开承认的无能,是向灵魂的神秘力量的求助。① 它承认我们不能在意识中分析空间性质的构造或者找出它的起因。但它同时又说,它的前事是心理的而非大脑的事实。在将这个性质称为感觉性质时,我们自己的解释同样也否认了分析它的能力,而只能说它的前事是大脑的而非心理的——换句话说,它是第一个心理事物。这只是一个可以由读者自己决定的可能事实的问题。

---

① 既然我们马上就不得不像冯特那样写:"如果我们必须将空间直观看作只是我们的心理和物理构造的产物,那么就没有什么能妨碍我们将它称为意识所拥有的先验功能之一了,"(《逻辑学》,II.460)为什么要谈"发生论"?

第二十章 空间知觉

那么关于赫尔姆霍茨要说些什么呢？我能对总体上我认为是科学领域里面人类创造能力的四或五个最伟大纪念碑之一的书进行挑剔吗？如果是真理的推动，我就必须乐于冒险尝试。在我看来，只要不离开特殊的事实，赫尔姆霍茨的才能就能最安全地发挥。无论如何，它在纯思辨段落中的表现是最弱的，《生理光学》中这样的段落尽管有许多优点，但是在我看来却是在根本上摇摆和模糊的。赫尔姆霍茨辩护的"经验论的"观点是，我们所感知的空间规定在每一种情况下都是无意识推论过程的产物。① 这个推论类似于归纳或类比推论。② 我们总是看见那个**在习惯**上引起我们此时感觉的形状。③ 但是这后一个感觉决不会具有内在空间性，否则它的内在空间规定就决不会那么经常地被其经常提示的"错觉"空间规定所压倒。④ 由于错觉的规定可以追溯到经验的提示，"真实的"规定也必须是这样的提示；那么所有的空间直观就都仅只产生自经验了。⑤ 为此所需的唯一心理活动是观念的联想。⑥

但是人们可以问，联想如何能产生出并非存在于联结事物之中的空间性质？我们如何能够通过归纳或类比，推论出我们并非已经一般性地知道的东西？"经验的提示"能再现最初不包含在任何特殊经验中的要素吗？这就是必须要用来对赫尔姆霍茨的"经

---

① 第430页。
② 第430、449页。
③ 第428页。
④ 第442页。
⑤ 第442、818页。
⑥ 第798页。并参见《通俗科学演讲》，第301—303页。

验论的"理论作为一个理论来进行评判的要点。所有在这个要点上是模糊的理论,都配不上这个名称。

然而,赫尔姆霍茨确实就在这一点上是模糊的。他好像曾经一度求助于灵魂的神秘力量,并让自己站到了"心理刺激论者"一边。他谈起康德就好像后者在将经验的内容与由心的特殊能力提供的形式——空间、持续时间——区分开来的问题上迈出了根本性的一步。① 但是在其他地方,②在谈到将具有确定空间性质的感受直接与某些神经事件联系起来的感觉主义理论时,他说,最好假定只有这样的简单心理活动是我们知道其存在的,并举了观念的联想作为他所说的意思的例子。后来,③他又承认看不出神经过程如何能够在没有先在经验的情况下产生出现成的(fertige)空间知觉,从而强化了这个看法。最后,在一个重要的句子里,他谈到触觉,就好像它们可以是我们的空间知觉象的原材料——从视觉的观点看,这"可以被设想为是被给予的"。④

当然,使用眼睛的人在必要时有权利求助于使用皮肤的人。但是这难道不是意味着他只是一个使用眼睛的人,而不是一个完全的心理学家吗？换句话说,我们不能将赫尔姆霍茨的《光学》和在那里提出的"经验论的理论",理解为是在尝试回答空间意识是如何进入心中的这个一般性的问题。它们只是否认空间意识是和

---

① 第456页;并参见428,441。
② 第797页。
③ 第812页。
④ 第797页的末尾。

第二十章 空间知觉

最初的视感觉一起进入心中的。① 我们自己的解释坚持断言它那时进入了心中；但是我们和赫尔姆霍茨一样也没有声称要去表明为什么。将一个事物称为最初感觉的人，承认他没有关于其产生的理论。赫尔姆霍茨虽然始终没有一个系统阐述的理论，却让世人都以为他有一个。他极好地描绘了再现过程在我们的空间视觉中所起的巨大作用，却从来没有——除了在那句关于触觉的可怜的短小句子里——告诉我们它们再现的是什么东西。他将自己局限于否认它们再现的是视觉上的原初者。这个问题是如此地困难，流行语在通俗科学家耳中是那么地具有魔力，很可能如果他写的是"生理学的"而非"先天论的"，是"唯灵论的"而非"经验论的"（赫林提示了这些同义词），他现在的许多经验进化的追随者，就会在他的学说中找不出任何值得赞扬的东西了。但是由于他不是这样写的，他们就欢呼他是第二个洛克，对"天赋观念"这个老妖怪给予了另一次致命的打击。他们可能会将其"先天论的"对手赫林想象为现代伪装下的经院哲学家——上帝饶恕我这样说！

在冯特和赫尔姆霍茨之后，德国最重要的反感觉主义的空间哲学家是利普斯教授。他从一系列连续却分离着的非空间差异中演绎出空间来，这个演绎是一件敏锐而具逻辑性的杰作。然而他不得不承认，连续的差异起初只是形成了一个逻辑的序列，这个序

---

① 事实上，借用 G.E. 米勒教授的一个明喻[《感性注意力的理论》(Theorie der sinnl. Aufmerdsamkeit)，第 38 页]，赫尔姆霍茨知觉哲学中的各种感觉与由它们而感知的"对象"的关系，和一群快活的酒鬼与其房东的账单之间的关系是一样的，虽然谁都没有钱，却都希望对方有一个人会付账。

列不必看上去是空间的,而且无论它看上去是否如此,这都必须被看作一个"事实",只产生自"灵魂的性质"。①

利普斯以及除赫尔姆霍茨以外的所有反感觉主义理论家,似乎都对沙德沃斯·霍奇森(Shadworth Hodgson)先生花大力清除的那个混淆,即将对一个观念的分析与产生这个观念的手段混淆起来,负有责任。比如,利普斯发现我们想到的每一个空间都能被分散到不同的位置,于是得出结论说,在聚合的空间能够呈现给知觉以前,不同的位置必须以某种未阐明的方式先已存在于思想中了。同样,斯宾塞先生将广延定义为"共存位置关系的聚合",说"每一个对大小的认知都是对位置关系的认知",②而且"没有广延观念能够从"许多神经的"同时兴奋中产生出来,除非已经有了关于它们的相对位置的知识。"③同样,贝恩教授坚持认为,空间的真正意义就是运动的范围,④所以距离和大小不可能是眼睛感受性的原初属性。同样,因为运动可以被分析为运动者在相继瞬间所占据的位置,哲学家们(比如叔本华,如前面引证过的)就一再否定它之为一种直接感觉的可能性。然而,我们已经看到,它是我们所有空间感觉中最直接的一个。因为它只能发生在一个确定的方向,所以不可能在没有感知其方向的情况下感知到它,就已经是被判定的了——最简单的实验就可以推翻的一个判定。⑤

---

① 《精神生活的基本事实》(1883),第 480、591—592 页。《心理学研究》(1885),第 14 页。
② 《心理学》,II. 第 174 页。
③ 同上,第 168 页。
④ 《感觉和理智》,第 3 版,第 366—375 页。
⑤ 参见霍尔和唐纳森,《心》,X. 559。

这是我曾经称之为"心理学家谬误"的一种情况：对空间的单纯亲知被看作等同于每一种关于它的知识，后者的条件是为前一种心理状态所必需的，而且各种虚构的过程也被拿来派上用场。① 人们也可以说，因为世界包含着它的所有部分，所以我们只有通过无意识地将这些部分在头脑中汇总起来，才能理解它。这就是那个从先已存在的潜能中得出我们的实际知识的古老观念。这个观念无论在形而上学的方面有多少价值，在心理学中都没有用处。

我自己的感觉主义解释从赫林、A. W. 沃尔克曼、斯顿夫、勒孔特（Leconte）和舍恩（Schön）的著作中得到了最多的帮助和鼓舞。所有这些作者都给予了被天才的贝克莱看作存在于我们全部视觉活动中的那个**经验**以广阔的空间。他们让**经验**有事可做，而那个自命的"经验论"学派却忘记了这一点。在我看来，斯顿夫是所有这些作者里面最有哲学头脑和最深刻的一位；我对他所欠甚多。如果詹姆斯·沃德先生发表在《大英百科全书》上的"心理学"一文出现在我写下自己的思想之前，我对他的所欠无疑也几乎会是一样地多。在各种语言中都有关于这个问题的大量文献。我自己满足于在这个问题的视觉部分提及赫尔姆霍茨和奥博特生理光学著作中的参考书目，以及在一个注释中提到以一般方式处理这

---

① 这种混淆的其他例子，看看萨利先生："关于除了特殊距离之外还可以有一般距离观念的谬误假定"（《心》，III，第 177 页）；以及冯特："等待经验为它提供对实在空间指称的一种不确定定位，与定位观念本身是矛盾的，后者的意思是对一个确定空间点的指称。"（《生理心理学》，第 1 版，第 480 页）

个问题的最好的英语著作。①

---

① G.贝克莱:《视觉新论》;塞缪尔·贝利(Samuel Bailey):《贝克莱视觉理论评论》(*A Review of Berkeley's Theory of Vision*)(1842);J.S.密尔的"贝利评论"(Review of Bailey),在他的《论文与专题演讲》(*Dissertations and Disquisitiions*),第2卷;Jas.费里尔:"贝利评论(Review of Bailey)",在《哲学遗稿》第2卷;A.贝恩:《感觉和理智》,"理智",第1章;H.斯宾塞:《心理学原理》,第6部分,第14、16章;J.S.密尔:《汉密尔顿研究》,第13章(对所谓英国经验论立场的最好陈述);T.K.阿博特:《视觉与触觉》,(1861)(第一部对事实进行细致研究的英语著作;阿博特先生坚持认为视网膜感觉最初就是三维空间的);A.C.弗雷泽(A.C.Fraser):"阿博特评论"(Review of Abbott),《北英评论》(*North British Review*),1864年8月;另一篇评论在《麦克米兰杂志》(*Macmillan's Magazine*),1866年8月;J.萨利:《心理学提纲》,第6章;J.沃德:《大英百科全书》,第9版,"心理学"文,第53—55页;J.E.沃尔特:《空间和物质知觉》(1879)——我还可以提及G.克鲁姆·罗伯逊教授、J.沃德先生和笔者在《心》第13卷进行的"讨论"。——现在这一章只是对发表在1879年1月《思辨哲学杂志》(XIII.64)上的名为"空间感受质"的文章进行细节上的填补的结果。

第二十一章① 对实在事物的知觉

信　　念

每个人都知道想象一个事物和相信其存在之间，以及设想一个命题和默认它为真之间的区别。在默认或相信的情况下，对象不仅为心所理解，而且被认为具有实在性。信念因此就是认识实在事物的心理状态或功能。在后面的使用中，"信念"将意指每一个程度的确信，包括带有最高可能性的确定性和坚信不疑。

如我们所知道的，每一个心理状态都可以用两种方式来研究。第一，分析的方式：它包括什么？它的内在性质是什么？它是由哪种心的要素构成的？第二，历史的方法：它的产生的条件，以及它与其他事实的联系是什么？

在第一种方式下我们不能走得很远。在其内在性质方面，信念或者实在感，是一种与情绪关联最为密切的感受。白芝浩先生明确地称它为确信的"情绪"。我刚刚说它是默认。它与意志心理学中的同意最为相像。所有人都知道同意是我们的主动性质的一个表现。人们自然会用"愿意"、或者"倾向于"这样的术语来描述

---

① 重印自 1869 年 7 月的《心》，并有增补。

它。同意和信念的共同特征,是通过一个内在稳定的、排除了矛盾观念而牢固充实心中的观念的到来,而停止了理论上的不安。当这种情况出现时,很可能就会有运动结果相跟随。所以,以站在纯理智一边为特征的同意和信念的状态,都与其后的实践活动有紧密的联系。心理内容的内在稳定性,既是相信的特征,也是不相信的特征。但是我们很快就会看到,如果我们不相信任何事物,那一定是因为我们相信某个与之相矛盾的东西。① 所以,不相信是从属于相信的一种复杂情况,无需对它本身进行考虑。

从心理学的方面考虑,相信的真正对立面是怀疑和探究,而不是不相信。在这两种状态中,我们心的内容是不安的,由此产生的情绪像信念本身的情绪一样,是十分清楚分明的,但却完全不能用语词来描述。这两种情绪都可以由于疾病而加强。醉酒的一个诱人之处,无疑是在于它会加深实在感以及在其中获得的真实感。事物在那时无论是在什么光线下呈现给我们,它们都会显得更完全地是其所是,比我们清醒的时候更加"完全彻底"。在笑气致醉中,这种情况会达到完全无法用语言表达的极端,人的灵魂会在确信中不安,却始终无法说出他确信的是什么。② 人们曾经将与这种稳固和深入相反的病理状态称为问题躁狂(德国人叫质询癖(Grübelsucht))。有时它是一种突然发作的或者慢性的真实疾

---

① 比较这个心理学事实与相应的逻辑真理,即所有的否定都以对某个其他事物而非被否定事物的隐蔽的断言为基础。(见布拉德利的《逻辑学原理》,第 1 卷,第 3 章)

② 见 B. P. 布拉德那本引人注目的小书《麻醉的启示和哲学的要义》(阿姆斯特丹,纽约,1874)。比较《心》,VII. 206。

第二十一章 对实在事物的知觉

病,表现为不能在任何概念性认识那里停下来,而是需要对它进行确证和解释。"为什么我站在我所站之处?""玻璃杯为什么是玻璃杯?椅子为什么是椅子?""人怎么会只有他们实际这么大?为什么不是和房子一样大?",等等。① 确实,有另一种病理状态和远离信念一样地远离怀疑,一些人会更愿意将它看作信念状态的特有对立面。我指的是关于一切都是空洞、不真实和暗淡无光的这样一种感受。我将会在后面讨论这个状态。我在这里想要提到的要点只是,相信和不相信只是一种心理状态的两个方面。

约翰·密尔考察了关于信念的各种看法,得出的结论是无法对它做出解释:

> 他说,"对于人心来说,思想一个实在和向我们自己表象一个想象的图像之间的差异是什么?我承认我只能说这个差

---

① "在心智健全的人那里,思想的来去不受注意;而在我这里,却必须要面对它们,以一种特殊的方式思考它们,然后再把它们当作是完成了而摆脱掉。这种情况经常发生在我非常疲劳和本该安静下来的时候。但是那种召唤是强制的。这会成为所有自然行为的障碍。如果有人告诉我楼梯间着火了,而且我只有一分钟的时间逃离,这个思想就来了——'他们派人叫救火车了吗?拿着钥匙的那个人有可能在附近吗?那是一个细心的人吗?钥匙会挂在挂钩上吗?我想得对吗?也许他们不锁库房'——我本该抬起脚走下去;本该意识到我正在失去机会的不安;但是直到所有这些荒谬的想法都想了并且排除了,我才能挪动。在我生命中最关键的时刻,在我本该非常聚精会神以致不为任何派生的思想留有空间的时候,我却为无法平静下来而烦恼。而且在最为平常的情况下也是这样。让我举另一天早晨我去散步的例子。那一天的天气刺骨地冷,我只能依靠肌肉的抽搐来行进。有一次我停下来,双脚在一个泥潭里。一只脚抬起来要走,知道站在水里没有好处,但是我钉牢在那里,滞留的原因是我在与自己讨论为什么我不应该站在泥潭中的理由。"[T. S. 克劳斯顿,《心理疾病的临床演讲》(1883)第43页。并参见伯杰(Berger),在《精神病学文库》,Ⅵ. 217.]

异是终极和原始的。持有这个观点并不比主张感觉和观念之间的差异是原始的更困难。这好像几乎是同一种差异的另一个方面。……所以,我禁不住想,在对真实事实的回忆(不同于对思想的回忆)中,存在一个不是表现为……在这两种情况下呈现给人心的单纯观念之间的差异的要素。无论我们如何定义它,这个要素都相当于信念,是记忆和想象之间的差异。无论我们从哪一个方向着手,这个差异似乎都会堵塞我们的道路。当我们到达它那里时,我们似乎就达到了我们理智自然的中心之点,这是我们在解释心理存在之更为难解现象的每一个尝试中都会预设和依赖的东西。①

如果我们认为密尔的话适用于对信念的单纯的主观分析——适用于这样的问题,即当我们拥有它的时候,它感受起来是什么样的?——我们就必须认为这些话在总体上是正确的。信念,即实在感,感受起来就像它自己——我们最多就能说这么多。

布兰塔诺教授在其《心理学》的值得称赞的一章中,通过说概念性认识和信念(他称其为判断)是两个不同的基本心理现象,而表达了这个意思。我自己称之为(第一卷,第275页)思想"对象"的东西相对简单一些,像"啊!这么痛",或者"在-打雷";或者它也可以是复杂的,像"哥伦布-在-1492年-发现了-美洲",或者"存在-一位-无所不知的-世界-创造者"。然而,在这两种情况下,关于对象的单纯思想都可以是某种完全不同于对其实在性的信念。如布兰塔诺所说,信念预设了单纯的思想:

---

① 《Jas. 密尔〈分析〉的注释》(*Note to Jas. Mill's Analysis*),I.412—423。

第二十一章 对实在事物的知觉

每个对象都以两种方式进入到意识之中,只是被思想到[vorgestellt],和承认[anerkannt]或否认。这个关系与大多数哲学家(康德不亚于亚里士多德)所设想的单纯思想和欲望之间的关系相类似。没有被思想到的东西就不能被欲望;但欲望也是另一种全新和独特的与对象的关系,另一种全新的将对象接收到意识之中的方式。没有被思想到的东西也不能被判断[比如,被相信或不相信]。但是我们必须坚持认为,一旦思想的对象成为了同意或拒绝的判断对象,我们的意识就与它有了一种全新的关系。于是它两次呈现在意识之中,作为被思想到的,和被认为是实在的或者被否定的;正如当对它的欲望被唤起时,它同时既被思想,也被欲望。(第266页)

关于"判断"的普通学说认为,它表现为由"系动词"将"观念"结合进"命题"之中,命题可以有不同的种类,如肯定的、否定的、假言的,等等。但是有谁不知道,在不相信、怀疑、疑问或者条件命题中,观念的结合方式与它们在被坚信命题中的结合方式是完全一样的?观念的结合方式是思想对象或内容的内部构造的一部分。那个对象有时就是其各部分之间关系的整体,谓词与主词的关系就是这些关系中的一个。但是当我们在一个命题中得到内部构造这样规定的对象时,关于对象整体的问题就出现了:"它是一个实在对象吗?这是否是一个真命题?"对这个问题的肯定回答,就是布兰塔诺称之为"判断"的那种新的心理活动,我更愿意称之为"信念"。

在每一个命题中,就它被相信、质疑或者不相信而言,有四个要素需要被区分开来:主词,谓词,以及它们的关系(无论属于哪种类型)——这些构成了信念的对象——还有我们的心对整个命题的心理态度,——而这本身就是信念。①

那么,承认这个态度是一种独特的意识状态,我们以内部分析的方式对此说不出任何更多的东西,让我们开始讨论研究信念问题的第二种方式:在什么情况下我们认为事物是实在的?我们很快将会看到,在这个问题上我们有多少要讨论的内容。

各 种 实 在

设想一个完全空白、等待经验来开始的新出生的人心。设想它以对黑暗背景中点燃着的蜡烛的视觉印象(微弱还是生动,是不重要的)的形式开始,没有任何其他的形式,所以在这个意象持续时,它就构成了为这个心所知的整个宇宙。进一步设想(简化那个假定),蜡烛只是想象中的,我们这些在外面的心理学家没有辨识出它的"原型"。这个幻觉中的蜡烛会被相信吗?对于这个心来说,它是实在地存在着吗?

怀疑蜡烛不是实在的(对于那个心来说),这有什么可能的意义?对它的怀疑或者不相信意味着什么?当我们这些旁观的心理学家说蜡烛不是实在的,我们的意思相当明确,即存在一个我们知道为实在的世界,而且我们感知到那个蜡烛不属于这个世界;它只属于那个个体的心,在任何其他地方都没有身份,等等。的确,它多多少少存在着,因为它构成了那个心的幻觉的内容;但是,虽然那个

---

① 关于对这个问题看法的一个很好的历史叙述,见 A. 马蒂,在《科学哲学季刊》(1884),VII,第 161 页及以下诸页。

第二十一章 对实在事物的知觉

幻觉本身无疑是某种存在着的事实,但却不拥有关于其他事实的知识;而且由于那些其他事实对于我们来说是典型的实在,是我们唯一相信的东西,所以那个蜡烛就完全在我们的实在和信念之外。

然而,根据那个假定,看见蜡烛的心不能对蜡烛做这些考虑,因为对于其他事实,无论是真实的还是可能的,它都一无所知。那个蜡烛就是它的全部,它的绝对。它的全部注意都为它所吸引。它存在,它是那个;它在那里;没有其他可能的蜡烛,或者这个蜡烛的其他可能性质,没有其他可能的地方,或者在那个地方的可能对象,总之没有任何替换物能够暗示自己哪怕是可以想象的;所以,那个心如何能不去相信蜡烛是实在的呢?在这个设想的条件下,认为心可能不会相信,是不可理解的。①

这是斯宾诺莎(Spinoza)在很久以前说过的话:

> 他说,"让我们设想男孩在想象一匹马,没有注意任何其他东西。由于这个想象涉及到马的存在,而且男孩没有能否定其存在的知觉,所以他必定会将马想作是在场的,他也决不会怀疑它的存在,无论他对其存在的确信是多么地小。我否认一个人在想象[percipit]时没有断定任何东西。因为除了断定马[即那匹马]有翼,想象一匹有翼的马又是在于什么呢?因为如果在人心之前只有带翼的马,心就会将同一个东西想作是在场的,就没有理由怀疑它的存在,也没有任何能力否认

---

① 我们在第十九章接近结尾的地方看到,以这种方式完全占据人心的蜡烛意象,可能会有感觉上的生动性。但是这个偶发的生理事件对于文中的论证在逻辑上是不相干的,它应该既适用于鲜明的感觉,也同样适用于最模糊的感觉。

它的存在,除非关于有翼之马的想象遇到了与它的存在相冲突(tollit)的观念。"[《伦理学》(*Ethics*),II.49,批注]

所以,那种我们想到的任何事物并非实在的感觉,只能在这样的情况下产生,即我们想到的某个其他事物与那个事物相冲突。任何一直没有遭遇冲突的对象本身都会被相信,并会被断定为绝对的实在。

那么,一个思想到的事物能够与另一事物相冲突,这是怎么发生的呢?除非它通过说一些对于另一事物不可接受的东西而开始了这个争端,否则这是不可能发生的。让我们看看那个想象着蜡烛的芯,或者那个想象着马的男孩。如果他们中的任何一个说,"那个蜡烛或者那匹马,甚至在我没有看见它时,也存在于外部世界之中,"他就将一个可能与他用其他方式认识的那个世界中的每一个事物都不相容的对象塞入了"那个外部世界"。如果是这样,他就必须选择要坚持什么,是当下的知觉,还是关于那个世界的其他知识。如果他坚持其他知识,就当下知觉与那个世界的关系而言,当下知觉就遇到冲突了。蜡烛和马,无论它们可能是什么,都不是外部空间中的存在物。当然它们是存在物;它们是心理对象;心理对象作为心理对象而存在。但是它们位于它们自己的空间之中,它们各自呈现在自己的空间,所有这些空间都不是被称为"外部世界"的实在存在的空间。

让我们再看看有翼的马。如果我只是梦见有翼的马,我的马就不会妨碍任何其他的东西,也不会遭遇冲突。那匹马,它的翼,它所在的地方,都同样实在。那匹马只能作为有翼的马而存在,而且实实在在地在那里,因为那个地方只能作为那匹马所在的地方而存在,并且到目前为止并不自称与世界的其他地方有联系。但

第二十一章　对实在事物的知觉

是,如果我用这匹马侵入到以其他方式认识的世界之中,并且说(比如),"那是我的老母马玛吉,站在畜栏里长出了一对翅膀",整个情况就发生变化了;因为此时那匹马和那个地方与以其他方式认识的一匹马和一个地方等同了起来,而且我们关于两个对象所知的东西是与我们对前者所感知的东西不相容的。"长着双翼的玛吉在畜栏里!这决不可能!"所以,双翼不是实在的,是想象的。我梦见了玛吉在畜栏里的一种假象。

读者会在这两个情况中辨识出两种判断,它们在逻辑书籍中分别叫做存在判断和属性判断。"蜡烛作为外部实在而存在"是存在命题,"我的玛吉长了一对翅膀"是属性命题;①而从先前说过的话可以推出,所有命题,无论是属性命题还是存在命题,都通过被设想这个事实而为人所相信,除非它们和同时被相信的与自己有相同命题项的其他命题相冲突。确实,梦中的蜡烛是存在的;但是这个存在不同于清醒知觉中的蜡烛的存在(也就是说,自为的或者我的心外的存在)。梦中的马有双翼;但是马和双翼都不同于任何记忆中的马或者翼。我们能够在任何时候思想我们在任何先前的时候思想的同一个事物,这是我们理智构造的终极法则。但

---

① 在存在判断和属性判断中都有综合。存在(Existence)这个词中的 ex 音节,Dasein 这个词中的 da,就表达了这一点。"蜡烛存在"(exist)就等同于"蜡烛在那里。"而且,"在那里"意指的是实在空间,是与其他实在事物相关的空间。这个命题的意思是说:"蜡烛与其他实在事物处于同一个空间中。"它断定了蜡烛有一个非常具体的谓词,即与其他特殊具体事物的这种关系。如我们将会在后面看到的,这些事物的真实存在最后变成了它们与我们自己的特殊关系。所以,当我们用存在对任何对象进行谓述时,这个存在并不是一种独立的性质;它是一种关系,这种关系最后终止于我们自己,而且在它终止的那一刻就变成了一种实践关系。我们很快就会对此做更多的讨论。现在我只想指出存在命题和属性命题之间的区分的肤浅性质。

是在我们此时思想它的方式与我们思想它的其他方式不相容时，我们就必须选择要哪一个方式，因为我们不能继续同时以两种矛盾的方式思想它。关于实在与非实在的整个区分，关于相信、不相信和怀疑的整个心理学，因而都是以两个心理事实为基础的——第一，我们易于用不同的方式思想相同的事物；第二，当我们这样思想了时，我们能够选择坚持哪一种和不理会哪一种思想方式。

得到坚持的主词成为了实在的主词，得到坚持的属性成为了实在的属性，得到坚持的存在成为了实在的存在；而不被理会的主词则成为了想象的主词，不被理会的属性成为了错误的属性，不被理会的存在成为了无人之地的存在，成为了"无基础的想象所在"幻境中的存在。实在的事物，用泰恩的术语来说，是被判断为非实在事物的还原物。

许 多 世 界

我们在习惯上和在实践中并不将这些不被理会的事物算作存在物。在通俗哲学中，倒霉的战败者(Væ victis)就是它们的法则；它们甚至也没有被当作是显象；人们好像只是把它们看作什么也不是的废物。然而，对于真正的哲学之心来说，它们仍然是存在的，虽然是与实在事物不一样的存在。作为想象的对象，作为错误，作为梦乡的占有者等等，和实在事物一样，它们在自己那方面也是不可取消的生活部分，不可否认的宇宙特征。因此，哲学家必须要考虑的整个世界，是由实在再加上想象和错觉组成的。

至少是由哲学家要确认的关系联系起来的两个次级宇宙！实

际上我们要考虑的次级宇宙不止两个,我们中的一些人要考虑这个,另一些人要考虑那个。因为错觉和实在都有许多种类,与绝对错误(即限制于单个个体的错误)的世界并列,但还是在绝对实在(即为彻底的哲学家所相信的实在)的世界之内,还有集体错误的世界,还有抽象实在的世界、相对的或者实践的实在的世界、观念关系的世界,还有超自然的世界。普通大众将所有这些次级世界看作是或多或少是分离着的;而在处理其中的一个时,就暂且忘记了它与其他次级世界的关系。彻底的哲学家是这样一个人,他不仅试图要为其思想的每一个给定对象在这个或者那个次级世界里指定一个正确的位置,而且试图确定在存在的世界整体中每一个次级世界与其他次级世界的关系。

通常被相互区分开来,并为我们大多数人辨识为各自以自己特殊和独立的存在方式存在的最重要的次级宇宙有:

(1)感觉世界,或者我们本能地理解的物理"事物"的世界,这些事物带有热度、颜色和声音这样的性质,以及像生命、化学亲和力、重力、电流这样的"力",这些性质和力存在于事物之内或者事物的表面之上。

(2)科学世界,或者博学之人理解的物理事物的世界,排除了第二性质和"力"(在通俗的意义上),只有固体和液体的事物及其运动"法则"(即习惯)才是实在的。①

(3)观念关系的世界,或者为所有人相信或者可以为所有人

---

① 我在这里是以那种极端机械的方式来定义科学宇宙的。实际上,人们更经常以一种混杂的方式来思想它,而且它在更多的地方类似于通俗的物理世界。

相信，并且以逻辑、数学、形而上学、伦理学或者美学命题表达的抽象真理。

（4）"种族假像"的世界，人类共同的错觉或偏见。所有有学识的人都承认这些东西形成了一个次级宇宙。比如，天空围绕地球的运动就属于这个世界。在任何其他世界里这个运动都没有得到承认；但是作为"种族假像"，它确实存在着。对于某些哲学家来说，"物质"只是作为种族假像而存在的。对于科学来说，物质的"第二性质"也只是"种族假像"。

（5）各种超自然的世界，基督教的天堂和地狱，印度神话的世界，斯韦登伯格（Swedenborg）的所见与所闻（visa et audit）的世界，等等。这每一个世界都是一个融贯的系统，自身的各部分之间有着确定的关系。比如，尼普顿的三叉戟在基督教的天堂里没有任何实在的身份；但是不论人们是否相信整个古典神话的实在性，关于它的一些确定的事情在古典的奥林匹斯神话中却是真的。各种编造出来的虚构故事的世界都可以和这些信仰的世界相并列——《伊利亚特》的世界，《李尔王》的世界，《匹克威克外传》的世界，等等。①

（6）各种个人意见的世界，和人一样地多。

---

① 所以就出现了这样的情况，即我们可以说诸如艾芬豪没有真的像撒克瑞虚假地让他做的那样和丽贝卡结婚这样的事情。真实的艾芬豪世界是斯科特为我们写出的世界。在那个世界，艾芬豪没有和丽贝卡结婚。那个世界里的对象以可以被肯定或者否定的十分明确的关系结合在一起。在全神贯注于小说时，我们摆脱开所有其他的世界，此时艾芬豪世界就是我们的绝对实在。然而，当从那种沉迷中清醒过来的时候，我们就会发现一个更加实在的世界，这个世界将艾芬豪以及所有与他相联系的事物都变成了虚构的，并将它们降至了第5类里面的一个次级宇宙。

(7) 完全的疯狂和任性的世界,也是无限地多。

我们思想的每一个对象最后都被归之于这个或某个类似清单中的某个世界。它作为常识的对象、科学的对象、抽象的对象、神话的对象、某人的错误概念性认识的对象或者一个疯子的对象,而安居在我们的信念之中;它有时直接就达到了这个状态,但经常是只有在其他对象中间碰来碰去和丢来丢去,直到找到某些能容许它的出现,并与它处于没有任何东西与之冲突的关系之中的对象以后,才能达到这个状态。例如,科学世界中的分子和以太波,完全把对象的温度和颜色驱逐了出去,它们拒绝与后者有任何关系。但是"种族假像"的世界则做好了接收它们的准备。古典神话的世界也是这样接受了有翼的马;个体幻觉的世界接收了蜡烛的视觉;抽象真理的世界接收了正义是王道这个命题,虽然没有真正的国王是正义的。然而,各个世界本身在大多数人看来(如前所述)相互间并没有十分明确的关系,而当我们的注意转向其中的一个时,它往往就会暂时忽略其他的世界。人们从"不同的观点"做出涉及不同世界的命题;而大多数思想者的意识一直到最后都始终处于这种或多或少混乱的状态。每一个世界在被注意的时候都以自己的方式是实在的;只是这种实在性随着注意的转移而终止。

"实践的实在"的世界

然而,每一个思想者都拥有占优势的注意习惯;这些注意习惯在实践中从各个世界中为他选出某一个作为终极实在的世界。他对于这个世界的对象没有诉求。任何明确与它们相冲突的东西都必须进入另一个世界,或者消失掉。比如,马可以尽情地拥有双翼,只要它不自称是实在世界里面的马——那匹马是绝对无翼的。如我们马上就会看到的,对于大多数人来说,"感觉的事物"处于这种特权的地位,并且是这个绝对实在的世界的核心。其他事物当然也会对这个人或者那个人是实在的——科学中的事物、抽象的道德关系、基督教神学的事物等等。但是即使对于特定的人,这些事物的实在性通常也比感觉事物的实在性要低。它们不那么受重视;而且任何人对它们的相信,我们最多可以说,与他对自己感觉的"信念"一样地强。①

在所有这一切中,我们本性上的持久偏好,我们习惯性的选择倾向,都表现了出来。因为,在存在这个词的严格和终极的意义上,可以想到的每一个事物都作为某种对象而存在,不管是神话对象、个体思想者的对象,还是一般理智的外层空间对象。错误、虚构和种族信念,是上帝创造的整个巨大宇宙之中的部分,而且他一定是想要所有这些事物都在里面,每一个事物都在其各自的位置。

---

① 梦的世界在我们睡着时是我们的实在世界,因为那时我们的注意离开了感觉世界。相反,当我们醒着时,注意通常就离开了梦的世界,那就变得不实在了。但是如果一个梦境在白天萦绕着我们,并迫使我们去注意它,它就很可能会继续作为与清醒世界相并列的一种次级宇宙留在我们的意识之中。大部分人可能都曾做过很难想象不是瞥见了真实存在领域(也许是"精神世界"的一个角落)的梦。相应地,在所有的年代,梦都曾被看作是启示,并且在推进神学和为信仰创造可以把握的主题中起着很大的作用。在这里,帮助我们相信梦境,也相信作为其直接还原物的醒时实在的"更大宇宙",就是自然加上超自然的整个宇宙。也就是说,梦境在这个宇宙的一半是真实的;醒时的知觉在它的另一半是真实的。甚至现在梦的对象也算在了一些"心理研究者"试图让我们相信的实在之中。我们的所有理论,不仅是关于超自然的理论,还有我们的哲学和科学理论,在让不同的心产生不同程度的信念这方面,都和梦一样。

第二十一章 对实在事物的知觉

但是对于我们有限的造物来说，"这样想就太奇怪了。"显现为对象这个单纯的事实，不足以构成实在。那可能是形而上学的实在，对于上帝而言的实在；但是我们需要的是实践的实在，是对于我们自己而言的实在；而要拥有这样的实在，对象不仅仅必须显现出来，而且必须显得有趣和重要。其中的对象既非有趣亦非重要的世界，我们就只是否定地对待它，将它们标记为非实在的。

在相对的意义上，即在我们将实在与完全的非实在相比较的意义上，在我们说一个事物比另一个事物更实在、更可相信的意义上，实在只是意谓与我们情绪的和主动的生活的关系。这是在实践之人口中这个词所有的唯一意义。在这个意义上，所有激发和刺激起我们兴趣的东西都是实在的；每当一个对象这样引起我们的兴趣，以至我们转向它，接受它，将它充实心间，或者在实践中留心它，它对我们就是实在的，而且我们就相信它。相反，每当我们忽略它，没有能考虑它或者根据它行事，轻视它，排斥它，忘记它，它对我们就是非实在的，我们就不相信它。休谟对这个问题的解释基本是正确的，他说相信任何事物只是以一种生动和活跃的方式拥有关于它的观念：

> 我说，信念只是比想象单独所能获得的概念性认识更加生动、活跃、强烈、坚实和稳定的概念性认识。……信念不是在于观念的特殊本性或次序，而是在于其概念性认识的方式和人心对它们的感受。我承认对这种感受或者概念性认识的方式完全不可能做出解释。……它的真正的和专有的名称……是信念，这是每个人在日常生活中都能充分理解的术语。而在哲学中，我们也只能断言，信念是某种为人心所感受

到的东西,它将判断的观念和想象的虚构区分开来。① 它让它们更有分量和影响;让它们显得更重要;在心中强化它们;让它们对情感产生更多的影响,并让它们成为我们行动的支配原则。②

或者如贝恩教授所说:"就其基本性质而言,信念是我们主动本性——在其他地方称为意志——的一个阶段。"

那么,信念的对象,实在或者实在的存在,就是某种与一个主词可能有的所有其他谓词都完全不同的东西。那些是理智地或者感性地直观到的属性。当我们将其中的任何一个加之于主词时,我们增加了后者的内在内容,丰富了它在我们心中的图像。但是添加上实在性则不能以任何这样的内在方式丰富这个图像;它不会改变它内在的东西,而只是确立它并将它印在我们心里。

> 如康德所说,"实在的只包含可能的。实在的 100 元并不包含比可能的 100 元多一分的钱。……无论我可以用什么谓词和多少谓词来思想一个事物,如果我补充说那个事物存在着,我并没有给那个事物添加任何东西。……所以,无论我们关于一个对象的概念可能包含什么,为了将存在归属于它,我

---

① 将实在与非实在区分开来,将本质的东西与无价值的和可忽略的东西区分开来。

② 《人类理智研究》(*Inquiry concerning Human Understanding*),第 5 节,第 2 部分(在我的引文中有少许调换)。

们始终必须走到它的外面。"①

"走到"它的"外面",就是建立起它和我们自己之间的直接实践关系,或者建立起它和我们与之具有直接实践关系的其他对象之间的关系。尚未为其他关系所超越或者替代的这种关系,本身就是实在的关系,并且将实在性给与了其对象性的项。所有实在性的根源,无论是从绝对的还是实践的观点看,都因此是主观的,是我们自己。作为没有情绪反应的单纯逻辑思想者,我们将实在性给予所有我们思想的对象,因为它们确实至少是现象,或者是我们转瞬即逝的思想的对象。但是,作为有情绪反应的思想者,我们将自己看来更高级的实在性,给予了所有我们选择、强调和**带着意欲**转向的事物。这些是我们的生动的实在;而且不仅这些,还有与这些亲密联系着的所有其他事物。因此,从我们的自我开始,实在逐项将自己散发出来——最先散发到直接激发起自我兴趣的所有对象之上,之后散发到最为持续地与这些对象相关联的其他对象之上。只有在失去了联系的线索时,这样的散发才无法实现。

---

① 《纯粹理性批判》(*Critique of Pure Reason*),米勒译,II. 515—517。休谟也说:"在单纯构想一个对象之后,我们会想象它是存在的,这时我们实际上并没有增加或者改变我们最初的观念。所以,在我们断言上帝存在时,我们只是按照我们表象他的样子形成了这样一个存在者的观念;我们并不是通过我们加到他的其他性质上,并且还可以与那些性质分离和区分开的一个特殊观念,来想象我们归属于他的那种存在。……对于存在的信念也没有将新的观念加到组成那个对象观念的那些观念之上。当我想到上帝的时候,当我想到他存在的时候,当我相信他存在的时候,我的上帝观念既没有增加,也没有减少。但是由于在对一个对象的存在的单纯构想和对它的信念之间确实存在着很大的差异,而且由于这种差异并不存在于我们所想的观念的事实或者构成之中,所以我们就可以断言,那个差异一定是存在于我们想象它的方式之中。"(《人性论》,第 3 部分,第 7 节)

如果整个系统只通过一个直接激发兴趣的项而撅住自我，这整个的系统也可能是实在的。但是与任何这样的刺激项相冲突的东西，即使它自己是另一个刺激项，也或者不被相信，或者只在争端平息以后才能被相信。

这样，我们就得出了重要的结论，即我们自己的实在性，对我们每时每刻都拥有的我们自己的生命的感觉，是我们信念的根本之根本。"像我的存在一样确定！"——这是我们对所有其他事物之存在的最大限度的肯定。正如笛卡尔让我思的不可怀疑的实在性为我思所涉及的所有事物的实在性作担保，我们所有人都感到自己当下的实在性带有绝对的强制力，将几乎相同程度的实在性首先归与所有我们感到有个人需要的事物，然后归与持续与这些事物相关的其他事物。如利普斯教授所说，"我的现在和此处是一切现实以及一切知识的最终支点。"

与非实在相对照的生动实在的世界，因此是固定在主动的和有情绪的自我上面的。① 那是其他东西悬挂其上的钩子，是绝对的支撑者。而且就像人们说的，在着了色的钩子上只能挂着了色的链条，反过来，在实在的钩子上也只能挂实在的链条。与我的生命有着亲密和持续联系的任何事物，我都不能怀疑其实在性。任何不能建立起这种联系的事物，对于我来说在实践上都不比它们完全不存在更好。

---

① 我在这里是按照常识的用法使用自我这个概念的。对于对这个概念进行分析的进一步尝试的结果（或者没有结果），我没有做出任何预先判断。

第二十一章 对实在事物的知觉

在感受性和反应能力的某些忧郁症反常中,没有任何事物能亲密地触及我们,唤起我们,或者激发出自然的感受。结果就是我们在忧郁症患者那里经常听到的诉苦,说他们对任何事物都不再像以前那样相信了,所有的实在感觉都从生活中消失了。他们被包裹在橡胶里面;似乎什么东西都不能触及内心深处或者激起愤怒。据格里辛格说,这样的病人说"我看见了,我听见了!但是对象并没有触及我,在我和外部世界之间好像有一堵墙!"

这样的病人经常会有皮肤感受性的改变,事物感受起来不清楚了,或者有时是粗糙和混乱的。但是即使这个变化始终存在,它也不能完全解释那种心理现象……它让我们更多地想起年龄的增长和情绪与情感可能会带来的我们与外部世界心理关系的变化。在童年时,我们感到自己与感觉现象的世界更近,我们直接与它们生活在一起,或者生活在它们之中;一条亲密的生命纽带将我们和它们绑在一起。但是随着思考能力的成熟,这条纽带松弛下来了,我们兴趣的温度凉了下来,事物在我们的眼里不一样了,我们对外部世界表现得更像是局外人了,尽管我们对它的了解比以前多了许多。愉悦和开朗的情绪一般会再次将它向我们拉近。每一事物都会留下更生动的印象,而随着这种对感觉印象的温暖接受性的迅速返回,愉悦让我们再次感到年轻了。在压抑的情绪中情况则相反。外部事物,无论是有生命的还是无机物,突然变冷了,变得与我们不相干了,甚至连我们最喜爱的有趣对象感受起来也好像不再与我们有关系了。在这些情况下,我们不再从任何事物那里接收到生动的印象,就停止转向外部事物了,内在的孤独感就渐渐在我们内心深处生长起来。……在没有一个强大的心智来对这种厌倦状态,对这种心理冷漠和兴趣缺乏加以控制的情况下,一切都显得冰冷和空洞,内心变得枯竭,世界变得死气沉沉和空虚无物,这种状态的结果通常就是自杀或者更严重的精神失常。①

感觉的最高实在性

现在我们遇到了细节性的问题。一些对象拥有的这种激发和刺激的力量、这种兴趣是在于什么?产生出实在性的那些与我们生活的"亲密关系"是什么?什么事物直接处于这些关系之中,哪些其他事物与前一种事物有着紧密的联系,以至(用休谟的话说)我们也"将自己的倾向"加之于它们?

这些问题完全不能以简单和直接的方式来回答。全部人类思想史都只是尚未完成的回答这些问题的尝试。因为自从人之为人以来,人一直想要弄清的也只是这些事情:"我们真正的兴趣是在哪里——我们认为哪些关系是亲密和实在的关系——我们认为哪些事物是生动的实在,哪些事物不是?"然而,我们还是可以弄清楚几个心理学的要点。

---

① 格里辛格,《心理疾病》,第50、98节。我们经常听到的那个新词,即关于某个命题的真,经验"给了我们一种实现感觉",表明了实在感觉对刺激的依赖。只有激发了我们的东西才是"实现了的"。

第二十一章　对实在事物的知觉

如果没有更强的关系,任何与人心的关系都足以使一个对象变得实在。只引起我们的注意就够了。返回到这一章的开始,看看进入空白人心的蜡烛。心正等待着某个这样的对象让它在上面起跳。它跳了起来,相信了蜡烛。但是当蜡烛与其他对象同时出现时,它就必须接受它们的竞争,此时哪一个注意的候选者会迫使它相信,就成为了一个问题。通常,我们会尽可能多地相信。如有可能,我们会相信一切。当对象非常不系统地为我们所表象时,它们很少相互冲突,而我们能够以这种混乱方式相信的对象的数量是无限的。原始野蛮人的心里是一团混乱,在其中幻觉、梦境、迷信、概念性认识以及感觉对象一起活跃着,除了注意转向这里或者那里以外,它们不受控制。孩童的心也是一样。只有对象变得持久了,对象间的关系固定了,差异和冲突才能被感受到,才必须以某种稳定的方式得到处置。通常,一个冲突的对象成功地在我们的信念中保持住它自己,是与它必须拥有的几个性质成正比的。在这些性质中,由于表现了感觉对象的特性而被大多数人放在首位的那一个,是它的——

（1）对注意的强制性,或者拥有意识的单纯能力；然后就是——

（2）生动性,或者感觉上的刺激性,特别是以激发起快乐或痛苦的方式；

（3）对意志的刺激作用,即激起强烈冲动的能力,越本能的越好；

（4）情绪上的兴趣,作为爱、害怕、赞美、欲望等等的对象；

（5）与某些受人喜爱的沉思形式——统一性、简单性、持久性等等——的一致性；

（6）不受其他原因的影响，它自己的因果重要性。

这些特性相互交错。强制性是生动性或者情绪上的兴趣的结果。生动和有趣的东西从而又刺激了意志；强烈的冲动和沉思的形式都具有一致性；因果的独立性和重要性适合某种沉思的需要等等。所以我将不去尝试进行任何正规的处理，而只是以最方便的解释方式来做一些讨论。

总的来说，感觉比概念性认识更生动，并且被判断为更实在；经常遇到的事物比只见过一次的事物更实在；清醒时感知的属性比睡梦中感知的属性更实在。但是，由于各个对象相互之间具有多种多样的关系，生动和持久的便是实在的这条简单规则经常被掩盖起来。一个想象的事物可以被认为比某个感觉的事物更实在，只要它与比后者更生动、持久和有趣的其他事物有亲密的联系。比如，想象的分子振动会被物理学家判断为比感受到的温度更实在，因为前者与物理学家进行特殊研究的世界里的所有其他运动事实都亲密地联系着。同样，如果一个罕见事物与其他持久事物有更广泛的联系，它就可能被看作比一个持久事物更实在。所有偶然的重要科学观察都是这方面的例子。一个少有的经验如果更有趣和更刺激，也会被判断为比一个持久的经验更实在。通过望远镜看到的土星就是这样；颠覆了我们习惯性思维方式的洞见和启发也是如此。

但是，只是漂浮不定的概念性认识和不相关联的稀罕物，不能替代我们信念中的生动或持久的事物。一个概念性认识要占据优势，就必须终止于有序的感觉经验的世界。一个少有的经验要替代经常性的经验，就必须和其他更经常性的经验相关。科学史中布满了理论的残骸和遗迹——本质和原则、流体和力——人们一度天真地坚信它们，但却发现与感觉事实没有联系。直到我们碰巧将罕见现象看作属于已经得到承认的存在之列的时候，这个现象才能诱惑我们的信念。"证实"在科学中的意思只是说，只有迟早会有某个持久和生动的感觉对象与之相应的概念性认识对象，才能得到相信。比较前面第3—7页说过的话。

因此感觉对象或者是我们的实在，或者是我们的实在的检验者。想象的对象必须表现出可以感觉到的结果，否则就不会得到相信。而这些结果，虽然当它们的原因出现时会变成为相对的非实在（如由分子振动而变得不实在的热），却还是我们关于这些原因的知识所依赖的基础。这是一种奇怪的相互依赖，显象的存在需要实在，实在要被认识又需要显象！

因此，一旦对象之间的冲突和将它们在心中联系起来的过程开始了，感觉的生动性或者刺激性就是实在的至关重要的因素。所有既非本身就拥有这种生动性，又不能从任何其他事物中借用这种生动性的对象，都不可能抵御生动的竞争对手，或者在我们心中唤起表现为信念的那种反应。生动对象的上面寄托着（如俗话所说）我们对所有其他对象的信心；信念甚至会本能地返回到思考曾将信念从它们那里驱赶开的对象上。看看颜色、声音、气味的通俗世界面对分子和振动的世界而坚守自己的那种倔强。让物理学家自己像荷马那样点头同意，让感觉的世界再次成为他的绝对实在。①

这是一个自从休谟的时代以来就不可能忽略的显著事实,即最初没有这种刺激能力的事物,通过与拥有这种能力的其他事物相联结,就能够像自己拥有这个能力一样迫使我们相信它们。

他写道,"第一个概念的生动性沿着那些关系扩散开来,就好像是通过许多管道和沟渠被输送给了每一个与最初的观念有任何密切关系的观念。……出于和寻求象征与形象相同的理由,迷信的人喜爱圣者和圣徒的遗物,以激活他们的信仰,并让他们对这些榜样的生命产生更亲密和更强烈的概念性认识。……显然,信仰者能够获得的最好的遗物之一就是圣者亲手做的东西,而如果人们是这样看待他的衣服或家具的,那是因为它们曾经由他使用,被他移动和受他影响;在这个方面,它们……与他相联系的因果关系的序列,比我们由以

---

① 感觉与系统化概念性认识相竞争的方式,以及二者之中的这一个或那一个,取决于感觉是被我们自己感受到的,还是仅仅通过报告而知道的,而占据优势的方式,在当今关于"灵性"现象的公众信念状态中得到了有趣的说明。有许多关于在叫做巫师的这种享有特权的个体出现时,无人接触的家具和其他物体发生运动的讲述。这样的运动违反了我们的记忆以及我们已经接受的物理"科学"的整个体系。所以,那些不曾看见过这种情况的人,或者马上给这种讲述打上谎言的标记,或者称这种现象为由欺骗或者幻觉而产生的感觉上的"错觉"。但是,在他看来是充分的"试验条件"下真正看见过这种现象的人,就会在任何情况下都坚持他的感觉经验,尽管整个"科学"的构架会被撕裂开来。允许任何关于"感觉很容易被欺骗"的陈腐概括,来威逼他放弃自己信奉的对于他来说是不可怀疑的视觉经验,这样的人确实是个缺乏勇气的人。确实,人会在任何特殊的情况下犯这种固执的错误。但是,激发他的那个精神是科学的生命和健康所最终依赖的东西。

得知他真实存在的任何因果关系的序列都更短。这个现象清楚地证明，根据先前的定义，一个当下印象可以通过因果关系激活任何观念，并因而产生出信念或者同意。……伊斯兰教徒和基督教徒都说，到过麦加或者圣地的朝圣者，此后就成为了比没有这个优势的人更为忠实而热忱的信徒。一个人的记忆如果给他呈现出红海、沙漠、耶路撒冷和加利利的生动意象，他就永远不会怀疑摩西或福音书作者所记述的任何神奇事件。这些地方的生动观念顺利地推移到被认为是由于接近性而与它们相关联的事实上，并且由于增加了这个想法的生动性而增强了那种信念。对那些田野和河流的记忆具有和一个新的论证一样的影响。……天主教的仪式可以被看作是相同性质的事例。那个奇怪迷信的信徒们通常会为其受到责备的可笑仪式做辩解，说他们感受到那些外部运动、姿势和动作对于激活他们的信仰和激起他们的热情具有好的效果，否则，如果完全指向遥远和无形的对象，他们的信仰和热情就会消退下去。他们说，我们在可感的象征物和形象中隐约感受到信仰的对象，而且这些象征物的直接呈现，使得信仰的对象比只用理智的静观和沉思时能更好地呈现给我们。①

休谟的这些事例是不重要的；在他看来，我们由相联结的感觉对象而相信的事物是非实在的。但是，格外明显的是这些事物所具有的心理影响的事实。在找到一位已去世或者在远方的朋友的肖像、信件、衣服或者其他能让人想起他的东西的那一刻，谁不

---

① 《人性论》，第1卷，第3部分，第7节。

是更强地"意识到"了这位朋友存在的事实呢？关于他的整个观念此时带有了刺激性，它以一种在其他时间没有的方式对我们说话，让我们心神不宁。在儿童的心里，想象和实在平起平坐。但是无论他们的想象有多么生动，这些想象还是要求助于与实在的联结。富于想象力的孩子将其主人公与某个玩具娃娃或其他物体等同起来，这样做显然巩固了信念，尽管它可能与它所要代表的东西极少相像之处。自己的真实性质并不太有趣的事物，通常会在这里派上最好的用场。我所见过的最有用的玩具娃娃，是一个亚马孙印第安人小女孩手中的一条大黄瓜；她给它喂奶，洗澡，在吊床上摇它睡觉，并且一整天都和它说话——在生活中没有黄瓜不能扮演的角色。泰勒(Tylor)先生说：

> 一个富有想象力的儿童会用狗充当马，或者用士兵充当牧羊人，直到最后客观的相似性几乎消失了，而一块木头可以被拖来拖去，当作海上的船或者路上的车。那块木头与船或者车的相似性确实很小；但它是一个东西，而且能被来回移动，……并且对儿童观念的整理和发展显然有所帮助。……将它拿开，让孩子没有东西可玩，我们就会知道它有多么大的用处……。在后面的岁月里，在很有学识的人们中间，儿童玩耍木头士兵和木马时的心理过程，虽然从不会消失，但却隐藏在更复杂的现象之中。也许在以后的生涯中，故事的图解对成年读者的影响是与玩具娃娃对儿童的影响最相似的了。这里的客观相似性是非常不明确的……然而一张好的图画给了那个情景怎样的实在性啊。……巴克豪斯(Backhouse)先生在范迪门地看到一个女人在排列一些石头，这些石头是扁

平和椭圆的,大约有两英寸宽,并且在不同的方向画着黑色和红色的线条。他得知这些石头代表不在这里的朋友,而一块比其他石头都大的石头代表的是弗林德斯岛上一个叫布朗妈妈的土著胖女人。人们在比命运不济的塔斯马尼亚人高级得多的族群中也发现了类似的活动。在一些北美部落中,失去孩子的母亲用黑色的羽毛和翎填充孩子的摇篮,在一年或者更长的时间里一直随身带着它,来时刻保持对这个孩子的记忆。在任何地方停下来,她都会竖起摇篮,边做事边对它说话,正如那个死去的身体还活着在这个摇篮里时她会做的那样。在这里我们看到一个意象;但是在非洲我们发现人们用制作粗糙的娃娃代表那个孩子,把它当作纪念物保存着。……巴斯琴在秘鲁看见失去婴儿的印第安女人背上背着象征这个婴儿的木制娃娃。①

对于我们许多人来说,去世者的照片似乎就是纪念物。它们确实相像;但是,一百年前黑色塔夫绸"剪影"(现在还能在家族纪念物中找到)的流行,表明了纪念物的单纯物质性几乎与它的相似性一样重要这个事实,这样的剪影让费希特为其定亲女子写下"想你的肤色,想你的眼睛,想你可爱的天国才有的容貌"这样的话,并且一直敬奉它。许多人坚决地断言语言对于思想是必不可少的,这里面似乎也包含着这样的真理,即我们所有的内部意象都趋向于一定要将自己附加在某种可感觉的东西之上,以增进物质性和生命。语词适用于这个目的,动作适用于这个目的,石头、麦秆、粉

---

① 《人类早期的历史》(*Early History of Mankind*),第108页。

笔记号,任何东西都行。一旦这些事物里面的任何一个代表了一个观念,后者就显得更实在了。包括笔者在内的一些人,很难在做演讲时不使用黑板:抽象的概念性认识必须用字母、方块或圆圈来表示,而它们之间的关系则用线条表示。所有这些语言的、图示的和戏剧性的象征手法还有其他的用处,因为它精简了思想,固定了思想的项。但是它的用处之一肯定是激起相信的反应,并且给予观念一种更生动的实在性。就像有人给我们讲故事,并且向我们出示用于凶杀的刀,以及通灵大师指出藏匿地点的戒指,整个事情就从奇境变成了现实,所以只要我们知道"还有人活着在讲述那个故事",我们就更加相信了。

关于感觉对于信念的特权地位就讨论这么多。但是感觉本身也并非全部都被认为是同样实在的。在实践上更重要、更持久和在审美上更可理解的感觉,从众多感觉中被挑选出来得到最大程度的相信;其他感觉则被降低到了这些感觉的单纯标记或者提示的地位。我已经在前面的章节中谈到过这个事实。[①] 一个事物的真实颜色,是它在光照对于视觉最为适宜的时候给与我们的那一种颜色感觉。它的真实的大小、真实的形状等等也是这样——这些都只是由于拥有能给我们带来方便或愉悦的审美特性,而被从许许多多其他感觉中挑选出来的视感觉。我不再重复关于这个问题我已经写过的话了,而是要进入关于触觉和肌肉感觉的讨论,这些感觉是比眼睛、耳朵和鼻子揭示的"第二"性质更加实在的"第一

---

① 见第一卷第 185—286 页;第二卷第 237 页及以下诸页。

性质"。我们为什么明显地选择可触知的东西作为实在的呢？动机并不难寻找。可触知的性质是最少波动的。只要我们得到了这些性质，我们得到的东西就是一样的。其他的性质在我们相对于对象的位置改变时，就会发生极大的波动。另外，更加确定的是，触觉性质是与我们的祸福联系最紧密的性质。一把匕首只有在接触到皮肤时才会弄伤我们，一剂毒药只有在吃到嘴里时才会伤害我们，而只有将一个物体置于我们的肌肉控制之中，我们才能利用它。所以，可触知的事物对我们的影响最大；其他感觉，就它们的实践用途而言，只是向我们预告将会有什么可触知的事物出现。正如贝克莱十分清楚地解释过的，[①]它们只是预期触觉的器官。

在所有的感觉中，最具信念强制性的是那些能够产生快乐或痛苦的感觉。洛克明确地将产生快乐或痛苦的性质当作一切事物之实在性的终极人类标准。在（面对贝克莱与一位假想的贝克莱主义者）讨论关于我们的全部知觉可能都只是一个梦境这个看法时，他说：

> 他可以当作是梦见我对他做出这个回答……我相信他会承认在梦见置身火中和实际置身火中之间有非常明显的区别。但是如果他决意要表现得如此怀疑，坚持认为我所说的实际置身火中只是一个梦，认为我们不能由此确知有任何像火样的东西确实在我们之外存在，我的回答是，我们确定地发现快乐或痛苦[或任何种类的情绪]会在某些对象作用于我们之后发生，我们通过感觉感知到或者梦见感知到这些对象

---

① 见《视觉论》，第59节。

的存在,这确实是与我们的幸福或痛苦一样大的,在此之外我们对于认识或者存在都无所关切。①

情绪和强烈的冲动对信念的影响

对于让我们相信对象的实在性而言,唤起情绪,激励、鼓动或者刺激我们去行动,与产生出快乐或痛苦一样重要。在第二十四章我将试图表明,情绪的刺激性质很可能应当归功于它们所涉及的身体感觉。我们趋向于相信情绪上刺激的对象(恐惧、欲望等的对象),这一点无需求助任何全新的选择原则就能得到解释。一般地说,一个想到的对象越是刺激我们,它就越实在。同一个对象在不同的时间对我们的刺激是不同的。道德和宗教的真理在某些时刻比在另一些时刻更能打动我们的"心弦"。正如爱默生所说,"在生命的一个时间点和另一个时间点之间,它们的权威性和其后的结果是有所不同的。我们的信仰是片刻间产生的,……然而在这些短暂的片刻里有一种深度,它迫使我们给与它们比所有其他经

---

① 《人类理解论》,第 4 卷,第 2 章,第 14 节。在另一个地方:"一个看见蜡烛在燃烧,并且将手指伸进火焰里而试验了烛火力量的人,会毫不怀疑这是存在于他之外的东西,这个东西对他有害处,给他带来了极大的疼痛。……而如果我们这个做梦的人愿意将自己的手放进去,来试试玻璃熔化炉里的灼热是否只是昏睡之人的迷乱的想象,他也许就会得到比他所能希望的更大的确定性,意识到它是某种只是想象的东西。因此证据如我们所期望的一样强大,和我们的快乐或痛苦,即幸福或苦难一样地确定;除此之外我们无论在知识还是在存在的方面都无所关切。对于事物在我们之外存在的这种确信,足以引导我们去获得由它们而引起的善和避开由它们所引起的恶,这是我们去了解它们的重要关切所在。(同上书,第 4 卷,第 11 章,第 8 节)

验更多的实在性。"这个"深度"无疑部分地是对更广泛的统一关系系统的领悟,比它是情绪的兴奋来得更经常。因此,再来看看比较平常的例子,一个在白天不相信幽灵的人,在半夜自己一个人的时候就会一时地相信它们,在不可思议的声音或者景象面前,他感到自己的血液凝结起来,心脏怦怦作响,双腿不由自主地迅速逃离。在我们沿路边石行走时,跌倒的想法不会唤起害怕的情绪;没有实在感附加在它的上面,我们确信自己不会跌倒。然而,在悬崖的边缘,为可能摔下去的想法所引起的不快情绪,让我们相信了摔下去这件事情的迫近的实在性,并且让我们完全不能再继续前行了。

关于一个人是自持者(sui compos)的最有力的证明,就是他能够在带有情绪刺激性的观念出现时悬搁信念。这种能力的产生是教育的最高成果。在未受教育者的心中,这种能力是不存在的。未教化之人的每一个刺激性的思想都含有相信。用情感去想象就等于是下断言。正如白芝浩所说:

> 哈里发奥玛尔烧毁了亚历山大图书馆,说:"所有包含《古兰经》里没有的东西的书籍都是危险的!所有包含《古兰经》里有的东西的书籍都是无用的!"可能任何人对任何事情的信念都没有奥玛尔的这个信念更强烈。然而却不可能想象在它之前会有论证。他对穆罕默德、对《古兰经》以及对《古兰经》的充分性的信念,可能是在自发性的情绪突袭中产生的;可能有不多的零零落落的论证痕迹,但是它们不能辩护情绪的力量,更不能创造它,它们甚至很难为其做出辩解。……当人们对这个问题进行彻底研究的时候很可能会发现,确信是最强烈的人类情绪之一,并且是与身体状态联系最紧密的一

种情绪，……伴随着斯科特让其预言家描述为预言序曲的感觉，或者跟随在这种感觉之后：

"终于那个命中注定的答案到来了，
用活的火焰组成的字母——
没有用词语说出来，也没有滚动般燃烧，
而是携带和铭刻在我的灵魂上。"

一道强烈的光亮在大脑中闪过。处于这种强烈心理状态之中的人改变了全部历史，或好或球地改变了无数人的信条，丢弃或者恢复了某些地方或时代。这种强度也不是真理的标记，因为它正是在人们意见最为不一致的地方最强。约翰·诺克斯（John Knox）在反天主教时感受到了它；伊格内修斯·洛约拉（Ignatius Loyola）在反新教时感受到了它；而且我认为，他们二人都是在最大可能的程度上感受到它的。①

相信的理由无疑是刺激性的观念所引起的身体骚动。"让我有那样感受的东西不可能是假的。"我们所有宗教的和超自然的信念都属于这一类。永生的最可靠保证，就是在内心深处想念亲爱的人；上帝的最可靠保证，就是它给与我们的无法想象这样的神或救助时的下沉感觉。我们政治上或者金钱上的希望和恐惧，以及畏惧和想望的事和人，也是如此。"杂货商对于涉外政策有一套完整的信条，年轻女士拥有关于圣事的完备理论，二者对此都毫无

---

① W. 白芝浩，"确信的情绪"（The Emotion of Conviction），《文学研究》（*Literary Studies*），I. 412—417。

疑问。……乡村教区牧师住所的女孩确信巴黎永远不会被攻克，或者俾斯麦是一个坏家伙"——这一切都是因为他们或者在某个时刻满怀激情地想象过这些事情，或者将这些事情与他们满怀激情想象过的其他事情联结了起来。

雷诺维尔先生用心理眩晕这个名字来称呼仅仅因为满怀激情地想象一个事物而产生的关于这个事物的信念。① 其他对象低语出怀疑和不相信；但是情感的对象让我们只听见它自己的声音，我们毫不犹豫地断言它为真。这样的对象有精神失常的妄想，精神病人偶尔能够镇定自己对它加以防备，但是它又会回来让他的感情不能自制。这样的对象有神秘主义的启示。特别是，这样的对象还有生气勃勃的一群人在有狂热的行动冲动时突然产生的信念。无论那个行动是什么——无论是预言者的石刑，征服者的欢呼，巫婆的燃烧，异教徒或者犹太人的折磨，渺茫希望的开始，还是避开敌人——相信某个对象就会引起那个行动的突发这个事实，是产生那个信念的充分理由。运动冲动在它之后不受抵抗地席卷而来。

整个巫术和早期医术的历史，都是对碰巧想到的事情得以在信念带着情绪插进来的那一刻就得到相信的能力的注解。"生病的原因？"未开化者在询问任何事情的原因时，只是要问"应该归咎于什么？"。理论的好奇开始于实际生活的需要。让某人指控一位巫师，提示给出的咒文或咒语，而不要求更多的"证据"。除了对被告人责任的这种内部感觉之外，还需要有什么我们的内脏和四肢

---

① 《理性心理学》(*Psychologie Rationnelle*)，第 12 章。

对其作出反应的证据呢?[1]

[1] 在许多例子中举出两个:

里德,《研究》,第2章,第9节:"我记得很多年以前人们将一头白色的公牛带进了这个地区,这头牛的身量是如此巨大,数英里之外的人们都过来看它。几个月之后,这里的女人在生育方面出现了一种不寻常的致命问题。两件这样的不寻常事件接连发生,让人们怀疑到它们之间的联系,并且在这个地区的人们中间引起了一种共同的看法,认为这头公牛就是这种致命问题的原因。"

H. M. 斯坦利 (H. M. Stanley),《穿越黑暗大陆》(Through the Dark Continent), II. 388:"我们在莫瓦停留的第三天,在人们中间感到很舒服,由于他们的友好态度,我开始在笔记本上写下指称物品的词,以增进我已经丰富起来的当地语言的词汇。只进行了几分钟,我注意到正群集到我周围的人们中间有一种奇怪的骚动,不久他们又跑开了。很快,我们听到作战时的呐喊声嘹亮而且尖锐刺耳地响彻这块台地。两个小时以后,我们看到一长队武士从台地上下来,向我们的营地行进。他们大约有五六百人。另一方面,除了对有敌对行动真正发生时能够正当地作出反应以外,我们没有多少准备。但是我在他们中间有许多牢靠的朋友,而且我坚定地相信我能防止发生公开的决裂。当他们在我们营地前面大约100码的地方集合起来时,塞弗尼和我向他们走去并在中途坐了下来。大约五六个莫瓦人走近了,麻烦事开始了。

"'我的朋友,怎么了?'我问。'你们为什么这么多人手里拿着枪过来,就好像是来战斗的?战斗?与我们战斗,我的朋友们!啧!这是一个大错误,确实是。'"

"'白人(Mundelé),'他们中间的一个人回答,……'我们的人昨天看见你在某个tara-tara[纸]上做记号。这很不好。我们的国家将会变得荒芜,我们的羊将会死去,我们的香蕉将会腐烂,我们的女人将不能生育。我们对你做了什么让你想要毁掉我们?我们每天都卖给你食物,还带酒给你。你们的人可以到他们想去的地方漫步,而不会遇到麻烦。Mundelé 为什么这么坏?我们集合起来,如果你不马上在我们的眼前烧掉那个 tara-tara,我们就与你开战。如果你烧了它,我们就走开,并且像以前一样还是你的朋友。'"

"我让他们在那里不动,将塞弗尼留在他们手里作为我会返回来的保证。我们帐篷离这个地点不到50码,但是在向它走去的时候,我在脑子里想着打败这个迷信的疯狂之举的计划。我的笔记本里有大量有价值的笔记。……我不能为未开化之人的这种幼稚的怪想而牺牲掉它。在翻找书籍时,我碰到了一本莎士比亚的书[钱多斯版],已经被翻得很旧了,和我的野外笔记本一样大小;封面也很像,也许能用它来冒充那个笔记本,只要没有人太清楚地记得那个笔记本的样子。我把它拿给他们。'朋友们,这就是你想要烧掉的那个 tara-tara 吗?'"

"'是的,是的,就是它。'"

"'好吧,把它拿去,烧了它,或者留着它。'"

第二十一章 对实在事物的知觉

人类在治疗学方面的轻信也有类似的心理学根源。任何无法忍受的事情（特别是对于女人的心），在所爱的人生病或者处于痛苦之中时，就都没什么了。做任何事情都是一种解脱。相应地，无论提出什么治疗方法，都是易燃之地的一个火星。人心在那个刺激下跳向行动，去寻求那个治疗方法，并且至少在一天的时间里相信危险已经过去了。责备、畏惧和希望因而都是巨大的激发信念的情感，并且涉及到未来、现在和过去。

这些讨论说明了第292页清单中的前几项的问题。任何被表征的对象让我们产生了感觉，特别是有趣的感觉，或者激起了我们的运动冲动，或者唤起了我们的憎恨、欲望或恐惧，对于我们来说就足够实在了。我们在实在性方面的要求终止于我们自己的行动和情绪，我们自己的快乐和痛苦。这些是终极的固定物，如我们在前面已经看到的，我们的整个信念链条都挂在上面，对象与对象挂在一起，就像蜜蜂在群集时相互挂着，直至渐渐地达到和握住那个支撑的分支，那个自我。

'哦，不，不，不。我们不会碰它。它是物神。你必须烧了它。'

"'我！好吧，就这样。我会做任何事情让我的莫瓦的好朋友们满意。'"

我们走向离得最近的火。我对自己的亲切同伴道了一声带着歉意的再见。在我的许多困乏的夜晚，当我的心为几乎不可忍受的痛苦而压抑时，是它帮助我解脱出来。然后我庄重地将无辜的莎士比亚投入火中，带着恭敬的小心将树枝燃料堆在它的上面。

"'啊啊，'可怜的被骗了的当地人吐露出他们的宽慰。……'现在没有麻烦了。'……某种接近于欢呼的声音在他们中间呼喊出来，火烧莎士比亚事件在这个声音中结束了。"

对理论对象的信念

被我们的心表征为与感觉紧密相连(引起它们,等等),填充感觉之间的裂缝,并且给了感觉的混乱以秩序的单纯设想或想象的对象,有无数地多。它们的整个系统与其他系统相冲突,而我们对于让哪一个系统来支撑我们的信念的选择,是为十分简单的原则所统辖的,无论这些原则在应用于细节时会有多么的微妙和困难。想到的系统要被认为是真的,至少必须包含感觉对象的实在性,这是通过将这些对象解释为对我们产生的作用而实现的。包含大多数这样的对象,并且能够明确解释或声称能够解释大多数这样的对象的系统,在其他条件不变的情况下,就会占据优势。无需说人类离创造出这样的系统还差得多远。但是各种各样的唯物论、唯心论和物活论表明,人们一直都在多么勤奋地做着这样的尝试。可以想象几个竞争理论可以同样好地将我们的真实感觉包含在它们的体系里,就像电的单流体理论和二流体理论同样好地阐述了所有的常见电现象一样。科学中充满了可供选择的方案。那么相信哪个理论呢?那个除了为我们提供能够对感觉经验做出满意解释的对象以外,还能提供最有趣、最急迫地迎合我们审美、情绪和行动需要的对象的理论,会得到最普遍的相信。所以在高级精神生活中,也在进行着和对感觉本身的选择一样的对一般概念性认识的选择。首先谈谈它们与我们情绪的和行动的需要的关系——在这里最好的办法是引述几年前发表过的一篇文章:①

---

① "理性,活动和信仰"(Rationality, Activity, and Faith),《普林斯顿评论》,1882年7月,第64—69页。

第二十一章 对实在事物的知觉

一种哲学可能在其他方面是无懈可击的,但是这两个缺陷中的任何一个对于它的普遍接受都是毁灭性的。第一,它的终极原则一定不能在本质上阻碍和挫败我们最珍视的欲望和最珍爱的能力。像叔本华的无可救药的邪恶意志实体,或者哈特曼的恶劣的万事通(无意识)那样的悲观主义本原,会不断引来其他哲学的评论。事实上,对于大多数人来说,未来与其欲望和行动趋向的不相容性是比不确定性本身更稳固的焦虑来源。看看人们克服"恶的问题"和"痛苦难题"的尝试。不存在"善"的问题。

但是,第二个,也是一个哲学中比与行动倾向相冲突更坏的缺陷,是不给这些倾向以任何可以施加的对象。一个其原则与我们最基本的能力如此不相称,以至否认了这些能力在宇宙事物中的所有相关性,一下子就摧毁了这些能力的动机的哲学,会比悲观主义更加不受欢迎。最好是面对敌人,而不是无尽的空虚!这就是为什么唯物论总是得不到普遍采纳的原因,无论它如何好地将事物融合为一个原子论的统一体,无论它如何清楚地预言未来的永恒。因为唯物论否认了几乎所有我们最珍爱的冲动对象的实在性。它说,冲动的真实意思是某种我们对其没有任何情绪兴趣的东西。但是被称为引渡的东西,就像是感觉的特征一样,也是情绪的特征。二者都指向一个作为当下感受原因的对象。在恐惧中有多么强烈的对象性所指!狂喜的人和闷闷不乐的人也同样不仅仅是意识到他们的主观状态;如果是这样,他们的感受力就会消失掉了。这两个人都相信存在着他们为什么会如此感受的外部原因:

或者"世界充满快乐！生活多么美好！"或者"存在是一种多么可恶的乏味！"任何通过将指称的对象解释掉，或者将它们转化为没有情绪相关性的东西，而摧毁了指称效力的哲学，都没有给人心留下什么要关切或者为之行动的东西。这与噩梦的情况相反，但是当被强烈意识到的时候，它就会引起一种类似的恐惧。在噩梦中，我们有行动的动机，但是没有力量；此时，我们有力量，但是没有动机。想到在我们最终的目的中，在作为我们最深能量的爱和热望中不存在任何永恒的东西时，我们突然感到一种无名的可怖的怪异性。被我们假定为认知理想的宇宙和其知者带有巨大偏重的平衡，与宇宙和做者带有同样偏重的平衡完全相同。我们要求其中有一种我们的情绪和行动倾向能够与之相匹配的特性。我们是如此之小，宇宙触及我们每一个人的那个点是如此细微，而每个人都想要感到他在那个点上的反应是与那个巨大整体的要求相一致的，他平衡了后者，并且能够做它期待他做的事情。但是由于他的去'做'的能力完全与他的自然倾向相一致；由于他享受带着诸如坚忍、希望、欣喜、赞赏、热切等等的情绪做出的反应；还由于他非常不愿意带着恐惧、反感、绝望或者怀疑做出反应，——只认可后一种情绪之正当性的哲学，肯定会让人心受到不满足和渴望的折磨。

对于理智如何完全是由实践的兴趣激励起来的，人们认识得太少了。进化论正在通过将全部智力还原为反射动作，而开始提供很好的帮助。依照进化论的观点，认知只是一个短暂瞬间，是整体上为一种运动现象的特定点上的一个横截

第二十一章 对实在事物的知觉

面。没有人会声称,在较低级的生命形式中,认知不仅仅是适当行动的指导。涉及第一次被带到意识之前的事物的那个原始问题,不是"那是什么?"这个理论问题,而是"谁去了那里?"或者像霍维茨很好地表达的"要做什么?"——"我如何来开始(Was fang'ich an)?"——这个实践问题。在关于低等动物智能的所有讨论中,我们所用的唯一检验就是它们动作起来好像是为了一个目的。总之,直到释放到行动之中,认知才完成了。而且,尽管后来的心理发展(通过肥硕的人类大脑而达到了顶点)确实在直接对实践起作用的活动之外引起了大量的理论活动,但是早期的要求只是延后了,而不是消除了,而行动的本性一直到最后都坚持着自己的权利。

如果这个观点中有任何的真理,我们就可以推出,无论一位哲学家对终极宇宙材料的解释有多么地模糊,只要他在最小程度上声称我们对其情绪的或者行动的态度是这一种而非那一种,我们就不能说他没有让我们了解它。说"生活是真实的,生活是认真的"这个话的人,无论对于事物根本的神秘性说了多少,都通过给与它向我们要求被称为认真(它的意思是愿意充满活力地活着,尽管活力会带来痛苦)的特殊情绪的权利,而对那种神秘性给出了清楚的规定。说一切都是空虚的人也是这样。空虚这个谓词自身(in se)也许无法定义,但很清楚,它是某种准许将麻木(单纯地逃避痛苦)作为我们生活准则的东西。不可知论者在一个片刻宣称事物的本质是不可知的,在下一片刻又宣称关于这个本质的思想会激发我们对其荣耀和尊严的赞叹,并让我们愿意向它可能会显示的方向协力推进，这是最为荒唐可笑的不一致。不可知的东西可能也不可理解，但如果它对我们的活动提出了这么清楚的要求，我们当然不会不知道它的根本性质。

如果考察历史的领域，询问所有伟大的复兴时期和人类精神扩展时期所共同表现出来的特征是什么，我认为我们只会发现：这每一个时期都曾对人类说，"实在的最内在性质是与你们拥有的能力相适合的。"除了宣告上帝承认曾被异教徒粗暴忽视的那些微弱而温和的冲动以外，原始基督教的解放讯息还有什么呢？看看临终悔罪：什么事情都做不对的人，至少还能对他的失败悔罪。但是对于异教徒来说，这种悔罪能力是纯粹多余的东西，是于事无补的落伍者。基督教将它看作并使它成为我们心中的那一个直接诉诸上帝之心的能力。中世纪之夜在漫长的时间里甚至给大量的肉体冲动打上了耻辱的标记，并将实在定义为只有卑屈的本性才能与之建立密切关系的东西，在此之后，除了宣告事物之真实的原型要求我们整个审美存在的最广泛的活动以外，文艺复兴所倡导的"鼓起勇气来！"还在于哪里呢？除了诉诸甚至连最低微的人也会具有，但却是个人的、无需神父的中间作用、并让其拥有者能直面上帝的能力（信仰和自我绝望）以外，路德和韦斯利的使命又是什么？除了他给出的保证，即人的本性与事物的本性是和谐的，只要奄奄一息的腐坏习俗不再处于二者之间，又是什么引起了卢梭那野火蔓延般的影响？除了说"使用你的全部能力；那是宇宙所要求的唯一顺从"以外，康德和费希特、歌德和席勒（Schiller）又是如何欢愉地启迪了他们的时代呢？秉持工作、事实和诚实信条的卡莱尔，除了说宇宙只派给了我们最低微的人所能完成的任务以外，如何能感动我们呢？爱默生的信条，即每一个曾经存在或者将要存在的事物此时都处于包裹一切的**现在**之中；人只须服从自己——"他将停留在他之所是，这是命运的一部分"——同样也只是对人的自然能力之切合性的所有怀疑论的驱魔咒语。

总之，"人子啊，你站起来，我和你说话！"是求解的时代帮助信徒获得的唯一真理启示。但是那已经足以满足其理性需要的很大一部分了。不可知论者的 x 比任何这些语句都更能给自在(in se)和自为(per se)的普遍本质以规定；但只是确信我的能力(尽管没有什么了不起)并非与它无关，而是恰当的，确信它对它们讲话，并且以某种方式辨识出它们的回答，确信如果我愿意就能配得上它，而不是一个无基础的漂浮物，就足以让它在前面给出的意义上对我的感受来说是合理的了。如果有任何哲学拒绝使我们更强大的情绪和实践趋向合法化(并且是以强调的方式使其合法化)，那就没有什么比希望这样的哲学取得决定性的胜利更荒谬了。用"所有的努力都是徒劳的"这句话来对待所有行为方面的决定性时刻的宿命论，决不会占据至高的地位，因为努力生活是人类永远不会消失的冲动。支持这种冲动的道德信条会取得广泛的成功，尽管具有不一致性、模糊性和不明确的预期。人需要一条意志的规则，如果没有给予他，他就会发明出一条来。

在情绪和行动的需要之后，就是理智和审美的需要。两条伟大的审美原则，丰富性原则和安逸的原则，支配着我们理智的和感觉的生活。而且,在其他条件不变的情况下,如果有丰富、简单与和谐的系统在那里,并非丰富、简单与和谐的系统就没有机会为信念所选择。我们会带着信念所有的那种意志的欢迎态度立即适应前者。引用一本值得注意的书中的一段话:

> 我们的意识不断地趋向于最小复杂性和最大确定性这条法则,对于我们全部的知识都极为重要。……我们自己的注意活动因而会决定我们知道什么和相信什么。如果事物的复杂性超过了一定的程度,不仅有限的注意能力使我们不能解开这个复杂性,而且我们还会强烈地想要相信事物比它们实际简单得多。因为我们关于这些事物的思想会不断趋向于变得尽可能地简单和明确。将一个人置于完全混乱的现象——声音、情景、感受——之中,如果这个人继续存在着并且是理性的,他的注意无疑很快就会为他找到一个编造出某种有节律的规则性的方法,他会将这种规则性转嫁于周围的事物,以想象他已经在这个狂乱的新世界里发现了某些次序法则。因此,在每次我们以为自己确信一条简单自然法则的情况下,我们都必须记住,很多我们以为的简单性可能在那个情况中并不是产生于自然,而是产生于我们自己心中那种根深蒂固的对规则性和简单性的偏爱。我们全部的思想都在很大程度上由这条最少努力的法则所决定,就如在我们的注意活动中所例示出来的那样。……整个过程的目标似乎是获得尽可能完全和统一的对实在的概念性认识,在其中,最丰富的材料将会与概念性认识的最大简单性的结合在一起。意识的努力似乎

就是将最丰富的内容和最确定的构造结合起来。①

丰富性是通过将所有感觉事实都包含进那个图式之中而得到的；简单性是通过将感觉事实从最小可能数量的永久而独立的原始实存中推论出来而得到的；确定的结构则是将这些实存与相互之间有内在理性关系的观念对象相同化的结果。需要有另外单独的一章来表明这些观念对象和理性关系是什么。② 同时，我确实已经说了足够多的话来辩护前面提出的那个断言，即对于哪些对象会被人类选择为实在的问题，无法给出一般性的随意回答。战斗仍在进行中。我们的心仍是混乱的；我们最多能够做出一种混合与妥协，屈从于这个或那个兴趣的要求，轮流遵循一个又一个原则。不可否认，到目前为止对宇宙唯物论的或者所谓"科学的"概念性认识比单纯感情上的概念性认识更能满足纯理智的兴趣。但是另一方面，如已经谈到过的，它们冷落了情绪的和行动的兴趣。信念的完美对象应该是上帝或者"世界灵魂"，人们是乐观地和在道德上（如果可以这样结合的话）表象它们，而且它们还被明确地想象为向我们表明，为什么我们的现象经验会由他以恰是它们到来的方式给予我们。全部的科学和历史因而会以最深刻和最简单的方式得到解释。我坐在其中的这个房间，它的可感觉的墙壁和地板，还有它里面的空气和火给与我的感受，和我背过身去极力要形成的涉及所有这些现象存在方式的"科学的"概念性认识一样，

---

① J. 罗伊斯，《哲学的宗教方面》（*The Religious Aspect of Philosophy*）（波士顿，1885），第 317—357 页。

② 第 28 章。

全部都会被我信念的终极原则所证实,而不是丧失其实在性。世界灵魂给与我的就是这些现象,以让我能够对它们做出反应;而在这些反应之中,就有抽取这些概念性认识的理智反应。超出这些原始经验的东西,不是这些经验的替换物,而是此时此地向我意指它们的东西。可以有把握地说,如果有这样一个系统被令人满意地创造出来,人类就会丢弃所有其他系统,并只将这一个系统作为实在的加以坚守。同时,其他系统企图着这个系统的地位而共存着,都是碎片式的,每一个都没有多少听众和时日。

我相信,我现在已经充分表明什么是实在感的心理根源了。有一些假设存在于我们的本性中;任何满足了这些假设的东西都被当作是实在的。① 所以,如果不是另外的一些话能让我们更进

---

① 罗伊斯教授在讨论唯心论与"外部"世界实在性的问题时很好地阐述了这一点。"如果有人能写下关于这些问题的大众思考的历史,在自然的人心面对'你是如何知道外部实在的'这个问题时的行为中,我们能够发现多少胆怯和躲闪啊。自然的人不是简单和直截了当地回答:'外部世界在我这里首先是指我接受或者需要、我在感觉材料的基础上推断、假定和主动建构的某种东西',而是会给出各种模糊妥协的回答。……这些无尽的转弯和缠绕的终点在哪里呢?他们诉诸所有不那么重要的动机,而那个终极的动机却被忽略了。日常生活中的人的终极动机就是拥有一个外部世界的意志。无论意识包含什么,理性都会自发地坚持要加上这个思想;'但是应存在某个超越了这个的东西'。……大众对外部世界的确信,是要在此时和自此以后创造出一个来的固定不变的决心。"(《哲学的宗教方面》,第304页——着重号是我加上的)意志的这种彻底的混合好像在这个事实中表现得最为明显,即虽然外部物质相当普遍地受到怀疑,却从来没有人怀疑过我们自己的心之外的心。我们太需要它们,在本质上太好交际,所以我们无法摆脱它们。物质的相似物可能足以让我们做出反应,但是相互关系密切的灵魂的相似物却不是这样。心理唯我论是我们所渴求之物的可怕的拙劣模仿,所以就我所知,从来不曾有人认真持有过它。——罗伊斯教授著作的第9章和第10章在总体上是我所知的关于信念心理学的最清晰的阐述。

一步地看清真理,我本可以在这里就结束这一章了。

怀　　疑

几乎所有的普通人(在被询问时)都会说,事物最初是作为观念来到我们这里的;如果我们将它们当作实在,这是因为我们添加了某个东西在它们上面,这就是也"在我们的思想之外真实存在"这个谓词。从最早的时代起,心理学中就充满了这个观点,即一种比单纯拥有意识内容更高级的能力是为我们通过它而认识任何实在事物所需要的,这也是经院哲学、康德主义和常识的传统。正如感觉必须作为内部感情而产生,然后被"引渡";正如记忆的对象必须首先在当下作为非实在而呈现,其后才被向后"投射"为过去的实在;所以概念性认识也必须是理性存在者(entia rationis),直到一个更高级的能力将其作为越过自我看向心理之外的实在世界的窗口;——正统和通俗的解释就是这样说的。

毫无疑问,这是对我们许多后来信念的产生所做的真实解释。关于一个对象的单纯思想和对这个对象之实在性的信念之间的逻辑区分,通常也是一种时间顺序的区分。对一个观念的拥有和相信并非总是一回事;因为我们经常是先推测,再相信;对于一个思想的对象,我们先摆弄它的观念,形成关于它的假说,然后再断言它的存在。我们完全意识到了两个心理活动的相继。但是这些都不是原始的情况。它们只发生于经过经验冲突的长期训练而学会了怀疑的人心之中。原始的冲动是直接断言一切所想之物的实在性。① 然而,在我们确实怀疑了的时候,其后怀疑的消除是在于什么呢?它或者是在于一种纯语词的操作,将形容词"实在的"或者"外在地存在着"(作为谓词)与最初想到的事物(作为主词)连接起来;或者是在于在给定事例中获得了这些形容词(从其他类似的具体事例中抽象出来)所代表之物的知觉。我们现在完全知道这些形容词代表什么。它们代表一些与我们自己的关系(直接的,或者通过中介物)。任何到目前为止处于这些关系中的具体对象,对于我们来说都是"实在的",都"外在地存在着"。因此,当我们现在抽象地承认一个事物是"实在的"时(可能没有完成任何对其关系的明确知觉),我们就好像在说"它与那些其他对象属于同一个世界。"很自然,我们不断有机会经历这个简化了的信念过程。所有空间或时间中的遥远对象都是以这种方式为我们所相信的。比如,当我相信某个史前野蛮人曾经凿过这块火石时,这个野蛮人及

---

① "在我看来,在信念方面的最主要的事实,是我们的**原始轻信**。我们从相信一切开始;无论有什么,都是真的。……夏日的早晨出生的动物按照白天的事实行事;以为这个事实是永恒不变的。无论要做什么,它都毫不疑虑地去做。如果它在早晨开始了一连串持续几个小时的事情,一直享受着白天的好处,它会在晚上毫不犹豫地开始一连串相同的事情。它的心理状态实际上是一种无限自信的状态;但是它还并不理解自信的意思。

质朴的确信很快就遇到了阻碍;不合意的经验导致了新的见识。受到挫败和对抗是我们最早和最经常的痛苦之一。它发展出了关于自由的和受阻碍的冲动之间的差异感;不受阻碍的无意识换成了意识;这时我们完全相信从未有过冲突的东西,就如我们不相信曾经有过冲突的东西一样。我们相信,在天亮之后会有持续的光线;我们不相信这个光线会永远持续下去。

所以,在信念方面最重要的情况就是从来没有冲突——从来不失威望。重复的次数在这个过程中无足轻重;10 次重复和 50 次重复一样让我们信服;10 次完整的重复,比50 次肯定 1 次否定的重复更能让我们信服。"(贝恩:《情绪与意志》,第 511、512 页)

其动作的实在性并没有直接影响我的感觉、情绪或意志。我的这个信念的意思,只是对那个早已死去的野蛮人及其行为与这块火石为其一部分的当下世界之间的连续性的朦胧感觉。它是应用我们的"边缘"学说(见第一卷第258页)的一个极好例子。当我用一种关系边缘思想那个野蛮人时,我相信他;当我没有用那个边缘或者用另一个边缘(比如就像我一般用"科学的奇想"来将他归类)时,我就不相信他。总之,"实在的"这个词本身是一个边缘。

信念和意志的关系

在第二十五章我们将会看到,意志只是在于注意某些对象或者同意它们持久出现在人心之前的方式。在意志这里,对象是其存在取决于我们思想的东西,比如我们自己身体的运动,或者在未来做出的这种运动会使其变得实在的事实。相反,信念的对象是不依我们关于它们的思想而改变的东西。我意欲(will)明天早晨早起;我相信我昨天早晨起晚了;我意欲波士顿的外国书商为我弄到一本德文书,我给他写信说了这个意思。我相信书到了时他会让我付3块钱,等等。要注意的重要的事情是,意志对象和信念对象的这个区别,就心与它们的关系而言,是完全不重要的。在这两种情况下心所做的事情是一样的;它看那个对象,同意它的存在,支持它,说"它将是我的实在"。总之,它以充满兴趣的积极的情绪方式转向它。其他事情就是自然做的了,她在一些情况下使我们以这种方式思想的对象成为实在,而在另外的情况下则不是这样。自然不能改变过去以适合我们的思想。她不能改变星星或者风；但是她确实能改变我们的身体以适合我们的思想，并且通过我们身体的工具性来改变更多其他的东西；于是，就出现了我们可以意欲或不意欲的对象和我们只能相信或不相信的对象之间的实践上的区别，而且这个区别当然是世界上最为重要的区别之一。然而，它的根源不在心理学里，而是在生理学中；在关于意志的那一章这一点将得到充分的表明。总之，意指对象和自我之间某种关系的意志和信念，是同一**心理**现象的两个名称。所有涉及其中一个的问题，也是涉及另一个的问题。这种特殊关系的原因和条件在二者中必须是一样的。关于信念也可以提出自由意志的问题。如果我们的意志是非决定的，我们的信念也一定是这样，等等。总之，自由意志的第一个动作自然是相信自由意志，等等。在第 26 章我将再次谈到这一点。

我们可以通过实践的观察来结束这一章。如果信念是整个人对一个对象的情绪反应，我们如何能够随意相信呢？我们不能控制情绪。确实，人不能突然随意相信。自然有时候，但也并不很少见，会让我们发生瞬间的转变。她会突然让我们与她至此一直使我们冷漠的对象处于活跃的联系之中。我们于是说，"我第一次意识到那是什么意思！"在道德命题方面经常发生这样的情况。我们时常听到这些话；但是此时它们倾注到了我们的生命之中；它们感动我们；我们感受到它们的生命力。这样的瞬间信念确实不是通过意志获得的。但是通过一种非常简单的方法，意志渐渐地就能引领我们到达相同的结果：我们只需不动情感地把那个东西当作好像是实在的来**行动**，并且持续将它当作好像是实在的来行动，最终这个东西就会万无一失地进入与我们生活的这样一种联系之中,即它成为了实在的。它会与习惯和情绪紧密结合起来,以至我们对它的兴趣成为了信念的特征。那些对于他们来说"上帝"和"责任"此时还仅仅是名称的人,如果每天为它们做出一点点牺牲,就能使它们远不仅仅是名称了。所有这些在道德和宗教的教育中都广为人知,我无需再多说什么。①

---

① 文献。D. 休谟:《人性论》,第 3 部分,第 7—10 节。A. 贝恩:《情绪与意志》,关于信念的一章(以及第 20 页及以下诸页)。J. 萨利:《感觉与直观》(Sensation and Intuition),论文 4。J. 密尔:《人心的分析》,第 11 章。Ch. 雷诺维尔:《理性心理学》,第 2 卷,第 2 部分;以及《哲学理论体系分类概述》(Esquisse d'une Classification systématique des Doctrines Philosophiques),第 6 部分。J. H. 纽曼(J. H. Newman):《同意的语法》(The Grammar of Assent)。J. 维恩(Venn):《信念的一些特性》(Some Characteristics of Belief)。V. 布罗沙尔(Brochard):《论错误》(De l'Erreur),第 2 部分,第 6、9 章;以及《哲学评论》,XXVIII. 1。E. 拉比尔:《心理学》,第 21 章附录。奥莱·拉普兰(Ollé Laprune):《道德确证》(La Certiude Morale)(1881)。G. F. 斯托特:"论对物理实在认知的发生"(On Genesis of Cognition of Physical Reality),《心》,1890 年 1 月。J. 皮克勒(J. Pikler):《关于客观存在的信念的心理学》(The Psychology of the Belief in Objective Existence)(伦敦,1890)。——密尔说我们相信呈现的感觉;并且使我们关于所有其他事物的信念都成为了与这些感觉的联结。到此为止还算不错;但是由于他没有提及情绪或者意志反应,贝恩正确地指责他将信念当作了一种纯理智的状态。对于贝恩来说,信念是我们主动生活的附带事件。根据贝恩的看法,当一个事物会让我们按照它来行动时,我们就会相信它。萨利说,"但是我们不可能对其做出反应的过去的事物或者遥远的事物是怎样的呢?关于阻碍行动的事物的信念是怎样的呢?"他认为,我们只有在关于一个事物的"观念在性质和强度上都有一种接近感觉的内在趋向"时,才相信这个事物。很显然这几位作者各自强调了问题的一个真实的方面。我试图让自己的解释更加完备,承认感觉、联想和主动反应都关涉其中。也许可能做出的最简要的阐述是,我们的信念和注意是同一个事实。目前我们关注的是实在性;注意是一种运动反应;我们就是这样的,感觉会强迫我们的注意。关于信念和行为,见莱斯利·斯蒂芬(Leslie Stephen),《双周评论》1888 年 7 月的文章。

一组事实最近引起了我的注意,我几乎还不知道如何处理这些事实,所以我在这个脚注里说几句。我指的是一类经验,这是对"幻觉调查"回答"是"的人常常会有的经验,而且通常被报告这个经验的人描述为有某人在他们附近"出现的印象",尽管这里不涉及任何视觉、听觉或者触觉的感觉。从有过这种经验的人说到这种经验的方式看,它好像是一种极为明确和确定的心理状态，与关于其对象实在性的信念联系在一起，这个信念和任何直接感觉所能有的强度一样强。然而却没有感觉与它有任何联系。给人在附近的印象的人，有时是认识的人，已经去世了或者还活着，有时是不认识的人。对他的姿势和处境的印象通常非常明确，有时（尽管不是通过听觉）他想要说的话也是这样。

这个现象似乎是由于纯概念性认识中充满了平常只有感觉才能引起的刺人的急迫而产生的。但是我还不能让自己相信，这种急迫是在于相伴随的情绪冲动和运动冲动。那个"印象"可能会相当突然地出现并很快离去；它可能不带任何情绪提示，而且除了与对它的注意相关的运动以外不唤起任何运动结果。总之，这个问题有些自相矛盾，而且在获得更多明确的材料以前，不可能有任何结论。

也许我收到的这一类经验里最奇怪的案例是下面这个。观察对象 P. 先生是一位理解力极强的目击者，尽管讲述者是他的妻子。

"P. 先生一生中偶尔会产生各种相当奇怪的幻觉或印象。如果我相信在五种感觉以外有潜在的或者处于萌芽状态的能力存在，我就会据此来对这些做出解释。他是全盲的，他的其他知觉异常地敏锐和发达，如果假定有基本的第六感存在，很自然，它在他这里也应该比在其他人那里更敏锐。这方面他的最有意思的经验之一，就是若干年前一具尸体经常出乎意料地出现，这也许值得你们研究那个问题的委员会的注意。那个时候 P. 先生在波士顿的比肯街上有一间音乐室，他经常在这里几乎不间断地进行严格和长时间的练习。当时，整整一季，在工作的中间他经常感受到一股冷空气突然落在脸上，头发的根部有种刺痛的感觉，当他要从钢琴那里转开，一个他知道已经死了的人由门缝下面从外面滑进来，让自己变得扁平以后挤进来，然后又变圆成为人形。这是一个中年男人，用双手和双膝在地毯上移动，头却耷拉在后边，直到到了沙发那里，它才在上面伸展开来。它会在那里待一会儿，但是只要 P. 先生讲话或者做出一个明确的动作，它就消失了。这件事情的最奇怪之点是它的经常性的重复。在任何一天的两点到四点之间他都可以等候它到来，而且总是有相同的突然的冷战预示它的到来，总是相同的人做出相同的动作。后来他将这整个的经验追溯到浓茶。他习惯在午饭时喝凉茶，这总能刺激他，而在放弃了这种做法之后，他就再也没有见到过这个或任何其他离奇地出现的东西了。然而，即使承认（因为无疑是真的）那个事件是一种神经幻觉，这些神经先是因为过度工作而疲劳，后来又为这个刺激物而兴奋，也还是有一点仍然完全不可解释，并且让我感到有极大的兴趣。P. 先生没有任何视觉记忆，也没有任何视觉方面的概念性认识。他不可能形成任何关于我们用光线或者颜色所指东西的观念，因而他只能认识他的听觉或者触觉所及的对象，尽管这样的感觉是如此敏锐以致有时会给其他人以相反的印象。当他通过对外人显得不可思议的方式觉知到一个人或者物体的出现时，他总是能够自然而合理地追溯到只有他的敏锐耳朵才能觉察的它的轻微回声，或者只有他的敏锐的触觉神经才能觉察的气压的不同；但是对于前面描述过的离奇出现的东西，在他的经验中仅此一次，他在没有使用任何这样的手段的

第二十一章 对实在事物的知觉

情况下,觉知到了它的出现、大小和外貌。那个人从未弄出过一点声响,也没有到过离他几英尺之内的范围内,然而他却知道它是一个男人,它移动了,向什么方向移动,甚至知道它长着络腮胡子,这胡子像它厚厚的卷发一样,也是部分花白的;他还知道它穿着人们所知的'斑点'式样的套服。每一次这些特征都十分清晰,并且都是不变的。如果问他是如何感知到这些的,他会回答说他说不出来,他只是知道它,而且非常强烈和清晰,以致不可能在那个人外貌的确切细节方面动摇他的看法。在这种感官的幻觉中他似乎真的看见了,虽然除了童年的最初两年以外,他在他的真实生命经验中从来不曾看见过。"

在对 P. 先生的反复研究中,我无法理解会有任何像视觉想象那样的东西,虽然他完全不能描述不真实的知觉是以什么方式进行的。它似乎更像是一种特别确定的概念性认识,一种对当下实在性的感受附加其上的概念性认识,但是却不易被归入我文中所列的题目。

第二十二章[①] 推理

我们说人是理性的动物；传统的理智主义哲学也久已明确地把兽类当作全然非理性的生命物对待。然而，就连确定理性是什么，就连弄清叫做推理的特殊思想过程怎样不同于可以引向相似结果的其他思想系列，都绝非易事。

我们的许多思考都由相互提示的意象序列，由较高等动物非常可能拥有的一种自发的遐思构成。然而这种思考却引向了实践的和理论的理性结论。各个项之间的联结要么是"接近性"要么是"相似性"，以这两种方式结合地思考，我们不大会前后非常不一致。通常，在这种不可靠的思考中，那些匹配起来的项都是经验的具体，而不是抽象。一次日落可能唤起去年夏天我从那里看过一次日落的那艘船的甲板，我的旅伴，还有我抵达港口，等等；或者，它可能使我想起太阳神话，想起赫拉克勒斯和赫克托葬礼的柴堆，想起荷马以及他是否会写字，想起希腊字母，等等。如果习惯的接近性主导着，我们的心就是平淡无味的；如果罕见的接近性或相似性自由发挥作用，我们就说这个人有想象力，有诗意，或者机智。但是，思想通常是以整体的方式相关其题材的。一直想着一件事，

[①] 这一章的主要部分，以及下一章正文的许多页，最早见于题为"兽类与人类的智力"(Brute and Human Intellect)的文章，载于《思辨哲学杂志》，1878 年 7 月（第 12 卷，第 236 页）。

后来发现我们在想着自己已经陷入的另一件事,我们几乎不知道怎么会是这样。如果一个抽象性质出现在那个序列中,它会片刻吸引我们的注意,但随后就隐退到某种其他事情之中了;并且不再是非常抽象。例如,想到太阳神话,我们可能泛起对人类原始心灵的优美的崇拜,或在一瞬间唤起对现代解释者们的狭隘性的厌恶。但我们主要想到的不是性质而是整个事情,实际的或可能的,正如我们可能经历它们的那样。

结果是,我们可能会想起某种实践的责任:写信给一位异国的朋友,或取下词典来学习希腊语课程。我们的思想是理性的,并引向一个理性的行动,但是它不大能叫做严格意义上的推理。

还有其他一些较短的思想旅程,通过联想而相互提示的项的单一匹配,它们更接近于通常被算作严格推理活动的东西。在那些思想旅程里,当下的标记提示未见的、远处的或将来的实在。当那个标记与它所提示的都是在先前的场合匹配起来的具体事物时,这推理对于兽类和人都是共同的,不过是接近联想。A 与 B,晚饭铃声与晚饭,已经被经验为直接接续的东西。所以,A 一落到感官上,B 就得到预期,一些步骤马上就被采取去迎接 B。我们的驯养兽类的全部训练,由于年龄和经验而加在野生兽类身上的所有狡猾,以及我们人类认知的更大部分,都在于大量地进行这种最简单的推理的能力。我们的"知觉",或对在我们面前的为何物的认识,就是这种推理。我们感受到一块颜色,我们说"远处的一所房子",一阵气味掠过我们,我们说"一只臭鼬",一个微弱的声音被我们听到,我们叫它"火车"。无需再举例子;因为对未呈现的感觉的这类推理构成了我们知觉生活的主要部分和组织,第 19 章谈的都是这些内容,虚幻的或者真实的。它们一直被称作无意识推理。当然,我们通常对于自己在推理也是无意识的。标记和所意指者融入了那个对我们来说似乎是单一思想冲动的对象的东西。要不是形式逻辑已经给这个表达式指定了一个更为技术性的用法的话,直接推理可能是用于这些只需要两个项的简单推理活动的好名称①。

"接 受 物"

在这些最早和最简单的推理中,结论可以如此连续地跟随"符号"而来,以致后者不是被心当作一个分离的对象来辨别或注意的。借助对象的形状和距离,我们得以迅速地去知觉,但是甚至现在,我们也不大能确定那些引导我们推出这些形状和距离的视觉标记。那些对象,当这样被推出时,也是一般的对象。狗闻到一阵气味想到一只一般的鹿,或另一只一般的狗,而不是一只具体的鹿或狗。这些最原始的抽象对象,G. J. 罗马尼斯博士称为接受物(recept)或者类属观念,以区别于严格意义上的概念或一般观念。② 它们不是

---

① 我认为在这种推理中不需要假定两个以上的项——第一,符号;第二,它所指的东西。二者都可以是复杂的,但本质上只是 A 唤起 B,不包含中项。彼耐特在他最富有理解的小书《推理心理学》中认为有三个关系项。按照他的看法,呈现的感觉或符号必须首先从过去唤起一个与它相似的意象并与之融合,而且所提示或意指的事物总是这个中间意象的接近联想物,而不是直接感觉的接近联想物。阅读了第 19 章就会明白我为什么不相信所说的"意象"是一个清晰的心理事实。

② 《人的心理进化》(1889),第 3 章和第 4 章。特别参见第 68—80 页,以及后面的第 353 页和 396 页。

第二十二章 推理

被分析或定义的,而只是被想象的。

只需对我们的普通心理过程做一点点分析,就可以证明我们所有较简单的观念都是成组安排的,它们是自发形成的,或者没有任何更高级观念活动所要求的那类出于意图的比较、转变或结合的过程。比较、转变和结合在这里仿佛是为着有意识的能动者,而不是由他完成的;接受物被接收;需要设想的仅仅是概念。……如果我在过街时突然听到身后一声喊叫,我不需要停下来向自己断言很可能一辆漂亮的小车就要把我撞倒:这样的一声叫喊,在这些场合,在我心中密切地与它的目联结起来,它激发起来的观念无需出现在高于接受物的水平;而且那个观念直接诱发的我的适应性动作也无需任何理智的反思就做出了。然而另一方面,它们也既不是反射动作也不是本能动作;它们是可以被命名为基于接受物的动作,或依赖于接受物的动作。①

"这种未命名的或非概念性认识的观念活动能伸展到多远?"罗马尼斯博士问;他以来自兽类生活的各种例子来回答,关于这些我必须推荐他的书作为参考。然而,我将引证其中一或两个例子:

乌佐(Houzeau)写道,在穿越德克萨斯的一片宽阔而干旱的平原时,他的两只狗备受干渴的煎熬,它们三四十次冲下洼地去找水。那些洼地不是山谷,也没有树,或者任何其他种类的植物;由于它们极为干旱,也没有潮湿土地的气味。两只狗

---

① 在上述引文中,第50页。

的行为就好像它们知道,地面的洼坑能给它们提供找到水的最大机会,乌佐也时常在其他动物中见证到同样的行为。……

达尔文先生写道:当我以急切的声音对我的狗说(我也多次做过这个尝试),"嘿!嘿!在哪儿啊?"她马上就把这当作要去猎捕什么东西的信号,并总是先很快地环顾四周,然后冲进最近的灌木丛搜索猎物,但如果什么都没发现,她就在旁边的树上找只松鼠。这些动作不都清楚地表明,她的心里有关于"要去发现和捕获某个动物的一般观念或概念吗?①

它们当然表明了这点。但是所说的观念是一个对象的观念,关于这个对象没有进一步的东西可以被清楚地知晓。关于它的思想立刻引起活动,但是不引起理论的结果。下面的例子也是同样:

水鸟采取一种不同于着落水面的方式着陆或着冰;那些从高处俯降的鸟(如燕鸥和塘鹅)在着陆或着冰时从不如此。这些事实证明,动物有一种响应坚硬表面的接受物,和另一种响应流体的接受物。相似地,一个人也不会从高处跳向坚硬的地面或冰面,也不会以跳向干燥地面的方式跳向水面。换言之,就像水鸟一样,他也有两种不同的接受物,一种响应坚固的地面,另一种响应无阻挡力的流体。但是,与水鸟不同,他能赋予这每一个接受物一个名字,并因此把它们提高到概念的水平。就运动的实践目的而言,他是否将其接受物提升为概念,当然是非实质性的;但是……对于许多其他目的

---

① 第52页。

来说,他能够这样做则是最重要的。①

在推理中,我们挑选出本质的性质

这些目的之中最重要的是谓述,一种理论的功能,它尽管最终引向某种动作,却常常倾向于抑制我们一直在谈论的简单推理所引起的直接运动反应。在推理中,A 可以提示 B;但 B 却不是一个简单地被我们服从的观念,而是提示另一个独特观念 C 的观念。如果提示的序列是不同于单纯的遐思或"联想"序列的独特的推理序列,那些观念相互间就有了某些我们必须接着加些小心去考察的内在关系。

通过真实的推理活动而产生的结论 C,往往是推理者随意寻求的东西,例如,作为一个设定目的的手段,一个观察到的结果的基础,或一个被假定的原因的结果。所有这些结论都可以被看作是具体的东西,但它们不直接被其他具体东西所提示,就如在简单联想性思想的序列中那样。它们与借助中间步骤而先于它们的具体物相联系,这些步骤又是通过清晰表示和清楚分析出来的一般特性而形成的。一个由推理而推出的事物,既不必是我们据以推出它的材料的习惯性联想项,也不必是相似于它的东西。它可以是对于我们先前的经验全然未知的东西,是某种简单联结着的具体物从来不曾引出的东西。较为简单的理性思考由仅仅相互提示的过去经验中的具体对象构成,这种推理与被特别称为推理的推

---

① 在上述引文中,第 74 页。

330 理之间的巨大差别在于这一点：经验的思考仅仅是再现性的，而推理则是生产性的。一个经验的或者"单凭经验"的思考者，从他不熟悉其具体行为与联结的材料中推导不出任何东西。但是，如果把推理者置于一些他以前既不曾看到也不曾听到的具体材料中，并给他一点时间，如果他是一个好的推理者，他就会由它们做出那种能弥补他的无知的推理来。推理帮助我们走出前所未有的情境——即我们所有的普通联想智慧，所有我们与兽类共有的"教育"，未留给我们任何资源的境况。

让我们把这种处理**新**材料的能力看作是推理的严格意义上的**种差**。这将足以把它与普通的联想思考区别开来，并立即就能让我们说出它所包含的特别的东西。

它包含*分析*和*抽象*活动。仅凭经验思考的人整体地注视一个事实，如果这个事实没有提示伴随物或类似物，他就无能为力，或者被"难住"了，而推理者则掰碎它，并注意它的某个单独属性。他把这个属性当作他面前那整个事实的本质部分。这个属性具有这样的性质或结果，即至此还不知道那个事实拥有，但此时它被注意到具有这个属性，所以就必定拥有的性质或结果。

称那个事实或具体材料为 S；

那个本质属性为 M；

那个属性的性质为 P。

那么，从 S 到 P 的推理没有 M 的中介就不能实现。所以，"本质" M 是在瞬间之前被宣布为本质性的推理过程中的第三或中间项。推理者把原初具体物 S 置换成了它的抽象性质，M。对于 M 为

第二十二章 推理

真的东西,与 M 匹配的东西,对于 S 也为真,也与 S 相匹配。由于 M 在严格意义上是整个 S 的一个部分,推理于是可以很好地被定义为以部分及其蕴涵或结果来替换整体。推理者的技艺也由两个阶段构成:

首先,洞察,① 或者发现是哪个部分,M,内含于他所面对的整个 S 之中的能力;

其次,学习,或者立刻回忆起 M 的结果、伴随物或蕴涵的能力。②

---

① 洛克:《人类理解论》,第 4 卷,第 2 章,第 3 节。
② 有洞察力就是一个好的观察者。J.S. 密尔说过一段话,非常切中此处文字的精神,我不能不引用。"观察者不只看到他眼前的事物,而且还看到那个事物是由哪些部分构成的。在这点上做得出色的人是少有的天才。一种人由于漫不经心,或者只注意到错误的地方,而放过了他看到的一半的东西;第二种人记下了比所看到的多得多的东西,把所看到的东西与他想象的东西相混淆;第三种人记下了所有情况的种类,但在估量它们的程度方面很外行,使得每一种情况的量都是模糊和不确定的;第四种人事实上看到了全体,但没能很好地将它划分为部分,使事物变成了一堆需要区分的东西,而又把另一些更便于被看作是一个事物区分开,以致结果还是同样,有时甚至比不曾尝试去做此分析的情形更糟。也许能够指出哪些心理性质,哪些样式的精神文化,适合于使一个人成为好的观察者;但是,那不是一个逻辑的问题,而是一个教育——在这个术语的最宽泛的意义上——理论的问题。不存在严格意义上的观察技艺。也许有一些观察的规则。但就像发明的规则一样,严格地说只是让一个人的心做好准备的指导,让它处于最适合于观察或最有可能做出发明的状态。因此,它们本质上是自我教育的规则,而自我教育是不同于逻辑的。这些规则不教我们如何去做一件事,而是教我们如何使自己有能力做那件事。它们是加强肢体力量的技艺,而不是运用肢体的技艺。观察所需要的范围和精细程度,以及为进行心理上的分析所必需的分解程度,取决于具体的目的。在任何特殊的时刻确定整个宇宙的状态都是不可能的,而且也是无用的。在做化学实验时,我们认为不必注意行星的位置;因为经验已经表明,就像一个非常肤浅的经验就足以表明的那样,在这样的情况下,那种环境对于结果并没有实质性的影响;相应地,在人们相信天体的神秘影响的时代,忽略在实验的时刻弄清那些天体的准确状态,可能就已经违背哲学了。"(《逻辑学》,第 3 卷,第 7 章,第 1 节。还有第 4 卷第 2 章。)

如果看看这个普通的三段论——

   M 是 P；
   S 是 M；
   S 是 P

——我们就知道,第二个前提或小前提(常常被称作"假定"),是一个要求洞察的前提；第一个前提或大前提,是一个要求丰富性或充分学习的前提。学习通常比洞察,那种在具体事情上抓住新鲜方面的能力,更为就手,洞察也比这种学习旧规则的能力更罕有；因此在大多数实际的推理中,小前提,或构想主词的方式,是在思想中迈出的新的一步。当然也并不总是这样；因为,M 带来 P 这个事实也许是不熟悉的,现在才第一次得到表述。

  S 是 M 的知觉是一个构想 S 的方式。M 是 P 的陈述是一个抽象或一般的命题。对于这两者还有必要再谈谈。

一个构想方式意味什么

  当我们将 S 仅只构想为 M(例如,把朱砂仅只构想为汞化合物)时,我们忽视了它可能具有的所有其他属性,唯一地注意了这一个属性。我们毁坏了 S 之实在的充分性。每种实在都有无限多的方面或性质。甚至像你在空中画出的一条线这样简单的一个事实,都可以就它的形状、长度、方向和地点来考虑。当遇到更为复杂的事实时,我们可以看待它们的方式就简直是无穷无尽的。朱砂不仅仅是一种汞化合物,它还是鲜红的、重的和昂贵的,它来自中国等等,以至无穷。所有的对象都是性质的源头,那些性质是一点一点为我们所知的,那句话说得很对:彻底地知道一个事物就知道了整个世界。间接或直接地,一个事物与每个其他事物都是相关的;要知道它的全部,就需要知道它的所有关系。但是,每一种关系都构成它的一个属性,构成一个人可以构想它的角度,然而这样地构想它又会忽略它的其他部分。人就是这样一个复杂事实。但是在这些复杂性之中,一个军粮官挑选出对于其目的重要的东西,就是他一天要吃掉那么多磅的军粮这样一个性质;一个将军,就是他能向前推进那么多英里;一个制作椅子的匠师,就是他的椅子要具有那样一种形状;一个演说家,就是能回应如此这般的感情;一个剧场经理,就是为一晚的娱乐演出愿意付那样一个价钱而不多付。这些人中的每一个都挑选出那整个人与他的关切有关的那个特别方面,除非这个方面得到清晰和单独的构想,否则那个推理者就不可能得出适合的实践结论;而当得出了这些结论时,那个人的其他属性就可能被忽略了。

构想一个具体事实的所有方式,只要是正确的,就都是同等正确的方式。没有任何性质对于一个事物是**绝对**本质的。在一个场合被看作一个事物本质的同一个性质,在另一场合又会成为完全非本质的。现在我在写作,我把纸构想为能写字的平面就是本质性的。如果我不能把它构想成这样一个平面,我就只能停止我的工作。而如果我想生个火,手边又没有别的材料,构想那张纸的本质的方式就是把它当作易燃物;而且那时我不需要想到那张纸的任何其他目的。它事实上就是它所是的全部:一个易燃物,一个写字的平面,一个薄薄的东西,一个碳氢化合的东西,一个 8 英寸乘 10 英寸的东西,一个在我邻居家地里的一块石头东边仅仅一弗隆远的东西,一个美国的东西,等等,等等,以致无穷。无论我暂时把它置于它之所是的这些之中的哪一个方面之下,都使我对其他的方面不公正。但是,由于我总是把它置于一个或另一个方面之下,我又总是不公正,总是片面,总是排除其他方面。我的辩解是必要性——我的有限的、实践的本性加给我的那种必要性。我的思考始终是为了我所做事情的缘故,而我每次只能做一件事情。被认为是驱动着整个并列宇宙的神,也可以不损及他的活动而被认为同时毫无偏袒地看见了宇宙的所有部分。但是,如果我们人的注意也这样分散开来,我们就只能笼统茫然地看着事物,丧失我们做任何具体事情的时机。在他的阿迪朗达克故事中,沃纳(Warner)先生瞄准一只棕熊,不是瞄准它的眼睛或心脏,而是"总体地瞄准它"。但我们不能"总体地"瞄准宇宙;或者,如果我们能,我们就错过了猎物。我们的眼界是狭小的,我们必须一点点地应对事物,不去理会自然元素存在其中的那种坚固的充实性,然后一个个地把它们有序地串起来,以便随着它们时时刻刻的变化来适合我们的微小兴趣。在其中,一个时刻的偏爱部分地被下一时刻的不同偏爱所补偿。现在对我来说,写出这些词,强调并挑选,似乎就是人心的本质。在其他章中,另一些性质则显得(并且将再次显得)是心理学的更重要的部分。

对于常识和繁琐哲学(它只是清晰表达出来的常识)来说,人是如此根深蒂固地片面,以致那个观念,即没有一种性质对任何事物来说是真正、绝对和唯一本质的,几乎是无法想象的。"一个事物的本质使它成为是其所是的东西。没有唯一的本质,它就什么特别的东西都不是,就没有名称,我们就无法说它是这个而不是那个。你在上面书写的那个东西，比如，——如果你知道易燃的、矩形的等等都只是偶性，知道它实际上就是纸张，也是被做成纸张的，而不是任何别的东西，为什么要谈论它是易燃的、矩形的等等呢？"读者肯定会有这样的评论。但是，他自己也只是在坚持那个事物的一个适合他自己的微小目的的方面，比如称呼那个事物；或者一个适合生产商目的的方面，比如生产出一篇大众需要的文章。与此同时，这种实在性充溢在这些目的之中。我们通常使用纸张的目的，我们最常用的称呼它的名字，以及这个名字提示的性质，实际上一点儿都不神圣。它们表现出我们的特点，而不是那个事物的特点。但我们又被如此牢固地钉在我们的这些偏见上，在理智上变得如此僵化，以致对我们最流行的名称，连同它们的提示，我们竟赋予了永恒和唯一的价值。那个事物在本质上必须是那个最流行的名称所指的东西；它只能在"偶性的"和相对不真实的意义上是那些不那么流行的名称所指的东西。①

洛克击中了这个谬误。但是他的后继者们，就我所知，都没能彻底逃脱这个谬误，也没有看到，本质的唯一意义是目的论的，而分类与概念性认识都纯粹是心的目的性武器。一个事物的本质是它的性质之中的那个性质，它对于我的兴趣如此**重要**，以致与之相比，我可以忽略其他的性质。我将它归类在拥有这个重要性质的

---

① 受过普通科学教育的读者可能认为，事物的分子结构是它们的绝对意义上的实在本质，从更深和更实在的方面来说，水是 H—O—H，而不是糖的一种溶解剂或一种消除干渴的东西。这完全不对！它是具有同样实在性的所有这些事情的全体，对化学家来说它首先是 H—O—H 其次才是其他事物的唯一原因是，对于他的推理和做出简明定义的目的而言，水作为 H—O—H 是要记在心上的更有用的一个方面。

其他事物中，我以这个性质来命名它，我把它理解为一个带有这个性质的事物；在这样分类、命名和理解它的时候，有关它的所有其他真实对我来说就什么都不是了。① 重要的性质因人因时而不同。② 所以，同一个事物会有不同的名称和概念性认识。但是，许多日常使用的物体——像纸张、墨水、黄油、马车——都有一些稳定不变的重要性质，具有老套的名字，以致我们最终相信以那些方式来理解它们就是理解它们的唯一正确的方式。那些并不是比任

---

① "我们发现，我们无法抗拒地认为，每种[事物]都具有某些使它与其他种类的事物区分开来的特性，这是理所当然的……但是这一假定的根据是什么？一定有一个是我们从未见到，或许也没有人以一种满意的形式见到的定义，这个假设的根据又是什么？……我的回答是，我们关于'必须有令事物能用语词来定义的特征性标志'的信念，是建立在关于推理的必然可能性的假设上的。"[W. 休厄尔（W. Whewell）：《科学观念的历史》(*History of Scientific Ideas*)，第 8 卷，第 1 章，第 9 节]

② 我可以引用出版于 1879 年的《心》第 4 卷的题为"理性的感情（The Sentiment of Rationality)"的一段话："什么是概念性认识？它是一种目的性的工具。它是事物的一个片面，由于我们的目的，我们把它看作这个事物的本质方面，看作整个事物的代表。与这个方面相比，那个事物可能具有的任何其他属性和性质都是不重要的偶性，我们可以不受谴责地忽略它们。然而，本质，概念性认识的基础，是随着我们的目的而变化的。一种物质，像石油，随着它对于不同的人有不同的用处，而具有许多不同的本质。有人把它看作易燃物，有人看作润滑剂，有人看作食物；化学家把它看作碳氢化合物；家具商把它看作木材着色剂；投机商把它看作其市价今天这样明天那样的商品。煮皂工、物理学家、洗衣工则根据他们的需要，把其他一些本质归与它。尤伯维格关于一个事物的本质属性是具有最大价值的性质的学说是完全正确的；但是尤伯维格没有注意到，那种价值完全是相对于理解者的当下兴趣的。而且，即使兴趣在他的心中已经明确地确定了，要辨别出对象中与它最为接近的性质，也仍然是一件没有任何规则可循的事。对带着特定目的走上人生之路的人，能够提供给他的唯一的先验劝告，是一个有点儿贫乏的建议：记住，在你遭遇的境况中，去寻求适合你的目的的正确的东西。把正确的东西挑选出来就是人的尺度。'无数的人'，哈特曼说，'在一个天才的头脑（genialer Kopf）捕获那个概念之前，只是盯着那种现象。'天才是这样的人，当他睁开眼睛看这个世界时，那些'正确的'特性对于他来说就是最重要的性质。有着和天才相同目的的傻瓜是这样的人，他一个都不错过，把注意消耗在那些偶性的东西之中。"

何其他方式更正确的理解它们的方式;它们仅仅是比较重要的方式,能比较多地提供帮助的方式。①

关于当推理者把事实 S 构想为其本质应当是 M 的一种情况时意味着什么,就谈这些吧。现在,对于 M 具有属性、结论或蕴涵是什么意思要来说几句,然后我们才能再回到对推理过程的研究。

全称命题涉及什么

M 不是一个具体物,或者像克莱先生所说,不是"自足的"。它是一个可能存在于并与其他特性一起嵌套于许多具体物之中的抽象特性。无论它是一个书写平面,还是在美国或中国生产的,8英寸见方的,或者处于一个特定的空间部分,这始终都是对的。现

---

① 仅当我们的目的之中的一个自身比另一个更真实时,我们的概念性认识中的一个才能成为更真实的概念性认识。然而,要成为更真实的目的,我们的目的就必须在它们应当符合的那些事情上,更符合目的的某些绝对标准。这表明,关于本质特性的整个学说内在地与一种目的论的世界观紧密相连。唯物主义一旦一方面拒绝目的论,同时又称原子等等为本质的事实,就变得自相矛盾了。即便没有任何创造者方面宣布的目的,没有任何创造者,这个世界也是既包含原子也包含意识的——而且其中的一个必定像另一个那样被确定为本质。就我们自己而言,原子对演绎推理的目的更有价值,意识对启发灵感的目的更有价值。我们完全可以用两种方式中的任何一种来书写这个宇宙:**原子**—产生—意识;或者,**意识**—由—原子—产生。原子本身,或意识本身,准确地说都同样是真理的复多。如果没有对上帝的信仰,我继续来谈论这个世界"本质上是"什么,我也同样可以把它界定为一个在其中我的鼻子会痒痒,或者在某一个角落我能用两毛钱买一堆牡蛎的那么一个地方,正如可以把它称作分化和整合着自身的演化中的星云。很难说这三个抽象中的哪一个,是对这个世界的具体丰富性的更为糟糕和蹩脚的替换语。如果不去谈论所说的是什么上帝或什么样的工作,把这个世界仅仅理解为"上帝的工作"将同样是真理的一个复多。撇开具体目的,关于这个世界的唯一真正的真理,就是总体的真理。

在，我们可以把这看作一个世界，在其中，所有这类普遍特性都是相互独立的，这样，如果在主项 S 中发现其中任何一个，我们也完全不能确定会发现其他特性与它在一起。有时 P 可能和 M 相伴，有时又和 Q 相伴，等等。在这样一个世界中，没有一般性的次序或共存，也没有普遍法则。每一种分组都是独特的；根据过去的经验不能预见将来；而且，如我们很快将看到的，推理也是一种不可能性。

但是，我们生活于其中的世界不是这样一种世界。虽然许多一般特性似乎彼此没有关联，但仍然有一些特性影响到相互伴随或排斥的恒常习惯。它们相互牵涉或相互蕴涵。它们之中的一个对我们来说是另一个也将被发现的信号。它们仿佛总是成对地出现；并且，像 M 是 P，或者包含 P，或者先于或伴随 P 这样的命题，如果在一个实例中为真，就非常可能在我们碰到的每个其他实例中都为真。事实上，这是一个一般法则成立，普遍命题是真的，因而推理是可能的世界。这对我们来说是幸运；因为，既然我们不能整体地掌握事物，而只能通过一些我们当时称作其本质的一般特性来理解它们，假如事情就到此终结，假如那种我们挑选出来并掌握手中的一般特性不能帮助我们有所前进，那将是很大的遗憾。在第二十八章，我们将再次考虑我们的推理能力与这个能力的命运抛置其中的世界的和谐。①

现在，转回到我们对推理过程的符号表达：

---

① 比较洛采的《形而上学》，第 58、67 节，那里有关于这个世界的构成可能与它真实所是不同的方式的一些富有启发的评论。也比较第二十八章。

第二十二章 推理

M是P

S是M

―――――

S是P

M是暂时被区别和挑选出来作为具体事实、现象或实在S的本质的。但是,M在我们的世界里是不可避免地与P结合在一起的;这样,P就是我们会期望发现与事实S结合在一起的下一个事物。通过这个M的中介,我们可以得出或者推出P,这个M就是在S来到我们的洞察之前时,后者开始把它识别为那个实例的本质的东西。

现在注意,如果P对于我们有任何价值或重要性,M就是我们的洞察要投向和进行抽象的一个非常好的特性。但相反,如果P不重要,某个不是M的其他特性就是我们用以理解S的更好的本质。从心理学的方面看,通常P从一开始就给这个过程蒙上了阴影。我们在寻求P,或一个像P的东西。但是,S的整体并不会将它送到我们的注视之下;并且,在S中寻求某个可以把握的、会引导我们到达P的点的时候,如果我们有洞察力的话,我们就会发现M,因为M恰巧就是与P编结在一起的那个特性。要是我们原先希望的是Q而不是P,而N是S的与Q结合的一个属性,我们就会忽略M而注意N,并把S仅仅理解为一种N了。

推理始终是为着一种主观的兴趣去获得某些特殊的结论,或者,去满足某些特别的好奇心的。它不仅打碎了它面前的材料并抽象地构想它;它还必须正确地构想它;而且,正确地构想它意味着借助那个特殊的抽象特性来构想它,这个抽象特性会引向推理者的当下兴趣所要获得的那种结论。[①]

推理的结果可以是偶然发现的。立体镜事实上是推理的结果；然而也可以想象，摆弄图片和镜子的人也可能会偶然地发现它。人们知道猫是通过拉门栓等等来开门的。但如果门栓出了问题，所有的猫就都不再会开门了，除非某一次偶然的任意摸索教会她把某种新的整套动作与关着的门的整个现象联结起来。然而，一个推理的人就会先分析障碍的所在然后打开门。他会去弄清楚门的什么具体特点出了毛病。比如，撬杠没有把门栓充分地从槽里提起来——提升不充分问题——从合页那里把门整体提升！或者，门由于摩擦在顶框那里被卡住了——把它整体往下压！显然，一个儿童或傻子可以不用这样推理而学会开某个具体的门的规则。我记得有一个钟，女仆发现，如果不把它摆放得稍稍前倾一点它就不走。她经过好几个星期的摸索才偶然找到这种方法。它停走的原因是钟摆摩擦到了钟盒的背板，受过教育的人五分钟就能分析出这个原因来。我有一个学生用的台灯，灯光特别不舒服地

[①] 必须承认，有时候那个理解者的目的不是推理，他想达到的唯一结论仅仅是命名那个事实。"那是什么？"是我们对于任何未知事物的第一个问题。我们的好奇随着有了称呼对象的名字而平息时的那种轻松感，是非常愚蠢的。引用我以前的学生 R. W. 布莱克（R. W. Black）先生的一篇未发表短文中的一段话："一个事物的谓词能够服务的最简单的目的，是于统一体本身的欲望的满足，即对那个事物与其他某物是同一个的欲望。当我某天把莎士比亚的肖像误作霍桑的肖像时，为什么根据心理学的原理，我不是和我正确地命名了它时一样正确呢？——那两幅肖像具有一个共同的本质，秃脑门，小胡须，披肩发。仅仅是因为，命名它为霍桑所唯一能服务的目的，就是我想要它这样的欲望。它的这个归类对于任何其他目的都没有帮助。我们可以正确地称每一个统一体、每一种同一性、每一个归类为想象的，除非它除了由对于它的顷刻相信所带来的满足、情绪或灵感之外，还服务于某个其他目的。"

颤动,除非把支撑灯罩的套管提高十六分之一英寸。我经过了很久的煎熬才偶然地学会了这种补救办法,现在我总是用一个小垫子来保持套管的高度。但我的做法只是两个事情整体的一个联想:有毛病的对象物和补救办法。一个精通气体力学的人可能会说出这种毛病的原因的名称,然后马上推导出补救的方法。通过对三角形的许多测量,一个人可能会发现,它们的面积始终等于底边的一半乘以高,并且,可能把这一点表述为一条经验法则。但是,推理者通过看明白三角形的本质(pro hac vice)在于它是一个平行四边形的一半,后者的面积是整个底长乘以高,就可以省去所有这些麻烦。要看明白这一点,他必须想出另外的线段;而几何学家常常必须这样去画出图形,以便得到他想从一个图形中得到的那种本质属性。本质存在于图形与新线段的某种关系之中,这种关系直到这些线段被添加上去才是明显的。几何学家的洞察就在于想出这些新线段。

所以,推理有两个要点

第一,一个被抽离出来的特性被看作是与它所由来的整个材料相等同的;而且

第二,被这样看待的特性,比原本的材料整体更明显地提示了某种结果。接下来一点一点地谈。

1. 设想当有人递给我一块布时,我说,"我不买;它看起来会褪色的",这意思仅仅是,那块布上的某种东西向我的心提示了褪色的观念,——我的判断,尽管可能正确,却不是推理得来的,而是

纯粹经验的；但是，如果我能够说，在那种颜色里加入了某种染色剂，我知道它在化学上是不稳定的，因此那颜色将褪变，我的判断就是推理得到的。作为布料之一个部分的染料的概念，是布料与褪色概念的联系环节。所以，未受过教育的人会由过去的经验而期望看到放在火跟前的冰融化，看到通过凸透镜看见的他的手指尖变得粗糙。如果没有先前对整个现象的完整亲知，这两个例子中的结果就都不可能得到预期。它不是推理的结果。

但是，一个把热理解为一种运动方式，把液化理解为等同于增加了的分子运动的人；一个知道曲面会以特殊的方式弯曲光线，知道任何事物的显见大小都是与它的光线在进入眼睛时的"弯曲"量相联系的人，——这样一个人会对所有这些对象做出正确的推理，即使他在生活中从未有过关于它们的具体经验；并且，他会这样做是因为我们假定他拥有的这些观念在他的心中成为了他所由开始的现象与他所得出的结论之间的中介。但是，支持其结论的这些观念或理由，全都是从构成整个现象的众多特性中挑选出来的抽离的部分或境况。构成了热的运动，光波的弯曲，当然都是极其深奥的构成部分；我上面谈及的隐藏着的钟摆没有这么深奥；更早提到的门卡在门槛上的例子则完全不深奥。但是，每个人都同意这一点：与那种直接的完整材料相比，它们与结果有一种更明显的关系。

在每一种情况下，困难都在于把与结果有这种非常明显关系的特殊构成部分从直接材料中抽离出来。如我们已经看到的，每一种现象或所谓的"事实"，都具有无限多能让傻子或不能洞察者不可避免走入歧途的方面或属性。但现在先不去考虑这一点。首

第二十二章 推理

要的事情是,我们已经看到,每一个可能的推理都包含把所思考现象的一个特殊方面抽离出来,而且,经验的思想只是从整体上将现象联结起来,推理的思想则通过有意识地使用这种抽离而将那些现象匹配起来。

2. 现在来证明第二点:为什么抽离项的这些匹配、结论和蕴涵比整个现象的匹配、结论和蕴涵更明显、更明白?有两个理由。

首先,被抽离出来的特性比具体物更为一般,而它们可能具有的联系则因为在我们的经验中更常碰到而更为我们所熟悉。把热作为运动来思考,对运动为真的任何东西对于热也都为真;但是对每一种热,我们都已经有了上百种运动经验。把通过这块透镜的光线思考为朝向垂线弯曲着,你用线的一种特殊方向变化的非常熟悉的概念——每一天我们都得到这个概念的无数例子,替换了那个相对不熟悉的透镜。

被抽离特性的关系更为明显的另一个理由是,与它们由以抽离的整体的属性相比,它们的属性非常之少。在每个具体的整体中特性及其结果都多得不可胜数,以致在注意到应该得到的具体结果之前,我们可能就迷失方向了。但是,如果我们足够幸运地挑选出了恰当的特性,我们便仿佛一眼就领会了它的所有可能的结果。比如,门剐蹭底框的特性只提示非常少的东西,其中最突出的是,假如我们把门抬高,就不会再有剐蹭了;尽管那整个难驾驭的门向我们的心提示着数不清的概念。

再举一个例子。我正坐在一节火车车厢里,等待火车开动。这是冬天,锅炉使车厢充满刺鼻的烟雾。司闸员进来了,我的邻座要求他"停止那个锅炉冒烟"。司闸员回答说,火车一开动它马上就会完全停下来了。"为什么这样?"那位乘客问。"它总是这样,"司闸员回答。从这个"总是"可以明显地看出,在司闸员的心中,火车开动和停止冒烟之间的联系是一个纯粹经验的联系,来源于习惯。但是,如果乘客是一位严格的推理者,即使对火车锅炉总会怎样没有任何经验,也可能预见司闸员的回答,就不会继续发问了。要是他从所有与锅炉不冒烟相关的数不清的要点中挑选出烟自由地从锅炉排气管口喷出这个特殊要点,由于那个观念的联想非常少,他大概立刻就会想到这条法则,即如果有另一种液体同时在排气管口流动,一种液体就会更快地从排气管口喷出;然后,锅炉排气管口上方快速流动的气流(这是与火车的开动相关的诸要点中的一个)就会立刻出现在他的脑子里。

这样,几个被抽离出来的特性,连同它们之间几个极少和明显的联系,就在那位乘客的心中形成了两种现象(停止冒烟和火车开动)之间的推理联系,这两种现象在司闸员的心中仅仅是作为整体而联系着的。这类例子可能显得琐碎,但它们包含了最精致和最先验的推理的本质。物理学所假定的基本属性越是数学性质的(如分子量或波长),它就变得越演绎,其原因在于,这些概念的直接结果如此之少,以致我们能够同时考察它们,并立刻挑选出我们关切的东西。

洞察;或对本质的知觉

所以,要推理,我们就必须能够抽离出特性——不是任何特性,而是对于我们的结论来说是正确的特性。如果我们抽离出错误的特性,它就不会引向那个结论。所以,这里就有一个困难:特性是怎样抽离出来的,以及,为什么在适合的特性被揭示之前,在很多情况下需要有一个天才的出现?为什么不是人人都能一样好地推理?为什么需要一个牛顿去注意平方律,一个达尔文去注意适者生存?要回答这些问题,我们必须开始一种新的研究,并看清楚我们对事实的洞察如何自然地生长。

我们的所有知识最初都是模糊的。当我们说一个事物是模糊的时,我们的意思是说它既没有来自内部的(ab intra)再分,也没有来自外部的(ab extra)清晰限定;但是所有形式的思想都可能适用于它。一句话,它可以具有统一性、实在性、外在性、范围等诸如此类的特性——总之,物性(thinghood),但只是作为整体的物性。① 对于一个刚刚开始意识到房间是某种不同于其来回跑动的看护者的东西的婴儿,那个房间大概就是以这种模糊的方式呈现给他的。在他的心里,它没有再分的部分,也许除非那扇窗户能吸引他的单独注意。每一个全新的经验当然也是以这种模糊的方式呈现给成年人的。图书馆、博物馆、金工车间对于未受过教育的人来说仅仅是混杂的整体,而机械师、古董商和书虫则几乎完全不去注意整体,而是热切地扑向细节。熟悉已经在他们身上培养起了辨别的能力。对于植物学家和解剖学家,像"青草"、"沃土"和"肉"这样的模糊术语是不存在的。他们对于青草、沃土和肌肉知道的太多了。一个人在查尔斯·金斯利(Charles Kingsley)向他展示一只带着细腻内部组织的毛虫解剖标本时,对查尔斯·金斯利说,

---

① 见前面,第8页。

"什么呀,我认为它不过是皮肤和烂糟糟的东西!"出现在甲板上、战斗中或大火中的门外汉是无用的。他的辨别能力由经验唤起的如此之少,以致他的意识不能向他强调或突出那个复杂环境的任何要点以便据以开始行动。而水手、消防员和将军则直接知道从哪里开始工作。他们第一眼就"看清了那个情境"——就是说,他们分析了它。那个情境充满了得到精致区分的构成部分,他们的教育已经一点点地把这些部分带入了他们的意识,而新手则对这些部分毫无清楚的观念。

我们在关于辨别和注意的那几章里已经看到这种分析能力是如何产生的。当然,我们是通过交替地注意或留意那些原本模糊的整体中的要素,而将这些要素离解出来的。但是,是什么决定了我们要先去关注哪些要素?有两个直接和明显的回答:首先,我们实践的或本能的兴趣;其次,我们美学的兴趣。狗从任何情境中挑选出这情境的气味,马挑选出它的声音,因为这些可以揭示出实践瞬间的事实,并且本能地就令这几种动物兴奋。新生儿注意烛火或玻璃窗而忽视房间的其他要素,因为那些对象给他一种生动的快乐。所以,乡村的孩子从模糊的其他灌木和树木中离解出黑莓、栗子树和白珠树,这是为了它们的实践上的用处,野蛮人对探险船带回的珠子和镜子感到高兴,而不去理会船本身的特点,那超出他的领域太远。所以,这些美学的和实践的兴趣是使特殊的构成成分突出出来的最重要的因素。我们注意到的是它们强调的东西;但是它们本身是什么,我们却说不出来。在这里我们必须满足于只是把它们接受为决定我们的知识生长方式的不可还原的最终要素。

拥有很少本能冲动或兴趣(实践的或美学的)的动物离解出来

的特性也很少,而且最多只拥有有限的推理能力;而兴趣多样的动物的推理就好得多。人,由于他有极为多样的本能、实践需要和美学感受(每种感觉都对其做出贡献),他只借助这些,就定能比任何其他动物都离解出多得多的特性;相应地,我们发现最低等的野蛮人也比最高等的兽类推理得更好。多样的兴趣也导致了经验的多样化,多样化的经验的积累将成为通过不同的伴随物而离解的法则发挥作用的一个条件,关于这个法则我已在前面的一章(见第一卷第506页)讨论过。

相似联想的帮助

人的更高级的相似联想可能也与作为其更高级推理过程基础的那些特性的辨别有很大关系。由于这后者是一个重要的问题,也由于在关于辨别的一章很少或几乎没有谈到它,我应当在这里花一点时间谈谈它。

当一个读者希望看清两个对象间的精确的相似或区别在哪里时,他会做什么?他会尽可能快地将其注意来来回回地从一个转到另一个。意识中的快速改变仿佛将那些区别点或一致点抖了出来,如果关于两个比较对象的意识的发生有很大的时间间隔,那些区别或一致就会永远蛰伏而不被注意。寻找嵌入在现象中的理由或法则的科学家会做些什么?他审慎地积累他所能找到的所有与那个现象有任何类似的实例;通过同时将它们填充心中,他时常能成功地从那个集合中分离出他以前不能在单独一个实例中进行表述的特性,尽管在他先前的经验中,那个实例的前面总是有他此刻同时在其中遇到那个特性的所有实例。这些例子表明，曾经在一个人的经验中发生过（带着不同的伴随物）这个一般事实本身，并不是此时把一个特性离解出来的充分理由。我们需要更多东西；我们需要把不同的伴随物全都同时带到意识中来。直到那时，所说的特性才能从与它们每一个的黏着状态中逃离开来，并单独突显出来。读过密尔著名的"四种实验研究方法"（求同法、差异法、剩余法和共变法）中作为效用基础的逻辑的人，马上会识别出这一点。这四种方法的每一种都给出了一张类似实例的清单，在其中，所寻求的特性会搅动并撞击心灵。

显然，任何相似联想得到高度发展的心都能自发地形成这类实例清单。举出一个当下案例 A，其中有一个特性 m。心开始可能完全注意不到 m 这个特性。但是，如果 A 使人想起 C、D、E 和 F，——这些现象都在拥有 m 方面与 A 相似，但是又可能数月都没有进入过那个现在经历着 A 的动物的经验，那么问题显然就出现了，为什么这样的联想会执行上面所提读者的审慎的快速比较的职责，以及科学研究者对相似案例进行系统思考的职责，并导致以一种抽象的方式注意到 m。这一点当然很明显；而且我们也无法得出什么结论，而只能断言，在为数不多的最强有力的实践兴趣和美学兴趣之后，在注意到现象的那些特殊特性（这些特性一旦被拥有和命名，就被用作理由、类别名称、本质或中项）方面，我们主要的帮助就是这个相似联想。的确，没有它，那个科学家的审慎过程就是不可能的：他就绝不可能搜集他的类似实例。但是，在天赋极高的心中，相似联想无需任何审慎思考就自行发挥作用，自发地搜集类似实例，一下子就把在自然中由整个时空范围分隔开来的东西统一起来,这样就有了对不同境况中的相同点的知觉,那些完全为接近法则所统辖的心是绝无可能开始获得这个知觉的。

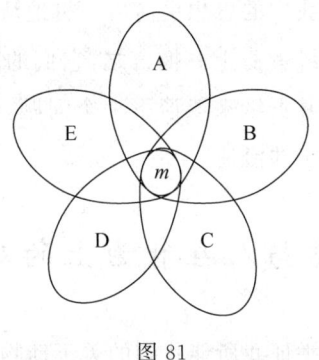

图 81

图 81 表明了这一点。如果当下表象 A 中的 m,使我们想起在也具有 m 这点上与 A 相似的 B、C、D 和 E,并使我们一个接一个地很快地想起它们,那么,几乎同时与这些不同的伴随者联结着的 m 就会"突出出来",并让我们单独注意到它。

如果读者清楚这一点,他就会愿意承认,一个这种联想在其中最占优势的心,由于有更多的机会将特性剥离出来,就最容易进行推理性的思考;而另一方面,一个我们在其中未发现有推理性思考的心,接近联想可能就在其中几乎占了绝对支配的地位。

人们普遍同意,天才与普通人心的区别是在于相似联想的异乎寻常的发展。贝恩教授工作的最精彩处之一,就是表明了这一真理。① 它在推理的方面以及其他方面,都适用于天才。并且,一

---

① 见他的《性格研究》(*Study of Character*)第 15 章;还有《感觉和理智》,"理智",第 2 章,后半部分。

如天才与俗人的关系，俗人的心与兽类的智力的关系也是如此。与人相比，兽类大概既不会注意抽象特性，也不具有相似联想。它们的思想大概远比我们的思想更前后一贯地从一个具体对象转到其习惯性的具体后继者身上。换言之，它们的观念联想几乎只依靠接近性。如果用几页纸来谈谈下一个问题，我们对推理过程的理解将会得到进一步的澄清。

兽类与人在智力上的对比

我首先想通过举证我所能找到的关于动物洞察力的最好的故事来表明，故事中所涉及的心理过程，通常可以仅仅由基于经验的接近联想就能得到很好的解释。达尔文先生在其《人类的由来》中举了海斯（Hayes）描述过的北极犬的例子，这些北极犬在拉着雪橇时，一旦冰面开始发出爆裂声就会分散开。有些人可能会说这是理性的运用。要验证的是，最聪明的爱斯基摩犬在第一次被一起放在冰上时，是否都会这样行动？一伙从热带来的人可能容易做到这一点。认识到爆裂声是开裂的信号，并立刻抓住破裂点是压力最大之点，以及在一个点上集聚的重量也在那里集中起了压力这个部分特性，一个印度人会马上推论出分散开来就能停止冰裂，而且，他会通过向同伴呼喊散开来保全这伙人不致沉入冰水。但是在狗这里，我们不仅需要假定它们都个别地具有冰裂后全身浸湿的经历，而且要假定它们经常注意到挤在一起时爆裂声就开始出现，还要假定他们曾经观察到在分散开时爆裂声就会停止。所以，爆裂声自然会重整所有这些先前的经验，包括分散开的经验,这后一个经验它们马上就会再经历一遍。这可能是直接提示的,或者,是罗马尼斯先生所称的"接受物的逻辑"(对此我们已在前面第 327 页谈到过了)。

笔者的一个朋友给出了他的狗几乎具有人的智力的一个证据。一天,他带着它到岸边的船上,发现船里满是泥水。他记得海绵块在家里,离这里有三分之一英里远;但他自己不愿回去,他做出擦净船的各种手势等,对他的狗说,"海绵块,海绵块,回去取海绵块。"但是他没指望有什么结果,因为那只狗从未受过和船或和海绵块有关的训练。然而,那只狗跑回家,并且,让他的主人极为惊喜和赞叹,用嘴叼着海绵块回来了。这是洞察能力,它仅仅要求有普通的观念的接近联想。那只狗只是在对细节的自发观察方面是一个例外。大部分的狗对清洗船的活动都不会有任何兴趣,也不会注意海绵块是干什么用的。这只狗,当他从其原始的与船有关的经验中挑选出足够清楚地使他回想起那些经验的细节时,在朝向人类理性的方向上他的确远胜于他的同类。但他的行为还不是严格意义上的推理行为。假如在房子里没有找到海绵块,他带回了一个长把勺子或一把墩布,我们就完全可以将他的行为称为推理行为了。这样一个替换可以表明,他已经能够辨别出隐藏在这些物品不同面貌中的相同的能除去水的部分属性,并且想到"对目前的目的来说它们是相同的"。狗所不能做到的这一点,除了最愚蠢者以外的任何人都不会做不到的。

如果读者不怕麻烦去分析他所知道的最好的狗或大象的故事,他将发现,在大多数情况下,这种简单的凭借接近由一个整体唤起另一个整体的过程,可以相当充分地解释这些现象。诚然，我们有时不得不假定它们具有对一个性质或特性本身的认识，但那时那总是那个动物特别的实践兴趣挑选出来的一个特性。一只狗，注意到他主人的帽子在挂钩上，可能会推断他还没有出门。聪明的狗根据主人声音的语调就能识别他是否在生气。一只狗能感知你是偶然还是故意踢了他，并且会有相应的表现。他所推断的特性，你的特殊心理状态，不论在他的心中是如何表象的——可能由"接受物"来表象（第327页），或者由一组实践倾向来表象，而不是由明确的概念或观念来表象——都仍然是从你的现象存在的整体中抽离出来的一个部分特性，并且是他蹲坐、躲藏或和你玩耍的理由。而且，狗似乎还具有对主人个人财物的价值的感受，或至少是对主人使用的物品具有一种特别的兴趣。和主人的衣服在一起的狗会保卫那衣服，尽管从未教过他这样做。我知道一只狗，他习惯于在水里追着棍子游泳，但从来不会为了石头跳入水中。然而，当一只鱼篮子翻落到水里，尽管他从未被训练过携带篮子，而仅仅知道那是他主人的，他会立即跳入水中并把它捞上来。所以，至少就他们能够去行动来说，狗能辨识隐藏在特定事物后面的是有价值的这个部分特性。① 有些

---

① 狗是否以我们具有这类观念的抽象方式拥有你生气了或者你的财物有价值的观念，是十分可疑的。这种行为更像外部刺激协同作用的一个冲动结果；当这些刺激出现时，动物就感到要做出这样的动作，尽管并没有明确地意识到为什么要这样的原因。接受物和概念的区别在这里是有用的。一些品种的狗，如大牧羊犬，似乎能本能地捍卫主人的财物。这种情形类似于狗在天黑后对人吠叫，在白天他就不会对这些人那样叫。我已经听到有人引证这一点作为狗有推理能力的证据。第三章已经说明，这只是刺激的聚合引起的冲动结果，与推理没有关联。

在催眠迷睡的特定阶段，被试似乎会陷入那种无分析状态。如果把一张标划了平行线条的书写纸，或一张上面印有漂亮而单调的装饰图案的纸，拿给被试，指一下一条

故事讲到一些狗带着铜币去面包店要小面包,有一只狗,如果他带去两枚硬币,你不给他两个小面包他就不走。这大概仅仅是接近联想,但是那个动物也可能注意到了双数这个特性,并且把铜币的双数和小面包的双数看作一样的。如果是这样,这就是犬类抽象思维的最高水准了。另一个讲给笔者的故事是这样:一只狗被派

标划出来的线,或一个装饰图案的元素,然后立即把纸拿开,在一个短暂间隔之后再把那张纸给他,被试几乎总是能以可靠的正确性指出所指过那条线或那个元素。然而,催眠者却不得不用眼睛盯着它,或者通过计数来确保它的位置,以免记错了地方。我们可能就是这样记住朋友在一条街上的房子的,靠的是它的号码这一个特性,而不是靠它的总体样子。那个催眠被试在这些实例中似乎是为总体的样子所摆布的。他把他的注意毫无偏袒地分散到整张纸上。那条被指过的具体的线的位置是一种"总体效应"的一部分,他是整体地获得这种效应的,假如指向另一条线,这个效应就被扭曲了。这种总体效应在正常的旁观者那里丢失了,在他集中注意、分析和强调的时候,它就弯曲了。那么,在这些实验条件下,催眠被试在再次指出那条正确的线方面胜过了正常的旁观者,又有什么奇怪呢?假如旁观者有时间去数那条线,他就会胜过那个催眠被试。但是如果时间太短来不及去数,那么他最好就是用这种催眠的方法来取得成功,放弃分析,而听由那条线在纸上位置的"总体样子"的指导。一旦一个人放弃了其习惯性的分析的心理状态,他就会对以这种方式获得的成功感到惊奇。

说在这种注意的分散和对"总体效应"的服从中,我们像是回到了兽类的心理状态,这是不是说的太多了?催眠被试对他的视觉辨别从不给出任何其他理由,只说"它看起来就是那样。"在一条从前曾漫不经心穿过的路上毫不犹豫地转了个弯的人,除了感到那一定是对的之外,没有其他原因。他受到一个印象总体的引导,其中没有一个印象得到强调或与其他印象区别了开来,没有一个是本质的,没有一个是被想到的,但是所有这些印象一起驱使他走向一个结论,一个只是由那个总体引向的结论。动物的一些令人惊叹的辨别不是也可以以同样方式解释吗?牛在长长的牛圈中找到自己的圈栏,马在一条单调无奇的街上停在它曾经在那儿停下过的房子前,因为没有其他圈栏,没有其他房子,毫无偏袒地产生出那个先前经验的所有印象。然而人,由于努力使某一个印象成为特有的和本质的,所以阻止了其余印象发挥它们的效应。因此,如果(对于他)那个本质的特征被忘记了或者改变了,他很容易就彻底懵乱了,那时,兽类或那个催眠被试似乎就可以在洞察力上胜过他。

前面引证过的罗马尼斯博士对"接受性的"思想和"概念性的"思想的区分(发表于我的文本和注释写出之后),便捷地指向了我试图指出的这个区别。关于兽类以接受物的方式辨识其他兽类的和人的心理状态的证据,也见他的《人的心理进化》,第197页及以下诸页。

去木料场取一把劈刀,主人知道他熟悉那把劈刀。半小时之后,他还没回来,主人找到了他,发现他在咬和拖拽一把深深砍进树桩的斧子的把。那把劈刀无法找到。讲述故事的人认为,这只狗一定是已经对这两个工具都具有的用来劈砍这个共同特性有了一种清晰的知觉,而且从它们这个方面的共同性推出了使用目的上的共同性。

不能否认这是一个可能的解释,但我觉得它远远超出了普通犬类抽象能力的界限。这里涉及的财物不是对于狗有直接属人兴趣的一件财物,例如像外衣和篮子那样的属于其主人的财物。假如海绵块故事中的那只狗返回船上时带回了一柄长把勺,恐怕也不会比这更奇特了。所以,更可能的是,这个伐木人的狗也已经习惯了携带斧子,而且这次,由于找不到劈刀而兴奋起来,他多少有些困惑地,将其携带物品的能力释放到了从前用过的工具上——就像一个人在扑灭大火的兴奋中,可能会拾起一个筛子去打水。①

所以,被动物抽离出来的特性非常少,并且总是与它们的直接兴趣或感情相关的。通过不同的伴随物而离解,在人这里在非常大的程度上是基于相似联想的,在兽类的心中则几乎不见发生。

---

① 这个混淆的问题很重要,也很有趣。由于混淆是把现象的错误部分当作了全部,而按照我们的定义,推理是用正确的部分替换全部,人们可能会说,混淆与推理是在类属上相同的过程。我相信它们是这样,我还相信,头脑糊涂的人和天才之间的唯一区别,是在于一个抽取出了错误的特性,另一个抽取出了正确的特性。换言之,一个头脑糊涂的人是一个被做坏了的天才。我认为人们会承认,所有著名的头脑糊涂的人都具有天才的气质。他们不断地挣脱具体事物的惯常的连续性。一个普通的接近联想者太束缚于日常事物,所以不会变得头脑糊涂。

一个思想的总体向它提示另一个思想的总体，它们发现自己行动得宜，却不知道为什么。它们的心的巨大和根本性的缺陷似乎是，它们的一组一组的观念没有能力以违反习惯的位置来横向地突破。它们被禁锢在日常中，禁锢在现成的思维中；而且，假如人类中的最无聊者能进入他的狗的心中，他也将为那里绝对缺乏想象而震惊。① 思想不会唤起它们的相似者，而只能唤起它们习惯上的后继者。落日不提示英雄之死，只提示晚餐时间。这就是人是唯一的形而上学动物的原因。想要弄明白为什么宇宙应该是它所是的样子，这预设了它是另一个样子的观念，而一个兽类绝不会在想象中打破现实的朴实次序而把它还原为流变性的，所以就永远不能形成这样一个观念。它把世界简单地当作就是这样的，而绝不会对它感到惊异。

施特林派尔教授引证了一个很可能与许多其他故事同类的狗的故事。所用的本领看起来像是抽象的推理；但是一位了解所有环境因素的人表明，这是通过习惯而学会的偶然的把戏。故事是这样的：

> 我有两只狗，一只个子小的长腿爱犬和一只相当大的看家狗。屋子后院的外边就是菜园，人通过一个低矮的木格门出入，这个门由在院子一侧的门闩关住。这个门闩是通过向上提来打开的。此外，门还在菜园一侧用一根固定在门柱上

---

① 在接近联想以外的所有其他方面，马都是极度愚蠢的动物。我们推测它有智力，部分地是因为它看起来很英俊，部分地是因为他有非常出色的接近联想的能力，并能很快地培养起大量的习惯。要是它有任何的推理智力，它就不会是这么忠实的奴隶了。

的绳子绑牢。就在这里,就像人们常常希望的,就要看到接下去的一幕了。如果那只小狗被关在菜园里并且想出去,它就在门前叫。院子里的大狗马上会赶过去,用鼻子顶起门闩,这时在菜园那边的小狗就向上跳,用牙咬住那根绳子,把它咬断;同时大狗用鼻子去挤门和门柱间的缝,把门推开,小狗就溜进来了。当然,在这里推理的说法会占上风。然而,虽然这两只狗没有人的帮助,自己找到了解决门的问题的办法,我还是能够指出,这整个行动是从狗的(我想说)无意识得到的偶然经验中拼接起来的。当那只大狗还小的时候,就像那只小狗那样,人们允许它去那个菜园,所以那个门通常是不闩上,而只是关着的。如果它看见什么人进菜园,它会跟着,并用鼻子拱开门和门柱,以这种方式把门打开。它长大以后我禁止它进菜园,并把门闩住。但是当有什么人进菜园时它仍然自然地跟着,并想要用老办法打开门,但是它不再打得开了。有一次,在试着这么做的时候它把鼻子抬得比平常高,并把门闩从下面顶出了那个挂钩,门就被打开了。从那时起,在想开门的时候它就用头做同样的动作,并且,当然也得到同样的结果。它此时知道当那个门闩着的时候怎样去打开它了。

那只小狗在很多事情上是大狗的老师,尤其是在追猫以及抓老鼠和鼹鼠方面;所以当听到小狗叫得急切时,大狗总是赶到它那里去。如果小狗是在菜园那边叫,大狗就打开门进去。但同时,门一开就想出去的小狗,就从大狗的腿中间溜出去了,于是看上去就好像大狗是带着让小狗出去

第二十二章 推理

的意图过来的。只是看上去如此,这可以由以下事实表明:当小狗某一次没有成功地出去时,大狗就跑进菜园并到处闻,这显然表明它原本就想在那里找到点什么。为了阻止这样的开门,我在菜园一侧用绳子把门紧紧绑在门柱上,这样,如果看院子的狗去顶起门闩让小狗出去,门闩每次都会再落回到挂钩上。这个方法成功了一段时间,直到有一天我带着小狗散步回来时穿过那个菜园,在我走过那个门的时候,小狗停在后边,没有听我的口哨跟进来。开始下雨了,我知道它多不喜欢被雨淋湿,就关上了门,用这个方式来惩罚它。但是我还没有进屋,小狗就在门外面哀叫,因为雨这时越下越大。那只大狗,对它来说这雨简直就像没事儿似的,一下子就奔过去并尽最大努力去打开那个门,当然没成功。小狗近乎绝望地去咬那个门,同时向上跳,想跳过去,它碰巧用牙咬住了那根绳子;绳子扯断了,门开了。它知道了这个秘密,从那以后一想出去就咬那根绳子,于是我就必须变变样了。

大狗在抬起门闩时一点儿都不知道是那个门闩锁住了门,也不知道提高那同一个门闩就打开了门,它只是用它的高鼻子重复着那个有一次曾带给它如此幸运结果的自动动作,这一点可以从下述这件事看出来:通向谷仓的门也是由一个和菜园门上几乎一样的门闩锁住的,只是位置稍稍高一点,但大狗仍然够得着。小狗有时候也被关在那里,当它叫的时候大狗也极尽一切努力要打开门,但是它从未想到过要去把那个门闩向上推。兽类不能得出结论,就是说,它不能思考。①

除了是唯一具有推理能力的动物之外,人的其他典型的差别(differentiæ)似乎也都是其无可匹敌的相似联想能力的结果。比如,他曾被称为"会笑的动物"。但是,幽默常常被界定为对不同事物中的相同点的识别。当《科里奥兰奴斯》中的那个男人说那个英雄"在他身上没有一丝怜悯,就像在一只公虎身上没有一滴奶水一样"时,这个短语的发明和它带给听者的快乐都来自一种异常复杂的观念的相似联想能力。

人还被标识为"谈话的动物";语言肯定是人与动物的一个首要区别。但是很容易表明,这个区别仅仅来自我们已经指出过的表象逐渐离解为它的成分,以及相似联想。

语言是一个符号体系,不同于所指的东西,但是能够提示它们。

兽类无疑也拥有一些这样的符号。当一只狗在门前吠叫,它的主人懂得了它的愿望,开了门,那只狗在几次重复之后,就

---

① Th. 舒曼(Th. Schumann):《达海姆期刊》(*Journal Daheim*)(No. 19, 1878)。施特林派尔在《以人的智力比较兽类的智力》(*Die Geisteskrafte der Menschen verglichen mit denen der Thiere*)(莱比锡,1878)的第 39 页引述了这段故事。众所周知,猫具有开门闩、开锁等等的技巧。但是罗马尼斯博士敏锐地注意到(《动物心理进化》,第 351 页),我们应当首先确定那些行为是不是仅仅产生自联想。猫会不断地用爪子玩耍东西;碰巧发现的一个小把戏会被不断地重复。罗马尼斯注意到,最擅长以这种方式玩耍的动物不一定是在总体上最有智力的动物,而是其身体上具有最能抓住东西的部分的动物,猫的爪子,马的嘴唇,象的鼻子,牛的犄角。猴子既具有身体上的又具有智力上的优势。我在上文中对于动物推理的反对意见,更适用于哺乳类动物而不是灵长类动物。——关于在解释动物的心的方面可能发生的错误,比较 C. L. 摩根(C. L. Morgan)的文章,载于《心》(1886),XI, 174。

会变得冷血般地重复那种在开始时是不随意的表达强烈感情的吠叫。这同一只狗还可能被教会去"乞求"食物，并在后来一饿了就会有意地这样做。狗也学习理解人的符号，向一只狗说出的"老鼠"这个词，会提示关于捕鼠的兴奋想法。如果狗也拥有某些其他动物拥有的各种发声冲动，它大概只要碰巧自发地想到了捕鼠，就会重复"老鼠"这个词——它无疑拥有作为听觉意象的这样的冲动，就像一只鹦鹉自发地从它的词库中叫出不同的词，并且在学会叫某只狗的名字后，就会在看到另一只狗时也叫出这个名字那样。在每一个这类单独的例子中，那个特别的符号，作为与被意指具体事物不同的东西，都会被那个动物有意识地注意到，所以，就现有的例子来说，将是一种真实的语言表现。但是当来到人这里，我们会发现一个很大的区别。他拥有把一个符号用于每个事物的考虑的意图。在他那里，语言冲动是一般化和系统化的。对于到目前为止还未被注意或感受到的事物，他在有一个符号之前就欲望它。尽管那只狗得为着这个而会"吠叫"，为着那个而会"乞求"，为着第三样东西而有它的听觉意象"老鼠"，它的事情也就停止在那里了。如果有第四样东西让它感兴趣，而对于那个东西它刚好还没学会去使用一个符号，它就会待在那里不动。但是，人则假定有它，它的缺席让他不舒服，并且，他要发明出它来才了事。我认为，这个**一般目的**构成了人的言语的特别性，并且解释了它的巨大发展。

那么，这个一般目的是怎样产生的呢？一旦关于一个符号本身（脱离开任何具体的意义）的概念产生出来，这个目的就产生了；

而这个概念是通过从许多具体意指实例的突出部分中离解出来而产生的。那种"吠叫",那种"乞求",那声"老鼠",就它们各自的含义与性质来说是不同的。只是就它们有相同的用处——用作符号,代表比它们本身更重要的东西而言,它们才是一致的。这个相似性撞上的狗,应该抓住了符号本身,并大概从此就成为了一个一般符号制造者,或者在人的意义上的言说者。但是,那种相似性是怎么撞上它的呢?除非那些相似者并置在一起(根据我们已经阐明的法则(第506页),即一个经验要被分离出来,就必须带着不同的伴随物反复出现),除非通过其用处上的微妙相似性的精致联系,在狗的"吠叫"发出的那一刻让它回想起"乞求"——直到此时,这个想法才能闪现于它的心中:"啊,吠叫和乞求,尽管它们很不相像,但在这一点上却是一样的:它们是能够带来重要好处的动作和符号。那么,其他好处,任何好处,也可以通过其他符号而得到!"这个反思一旦做出,鸿沟便被跨越了。动物大概永远做不出这个反思,因为它们的相似性联系不够精致。每一个符号都充满了它的含义,而绝不会唤起并置的其他符号和其他含义。捕鼠的观念本身就太具有吸引力了,不会被任何像"乞求食物"或"开门吠叫"的观念那样与它不接近的东西所干扰,而这些东西也不会唤起捕鼠的观念。

然而,在人类儿童那里,接近联想的这种突破很早就做出了;我们做出一个符号时,遥远的符号使用的情形就出现了;语言很快就开始了。儿童在每一个情况下都为自己做出发现。除了为他提供条件之外,没有人能够帮助他。但是,随着他的成长,那些条件或迟或早会一起射中那个结果①。

豪(Howe)博士对其训练各种聋哑盲犬所做的饶有兴味的说明令人赞叹地表明了这一点。他开始用将凸起的字母粘在各种熟悉物品上的方法来教劳拉·布里奇曼。小狗学会了在感受到那些字母时,只凭接近性来挑出一定数量的特殊物品。但这仅仅是一堆特殊的符号,小狗还没有从这堆东西中抽离出意指这个一般目的。豪博士把他此刻的情境比作放一根绳索到劳拉灵魂所在的深海海底,一直等到她自发地抓住绳索,并上升到光亮之处。那个时刻来了,"伴随着智力的灿烂闪耀和喜悦的辉光";小狗似乎突然觉知了隐藏在所有这些符号的不同细节中的那个一般目的了,并且从那个时刻起她的训练就进行得非常快了。

---

① 除了相似联想,人类还有其他两个语言条件有助于它的作用,或宁可说,为它铺平道路。这两个条件是:第一,出于自然本性的极强的谈话能力;第二,极强的模仿能力。第一个条件产生出最初的反射性相互作用的符号;第二个[如布勒克(Bleek)所充分表明的]确定它,给它加上印记,并最后造成大量的确定的特殊符号,后者是制造符号的一般有意识的目的的一个必要条件,我称之为语言中的人的特有因素。模仿是以这样的方式确定符号意义的:当一个原始人有一种特定的情绪,他发出自然的感叹;或者,当(为避免假设反射声音在本性上是非常确定的)一群原始人经验着一种共同的情绪,而且一个人带头喊叫,其他人也由于同感或模仿而像他那样地喊叫。那么,让这个群体中的一个人听到另一个正经历这种经验的人发出喊叫;他即使还没有这样的经验,也会由于纯粹的模仿而重复那种喊叫。但是,由于他重复了那个符号,他就会由这个符号而想起他自己先前的经验。所以,起先,他带着那种情绪有了那个符号;然后,没有那种情绪,他也会再有那个符号;再然后,他又带着那种情绪有了那个符号。它是"通过伴随物的改变而离解的";他把它感受为一个分离,却又与那种情绪相联系的东西。他马上就有可能在那种情绪没有引起感叹的喊叫和引起了不同喊叫的情况下,有意将它与那种情绪匹配起来。总之,他的心理过程倾向于把这声喊叫固定在那种情绪上;在这件事情发生之后,在许多情况下,他就有了一套符号,比如狗的吠叫、乞求和捕鼠,这些之中的每一个都提示一个确定的意象。然后,在这套符号之上,相似性就以上面解释的方式发挥作用了。

人类从根本上区别于动物的另一个了不起的能力,是拥有自我意识或对他自己作为思想者的反思知识。但是,这种能力也产生自我们的标准,因为(不是很深地进入这个问题)我们可以说,兽类从来不把他自己反思为一个思想者,因为他从未在完整的具体思想活动中把被思想事物的元素与他思想那个元素的活动清楚地离解开来。它们始终融合和聚结在一起——就像兽类鸣叫的声音符号总是不变地在他的心里和那个被意指的东西混在一起,而它本身(in se)却不会独立受到关注。①

这两个元素的离解在儿童心中大概首次发生在这样的时候,即他持有某个假的或错误的预期,这个预期让他经验到单纯想象一个事物和得到这个事物之间的不同的震撼。曾经与相伴随的实在一起经历,然后没有这个实在或者与相反的伴随物一起经历的思想,让儿童想起同样刺激的现象出现其中的其他情况。这样,错误的那个一般成分本身就可以被离解出来或者被注意到,并且,从关于其错误或不正确的思想的观念转换到关于一般思想的观念就容易了。无疑,兽类在其生命中也有大量错误或失望的事例,但是类似的震撼在他那里非常可能总是被淹没于实际情况的偶然事件

---

① 见《哲学讨论》(*Philosophical Discussions*)(纽约:亨利霍尔特公司,1877)中昌西·赖特(Chauncey Wright)"自我意识的进化"(Evolution of Self-consciousness)一文。罗马尼斯博士在我已经引用过的书中试图表明,"对真之为真的意识"和进行谓述的有意意图(它们是更高的人类推理的特征),预设了对观念本身,对观念作为与其对象不同的东西的意识;而且这种意识依赖于我们已经用语言制造出了它们的符号。在我看来,我的文字似乎已经包括了罗马尼斯博士的那些事实,并且以对我而言是较为基本的方式表述了它们,尽管希望进一步理解这个问题的读者也应当去阅读他的清晰而耐心的阐述。

中。一次失望的预期,可能会在那只狗下次再预期的时候,对那件特殊事情的实现产生怀疑。但是,那种失望,那种怀疑,在它们呈现于心中时,却不会唤起其他具体细节不同,但这个可能错误的特征相同的事例。所以,兽类不会对那个一般的错误观念本身进行离解,而且永远也不会获得关于思想自身的概念性认识。

我们于是可以把这一点看作是得到了证明的,即人心与兽心之间最基本的单一区别是在于,兽心缺乏观念的相似联想——对其进行抽象依赖于这种联想的特性,在兽类中间一定是被它们帮助构建的总体现象吞没或淹没了,从未被用于推理。如果一个特性单独地突显,它总是某种明显的感觉性质,像本能地就令动物兴奋,并存在于动物自然倾向之中的一种声音或一种气味;或者,它是经验已经习惯性地与一种结果匹配起来的某个明显的符号,例如对于那只狗,看到他的主人戴上帽子以及主人走出门去。

人类天才的不同等级

但是,既然自然从不跳跃,我们显然应当找出在这个方面处在兽类和最高等的人之间的中间位置的最低等的人。那么我们来做这件事。在他们自己的心通过打破其经验的真实次序而提示的那些类比之外,还存在着大量如果由更高等的人传达给他们,他们就能领会,但他们却永远不可能单独想出的类比。这回答了为什么要这么久才等来了达尔文和牛顿的问题。在苹果与月亮之间,在自然中的食物竞争与人类的选择竞争之间,相似性的闪现太隐秘了，它只能发生在超常的心中。所以，如已经说过的，天才就等同于拥有极高程度的相似联想。贝恩教授说，"我把这看作是天才的主要事实。我认为，对理智的独创性不可能给出任何解释，除非基于在这一点上有不同寻常能量的假设。"在艺术、文学、实践事务和科学中都一样，相似联想是成功的首要条件。

但是，按照我们的观点，由于在推理的思想中有两个阶段，在一个阶段中，相似性的作用仅仅是去召唤同类的思想，在另一个更高级的阶段，同类思想之间的同一性联系被注意到；所以，天才的心也可以被划分为两个主要种类，注意到了这种联系的，和仅仅服从这种联系的。第一种是真正的抽象推理者，是科学家和哲学家——一句话，分析家；后一种是诗人和批评家——一句话，艺术家，具有直觉的人。这些人判断正确，对情况进行区分，用最鲜明的类比形容词描述它们，但是不再向前。初看起来好像是，分析的心只是代表了一个更高的理智阶段，而直觉的心则代表了理智发展的一个真正吸引人的阶段；但它们之间的区别并不这样简单。贝恩教授说过，一个人向科学阶段（注意到并抽象出相似性联系的阶段）的跨进常常可能是由于某些情绪感受性的欠缺。他说，颜色感觉与其说使心走向绘画，不如说使它离开科学。要使理智力量能够集中到对许多形式而言是共同的东西上，一个人对具体形式的细节的兴趣就一定会有所缺乏①。换言之，假定一个心在提示类比方面非常丰富，但同时又在每个所提示意象的具体细节方面有强烈的兴趣，那么，与兴趣不那么广泛的心相比，这个心就不大

---

① 《性格研究》，第 317 页。

容易挑选出能够召唤类比的具体特性。所以,在美学性质方面的富有很容易使一个心保持在直觉的阶段。所有诗人都是这样的例证。以荷马的话为例:

> 尤利西斯也巡视那所房子,看看是否还有人活着和藏着,试图逃离这阴暗的死亡。他发现他们都倒在血泊和灰土中,多得就像网里的鱼,被渔夫拽着,从起伏的大海,拖向浅滩。所有这些受够了海水的人都四处躺卧在沙滩上,炙热的太阳拿走了他们的生命。这些随从就相互叠压着倒在那里。

又如:

> 就像迈俄尼亚或卡里亚女人用紫色浸染象牙做马的面颊护片,把它藏在室内,许多牧马人都祈祷能得到它;可是,它是王的珍宝,既是他的马的装饰,也是他作为骑手的荣耀,——墨涅拉俄斯啊,你如此智慧地把你结实的大腿、腿和美丽的脚踝都涂满鲜血。

一个对类比的细节把握得如此生动的人,没有注意到那个类比的背景是情有可原的。但是,他不必由于这一点而被看作在理智上逊色于内心更枯燥的人,在后者这里,那个背景不大可能被那一般的光彩所遮蔽。两种理智(充满光彩的和分析的)很少同时存在。哲学家中的柏拉图,还有泰恩,在引用一个孩子的话时必定要形容这话说出时"声音悦耳、震撼而甜美"(*voix chantante, étonnée, heureuse*),是仅有的例外。他们这样的人十分少有,这也是这条规则的证明。

一位常常被引用的作家说过,莎士比亚比迄今生活过的任何人都拥有更多的理智能力。如果他是指从给定的前提推导出正确的或一致性的结论的能力，这无疑是对的。莎士比亚思想中的那些突兀的转换，以其出乎意料而让读者惊异，丝毫不亚于这些转换的得体让他们感受到快乐。举例来说，为什么奥赛罗的死那样激起观众的热情，又让他有一种和谐一致的感觉？莎士比亚自己很可能也说不出是为什么；因为他的发明尽管是理性的，却不是推理的。希望落幕时奥赛罗恢复了原貌，那篇关于戴头巾的土耳其人的台词，作为之前所发生的一切的正确结局突然闪现在他心头。然而，随后出来的冷冰冰的批评者又能够指出那种微妙的一致性联系，这种联系在那篇台词里引导莎士比亚的笔写到那个摩尔人的死。奥赛罗从全剧开始时的高尚地位堕入耻辱之中。让他一瞬间在记忆中把自己等同于先前较好时光的那个原来的奥赛罗，然后再对他现在要摒弃的身体实施正义，就像他那时重击国家的所有敌人那样，有什么比这更好的方法能最终挽救他于这种屈辱呢？但是莎士比亚（他的心提供了这些手段）却不大可能说明这些手段为什么会如此有效。

然而，尽管这是真实的，尽管绝对地说某个分析的心优越于任何直觉的心都是荒谬的，但是说前者代表了较高的阶段却还是对的。历史地说，人在学会用抽象特性来推理之前，早就用类比来推理了。相似联想和真正的推理可以有相同的结论。如果一个哲学家希望向你证明为什么你应当做某件事，他可能只用抽象的考虑来这样做；而一个野蛮人要证明同样的东西，则会提示你一个类似的事例，在这个事例中，你是众所周知地按照他现在的提议来做的，而且，在这样做时他没有能力来说明这两个事例的相似点。在所有原始文献中,在所有野蛮人的口头讲述中,我们发现人们都是靠隐喻和直喻来说服的,并且,去野蛮国度旅行的人也乐于采用这种素朴的习惯。举利文斯通(Livingstone)博士的黑人巫师论证为例。这位传教士要说服野蛮人放弃他的拜物教的祈雨方式。"你瞧,"他说,"在你做完所有动作之后,有时下了雨,有时没下,跟你没做时完全一样。""可是,"巫师回答说,"这跟你们医生的情形是一样的;你们给出治疗,有时病人好了,有时病人死了,跟你们什么都没做时一样。"对此,这位虔诚的传教士回答说:"医生尽他的职责,在此之后上帝来实施救治,如果这让他愉悦的话。""哦,"野蛮人再次回答道,"我也正是这样。我做祈雨所需要做的事情,然后上帝根据他的意愿送来雨或者拒绝下雨。"①

这是寓言哲学占据最高地位的那个阶段。"空口袋站不直"代表一个欠债的人会丧失诚实的原因;"手里一只鸟赛过树上两只鸟"用来规劝人要明智。或者,我们回答"为什么雪是白的?"这个问题说,"与肥皂泡或打过的鸡蛋是白的是一样的原因"——换言之,不是给出事实的理由,我们给出的是同一事实的另一个例子。这种不是提供理由,而是提供相似例子的做法,常常被批评为人的逻辑堕落的一种形式。但是显然,这不是一个堕落的思想活动,而仅仅是一个不完全的思想活动。提供类似的事例是抽象出隐含在所有事例中的理由所必须的第一步。

理由的情形是这样,语词的情形也是如此。最初的语词大概都是整个事物、整个动作以及广泛一致的群组的名称。原始人只

---

① 雷诺维尔的引述,《哲学批评》,1879 年 10 月 19 日。

能借助已经有名称的老经验来谈论新经验。新经验让他想起一些老经验，但是新经验与这些老经验的相同之点既没有被命名，也没有被离解出来。纯粹的相似性必须先起作用，然后，以它为基础的抽象活动才能发挥作用。原始人不说"面包是硬的"，而说"面包是石头"；不说"脸是圆的"，而说"脸是月亮"；不说"水果是甜的"，而说"水果是甘蔗"。所以，最初的语词既不是特殊的，也不是一般的，而是模糊地具体的；就像我们说起"椭圆形的"脸、"柔滑的"皮肤或"钢铁般的"意志，并非意指那个形容词-名词的任何其他属性，而只是指它的确相似于它所修饰的那个名词的属性。一段时间之后，某些以形容词方式使用的名词就仅仅意指那个因它之故它们才最经常被使用的特殊性质了；它们原初所指的整个事物有了另一个名称，它们也成为真正抽象的和一般的术语了。例如，椭圆形在我们这里仅仅提示形状。毫无疑问，这样形成的最初的抽象性质，是在不同对象中发现的完全相同的感觉性质——如大，甜；其次是不同感觉的类比，如味道的"辛辣"，声音的"高"，等等；再次是运动组合或关系形式的类比，如简单，复杂，困难，相互的，相关的，自发的，等等。类比中的微妙性质在下面的情形中到达了极端的程度，例如，在我们说某个英国艺术批评家的作品让我们想起一个里面曾经烧过香锭的封闭房间，或某些法国人的心就像老羊奶干酪的时候。在这里，语言完全没有触及相似性的基础。

在我们思想的众多领域，我们（我们所有的人）仍旧停留在原始状态。相似性在我们这里起着作用，但是抽象活动还没有发生。我们知道当下的事例是怎么样的，知道它提示我们什么，我们对要采取的正确过程有一种直觉，如果它是一个实践的事物的话。但

第二十二章 推理

是,分析的思想还没有开出通道,我们还不可能向其他人证明我们自己。在伦理学、心理学和美学的事物上,对一个人的判断给出清楚的理由被普遍认为是罕有天才的标志。未受教育的人在说明他们的爱好与厌恶方面的无助常常是荒唐可笑的。问爱尔兰第一女孩,为什么与她的家相比,她更喜欢或更不喜欢这个国家,看看她能对你说出多少。但是,如果你问你的最有教养的朋友为什么他更喜欢蒂希安而不是保罗·委罗内塞,你将很难得到一个回答;如果你问为什么贝多芬让他想起迈克尔·安古洛,或者,前者关节过度弯曲的形象怎么会如此提示出生命的道德悲剧,你很可能完全得不到任何回答。他的思想服从一种关系,但是无法命名它。所有专家的判断也是这样,即使动机不明也如此地具有价值。装满了关于一类特殊材料的经验的专家,直觉地感受到一个新报告的事实是可能的还是不可能的,一个提出来的假设有没有价值。在一种新的情况下,他本能地知道,这个而不是那个将是有希望的行动方案。那个众所周知的故事,老法官劝告新法官永远不要给出共裁决的理由,"裁决可能是正确的,理由则肯定是错误的",说明了这一点。医生会感受到病人难逃一死,牙医会预感到那颗牙要断裂,虽然他们都说不出其预感的理由。理由隐含在这个现实情况朦胧提示出来的所有先前的无数情况之中,所有这些都唤起那个内行人不能不走向、却不知道如何或为什么的相同结论。

生理学的结论还有待引出。如果在第 14 章中阐述的原理是正确的,那么就可以推出习惯性思想与推理思想之间的巨大的大脑区别是在于:在前者中,在任何一个时刻振动的脑细胞的整个系统，都整体地释放进另一个整体系统，并且，释放的次序倾向于是一个在时间中持续的过程；而在后者中，在先系统的一部分在接续的系统中仍然保持振动，并且，那个次序——将是哪个部分，在接续的系统中它的伴随物将是什么——不大会倾向于在时间上固定下来。这个一部分持续振动而其他部分上升和沉降的物理选择（可以这样地称呼它），我们在刚提到的那一章发现，是相似联想的基础。（特别见第578—581页。）它似乎就是那种仍然比较迫切和坚持的局部振动的较低程度，我们极容易将其理解为兴趣、注意、或离解等心理事实的基础。所以，就大脑过程而言，所有这些心理事实都将其自身分解为一个单一特性：不同通道之间联系的不确定性，以及活动趋向于将自身聚焦于（可以说）小的区域，这些小的区域在不同的时间会无限地变化，而由这些地方起始的扩散可以以无数不同的方式发生。（比较第347页图80。）借助可能的猜测去发现或（更适合目前阶段的神经生理学）勾画出人脑的这个不稳定的平衡究竟依赖于何种化学或分子机械的事实，应该是沉思从兽类到人的过渡的生理学家的下一个任务。不论这个所说的物理特性可能是什么，它都是大脑具有这个特性的人做如此多的推理，而其大脑缺少这个特性的马推理如此少的原因。我们只能把这个难题交到更有能力者的手中，而不是留在我们自己的手里。

但同时，这种陈述问题的方式又暗示了另外几个推论。第一个很简明。如果大脑活动的聚焦是合理思想的基本事实，我们就明白了为什么强烈的兴趣或集中的激情使我们思考得真实得多，深刻得多。特定通道中持续的运动聚焦是与主体的重要特征在意识中的持续主宰相应的大脑事实。当不"聚焦"时，我们是愚笨的；

但是当激情被充分激发时，我们也决不会离开那个点。只有一致和相关的印象产生出来。当被义愤或道德热情激起时，我们的反思是何等锐利，我们的言语是何等铿锵有力！微小的踌躇和次要考虑的整个网络，在平常倦怠的时候，像一个蜘蛛网围绕着那件事情，阻碍着我们思考，就像格利佛被一大群小人国的人用线钉在地上那样，这个网络一下子就被击碎了，主体站立起来，其本质的和至关重要的线条显现出来。

最后一点与这个理论相关，即祖先的获得性习惯可以成为后代的先天倾向。在这个原理之上已经竖起了一个如此巨大的上层建筑，以致它的经验证据的缺乏同时成为了其拥护者的遗憾和其反对者的胜利。在第二十八章我们将看到可以说是少得可怜的星星点点的证据。在人类这里，在我们的观察机会最为充分的地方，我们似乎没有证据来支持城市的孩子比乡村的孩子更容易近视这个假说，除非它有可能成为一条法则。在心理世界中，我们当然没有观察到伟大旅行家的孩子学起地理课来会异乎寻常的轻松，也没有观察到，一个其祖先讲德语已经三十代的婴儿，会由于这一点而更难从它的意大利看护人那里学习意大利语。但如果我们的考虑是对的，它们就完全解释了为什么这条法则在人类中不会得到证明，以及为什么在寻找这个问题的证据时，我们就应当把自己完全限制在更低等动物的范围内。在它们那里，固定的习惯是神经活动的基本和特有法则。大脑完全是以它被运用的方式成长的，并且，这些方式的继承物——被叫做本能——里也没有什么奇怪的东西。但是在人这里，对所有固定方式的否定的确是基本特征。

他作为推理者的全部尊荣,他全部的人的理智性质,可以说,都归功于使给定的思想方式在他那里可以突然分解成能够重新组合的元素的能力。只有以没有继承固定化的本能倾向为代价,他才能通过理性对新原则的新发现来解决每一种新的情况。他尤其是可以教育的动物。所以,如果习惯是继承的这条法则在他那里得到例示,那么他迄今就会缺乏人的完善性;并且,当我们环顾人类的族类时,我们的确实际地发现,那些在一开始最为本能的族类也是最终在总体上最少教养的族类。一个未受教育的意大利人在很大程度上是一个世界性的人;他对于他的环境具有本能的知觉、行为倾向,用一个词来说,反应,而一个未受教育的德国人则完全缺少这些。如果后者没有受过训练,他就很容易成为一个彻头彻尾的蠢人;但是另一方面,确定的先天倾向在他头脑中的缺乏本身,又使得他能够通过发展、通过教育去推进他的纯粹推理的思想,进入到意大利人永远不可能达到的复杂的意识领域。

我们在整体上的男人和整体上的女人之间也观察到了一个相同的区别。一个二十岁的年轻女子在她可能置身其中的所有通常环境中都能以直觉的敏捷和可靠性做出反应①。她的爱好和厌恶是成形的;她的意见在很大程度上在一生中都是一样的。她的品

---

① 社会的和家庭的环境,也就是说,非物质的环境。在与物质世界的交往仅限于知道少数几种有用的东西,主要是动物、植物和武器的人们中间,对社会关系的知觉似乎非常敏锐。野蛮人和乡下佬也常常像训练有素的外交家那样老练和狡猾。总体上,很可能一个人怎样与他人相处的意识在他心里所占的部分相对越大,他在文化水准上就越低。女人的直觉在人际关系的领域非常好,但是在机械学的方面却很少是一流的。所有男孩都会自己弄清楚钟表是怎么工作的;很少有女孩是这样。所以惠特利(Whately)博士的笑话说,"女人是不推理的动物,并且从上面捅火。"

格事实上在本质的方面都已经完成了。一个二十岁的男孩在所有这些方面是多么地逊色于她啊！他的品格还像是胶状的，是什么样子还不确定，在每个方向上都"试试"。感受到他的力量，然而又不知道要以什么方式来表达它，与他的姐姐相比，他是个没定型的家伙。但是他的大脑中缺乏快速进入特殊方式的倾向这一点，恰恰是确保它最终会变得比女人的大脑有效率得多的条件。缺少预先确定的思想序列，恰恰是一般原理和分类标题生长的基础；而且，男性的大脑借助于这些，以女性直接的直觉方法（在其范围之内的运用是极好和快速的）无望赶上的方式，间接地处理新的和复杂的事情。

在回过来看推理这个问题时，人们才感到它与概念性认识的联系有多么密切；人们也比先前更加认识到第九章最后的部分所强调的选择原理的深奥。正如阅读的艺术（在人的一定阶段的教育之后）就是跳读的艺术一样，做聪明人的艺术就是知道忽略什么的艺术。心变得有教养的第一个结果就是，曾经复杂的过程现在用一个单一的动作就能完成了。拉扎勒斯把这称为思想的渐进的"缩合"。但是在心理学意义上，它不是缩合，而是丢失，是意识内容的真正的扔掉和抛弃。那些步骤真的从视线里消失了。高深的思想者如此大量和迅捷地看到其主题的关系，以致如果他向年轻的心进行解释，常常很难说是谁变得更复杂了，是他还是那个学生。在每个大学都有一些众所周知讲不好课的极好的研究者。这原因在于，他们从来不会自发地以细微清晰的方法来看待所讲的主题，而学生是需要他们用这种方法来将所讲内容提供给其较慢的接受能力的。他们探索那些联系,而那些联系没有出现。翻译和注释了拉普拉斯(Laplace)的《天体力学》(*Mécanique Céleste*)的鲍迪奇说,每当他的作者在一个命题之前写上"很显然"时,他就知道他面临着许多小时的艰苦功课。

当对同一类主题有兴趣的两个高等级的心到了一起时,他们谈话的主要特点就是所提事情的扼要和转换的快捷。他们中的一个讲了半句,另一个就知道了他的意思并回答了。这种天才地操纵大量的材料,这种容易向遥远的前景闪光,这种对于通常环绕那个主题并似乎与其本质有关的尘埃和设施的漫不经心,使这些交谈对于一个已经有足够教养来跟随它们的听者来说,就像是诸神的宴席。他的心理的肺,在更广更大的大气环境中,以比平常习惯的方式更深地呼吸着。另一方面,普通人过度明晰和过度简短的好,对天才来说就是令人烦恼的。但我们无需走到天才的方式那么远。谈谈普通人的社会交往就足够了。在这种交往中,谈话的魅力是直接与省略和吞音的可能性成比例的,是与明晰陈述的需要成反比的。对于老朋友,一个词就代表了一整个故事或一套意见。对新来者,每件事情都必须细细地过一遍。一些人有一种要把事情说全的癖好,他们必须把每一步都表达出来。他们是最让人无法容忍的同伴,并且,尽管他们的心理能量从其自身看可能很大,但却总让我们感到是虚弱的和二等的。简言之,平民性的本质,即将粗俗与贵族品质分离开的那种东西,也许不是一种缺乏,而是一种过度,即,总是需要去责备在具有贵族气质的人那里并不存在的事情。忽略,不屑于考虑,忽视,是"绅士"的本质。最让人恼火的也常常就是这个;因为,被忽略的事情可能具有最深刻的道德后果。但是,在对绅士感到义愤的同时,我们也意识到,他在实际遇到紧急事件时的荒唐的惰性和消极性,不知怎地,是与他相对于我们的一般优越性结合在一起的。不仅绅士忽略粗俗的人注定喜欢的与行为、卑鄙的怀疑、恐惧、算计等等相关的考虑;而且他在粗俗人们谈话时沉默;在粗俗的人说出了许多的理由时,他只给出结论;他不解释,也不道歉;他说一句话而不是二十句;总之,存在一种间隙思考(就这样称呼它吧),他完全不可能进行这样的思考,而这几乎是粗俗的心所做的全部思考。对这些次级事情的抑制,将场地清扫了出来,——为着更高的飞行,如果它们决定到来的话。但即使它们一直不来,那里的思想仍然会表明贵族的气质,并带有良好教养的形式。在由与粗俗的人相处转为与有贵族气质的人相处时,我们的和谐感与轻松感是如此之巨大,以致我们几乎会要相信,饱经世故者所持的最虚假的观点和品位,比普通人所持的最真实的观点和品位要更真实。在后者那里,最好的观念都被他们过多的可鄙同伴所阻塞、障碍和污染了。而在前者那里,至少一种氛围的消极条件和一种自由的前景还是出现了。

我似乎已经偏离了心理学的分析而进入了美学的批判。但是,选择的原理是如此重要,任何有助于表明它在范围上有多么大的说明都不显得多余。我所谈的东西的结论是:选择(selection)既意味着拒绝,也意味着去选择(choice);而且,忽略、注意缺乏的功能,像注意本身的功能一样,也是心理发展中的一个至关重要的因素。

第二十三章　动作的产生

读者一定没有忘记,在最后这几章中向他阐明的纯粹内在过程和产物的丛林中,所有这一切的最终结果都一定是由中枢兴奋经由外出神经的释放而产生的某种形式的身体活动。读者还会记得,从生理学意义上看,整个神经有机组织不过是把刺激转换为反应的一架机器;而我们生命的理智部分只是与这架机器运作的中间或"中心"部分交织在一起的。让我们现在转过来考察最终的或紧急的运作,身体的活动,以及与之相联系的意识形式。

每一种强烈作用于我们的进来神经的印象都会产生某种沿外出神经向下的释放,不论我们是否觉知到它。使用普遍的术语并忽略例外情况,我们可以说每一个可能的感受都会产生动作,而且那个动作是整个有机体的动作,是有机体每一个部分的动作。当一声炸雷或一道闪电令我们惊愕,或者,当我们被弄痒的时候,所发生的事情显然是潜在地与我们得到的每一种感觉一起发生的。在感觉程度很轻的情况中,我们没有感受到惊愕或者痒痒,唯一的原因部分是在于它的量级很小,部分是在于我们的迟钝。贝恩教授许多年前用**扩散法则**这个名称来指这种一般的释放现象,并且这样来表述它:"如果印象带有感受,所产生的流就将自身扩散到大脑中,导致运动器官的一般性兴奋,也影响到内脏。"

在感受很强的情况下,这条法则就熟悉得无需证明了。正如

第二十三章 动作的产生

贝恩教授所说：

> 我们每个人都从自己的经验中知道，突然的感受上的震动一般都伴随有身体的动作，还伴有其他结果。在没有情绪出现时，我们就静止着；轻微的感受伴随轻微的表现；较强的震惊带有较强的爆发。每种快乐和每种痛苦，以及每一种样式的情绪，都有确定的效果波动，我们通过观察可以察知它们；我们运用这个知识从其他人的外部表现推知他们的感受。……在神经作用的扩散波中，首先和明显受到影响的器官是身体的动作部分，其中首先是面部的部分（连同动物的耳朵），它们的动作构成了表情的表达。但是，这种影响总是随意和不随意地扩展到运动系统的所有部分；与此同时，一系列重要的结果在腺体和内脏——胸腔、肺、心脏、肾、皮肤，还有性器官和乳腺器官——产生。……这种情形看上去是普遍的，对于它的证明不需要去详细引证实例；提出这条法则的明确例外的责任就抛给了反对者一边。①

每个印象都是通过神经中枢扩散的，这大概没有什么例外。然而，通过中心的波的结果常常会干扰过程，并消除那里已经存在的紧张；这类抑制的外部结果可能是来自抑制区域的释放的停止，以及已经处于发生过程中的身体活动的停止。当这种情形发生时，情况大概就像其他水道里流动的水排泄或抽出了特定水道里的水那样。当我们在行走中突然被一个声音、情景、气味或想法

---

① 《情绪与意志》，第 4、5 页。

吸引了注意而站住时，所发生的就是差不多这种情况。但是，也有这样的情况，外围活动的停止不是基于中枢的抑制，而是基于释放了抑制性外出流的中枢刺激。例如，每当我们受到惊吓，心脏就瞬间停跳或减缓跳动，然后以加快了的速度悸动。这种短暂的停跳是由向下到延迷走神经的外出流引起。这个神经在受到刺激时，会令心跳停止或减慢，而如果切除这个神经，这种受到惊吓的特殊结果便不会发生。

然而总体上，感觉印象的刺激效果会超过抑制效果，所以我们可以粗略地说，像我们开始时所说，释放的波引起了身体所有部分的活动。生理学家们还没有完成追踪任何一种进来感觉的所有结果的任务。然而，近年来我们的信息开始扩展了；尽管在充分的细节方面我必须参考专著，但是在这里，我可以简要地将几个证明扩散法则之真实性的独立观察串联起来。

首先看看对循环的影响。我们刚刚看到了对心脏的影响。哈勒(Haller)很久以前记录到，随着鼓点儿，血液从打开的静脉流出得更快。[①] 在第三章，我们知道，如莫索所说，脑中的循环由于感觉当然还有思想过程的改变而发生变化是多么的迅捷。恐惧、羞耻和愤怒的对象，对于皮肤尤其是面部皮肤的血液供应的影响是人们太熟悉的事情，不需要再做讨论。据库蒂(Couty)和沙尔旁捷(Charpentier)说，较高级感官的感觉会对狗的心率和血压产生最富变化的影响。图82是这两位作者的一份心率记录，表明听到另一只狗的吠叫对一只狗的心脏所产生的强烈影响。迷走神经被

---

① 参见费雷：《感觉与动作》(1887)，第56页。

第二十三章 动作的产生

切除之后,血压的变化仍然会发生,这表明血管舒缩的结果是直接的而不依赖于心脏。当莫索发明了用来记录身体各个部分体积变化的简单仪器——体积描记器——时,他说,"在他在意大利所做的最初实验中",最让他吃惊的,"是手部血管的极其不安宁状态,无论是醒着还是在睡眠中,每一种最轻微的情绪都会令人惊讶地改变它们的体积。"① 图 83(来自费雷②)

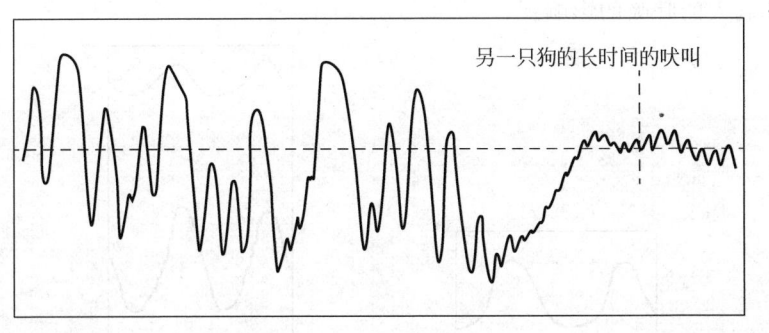

图 82

表明一个被试的脉搏为一束从标记为 a 的时刻持续到标记为 b 的时刻的红光所改变的方式。

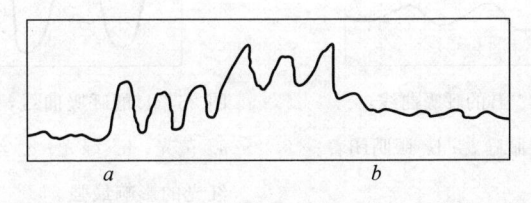

图 83

---

① 《恐惧》(1874),第 117 页。比较费雷:《感觉与动作》,第 17 章。
② 《哲学评论》,XXIV,570。

突然的感觉刺激对呼吸的影响也太广为人知而不需要详细评论了。我们每次突然听到一个声音时都要"喘口气"。每当我们非常专注地注意或者盼望什么的时候，我们都会"屏住呼吸"，并且在紧张的情境解除之后我们会大吐一口气。当一个可怕的对象出现在我们面前时，我们会气喘并且不能深呼吸；相反，当对象使我们生气时，呼吸活动会变得急促。我从费雷那里挑选几张图放在这里，它们自己会做出解释。它们表明了光对他的两个歇斯底里症病人的呼吸的影响。①

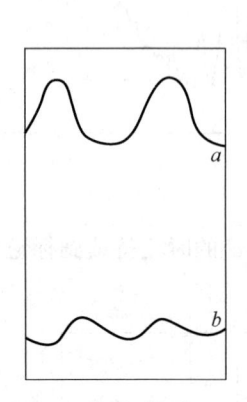

图 84　B 的呼吸曲线：
a. 眼睛睁着；b. 眼睛闭着。

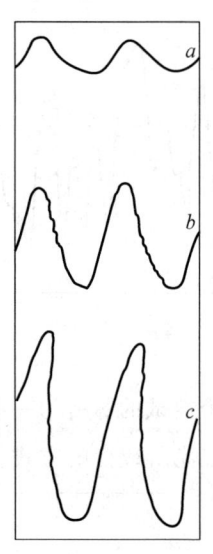

图 85　L 的呼吸曲线：
a. 黄光；b. 绿光；c. 红光。
红光的影响最强。

---

① 《哲学评论》，XXIV，566—567。——关于大脑与呼吸关系的进一步的信息，见丹尼列夫斯基(Danilewsky)的论文，《生物学中心报》，II，690。

第二十三章 动作的产生

在对汗腺的影响方面,也观察到了感觉刺激的相似结果。塔查诺夫(Tarchanoff)在用皮肤通过接触其表面的两个电极而产生出电流的能力来测试汗腺的状况时发现,"几乎每一种神经活动,从最简单的感觉和印象,到随意动作和最高级形式的心理努力,都伴有皮肤汗腺活动的增加。"① 桑德斯(Sanders)记录了对瞳孔的观察,表明在睡眠中施加的每一次感觉刺激(即使刺激没有强到弄醒受试者的程度)之后,都会发生短暂的扩张。在醒来的那一刻,即便有强光落在眼睛上,也会发生扩张。② 在恐惧的影响下,儿童的瞳孔很容易发生极大的扩张。据说,在痛苦和疲劳时发生的是扩张;相反,在狂怒时发生的是收缩。

它们无疑也有对腹部脏器的影响,但是还很少有人做出过准确的观察。③

膀胱、肠和子宫都对感觉做出反应,甚至是不重要的感觉。莫索和佩利卡尼(Pellicani)在用体积描记器对狗的膀胱的研究中,发现了各种能引起这个器官反射性收缩(独立于腹壁收缩)的感觉刺激。他们称膀胱是"像虹膜一样好的感觉记录仪",并提到人类女性的心理刺激在这个器官上产生的并非少见的反射效果。④ 费雷记录了甚至不重要的感觉也会引起的括约肌收缩。在一些怀孕女人那里,几乎母亲每次接受到一种感觉刺激时,都能感觉到孕儿

---

① 引自塔查诺夫论文的报告(收入《弗吕格文库》,XLVI,46),载《美国心理学杂志》,II,652。
② 《精神病学文库》,VII,652;IX,129。
③ 《感觉与运动》(Sensation et Mouvement),57—58。
④ 《林琴皇家学院》(R. Accad. Dei Lincei)(1881—1882)。我根据的是《霍夫曼和施瓦柏年报》,X. II. 93 页的报告。

在动。唯一自然的解释就是,孕儿在这些时刻受到了子宫反射性收缩的刺激。① 腺体受到情绪的影响,这在痛苦的眼泪、干燥的嘴、潮湿的皮肤,或恐惧性腹泻,在盛怒之后有时发生的胆汁分泌紊乱等等情况中是非常明显的。在看到多汁的食物时流口水是广为人知的。很难记录更小程度的这类反射性改变,但是几乎无可怀疑,甚至在不再能被察觉的情形下,它们也在某种程度上存在着,而且,我们的所有感觉都对内脏具有某些影响。阳光引起的打喷嚏,某些摩擦、接触、声音(音乐的或不是音乐的)引起的皮肤变粗(鸡皮疙瘩),都是与恐惧时的颤抖和头发立起来一样的事实,仅仅是程度稍轻些。

对随意肌的影响。每一个感觉刺激都不仅特别地释放进依赖于那个刺激的特殊性质的特殊肌肉——我们已经在第十一章研究过一些这类特别的释放,另一些我们将在本能与情绪这两个标题下进行考察——而且它一般还会使那些肌肉受到神经支配。费雷对这一点提供了非常奇妙的实验证据。自动记录的测力计测量被试的手的收缩力量。在简单的实验条件下,最大的力量通常每天都相同。但是,如果在收缩的同时被试接收到一个感觉印象,收缩有时会减弱,但更多的时候是加强了。这种加强的作用已经被命名为动力发生。简单乐符的动力发生值似乎与其响度与高度成比例。而当乐符被组合为悲伤的乐曲时,肌肉力量就减弱了。如果乐曲是欢乐的,它就会增加。——彩色光的动力发生值随颜色而

---

① 参见费雷,《感觉与动作》(1887),第14章。

第二十三章 动作的产生

变化。在一个正常力量被表达为 23 的被试①那里，当一道蓝光照到眼睛上时这个数值就变为 24，绿光时是 28，黄光时是 30，橙光时是 35，红光时是 42。所以，红光是最刺激的颜色。在味觉方面，甜的值最低，其次是咸，然后是苦，最后是酸，尽管如费雷所注意到的，像醋酸这样的一种酸会刺激味觉神经，也会刺激痛觉神经和嗅觉神经。烟草的烟、酒精、（没有营养的）牛肉精等等的刺激作用，都可能部分地是由于这种动力发生活动而产生的。——至于气味，麝香的气味似乎有一种特别的动力发生效果。图 85 是费雷的一个动力描记仪追踪图的复本，它本身足够明白。较小的收缩是没有刺激的收缩；较强的收缩是由于红光的影响而发生的收缩。每个人都熟悉当把腿架在另一条腿上时由轻巧地敲击膝盖骨下的肌腱而产生的膝反射，或脚的突然上跳。韦尔·米切尔和隆巴德博士发现，当敲击同时伴随其他感觉时，脚的上跳就会加强。②热、冷、刺痛、痒，或皮肤的电流刺激，有时还有强烈的视觉印象，还有音乐，都具有这种动力发生作用，每当在敲击的同时身体的其他部分发生了随意动作时，也会产

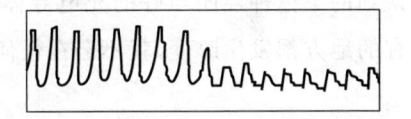

图 86

---

① 这里给出的数字来自一位患歇斯底里症的被试，而且差别高于常值。费雷先生认为，歇斯底里症患者不稳定的神经系统["这些心理学的青蛙"(ces grenouilles de la pschologie)]通过数量上的夸张程度来表现那条法则，而没有改变质的关系。这些效果让我们想起感觉对于其他种类的细微感觉的影响，这是由厄本切奇发现的，这个发现报告于这一卷的第 29 页。

② 米切尔在《(费城)医学新闻》(*(Philadelphia) Medical News*)(1886 年 2 月 13 日和 20 日)；隆巴德在《美国心理学杂志》(1887 年 10 月)的论文。

生这种动力发生作用。①

这些"动力发生"作用,即一个刺激只是加强了另一个已经发生的刺激,一定不能与严格意义上的反射动作混淆起来,在这种反射动作中,新的活动由刺激而产生出来。情绪的所有本能的活动和表现都是反射动作。但是,在那些我们意识到的反射动作的下面,似乎还有另一些持续进行着的量级较小的反射动作,它们大概在大多数人那里可以被称作肌肉紧张的波动,但是在一些神经过敏的被试那里,它们可以用视觉的方式表达出来。费雷在我已经参照的那篇文章中对其中的一些做了描述。②

回过来看所有这些事实,即使是在无法证实的地方,我们也很难怀疑扩散法则的真实性。在神经中枢的任何地方进行的过程,在各处都有响应,并且以这样或者那样的方式影响着整个的生物体,使它的活动要么加强,要么减弱。我们再次被引向在前面某一页谈到的中枢神经团与好的充电导体的同化,它的紧张如果不在所有的地方都发生改变,就不会在任何地方发生改变。

施耐德先生试图通过一篇天才的和富有启发的动物学评论③表明,高度进化的动物做出的所有特殊动作,都不同于那两种原本

---

① H.P.鲍迪奇教授有一个有趣的发现:如果那个强化运动迟 0.4 秒,强化就不会发生,并且会转变为延迟 0.4 到 1.7 秒的对膝盖颤动的确定的抑制。在敲击膝盖韧带之后,膝盖颤动不再被迟于 1.7 秒的随意运动所改变(见《波士顿医学和外科学杂志》,1888 年 5 月 31 日)。

② 《哲学评论》,XXIV,第 572 页及以下诸页。

③ 见《科学哲学季刊》,III,294。

第二十三章 动作的产生

简单的动作(收缩与扩张动作),参与这两种动作的是简单生物体的整个身体。收缩的倾向是所有自我保护冲动和其后发展出来的反应(包括逃跑反应)的根源。相反,扩张倾向则分裂为侵略性的冲动和本能,吃食、打斗、性交等等。如果是要看那里包含的对动物的缜密观察的话,施耐德的文章值得一读。对于为什么应该存在我们的后天例证表明其存在的扩散波这个问题,我在这里是作为加在前验机械论理由之上的进化论理由来引证这些文章的。

现在,我将接着缜密地研究由脑-心变化所引起的更为重要的动作种类。它们可以被列举为——

1) 本能的或冲动的行为;

2) 情绪的表达;和

3) 随意行为;

每一种都将用一章来讨论。

第二十四章[①]　本能

本能通常被定义为没有对结果的预见,先前也没有受过操作方面的训练,而做出某种动作来产生出特定结果的能力。这样定义的本能在动物王国大量存在,这是无需证明的。它们是结构的功能关联物。可以说,随着一种器官的出现,几乎总有一种针对其使用的先天倾向产生出来。

> 鸟有分泌油的腺体吧?她本能地知道怎样从腺体里压出油,并把它涂在羽毛上。响尾蛇有槽齿和毒腺吧?他无需指导就知道怎样使这样的结构和功能最有效地对付敌人。蚕有分泌液丝的功能吧?在适当时候,她会织出自己从未见过的茧,像先前无数的蚕所做的那样;并因此在改变形态的阶段,没有任何指导、模式或经验,就为自己造出安全的住所。鹰有利爪吧?她根据本能就知道怎样有效地舞动它们来抓住无助的猎物。[②]

一种非常普通的谈论这些令人称赞的确定行为倾向的方式,是抽象地命名它们所服务的目的,例如自保,或防御,或护卵和护崽,——并且说动物具有一种对死亡的本能恐惧或对生命的爱,或

[①] 这一章已经以期刊文章的形式(几乎与现在复印的完全一样)刊载于《斯克里布纳杂志》和1887年的《大众科学月刊》。

[②] P. A. 查德伯恩(P. A. Chadbourne):《本能》(*Instinct*)(纽约,1872),第28页。

第二十四章 本能

者,她有自保的本能,或有母性或类似性质的本能。但是,这就把动物当成是服从抽象活动的了,而它连进行这些抽象活动的百万分之一的可能都没有。解释这些事实的严格的生理学方法,则会引向更清楚得多的结论。我们称为本能的活动都符合一般的反射类型;它们产生自与动物身体相接触的,或者位于动物环境远处的明确的感觉刺激。猫追逐老鼠,在狗面前跑或表现斗志,避免从墙或树上摔下来,避开火和水,等等,不是因为他具有任何对于生命或死亡,或对于自我,或对于保存的概念。他可能并没有以对其做出明确反应的方式获得过任何这样的概念性认识。他每一次的动作都是单独的,这仅仅是因为他只能如此;他就是被这样塑造的,当那个叫做老鼠的特殊奔跑物出现在他的视野时他就必然去追逐;当那个特别的叫着、喧闹着的叫做狗的东西出现时,如果离得远,他就必然会后退,如果离得近,就会抓挠;他也必然从水里撤出爪子,让他的脸离开火焰,等等。他的神经系统在很大程度上是被预先组织起来的一堆这样的反应——它们像打喷嚏一样是命定的,并且像系统与它自身的刺激物精确关联那样,它们也与其特别的刺激物精确关联着。尽管博物学家为了自己的方便可能会把这些反应列在一般性的标题之下,但他一定不能忘记,在动物那里,是具体的感觉、知觉或意象引起它们的。

这个看法假定了动物在预想它们栖息其中的外部事物方面拥有大量现成的特殊调整,所以最初会让我们震惊。这种相互依赖能这么精细,到达那么远吗?每一个事物都天生就适应特定的其他事物,而且只适应它们,就像锁适合于钥匙吗?无疑,人们一定相信是这样的。造物的每一个角落和缝隙,以至我们的皮肤本身和内脏,都有活着的居住者,它们都有适合于那个地方的器官,吞噬和消化它那里的食物,应对它隐藏起来的危险;这样表现在结构之中的适应细节是没有界限的。表现在一些寄居者的行为之中的适应细节就更加没有界限了。

较早的研究本能的作品是语词的无效浪费,因为它们的作者从未能持有这种明确而简单的观点,而是把一切都淹没在了对动物的洞察和预言能力——远远优越于人的一切能力——以及对神惠予它们这样一种能力的仁慈的模糊惊异之中。但是,神的仁慈首先是惠予了它们一个神经系统;而且,当我们把注意转向这点时,本能立刻就显得不多不少与生命的所有其他事实完全一样的精彩了。

每一种本能都是冲动。我们是否把像脸红、打喷嚏、咳嗽、微笑、或者躲闪、踩音乐节奏这样的冲动叫做本能,这只是一个措辞的问题。过程完全是相同的。在其《兽类的意志》(*Der Thierische Wille*)这部清新而有趣的著作中,G. H. 施耐德先生把冲动(*Triebe*)区分为感觉冲动、知觉冲动和观念冲动。蜷缩身体躲避寒冷是感觉冲动;如果看到人们朝一个方向跑就转身并跟随,是知觉冲动;如果天开始打雷和下雨就寻找遮蔽物,是想象冲动。单一的复杂本能动作可能会相继唤起所有这三种冲动。所以饥饿的狮子通过其与欲望结合在一起的想象的唤起而开始寻找猎物;当它通过眼睛、耳朵或鼻子得到了猎物就在距它一定距离的地方的印象,它就开始追踪猎物;当战利品警觉起来并逃跑,或者当距离已经足够近时,它就扑向它;一旦它感觉到自己的爪子和利齿接触到了那个猎物,它就撕咬和吞食它。寻找、追踪、扑向和吞食只是许多不同种类的肌肉收缩,没有一种是由适合于另一种的刺激唤起的。

施耐德谈到在洞穴中储存玉米的仓鼠:

> 如果我们分析储藏的倾向,我们发现它由三种冲动构成:第一,捡起有营养的东西的冲动,由于知觉而发生;第二,把它搬运到居所的冲动,由于对居所的观念而发生;第三,把它在那里放下的冲动,由于对那个地方的视觉而发生。仓鼠有这样的本性,即如果没有感受到剥离玉米粒的欲望,它就看不到一穗玉米;它也有这样的本性,即一当腮袋装满,就感受到不可抵抗的急于回家的欲望;最后,它还有这样的本性,即对仓储室的视觉会唤起清空腮袋的冲动。(第 208 页)

在某些低等动物中,对已实施一个冲动步骤的感受,是下一个冲动步骤刺激的必不可少的一部分,以致动物在操作次序的方面不能做任何改变。

那么,在出现这样稀奇的刺激时,为什么各种动物会做出对我们来说是如此奇怪的事情?例如,为什么母鸡会把一些完全与利害无关的东西当作一窝蛋来全力地耐心孵化,除非她得到了对于结果的某种暗示?唯一的回答就是出于爱好(*ad hominem*)。我们只能通过我们对自己的本能的了解来解释兽类的本能。人为什么(在能够时)总是躺在软床上而不是硬地板上?他们为什么在冷天围坐在火炉旁?在房间里,他们为什么一百次就有九十九次让自己脸朝向房间的中心而不是朝着墙?他们为什么宁愿嚼羊脊肉，喝香槟酒，而不愿吃干饼，喝沟底的死水？为什么少女吸引小伙子，关于她的所有事情似乎都比世间任何其他事情都更重要和更有意义？我们只能说，这些就是人的方式，还有，每个造物都喜欢它自己的方式，并理所当然地遵循它们。科学可以来考察这些方式，并发现它们大多是有用的。但是，它们被遵循却并非因为其用处，而是因为在遵循它们时我们感到那样去做就是唯一适当和自然的事情。在享用正餐时，连万亿分之一的人都不会去想它的用处。他吃，是因为食物好吃，使他想吃得更多。如果你问他为什么想吃更多那种味道的食物，他不会把你当哲学家来崇敬，却大概是会把你当傻子来笑话的。好吃的感觉与它唤起的行为之间的联系对他来说是绝对的和自明的（*selbstverstaendlich*），是一个除它自己的证词以外无需证明的最完美的"前验综合"。简言之，就询问人类本能行为的为什么而言，需要的是贝克莱所说的由于学会了让自然的东西显得奇怪的过程而堕落的心。只有形而上学家才能以下面的方式想到这类问题：为什么我们在高兴的时候会笑而不是瞪眼珠？为什么我们不能像同一个朋友谈话那样对一群人讲话？为什么一个特别的少女会让我们神魂颠倒？普通人只会说，"我们当然会笑，在看到一群人时我们的心脏当然会突突地跳，我们当然爱那位少女，那个美丽的灵魂装点得那么完美，如此显而易见是永恒地造出来被爱的！"

并且，每个动物在面对具体对象去做它想做的具体事情时感觉大概都是这样。它们也是前验的综合。对狮子来说，造出来被爱的是母狮；对熊来说，是雌熊。对孵蛋的母鸡来说，这种想法可能会显得很怪异，即世界上还会有这样一个造物，对于它来说，一

第二十四章 本能

窝蛋并不是像对于她那样绝对具有吸引力和绝对可贵,坐孵在上面多久都不嫌多的对象。①

因此我们可以确定,无论一些动物的本能对我们显得多么不可思议,我们的本能对它们也同样不可思议。我们还可以断定,对于服从它的动物来说,每个冲动和每个本能的每一步骤,自身都有足够的光辉,并且在那一刻似乎是唯一永远正确和适当的事情。它完全是因它自身的缘故而被做的。当一只苍蝇最终发现了一片特别的树叶或腐肉,或一点粪便,在这整个世界里能刺激她的产卵器去产卵的东西,何等刺激的狂喜不会让她震颤?那么,产卵对她来说不就显得是唯一适合的事情吗?她还需要关心或知道有关未来的蛆及其食物的任何事情吗?

由于产卵的本能是要考虑的简单例证,从施耐德那里引证几段话是有帮助的:

> 昆虫总会把卵产在一个适合营养她的幼虫的地方,这个被如此频繁地谈到,得到如此不同的解释,为如此多的迷惑环绕的现象,并非比另一个现象更不可思议,即每个动物都与能养

---

① "以为蜜蜂跟随其蜂王,保护她并照顾她,是因为它们意识到没有她蜂群就将灭亡,这样想就太头脑简单了。蜂王的气味和面貌显然是令蜜蜂愉悦的——那就是为什么它们如此爱她的原因。所有真实的爱不都是基于愉悦的知觉,而不是基于对有用性的表象吗?"(G.H.施耐德:《兽类的意志》,第187页)在先验的意义上,我们没有理由认为,任何感觉不会在某个动物那里引起任何的情绪和冲动。对于我们来说,一种气味直接激起愤怒或恐惧,或者一种颜色直接激起情欲,这似乎不自然。然而,有一些动物,对于它们来说,某些气味就像声音那样非常可怕,而很可能还有另一些动物,对于它们来说,颜色非常可能就像外形一样是一种性刺激物。

育后代者结成配偶,或以能给他提供养分的物质为食。……不仅对产卵场所的选择,还有储放和保护它们的各种行为,都是由对恰当对象的知觉,以及这种知觉与各个阶段母性冲动的关系引起的。当埋葬虫感知到一片腐肉时,她不仅被驱使去接近它并在其中产卵,而且还会完成为把它埋在土里所需的动作;就像一只鸟在看到他的雌鸟时被驱使去抚爱她,围绕着她炫耀地来回走动,在她面前跳舞,或者以某些其他方式向她求爱;就像一只老虎在看到羚羊时被驱使去追踪它,扑向它并扼死它。当长尾蜂切割下玫瑰花瓣,把它们弄弯曲,带到树上或地上的毛虫洞或老鼠洞里,再用其他花瓣盖住它们的缝隙,并这样做成一个筒状的箱子时——当她在其中注入蜂蜜并产下卵时,对她的意志的所有这些不同表达,只能通过下述假设来解释:当卵在她体内成熟的那个时刻,一个合适的毛虫洞或老鼠洞的样子与对玫瑰叶的知觉在这个昆虫这里是与提到的那几个冲动相联系的,以致当那些知觉发生时这些动作就自然而然地跟着发生了。……

对空巢或一只单独的蛋的知觉在鸟类中似乎同产卵的生理学功能有着密切的关系,以致它充当了这些功能的直接刺激,而对于足够多的蛋的知觉恰恰具有相反的效果。众所周知,如果不断把母鸡或母鸭移出来,而不是把她们留在窝里,她们就会下更多的蛋。通常,当一只鸟在她的窝里看到一定数量的蛋时,就会产生坐孵的冲动。如果在那里还没有看到这个数量的蛋,母鸭就继续生蛋,尽管她们生的蛋也许已经是她习惯于去坐孵的蛋两倍多了。……此外,根据许多鸟类(例如野鸭)相互偷蛋这个事实(其他不提),下述事实,即坐孵的动作也不依赖于任何目的观念,并且是一个纯粹的知觉冲动,是显而易见的。……诚然,坐下来的身体倾向是一个条件[因为孵蛋的母鸡在没有蛋的地方也要坐],但是对蛋的知觉是孵蛋冲动活动的另一个条件。布谷鸟和牛鸟在其他鸟类的窝里下蛋的倾向,也必须被解释为一种纯粹的知觉冲动。这些鸟不具有要去孵蛋的身体倾向,所以在她们那里对蛋的知觉与要坐在上面去孵它的冲动没有联系。然而,蛋在她们的输卵管中成熟了,身体就倾向于卸载它们。由于刚刚提到的两种鸟不会把蛋生在地上的任何地方,而是生在窝里,那是她们保存物种唯一地方,所以看上去很可能这种对物种的保存是它们所想到的,她们的行为带有对这个目的的充分意识。但事情并非如此。……布谷鸟只是受到对相当确定的鸟窝(里面已经有了一些蛋)知觉的刺激,而要在里面生下自己的蛋,并把其他的蛋扔出去的,因为这个知觉是这些行为直接刺激。她不可能拥有任何关于另一只鸟到来并坐孵她的蛋的概念。①

本能并非总是盲目或不变的

记得我们迄今还没有谈到过本能的起源,而仅仅谈了那些已经以充分形式存在的本能的构成。它在人类的本能这里情况是怎样的?

没有什么比这个说法更常见了:人区别于低等动物之处,是

---

① 《兽类的意志》,第282—283页。

在于本能近乎完全的丧失,以及在他这里"理性"承担了本能的工作。两位小心地不对其术语加以界定的理论家,可能会就这一点进行一场毫无结果的讨论。自康德以来,"理性"可以不仅作为"推理"的能力,而且作为服从某种高尚冲动(例如义务或普遍目的)的倾向的名称而被使用的。而"本能"的意义大概也被泛化得涵盖了所有的冲动,甚至是出于关于遥远事实的观念而行动的冲动,以及出于目前感觉而行动的冲动。如果在这么广泛的意义上使用本能这个词,当然就不可能像我们开始做的那样,把它限制在对目的没有先见的行动上了。我们必须要避免语词之争,而且这个问题上的事实也真的是相当明了的。人比任何低等动物都拥有更多种类的冲动;从其自身来看,这些冲动中的任何一种都像最低等的本能那样是"盲目的";但是,由于人的记忆、反思能力和推理能力,在他一旦服从了这些冲动并经历了它们的结果之后,它们每一个就都是在与对结果的预见的联系中被他感受的。在这种条件下,付诸了行动的冲动可以说至少部分地是因其结果之故而付诸行动的。显然,在有记忆的动物那里,每种本能的行为一旦被重复之后,都必定不再是"盲目的"了,而且只要目的已经为那个动物所认识,就必定伴随着对这个"目的"的预见。一只在一个她从未看到卵孵化出来的地方产卵的昆虫一定始终都是"盲目地"这样做的;但是,一只已经孵过一窝蛋的母鸡就很难被认为是全然"盲目地"第二次在那里孵蛋的了。对后果的预期在每一个这样的情况下都一定被唤起了;而且,取决于它是对于某种欲望之物还是讨厌之物的预期,这个预期必定会加强或者抑制那个单纯的冲动。母鸡对于小鸡的观念大概会鼓励她去坐孵;另一方面,老鼠对先前逃

第二十四章 本能

离鼠夹的记忆，会抵消他咬食任何能让他想起那个鼠夹的东西的冲动。男孩儿看到肥胖的蟾蜍，大概会有一种控制不住的冲动（尤其是在和其他男孩儿在一起时）要去用石头击碎那个动物，我们可以认为他是盲目地服从这种冲动的。但是，濒死的蟾蜍紧紧抱住的四肢中有某种东西提示了那行为的卑劣，或者使他想起他听到过的动物受的罪就像他自己受的罪的说法；这样，在再次被蟾蜍激起那冲动时，一个观念产生了，这个观念远非再次刺激他去折磨，而是引起了温和的行动，甚至可能使他针对较少思考的男孩儿而成为了蟾蜍的保卫者。

所以显然，无论一个动物在本能方面可能原本有多么好的天生资质，如果那些本能与经验结合起来，如果除了冲动他还有任何程度的记忆、联想、推理和预期，那么他后来的行为就会有很大程度的改变。一个对象 O，他有以方式 A 对其做出反应的本能冲动，这个对象会直接激发他做出那种反应。但是，O 同时对于他成为了 P 临近的标记，对于 P 他有同样强烈的以与 A 完全不同的方式 B 做出反应的本能冲动。结果，当他碰到 O 时，直接冲动 A 与远期冲动 B 在他的心中竞争要成为主宰。据说是本能行为特征的命定性与不变性是那么的不明显，以致人们会倾向于完全否认他对于对象 O 有任何本能。但是这个判断是多么的错误啊！对于 O 的本能就在那里；仅仅是由于联想机制的复杂性它才与另一个对于 P 的本能发生冲突。

在这里，我们直接收获了关于本能是什么的简单生理学观念的有益果实。如果它只是刺激-运动冲动，由于动物的神经中枢里先已存在着某种"反射弧"，那么它当然一定会遵循所有这类反射弧的法则。这类反射弧的一个倾向是让其活动为同时进行着的其他过程所"抑制"。这个反射弧是出生时就已经组织好的,是后来自发成熟的,还是由于获得性习惯而出现的,这并不重要,它必须和所有其他的弧一起碰运气,在将那些流从它自己这里逐开的方面,有时成功,有时失败。关于本能的神秘观点会使它成为不变的东西。生理学的观点则要求它在任何拥有大量的独立本能和大量相同刺激进入单个本能的可能入口的动物那里,表现出偶尔的不规则性。而每一个高级动物的本能都大量表现出了这类不规则性。①

凡是在心提升到了可以进行辨别的地方;凡是在几个独特的感觉元素必须结合起来释放反射弧的地方;凡是在行为者不是在最初得到关于那里有一种什么事情的粗略征兆,就即刻突然付诸行动,而是等待着要看清它是其中的哪一类,以及它出现的环境是什么的地方;凡是在不同的个别事物和不同的环境能够以不同的方式推动他的地方;凡是在具备了这些条件的地方——本能的生命就都罩上了一种基本的构成。我们与低等野生动物打交道的整个历史,都是我们利用它们仅借助标签来判断每一个事物的方式,来诱捕和杀死它们的历史。自然以这种粗糙的方式造就了它们,

---

① 在哺乳动物(甚至低等动物)的本能中,大约三十年前被视为基本特性的一致性和无错性是不存在的。新近这些年的更缜密的研究,在要去寻找一致性和无错性的地方,却发现了连续性、过渡性、变异和错误,并且弄清楚了,被称为本能的东西,通常只是一种以平均值相当恒定,又无需在数学上为"真"的方式做出动作的趋向。关于这一点,参见达尔文的《物种起源》(*Origin of Species*);罗马尼斯的《动物心理进化》,第11章至第16章,以及附录;W. L. 林赛的《低等动物之心》(*Mind in Lower Animals*),第1卷,133—141;第2卷,第5、20章;以及 K. 森珀(K. Semper)的《动物的生存条件》(*Conditions of Existence in Animals*),在那里能看到大量的实例。

第二十四章 本能

使它们始终以最经常正确的方式行动。没有挂在鱼钩上的蚯蚓比挂在上面的更多；所以总体地说，自然对她的鱼类子女说道，抓住你们的机会去咬每一条蚯蚓。但是，随着她的子女变得更高级，它们的生命变得更珍贵，她降低了这些危险。由于看上去是同一个对象的东西可以此时是真正的食物，彼时是诱饵；由于在群居动物中每个个体根据环境可能要么是另一个体的朋友，要么是对手；由于任何完全未知的对象都可能预示着福或者祸，所以自然安置了对许多种类的事物以相反方式行动的冲动，并且在单个的事例中留下了轻微变化的空间，让它去决定哪个冲动将会获胜。因此，贪婪与怀疑，好奇与胆怯，害羞与欲望，忸怩与虚夸，乐群与好斗，在高级的鸟类和哺乳动物中似乎也像在人类中那样很快相互结对，并保持为一种不稳定平衡的状态。它们都是冲动，最初是先天的、盲目的，并且能产生出严格确定了的运动反应。所以，它们之中的每一个都是本能，像通常定义的本能那样。但是它们相互矛盾——在每一次具体的应用机会中，通常是"经验"做出决定。表现出这些冲动的动物失去了"本能的"行为，并且显得是在过一种犹豫和有选择的生活，一种理智的生活；然而，不是因为他没有本能——而是因为他的本能多得挡住了彼此的通路。

所以，如果不去纠缠本能和理性这些词语，我们就可以有信心地说，无论与低等动物相比人对于其环境的反应有时会显得有多么不确定，这种不确定性的原因大概都不在于动物拥有任何人所缺少的行为法则。相反，人拥有它们拥有的所有冲动，而且比这还多得多。换言之，在本能与理性之间不存在实质的对立。理性本身不能抑制任何冲动；唯一能够抵消一个冲动的是相反的冲动。

然而，理性可以做出能够激发想象来释放相反冲动的推论；这样，尽管最能推理的动物可能也是最富有本能冲动的动物，他却从来不会看上去像是仅有本能的动物所是的命定的自动机。

让我们现在更详细地谈谈人的冲动。我们至此已经确定的是，原初是本能性质的冲动也许存在，但因为行为的自动宿命而没有露出马脚。但是，在人这里到底存在哪些冲动？根据前面说过的，显然，一个现有的冲动，即使它的对象在场，也并非在表面上总是明显的。我们将会看到，一些冲动可以被我们还没有谈到的原因所伪装。

本能的两个非一致性法则

如果有人要设计出一个抽象的图式，最容易的办法就是从动物的行为中去发现他拥有多少本能。对于他在生活中必须要应对的每一类对象，他都只能以一种方式做出反应；他以完全相同的方式对一类事物中的每一个个别事物做出反应；他在整个一生中都以不变的方式做出反应。在他的本能之中不存在鸿沟；一切都会不带歪曲和伪装地显露出来。但是，不存在这样的抽象动物，本能的生命也不以这样的方式呈现自身。如我们已经看到的，不仅同类的对象会因为环境、个别对象或者行为者内部条件的轻微变化而引起相反的反应；而且我们尚未谈到的其他两个法则也会发挥作用，并产生出显著的结果，以致像 D. A. 斯波尔丁和罗马尼斯先生这样著名的观察者都毫不犹豫地把它们称作"心理结构的混乱"，并得出结论说本能机制发生了障碍。

第二十四章 本能

这两个法则是

1. 习惯对本能的抑制法则；和
2. 本能的短暂性法则。

把它们与先前那两个法则——即同一个对象可以激发两可的冲动，或者，通过提示一个遥远的对象而提示一种与它所激发的冲动不同的冲动——联系起来，它们就解释了对行为一致性的任何程度的偏离，而无需隐含行为所遵从的基本冲动发生了任何障碍。

1. 习惯对本能的抑制法则是：当特定种类的对象在一个动物那里引发了某种反应时，情况通常是，那个动物对它做出反应的那类对象中的最初样本有了偏向，而以后对任何其他样本就不做反应了。

从大量的可能性中选择一个特殊的洞来住，选择一个特殊的配偶，选择一个特殊的进食场所，一个特殊种类的食物，简言之，选择任何一个特殊的东西，在动物（甚至是低等级的动物）中间是一种非常广泛的倾向。帽贝返回岩石上同一个粘着的地点，龙虾返回它喜欢的海底隐匿处。兔子把粪便储存在同一个角落；鸟在同一个树杈上建窝。但是，这每一个偏好都伴随着对其他机会和场合的无感受性——在生理学的意义上，这种无感受性只能被描述为已形成的旧的冲动习惯对新冲动的抑制。拥有自己的家和妻子，奇怪地使我们对其他人的家和妻子的魅力丧失了感受。我们中很少有人是食物方面的冒险者；事实上我们多数人都认为，在我们不习惯的菜单里有某种让我们不舒服的东西。我们倾向于认为，陌生人不值得去了解，尤其是如果他们来自遥远的城市等等。

让我们有了家、妻子、日常食物和朋友的那种原始冲动，似乎把它自身的全部力量都投放在了首次的收获上，而没有为对新情况做出反应留下多余的力量。所以在见证了这种麻木之后，一个对人类的观察者会说，根本不存在对于特定对象的本能倾向。它存在过，但它是杂乱无章地存在的，或者是作为纯粹的本能存在的，那也只是在习惯形成之前。一种习惯一经嫁接在一种本能倾向上，就限制着那种倾向本身的范围，并让我们只对习惯了的对象做出反应，尽管如果其他对象是先来者，也一样会得到选择。

习惯对本能的另一种抑制，是同一类对象唤起了相反本能冲动的场合。在这里，最先得到跟从的朝向那个类中一个给定个体的冲动，会倾向于阻止它在我们这里唤起相反的冲动。事实上，这个个体可能会保护那整个一类对象不去唤起另一种冲动。例如，动物会唤起孩子的恐惧和喜爱的对立冲动。但是，如果一个孩子在第一次抚摸小狗时被咬了，恐惧的冲动被强烈地唤起，那么可能在后面的很多年里，任何狗都不会在他那里唤起喜爱的冲动。另一方面，最大的天敌如果在年幼时小心地相识了，并且在一开始就受到较高权威的引导，就会安顿在我们在小动物园里看到的由朋友组成的"快乐家庭"之中。幼小动物在刚刚出生时没有恐惧的本能，而是通过容许被随意触摸而表现出它们的依赖性。但后来，它们变"野"了，而且，如果任由它们自己的话，就不会让人接近它们。阿迪朗达克荒野的农民告诉我，如果一头牛在森林里迷路，生了小牛，并且一个星期或更长时间没被发现，将是一件非常严重的事情。到那时，小牛会像鹿一样野，也几乎像鹿一样敏捷，不使用暴力就很难抓住。但是，小牛很少对在它们出生最初几天一直接触它们的人表现出任何特别的野性,在那几天,让自己有所依恋的本能是最重要的,它们也不会像在荒野里长大那样畏惧陌生人。

小鸡提供了对这同一个法则的很有意思的例证。斯波尔丁先生关于本能的出色论文为我们提供了这些事实。这些小动物表现出依恋与害怕的对立本能,两者都可以由同一个对象(人)引起。如果一只小鸡出壳的时候母鸡不在场,它

> 就会跟随任何运动的对象。并且,当仅为视觉所引导时,它们跟随母鸡的倾向似乎并不比跟随鸭子或人的倾向更强。不善思考的旁观者们,在看到一天大的小鸡跟在我后面跑,"斯波尔丁先生说,"以及更大些的小鸡跟随我数英里,并听我的哨音时,就想象我一定对这些动物有某种神秘的力量:而我只是允许它们从一出生就跟随我。动物有跟随的本能;而且耳朵比经验更早地让它们依恋于正确的对象。①

但是如果一个人在它们的恐惧本能强烈的时候第一次出现,情况就完全反过来了。斯波尔丁先生给三只小鸡套着头套,直到它们将近四天大,并这样描述它们的行为:

> 它们每一个在摘掉头套时都表现出对我的极大恐惧,每当我要去接近它时,就冲向相反的方向。它们在上面摘掉头套的那张桌子靠着一扇窗户,它们每一个都像野鸟那样地冲撞窗户。它们中的一个钻到一些书的后面,把自己塞进角落,在很长时间里一直很害怕。我们可以猜测这种奇怪和异乎寻

---

① 斯波尔丁,《麦克米兰杂志》,1873年2月,第287页。

常的野性的意义;但是这个奇怪的事实对于我目前的目的已经足够了。无论它们心理结构中的这个显著改变——要是它们早一天被摘掉头套,它们就会跟随我而不是躲开我——的意义可能是什么,它都不可能是经验的结果;它一定完全是从它们自身组织的变化中产生出来的。①

它们的情况与阿迪朗达克的小牛的情况是完全类似的。对同一个对象的两种对立本能相继成熟。如果第一个产生了一个习惯,这个习惯就会抑制第二个本能适用于那个对象。所有动物在它们出生的最初阶段都是驯服的。在这个阶段形成的习惯会限制后来发展出来的任何野性本能的作用。

罗马尼斯先生提供了一些非常有意思的例证,表明本能倾向可以被它们的最初"对象"带来的习惯所改变的方式。这些例证要比文中刚刚提到的那些复杂一些,因为被反应的对象不仅会起动一个能抑制适用于它的其他种类冲动的习惯(尽管这些其他的种类可能是自然的),而且甚至会用它自己的独特行为来改变它实际唤起的冲动的构成。

所说的实例中有两个是(在前三年中)孵过鸭子又孵出小鸡的母鸡的例子。她们努力地哄骗或强迫她们的新生子女下水,对于后者的不情愿似乎很感困惑。另一只母鸡收养了一窝新生的雪貂,这些雪貂在失去了母亲后被放在了她的身下。在它们与她在一起的整个那段时间里,她不得不坐在窝里,因为它们不能像小鸡那样走动。她听命它们嘶哑的叫声,就像听命她的小鸡的叫声那

---

① 同上,第289页。

样。她用嘴梳理它们的毛发,并且"习惯于频繁地停下来,用一只眼睛凝视这一满窝蠕动着的小东西,目光带着问询与惊奇。"有时她会大叫着飞起来,无疑是因为这些孤儿在寻找乳头时咬住了她。最后,一只婆罗门母鸡在十八个月之长的时间里照顾一只小孔雀,并且在整个这段时间里都没有生蛋。她在这只漂亮的小鸡身上表现的这种异乎寻常的骄傲,被罗马尼斯博士描述为是滑稽可笑的。①

2. 这一点引导我们走向短暂性法则,它是这样的:许多本能在特定年龄成熟,然后逐渐消失。这一法则的一个结果是,在这样一个本能活跃的时期,如果遇到了足以唤起它的对象,就会形成根据这些对象行事的习惯,当最初的本能消失了时,这个习惯也仍然存在;但是,如果没有遇到这些对象,就不会形成习惯;而且在生命的以后阶段,当那个动物遇到这些对象时,他就完全不能像在早期那样本能地做出反应。

这样一个法则无疑是有限制的。一些本能远不像其他本能那样短暂——与进食和"自保"相联系的本能几乎完全不是短暂的,而且有一些,如交配和养育子女的本能,在消失了一段时间之后会像原来一样强烈地再度出现。然而,这条法则尽管不是绝对的,却肯定是非常广泛的,几个例子将表明这是什么意思。

在上面提到的小鸡和小牛的例子中,跟随和依恋本能显然在数天之后就逐步消失了,然后逃跑的本能取代了它,动物对于人的行为是由在那些天形成还是没有形成某种特定的习惯决定的。小鸡

---

① 关于这些案例的完整记述,见《动物心理进化》,第213—217页。

的跟随本能的短暂性也由它对母鸡的行为得到证明。斯波尔丁先生将一些小鸡一直关到比较大些的时候,在谈到这些小鸡时,他说:

> 一只直到八或十天大都没有听到过母亲叫声的小鸡,在听到母亲叫时就像没有听到一样。我遗憾地发现,在这点上我的笔记不像我希望的那样或像它们本该是的那样充分。然而,的确有对一只在十天大时无法归还给母亲的小鸡的记述。母鸡跟着它,并试着以各种方式吸引它;但它还是一再地离开她,跑向房子或它看到的任何一个人。它持续地这样做,尽管我用小树枝数十次地驱赶它,而且的确是有些粗鲁地虐待了它。我也在夜里把它放在它母亲身下,但在早上它又离开了她。

吸吮本能在所有哺乳动物中都是一出生就成熟的,并引向吃奶的习惯,这种习惯在人类婴儿中可以通过日常的运用被延长到远远超出它通常的一年或一年半期限的程度。但是,这个本能本身在这个意义上是短暂的,即如果婴儿不论因为什么原因在出生的最初几天是用调羹而不是用乳房喂奶的,在那之后要让它去吮吸可能就不是件容易的事情了。小牛也是这样。如果它们的母亲死了,或者没有奶,或者一或两天不让它们吮吸,而是用手喂养它们,到再有了一个新的喂奶的牛时,让它们去吮吸就变得困难了。吸奶的动物很容易通过打断这种习惯,并以一种新的方式提供给它们食物来断奶,这表明这种本能就其本身来说一定是完全消失了的。

可以确定,本能是短暂的这个简单事实,以及后面本能的作用可以被先前本能留下的习惯所改变这个事实,是比本能结构模糊地"混乱了"或者"发生了障碍"的说法,更为哲学的一种解释。

第二十四章 本能

我观察过一只苏格兰狗,十二月出生在一个牛棚的地板上,六个星期之后被转到一所铺了地毯的房子里,在不到四个月大时,他做出了假装埋葬东西(例如手套等等)这种十分精致复杂的行为,对此他能一直玩到厌烦为止。他用前爪抓挠地毯,用嘴把那个对象叼到那个地方,然后在它四周抓挠(用前爪和后爪,如果我没有记错的话),最后跑开,就让它待在那里。当然这个行为是完全没有用的。我看到他在那个年纪做过大约四五次这件事情,此后在其一生中就再也没有过了。没有出现能够形成在起推动作用的本能消失以后还会持续下去的习惯的条件。但是,假定是肉而不是手套,是在地上而不是在地毯上,是饥饿的折磨而不是过几个小时就有的新鲜晚餐,就很容易看到这只狗会怎样形成一种可能持续其一生的埋多余食物的习惯。谁敢发誓说野狗埋藏食物的倾向中严格意义上的训导部分不是像它在这只狗这里一样地是短暂的?

新奥尔良的 H. D. 施密特(H. D. Schmidt)博士① 提供了一个类似的例子:

> 我可以引证一个小松鼠的例子,它是我几年前在军中服役,有充分的闲暇和机会研究动物的习惯时驯化的。在秋季,在冬天就要到来之前,成年松鼠要把它们能采集来的干果尽可能多地分别埋在地里不同的地方。它们用牙齿紧紧咬住干果,先是在地上扒出一个洞,在把耳朵指向所有方向以确信附近没有敌人之后,就把干果锤进——把前牙仍然咬着干果的

---

① 《美国神经学协会学报》(Transactions of American Neurological Association)(1875),第1卷,第129页。

头当作一个大锤——地里,然后,用爪子扒土把洞填满。整个过程完成得非常快,而且在我看上去总是准确地以相同的动作完成的;事实上,这个过程完成如此之好,我始终都无法发现掩埋地的痕迹。至于那只从来没有见过干果掩埋活动的小松鼠,我发现,在吃掉一些山核桃果以解馋之后,会用牙咬住一个,然后直直地坐着,听着所有方向的声音。如果觉得一切都好,它会在我曾和它玩耍的一块光滑的毯子上抓挠,仿佛要弄出一个洞来,然后用上下牙咬住的那个干果在毯子上捶,最后,在空中完成了填满一个洞所必需的所有动作;在这之后,它就跳走了,当然,那个干果就暴露着留在了那里。

当然,这段轶事精彩地说明了本能与反应行为之间的密切关系——一种特殊的知觉唤起了特殊的动作,这就是全部。施密特博士写信告诉我,那只小松鼠很快就脱离了他的观察。完全可以推测,如果他被长时间地关在笼子里,那他很快就会忘记对于山核桃果的那些动作了。

人们的确还可以再进一步预期,假如这样一个被关在笼子里的松鼠那时被放出来,他以后也永远都无法获得其族类的这种特别的本能了。[1]

---

[1] 刘易斯先生(《生命与心的问题》,问题1,第2章,第22节,注释)说,"斯波尔丁先生告诉我,他的一个朋友曾在远离所有水面的自家厨房里养过一只小鹅;当这只鸟禽几个月大并被带到一个池塘时,它不仅拒绝下水,而且在被扔下水之后还挣扎着出来,就像一只母鸡会做的那样。在这里我们看到的是一种完全被压抑了的本能。"T. R. R. 斯特宾(T. R. R. Stebbing)《达尔文主义论文集》(*Essays on Darwinism*)(伦敦,1871)第73页里有关于幼鸭的类似观察。

把低等动物放在一边,转向人的本能,我们看到,短暂性法则可以通过人的生命进程中不同兴趣和情感的变化而得到广泛的证实。对于儿童来说,生命全部就是游戏、童话故事,以及学习"事物"的外部性质;对于青年来说,生命是较为系统的身体活动、实在世界的新鲜事、结伴与歌唱、友爱与爱情、自然、旅行与历险、科学与哲学;对于男人来说,是抱负与策略、贪婪、对他人的责任、和对生存斗争的自私热情。如果一个男孩在游戏与运动的年龄一个人单独长大,既没有学过打球,也没有学过划船、航行、骑马、滑雪、捕鱼、射击,他大概就将成天坐着不动地打发日子了;而且,即使以后再把学习这些事情的最好机会提供给他,他也极有可能错过它们,在迈出那必要的最初几步的努力面前却步,而在较早的年龄阶段,对这几步的展望将会让他充满渴望的喜悦。性激情在长时间的鼎盛之后消失;但是众所周知,它在特定个体身上的独特表现几乎完全取决于他在早期性行为中所形成的习惯。结交坏的伙伴以后会使他成为一个整天放荡的人;一开始就保持贞洁使得这件事后来就变得轻松了。全部教学法中最重要的事情就是趁热打铁,以及在每个相继的主题上,在学生的兴趣高峰衰退之前就抓住它,这样,就能得到知识并获得习惯技能——这样就保证了其后这个人由以得到引领的兴趣的不断进展。人生有一个快乐的时期,可以学习绘画技巧,使男孩成为自然史的搜集者,不久又成为解剖者或植物研究者;然后又有一个快乐的时期,可以让他们了解机械学的和谐与物理和化学法则的奇妙。之后就轮到了内省心理学与形而上学的和宗教的秘密;最后,就是戏剧性的人类事务和最宽泛意义上的人情世故。在所有这些事情上,我们每个人都很快就会达到一个饱和点;我们纯粹理智热情的动力就将消失,除非主题是与某个紧迫的、让我们头脑兴奋的私人需要相联系的,我们才会进入一种平衡状态,不增加储备,而依靠我们在保持着新鲜和本能的兴趣时所学的东西来生活。在他们自己的职业之外,男人在二十五岁之前获得的观念实际上将是他们一生中拥有的仅有观念。他们不能获得任何新的东西。无利害的好奇成为了过去,心理的沟槽和通道已经建立,同化能力消失了。如果我们碰巧的确对于某个全新的主题学到了点儿什么,我们也会有一种奇怪的不安全感,并害怕提出果断的意见。但是,对于在那个充满本能好奇的可塑年龄学会的东西,我们就从来不会完全失去自在感。在这方面,我们保持着一种亲切感,一种亲密的熟悉感,即使我们知道没能掌握那个问题,它也让我们有一种能驾驭那个问题的感觉,并让我们感到并非完全处于局外。

任何可以引证的对这条法则的个别例外,都是"证明这条规则"的例外。

发现对那个学科本能地乐于接受的时间点,是每个教育者的首要责任。对于学生来说,如果他们对自己未来的无限理智潜能的信念不够强,如果他们能被引导得认识到他们现在正在学习的物理学、政治经济学和哲学,不论好坏,都是一直会服务于他们的物理学、政治经济学和哲学,这就会在大学生这方面产生出一种更热诚的性情。

从本能的短暂性中自然引出的结论是,大多数本能是为着产生出习惯而被植入的,而且一旦这个目的实现了,那些本能本身就在心理经济学上失去了存在的理由(raison d'etre),因而就消失了。一种本能有时会在环境允许习惯形成之前就消失，或者，如果习惯已经形成，其他因素而不是纯粹本能会改变那种习惯的进程，这不必让我们惊奇。生命中充满了对个别情况的不完善的调整，充满了对于物种的整体而言十分有序和有规则的安排。我们不能指望本能能够避开这种总体的风险。

特殊的人的本能

现在，让我们更细致地转向人的本能，来检验一下我们的法则。我们不能假称在这几页里会谈得非常细致或一无遗漏。但是我们的讨论足以让上面谈到的所有一般性的东西得到更多的支持。但首先，我们把对于对象的何种运动反应算作本能？如前面已经谈到的，这是一个有点儿人为的问题。对象唤起的一些行为不超出我们自己身体的范围。例如在感知到一个新对象时注意的提升，或者那个新对象在面部或呼吸器官可能激起的情绪"表达"。这些动作可以并入像被胳肢时大笑和尝到一种怪味道时做怪脸这样的日常反射行为之列。其他行为则对外部世界产生影响。例如逃离一只野兽，模仿我们看到同伴做出的动作，等等。总的来说，它最好是包罗万象的，因为很难划出清楚的界限；而且最好把这两类行为都称作本能的，只要它们每一类都能由特殊种类外部事实的出现而被自然地激起。

普赖尔（Preyer）教授在其研究缜密的小文章"儿童心理"（Die Seele des Kindes）中说，"人身上的本能行为数量很少，而且除了与性激情相联系的本能行为之外，在少年时期过去之后就很难识别出来了。"他还说,"所以我们应当更多地注意新生儿、未断奶的婴儿以年幼儿童的本能活动。"本能行为在儿童期最容易识别,这是我们的短暂性法则以及曾经获得的习惯具有限制性影响的一个非常自然的结果;但是我们将看到,它们如何在人这里远不是"数量很少"的。普赖尔教授把婴儿的动作划分为冲动的、反射的和本能的。冲动的动作是指在知觉产生之前无目的的四肢、身体和嗓音的任意动作。最初的反射动作包括接触空气时的啼哭、打喷嚏、抽鼻子、打鼾、咳嗽、叹气、抽噎、恶心、呕吐、打嗝、惊吓,在受到胳肢、触摸或打击时移动四肢,等等。

对于儿童的他称之为本能的动作,普赖尔教授给出了充分的说明。施耐德先生也做了同样的事情;由于他们的描述是一致的,也与其他作者关于婴儿期所说的东西一致,所以我将基于他们的陈述来做出我自己的简要陈述。

吮吸:出生时就几乎完善了;没有伴随寻找乳房的任何先天倾向,后者是以后才获得的。正如我们所见,吮吸是一个短暂本能。

咬放在嘴里的物体,嚼和磨牙;舔糖果;对苦或甜的味道做出特有的怪相;吐出嘴里的东西。

握住碰到手指或脚趾的物体。以后,试着抓住看到是在远处的物体。用手指着这样的物体,并发出表达欲望的特别的声音,这种声音,在我们自己的三个孩子那里,就是言语的最初表现,发生在发出其他有意义的声音之前很多个星期。

当抓住一个物体时,把那个物体拿到嘴边。这种本能受到味觉的引导和抑制,并与咬、嚼、吮吸、吐出等本能以及吞咽的反射行为结合在一起,在个体的身上会导致构成了其进食功能的一组习惯,一组随着其生命的进程会或者不会逐步改变的习惯。

在身体不舒服,饥饿或者疼痛,以及孤独时哭泣。在受到注意、爱抚,或者在别人对他微笑的时候微笑。年幼婴儿是否对可怕或愤怒的脸有本能的恐惧,这似乎十分可疑。我无法让自己不到一岁的孩子在我改变面部表情的时候改变他们的表情;他们最多是表现出注意或好奇。普赖尔举证了一种嘴唇伸出的动作(他说,这个太棒了,让我们想起大猩猩的这个动作),认为这是人类婴儿注意集中的本能表情。

把头转向一边是拒绝的姿势,这种姿势通常伴随着蹙眉、身体向后弯和屏住呼吸。

昂头。

端坐。

站立。

位置移动。儿童早期的四肢动作多少是对称的。之后,如果腿悬在空中,他就会交替着动他的双腿。但是,在神经中枢的自然成熟唤起了他的行走冲动之前,无论多么频繁地让他的双脚接触地面似乎都没有什么不同;腿还是软的,并且对足底向下压迫的肌肉收缩的接触感觉没有反应。然而一旦儿童在感受到地面时就会绷直双腿并向下压,站立的冲动就产生了。在一些婴儿中这就是最初的位置移动反应。在另一些婴儿中则是先有爬行的本能,就我能够验证的而言,这种本能通常是非常突然地发生的。昨天婴儿很满足地坐在你放他的地方;今天要让他一直坐着就变得不可能了,由地面视觉所唤起的借助于手让自己向前冲的冲动是如此地不可阻挡。通常双臂还是太软了，雄心勃勃的小试验者鼻子碰地跌倒了。但是他的坚持是无所畏惧的，几天之后他就学会了用四肢来迅速地满屋子移动了。双腿在"爬行"中的位置每一个孩子都有不同。我自己的孩子在爬行时常被观察到用嘴叼起地板上的物体，这种现象，如 O. W. 霍尔姆斯博士所说，像早先用脚趾握住物体的倾向一样，很容易被解释为对前人类祖先习惯的一种回忆。

　　行走的本能也可以是同样突然地唤起的，而且它的整个训练可以是在一个星期的走走停停（当然，步态有点"跟跄"）中完成的。各个婴儿的情况区别极大；但是在总体上我们可以有把握地说，这些位置移动本能的发展模式与古老的英国联想主义学派给出的解释是不一致的，他们将这些本能解释为个体训练的结果，完全是由某些知觉与某些危险动作和某些随后带来的快乐逐步联结起来而产生的。贝恩先生曾尝试[①]通过描述新生羊羔的行为举止，来表明位置移动是通过非常快速的经验学会的。但是，有记录的观察表明，这种能力从一出生就几乎是完善的；而且，所有其他观察过新生牛犊、羊羔和小猪的人们都同意，在这些动物中，站立与行走的能力，以及解读视觉与听觉的地形地貌含义的能力，都是从一出生就是充分完善的。在看上去是在"学习"行走或飞翔的动物那里，那种外表常常是引起错觉的。表现出来的笨拙，不是由于还没有用于将成功的动作联系起来并将失败排除的"经验"，而是由于动物在其协调中枢的运作还未完全成熟时就开始了尝试的事实。

[①]《感觉和理智》，第 3 版，第 413—675 页。

第二十四章 本能

斯波尔丁先生在这一点上的观察对于鸟类是令人信服的。

"鸟,"他说道,"不是学会飞的。两年前我把五只羽翼未丰的燕子关进一个比它们原来的窝大不了多少的小盒子里。小盒子的正面是金属栏栅,吊在燕窝的附近,小燕子可以透过金属栏栅得到其父母的喂养。它们一直被关在这里,甚至不能伸展翅膀,直到羽翼丰满。……在要放这些被囚禁者出来时,一只小燕子死了。……其余四只被允许一只一只地出来。可以察觉到它们中的两只在飞行时是摇晃不稳的。它们中的一只,在飞行了约九十码之后,消失在了一片树木中。"第3只和第4只"从未飞着撞上任何东西,在躲避物体时,它们与成年鸟也没有任何可觉察的区别。第3只在那棵巨杉的周围飞,第4只飞过了树篱笆,就像我们看到老燕子在一天里不断在做的那样。这个夏天我又证实了这一观察。在两只我以类似方法关起来的燕子中,有一只在放出来时贴着地面飞了一两码,然后跃起向一棵山毛榉树的方向飞,并优雅地避开了那棵树;我看到它在很长的时间里都围绕着那些山毛榉树飞,并在它们的上空表现出了不起的进步。另一只用翅膀更频繁地抽打着空气,很快就消失在一些树的后面了。我也对山雀、青山雀和鹩鹑做过类似的观察,并得到类似的结果"。[①]

依照这个报告,人们可能很想对人类儿童做出一种预言,说假如一个婴儿在最初的行走冲动出现之后的两或三个星期不能用脚

[①] 《自然》(1875),XII,507。

站立，——每个脚底有一个小水泡就行，——人们还是会期望他仅仅由于神经中枢的成熟而在此后也能四处走动，就好像通常的"学习"过程在整个这段长水泡的时间里发生了。可以期望，在这个关键时刻单独与其后代在一起的某位科学鳏夫，不久就可以在这个活的被试身上实验这个想法。爬上树木、篱笆、家具、栏杆等等，是一个在第四年以后成熟的非常明显的本能倾向。

发声。这可以是音乐的或表意的。婴儿在出生几个星期之后就开始通过发出元音来表达情绪，在吸气和呼气时都一样，并能在仰卧时有将近一个小时向自己发出"哦哦"的声音和"咯咯"的笑声。但是，这种歌唱与言语没有任何关系。言语是声音表意的。在第二年，婴儿慢慢地习得了一定数量的表意声音；但是，真正的说话要到模仿声音的本能在神经系统中成熟才开始；而这种成熟在一些孩子身上似乎是相当突然的。这以后，言语在范围和完善性上就发展很快了。孩子模仿他听到别人说出的每个词，并且一遍遍地重复它，带着对其新能力的显而易见的快乐。这时还完全不可能与他谈话，因为他的状态是"模仿言语"的状态，——而不是回答问题，他只是在重复语词。然而结果是他的词汇量极快地增加了；一点一点地，加上别人教给他，这个"哦哦"说话的小家伙就能理解了，能把词连起来表达自己的需要和知觉，甚至能做出理智的回答。他从一个没有言语的动物变成了说话的动物。与这个本能有关的一个有意思的地方，是模仿声音的冲动常常会非常突然地产生。在它被唤起之前，孩子可能和一只狗一样地没有这个本能。四天后他的整个精力就会都注入到这个新的通道。在可塑的儿童阶段形成的表声习惯，在多数人中都足以抑制完全不同种类的新的发声习惯的形成——看看那些在少年时期以后学会一种语言的人不可避免带有的"外国口音",这是他们说话的特点。

模仿。儿童最初的词汇部分地是他自己发明的无义词,他的父母接受了这些词,并且就眼下来说,这些词构成了地球上的一种新的人的语言;部分地是儿童对于听到父母使用的词汇的或多或少成功的模仿。但是,模仿动作的本能的发展早于模仿声音的本能——除非一个婴儿在听到另一个婴儿啼哭时的同情的哭泣可以被算作是对声音的模仿。普赖尔教授谈到他的孩子在十五个月大时模仿他的嘴唇向外突出的动作。婴儿期的各种成就,例如玩"拍手游戏",说"再见","吹蜡烛"等等,通常是在一岁以内就完成了的。这之后才开始了儿童特别喜欢的各种模仿游戏,扮演"马"、"士兵"等等。从这时起,人就在实质的意义上是那个模仿动物了。他的全部的可教育性,以及事实上他的整个教化的历史,都依赖于这个特性,他的强烈的竞争、嫉妒与贪婪的倾向都会强化这个特性。"我认为,没有什么与人有关的事情会与我无关"(Nil humani a me alienum puto)就是这个物种每个个体的箴言;并使得他每当有另一个人表现出一种能力或任何一种优势时,就不得安宁,直到他自己也能展示那种能力或优势。但除了这种心理根源很复杂的模仿,还有更为直接的像别人那样说话、走路和举手投足的倾向,通常并没有要这样做的有意识的意图。还有一种模仿倾向,它出现在大量的人群中,会引起惊恐、放荡和狂暴,而且只有极少的人能够主动地经受它。这种模仿性是人与其他群居动物共有的,是在这个词的最充分意义上的本能,是一种一当某种知觉出现便行动起来的盲目冲动。尤其困难的是在看到别人打哈欠、大笑或朝着特定的方向看和跑的时候不去模仿。某些被施用了催眠术的被试一定会自动模仿其催眠者在他们眼前做出的动作。① 一段成功的模仿既给旁观者又给模仿者带来一种特别的美感的快乐。戏剧表演的冲动,把某人假扮为另一个人的倾向,就包含了这种模仿的快乐的要素。它的另一个要素似乎是一种特别意义上的能力,一种延伸自己的人格去容纳一个陌生人的人格的能力。在年幼的孩子中,这种本能常常没有限度。我的一个孩子在三岁时有几个月几乎没有以他自己出现过。总是"来玩我是某某,你是某某,这个椅子是个什么什么,然后我们做这个或那个。"假如你叫他的名字 H,你就总是得到这样回答,"我不是 H,我是一只鬣狗,或一辆马车,"或不论怎样的一个假装的物体。过了一会儿,他的这种冲动就过去了;不过当它还在继续时,它看上去始终都像是观念(通常是由知觉提示的)的自动结果,并产生出不可阻挡的运动结果。模仿逐渐变为了

竞赛或竞争,一种非常强的本能,尤其多见于年幼的孩子,或至少是还不会掩饰自己的孩子中间。世界上十分之九的工作是通过竞争完成的。我们知道,如果我们不去做一件工作,某个其他人就会去做它并赢得信誉,所以,我们就去做它。竞争与同情没有什么联系,但是与好斗有较多的联系,我们接下来就来考察它。

好斗;愤怒;不满。在许多方面,人是最残忍无情的动物。

---

① 自己做你要你的学生去做的事情,而不是仅仅告诉他们去做,对此有一些出色的教育方法上的评论,见鲍曼的《道德手册》(1879),第 32 页及以下诸页。

第二十四章 本能

与所有群居动物一样,"他的心里",如浮士德所说,"住着两个灵魂":一个是善于交际和乐于助人的灵魂,另一个是嫉妒和对抗其同伴的灵魂。虽然他一般不能离开他们而生活,但就特定的个人来说,情况常常是,他也不能与他们一道生活。尽管被限定为部族的一个成员,他仍然有权决定(就这是在他自身的而言)部族将包含哪些其他成员。杀掉一些令人反感的成员常常可以让留下的成员有更好的机遇。消灭一个没有任何好东西可以提供而仅仅是竞争的邻族,也可能实质性地给整个部族带来更好的命运。所以才有了抚育了我们人类的那个血淋淋的摇篮,那个一切人对一切人的战争;所以才有了人际关系的变化无常,昨天的敌人很容易变成今天的盟友,今天的朋友很容易变成明天的敌人;所以,才有了这个事实,即我们,一场又一场杀戮的成功实施者的后世代表,无论我们可能也拥有什么更为爱好和平的德性,都必定仍然携带着他们借以经历了如此之多的屠杀,伤害了他人,而自己却未受伤害的那种郁积和凶恶的,并容易随时迸发出烈焰来的品性。

同情是一种情绪,对于它的本能性,心理学家已经进行了激烈的争论,他们中的一些人认为它不是自然的馈赠,而至少起初是对于同情行为给我们自己带来的好结果的一种快速计算的结果。这样的计算最初是有意识的,随着它越来越成为习惯性的,就会变得越来越无意识,最后,加上传统与联想的帮助,就会引发无法与直接冲动相区分的行为。这种观点的虚假性几乎无需反驳。某些形式的同情,例如母亲对孩子的同情,肯定是原始的,而不是对在老年时要得到的食宿和其他支持的理智预测。孩子遇到的危险,盲目地和立刻就刺激母亲做出警告或保护的行动。对所爱的成年人或朋友的威胁或伤害,常常违背所有明智的命令,以相应的方式激发我们。确实,同情并非必然会产生于单纯群居生活的事实。牛并不会帮助受伤的同伴;相反,它们更可能会打发它走开。但是,狗会去舔另一只生病的狗,甚至会给它带来食物;许多观察证明猴子的同情是很强烈的。那么在人这里,我们可以确定,看到他人遭受痛苦或危险,是兴趣的直接激发者,而且,如果没有复杂情况阻碍的话,是解救行动的直接刺激。在这一点上,没有什么东西是不可理解的或病态的——贝恩教授把同情看作是"与意志的常规出动相冲突的",将其归于精神失常的"固定观念",这在此处得不到任何的辩护。同情可以像任何其他"出动"一样原始,可能产生自对随机变异的选择,和群居性与母爱(甚至在斯宾塞看来)产生自变异一样是可能的。

诚然,同情特别容易为它的刺激可能会唤起的其他本能所抑制。好心的撒马利亚人拯救的那位旅行者,很可能在从他身边走过的牧师和利未人那里引起了本能的恐惧或厌恶,以致他们的同情没能显露出来。当然,习惯、推理的反思以及算计会或者抑制或者强化一个人的同情;对遭受痛苦者的爱或恨的本能(如果这些存在的话)也是如此。狩猎和好斗的本能在被唤起时,也会完全抑制我们的同情。这解释了人们相互竞逐地折磨或拷打受害者的残忍。眼睛充血,同情无处可寻。①

---

① 同情已经在伦理学的书籍里谈得很多了。新近的非常好的一章,是 Thos. 福勒撰写的。《道德原理》(*The Principles of Moral*)第 2 部分,第 2 章。

第二十四章　本能

狩猎本能在人类的进化中有同样遥远的起源。① 狩猎本能与战斗本能在许多表现中都结合在一起。它们都支持愤怒的情绪；它们在暴行的故事对大多数人心所具有的迷惑力中结合起来；而那种在热血沸腾时任由狂怒驾驭的完全盲目的兴奋（一种强度超过了除一种激情以外的任何其他人类激情的兴奋），只能被解释为一种品性中原本就有的冲动，而且更多地与直接的和势不可挡的肌肉释放倾向，而不是与任何对经验结果的可能回忆或观念的联想有关。我在这里谈到这一点，是因为无利害的残忍所带来的快乐曾被看作一个悖论，而且作者们曾经努力要表明，它不是我们本性的原始性质，而是心的其他不那么邪恶的要素微妙结合的一个结果。这是一个不可能完成的任务。如果进化和适者生存是真的，那么毁灭被捕食动物和人类对手就必定属于人的最重要的原始功能，战斗与追击就必定已经是根深蒂固的了。某些知觉也必定是未经推理与观念的干预就直接激发起情绪和运动释放；而且

---

① "我现在必须谈谈在自然成长起来的男孩儿（特别是乡下的男孩）身上发生的一种非常普遍的激情。每个人都知道男孩儿在看到蝴蝶、螃蟹或其他动物，或看到鸟窝时有多快乐，他具有多么强烈的拉倒、折断、打开和毁坏所有复杂对象的倾向，他在拉断苍蝇的翅膀和腿时，以及在折磨这个或那个动物时，有多高兴，他在偷窃甜美的小食品时有多贪婪，掏鸟窝又以何等不可抗拒的力量吸引着他，完全没有一点要吃鸟蛋或吃小鸟的意图。这是人们早就熟知并且天天都被老师们提到的事情；这些冲动仅仅由对对象的知觉而引起，而在大多数情况下都没有产生关于将会得到的未来快乐的表象，对于这样的冲动还没有人给出一个解释，不过这些冲动本身倒是很容易解释的。在许多情况下，人们会说男孩儿是出于好奇把东西拆开的。很对；但是这种好奇，这种打开每个东西看看里面有什么的不可阻挡的欲望，是从哪里来的？是什么使得男孩儿在从未想到要吃鸟蛋的情况下，把鸟蛋从窝里掏出来又把它们摔碎？这些都是一种遗传本能的作用，这种本能是如此地强有力的，警告与惩罚都不能抵制它。"（施耐德：《人的意志》，第 224 页。也见《兽类的意志》，第 180—182 页。）

从事情的性质上看，后两者也必定是非常猛烈的，并因而在未受抑制时，就属于强烈地让人感到快乐的那种。正是因为人的嗜血性是我们的这样一个原始的部分，所以我们才很难根除它，尤其是在战斗与追猎被认为是挺有趣的场合。①

正如罗什富科（Rochefoucauld）所说，在我们朋友的不幸之中有某种东西完全不会让我们不愉快；而且，当一位和平使徒在报纸上翻到顶部用大写字母写着"骇人听闻的暴行"的那一栏时，也会感受到某种邪恶的激动，并享受一种想入非非的残忍。看看人们怎样围观一场街头吵架！想想左轮手枪对个人的巨大的年销售额，这些人中一千个里面也没有一个有任何严肃的用枪意图，但是他们中的每一个，在握住枪柄的时候，其食肉动物的自我意识都惬

---

① 从动物的历史与进化的事实看，特定的对象血本身，会成为一种特别的兴趣与兴奋的刺激物，这并不让我们惊奇。看到它就会让人昏倒，才是奇怪的。看到自己在流血，比单纯感受到皮肤被割开，会更让一个孩子惊恐，这就没有那么奇怪。长尖角的牛常常（尽管不总是）在闻到血的气味时变得极其兴奋。在一些不正常的人们中，看到或想到血就能感受到一种邪恶的魅力。"B 和他父亲某日晚上在邻居家，在切开苹果时，老汉偶然割破了手而且非常严重，流了很多血。人们看到 B 变得不安、神经质、脸色苍白，并经历了一种特别的举止上的变化。借着这个偶然事件造成了大家的注意分散的机会，B 逃离了那所房子，走进了一个邻近农场的院子，在那里他掐住了一匹马的喉咙，杀死了它。" D. H. 图克博士在评论这个男子的情况时（《心理科学杂志》（*Journal of Mental Science*），1885 年 10 月），谈到了血对他的影响——他的整个生活都是一系列怯懦的暴行——并继续说道："对于一些人来说，血无疑有一种魅力……。我们可以谈论嗜血狂。萨维奇（Savage）博士不久前在伯利恒医院收住了一个从法国来的男人，这个人最早的神经错乱症状就是嗜血，他尝试通过去巴黎的屠宰场来满足这种嗜好。我讨论过其案例的那个男子，也同样有贪婪于血的激情，但是没有躁狂发作。看见血对于他显然是件高兴的事儿，而且血在任何时候都会在他身上唤起他的本性中最恶劣的成分。人们很容易想到这样的例子，无疑是些疯子的杀人凶手，描述他们在儿童的热血中体验的强烈快乐。"

第二十四章 本能

意地为这样的想法满足了,即他将是一个相当危险的顾客。看看陪同着每个了不起的拳击手的那帮可鄙家伙——这些寄生虫感到好像他的残忍的光荣感染了他们,他们日复一日的甜蜜希望就是安排某个开场,让他们分享那种无需忍受痛苦的狂喜!职业拳击赛上的最初几拳很容易让有品味的旁观者不舒服;但他很快就会热血沸腾地支持一方,好像怎么重击、猛打和乱砍另一方都不够了——那个有品味的人自己就要去加重那些出拳的分量了。在用某些堕落和疯狂的人来血祭的凶恶场合,请拉上一道幕帘,在那些在其他时候相当体面的人表现出凶残的场合,也请这样做,这时(例如,洗劫一座城市时)迟来的胜利的兴奋,突然而至的劫掠与色欲的自由,人群的蔓延,以及模仿和胜过他人的冲动,所有这些都结合起来,使盲目的杀戮冲动膨胀起来,并把它推向极端。不!一些人试图由上而下地解释这种情况,就好像它是由马上被推断出来的胜利结果,由在想象中与它们相联结的让人愉快的情感而产生的,这些人迷失了事情的根本。我们的暴行是盲目的,而且只能由下面来解释。如果能经由我们的体面的东西向回追溯,我们就会看到,它越来越采取了命定的反射反应的形式,并同时越来越变成了它本是的那种纯粹和直接的情绪。①

---

① "邦博内尔,在山谷的边缘与一头非洲狮扭滚了一段时间之后,终于把头从那个动物张开的口边移开,并以一股巨大的力量将她滚入深谷。他爬起来,什么也看不见,吐出很多鲜血,不知道究竟身处何处。他只在想一件事,他大概将因伤而死去,但是在死之前他一定要向那头狮子复仇。'我没去想我的疼痛,'他告诉我们。'我的心完全被那种狂怒占据了。我抽出猎刀,不知道那头野兽情形怎样,为了继续战斗而到处搜寻她。那些阿拉伯人在到达时就是在这种境况中找到了我。'"[居约(Guyan)的引述,《没有责任的道德》(*La Morale sans Obligation*)等,第 210 页。]

在童年时它采取的就是这种形式。拉断蚂蚱的腿和蝴蝶的翅膀,肢解他们抓住的每只青蛙的男孩们,对这件事情根本没有想法。这些孩子是在用手做着一件他们不得不做的迷人的事情。这对于他们,就像"只是为了看看她会怎样反应"就切开小女孩喉咙的"恶魔男孩"杰西·波默罗伊(Jesse Pomeroy)一样。这种冲动的正常刺激物是所有我们对其还未形成相反习惯的或大或小的活着的兽类——是所有我们察觉到对于我们有某种意图的人,以及许多通过眼神、姿态,或者其生活中我们不喜欢的某种情境,而专横地冒犯我们的人。由于受到同情的抑制,以及受到由反思唤起的相反冲动的抑制,文明人失去了以完全自然的方式依好斗的本能而行动的习惯,而一时的愤怒感受,连同其相对微弱的身体表现,可能就是其身体的好战所达的边界。然而,这样一种感受可能是被广泛的对象唤起的。没有生命的事物,颜色与声音的结合,糟糕的菜单,就可能在既挑剔又易怒的人身上引起真实的怒火爆发。虽然女性常常被说成不像男性那么好斗,但区别似乎更多地是与冲动的运动结果的范围,而不是与它的频率相关的。恰恰相反,女人比男人更容易生气和气愤,但她们的愤怒被恐惧和她们本性中的其他天然倾向抑制了,所以没有用打击来表达。女人的严格意义上的狩猎本能似乎的确比男人更弱。这后一种本能很容易由于习惯而限制于特定的对象,这些对象成为了正规的"猎物",而其他事物则能免于受难了。如果狩猎本能完全没有得到运用,它甚至会完全消亡,而人就可能会乐于让一个野兽活着,尽管他很容易杀死它。这种人现在很常见了;但是毫无疑问,在一个生性自然的孩子眼里,这样一个人就好像是一种道德怪物。

第二十四章 本能

恐惧是由与引起暴行相同的对象唤起的一种反应。这两者的对立是本能动力学中的一项有趣的研究。我们既恐惧又想去杀掉可能杀死我们的事物；而我们将跟随这两个冲动中的哪一个的问题，通常是由在具体情形下的某一个并行情境决定的，为这个情境所驱动是更优越的心理本性的标志。当然，这把不确定性引入了反应当中；但是，它是一种在高级兽类和人这里都有的不确定性，不应被看作我们不及兽类那么本能的证据。恐惧具有极其有力量的身体表现，并且是色欲和愤怒之外我们的本性易受感染的三种最刺激的情绪之一。从兽类到人的进步，正是以真正的恐惧时刻出现频率的降低为特征的。特别是，在文明生活中，对于许多人来说一辈子都不会经历真正的恐惧的阵痛已最终成为了可能。我们中的许多人需要有一次心理疾病的发作来教会我们那个词的意思。所以才可能有这么多盲目乐观的哲学与宗教。生活的暴行变成了"像一个用词强烈却没有什么意义的故事；"我们怀疑任何像我们这样的存在物真的会处于虎口之中，并断言我们听说的那些可怕事情都只是房间里色彩缤纷的挂毯，我们舒服地躺在其中，与我们自己和世界和睦相处。

尽管如此，恐惧是真正的本能，是人类儿童最早表现出来的本能之一。噪声似乎尤其能将它唤起。大多数来自外部世界的噪声，对于在家里受到照料的孩子都没有确切的意义。它们只是让人受到惊吓。引证一位很好的观察者佩雷斯的话：

> 三到十个月的孩子更多地被听觉印象而不是视觉印象所惊扰。在猫那里，从十五天开始，情况就是相反的。一个三个半月的孩子，在一场火灾的混乱中，在吞噬的火焰和倒塌的墙

壁面前,既没有表现出惊吓,也没有表现出恐惧,而是在父母忙碌着的时候对着照料他的女人微笑。然而,正在逼近的消防员的喇叭声和车轮的声音,却让他受到了惊吓并哭了起来。在这么大的婴儿中我从未见过一个被闪电惊吓到的,即使闪电很强烈;但是我看到过许多婴儿因雷声而惊恐。……所以,对于没有经验的孩子,恐惧通过耳朵而不是通过眼睛而来。很自然,在被组织得可以察觉远处危险的动物那里,这种情况应当是相反或减弱了的。相应地,尽管我从未见到一个孩子在第一次看到火的时候感到害怕,我却经常看到幼狗、幼猫、幼鸡和幼鸟怕火。……几年前我收养了一只走失的大约一岁的猫。几个月后,在冷天开始时,我在我书房的炉栅里生了火,这间书房正是她的起居室。开始,她非常害怕地看着那火苗。我把她带到火跟前。她跳开了并跑到床底下躲了起来。尽管每天都生火,直到那个冬天将要过去时,我才能诱使她待在一张靠近火的椅子上。然而在下一个冬天,所有的害怕就都没有了。……所以,让我们得出结论,存在遗传的恐惧倾向,它们独立于经验,但是经验能通过极大地减弱它们来将它们终止。在人类婴儿这里,我相信它们尤其是与耳朵相联系的。[1]

---

[1] 《婴儿心理学》(*Psychologie de l'Enfant*),第72—74页。R.哈特曼("类人猿",《国际科学论丛》第52卷(纽约,1886),第265页)引用法尔肯施泰因(Falkenstein)对一个幼年大猩猩的记述,这段记述说:"他非常不喜欢奇怪的噪声。雷声,大白天下雨的雨声,尤其是管子或喇叭的拖长的鸣鸣声,都会弄得他很不舒服,会引起他的消化器官突然生病,用这个办法也很容易让他在远处待着。一当他有些不舒服,我们就用这种音乐,其结果就像我们以前用通便药物那么有效。"

第二十四章 本能

噪声强化我们可能感受到的任何恐惧的作用,在成年时期也是非常明显的。暴风雨的嚎叫,无论在海上还是在陆地上,是遇到它时引起我们忧虑的一个主要原因。笔者曾经有趣地在他自己身上注意到,当躺在床上并因外面刮风而不能入睡时,每次狂风作响总是怎样瞬间就抓住了他的心。一只攻击我们的狗由于他发出的声音而变得更为可怕。

陌生人和陌生的动物,无论大小,也引起恐惧,尤其是当人或动物以一种吓人的方式奔向我们的时候。这完全是本能的和先于经验的。有些孩子在第一眼看到猫或狗时会恐惧地哭泣,并且在几个星期里都不可能让他们去触碰它。其他的孩子则几乎立即就想要抚摸它。特定种类的"害人虫",尤其是蜘蛛和蛇,似乎会激发起非常难以克服的恐惧。不可能说出这些区别有多少是本能的,有多少是听到关于这些动物的故事的结果。在我看来,在我的一个孩子的身上似乎证明对"害人虫"的恐惧是慢慢成熟的。我在他六到八个月大时,我给了他一只活青蛙,在他一岁半时又再次给了他一只。第一次他立刻抓住青蛙,拿着它,尽管它在挣扎,终于还是把它的头放进了自己的嘴里。然后他让它爬到自己的胸脯上,把它放在脸上,没有表现出一点惊吓。但是第二次,尽管在这两次之间他没有见过青蛙,也没有听到过关于青蛙的故事,我却几乎不可能诱使他去触碰它了。另一个一岁大的孩子急切地把一些很大的蜘蛛拿到手里。现在他害怕了,但是在这段时间里他听到过幼儿园老师的教导。我的一个孩子从出生开始就每天都会看到家里的宠物狮子狗,从没表露出过一点害怕,直到她(如果我回忆得正确的话)长到大约八个月大。然后,那种本能似乎突然就发展了,并且是如此地强烈,对那只狗的熟悉都不能让它有所减轻。每当那只狗走进屋时她都会尖叫,并且好几个月都一直害怕去触摸他。不用说,小狗始终友好的行为中没有任何改变与孩子感受的这个变化有任何关系。

普赖尔讲述了一个年幼儿童在被带到海边时的恐惧的尖叫。婴儿的一个极大的恐惧之源是孤独。这一点显然具有目的论上的原因,婴儿醒来发现自己是独自一人时的惊愕表现——不停的哭泣——也是这样。

黑的东西,尤其是黑暗的地方,孔洞,山洞等等,能唤起一种特别可怕的恐惧。有人有些勉强地用祖先的经验来解释这种恐惧,以及孤独的恐惧和"迷路"的恐惧。施耐德说:

> 人,尤其在儿童时期,害怕进入漆黑的山洞或阴暗的树林,这是事实。确实,这种恐惧感部分地发生于这个事实,即我们容易怀疑危险的野兽可能藏身在这些地方——一种归因于我们听到或读到过的故事的怀疑。但是,另一方面,对某种知觉的这种恐惧肯定也是直接遗传的。被小心保护着从未听到过鬼故事的孩子,如果被领到一个漆黑的地方,还是会恐惧和哭泣,特别是如果那里有声音的话。甚至成年人也很容易观察到,当半夜独自一人在树林里时,一种让人不舒服的胆怯会悄然溜上心头,尽管他可能非常确信附近并没有任何危险。

> 在许多人那里,这种恐惧感甚至会发生在他们自己家里黑下来之后,尽管在黑山洞或森林里它要强烈得多。考虑到我们无数代的野蛮人祖先总是在山洞里遇见危险的野兽,尤其是熊,并且在大部分情况下是在夜里和在森林里受到这些野兽的攻击,考虑到对黑暗的山洞和森林的知觉与恐惧之间

第二十四章 本能

因而就产生了一种不可分的联想,并且遗传了下来,这种本能的恐惧的事实就容易得到解释了。①

高处会引起特别难受的恐惧,虽然在这方面人和人之间有很大的区别。运动冲动的完全盲目的本能特征在这个事实中得到表现,即它们几乎总是完全没有道理的,而理性又没有力量阻止它们。它们仅仅是神经系统的一种偶发特性,就像容易晕船或者对音乐的喜爱,并没有目的论的意义,这似乎是很可能的。所说的这种恐惧在人与人之间有很大的不同,它的不利结果又比它的用处明显得多,以致都很难看清楚它怎么会是一种选择的本能。人在解剖学意义上是最适合爬高的一种动物。这个装备的最好的心理补充物似乎是在那里时有一个"冷静的头脑",而完全不是对走向那里的畏惧。事实上,恐惧的目的论超出了某个点就是非常可疑的。莫索教授在他的有趣论著《恐惧》(*La Paura*)(已被译为法语)中得出结论说,恐惧的许多表现必须被看作是病理学的,而不是有用处的;贝恩也在几个地方表达了相同的看法;我认为,这肯定是任何没有前验偏见的观察者一定会采取的观点。一定程度的胆怯显然能让我们适应生活于其中的世界,但是那种突发的恐惧(fear-paroxysm)肯定完全是对恐惧者有害的。

对超自然事物的恐惧是恐惧的一个种类。很难指认出这种恐惧的正常对象,除非它是真正的鬼魂。但是,尽管有一些精神研究协会,科学却还没有接纳鬼魂;所以我们只能说,某些关于超自然力量的观念,与真实的环境联系起来,就会产生一种特别的恐怖。

---

① 《人的意志》,第 224 页。

这种恐怖也许可以解释为更简单的恐怖结合起来的结果。为使鬼魂恐怖达到极值,许多通常可怕事物的元素必须结合起来,例如孤独、黑暗、无法解释的声音,尤其是带有阴沉性质的那种,隐约察觉的移动的人(或者,察觉了的带有可怕面貌的人),以及令人晕眩的迷惑的预期。这最后一个元素,理智的元素,是非常重要的。看到自己熟悉的过程故意采取了一种异常的路线,这让我们的血液发生了一种情绪性的"凝结"。任何人感知到他的椅子在地板上自己滑动都会心跳停止。低等动物似乎也像我们自己这样对神秘的意外事件很敏感。我的朋友约翰·霍普金斯大学的 W. K. 布鲁克斯(Brooks)教授告诉我,他那只高大而高贵的狗,被一块由一根他没有看见的细线在地板上拉过的骨头吓得癫痫病都发作了。达尔文和罗马尼斯也提供过类似的经验。① 关于超自然事物的观念也涉及到将通常所见的事物化为乌有。在女巫与妖精的超自然故事中,其他也很可怕的元素——山洞、淤泥与沼泽、害虫、尸体等等,也都被引进来了。② 人的尸体似乎通常会引起本能的害怕,这种

---

① 参见罗马尼斯:《动物心理进化》,第 156 页。
② E. C. 桑福德(E. C. Sandford)先生在 1887 年的《陆地月刊》(*Overland Monthly*)上发表了关于劳拉·布里奇曼的著作的一篇极有意思的文章。在关于她的童年早期(此时她还不知道任何符号语言)的其他回忆中间,这位杰出的盲人和聋哑人以她富有趣味的语言记录了下述内容:"我父亲[他是一个农夫并且大概做屠宰的生意]经常带着一些宰杀了的动物走进厨房,并常常把它们堆放在房间的一边。我感知得到,这件事情让我恐怖和战栗,因为我不知道这是怎么一回事。我讨厌接近死亡的东西。一天早上我和母亲做了一次简短的谈话。我走进一所舒适的房子待了一会儿。他们把我带进一间房子,那里有一个棺木。我把手伸进棺木,触摸到了一个非常奇怪的东西。它让我惊恐和不舒服。我发现某个死去的东西被仔细地裹在一条丝巾里。它一定曾经是一个有生命的身体。……我不愿意去检查那个身体,因为我非常惊慌。"

第二十四章 本能

害怕无疑多少是由于尸体的神秘性,并且很快就会为熟悉性所消除。但是,鉴于尸体的、鬼怪的和地下的恐怖在许多梦魇和谵妄中起着如此特别和持续的作用这个事实,去问这些形式的可怕环境是否在先前的阶段不是比在现在更为正常的环境对象,这似乎并非完全是不明智的。普通的坚定的进化论者应当能够毫无困难地把这些恐怖以及唤起它们的场景,解释为退回到了穴居人的意识,这种意识在我们这里通常为更新近的经验所覆盖。

还有某些其他的病理性恐惧,以及某些普通恐惧表现中的特别的东西,它们可能也可以从祖先的条件(甚至是低于人类的祖先条件)那里得到解释上的启发。在常见的恐惧状态下,一个人可能会或者跑开,或者处在半瘫痪状态。后一种情况让我们想起许多动物表现出来的所谓装死本能。林赛(Lindsay)博士在其著作《动物之心》(*Mind in Animals*)中说,这种本能必定要求使用它的动物有很高程度的自制。但是,它实际上完全不是装死,也不要求自制。它仅仅是一种恐怖瘫痪,它非常有用,所以成了遗传性的。食肉兽并非以为不动的鸟、昆虫或甲壳类动物死了。他只是没能注意到它们;因为他的感觉,像我们的一样,运动对象比静止对象对它的刺激要强烈得多。也是这同一个本能,使得男孩子在玩"我来找"的游戏时当抓人者接近时会屏住呼吸,使得食肉兽自己在许多场合一动不动地躺着等待猎物的到来,或通过快速接近和静止不动的阶段相交替来悄悄地"潜近"它。正是这个本能的反面,让我们在想吸引远处走过的某个人的注意时跳上跳下和挥动手臂,让失事船只的水手在远处有船出现时在漂浮的筏子上发狂似的挥舞布块。那么，由于广泛性焦虑和对一切都恐惧而精神失常的忧郁症患者那雕塑般地蜷伏不动，不会也是以某种方式与这种古老的本能相联系的吧？他们不能给出害怕移动的理由；但是静止不动让他们觉得更安全和更舒服。这难道不是"装死"动物的心理状态吗？

此外，举最近这些年被广场恐怖症（Agoraphobia）这个相当荒谬的名称所描述的那种奇怪症状为例。病人在看到要独自穿过的任何开阔的地方或宽阔的街道时就会心悸和恐怖。他战栗，双膝弯曲，他甚至可能由于这个观念而晕厥。在能够充分自制的时候，他有时通过让自己处于一辆穿行汽车的庇护之下而求得安全，或者加入人群，从而实现目标。但是通常他会在广场溜着边走，尽可能地贴近房子。这种情绪对于文明人没有用处，但是，当我们注意到我们的家猫的慢性广场恐怖症，看到许多野兽尤其是啮齿类动物坚持要隐蔽起来，并且仅作为一种孤注一掷的办法才冒险冲过一片开阔地——甚至在那时也要利用可以提供暂时庇护的每一块石头或每一堆杂草——的那种顽强方式，当我们看到这一点，我们就会强烈地想问，我们的这种奇怪的恐惧，是否不是产生自在我们某些祖先那里具有持久的和在总体上有用的作用的一种本能的偶然（由于疾病）复活呢？

占有或贪婪。在非常年幼的儿童所表现出来的抓取和乞求任何吸引他们注意的对象的冲动中，可以看到贪婪的开端。此后，在他们开始说话时，在他们所说的最初的语词中得到强调的是"我"

第二十四章 本能

和"我的"。① 他们最早的相互争吵所涉及的是所有权的问题；双胞胎的父母很快就知道，所有礼物要公平地一式两份才能让家里安静。关于这种占有本能的后来的发展我无需再讲了。每个人都知道，不去觊觎我们所看到的让我们喜欢的东西是多难的一件事，那个东西的甜蜜，只要它是另一个人的，对我们就又是多么苦涩。如果另一个人是拥有者，占有那个东西的冲动就常常会变成伤害他的冲动——所谓的妒忌，或嫉妒，便接踵而来。在文明生活中，占有的冲动通常会受到各种考虑的遏止，仅仅在由于习惯和普遍同意而具合法性的境况下才越过这些障碍而付诸实施，这是一种本能倾向可以被其他本能倾向所抑制的另一个例子。占有本能的一个变种是收藏同一种事物的冲动。这在个体之间有很大差异，并以惊人的方式表明了本能与习惯是怎样相互作用的。因为，尽管对任何特定事物的收藏——像邮票——并不需要由任何特定的人来开始，但情况很有可能是，如果它碰巧是由一个有收藏本能的人开始的，它就很有可能持续下去。在收藏者的眼里，那些对象的主要趣味是在于它们是收藏品，而且它们是他的。诚然，竞争也能加剧这种热情，就像它能加剧其他情感一样，但是一个收藏者的狂热的对象并非必然是在总体上需要的那种。男孩会收集他们看到另一个男孩在收藏的任何东西，从粉笔头和桃核到书和图片。在

---

① 我最近看到一个五岁的男孩儿（他听过别人讲赫克特和阿喀琉斯的故事）教他三岁的弟弟当赫克特，而他自己当阿喀琉斯，并围着特洛伊的城墙追他弟弟。他们自己都笑了，阿喀琉斯向前一步，喊道，"我的普特洛克勒斯在哪儿？"这时那个当赫克特的以很不合于他角色的尖声叫道，"我的普特洛克勒斯在哪儿？我要一个普特洛克勒斯！我要一个普特洛克勒斯！"——游戏就玩不下去了。他完全不知道普特洛克勒斯是个什么东西——只要他哥哥有一个，他就也得要一个。

我问询过的一百个学生当中，只有四到五个从未收藏过任何东西。①

联想主义心理学否认存在任何原始盲目的占有本能，并且会把所有的贪婪首先解释为一种确保占有对象所带来的快乐的欲望；其次解释为愉悦观念与对那个事物的拥有的一种联想，尽管最初来自那个事物的快乐仅仅是通过消耗它或毁灭它而得到的。因此，守财奴就表现为这样一个人，他把此生可以购买的善物本身所能产生的全部情绪，都转化为了他可以用来购买这些善物的黄金；此后便因其自身之故而爱黄金，宁要快乐的手段而不是快乐本身。几乎无需怀疑，看待这些事实的一个更广阔的视野将会在很大程度上消解这个分析。"吝啬的人"是一个抽象。有各种各样的吝啬的人。常见的一种，即极其小气的人，所表现的只是这条心理学法则，即可能的东西常常远比现实的东西对我们的心有更大的影响。一个男人现在不结婚，因为结婚将结束他选择伴侣的无限可能性。他宁愿要这后者。他不用明火或不穿好衣服，因为可能有一天他将不得不用煤炉或不得不穿破衣服，"那时他将是什么样？"对他来说，实际的恶要好过对恶的恐惧；所以常见的吝啬的人也是这样。有过得富有的能力而现在过得穷一点，要好过冒着丧失这种能力的危险而过得富有。这些人看重他们的黄金，不是因其自身的缘故，而是因为它的能力。让它不能流通，你就会看到他们会多么快地抛弃它！关于这些人，联想主义理论完全是错误

---

① 在1886年9月3日的"国家"（The Nation）中，G. S. 霍尔会长提供了威尔茨（Wiltse）小姐对波士顿学龄男孩儿的一份统计研究的数据，根据这份研究，在229个男孩儿中似乎只有19个没有任何收藏。

的：他们关心的根本不是黄金自身。

在其他吝啬的人那里，与这种把能力看得重于作用的偏好结合在一起的，还有那种更本能的多地简单收集倾向的元素。每个人都攒钱，当一个小气的人被对这个对象的收集狂热所击垮时，他就必定会变成一个吝啬的人。在这里联想主义心理学也再一次全然是错误的。贮藏的本能在动物以及人类中都广泛存在。西利曼（Silliman）教授这样描述加利福尼亚森林鼠在一所无人居住的房子的空烘房里进行的贮藏：

> 我发现外边整个由铁筋围着，都对称地排列，以使铁筋的尖朝外。在这一大堆东西的中间是那个鼠窝，由精细地分割开的麻料纤维堆砌而成。与那些铁筋交错在一起的有下面这些东西：二十多把刀、叉和调羹；屠宰刀，共三把；一把大刻刀、叉子和钢制品；几个很大的烟嘴，……一个老式钱包，里面有些银币、火柴和烟草；工具箱里的几乎所有的小工具，连同几个大的环孔钻头，……所有这些都必定是从有点距离的地方搬来的，因为它们原来是存放在房子的不同地方的。……在这堆东西的一角还扔着一块银表的外壳，同一块表的玻璃表面在另一处，齿轮机件又在另一个地方。[①]

在每一所精神病院我们都看到收藏本能以同样荒谬的方式发展着。一些病人把他们的全部时间都花在从地上捡拾并积攒钉子上。另一些病人则积攒线头、纽扣或碎布片，并且极其珍视它们。

---

① 林赛《低等动物之心》第 2 卷第 151 页中的引述。

现在,那个大众想象中的传奇的典型"吝啬者",那个邋遢和厌世的怪物,也只是一个精神错乱的人。他的理智也许在许多事情上是清楚的,但是他的本能,尤其是拥有的本能,是失常的,而且它们的失常就像和岁差无关一样,也是与观念的联想无关的。事实上,他的积攒通常是指向钱的;但是,它也包括任何其他东西。不久前一个吝啬的人在马萨诸塞州的一个小镇上去世了,他主要是积攒报纸。这些报纸最后塞满了他很大的房子的所有房间,从地板到天花板,以致他的生活空间就仅限于它们之间的几条狭窄的通道了。甚至在我写这件事时,晨报还提供了由市卫生局腾空波士顿的一个吝啬者房间的情况。主人积攒的东西得到了这样的描述:

> 他收集旧报纸、包装纸、不能使用的雨伞、手杖、普通的电线、过时的衣服、空桶、铁片、老骨头、砸扁了的铁皮器皿、破罐子,以及只在城市"垃圾堆"那里才能找到的大量杂物。空桶都装满了,架子都塞满了,每个洞和角落都填满了,并且,为了有更多的储藏空间,"这位隐士"还在他的储藏室里布下了一个绳网,在绳子上挂满了他的稀奇古怪的收藏品。人们所能想象的东西在那间屋子里应有尽有。作为一个锯木工,这位老人不曾扔掉一块锯片或一个锯架。锯架都是像得了风湿病似的站都站不住的,锯片也都磨秃了,中间几乎完全没有锯齿。一些锯片已经实际上断成了两截,但是两端都被仔细地保留着并存放在一边。作为一个运煤工人,这位老人从不扔掉一个用坏了的篮子,储藏间存放着几十个用坏了的旧篮子,里面都用粗帆布和麻绳股修补过。这里至少有二十来顶旧帽子、毛皮、布、丝绸和草,等等。

第二十四章　本能

诚然,在那个吝啬者的心里可能有非常多关于他积攒的那些东西的"观念联想"。他是一个思想的存在,必须要将事物联结起来;但是,在他的所有观念的后面如果没有朝向这个方向的一个全然盲目的冲动,这样的实际结果是不可能达到的。①

盗窃癖,正如它的名称一样,是一种不可控制的占有冲动,发生在那些其观念的联想会自然地是相互冲突那一类的人身上。有盗窃癖的人常常立刻归还,或者允许归还他们所拿走的东西;所以,这种冲动不必是去保留,而只是去拿。但是在其他地方,积攒使其结果变得复杂。有一位我熟悉其情况的绅士,死后被发现在其谷仓里积攒了各种器皿,虽然主要是中看不中用的那种,但是也包括一些他从自己的起居室偷来的银器,和从自己的厨房偷来的餐具,对于这些东西他后来都用自己的钱买了替代品。

人的建构性是和蜜蜂与河狸的建构性一样真正的和不可抗拒的本能。不论什么东西,只要他的手捏得动,他就一定要把那些东西重塑为他自己的形状,无论重塑的结果是多么地没有用处,它都比原来的东西带给他更大的快乐。小孩子捣碎和扯断他得到的任何东西的癖好,与其说是破坏冲动的表现,不如说更多时候是一种未发育成熟的建构冲动的表现。"积木"是他们最玩不厌的玩具。衣服、武器、工具、居所,以及艺术品,是塑造本能所引向的发现的结果,每一个个体都从其先行者停止的地方开始,传统将所有曾经

---

① 参见福林特(Flint):《心》,第1卷,第330—333页;萨利,同上,第567页。大多数人可能都有收集没有用处的漂亮小东西、旧工具、曾经有用的设备等等的冲动,但是通常它或者一开始就为反思所抑制,或者,如果顺从了它,那些物件很快就会变得令人不快并且被抛弃掉了。

获得的东西保留下来。当不是由于天冷而穿衣服时,着装就只是重塑人的身体自身的一种尝试——这种尝试在蛮族中施行的各种纹身、挫牙、割痕和其他损毁式的做法中表现得更加突出。至于居所,毫无疑问,人寻求只有一边开放、他可以安全退居其中的隐蔽角落的本能,就像鸟类建窝的本能一样特别。他所需要的并非必然是一个能够挡住湿寒的隐蔽所,而是他感到在四周不是完全没有遮挡的地方,比躺在露天地较少危险,也更舒适自在。诚然,这个本能的功利性的起源是明显的。但是,如果只就当下事实而论,而不是追溯源头,我们就必须承认,这个本能现在存在着,并且可能自从人之为人以来就一直都存在着。最复杂的习惯都是基于它而培养起来的。但是,甚至在这些习惯中,我们也能看到这种盲目的本能露出头来;例如,我们通过在房间里把床头靠着墙,以及在床上从不反过来躺着——就像狗宁愿在家具下面或上面,而不是在屋子中间睡觉一样,来在一个隐蔽所里假装又有一个隐蔽所。人最初的居所是用双手改进过的山洞和铺满树叶的洞穴;我们看到现在的儿童在野外玩耍时,最乐于发现和占有这样的隐蔽所。

玩耍。以特殊方式玩耍的冲动肯定是本能的。正如小猫不能不追着滚动的球跑一样,男孩也不能不跟着另一个在他近旁激动地跑着的男孩跑。一个孩子试图把他看到另一个孩子捡起的东西拿到自己手中,而那另一个孩子又试图保护他的战利品,他们都自动提示的奴隶,就像两只小鸡或小鱼,一只吃到一大口东西并逃走,另一只紧追着它那样。所有简单的主动性玩耍都是要获得由某些原始本能产生的兴奋,通过假装运用这些本能的场合真的就

第二十四章 本能

在那里。在这些玩耍中,模仿、猎捕、打仗、竞争、贪婪与建构以各种方式结合在一起;它们的特殊规则是习惯,这些习惯是偶然发现的,被智力挑选出来,并通过传统来传播的;但是,除非它们是基于自动的冲动的,否则玩耍就会失去大部分的兴趣。性别在玩耍冲动方面是有些区别的。正如施耐德所说:

> 小男孩模仿士兵,把泥捏成炉子,造房子,拿椅子当货车,拿棍子当马骑,用锤子驱动钉子,把兄弟和伙伴聚拢一起,玩驿站车夫,或者,让自己成为被别人抓住的野马。相反,女孩则玩娃娃,给它洗澡、穿衣服,抚摸它,抱它吻它,把它放在床上并安顿它睡觉,给它唱一首摇篮曲,或者跟它说话,就像它是一个活物。……性别差异存在于玩耍的冲动中,男孩从马匹、骑士和士兵那里能得到的快乐比从娃娃那里得到的更多,女孩的情形则与此相反,这个事实证明,在对某些事物(马、娃娃等)的知觉和快乐感受之间,以及在快乐感受和玩耍冲动之间,存在一种遗传的联系。①

还有另一种人类玩耍,其中加入了更高的审美感受。我指的是那种在我们这个物种中似乎普遍存在的对节庆、仪式、苦难经历等的爱。最低等的野蛮人也有他们几乎是正式地进行的舞蹈。各种宗教都有它们的神圣仪式和典礼,以及公民的和军事的力量,通过不同形式的队列和典礼表现出它们的庄严。我们有我们的歌剧、聚会和化装舞会。所有这些仪式性游戏(人们可能会这样称呼

---

① 《人的意志》,第205页。

它们)的一个共同要素,是被组织起来的人群的协调活动的兴奋。同样的行为由一群人来进行似乎比由一个人单独进行意味着多得多的东西。与大众在一个假日的下午步行,去一个公众"胜地"或普通舞厅喝啤酒或咖啡,是这种活动的一些例子。这我们不仅因看到许多陌生人而感到有趣,而且还有一种因感受到我们分享了他们的集体生活而来的独特兴奋。对他们的知觉就是那种刺激;我们对于那种刺激的反应,就是加入到他们之中去并做他们所做之事的倾向,以及对最先停下来和独自回家的不情愿。这似乎是我们本性中的一个原始要素,因为很难追溯到可能引向它的任何观念联想;尽管一旦承认了它的存在,就很容易看出在促成快速和剧烈的集体行动方面它对于部族可能会有什么用处。军队的组成以及军事远征的实施也许也是它带来的一个结果。在仪式性的游戏中,它只是冲动的始点。那群人在这之后将做些什么具体的事情,在大多数情况下取决于个人的主动性,为模仿和习惯所确定,为传统所延续。其他审美快乐与游戏(仪式的或其他形式的)的协作,则与对将会成为陈规性和习惯性的东西的选择有很大关系。贝恩教授称为追求情绪的那种具体的兴奋形式,逐渐进入高潮的快乐,是许多普通游戏的灵魂。人类生活中玩耍活动的范围之广十分明显,只提及一下也就够了。①

---

① 拉扎勒斯教授[《游戏的吸引力》(*Die Reize des Spieles*)(柏林,1883),第44页]否认我们具有游戏本能,并且说问题的根源是对持续处于无所事事状态的反感,当没有真实的活动时,它就用一种假冒的活动来取代。这当然是对的,但是为什么是某些具体形式的假冒活动?所有身体的游戏和仪式性的游戏的要素,都是由直接的兴奋运动型刺激提供的——正如小狗相互追赶和燕子集会时那样。

第二十四章 本能

好奇。我们已经在相当低等的脊椎动物中发现,任何对象,只要是新奇的,就能引起注意,而且在注意之后会靠近和用鼻孔、嘴唇或触摸来探索。好奇和恐惧构成了一对彼此对立的情绪,它们易于由相同的外部事物所唤起,并且二者显然都是对其拥有者有用的。它们相互交替的场景常常很有趣,就像羊或牛在其正在探索的新对象面前会做出胆怯的接近和可怕的急转弯那样。我曾看到水里的短吻鳄以完全相同的方式对待坐在它们面前河滩上的一个人——只要他不动就慢慢地靠近,一旦他动了一下,就发狂似的飞快地退回去。由于新的对象可能总是有好处的,动物最好是不要绝对地害怕它们。但是,由于它们也可能是有害的,所以他最好也不要完全不在意它们,而是要在总体上保持警戒,在它们的面前安顿休息之前,尽可能地弄清楚它们,并弄清它们可能会带来些什么。某些这类易于为环境中任何可动特征的单纯新奇性本身所激发和刺激的易感性,一定构成了全部人类好奇心的本能基础;尽管这个高层结构吸收了情感生命如此之多的其他因素的贡献,以致很难找到原初的那个根了。实践的本能之根可能与被称为科学好奇的东西以及形而上学的惊奇没有任何关系。这里的刺激不是对象,而是构想对象的方式;它们引起的情绪与行动,与许多其他审美表现(感觉的和运动的)一起,可以被归类为我们心理生活的偶发特征。哲学的大脑对知识中的不一致性或裂痕做出反应,正如音乐的大脑对它听到的不和谐音做出反应一样。在某些时代,对特定裂痕的敏感性与解决特定难题的快乐达到了顶点,于是科学知识的储备就最容易也最自然的积累了。但是,这些结果可能与大脑最初所派的用处没有任何关系;而且可能只在不多的几个世纪里,由于宗教信仰与科学的经济应用在一个种族与另一个种族的冲突中发挥了突出的作用,它们才有助于为生存而"挑选"出一个具体类型的大脑。在第28章我还要考察关于这个偶发的和额外的能力的问题。

善于交际和羞怯。作为群居的动物,同类的缺席和在场都会让他兴奋。独处对于他是最大的恶之一。单独监禁被许多人看作太残忍、太违背自然而为文明国家所不可采取的一种折磨。对于一个长时间被幽禁在荒岛上的人,看到人的脚印或远处的人形,都是最为骚动的兴奋经历。在病态的心理状态中,一个最常见的症状就是对孤独的恐惧。这种恐惧可以因一个小孩子甚或一个婴儿的在场而减轻。在笔者所知的一例狂犬病病例中,病人坚持让邻居们始终挤满他的房间,他对孤独的恐惧竟至如此地强烈。一个群居动物对他是孤身一个的知觉会激发起他剧烈的活动。高尔顿先生这样描述他有很好的机会来观察的那头南非牛的行为:

> 尽管那头牛对其同类没什么感情或兴趣,他却不能忍耐片刻与牛群的分离。如果用牛圈或强力将他与牛群分离开来,他就会表现出心理痛苦的所有迹象;他用尽力气要再回到牛群中,当他成功了时,他会冲进牛群中间,让他的整个身体沐浴在最亲密伙伴关系的舒适之中。①

人也为其同类的在场而激动。**狗遇见陌生狗时的异乎寻常的行为**,与我们自己的性格也并非全然没有相似之处。我们不可能

---

① 《人的能力的研究》,第72页。

第二十四章 本能

在遇见陌生人时没有一点紧张,或者完全像和熟人谈话一样地和他们谈话。如果陌生人是个重要人物,就尤其是这样。在那时,我们可能不仅会避开他的眼睛,而且事实上可能还无法镇定下来,或者在他的面前让我们自己行为得体。

> 心的这种怪异状态,"达尔文说,①"主要可以由脸变红,由眼睛转向他处或向下看,以及由身体尴尬的、神经质的活动而得到辨识。羞怯似乎有赖于对他人的好的或坏的意见的敏感性,尤其是关于外貌的意见。陌生人既不知道也不在意我们行为或品质方面的任何事情,但是他们会批评我们的外貌,并常常这样做。……意识到自己穿着方面的任何特别甚至新鲜之处,或者意识到自己身上尤其是脸部的任何小缺陷——这些都是可能会引起陌生人注意的地方——都会使羞怯的人难以忍受地感到羞怯。② 另一方面,在与行为而不是与身体的外貌有关的场合,我们就更容易在熟人在场时变得羞怯,我们对熟人的判断看重的程度,要高于对陌生人的判断。……然而,一些人是如此敏感,以致对几乎任何人讲话这个单纯的动作,都足以唤起他们的自我意识,结果就是轻微的脸红。不赞成……比赞成更容易引起羞怯和脸红。……非常容易羞怯的人在他们相当熟悉并且相当确信会给出好的意见和同情的人在场时,很少感到羞怯;例如女孩在母亲在场的时候。……

---

① 《情绪的表达》(*Expression of the Emotions*)(纽约,1873),第 330 页。
② "确信我们穿着得体,"一位富有魅力的女子曾经说过,"给我们一种内心平静,与之比较,宗教的安慰所产生的平静则算不了什么。"

羞怯……与恐惧关系密切；然而它在普通的意义上不同于恐惧。羞怯的男人害怕陌生人的注意,但很难说是害怕他们;他在战斗中可以勇敢得像个英雄,然而在陌生人面前却对细节小事都没有自信。在第一次对公众集会讲话时几乎每个人都是极其神经质的,而且多数人在其一生中一直都是这样。

正如达尔文先生观察到的,对确定结果的真正的害怕可能会加入到这种"怯场"中来,并使羞怯复杂化。贝恩所说的"奴性的恐惧"也可能让我们在重要人物面前表现出来的羞怯复杂化,这种恐惧是基于对没有取悦他们就会带来的确定危险的意识。但是,怯场和奴性的恐惧都可能与最不确定的对危险的忧虑并存,而且事实上,当理性告诉我们并不存在令我们不安的缘由时也是这样。因此,由于意识到我们已经成为了他人眼中的对象,所以我们必须承认存在着一定数量的纯粹本能性的不安与强制。达尔文先生接着说:"羞怯在很小的年龄就出现了。在离开家仅仅一个星期之后,我就在我的两岁零三个月大的孩子身上,看到了指向我的看上去肯定是羞怯的迹象。"每一个父母都注意到了同样的事情。考虑一下蛮族部落统治者的专横权力,尊敬与敬畏必定自古以来已经是被一些特定的个人激发出来的情绪；怯场、奴性的恐惧和羞怯,也必定都已经有了像在今天这样大量的运用机会。这些冲动是否曾经有过用处,是否是为着有用而被选择的,这似乎是一个只能给出否定回答的问题。显然,它们是一些单纯的障碍,就像看到血或疾病时的晕倒、晕船、在高处的头晕,以及某些审美趣味方面的神经质一样。它们是偶发情绪,不去管它,我们也能活下去。但是,它们似乎在产生其他两种倾向方面起着重要的作用,关于这两种

第二十四章 本能

倾向的本能性质，一直都存在大量的争论。我指的是爱清洁和庄重，接下来我们要讨论它们，但是，要在我谈过与羞怯紧密相连的另一个冲动之后。我说的是——

隐匿性，尽管它常常是由于智力的计算，由于害怕以多少明确可预见的方式背离我们的兴趣才发生的，它却常常是一种相当盲目的和不服务于任何有用目的倾向，并且是性格中固执和根深蒂固的一个部分，完全应当在本能之中占得一席。它的自然的刺激物是不熟悉的人，尤其是我们尊敬的人。它的反应是当这类陌生人走近时，停下我们正在说着或做着的任何事情，常常还假装我们好像没有在说或做那件事情，却可能是某件别的事情。除了这个之外，在被要求对我们自己做出说明时，还常常会伴有说谎的倾向。当门铃响起时，或者当一位来访者突然到来时，许多人的第一个冲动就是逃出房间，以便不被"抓住"。当我们一直在注视的人开始注意到我们时，我们的直接冲动可能就是看向另一个方向，假装我们没有看见他。许多朋友向我承认，他们在街上遇见认识的人，尤其是不熟悉的认识的人时，常常就会出现这种现象。弯腰低头是对我们没看见另一个人的最初伪装的次级纠正。大多数读者也许都会至少在他们自己那里辨识出那个开始，那个在许多场合以所有这些不同的方式来行动的初始倾向。那个"开始"被另外的思想所抵消这一事实表明，它来自一个比思想更深层的领域。在每个人身上都无疑存在一种天生的隐匿风流韵事的冲动，而且，那种获得性的隐匿金钱事务的冲动，在许多人那里也几乎是同样强烈的。应当注意到，甚至在一种特定的隐匿习惯是反思和审慎的时，它的动机都常常不是真正审慎的，而是一种朦胧的反感，不愿让自己的圣洁受到侵犯，不愿让别人对自己的个人问题指指戳戳，把它们翻个底朝天。所以，一些人永远不会留下任何上面写有他们名字的东西，另一些人则会把它捡起来——甚至是在森林里，旧信封也一定不能扔在地上。许多人会剪去他们只读了单独一章的书籍的所有书页，这样就没有人会知道他们挑选出来的是哪一章，而所有这一切都不伴随明确的伤害概念。更优越的人，而非同等的人或更差的人，更容易引起隐匿的冲动。男孩们在父母不在时一起交谈的样子是多么不同啊！仆人看到主人的品格多于主人看到仆人的品格。① 在我们向与我们同等的人和熟人隐匿时，大概总是包含了一种明确的审慎预见。集体的秘密和神秘的事物也是许多游戏的情绪兴趣所在，并且是人们加之于各种共济会的重要性的要素之一，除任何目的以外，是令人愉快的。

爱清洁。看到野蛮人和文明人中的个别人有多么污秽，哲学家们曾经怀疑是否存在任何真正的爱清洁的本能，以及教育和习惯是否并不是造成所发现的爱清洁的原因。如果它是一种本能，

---

① 撒克瑞在其高雅的绕圈子文章"论门上的粉笔记号"中说，"你在习惯上仅仅从同等的人那里知道真相；我亲爱的霍利沙德先生，别对我谈论那个出身高贵的年轻伊顿公学学生的习惯性坦率，否则我就要在你这样做时持有我自己对于你的坦率或无辨别力的意见了。不。汤姆·鲍林是荣誉的灵魂，而且自与黑眼睛的西友桑在沃平老台阶分手之后，一直对他是真诚的；但是，你认为汤姆是完全真诚、无所拘束，并且在与纳尔逊 K.C.B. 上将的交谈中也是光明正大的？在汤姆和上将之间，在船员（仆人）和他们的船长之间，有秘密、推诿、小谎言，如果你愿意那样说的话。我知道我一年花那么多基尼雇用一个可敬、整洁、令人愉快和有良知的男性或女性的伪善者为我做这个或那个。要是他不伪善，我就把他撑出去了"。

它的刺激就是污垢,它的典型反应就是避免接触这样的东西,以及在接触发生之后把它清洗掉。那么,如果有些动物是爱清洁的,人就可能是这样的,而且毫无疑问,某些种类的事物天然地就是在视觉、触觉和嗅觉上让人厌恶的——例如排泄物和腐烂的东西,血、脓、内脏以及病态的组织。诚然,避免接触这些东西的反应可能很容易被抑制(比如被一种医学教育);诚然,把它们清洗掉的冲动也可以被像想到洗澡的冰冷,或想到要洗澡就必须起床这样轻微的障碍所抑制。诚然,被习惯性地抑制了的爱清洁的冲动,很快也就会被废弃不用了。但是,这些事实没有一个证明了那个冲动从来不曾存在过。① 它似乎在所有情况下都存在;然后就特别容易顺从于外部影响,那个孩子也就在一定程度上对他将要触摸或吃的东西变得神经质了,此后或者被他被迫获得的习惯和他周围的榜样所加强,或者由于这些习惯和榜样而变得更加挑剔了。

榜样以这样的方式影响他,即一个气味难闻或者患有黏膜炎或者身上有虱子的特殊同伴,让他相当难于忍受,还有,他在另一同伴身上看到令他讨厌的大量污垢,而这些污垢如果是在他自己的皮肤上,他就不会有自发的反感。我们不喜欢他人身上的如果在我们自己身上就能忍受的东西,这无疑是我们审美本性的一条法则。但是,一旦概括或者反思介入,对他人的这种判断活动就会导致看待我们自己的一种新方式。"谁教你以礼貌?是不讲礼貌

---

① 如果不假定有一种清洁自己的原始冲动,被人们称为"不洁恐怖"或污秽恐惧的精神失常症状(它使得病人也许一天要洗一百次手),似乎就很难解释。病人的症状可以说是这种原始冲动的骚动性的夸张。

的人"①，我相信，这是一条中国谚语。我们刚刚形成的"肮脏伙伴"的概念，成了一个我们自己避免被归入其中的概念；所以，一旦我们的社会自我意识以一种并非严格意义上的本能性先天激发的方式被唤醒，我们就会去"洗干净"，把自己弄好。但是，以这种方式获得的爱清洁的标准，不大可能超越部族成员间的相互容忍，因此可能会有大量实际的污秽表现出来。

庄重，羞耻感。是否存在一种隐藏身体的某些部分和特定行为的本能冲动，也许比是否存在一种爱清洁的本能，更值得怀疑。人类学家否认存在这种本能冲动，并且在婴儿和许多蛮族部落完全没有羞耻感的事实中，为他们的观点找到了很好的基础。然而必须记住，婴儿状态证明不了任何事情，而且就性方面的庄重而言，性冲动本身在兴奋时运作起来是直接与它相反的，并且指向特定的人；同时，对于那些人养成的不庄重的习惯，可能以后永远都会抑制对他们表现出庄重的冲动。这一点解释了大量实际的不庄重行为，即使存在着原初的庄重冲动真的在那里。另一方面，我们必须承认，庄重冲动（如果的确存在）的影响领域非常难以界定，既与引起它的在场事物相关，又与它所导致的行为相关。人种学表明，它几乎没有自己的主心骨，很容易跟随流行与榜样。而且，很难看到在羞耻感中也有某种无处不在的庄重冲动的成分，无论那成分被多么地歪曲了——例如在女性的庄重只在于遮住脸部，或

---

① "Who taught you politeness? The impolite."詹姆斯说这是中国的一句谚语，但因所指为何谚语尚不确定，故先仅对英语做直译。——译者

者不庄重只在于脸上未加涂抹就出现在陌生人面前的地方——也很难相信庄重没有任何冲动的根源。那么,那个冲动的根源是什么?我相信,首先,它是羞怯,是那种害怕不熟悉的人(如前面解释过的)会再次把我们鼓动起来的感受。这样的人是庄重的原初刺激物。① 但是,庄重行为是非常不同于羞怯行为的。它们由对某些身体功能的约束和对特定部分的遮盖所构成;为什么必然会发生这些特别的行为?人类动物自身可能在唤起尊敬的人面前有这种约束和遮盖的"盲目"和直接自动的冲动,这是一种很难实际否证的可能性。但是根据这些事实,看起来更为可能的是,庄重的行为在以一种迂回的方式暗示给我们;而且,它们是由将最初对同伴的判断第二次应用于我们自己而产生的,甚至比受清洁的行为更加是这样。很难相信,甚至在最赤裸的野蛮人中间,个体身上不寻常程度的犬儒主义和猥亵不会带来一定程度的轻蔑,让他在邻人的眼里掉价。人的自然本性足够类似得让我们可以确信,谨慎节制在所有地方都必定会唤起尊重,而且,事事自由的人是其他人所不愿理睬的。因此,社会自我意识对一个刚刚离开非反思状态的天真孩子所提示的一个最初决心,就是不要像这类人那样。而且,当那种社会自我意识由某个不能厌恶或冒犯的人的在场而引发出真实的羞怯时,那个决心就可能会第一次获得有效的刺激性。

---

① "我们常常发现只有在外国人的面前才会表现出庄重,尤其是着装的欧洲人。只有在这些人面前,巴西的印第安女人才用紧身褡把自己遮盖起来,只有在这些人面前,帝汶岛上的女人才遮住她们的胸部,在澳大利亚我们也发现了同样的事情。"[Th. 华尔兹(Th. Waltz),《原始民族之人类学》(*Anthropologie der Naturvölker*),第 1 卷,第 358 页]作者还给出了参考书目,从略。

公共意见当然会这个胚芽之上接着继续构建它的正面准则;并且,通过各种榜样与经验,庄重的习惯就会形成,直到达到新英格兰的敏感性与范围的高度,让我们说胃而不是肚子,下肢而不是腿,退下而不是去睡觉,并且禁止我们对母狗直呼其名。

这实际上相当于承认,庄重无需一定是纯粹刺激运动意义上的本能,尽管它在某种意义上是人的生命自然和必然具有的特点。

爱。在盲目、自动和非学得的意义上,在所有的倾向中,性冲动在表面上具有最为明显的本能的迹象。它们所包含的目的论常常与相关个人的希望不一致;而且,行动不是为着任何可以指出的理由而做出的,而是因为自然就是那么要求的。那么在这里我们就应当发现那些命定的、不可错的和齐一的品性,有人说,它们使得出于本能的行动构成了完全不同的一类。但是,事情是这样吗?事实恰好相反:性本能尤其可能被个别刺激的轻微区别,被行为者自身的内部条件,被曾经获得的习惯,以及被正在对心发生影响的相反冲动的对抗所制止和改变。这些因素之一就是刚刚讨论过的普通羞怯;另一个可以被称为**反性交本能**,那种个人隔绝的本能,那种对于我们遇到的大多数人,尤其是与我们性别相同的人亲密接触的观念的真正反感。① 因此事情就成了这样:所有感情中的这种最强烈的激情,远不是最"不可抗拒的",相反却可能是最难启动的,而且,在其身上抑制作用强的人,可能一生都找不到

---

① 对于我们大多数人来说,甚至在被另一个人的身体坐过还热着的椅子上坐下,都是不愉快的。许多人也不喜欢握手。

一个使它得到满足的场合。这是对我们用以开始人的本能生命研究的前提的最好证明，这个前提就是，行为的不规则性可能既源于本能的缺乏，也源于拥有太多的本能。

我们刚刚谈到的个人隔绝的本能，在男人相互间，以及在女人与男人间，表现得更为强烈。在女人中它被称为害羞，并且只有在被性本能抑制和取代之前通过求爱过程才能被积极地克服。正如达尔文在其著作《人类的由来和性选择》(Descent of Man and Sexual Selection)中表明的，害羞在所有类型高等动物的改善中都起着极其重要的作用，并且在很大程度上是造成人类可能会表现出来的贞节的原因。然而，它也显著地表明了习惯对本能的抑制法则——因为一旦它在某个人那里被突破，就不容易再坚持其自身了；而且，一旦在不同的人那里被习惯性地突破（例如被卖淫者），它就可能会完全衰退了。习惯也是朝向特定的人而把害羞在我们中间确立下来的：同那些我们以敬而远之的方式认识很久的人进行密切的个人接触，没有什么比这样的想法更让我们不快了。古代人和现代东方人对不自然形式的恶行（关于它的想法让我们感到恐怖）的喜爱，大概只是这种本能为习惯所抑制的方式的一个例证。我们很难设想，古代人靠自然的赠予而具有一种我们完全没有的倾向，是现在仅发生于个别人身上的病态心理失常的患者。更为可能的是，在他们那里，对特定对象产生生理反感的本能在其生命的早期为在榜样的影响下所形成的习惯所抑制；然后，一种性的爱好（大多数男人很可能都拥有这种爱好的原始可能性）以一种未加约束的方式发展了它自身。这种性爱好的反常发展会抑制它的正常发展，这似乎是一个非常确定的医学事实。而且，性本能对一个人的指向性倾向于抑制它对其他人的运用,这也是一条法则,整个一夫一妻制度,虽然有很多例外,都是以它为基础的。讨论这些细节有些令人不快,但是它们优美地表明了我们的讨论所依据的一般原理的正确性,以致我们不可能不做任何说明就放过它们。

嫉妒无疑是本能的。

父母之爱是一种在女人中比在男人中更强烈的本能,至少在所爱对象的儿童早期是这样。我只需要引证施耐德对于她的父母之爱的生动描述:

> 一旦一位妻子成为了母亲,她的整个思想和感受,她的整个存在,就都改变了。直到那时,她都只想着她自己的幸福,想着她的虚荣心的满足;整个世界好像仅仅是为她而存在的;围绕着她发生的每件事情也只是在与她自己有着个人的关系时才被她注意到;她要每一个人表现出对她感兴趣,给予她必要的注意,并尽可能满足她的愿望。然而此时,世界的中心不再是她自己了,而是她的孩子。她不再考虑自己的饥饿,她必需首先确保喂好了孩子。只要她看到孩子的睡眠受到打扰,她自己累了并需要休息就完全不重要了;在那一刻,那个打扰刺激她醒来,尽管比那大得多的噪音此时都叫不醒她。以前,她不能容忍穿着上的一点点不经心,触碰任何东西都戴着手套,现在,她允许婴儿把自己弄脏,在需要用赤裸的双手抓住孩子的布片时绝不会退缩。此时,她对那个丑陋的、

第二十四章 本能

尖声哭叫的宝宝（Schreihals）也有了最大的耐心,而在此之前每个不和谐的声音,每个稍稍让人不舒服的噪声,都会让她变得神经质起来。那个仍然很丑的小家伙的每条胳膊和每条腿对于她来说都显得很美,每个动作都让她充满喜悦。一句话,她把她整个的自我主义都转移给了那个孩子,并且只为那个孩子活着。至少,在所有未被宠坏的、自然长大的母亲们（天哪！正在变得越来越少）那里就是这样的;在所有高等动物母亲那里也是。例如,猫不会掩饰她的母性快乐。带着无限舒适的表情,她伸出前爪,让孩子们贴近她的乳头,在那些饥饿的小嘴拖拽和吮吸时她欢喜地摆动自己的尾巴。……但是不只是接触,就是看着自己的幼崽也会让母亲有无穷的喜悦,这不仅是因为母亲认为那个孩子某一天会长得高大漂亮并带给她许多快乐,而且因为她已经从大自然那里收到了一种对孩子的本能的爱。她自己并不知道她为什么如此快乐,也并不知道看着孩子和照顾它为什么如此让她愉快,就如一个小伙子没法说出他为什么爱一个少女,并且当她走近时如此快乐一样。在照料孩子时,很少有母亲想到母爱的恰当目的是物种的延续。父亲可能会这样想;但是母亲很少这样想。后者只是感到……小心地用双臂抱着那个她带来的生命,给它穿衣服,给它洗澡,摇它睡觉,或者让它不再饿着,是一种永久的喜悦。

对可敬的施耐德就引证到这里,对于他上面所说的话可以再加上这个评论,即一位母亲——她自己也许生着病——对生病或濒死的孩子的充满激情的奉献也许是人类生命所能提供的最为纯粹美好的道德景象。蔑视每一种危险,战胜每一个困难,经受住所有的疲劳,女人的爱在这里比男人能够表现的任何东西都更为优越。

这些就是在人类中值得被称为本能的最重要的倾向。① 我们将会看到,其他哺乳动物,甚至猴子,都没有表现出这么多的本能倾向。在一种完善的全面发展中,这些本能中的每一个都会起始一个指向某些对象的习惯,并抑制一个指向其他对象的习惯。通常情况就是这样;但是,在文明生活的片面发展中,适时的年龄阶段在对象的缺乏中度过,于是个体就带着未来经验不可能填补的心理结构上的裂痕长大。试把一个城市中颇有建树的绅士与穷酸的工匠或商人做一比较:在前者的青春期,与其发展着的兴趣(身

---

① 当然,有些人会觉得这份清单太长,另一些人则觉得太短。如果本能的边界渐渐退到反射行为以下,和获得的习惯或暗示的活动以上,那么对于在这个类名下应该包括什么,可能就会一直争论下去了。我们要不要在这份本能的清单中加上沿着路边石或沿着任何其他的窄路步行的倾向? 要不要由于是来自羞怯或者恐惧,而去掉隐秘性? 谁知道呢? 同时,我们的生理学方法具有这种无法估量的优越性,这类关于边界的问题既没有理论的也没有实践的重要性。一旦注意到了这些事实,该如何命名它们就没有多少意义了。大多数作者给出的清单比这里给出的要短些。颅相学家把黏着性、爱家性、爱认可性等等加进了他们的"感情"清单,这份清单与我们的本能清单基本上是一致的。福特拉格(Fortlage)在他的《心理学体系》(*System der Psychologie*)中,把所有植物性的生理功能都囊括在了本能(Triebe)之中。班特拉斯(Bantlus)[《人类欲望的心理学》(*Zur Psychologie der Menschlichen Triebe*)(莱比锡,1864)]说,实际上只有三种本能:"存在"的本能、"功能"的本能和"生命"的本能。他把"存在的本能"又划分为动物的,包括所有感官居的活动;和心理的,包括理智的和"超经验意识"的活动。他把"功能的本能"划分为性的、倾向的(友爱、依恋、荣誉);和道德的(宗教、博爱、信仰、真理、道德自由等)。"生命的本能"包括保存(营养、运动);交际(模仿、法律的与伦理的安排);以及个人兴趣(对独立与自由的爱、获得性、自卫)。这样一个和稀泥的清单表明我们使用的生理学分析具有多么巨大的优点。

体的和心理的）相适合的对象，都在那些兴趣觉醒之时就得到提供，结果就是他在每一个方面都准备和装备起来以面对这个世界。在真实事物缺乏的地方，运动伸出援手并完成了他的教育。他体验了人类生活的每一个方面的本质，是水手、猎人、运动员、学者、战士、谈话者、花花公子、见过世面的人等等，所有这些合为一体。城市里的贫穷男孩在少年时期则没有这样的黄金机会，而在他成年以后也没有对于这些机会的欲望。如果裂痕是他的本能生命所表现出来的仅有的异常，这对于他来说还是幸运的；他的不合自然的成长常常会结出反常行为的果实。

第二十五章[①] 情绪

谈到本能,就不可能把它们同与其一道起作用的情绪兴奋分开。狂怒、爱、恐惧等等的对象不仅促使一个人做出外向行为,而且会引起他的态度和面容方面的特有改变,并以特别的方式影响到他的呼吸、循环和其他机体功能。当外部行为受到抑制时,后面的情绪表达仍在继续:虽然可能并没有出手,我们还是从脸上读到愤怒,虽然可以压制住所有的其他迹象,恐惧也还是在声音和面色中将自己表现出来。所以,本能反应与情绪表现难以察觉地相互融合。激起一种本能的每一个事物都同时激起一种情绪。然而,在下述意义上情绪又缺少本能,即情绪反应总是终结于一个人自己身体之内,而本能反应则倾向于走得更远,进入与刺激对象的实践关系之中。

情绪反应常常是由我们与其没有实践交往的对象激起的。例如,一个滑稽的对象,或一个美丽的对象,并不一定是我们要对它做任何事情的对象;我们只是依具体情况而发笑,或者欣赏它。所以,情绪的类通常比人们称为本能的、冲动的类要更大些。情绪的刺激物是更大量的,它的表达是更内在和细微的,而且常常是较少实践性的。然而,这两类冲动的生理学设计与本质却是相同的。

[①] 这一章的部分内容已见于发表在1884年的《心》的一篇文章。

第二十五章 情绪

情绪和本能一样,仅仅对那个对象的记忆或想象就足以释放出那种兴奋。一个人在想到自己受到的侮辱时,可能比在受侮辱的时候更生气;我们对已去世的母亲比在她还活着时感受到更强烈的内心炙热。在这一章的余下部分,我在使用情绪的对象这个词时,将不再区分它是一个物理地呈现的对象还是一个仅仅被想到的对象。

要讨论一份表现各种情绪特点的反应的完整清单就太琐碎了。因为,那就必须要谈到专门的著作。然而,有几个情绪反应的例子却应当在这里谈一谈。让我从丹麦生理学家 C. 兰格(Lange)所描述的悲痛的表现开始:①

> 悲痛的容貌上的主要特点是它对随意动作的瘫痪效果。这种效果并不像惊恐所产生的效果那么极端,也很少弱到要靠一种努力才能做出通常很容易做出的动作的程度。换言之,它是一种疲乏感受;并且(就像在所有疲乏状态中一样)动作变得缓慢、沉重、没有力气、不情愿、很费劲,并且要尽可能地少。悲痛的人由此就具有了他的外部征象:他走路缓慢而不稳,拖着双脚,虚悬着胳膊。由于呼吸肌和喉肌的虚弱活动,他的声音虚弱而没有共振。他宁愿静静地坐着,沉入他自身,默默无语。肌肉的弹性"潜在神经支配"显著地消失了。脖子弯着,头悬垂着(因悲痛而"低垂下去"),面颊和颚部肌肉的松弛使他的脸显得瘦长,颚部甚至可能微微张开。眼睛显

---

① 《论情绪运动》(*Ueber Gemüthsbewegungen*)(莱比锡,1887),冯·H. 库雷拉(von H. Kurella)译。

得大了，当环形肌麻痹时这是通常发生的情况，但是，它们又可能常常由于提肌不起作用而被下垂的上眼皮部分地遮挡。与整个身体自主神经和随意肌的这种虚弱状态共存的（如在所有类似的运动无力状态中一样），如前所述，还有对疲乏和某种东西压在身上的沉重的主观感受；人会觉得"低落"，"压抑"，"身上沉甸甸的"，会谈到他的"沉重的悲伤"，他必须在它的重压下"撑住"自己，就像他必须"压住"自己的愤怒那样。也有很多人会"屈服"于悲伤到这样的程度，以致不能真正地站直，而是沉下去或倚靠着身边的物体，或者，像在修道院小房间里的罗密欧那样，绝望地把他们自己抛到地上。

但是，整个随意运动器官（所谓"动物"生命的器官）的这种虚弱还仅仅是悲痛生理学的一个方面。另一个方面（也并非不重要，而且就其结果来说也许更是如此）属于这个运动器官的另一再分部分，即不随意的或"有机的"肌肉，尤其是血管壁上通过收缩来缩小血管口径的肌肉。这些肌肉及其神经一起构成了"血管运动器官"，在悲痛时以与随意运动器官相反的方式起作用。不像后者那样是瘫痪的，血管肌肉收缩得比平常更有力，以使身体的组织和器官变得缺血了。这种缺血的直接结果是苍白和瘫软，而苍白的面色和瘫软的五官，连同面部的松弛，让悲痛者有了他的容貌特征，并常常会产生一种憔悴的印象，这种憔悴来得太快，不大可能是由于真正的营养紊乱或者未能通过修复来补偿的损耗而造成的。皮肤缺血的另一个常有结果是感到冷和发抖。悲痛的一个持续症状就是对冷的敏感和难于保暖。在悲痛中，内部器官和皮肤都无疑是缺血的。这当然不是眼睛所能看到的,但是许多现象证明了它。各种分泌物的减少(至少是那些能被观察到的)就是这样一个证明。嘴变干,舌头变硬,接着是苦涩的味道,这似乎只是舌干的结果。["苦涩的悲伤"这个表达可能就是这样来的。]在哺乳的女人那里,奶水减少或完全没有奶。悲痛还有一个最为常见的表现,它显然与这些其他生理现象相矛盾,这就是哭泣,连同它的充沛的眼泪分泌,哭红了的肿胀的脸、红眼睛,以及鼻黏膜分泌物的增加。

兰格继续指出,这可能是先前收缩了的血管运动状态产生的一个反应。这似乎是一个勉强的解释。事实是,悲痛的表现是可变的。哭泣也可能不是直接的,尤其在女人和孩子那里。一些男人从不哭泣。在所有能哭泣的人们中,眼泪汪汪的哭泣和干哭都是交替着的,抽噎的风暴之后是一些平静的阶段;兰格描述得非常好的瘫软、冷和苍白状态是强烈持久的悲痛的特征,而不是强烈的心理痛苦的特征。恰当地说,我们在这里有两种不同的情绪,它们确实都由同样的对象所引起,但是,它们会影响不同的人,或者在不同的时间影响同一个人,并且,就如任何人的意识都可以证实的那样,在它们持续着的时候,感受是非常不同的。在哭泣的过程中有一种兴奋,它也带有自己特定的刺激性的快乐;但是,只有幸运的天才才能在无泪和瘫软的悲伤感受中找到任何补救的性质。——我们的作者继续说:

> 如果肺部较细的血管收缩,以致这些器官缺血了,我们就会有(在这样的情况下通常都是这样)喘不上气和胸闷的感

受，而这些折磨人的感觉增加了悲痛者的痛苦，他本能地通过大口叹气来纾解，就像每个不论什么原因而喘不上气的人那样。①

悲痛中的大脑缺血通过理智的迟钝、沉闷，以及对精神疲惫、艰难以及不愿工作的感受，并常常通过失眠，而表现出来。实际上，大脑运动中枢的缺血构成了我们最初描述的随意运

---

① 支气管和肺动脉的支脉都可能收缩。J. 亨利教授在《人类学演讲集》(Anthropologische Vorträge)中有一篇精致的演讲"叹气的自然历史(Natural History of the Sigh)"，在其中，他把吸气说成是我们的骨骼、肋骨和横隔板的红肌与旨在窄化气管口径的肺的白肌间争斗的结果。"在正常状态下，前者容易战胜，但在其他情况下，它们可能困难地战胜，也可能被打败。……相反的情绪也以同样相反的方式表达出来，通过非横纹肌的痉挛和麻痹，所有有非横纹肌的器官，如动脉、皮肤与支气管，大多都一样。情绪的相反通常是通过被划分为兴奋的和压抑的情绪来表现的。压抑的情绪，如恐惧、恐怖、厌恶，能加强平滑肌的收缩，而兴奋的情绪，如喜悦、愤怒等，都使平滑肌松弛，这是显著的事实。温度的相反也有类似的作用，冷就像压抑的情绪，暖就像兴奋的情绪。冷引起苍白和鸡皮疙瘩，暖让皮肤平滑，让血管扩张。如果一个人注意到由紧张的期望、做公共演讲前的焦虑以及由当众受辱的恼火等带来的不舒服的心境，他就会发现，这种心境造成的痛苦主要集中在胸部，这是在胸部中间感受到的一种刺痛，很难说它是疼，是由阻碍吸气运动并限制它的范围的一种不愉快抵抗而产生的。我们意识到胸膈的力量不够，努力利用外部胸部的随意肌做一个更深的吸气。[这就是叹气。]如果我们没能做到，这种状况的不愉快性质就增加了，因为那时，在我们的精神痛楚之上，又加上了身体上令人讨厌的没气儿的感觉，即一种轻度的窒息感。相反，如果外部肌肉克服了内部肌肉的抵抗，胸部的压迫就减轻了。当我们说一块石头压在心上，或一个重负从我们的胸腔释去时，我们以为自己是在象征性地说话。但实际上，我们只是表达了那个确切的事实，因为，要是空气没有进入肺部来平衡它的话，我们就不得不在每次吸气时都要提起空气的整个重量(约820千克)。"(第55页)一定不要忘记，与由刺激喉上神经引起的抑制相似的对吸气中枢的抑制，也可能在这些现象中起了部分作用。一个非常有趣的对呼吸困难及其与焦虑和恐惧的联系的讨论，见《波士顿医学和外科学杂志》1878年11月7日和14日上面已故Thos. B. 柯蒂斯(Thos. B. Curtis)"一个恐水症病例"(A Case of Hydrophobia)的文章，以及后面的詹姆斯J.普特南的评论，同上，11月21日。

动能力所有衰弱的根基。

我的印象是,兰格博士在这个描述中有点过于把那些现象简单化和普遍化了,特别是,他非常可能把缺血这回事讲过头了。但就算是这样,他的说明还是可以算作由情绪而引出的描述性工作的良好范例。

再看看另一种情绪,恐惧,并读一下达尔文先生对于它的效果所说的话:

> 恐惧常常有惊骇先行,并且与惊骇非常相像,两者都引向瞬间唤起的视觉与听觉。在这两种情形中眼睛和嘴巴都大张着,而且眼眉上扬。受到惊吓的人一开始像雕像般地站着,一动不动,也不喘息,或者蜷曲下去就好像在本能地避免被人看见。心跳加快、加剧,突突地跳或撞击肋骨;但是它在那时是否比平时工作得更为有效,以便输送出更大量的血液供应到身体所有的部分,这是非常可疑的;因为,皮肤就像在衰弱初起时那样立刻就变得苍白了。然而,皮肤的苍白可能主要或完全是由于血管运动中枢受到了影响,造成了皮肤小动脉的收缩。皮肤在巨大的恐惧感之下受到强烈影响,我们从皮肤立刻渗出汗来的奇异方式就可以看到这一点。这种出汗更加引人注目,因为当时皮肤表面是冷的,所以就有了冷汗这个词;而通常皮肤表面热了的时候,汗腺才能真正受到激发而活动。皮肤表面的汗毛也会直立,表层的肌肉也会颤抖。与心脏被扰乱了的活动相联系,呼吸也加快了。唾液腺的活动也有了问题;嘴巴变得干涩,而且常常是开开合合的。我也

注意到，在稍感恐惧时人很容易打哈欠。一个最显著的症状是全身肌肉的颤抖；而这常常最先表现在嘴唇上。由于肌肉颤抖，也由于嘴巴干涩，声音就变得干哑或不清楚或还可能完全失声。"我惊住了，我的头发竖立，我的声音卡在喉咙中（Obstupui steteruntque comæ, et vox faucibus hæsit）。"……随着恐惧加剧为一种极度的恐怖，就如在所有强烈的情绪之下那样，我们就会看到各种各样的结果。心脏狂乱地悸动或停跳并出现衰弱；出现了死一样的苍白；呼吸加重；鼻翼张开；喘气，嘴唇发生痉挛运动，凹陷的面颊上出现颤抖，喉咙大口地喘息，并有阻塞；睁开且突出的眼球盯住恐怖的对象；或者，它们不停地从一边转向另一边，转动她的眼睛，在那里左瞧右顾，全面地审视一番（huc illuc volvens oculos totumque pererrat）。瞳孔据说也非正常地放大了。身体的所有肌肉都会变得僵硬或者陷入一种痉挛性的运动。手一会儿握紧，一会儿松开，常伴有抽动。胳膊可能会伸出，仿佛要挡住某种可怕的危险，也可能会在头上乱舞。哈格瑙尔（Hagenauer）牧师在受到惊吓的奥地利人身上看到过这后一种动作。在其他情形中，还有一种突然和不可控制的急速逃跑的倾向；这种倾向是如此强烈，以致最勇敢的士兵都可能会突然恐慌起来。①

最后，举憎恨为例，让我们读读曼泰加扎（Mantegazza）先生提

---

① 《情绪的起源》(*Origin of the Emotions*)，达尔文，第 290—292 页。

供的关于它的可能结果的概要:①

> 头向后撤,身体向后撤;手向前伸出,仿佛要为自己挡住所恨的对象;眼睛收小或闭上,上唇向上,鼻子闭合,——这些就是避开的行为所含的所有基本动作。接下去是威吓的动作:眉头皱起;眼睛睁圆;龇牙;咬牙并颚部收紧;张嘴吐舌;攥拳;胳膊的威吓动作;跺脚;深吸气——喘气;咆哮和各种各样的叫喊;自动地重复一个词或一个音节;突然而至的虚弱和声音的颤抖;吐唾沫。最后,各种各样的混杂反应和血管运动症状:一般性的颤抖;唇部和面部以及四肢和躯体的肌肉的抽搐;对自己的暴力动作,像咬拳头或指甲;冷笑;面色鲜红;面部突然变白;鼻孔膨胀到极大;头发立起。

如果我们逐一讨论已被人们命名的情绪的完整清单,研究它们的有机表现,我们也不过是在这三个典型例子所包含的元素方面变换说法而已。这块肌肉的僵硬,那块肌肉的松弛,动脉在这里收缩,在那里膨胀,这种或那种呼吸,脉搏变慢或加快,这个腺体分泌和那个腺体不分泌,等等。而且我们还会发现,我们的描述并不具有绝对的真实性;它们只适用于平均的人;我们每一个人几乎都具有某种个人的表达特质,以不同于邻人的方式欢笑或抽噎,或者,在别人不会脸红或脸色变白的地方脸红或脸色变白。我们应当从在不同的人那里引起情绪的对象中找到一种相同的变化。让一个人爆发大笑的玩笑会使另一个人大倒胃口,又似乎对第三个

---

① 《容貌与情感的表达》(*La Physionomie et l'Expression des Sentiments*)(巴黎,1885),第 140 页。

人是侮辱性的；让我充满恐惧或忸怩的场合，恰恰能给你充分的轻松感和力量感。而且，情绪感受的内在细微之处无穷尽地相互交融。语言区分出了它们中的一些，如憎恨、反感、敌意、不喜欢、厌恶、恶意、怨恨、报复心、憎恶等等；但是在同义词词典上，我们发现这些感受更多是借助它们各自适当的客观刺激，而不是借助其意识的或主观的调子来区分的。

所有这种流变的结果就是，单纯对情绪的描述性文字是心理学的一个最琐碎的部分。还不仅是琐碎的，你还能感觉到它的再分在很大程度上要么是杜撰的，要么是不重要的，而且它所声称的精确只是一种假冒。但不幸的是，很少有不仅仅是描述性的关于情绪的心理学文献。由于情绪在小说里得到了描述，它们让我们感兴趣，因为我们是能分享它们的。我们渐渐熟悉了唤起情绪的具体对象和事件，而任何能为书页增添光彩的会意的内省痕迹都会受到快速而会心的回应。显然公认具有文学性质的箴言式哲学著作，也照射进我们的情绪生活，并给我们带来一阵阵的喜悦。但就情绪的"科学心理学"而言，我已经读了太多关于这个主题的古典著作，现在宁愿去读关于新罕布什尔一个农场的岩石形态的文字描述，而不愿再去受累把它们重读一遍了。它们在任何地方都没有给人一个中心观点，或者一个演绎或生成的原理。它们近乎无穷地进行区分、提炼和详细说明，而从未达到另一个逻辑层面。而所有真正的科学著作的优美之处就在于要不断达到更深的层面。就没有从对于情绪的这种个别描述的层面走出来的路了吗？我相信有一条出来的路，但我担心很少有人愿意走这条路。

在心理学上讨论情绪的问题在于，它们太被看作是绝对个别性的东西了。只要它们被确定为如此之多的永恒和神圣的心理实存,像自然史中的不变物种那样,那么对于它们所能做的就是虔诚地编列出它们各自的特性、要点和作用。但是,如果我们把情绪看作更一般的原因的产物(就像"物种"现在被看作遗传与变异的产物那样),那么单纯的区分和编列就成了次要的事情了。有了生金蛋的鹅,对每只已经生下来的金蛋的描述就是一个小事情。情绪的一般原因无疑是生理学的。哥本哈根的 C. 兰格教授于 1885 年在我引用过的一本小册子中发表了一种关于情绪的构造和条件的生理学理论,我在前一年发表于《心》的一篇文章中已经讨论过他的理论。我所听到的对这一理论的批评,都不能让我怀疑它的基本真实性。所以,我将在接下去的几页中解释这个理论是什么。我起初将只讨论可以被称为较粗糙的情绪,悲痛、恐惧、狂怒和爱,每个人都承认在这些绪中有强烈的机体响应,然后再来谈那些较细致的情绪,或那些其机体的响应不那么明显和强烈的情绪。

至少在较粗糙的情绪中,情绪跟随在身体表现之后

我们思考这些较为粗糙的情绪的自然方式是,对某个事实的心理知觉激起被叫做情绪的心理作用;以及这后一种心理状态引起身体的表现。相反,我的理论是,**身体变化直接跟随在对刺激事实的知觉之后,以及我们在这些变化发生时对变化的感受就是情绪**。常识说,我们破产了,就难过并哭泣;我们遭遇到熊就受到惊吓并奔跑;我们被对手羞辱,就生气并打他。这里要辩护的假说

说，这个次序是不正确的，一个心理状态不是直接由另一个心理状态引起的，两者之间必须有身体表现介于其间，较为合理的陈述是，我们因为哭泣而感到难过，因为打人而生气，因为发抖而害怕，而不是因为难过、生气或害怕而哭泣、打人或发抖。如果没有身体状态跟随在知觉之后，知觉就是纯粹形式上的认知，它苍白、无趣、没有情绪的热度。我们也许是看到了熊并判断最好是跑开，受到羞辱并觉得出手是对的，但我们不会真正感受到害怕或生气。

如果以这种粗略的方式来陈述，人们肯定立刻就会表示不相信这个假说。不过，并不需要很多的考虑，也不需要牵强附会的理由，就可以减轻它的悖论性质，并让人们相信它的真实性。

首先，前面两章的读者不会倾向于怀疑这个事实，即对象的确通过预先组织起来的机制激起身体的变化，或许，他们也不倾向于怀疑这个更进一步的事实，即这些变化是如此的繁多和微妙的，以致我们可以将整个有机体称为一个共振板，意识的每一个变化，无论多么细微，都能让它做出响应。有机活动可以有各种变换与结合，这使得这一点在抽象意义上成为可能，即不论多么轻微的情绪表现都会有身体上的响应，从总体上看，这种响应与心境本身一样地独特。在每种情绪中发生变化的部分数量极大，这使得我们很难冷静地将任何一个情绪的总体和完整的表现再现出来。我们也许能抓住随意肌的机巧，但抓不住皮肤、腺体、心脏和其他内脏的机巧。就像人为模仿的打喷嚏缺少某种真实性一样，在正常诱因缺场的情况下尝试去模仿一种情绪也很容易是相当"空洞的"。

其次需要注意的是，每一个身体变化，不论是什么，都在其发生的那一刻准确或模糊地**被感受到**。假如读者还未曾注意过这个事

第二十五章 情绪

情,那么当他知道他能在自己的身上发现多少表现其各种情绪心境的不同的局部身体感受时,他会既感兴趣又感到吃惊。期望他为着任何像这样的好奇的分析之故去抓住任何强烈情感的浪潮,也许是期望于他太多了;但是他能够观察较为平静的状态,而在这里我们可以设想,对于比较平静的情绪是真实的东西,对于较为强烈的情绪也是真实的。我们整个立体的身体可以感觉得到是活泼敏感的;而它的每一小部分都将其感受性的脉动(模糊或清晰,愉快、痛苦或不确定)加之于我们每个人都带有的那种人格感。多么微小的东西就能让这些感受性的复合体得到强调,这是令人惊奇的。在一个人因某个小麻烦而烦恼时,他可能会发现,他的身体意识的焦点是眼睛与眉毛的收缩,这种收缩常常是不起眼的。在感到尴尬的那一刻,是咽部的某个东西迫使他吞咽一下唾液,清一下喉咙,或者轻咳一声;还有许多可以提出的实例。我们这里关切的是总的观点而不是细节,我就不占用时间讨论这些了,假定大家已经承认发生的每一个变化都一定会被感受到这一观点,我转到下面的讨论。

我现在来强调我的整个理论的重要之点:如果我们想象某种强烈的情绪,然后试着从我们关于它的意识中抽离出对涉及这个情绪的所有身体症状的感受,我们就会发现什么都没有了,我们找不到构建那种情绪的"心的要素",留下的就只有一种冷静和中立的理智知觉状态了。的确,尽管大多数人在被问到时都会说他们的内省证实了这种陈述,还是有一些人会坚持说他们的内省没有证实这一点。有许多人你无法让他们理解这个问题。你请求他们从对一个对象的可笑性的意识中,想象着将每一个笑的感受和笑的倾向的感受除去,然后让他们告诉你那种可笑性的感受是什么样的,它是否不只是那个对象属于"可笑"一类的知觉,他们就会坚持回答说,你所说的东西实际上是不可能的,而且,如果看到可笑的对象他们总是一定要笑的。当然,我向他提出的任务并不是实际要让他在看到可笑的对象时打消笑的倾向。它是一个纯粹思辨的任务,即从一种被认为是完完全全的情绪状态中除去某些感受要素,并说出剩余下的要素是什么。我无法不认为,所有正确领会了这个问题的人都会同意上面阐明的命题。如果既没有心跳加快的感受也没有呼吸变缓的感受,既没有唇部颤抖的感受也没有四肢乏力的感受,既没有起鸡皮疙瘩的感受,也没有内脏活动紊乱的感受,剩下的会是哪样一种恐惧的情绪,这对我来说这是无法想象的。一个人能想象狂怒的状态,而想不到胸中血液沸腾,脸色变红,鼻孔张开,牙齿咬得咯咯响,以及做出强有力的行动的冲动,而是想到肌肉的松软,呼吸的平稳,面部的平静吗?作者本人肯定不能这样想象。这样想的话狂怒就和对其所谓表现的感觉一样完全蒸发掉了,而唯一可以被设想为取代其位置的东西,就是某种完全限制在理智范围之内的冷冷的和没有激情的司法判决,大意是某个或某些人应为他们的罪孽受到惩罚。悲痛也是一样:要是没有眼泪和抽泣,没有心脏的窒息和胸腔的剧痛,悲痛还是什么呢?它只是一种无感受的认识,即某些环境是悲惨的,仅此而已。每一种情绪都是同样的情形。完全脱离了身体元素的人类情绪什么也不是。我并不是说,情绪必然是一个矛盾,或者纯粹精神只能过冷冷的理智生活;我只是说,对于我们来说,与所有的身体感受分离开来的情绪是不可想象的。我越是缜密地审察我的状态就越是相信,我所具有的不论何种心境、感情和情绪,事实上都是由我们通

第二十五章 情绪 521

常称之为其表现或结果的身体变化构成和组成的；事情也就越发对我显得是这样，即假如我在身体上变得麻木，我就将被排除于感情（粗糙的和纤细的）的生命之外，并仅仅以认知的或理智的形式来苟延残喘。这样一种存在尽管似乎是古代圣贤们的理想，但它太无感情，而不再被在几代人之前发生的感性崇拜复兴之后出生的人们所强烈追求了。

不要把这个观点说成是唯物主义的。它并不比任何认为情绪受神经过程影响的其他观点更唯物主义，或更不唯物主义。本书的读者不大可能会反对这样一个说法，只要它是以一般性的术语表达的；而如果有人还是在我们现在辩护的论题中发现了唯物主义，那一定是因为所涉及的特殊过程。它们是感觉过程，即由物理事件引起的内部物质流动而产生的过程。诚然，这类过程一直被心理学中柏拉图派的人看作带有某种特别卑贱的东西。但是，无论情绪出现的生理基础是什么，它们始终都是它们向内地所是的东西。如果从任何可以设想的关于其生理来源的理论来看它们都是深层、纯粹和有价值的精神事实，那么基于现在的感觉理论它们也同样是深层的、纯粹的、精神性的和值得关注的。它们带有其自身内在的价值尺度；用这个情绪理论去证明感觉过程不必是粗鄙的和物质的，正如用其粗鄙性和物质性来证明这个理论不可能正确，是一样合乎逻辑的。

如果这样一个理论是正确的，那么每个情绪就都是一堆要素的结果，而且每个要素都是由一个已知的生理过程引起的。所有这些要素都是有机变化，而且它们每一个都是刺激对象的反射作用。现在，明确的问题立刻就出现了——这些问题与没有这种观点时的仅有问题非常不同。那些是分类问题:"什么是情绪的正当的属,在每一个属之下又有哪些种?"或者是描述问题:"一个情绪可以通过什么样的表达得到描述?"现在的问题是因果的:"这个对象引起什么变化,那个对象引起什么变化?"以及,"它们如何能引起这些特殊的变化而不是其他的变化?"我们从肤浅的研究进到了深入的研究。分类和描述是科学的最低级阶段。一当起源的问题被提出,它们就沉入到背景之中了,并只在能有助于我们回答这些问题的方面才是重要的。现在,情绪的起源问题一旦说明,一旦被看作是由即刻被感受到的许多反射动作的对象所引起的,我们马上就明白了为什么可能存在的可能的不同情绪在数目上是无限的,以及为什么不同个体的情绪可以无限定地变化(在其构成上,以及在引起它们的对象上)。因为在反射动作中没有什么东西是神圣的和永恒不变的。任何反射作用都是可能的,而且如我们所知,反射作用事实上是无限变化的。

我们都看到过,在快乐的时候,人说不出话来,而不是滔滔不绝;我们都看到过,恐惧让一个人热血上头而不是让他面色苍白;我们也都看到过,悲痛让人哀伤着不停地乱跑,而不是让他垂头坐着,缄口不语,等等;这都是相当自然的,因为同一个原因可以在不同人的血管中起不同的作用(因为,这些血管并非总是以相同的方式做出反应),而且,冲动在经过大脑抵达血管运动中枢的路上,会受到以回忆或观念联想的形式表现出来的不同先前印象的不同影响。[①]

---

① 兰格,在前面引用的书中,第 5 页。

总之,对情绪的任何分类,如果仅仅服务于某些目的,就都应当被看作是像任何其他分类一样真实和"自然的";而"什么是愤怒或恐惧的'真正'或'典型'表现?"这样的问题,似乎是没有任何客观意义的。我们现在提出的不是这个问题,而是任何给定的愤怒或恐惧的"表现"是如何产生的这样一个问题;这一方面是一个有关生理机制的真实问题,另一个方面是一个有关历史的真实问题,它(像所有真实的问题一样)在本质上是可以回答的,尽管可能很难找到这种回答。后面我将提到人们做出过的回答这个问题的一些尝试。

以实验的方法检验这一理论的困难

我已经清楚地提出了对于我来说最为有效的思考情绪的方式。必须承认,到目前为止这仅仅是一个假说,只是可能是真实的概念性认识,距离明确的证明还差得很多。然而,要想断然否证它,唯一的方法就是举出一种情绪,然后表明,其中的感受性质确然是在所有可能源自当时受影响器官的感受性质之外的。但是,有把握地找出这类纯粹精神的感受性质显然是件超出人的能力的任务。如兰格教授所说,我们绝对没有直接的标准在精神的和肉体的感受之间做出区别;而且,我还要加上,我们越是清楚地向内省察,我们的感受性质就越是被定了位的(见上文第一卷第300页),结果是,做出这种区别就变得越发困难了。①

---

① 赫夫丁教授在他的出色著作《心理学》中承认(第342页),在情绪中身体感觉与纯粹精神作用是混合在一起的。但是,在他主张精神作用存在时,却没有讨论辨识出这种精神作用的困难(甚至也没有表明他已经充分考虑了这些困难)。

另一方面,要是我们能找到一个这样的被试,他内外都没有感觉,但又没有瘫痪,所以激起情绪的对象能从他那里唤起通常的身体表现,但是在被问及时又会说他没有感受到主观的情绪,那么这个理论就有了确切的证据。这样的人就像是一个因为在吃而在旁观者看来是饥饿的,但后来却说根本没有胃口的人。极难找到像这样的案例。据我所知,医学文献中只有三个报告。在著名的关于雷米吉乌斯·莱因斯(Remigius Leins)的报告中,报告者没有提到他的情绪状态。在 G. 温特(Winter)博士的案例①中,病人据说是呆滞和迟钝的,但是,据我从温特博士那里得知的,他的心理状态没有得到特别的注意。在斯特伦佩尔(Strumpell)教授所报告的极为特殊的病例(我在后面另一个相关的地方还会提到这个病例)②中,我们看到病人是个十五岁的鞋匠学徒,除了一只眼睛和一只耳朵,内外都完全没有感觉,他在弄脏了床时表现出了羞耻感,在把以前喜欢的一盘食物放在他面前时,想到他不能再尝到这食物的味道了,他表现出了悲痛。斯特伦佩尔博士还好心地告诉我,这个病人有时会表现出惊愕、恐惧和愤怒。但是,在观察他时,并没有想到过我现在这样的理论;正如这个病人不带有内在的感受而冷漠地满足其自然的欲望和需要那样,伴随他的情绪表现的

---

① 《全身感觉缺失的案例》(*Ein Fall von allgemeiner Anæsthesie*)(海德堡,1882)。

② 《齐姆森德国临床医学文库》(*Ziemssen's Deutsches Archiv für klinische Medicin*),XXII. 321。

也是一颗相当冷漠的心,这始终都是可能的。① 如果有任何新出现的广泛感觉缺失的病例,都应当对与环境引起的情绪"表现"不同的内在情绪感受性进行仔细的考察。

对反对意见的考虑

现在让我来留意几种反对意见。对它们的回答将使这个理论更显合理。

第一个反对意见。人们可能会说,没有真实的证据可以支持这个假设,即特殊的知觉确实通过一种直接的物理作用,在情绪或

---

① 并不少见的歇斯底里单侧感觉缺失症的病例不够完整的,不能用于这里的研究。此外,新近的研究(在第4章给出了对这些研究的一些说明)倾向于表明,歇斯底里感觉缺失症不是感觉的真正缺失,而是,某些感觉与人的意识的其他部分"离解"(如皮埃尔·詹尼特所称)或分裂,这个其他部分就成了还与通常的表器官联系着的自我。分裂出来的意识构成次级自我;詹尼特在信中告诉我,他认为没有理由相信,那些与意识整体的离解使病人实际上变得感觉缺失的感觉,不会还对病人的情绪生活有所贡献。它们的确仍然对位置移动的功能有所贡献;因为,在他的病人 L. 那里,尽管有感觉缺失,却没有发生运动失调。詹尼特向我写道,他的感觉缺失症病人 L. 似乎"有遭受痛苦的幻觉。""我常常不经警告地戳她或烫她,而且是在她没有看到我的时候。她从来不动,显然没有感知到任何东西。但是,如果后来她在活动时看到受伤的胳膊上,看到皮肤上由于轻戳而渗出来的小血点,她就会哭出声来,就会悲哀,好像受了很多的苦。"我流血了,"她有一天说;"我一定受了好大的罪!"她遭受的痛苦是幻觉的。这种受苦在歇斯底里症病人中是很常见的。他们得到一点点身体上有所改变的暗示就够了,他们的想象会把其他的填充进来,发明出并没有感受到的变化。"见詹尼特后来发表的《心理自动作用》中第214—215页的评论。

情绪性的观念出现之先,就产生出广泛的身体上的结果。

回答。确实有这样的证据。在聆听诗歌、戏剧或英雄史诗时,我们常常惊异于像突然通过我们身体的波流那样的皮肤颤抖,惊异于意想不到突然出现的心脏膨胀和泪水涌流。在聆听音乐时这些情况甚至更加真实。如果我们在森林里突然看到一个黑的移动的东西,我们的心脏就会停止跳动,我们会立时屏住呼吸,而且这都发生在任何清晰的危险观念产生之前。如果我们的朋友走近悬崖的边缘,我们就会有一种人人都知道的"全身不舒服"的感觉,我们就会后退,尽管我们确定地知道他是安全的,而且并没有明确地想象他的坠落。作者本人清楚地记得,当自己还是一个七八岁的男孩时,在看到一匹马在流血而昏厥时的那种惊恐。血在一只桶里,里面有一根棍子,而且,如果没有记错,我还用那根棍子搅动桶里的血,并看见血从棍子上滴下来,除了孩子的好奇之外没有任何感觉。突然间我的眼前全都黑了,耳朵开始嗡嗡作响,什么都不知道了。我从没听人说过看见血会引起昏厥或恶心,对于血也没有那么讨厌,也不了解血会有其他危险,我还记得,甚至在那个柔弱的年龄,我也禁不住感到惊奇,仅仅是那么一桶深红色液体的物理性的在场,怎么竟能产生如此可怕的身体上的结果。

兰格教授写道:

> 没有人想过要把由极其巨大的声音引起的情绪与真实的内部感受分别开来。所有人都不会犹豫地称它为害怕,而且它表现出了普通的害怕迹象。不过,它决没有与危险的观念结合着,也不是以任何方式由联想、记忆或其他心理过程引起

的。害怕的现象是直接跟随在响声之后的,没有丝毫"心理的"恐惧。许多人始终都不能习惯于在火炮开火时站在旁边,尽管他们完全知道那无论对他们自己还是对其他人都没有危险——仅仅那个声音就让他们忍受不了。①

想象一下两片钢制刀片的刀刃相互成直角交错并来回错动。想到这种情形我们的整个神经组织就"紧张不安";不过,除了这种让人不愉快的神经感受本身,或者对还会有更多这样的感受到来的恐惧以外,这里还会有什么情绪呢?在这里,情绪的整个储备与资本都是由刀片所直接引起的无感觉的身体上的结果。这个案例是一类情况的一个典型:当一种观念上的情绪看起来是先于身体征兆的时候,它常常只是对那些征兆本身的一种预期。一个在看到血时已经昏厥了的人,可能会带着无法控制的心的下沉和忧虑,见证到外科手术的准备工作。他预期着某些感受,而这种预期加速了这些感受的到来。在病态恐怖的案例中,被试常常承认,主宰着他们的东西主要是对恐惧本身的恐惧。在被佩因(Pain)教授称为"温和情绪"的各种形式的情绪中,尽管适合的对象通常一定都是在情绪被唤起之前就直接被想到过,但是有时想到情绪本身的征兆就可能会产生同样的效果。本性上多愁善感的人,想到"怀念"就会产生真实的"怀念"。母亲想象着对孩子的爱抚,就会唤起母性的渴望,更不用说粗糙情绪的例子了。

在像这样的案例中我们清楚地看到,情绪如何既开始于也终

---

① 在前面引用的书中,第63页。

结于我们称为其效果或表现的东西。它要么是对那些表现的鲜活感受,要么是关于它们的观念,除此而外没有其他的心理位置;那些感受和观念构成了它的整个质料、总体和实质。这些案例应当使我们了解,对这些表现的感受如何在所有情况下都在情绪的构成方面起着比我们惯于认为的更深的作用。

情绪的直接原因是神经的一种物理结果,对于这一点的最好证明是由那些情绪没有对象的病理案例提供的。事实上,我所提观点的一个主要优点似乎就是,我们借助它可以很容易地在一个共同的方案之下将病理案例与普通案例表述清楚。在每一个收容所我们都会找到绝对无动机的恐惧、愤怒、忧郁或幻想的实例;以及其他尽管有它应当让位的最好外部理由,却还是一直持续着的同样无动机的冷漠状态的实例。在前一种实例中,我们必须假定,神经机制在某一个情绪方向上是如此的"不稳定",以致几乎每一个刺激(无论多么不适合)都会使它以那种方式变得不安,并产生出构成那种情绪心理本体的特殊感受复合体。举一个特殊的例子,如果不能深呼吸,心脏悸动,并且特有的上腹部变化被感受为"胸闷",并伴有一种不可抑制的要蜷缩起来并坐着不动的倾向,也许还伴有现在不知道的其他脏器变化过程,所有这些都一起同时发生在某一个人身上;他对于它们的结合整体的感受就是害怕的情绪,并且,他就是所谓病态恐惧的受害者。一个有时会遭受这种所有疾病中最苦恼的病症发作的朋友告诉我,在他那里,整个发作过程似乎是以心区和呼吸器官为中心的,他在发作时所做的主要努力就是控制住吸气以及减慢心跳,一旦他能做深呼吸并让自己站直,那种害怕本身似乎就走开了。①

在这里,情绪只是对身体状态的感受,它有纯粹身体性的原因。

> 所有从事大量行医实践的医师都看到过消化不良的病例,持续的精神低迷和不时的恐怖发作使得病人的状况极其可怜。我曾时常观察这些病例,并且密切地察看他们,我从没见过任何比我在这些发作中所见证过的更大的痛苦。……例如,一个人正在遭受我们称为神经性消化不良的折磨。有一天,我们认为是下午的中间时段,没有任何警告或可见的原因,一次这样的恐怖发作就来了。这个人首先感受到的是强烈却又不很明确的不适。然后,他注意到心脏的搏动过于强烈了。同时,有像放电一样的震击或闪现,强烈得几乎是疼痛了,一个跟着一个通过他的身体与四肢。几分钟后,他陷入了极度强烈的恐惧状态。他不是害怕什么东西;他只是害怕。他的神智完全清楚。他寻找这种可悲状况的原因,但是什么都找不到。此时他的恐怖强烈得让他猛烈颤抖并低声呻吟起来;他满身是汗;嘴干透了;在这个阶段他的眼里没有眼泪,尽管他所受的痛苦是强烈的。当发作达到了高峰并且过去了时,眼泪便涌流如注,

460

---

① 必须承认,在有些病态的恐惧中,心脏客观上并没有严重地受到扰乱。然而,这并不能证明我们的理论是错的,因为,这种情况当然是可能的,即皮层中枢通常是把恐惧感知为由于真实的身体变化而发生的心脏及其他器官的感觉群,这样的中枢在大脑发生疾病的时候,首先就会兴奋起来,并引起关于那里有变化的幻觉,——一种恐惧幻觉,与相对平静的脉搏等等并存。我说这是可能的,因为我不了解能检验这个事实的观察。迷睡、出神等等也提供了类似的例子,——更不用说普通的做梦了。在所有这些情况下,由于纯粹神经中枢的活动,人都可能会有最生动的主观感受,无论是眼的还是耳的,还是更具脏器性和情绪性的,而我相信,外周神经是完全没有起作用的。

或者就是出现这样一种精神状态,最小的一点刺激也会让他大哭不止。在这个阶段会排出大量清色的尿液。然后,心脏的活动就再次变得正常了,发作就过去了。①

此外:

> 还有狂怒的爆发会那么地没有原因和不加控制,所有人都一定会承认它们是疾病的表现。对于医学的门外汉来说,没有什么比观察这样一种病理性的狂怒发作更有教益了,尤其是当它自身呈现为单纯的和未与其他心理纷扰混杂的样子时。被称为暂时性躁狂的罕见疾病的情况就是这样。易于发作的病人——否则就完全是一个讲理的人——会在没有一点外部刺激的情况下突然发作,并[用最近研究这一主题上的作者 O. 施瓦特(O. Schwartzer)在《短暂的躁狂症》(*Die transitorische Tobsucht*),魏因,1880 中的话来说]陷"入一种突然发作的最狂野的狂怒,带着可怕的和盲目暴怒的冲动,要去施暴,去破坏。"他扑向周围的人,打、踢和掐他能抓着的任何人;摔任何他伸手够得着的东西;打破和弄碎在他跟前的东西;撕自己的衣服;又喊又嚎又吼,双眼泛着光转来转去,并同时表现出我们已知会伴随着愤怒的血管运动性充血的所有症状。他的脸发红肿胀,面颊滚烫,眼球突起,眼白充血,心脏突突暴跳,脉搏一分钟达到了 100—120 次。颈动脉充血并搏动,静脉膨胀,唾液流淌。这种发作仅持续几个小时,在睡了 8 到 12 个小时之后就会突

---

① R. M. 布克(R M. Bucke):《人的道德本性》(*Man's Moral Nature*)(纽约,1879),第 97 页。

然结束,醒来之后病人就完全忘记所发生的事了。①

在这些(表面上)无原因的情绪状态中,那些爆发了的特殊通路是可以通过任何一种进来的感觉释放的。正像当我们晕船时,每一种气味、味道、声音、景象、运动,每一个感觉经验,不论什么,都会加重我们的恶心一样,病态恐惧或愤怒也通过每一种激发神经中枢的感觉而加剧。绝对安静在那时是唯一的治疗。似乎不能不承认,在所有这种情况下,身体状态都发生在先,心理的情绪跟随其后。理智可能事实上很少受到影响,所以才能始终起着那种冷静的旁观者的作用,并注意到情绪并没有一个真实的对象。②

引自亨利(Henle)的一些话,也许可以结束我对第一种反对意见的回答:

> 事情岂不显得是这样,身体上的神经的激发,在半路遇到观念,以便把后者提升到情绪的高度?[注意这个说法多么恰当地表达了我们的理论!]通过这样一些案例,即特殊的神经在特别容易激发时,就加入到情绪中并决定它的性质,就可以

---

① 兰格,在前面引用的书中,第61页。
② 我倾向于认为,在某些歇斯底里性的悲痛、狂怒等状态中,脏器的紊乱并没有外部表现的紊乱那么强。这时我们看到有大量的言语表达,而内心是空虚的。尽管旁观者满怀同情,或被吓得面色苍白,当事者却会始终任着自己说下去,但也感受到自己的不诚实,而且不知道他能这样表演多长时间。发作常常令人惊异地突然而至。这里的治疗就是借助更强的意志来威吓病人。如果他发脾气,就把你的脾气也发出来——"而且,如果你要嚷嚷,我也像你一样嚷嚷。"这些是有较强的身体表现,而真实的主观情绪却相对较小的案例,它们可能被用来作为不信任文中阐述理论的理由。——与发声器官的表现比较,这些案例中的脏器表现大概是不成比例地轻微。病人的状态有点儿像对其表演没有感觉的演员的状态。

证明它们是这样的。当一个人遭受着开放性的创伤时，任何悲痛或可怕的场面都会引起伤口的疼痛。心脏病患者会发展出一种心理上的可激发性，它常常是病人本身所不了解的，但是它产生自心悸的倾向。我说过，情绪的性质也是由要参与这个情绪的器官决定的。正如来自根据星座所做推理的不祥预感，会伴有胸腔的压迫感一样，由于胸部器官的疾病所导致的类似压迫感，也肯定会伴有无原因的预感。像通过食道从胃部升起，半道磨蹭几分钟，又对心脏施加了压力的一个气泡这么小的东西，都能在睡眠中引起梦魇，并在醒来时产生一种模糊的焦虑。另一方面，我们看到，快乐的想法让我们的血管膨胀，而适量的酒，由于它会让血管膨胀，也会让我们产生快乐的想法。如果玩笑与酒一起发挥作用，它们就会在产生情绪效果方面相互补充，而且，随着酒起的作用越来越大，我们对玩笑的需要相应地就变得越来越小了。①

第二个反对意见。如果我们的理论是正确的，它就会有这样一个必然推论：一种特殊情绪的所谓表现，只要以随意和冷静的方式发生，我们就应当有那种情绪。情况却并不是这样（这种反对意见说）。演员能够完美地模仿一种情绪而内心是冷静的；我们也都能假装哭泣而不觉得悲痛；假装笑而不觉得好笑。

回答。在大多数的情绪方面，这个试验是不适用的；因为，许多表现是发生在我们不能随意控制的器官之中的。比如，很少有

---

① 在前面引用的书中，第72页。——兰格非常强调神经药物，将其当作对他的论点的证明的一部分，这个论点就是，对身体的物理作用是情绪产生中的最初的事情。

第二十五章 情绪

人在假装哭泣时真的能流出眼泪来。但是，在可以证实的范围内，经验是在证实而不是在否证正受反对意见责难的我们的理论的必然结论。每个人都知道逃跑会怎样加剧恐慌，以及放任悲痛或愤怒的征兆会怎样加剧那些情绪本身。每一次哭泣都会加重悲伤，并引起下一次更强烈的哭泣，直到最后随着疲乏和器官力量的明显耗尽，才能平静下来。在狂怒中，谁都知道我们是怎样通过狂怒表现的反复爆发而"让自己上升"到顶峰的。拒绝表达一种情绪，那情绪就消失了。在发怒之前从一数到十，愤怒的发作就显得可笑了。用吹口哨来保持勇气并不只是一种比喻。另一方面，整天闷闷不乐地坐着，叹气，对每件事都以阴沉的声音来回应，你的忧郁就总纠缠着你。像所有有经验的人都知道的，在道德教育上没有比这更有价值的准则了：如果我们希望去战胜自身的不良情绪倾向，我们就必须勤奋地，并且在开始时要冷静地坚持我们想要培养的相反倾向的外部运动。随着沉闷或沮丧的消退，以及替代它们的真实的欢乐与友好的出现，这种坚持的回报一定会来到。眉头舒展了，眼睛亮了，腰板挺直了，说话的调子明亮了，会友善地向人致意了，如果你的心还没有渐渐融化，那它就一定是冷淡的了！

所有心理学家都认识到了这一点，只是他们没有充分了解它的意义。例如，贝恩写道：

> 我们发现，一个微弱的情绪波动……由于受到外部的阻止而在内部停搁下来；如果外部的发泄在每一个点上都被阻止住，脑部的流或中枢的兴奋就消失了。正是通过这样的约束，我们才能常常压住怜悯、愤怒、恐惧和傲慢——在许多微不足道的小事情上。如果是这样，那么事实上，压住实际的动作就

趋向于压住引起这些动作的神经流,这样,内部的静止就跟随在外部的静止之后。如果大脑的波对自由向外的发泄或表现没有某种依赖,那么这样的结果就无论如何也不会发生。……通过同样的介入,我们也可以唤醒一种潜伏着的感受。通过表演出外部的表现,我们可以逐步影响引向它们的神经,并最后通过一种来自外部的活动来唤起那种扩散性的神经流。……所以,我们有时能够通过勉强做出欢闹的表情来得到欢乐的心态。①

对类似的效果,我们还有大量其他的证据。伯克(Burke)在其《论崇高与美丽》(on the Sublime and Beautiful)的著作中写下了如下关于颅相学家坎帕内拉(Campanella)的话:

> 看起来,这个人不仅对人的面部做了非常准确的观察,而且在模仿任何不同寻常的面容方面都非常专业。当他想要看透他要对付的那些人的倾向时,他就尽可能逼真地把他的脸、姿态和整个身体变成他要研究的那个人的样子;然后仔细观察这样的改变给他带来了怎样的内心转变。这位作者说,这样他就能有效地进入到人们的倾向与想法中去,就像他变成了那些人一样。我常常观察到[伯克现在以他自己来继续说],在模仿愤怒、或平静、或受了惊吓、或大胆的人们的样子或姿态时,我会无意地发现我的心转向了我努力去模仿其表现的那种情绪;而且,我还确信即使努力把那种情绪与其相

---

① 《情绪与意志》,第361—362页。

第二十五章 情绪

应的姿态分别开来,也很难避免那种情绪。①

针对这一点,有人会说,许多在面部、声音和步态上完美模仿了情绪的外部表现的演员说,他们完全没有感受到任何情绪。然而根据在演员中做过非常有启发性的统计研究的阿彻(Archer)先生的说法,其他人则说,只要表演得好,他们就会充分感受到角色的情绪。② 所以:

> "在恐怖或极度激动的表演场景中,"伊莎贝尔·贝特曼(Isabel Bateman)小姐写道,"我常常脸色变白。人们曾多次告诉过我这一点,而且我自己也能感受到在激动的情境中自己非常冷、颤抖或脸色苍白。""当我表演愤怒或恐惧时,"莱昂内尔·布拉夫(Lionel Brough)先生写道,"我相信我的脸色的确变得苍白了。我的嘴发干,舌头黏在腭部。比如在演鲍伯·阿卡斯的时候(在最后一幕),我不得不不断地湿润我的嘴,否则我就说不出话来。我不得不'吞下那块东西',我是这样称呼这种情形的。"所有扮演情绪角色经验丰富的艺术家都绝对是一致的。……"用脑子表演远没有用心表演那么累,"阿尔玛·默里(Alma Murray)小姐说,"女冒险者比富有同情

---

① 杜格尔德·斯图尔德《原理》(汉密尔顿版),III. 140 中的引证。费克纳(《美学初阶》(*Vorschule der Aesthetik*),156)说到他自己的几乎同样的事情:"一个人可以通过自己的观察发现,对一种心理状态的身体表现的模仿,比单纯的看更能帮助我们理解它。……当我在某个我不认识的人身后,尽可能准确地模仿他的步态或姿势时,我就很奇怪地有了那个人自己一定感受到了的感受。可以说,以年轻女人的样子轻快地碎步走,能让一个人进入一种女性的心境。"

② "表演法的解剖"(The Anatomy of Acting),见《朗曼杂志》(*Longman's Magazine*)(1888),第 11 卷,第 266、375、498 页,后来出版了单行本。

心的女主角消耗的精力要少得多。肌肉的用力与这没有多大关系。"……"在表演时，情绪远比身体的用力更能引起排汗，"豪先生写道，"我在扮演约瑟夫·瑟菲斯时，只需要很少或者根本不需要体力，却总是出汗很多。"……"我感受到的疲惫，"福布斯·罗伯逊（Forbes Robertson）先生写道，"是与我投入角色的情绪的量成比例的，而与身体的用力无关。"……"尽管我从十七岁起就扮演奥赛罗（在十九岁那年我得到扮演那个摩尔人给麦克里启扮演的埃古配戏的荣耀），"科尔曼（Coleman）先生写道，"尽管我节省着精力，这个角色总是许多角色中让我精疲力竭的一个。我尝试了每一种现有的涂料，还是始终没能找到一种能够在我的脸上保持住的涂料。甚至伟大的埃德温·福里斯特都告诉我，扮演奥赛罗总是很费力，而且我也听到查尔斯、基恩、费尔普斯、布鲁克和狄龙说同样的话。另一方面，我经常扮演理查德三世，就丝毫也不吃力。"①

这些引语所提示的东西也许可以解释演员之间的不同。情绪表现的脏器的和机体的部分，在一些人那里能够被压抑，在另一人那里就不能，而所感受到的情绪的主要部分大概都是依赖于此的。科克兰和其他内在冷漠的演员也许是能够完全将这个部分分离开来。基辅的西科尔斯基（Sikorsky）教授给1887年的《精神病学中心报》撰写了一篇关于神经失常者的面部表情的重要文章。他自己做过大量面部模仿的练习，他说：

当我以任何一种模仿组合的方式来收缩我的面部肌肉

---

① 第394页。

时，我都没有感受到任何情绪的兴奋，所以，在这个词的最充分的意义上，模仿是人为的，尽管从表情上看并无瑕疵。①

然而，我们从上下文中发现，西科尔斯基教授的镜前练习已经让他有了一种控制其面部肌肉的精湛技艺，他能完全不理会它们的自然关联，并以任何组合的方式来收缩它们，能单独收缩脸的某一侧，或只收缩某一块肌肉。在他那里，面部模仿可能是完全有限制的和局部的，在其他地方没有任何共鸣的变化。

第三个反对意见。表现一种情绪远不是在增强它，而是使它终止。愤怒在充分的爆发之后消失；正是被压抑的情绪才"疯狂般地在大脑中活动"。

回答。这个反对意见没有将在表现的过程中感受的东西与在表现之后感受的东西区分开来。在表现的过程中情绪总是被感受到的。在正常的过程中，作为自然的释放通道，这会耗尽神经中枢的能量，情绪的平静随之而来。但是，如果眼泪或愤怒被压住，而悲痛或狂怒的对象在心中依然故我，本应溢满正常通道的神经流就会转向其他通道，因为它必须找到某个倾泻的出口。然后，它就会引出不同的和更坏的结果。例如，复仇的沉思可能替代义愤的爆发；想哭的人会浑身干热，或者，他可能像但丁说的，变得心如顽石；之后，眼泪或者一场暴风雨般的发作才有可能让人痛快地放松下来。当正常的通道被堵塞，神经流强得足以冲进病态的通道时，情形就是这样。在这样的情况下，立即发泄可能是最好的。但是在这里，再次引证贝恩教授的话：

---

① 第496页。

所说的意思只是这个事实,即情绪会强得无法抗拒,我们的抗拒努力只是白费力气。如果我们真的能阻止住这个急流,那我们也并不比在感受较弱的情况下更有理由不做这样的尝试。毫无疑问,如果没有一种有系统的、达及弱或强的情绪的控制,对情绪的习惯性控制就是不可能获得的。

当我们教孩子抑制住他们的情绪性谈话与表现时,问题并不在于他们可能会感受得太多——恰好相反。问题是在于他们可能会想得太多;因为在一定的程度上,任何从下面区域转移出来的神经流,都一定会加强大脑思想通道的活动。在中风或其他脑损伤的病例中,我们得到相反的情况——就是说,思想通道上的神经流的阻塞,以及与之相伴随的对象越来越强的引起向下进入身体器官的神经流的倾向。其结果就是在最微不足道的小事情上流眼泪、大笑和发脾气,并伴随着在逻辑思考以及意志的注意与决定能力的相应的虚弱无力——这类事情正是我们要让自己的孩子戒除的。确实我们在谈到某些人会说"如果他们表达得少些就会感受得多些"。而在另一类人那里,在关键场合情绪由以表现自身的爆发性能量,似乎是与他们在间歇期克制情绪的方式相联系的。但是,这些人都属于性格古怪的类型,而在每一种类型中,上面一段所说的法则都起主导的作用。"过分的热情"是多愁善感者的正常表达方式。阻止住那种"过分的热情",也只是在有限的范围内引起较为"真实的"活动来取代它;它主要只是会引起无精打采的状态。另一方面,那种沉闷而易怒的"蛰伏的火山",随其所愿让他压抑其情绪的表达,如果这些情绪没有发泄,他就会以为这些情绪消失了;而如果罕见的场合使得他认为值得发作的情绪加倍地发展,他就会发现它们随着生命的进程而变得越来越强烈。总之,我看不出这第三个反对意见有多大分量。

如果我们的假说是正确的,它就会使我们比以往更为深刻地认识到,我们的心理生活是多么强地与我们的身体结构交织在一起的。狂喜、爱、野心、愤慨和傲慢,作为感受,都是这同一块土壤上伴随着最显而易见的身体上的苦乐感的果实。但是读者还记得,我们在一开始就说好仅就我们那时称为"较粗糙的"情绪的东西来肯定这个假说,以及那些初看起来似乎没有身体方面结果的内在情绪感受状态应当留在我们的说明之外。现在,我们必须谈谈后面这些感受,即我们那时所称的"较细致的"情绪。

较细致的情绪

这些就是道德的、理智的或美学的感受。声音、颜色和线条的和谐,逻辑的一致性,技术的适当性,它们都给我们带来快乐,这快乐似乎就置根于那种表现的形式自身之中,并且没有从大脑以下的部分涌起的响应中借用任何东西。赫尔巴特派的心理学家曾经区分出了由观念排列的形式而引起的感受。数学证明可以是"美丽的",正义的行为可以是"干净的",就像一幅画或一首乐曲那样,尽管那种美丽和干净似乎与感觉没有任何关系。所以,我们拥有,或我们之中的一些人似乎拥有,真正大脑形式的快乐与不快乐,它们的产生方式显然与我们分析过的"较粗糙的"情绪不相符合。至此未能被我们的理由所说服的读者,看到我承认这一点肯定会发作起来,以为承认了它我们就放弃了我们整个的观点。既然音乐知觉和逻辑观念能直接引起某种情绪感受,他们会说,对于由其他种类对象所引起的所谓"较粗糙的"情绪而言,认为情绪感受是同样直接的,而身体表现是后来的并且是被加上的东西,岂不是更自然吗?

在回答这种意见时,我们必须立刻坚持,纯粹的审美情绪,由某些线条与团块,以及颜色与声音的组合给予我们的快乐,是绝对感觉性的经验,是原初的视觉或听觉感受,而不是别处连续发生的其他感觉的回响。在这种简单的原初和直接的由某种纯粹感觉及其和谐组合而来的快乐上,确实可以加上次级快乐;而且这些次级快乐在艺术品给人类大众带来的愉悦中,发挥着巨大的作用。然而,一个人的品味越是古典,与那些原初感觉到来时相比,他所感受的次级快乐就相对越不重要。① 古典主义与浪漫主义在这一

---

① 甚至低级感官的感受,由于唤起了联想序列的响应,也都具有这种次级伴随感受。一种味道,可以突然唤起"已经空寂无人的宴会厅"的游魂,而让我们心绪不宁;或者,一种气味,可以引我们想起"已成废墟的花园或已布满尘土的快乐之所",而让我们几乎晕倒。"在比利牛斯",居约说道,"在一个夏日的跋涉让我累到极点之后,我碰到一个牧人并向他要些奶。他去他的小木屋取奶,小屋下有一条小溪流过,一坛奶放在溪水中,保存在几乎要结冰的低温状态。这新鲜牛奶,整座山的香气都沁入其中,惬意地每喝一口似乎都给人以新的生命,我喝着这新鲜的奶,我经历了一系列的感受,这些感受用让人愉悦这个词是不足以表达的。它就像一首由味觉而不是由耳朵来领悟的田园交响曲。"(F. 波尔汉引自《当代美学问题》(*Les Problèmes de l'Æsthétique Contemporaine*),第63页)——比较 R. 英格索尔(R. Ingersoll)上校关于威士忌的赞美词,1888年的总统竞选竟把它弄得众人皆知:"我给你送去一些最好的威士忌,它能在人心中驱走扫兴的事情,或驱动起一幅幅风景画。它是小麦和玉米的灵魂的组合。在里面,你将发现相互追逐驰过巨浪般田野的阳光与云影,六月的气息,云雀的鸣叫,夜晚的

第二十五章 情绪

点上争论激烈。复杂的暗示性，大量记忆与联想的唤起，以及生动的神秘和犹豫给我们带来的刺激，使得艺术品成为了浪漫的。古典品味则把这些效果标示为粗糙和俗气的，宁要不带矫饰的赤裸裸的视觉与听觉的美。相反，对于浪漫的心，这种感觉的直接的美显得干瘪而稀薄。我当然不是在讨论哪种观点是对的，而只是在表明，我们必须要在作为一种单纯进来的感觉性质的原初美感和嫁接其上的次级情绪之间做出区分。

在大多数情况下，这些次级情绪本身无疑是由其他进来的感

露水，夏天的富有，秋季的斑斓——把光关在了里面，一切都是金色的。喝它，你将听到男人或女人唱着'收获歌'，掺杂着孩子们的笑声。喝它，你将在你的血液里感受到许多好日子的星星闪烁的黎明，和梦幻般的茶色的黄昏。四十年了，这种液体的快乐一直待在惬意的橡木桶里，渴望去触摸男人的嘴唇。"——我也应该以这种方式回答格尼先生对我的理论的批评。我的"观点"，格尼说(《心》，IX. 425)，"在很大程度上混淆了在我看来音乐心理学必须首先要区分的两个东西——一个是具有优美色彩的音的流动或聚集所产生的主要是感觉上的效果；另一个是独特的音乐情绪，对于这后者，声音序列的形式，它的旋律与和声的个别性，甚至在完全无声地实现时，都是充满生命力和实质性的对象。在这两种非常不同的事物中，生理的反应、头发的抖动——震颤与颤抖——是最显著地与前者相联系的。……如果我可以谈谈我自己，那么，有大量的音乐作品，我可以以无声的再现方式，得到与聆听最好的管弦乐演出同样多的情绪；不过，在聆听管弦乐的演出时，我几乎每次都会发生皮肤的震颤或头发的抖动。但是，把我对于那种形式，对于一个音符一个音符流淌的乐曲的兴致，仅仅叫做批评性的"判断为正确"(见下文边码第472页)，那实际上是否认了我用英语表达简单而熟悉的事实的能力。这种兴致的要点是情绪。……现在，也有好几百段我判断为正确的……其他音乐片段，但是我从它们那儿没有得到过一丁点儿情绪。就情绪的目的而言，它们对于我就像几何证明或者在秘鲁实施的正直的法令那样。"格尼接着谈论的与克莱门蒂的正确不同的贝多芬的正确(甚至当仅仅以观念的方式来聆听他们各自的片段时)，大概是一种纯粹的听觉感觉上的东西。克莱门蒂的正确也是这样；只是，由于不可能指明的理由，克莱门蒂的形式不能给予我们与贝多芬形式相同的纯粹听觉满足，我们也许最好是负面地说它是没有错误的，即不具备正面意义上的不愉快的听觉性质。在像格尼先生那样的音乐能力中，纯粹听觉的形式给予了他非常强烈的感觉快乐，以致较为低级的身体回响就不重要了。但是，我再重复一下，我在格尼先生引证的事实中看不到任何理由能让一个人相信，有与任何感觉过程相分离的情绪。

觉构成的,这些感觉是被由美的对象所引起的反射效果的扩散波唤起的。一股暖流,胸腔剧痛,战栗,呼吸充沛,心脏的不安跳动,沿脊背向下的颤抖,眼睛的湿润,下腹的搅动,以及除此之外的上千种无法命名的征候,都可以在那种美刺激我们的时刻被感受到。而且,在我们受到像悲怆、大方或勇敢等道德知觉刺激时,这些征候也会产生。声音失哑,呜咽从挣扎的胸腔发出,或者,鼻孔张大,手指僵直,同时心脏猛跳,等等。

所以,就较细致情绪的这些成分而言,这样的情绪并不构成我们的解释的例外,而是它的一种附加说明。在所有理智的或道德的着迷的欢欣中,我们发现,除非对于对象的思考或对其性质的认识本身也伴有某种身体的响应;除非我们对于证明的简洁或者妙语实际地笑出来;除非我们为正义的案例所激动,或者为大方的行为所震撼;否则我们的心的状态就很难被称为是情绪的。这样的心的状态事实上只是对于某些事物该如何称呼——简洁、正确、机智、慷慨等等——的一种理智知觉。心的这样一种明断状态应当被归于对真相的觉知一类;它是一种认知行为。然而事实上,道德与理智的认知很少会这样没有情绪的东西相伴随而存在。就如仔细的内省所表明的,身体的共振板一直都在起作用,这个作用比我们通常认为的要大得多。不过,如果对于特定种类效果(甚至是审美效果)的持久的熟悉,像磨利了品味与判断那样,磨钝了单纯情绪上的激动性,我们就的确获得了纯粹和未受污染的理智情绪,如果可以这样称呼它的话。这种理智情绪的干瘪、苍白或晦暗,就像它可能存在于一位彻头彻尾的批评专家的心中那样,不仅向我们表明它是怎样一种完全不同于我们最先考察的较粗糙情绪

第二十五章 情绪

的东西,而且还让我们猜疑,几乎全部的区别就在于这样一个事实,即身体的共振板在一种情况下振动,而在另一种情况下不振动。"没那么坏",在一个具有完美品味的人那里,常常是赞许表达的最高限度。"没有什么让我震惊的"(Rien ne me choque),据说这是肖邦对新的音乐的最好赞词。富有情感的门外汉如果进入到这样一个批评者的心中,看到那里充斥着的赞成或者不赞成的动机有多么冷血,多么空洞,多么缺乏人的意义,会感到也应当感到恐怖。在墙上点出漂亮一笔的能力胜过一幅画作的全部内容;愚蠢的语词把戏能让一首诗保存下来;一个音乐作品中乐音序列的毫无意义的适当性,会让另一个作品的全部"表现力"都归于零。

我记得在寒冷刺骨的二月的一天,看到过一对英国夫妇在威尼斯的学院里提香的名画"圣母升天"前坐了一个多小时;而当时,我被寒冷驱赶着一个房间一个房间地快走,尽可能快地进到阳光之中,错过了很多画作,但在离开之前,我带着敬意走近他们,想知道他们具有何种优越的敏感性,我偶然听到只是那位夫人反复低语的声音:"她脸上的表情多么低微!多么自我克制!她感到她所得的荣耀是何等渺小!"他们的诚实的心一直被一束会让老提香感到不舒服的拟似的感情之光温暖着。拉斯金先生在某个地方承认(对他来说是可怕的),信教的人通常都不关心绘画,而当他们的确关心绘画时,他们一般是更喜欢最糟糕的而不是最好的绘画。是的!在每种艺术、每种科学中,都有对某些关系是否正确的敏锐知觉,也有随即产生的情绪的涌流与震颤。而它们是两个东西,而不是一个。前者是专家和大师所熟悉的。后一种伴随物则是身体的躁动,专家和大师可能感受不到,却可能被傻子和门外汉充分地体验，这些人的批评性判断是最差劲的。人们已经写出了那么多开导性通俗读物的科学"奇迹"，很容易被实验室里的人当作"鱼子酱"。甚至神性哲学本身，由于它的材料与观点，被普通凡人认为是如此"崇高的"一种职业，也太容易被实践哲学家自己当作仅仅是一种研磨或紧固，是涉及一些"点"、把东西紧固住、抠字眼以及有关概念性认识的"含义"而非"范围"的事情。在这里，情绪是非常少的！——除了让注意变得敏锐的努力，以及当不一致性被克服、思想得以顺畅推进时的轻松与安心的感受（主要是在呼吸器官）以外。所以，情绪与认知似乎在这个最后的退避处也是分离的；而且，就我们所能判断的而言，在从其下面的部分求得帮助之前，大脑过程几乎是没有感受的。

情绪没有特别的大脑中枢

如果作为情绪意识基础的神经过程是如我现在试图证明的那样，那么脑心理学就成了一种比人们迄今认为的更简单的题材。感觉的、联想的和运动的要素就是脑器官需要包含的全部。在过去的几年里一直勤奋致力于研究大脑功能的生理学家们，已经把他们的解释限制于认知与意志方面的运作。将大脑划分为感觉与运动的中枢，他们发现，这种划分与经验主义心理学将心的知觉部分和意志部分分析为最简单元素的做法是完全一致的。但是，情绪在所有这些研究中都被严重的忽视了，以致人们会想要认为，如果要求这些研究者用大脑的术语表述他们的理论，他们就只能或者回答说关于这个问题他们还没有任何想法，或者说他们发现提出清晰的假说是如此困难，所以这个问题是属于将来的问题，只有当目前的较为简单的问题有了明确的解答之后才能被提上日程。

然而，甚至现在都可以确定，在下述两个有关情绪的说法中，有一个必定是正确的。或者单独受情绪影响的分离和特殊的中枢就是情绪在大脑的处所，或者情绪就相当于已知运动与感觉中枢或其他类似未知中枢中发生的过程。如果是前者，我们就必须否认那个流行的观点，即认为大脑皮层不只是身体上的每个敏感点和每块肌肉的"投射"表面的观点。如果是后者，我们就必须问，在感觉或运动中枢里的情绪过程是否是完全特别的过程，或者，它是否类似于已知这些中枢是其处所的那些普通知觉的过程。如果我所捍卫的理论是正确的，这后一个选项就是它所需要的全部。设想大脑皮层由易于为每一个特殊感官、每一部分皮肤、每一块肌肉、每一个关节和每一个内脏中的变化所刺激的部分构成，而且绝不包含其他东西，我们也仍然有一个能表现情绪过程的方案。对象作用于感官，影响大脑皮层的一个部分，并且被知觉到了；抑或后者受到内部的刺激，引起了关于同一对象的观念。快得像闪电，反射神经流通过其预定的通道，改变肌肉、皮肤或内脏的状态；而这些改变，像原初的对象那样在大脑皮层同样多的部分被知觉到，在意识中与那个对象结合到一起，并把它从只是被领悟的对象转变为在情绪上被感受到的对象。不必借助任何新的原理，在普通的反射回路之外无需设定任何东西，那些本地中枢都是所有人以这种或那种方式承认存在的。

个体之间的情绪差别

情绪在记忆中的复活，像所有较低级感官的感受的复活一样，程度是非常小。我们能记得经历过悲痛或狂喜，却记不得那种悲痛或狂喜感受起来是什么样的。然而，在情绪方面，这种困难的观念性复活，远不是一次非常容易的实际复活而能补偿的。也就是说，通过召唤起关于其刺激原因的鲜活思考，我们能够产生出来的不是对旧的悲痛或狂喜的回忆，而是新的悲痛和狂喜。那个原因现在仅仅是一个观念，但是这个观念产生出了与它的原初对象所造成的同样或几乎同样的机体扩散，所以这个情绪也是真实的。我们"重新捕获"了它。羞耻感、爱和愤怒尤其可能这样通过其对象的观念而复活。贝恩教授承认①，"在其严格的真正情绪的特性上，它们[情绪]只有最小程度的可复活性；但是，由于总是与较高级感官的感觉结合在一起，它们也分享了视觉与听觉的较高的可复活性。"但是他没有指出，复活的景象与声音可能是观念的，并一直是清晰的；然而情绪要清晰就必须再次成为真实的。贝恩教授似乎忘记了，"观念的情绪"与由观念对象激发起来的真实情绪是两种非常不同的东西。

所以，一方面是情绪气质，另一方面是对于对象与环境的生动想象，这二者是丰富的情绪生活的必要和充分的条件。无论气质

---

① 见他论"观念性情绪"(Ideal Emotion)的一章，关于这个主题的更多细节内容，读者可以参阅那一章。

多么富有情绪,如果想象是贫乏的,就不会有触发情绪序列的机会,生命就此而言就是冷酷和干瘪的。这也许就是有思想的人最好不要有太强的视觉想象力的一个理由。他的沉思序列不大可能近受情绪打断的干扰。人们还记得,高尔顿先生发现,皇家学会和法国科学院的成员在视觉想象力方面都低于一般标准。如果可以谈谈我自己,那么,现在46岁的我与早年相比视觉想象力已经差得远了;并且,我还强烈地倾向于相信,我目前情绪生活的相对迟慢,正如与衰老带来的迟钝,与每日公共马车般固定不变的职业和家庭生活有关一样,也是与上述事实有关的。我说这个是因为,我有时也有以前较强的视觉意象的闪现,而且我注意到此时的情绪表现(就这么称呼它吧)常会变得比它现在的常态更强烈。夏尔科的病人(在第58页及以下诸页谈到过他的病例),抱怨他在视觉意象消失之后就不能感受到情绪了。他对母亲的去世很冷漠,而这在以前是会让他很伤心的;如他本人所说,这主要是因为,他不能对这件事,以及对母亲的去世对其他家庭成员的影响,形成任何明确的视觉意象。

还要谈谈情绪的最后一个普遍性质:它们比任何其他种类的感受都更快地在重复中将自己磨钝。这不仅是由于我们知道对于所有感受都成立的对刺激进行"调节"的一般法则,还由于这个独特的事实,即反射效果的"扩散波"总是倾向于变得更为狭窄。看上去它好像主要是一种临时安排,在这种安排的基础上精确和确定的反应才能发生。我们对任何事情练习得越多,所用的肌肉就越少;同样,我们越是经常遇见一个对象,我们对于它的思考和行为就越确定;它所引起的机体扰动就越少。第一次看到它,我们也许既不能动作也不能思考,而且没有反应,只有机体方面的扰动。其结果就是吃惊的惊奇、惊讶或好奇的情绪。现在我们看着它就完全没有情绪了。① 存在于我们的感觉与观念所由释放的神经通路中的这种经济倾向是效能、敏捷与技巧发展的基础。如果他们的神经流持续向下流入脏器,而不是向上在脑回之间运行,那么哪里会有将军、外科医生和执行主席呢?但是,也必须承认,他们由于这条法则而在实践上的所得,也是他们在感受上的所失。饱经世故和阅历丰富的人,由思想扫除障碍而自由和有力的流动而得到的快乐感,是对于他曾享有的鲜活内心的唯一补偿。这种自由和有力的思想流动意味着,联想与记忆的大脑通路已经在他那里越来越好地组织起来,刺激通过这些通路进入到只导向写字的手指或讲话的舌头的神经中去了。② 然而,理智联想的序列、记

---

① 贝恩教授称作"相对性情绪"的那些感受,即新鲜的刺激、惊讶、对自由的着迷、权力感,都很难经得住任何经验的重复。但是,就像文中接下去解释的,也像赫夫丁教授所引用的歌德的话所说的那样,这是因为"灵魂在内部不知不觉地长得更大了,不能再被那第一次的感觉所填满。那个人认为他失去了,但实际上他是获得了。他在着迷中失去的东西,他已经在内部的成长中获得了。""我们最初的感受,"赫夫丁教授自己以一种优美的比喻继续说,"就像新生婴儿的第一次吸气,肺扩张了,无法再排空到和以前同样的程度。其后的呼吸感觉起来都不会完全像那一次呼吸了。"关于情感的钝化这整个主题,比较赫夫丁的《心理学》,VI. E.,以及贝恩的《情绪与意志》,第一部分的第 4 章。

② 对于我来说,波尔汉在一本充满精确细节观察的小书(《感情现象及其表现规律》(*Les Phénomènes Affectifs et les Lois de leur Apparition*))里,似乎是由于他的那个表述,即情绪产生自对冲动倾向的抑制,而把真实的情况弄颠倒了。有一类情绪,即不安、烦恼、苦恼,的确是在某种明确的冲动倾向受到抑制时产生的,波尔汉的所有解释都是从这种情绪引出的。其他情绪本身是扩散性的原始冲动倾向[正如波尔汉正确地指出的,包括了多重现象(multiplicité des phénomènes)];而且,随着越来越多的这类多重倾向受到抑制,并被为数不多的小范围释放形式所取代,原初的情绪也趋向于成比例地消失了。

忆和逻辑关系,却可能会极其庞大。过去的情绪也可以在记住的事情之列。对象在我们这里发动起越多这样的序列,我们与它的认知亲密性就越丰富。这种大脑的丰富感似乎本身就是快乐的一个来源,甚至可能与呼吸器官不时带来的欣快感完全无关。如果确有纯粹精神的情绪这样一个东西,我将倾向于把它限定为这种对于丰富与轻松的大脑感觉,这种像 W. 汉密尔顿爵士所说的对不受阻碍和并非过度紧张的思想活动的感受。在通常情况下,它是一种细致而沉静的,而非兴奋起来的意识状态。在某些迷醉的情况下它会兴奋起来,而且可能会强烈地兴奋。从笑气迷醉状态苏醒时有一个特征,就是让人意识到看到了绝对真理,我很难想象比这个意识所带有的更为强烈的兴奋了。三氯甲烷、乙醚和酒精都会产生这种洞见真理的深层感觉;在这三种情况下这可能都是一种"强烈的"情绪;但此时与情绪相伴的,还有各种奇怪的身体感受和进来的感受性方面的变化。我无法肯定这种情绪是独立于这些因素的。然而我承认,如果它的独立性在任何地方有所保持,那么理论上的全神贯注似乎就是开始为它辩护的地方。

各种情绪的发生

在前面的一页(第 453—454 页)我说,如果把情绪看作是由扩散波所造成的感受构成的,那么有两个问题而且只有两个问题是重要的。

(1) 各种特殊的客观和主观经验会激起何种特殊的扩散效果?以及

(2) 它们是如何激起它们的？

关于颅相学和表情的著作都是在尝试回答第一个问题。在面部产生的效果受到了最细心的注意，这很自然。除了在前面第 443 至 447 页给出的说明以外还希望阅读更多细节的读者，请参看下面的注释中提到的著作。①

关于第二个问题，最近几年在对它的回答方面已经取得了些许进步。有两点是确定的：

a. 面部的表情肌肉不是只为着表情的缘故而给予了我们的；②

b. 每块肌肉并非只受某一种情绪的影响（如某些作者所认为的那样）。

一些表情动作可以被解释为先前（当它们较强时）对于被试者有用的动作的弱化了的重复。其他的则是在其他条件下构成了生理上的必要效果的动作的同样弱化了的重复。在愤怒与恐惧中的呼吸紊乱可以拿来作为在这后一类反应的例子——可以说它们是机体的回忆，是一个人在接连格斗时的吹气和在仓促逃跑中的气喘在想象中的回响。这至少是斯宾塞先生的得到了赞同的提示。而且，就我所知，他还最先提出，愤怒和恐惧中的其他动作可以用

---

① 曼泰加扎的著作《容貌与表达》(La Physionomie et l'Expression)的第 1 章，提供了关于这个主题的较早作品的清单；其他的作品见达尔文的第一章。除了兰格和达尔文，贝尔的《表情的解剖》(Anatomy of Expression)，莫索的《恐惧》，皮德里的《模仿与相貌学的科学体系》(Wissenschaftliches System der Mimik und Physiognomik)，迪谢内的《人类相貌的机理》(Mécanisme de la Physionomie Humaine)，都是我熟悉的最有帮助的著作。也比较萨利：《感觉与直观》，第 2 章。

② 然而，必须记住，在性选择可能在决定人类机体构造方面起着一种作用的范围内，对富有表情的面部的选择，肯定提高了人类面部活动性的平均程度。

先前有用行为的新兴奋来解释。

> 他说,"轻微地拥有像伴随着受伤和在逃跑中所经历的心理状态,就是处于我们说的恐惧状态。轻微地拥有像在抓捕、杀戮或吞吃的过程中所有的心理状态,也就是拥有了去抓捕、杀戮或吞吃的欲望。做出这些行为的倾向不过是与这些行为相关的心理状态的新的兴奋,这已经由这些倾向的自然表达得到了证明。恐惧在强烈时就表达为哭泣、逃跑的努力、心悸和发抖;这些正是实际遭受所恐惧的恶时的表现。破坏性的情绪表现为肌肉系统的一般性紧张,咬牙和伸出爪子,眼睛与鼻孔的扩张,以及嚎叫;这些都是与杀死猎物相伴随的行为的较弱形式。每个人都能在这类客观证据之上再加上主观的证据。每个人都能证明,被称做恐惧的心理状态是由对特定痛苦结果的心理表象构成的;而被称做愤怒的心理状态则是由对遭受某种痛苦时会发生的行为与印象的心理表象构成的。"①

关于恐惧我现在要再多谈一些。我们已经发现,在较强烈地处理激起情绪的对象时的有用反应,以弱化的形式得到复活这条原理,有许多适用的地方。像半露上面牙齿的吼叫或冷笑这样轻微的征候,被达尔文解释为是我们的祖先长有大犬牙,并在攻击时露出犬牙(就像狗现在这样)那个时代的遗留。同样,在注意外部情况时扬起眉毛,在吃惊时张开嘴巴,在这同一位作者看来,是来自这些动作在极端情况下的有用性。扬眉总是与为了看得更清楚

---

① 《心理学》,第213节。

而睁大眼睛相伴;张嘴总是与最专心的倾听以及在做出肌肉努力之前的快速屏住呼吸相伴的。斯宾塞对愤怒中鼻孔的扩张做了这样的解释,即我们的祖先在战斗中,当"嘴里塞满了被他们捉住的对手身体的一部分(!)"时,不得不采取的一种吸气方式的再现。曼泰加扎认为恐惧的发抖是为了温热血液(!)。冯特将脸或脖子的变红称为减轻由心脏的同时兴奋而来的大脑血压的一种补偿性安排。冯特和达尔文都将眼泪的涌流解释为类似的引血机制。眼睛周围肌肉的收缩,原本的用处是保护眼睛在婴儿啼哭时不致过度充血,在成年人的生活中以蹙眉的方式遗留下来,在思想或行动中遇到任何困难或不快的事情时便立即表现在眉间。

"婴儿在开始每一次哭泣或尖叫时都会皱眉的习惯已经延续了无数代,"达尔文说,"它也牢固地与对某种令人苦恼或不快的事情的最初感觉紧密地联系在一起了。所以,在类似情况下,它会倾向于在成年时期继续下去,虽然不会再发展成为啼哭了。尖叫或哭泣在生命的早期就开始受到随意的约束,而蹙眉则在任何年龄阶段都不曾受到过约束。"①

---

① 童年时期的哭泣,就像是悲痛的征候一样,也是愤怒的一个常规征候,这可以解释(按照达尔文的原理)愤怒时的蹙眉。斯宾塞先生对愤怒的蹙眉有一个解释,说它来自适者生存,它的用处是在殊死的战斗中保护眼睛不被太阳晃到(!)。(《心理学原理》,II.546)莫索教授反对用对视觉的有用性对蹙眉做出解释,他说,在情绪兴奋中,蹙眉是与不利于获得清晰视觉的瞳孔放大一起发生的,所以,如果自然选择能够选定蹙眉的话,它就应当把它剔除出去(见《恐惧》,第9章,第6节)。不幸的是,这位非常有能力的作者说起来就好像所有的情绪都是以相同的方式影响瞳孔。恐惧当然会使它扩大。但是,达尔文和其他人引证过格拉蒂奥莱(Gratiolet)的话,他说瞳孔在愤怒时是收缩的。对于这一点,我自己没有做过观察,我也没有看到莫索较早那篇论瞳孔的论文(都灵,1875)。我必须与达尔文一道再说一遍,在这个问题上我们需要有更细致的观察。

构成了大笑的那些断断续续的呼气，在赫克（Hecker）博士看来，都带有对抗脑贫血的目的，他认为后者是由可笑或可喜的刺激对血管运动神经的作用引起的。① 微笑是大笑的微弱痕迹。尽全力闭紧嘴巴，对于将空气保留在肺部，以稳固胸腔，为侧腹肌肉的附着提供牢固的基础是有用的。相应地，我们看到在每次轻微要下决心的时刻，双唇都会压紧。在性爱拥抱时血压一定会升高；因此心脏会突突跳，因此也会有做出爱抚动作的倾向，这个动作也会以较弱的形式与温柔的情绪相伴。本来还可以再给出其他的例子；但是，对于表明有用的动作以较弱形式复活这个原理的适用范围来说，这些已经足够了。

另一个原理可以称为对类似感受的刺激做出类似反应的原理，这个原理也许没有得到达尔文的充分重视。有一整套描述性的形容词对于不同感觉领域的印象都是适用的——各类经验都是甜蜜的，各类印象都是丰富或牢固的，各类感觉都是敏锐的。冯特和皮德里（Piderit）还相应地把我们许多对道德原因的最具有表现力的反应解释为象征性的尝味动作。一旦有任何与甜、苦或酸的感受类似的经验发生，就会出现与真正尝到那个味道时一样的动作。②"所以，所有由语言借助苦、涩、甜的隐喻来表示的心的状态，都因而与嘴的相应模仿动作结合着。"厌恶与满足的情绪肯定

---

① 《搞笑以及诙谐风趣的生理学和心理学》（*Physiologie u. Psychologie des Lachens und des Komischen*）（柏林，1873），第13，15页。

② 这些动作首先在目的论上得到了解释，这是舌头为了适应更好的知觉或避开有味道的物体，而被迫做出的努力。（参见《生理心理学》，II. 423。）

就是以这种模仿的方式表达自身的。厌恶是刚发生的反胃或干呕,其表现常常限制于嘴唇与鼻子的怪样子;满足与吸吮状的微笑或嘴唇的尝味动作相伴。在曼泰加扎博学却松散的著作中,他不那么成功地尝试把眼睛与耳朵也包括在象征性具有表现力的反应的其他来源之中。普通的否定手势——在我们这里是沿轴来回晃动头部——原本是被婴儿用来拒绝难吃的东西入嘴的一个反应,在任何一个婴儿室里我们都能观察到它的充分表现。① 现在,在刺激只是一个不喜欢的观念时,摇头也会发生了。同样,在肯定的时候向前点头,也是接受食物入嘴的一种类比。道德的或社会的轻蔑或厌恶的表达,尤其是在女性中,与具有完全确定原本是嗅觉功能的动作相联系,这一点十分明显,无需评论。眨眼是任何威胁性的意外造成的结果,而不仅仅是威胁到眼睛的东西的结果;而且,眼睛的瞬间转开非常可能是一个人对意想不到的不受欢迎提议的第一反应。——这些作为来自类推的表现性动作的例子,可能已经足够。

但是,如果我们的某些情绪反应能够由上面提出的两个原则来解释,——读者自己会感到,这种解释在一些情况下是多么地具有猜想性质,多么容易出错,——那也还会有许多完全无法得到这样的解释的反应,我们现在必须将这些反应作为刺激的纯粹自发

---

① 亨利教授认为,否定时的摇头是由初期的战栗而来的,并谈到这个简化是多么地幸运,比如女士在舞厅里拒绝邀舞者的时候就是这样。他把喝彩时的拍手解释为拥抱的象征性节省。皮德里博士认为,与各种怀疑或疑问的心理状态一起发生的唇部突出[实验特征(der prufende Zug)],是从品尝动作而来的,我们可以在任何一个要确定一种酒好不好的人的嘴上,看到这个动作。

的结果记下来。在它们之中,有在内脏和内部腺体上产生的结果,恐惧时的嘴干、腹泻和恶心,盛怒之后有时会产生黄疸的肝脏紊乱,乐观兴奋时的尿液分泌,以及担心时的膀胱收缩,期待时的张嘴,悲痛中的"喉咙哽咽",难堪时的喉咙发痒和吞咽,害怕时的"心前区焦虑",瞳孔的变化,皮肤的各种出汗,冷或热,局部的或全身的,以及皮肤的发红,连同其他可能存在但太隐蔽以致不曾被注意或命名的征候。好像甚至情绪兴奋中血压与心跳的变化,都可能不是目的论地决定的,而是由最容易的排泄通道进行的纯粹机械或生理的倾泻,——迷走神经和交感神经在通常情况下恰好就是这样的通道。

斯宾塞先生论证说,最小的肌肉一定就是这样的通道;并且举例说狗、猫和鸟的尾巴,马的耳朵,鹦鹉的冠,人的脸与手指,都是最先被情绪刺激所运动起来的器官。① 这个原理(如果它是的话)更适用于较小动脉上的肌肉(虽然并不适用于心脏);而循环方面症状的极大易变性也提示我们,它们是由与有用性无关的原因决定的。诚然,心跳的加快很容易由遗传习惯,即机体对较强烈的刺激的记忆来解释;而且,达尔文是赞成这个观点的(见他的《人类和动物的表情》第74—75页)。但是另一方面,有那么多无可置疑是病态的反应,它们决不是有用的,也不是来自有用的东

---

① 在上述引文中,第 497 节。斯宾塞先生未能解释,如果所涉及的唯一原理是容易排泄,为什么狗的面部肌肉不比实际更具有活动性,以及为什么不同的刺激会以如此不同的方式对这些小肌肉进行神经支配。查尔斯·贝尔用面部肌肉是呼吸的附属肌肉,控制这些肌肉的神经的起始点接近延髓中的呼吸中枢,来解释面部肌肉在表情方面所起的特殊作用。它们是声音的助手,并像声音那样,它们的功能是交流。(见贝尔的《表情的解剖》,亚历山大·肖(Alexander Shaw)的附录。)

西,所以我认为,我们应当小心,不要把我们对心跳变化的解释在目的论的方向上推得过远。在恐惧刺激之外的很多刺激中也会出现的发抖,在很大程度上是病态的,对不起了斯宾塞先生和曼泰加扎先生。恐惧的其他强烈症状也是这样。作为其研究的总结论,莫索教授写道:

> 我们看到,危险越是严重,对动物确定具有伤害性的反应在数量和效力上就越大。我们已经看到,发抖和麻痹使动物既不能逃跑,也不能自卫;我们也相信,我们在最关键的危险时刻比在宁静时更不能看[或想]。面对这样的事实,我们必须承认,恐惧现象不能全部由"选择"来解释。极端的恐惧现象是病态现象,表明机体是不完善的。我们几乎可以说,自然未能构造出这样一个实体,它的可兴奋性强得足以组成大脑与脊髓,却又不会由例外的刺激而兴奋起来,以致在反应上超出对动物的保存有用的生理界限。①

如果我没有弄错,贝恩教授很久以前就曾以类似的方式谈论过恐惧。

达尔文先生用他所说的对立原理来解释许多情绪表现。根据这个原理,如果某个刺激能引起一组动作,那么相反感受的刺激就会引起完全相反的动作,尽管这些动作可能既没有用处,也没有意义。达尔文就是这样把无能为力的表情,扬眉和耸肩,双臂下垂和手掌摊开,解释为愤怒时的蹙眉、挺直肩背和握拳这些有力量情绪

---

① 《恐惧》,附录,第 295 页。

第二十五章 情绪

的对立面。有些动作无疑可以由这条法则来解释，但它是否是一个因果原理是非常可疑的。大多数批评者认为这是达尔文对这个问题的思考中的最不成功的部分。

总之，我们看到了一些情绪反应的理由；对另一些情绪反应我们可以猜测出可能是哪种理由；但是，还有其他一些情绪反应我们甚至想象不出任何貌似有理的理由。最后这一种反应可能是我们神经中枢构成方式的纯粹机械结果，虽然现在它们在我们这里是持久的，但是就其来源而言，我们可以称它们为偶然的。事实上，在像神经系统这样复杂的有机组织中，一定有许多这样的反应，相对于其他因有用性而得到进化的反应来说，它们是偶然的，但它们自身决不可能独立地因其可能有的任何用处而进化出来。晕船，对音乐的热爱，以及对各种麻醉品的喜爱，还有人的整个审美生活，我们都追溯到了这个偶然的起源。认为没有任何被称作情绪的反应是以这种准偶然的方式发生的，是愚蠢的。

关于情绪我要说的就这么多。如果要想命名人心中的每一种具体情绪，那么显然，它们在数目上的限度就是做这件事情的人的内省语汇的限度，每个民族都有一些名称表示的是在其他民族那里没有得到辨别的某种细微感受。如果我们要把如此列举出来的情绪按它们的亲近关系分类，那么也很显然，所有的分类方式都是可能的，这取决于我们选择这个还是那个特性作为基础，而且，所有的分类方式都是同样实在和真实的。唯一的问题是，这个还是那个分组方式最适合我们的目的？读者可以按照自己的意愿，将情绪分为悲伤的或喜悦的，强烈的或微弱的，自然的或获得性的，被生命物或非生命物激起的，形式的或实质的，感觉的或观念的，直接的或反省的,利己的或非利己的,回溯的、展望的或当下的,机体自身引起的或环境引起的,还有其他许多。所有这些区分都已经有人实际提出来过。其中每一种划分都有优点,而且每一种划分都会将一些被其他划分分开来的情绪合为一类。对于更充分的说明以及其他分类方法,我请读者参看贝恩《情绪与意志》一书的附录,以及默西埃、斯坦利和里德论情绪的论文,这些论文见《心》第 IX、X 和 XI 卷。在第 IX 卷的第 421 页,还有一篇由已故的埃德蒙·格尼撰写的文章,文章批评了我在本章一直辩护的观点。

第二十六章[1]　意志

欲望(desire)、愿望(wish)和意志(will)这些心理状态每个人都知道,却没有任何定义能让它更清晰。我们欲望去感受、拥有和做当时没有感受、没有拥有或者没有在做的各种事情。如果欲望还伴随一种不可能实现的感觉,我们就是在愿望;但是如果我们相信目标是力所能及的,我们就是在意欲(will)[2]所欲望的感受、拥有或者做能够成为真实的;或者直接就在意欲之时,或者是在完成了一些初步的准备之后,它立刻就变成为真实的了。

紧随意欲而出现的唯一目标,似乎是我们自己身体的动作。无论我们意欲要得到的感受或拥有物是什么,它们都是我们为了这个目的而做的初步动作的结果。这个事实太熟悉就不需要进行解说了;所以我们可以从意志的唯一直接外部结果是身体动作这个命题开始。我们现在要研究的是产生这些随意动作的机制。这个问题包含许多单独的要点,很难将这些要点以任何连续的逻辑次序排列出来。我将仅仅以方便的次序相继地处理它们;相信到

---

[1]　这一章的部分内容曾经出现在发表于1880年《波士顿自然史协会周年回忆录》(Anniversary Memoirs of the Boston Society of Natural History)中题为"努力的感受"(The Feeling of Effort)的文章中;还有部分内容出现在1888年2月的《斯克里布纳杂志》上。

[2]　在这个讨论的语境中,"will"一词,作名词时译为"意志"或"意欲",作动词时译为"意欲",依中文行文的适当性而定。——译者。

了最后读者会获得一种清晰和连贯的看法。

我们此前研究的动作都是自动的和反射的,(至少在这些动作最初发生的时刻)是不能为动作者预知的。我们现在要研究的是预先欲望的和有意图的动作,当然在动作之时是完全预知到它们是什么动作的。由此可以推知,随意动作一定是我们机体的次级功能,而非原初功能。这是意志心理学中要理解的第一个要点。反射的、本能的和情绪的动作都是原初的操作。神经中枢是这样组织的,某些刺激扣动某些爆炸部分的扳机;第一次经受这样的爆炸的动物会经历一种全新的经验。不久前的一天,我和一个小孩子站在火车站上,一辆快车雷鸣般地驶过。站在站台边缘附近的孩子惊着了,眨着眼,呼吸痉挛,脸色变得苍白,突然大哭起来,发狂般地向我跑来,藏起自己的脸。我确信这个孩子几乎和惊讶于火车一样强地惊讶于他自己的行为,而且比站在旁边的我的惊讶更为强烈。当然,如果这样的反应发生过许多次,我们就知道了要对自己预期什么,就能预见我们的行为,虽然它仍然和以前一样是不随意和不可控制的。但是,如果在严格意义上的随意动作中,动作必须被事先预见到,那么没有预测能力的动物就都不能第一次做出随意的动作。然而,我们并不能预知自己所能掌控的动作,就如我们并不能预知自己能够接收什么感觉一样。正如我们必须等待有了感觉,才能形成关于这是个什么感觉的观念,我们也必须等待不随意动作的做出①,才能形成关于这是个什么动作的观念。

---

① 此刻因简单性的缘故,并使讨论不偏离问题的基本要素,我撇开了通过看他人做出动作来学习动作的过程。

第二十六章　意志

我们通过经验的方式获知我们的所有可能性。一个特殊的动作，一旦以偶然、反射或者不随意的方式发生，就会在记忆中留下了它的意象，然后人就能再次欲望这个动作，将它当作目的，并有意去意欲它。但是在此之前则不可能知道如何去意欲它。

所以，通过不随意动作的经验而留在记忆中的各种可能动作的观念的储备，是随意生活的第一个先决条件。

相同的不随意动作可以在记忆中留下许多它自己的不同种类的观念。如果是另一个人做出这个动作，我们当然就能看见它，或者如果运动的部分触碰到我们自己身体的另一个部分，我们就能感受到它。同样，如果它产生了声音，我们就会获得关于其结果的听觉意象，就像比如说在口腔发声或者演奏乐器时发生的运动那样。动作的所有这些远端结果（我们可以这样称呼它们）也是由我们自己做出的动作产生的；而且它们在我们心中留下了无数可以用来将每一个动作与其他动作区分开来的观念。它看上去是分明的；对于它所触碰的远处的身体部分，它感受起来是分明的；或者它听上去是分明的。所以严格地说，这些远端结果足以为心提供所需的观念储备。

但是除了对远端感官造成的印象之外，每当我们自己做出一个动作时，我们都会得到另外一组印象，即产生自实际移动了的身体部分的印象。这些动觉印象（巴斯琴博士曾经这样称呼它们）是那个运动的众多本地结果。不仅我们的肌肉配备有传入和传出神经，而且关节周围的腱、韧带、关节表面和皮肤都是敏感的，并且以每一个特殊动作所特有的方式伸展和收紧，给与我们和可能做出的动作一样多的清晰感受。

正是通过这些本地印象,我们才产生了对被动动作——由其他人传递给我们四肢的动作——的意识。如果你闭着眼睛躺下,另一个人不出声地将你的一条胳膊或腿摆放为任何随意选择的姿势,你会准确地感受到这是什么姿势,还能马上自己用相反一侧的胳膊或腿再摆出这个姿势来。同样,一个在黑夜里突然从睡眠中醒来的人,能意识到他是怎么知道自己是躺着的。至少在神经机制正常时情况就是这样。但是在生病的情况下,我们有时会发现本地印象不能正常地激发中枢,于是姿势感觉就没有了。只是在最近病理学家对这些感觉缺失症的研究才达到了所需的精细程度;对这些病症我们无疑还有很多的东西要去学习。皮肤可以是感觉缺失的,肌肉可以感受不到为通过它们的感应电流所引起的痉挛般的疼痛,然而对被动动作的感觉却可以保留下来。事实上,它似乎比其他形式的感受性具有更顽固的持久性,因为四肢所有其他感受都消失了,只有这种姿势感受保留下来的病例是比较普遍的。在第二十一章我试图表明关节表面可能是本地动觉感受的最重要的来源。但是这些感受的特殊器官的确定对于我们现在的研究是无关紧要的。知道不能否认这些感受的存在就足够了。

当一个肢体的被动动作感受以及所有其他感受都失去了时,结果就会像 A.施特林派尔教授对其不可思议的感觉缺失男孩所描述的那样,这个男孩的感受的唯一来源是他的右眼和左耳:[①]

> 被动动作可以在没有引起病人注意的情况下最大程度地在手足四肢留下印记。只有在关节特别是膝关节因强力而过

---

① 《德国临床医学文库》,XXII. 321。

度伸张时,才会出现一种迟钝而且模糊的紧张感,但这很少得到精确的定位。我们经常能够在用布蒙住病人的双眼之后,抬着他在房间里走动,把他放在桌子上,让他的双臂和双腿处于最奇怪和显然是最不方便的姿势,而他对此却毫无察觉。当突然移去蒙眼的手帕而显露出他的处境时,他脸上的惊讶表情是无法用语言形容的。只有在把他的头向一边悬垂着时,他才会立即说晕眩,但却说不出晕眩的原因。过后,他有时能从与别人对他的摆布相联系的声音推论出有人对他做了某种特殊的事情。……他没有感受到肌肉疲劳。如果我们在他闭着眼睛时让他举起胳膊并保持举起的姿势,他可以很容易就做到。但是在1或2分钟之后,胳膊就开始在他没有觉知的情况下发抖并落下。他仍然坚称自己有能力保持让它上举着。……让他的手指被动地固定不动也不能影响到他。他始终认为自己张开又合拢了手,而他的手实际上是固定不动的。

或者我们读到过这样的病例

病人不再用眼睛注意随意动作的那一刻,他就不能对这样的动作有所判断了。所以,在让他闭上眼睛之后,如果有人让他移动一个肢体的全部或者部分,他能做到,但却说不出产生出来的动作是大还是小,是强还是弱,或者甚至说不出它是否发生了。而在比如将腿从右边移到左边以后睁开眼睛时,他宣称对所发生动作的程度有过一种非常不准确的观念。……如果有了做出某个动作的意图,我阻止了他,他不知道我做的事情,并以为那个肢体已经到了他想要让它移到的位置。①

或者这个：

> 如果病人在一个不熟练动作的中间闭上眼睛,那个肢体就会保持在闭眼时所在的位置,不能真正完成那个动作。然后,那个肢体晃动一阵,就渐渐由于其重量而落了下去(没有疲劳的感觉)。病人不知道这个情况,睁开眼睛时对这个肢体位置的改变感到惊讶。②

类似的情况可以很容易在许多催眠被试那里通过实验复现出来。只需在催眠恍惚状态中告诉已有适当预先倾向的人说,他感受不到自己的肢体,也完全意识不到你可能给这个肢体摆放的姿势。③

所有这些案例,无论是自发的还是实验的,都表明要成功完成一连串的动作,**某种引导性的感觉是绝对必需的**。事实上我们很容易看到,正如在动作的链条是自动的(见前面第一卷第116页)时,链条上每一个后面的动作,都必须由在做出紧接在它之前的动作时所产生的印象释放出来,所以,在链条是随意的时,如果要明白地意欲下一个链环是什么,**我们就必须在做出每一个动作时知道我们处在链环的什么地方**。感受不到自己动作的人可能会开始

---

① 兰德里：《肌肉器官瘫痪备忘录》(*Mémoire sur la Paralysie du Sens Musculaire*),《医院报》(*Gazette des Hôpitaux*)(1855),第270页。

② 塔卡斯(Tàkacs)：《关于感受能力的推延》(*Ueber die Verspätung der Empfindungsleitung*),《精神病学文库》,第10卷,第2期,第533页。见第205—206页所做的关于所有这些案例的讨论。

③ 《美国心理学研究会会刊》第95页。

第二十六章 意志

得非常好,却肯定很快就会迷失和犯错误。① 但是,像说到的这些没有动觉印象的病人,仍然能够得到视觉的引导。施特林派尔这样谈到他那个男孩:

> 人们总是能观察到他的眼睛是如何先看向放在他面前的对象,然后转向自己的手臂;以及在手臂的整个动作中他的眼睛如何始终追随着手臂。他全部的随意动作都是在眼睛的持续引领之下发生的。眼睛作为必不可少的引导者,始终忠实

---

① 事实上,在一些没有动觉印象的案例中,动作甚至不能正确地开始。所以施特林派尔博士讲述了在那个男孩的眼睛闭着时翻转他的手,如何会让他弯曲起小指而不是食指。"让他用左臂指向比如说左边,那只手臂通常会直着向前举起来,然后不确定地摸索徘徊,有时能到达正确的位置,然后又离开那里。下肢也是一样。如果躺在床上的病人在眼睛被蒙住之后立即把左腿放在右腿上,通常也会将腿向左边移动很多,而且它会以一种明显是最难以忍受的不舒服的姿势落在床的边上。从右向左转头,或者将头转向病人知道的某些物体,也只有当病人在眼睛将被蒙上之时,特别重新感知了他对需要做出的是什么动作时,才能正确地做出。"在施特林派尔博士的另一个感觉缺失病人(在同一篇论文中记述的)那里,除非眼睛是睁开的,否则手臂完全不能动,无论意志有多么地强。这些歇斯底里病例中的差异是巨大的。一些病人在眼睛闭着时完全不能移动其感觉缺失的部分。另一些病人却能很好地移动它,而且甚至能用感觉缺失的手写下连续的句子。这类差异的原因到现在也不是完全没有得到探讨。彼耐特提出(《哲学评论》,XXV. 478),完全不能移动自己的手的患者,需要对光的感觉作为一种"动力发生的"致动者(见前面第 377 页);在能熟练移动自己的手的患者那时,感觉缺失只是一种假的无感受性(pseudo-insensibility),而那个肢体实际上是为离解的意识或者次级意识所统辖的。这后一个解释肯定是正确的。G. E. 米勒教授(《弗吕格文库》,XLV. 90)诉诸想象的个体差异这个事实,来解释完全不能书写的案例。他说,他们真正的动意象可能很弱,而且他们的视觉意象的强度,在没有来自感觉的"刺激"的情况下,不足以对这些动觉意象进行补充。詹尼特关于歇斯底里感觉缺失可能会伴有失忆症的观察,可以完全为米勒的设想提供辩护。我们现在想要的是对个案进行的精确考察。同时前面提到的彼耐特的文章,以及巴斯琴发表于 1887 年 4 月的《大脑》上的文章中,有关于这个问题的重要讨论。在后面的一个注释中,我将再次返回到这个问题上来(见第 520 页)。

于它的功能。

在兰德里(Landry)的案例中也是这样：

> 睁着眼睛时，他很容易让拇指与其他手指对碰；而闭上眼睛，对碰的动作发生了，拇指却只能碰巧与它寻找的手指相碰。睁着眼睛时，他能毫不迟疑地将两手对到一起；但是闭上眼睛他的双手在空中相互寻找，只是碰巧才能碰上。

在查尔斯·贝尔的广为人知的感觉缺失案例中，那个女人只有在看着她的婴儿时才能将其抱稳在双臂之中。我自己在两个催眠被试那里复制了类似的状态，他们的胳膊和手在没有瘫痪的情况下被弄得感觉缺失了。他们能够看着写下自己的名字，但是闭上眼睛就写不出来了。教聋哑人清楚发声的现代方法就是让他们注意特定的喉部的、唇的、胸廓的和其他的感觉，这些感觉的再现就成为了他们发声的引导。在正常情况下，是我们用耳朵接收到的较远感觉使我们能够在说话时防止出错。失语现象表明通常的情况就是这样。①

关于被动动作感觉的存在及其对我们随意活动的不可缺少性，也许需要说的就是这么多。因此我们可以把这看作是确定的，即在我们有意识地意欲一个特定动作时，无论我们心里是否还有任何别的东西，那里都必须有由这些感觉的记忆意象所构成、规定

---

① 鲍曼教授发现，某个男高音歌手的声带在由于可卡因而变得感觉缺失了时，他唱歌的准确性却仍然保持着。他得出结论认为，这里的引导性感觉存在于喉部肌肉本身之中。它们更有可能是在耳朵里。[鲍曼《内感觉》(*Les Sensations Internes*)(1889)，第253页]

这是一个什么特殊动作的心理概念性认识。

那么,当我们意欲要做出一个动作时,我们的心里有任何别的东西吗?在这一章我们必须从较简单的情况进展到较复杂的情况。相应地,我的第一个论题是,心中不需要有任何别的东西,而且在十分简单的随意动作中,除了关于那将是个什么动作的这样定义的动觉观念以外,心里不存在任何别的东西。

心理学中的一个强大的传统认为,在这些被动感觉意象之外的某个东西对于随意动作的心理决定是必要的。当然,在动作进行中一定会有一个特殊的能量流从大脑出来进入到适当的肌肉之中;而这个外出的流(人们认为)在每一个特殊动作中都必须有一种独特的感受附在其上,否则(人们说)心就不可能知道要用的是哪一个特殊的流,是去到这个肌肉的流还是去到那个肌肉的流。冯特将这种对外出能量之流的感受称为神经支配感受。我不相信有这种感受,并且必须要对这一观点做一番批判,批判的长度对一些人恐怕会显得是冗长乏味的。

初看起来,神经支配感受好像是极为可能的。我们至此一直在讨论的被动动作感受都是在动作完成之后出现的。但是,每当动作是困难和精确的时,我们事实上都能预先敏锐地觉知它所用能量的量和方向。一个人只需玩玩保龄球或者台球,或者扔球,就能在动作中捕捉到他的意志,这意志在尝试着平衡它的各种可能的努力,在观念上排演接近正确的各种肌肉收缩,直到得到正确的那一个,于是说"现在开始!"。这种预感式的权衡,感受起来很像力量的一系列向外部世界的尝试性突围,跟随着及时的校正以避免无可挽回的举动,所以人们会最自然地认为,与这种权衡相伴随的是外出的神经支配,而非仅仅是先前被动感受性的遗迹。

我们相应地发现,大多数作者都将神经支配感受的存在看作自然的事情。贝恩、冯特、赫尔姆霍茨和马赫都极为明确地辩护过这样的感受。但是尽管这些作者理所当然拥有权威,我还是禁不住认为,他们在这个地方错了,——向运动神经的释放是没有感觉的,我们的全部动作观念,包括关于它所需的努力的观念,以及关于它的方向、范围、强度和速度的观念,都是外周感觉的意象,或者是"遥远的",或者就在运动部分的本地,或者是在由于"扩散波"而与它们发生动作共鸣的其他部分之中。

如我将要表明的,我们没有前验的理由认为应当存在对于运动释放的意识,而我们有理由认为不应当存在这样的意识。这个设想因而是与神经支配感受的存在相违背的;证明它存在的重任是在那些相信它的人身上。如果他们提供的实证的经验证据也是不充分的,那么他们的讼案就失败了,而所说的感受也就肯定不值得考虑了。

那么,首先让我表明关于神经支配感受的假定是不必要的。

我禁不住猜疑,"结果必须已经以某种方式包含在原因之中"这条经院哲学成见,与心理学家这么容易就承认神经支配感受有某种关系。外出的流是结果,什么心理前事能比对它的感受更好地包含或者预示它呢?但是如果从一个更宽的视角去看,整个地来考虑我们的活动的心理前事,我们就会看到,那条经院哲学的准则在各个地方被打破,此处对它的证实不是解说了而是违背了一般的规则。在扩散波中,在反射动作中,在情绪表达中,作为结果的动作完全没有通过预期而包含在作为其原因的刺激之中。后者是主观感觉或者客观知觉,它们与那些动作没有任何相似之外,也不会预示那些动作。但是我们得到了它们,并且,立刻,动作就做出来了!它们是从我们身敲出来的,让我们惊诧。如关于本能的那一章已经表明的,这样的身体结果会跟随这样的心理前事发生,这正是引人疑惑的原因。我们通过进化论来凑凑合合地(tant bien que mal)解释这个疑团,说幸运的变异和遗传逐渐使得这特殊的一对东西有了固定不变的次序。同时,我们不知道为什么竟会有任何意识状态出现在动作之先——这二者似乎根本就是不连续的。但是如果必须有一个意识状态,为什么它也许同样容易地是这一种或那一种状态呢?一个人(他所有的肌肉都会在某些时候因突然的触碰或者声音而收缩)设想在另一时候关于将要由肌肉收缩引起的感受的观念,对于肌肉收缩是不充分的心理信号,并坚持认为还需要有"对外出释放的感受"这样的另外的前事,这就是见小不见大了。

不!也许,根据一般的类推方法,我们所定义的动觉观念,或对姿势或运动的进来感受的意象,与任何神经支配感受有同样的可能,是各种从大脑下行到肌肉的流的最后的心理前事和决定因素。"那些前事和决定因素是什么?"这是一个事实问题,要由人们发现的经验证据来裁决。①

---

① 比如,正如对热的感受是出汗的最后心理前事,对明亮光线的感受是瞳孔收缩的最后心理前事,腐肉的样子和气味是呕吐动作的最后心理前事,关于荒谬错误的回忆是脸红的最后心理前事,所以关于一个动作的感觉结果的观念也可能是动作本身的心理前事。确实,出汗的观念通常不会让我们出汗,脸红的观念也不会让我们脸红。但是在一些恶心作呕的状态下,呕吐的观念会让我们呕吐;而在这种情况下只是例外

496　　但是,在考虑经验证据之前让我继续指出,有前验的理由表明为什么动觉意象**应该**是外出之流的最后心理前事,以及为什么我们应该认为这些流是无感觉的;总之,为什么那个自命的神经支配感受**不**应当存在。

意识会舍弃所有对它不再有用的过程,这是心理学的一条一般原则。意识趋向于最小的复杂程度事实上是一条支配法则。逻辑中的简约律只是它最广为人知的实例。每一个作为引导我们达到目的的标记不再有用的感受,我们渐渐就意识不到了,而在一个标记就足够了的地方,其他标记就退出了,那一个标记留下来,独

实现出来的一种次序,在所谓的随意肌肉那里可能就是一条规则。这全都取决于观念中枢和释放通路之间的神经联系。不同中枢的这些联系是不同的。它们确实也在不同的个体那里有所区别。许多人决不会因其荒谬错误的观念而脸红,而只会在真正犯了这样的错误时才会脸红;有些人会因这个观念而脸红;还有一些人则完全不会脸红。在洛采看来,一些人"有可能通过努力回忆习惯性先行于眼泪的三叉神经中的那种特殊感受,而随意地哭泣起来。一些人甚至能通过生动地回想那种特有的皮肤感觉,以及随意再现出一种通常先行于流汗的无法描述的松弛感,而随意地出汗。"(《医学心理学》,第 303 页)较常见的一种例外情况,是关于刺激的观念,而非关于结果的观念,使结果发生了。所以,我们读到过这样的人,他们能通过用力想象明亮的光线来使瞳孔收缩。一位绅士有一次告诉我(说来奇怪,我记不得他是谁了,但在我的印象里他是一位医生),他能通过想象自己在悬崖的边缘而随意地出汗。想象可怕的对象有时能引起因恐惧发生的手心出汗。[参见马努夫里耶(Manouvrier),《哲学评论》,XXII,203]我的一个学生,曾经在坐在明亮窗前牙医的椅子上时流了泪,现在能通过再次想象那个情境而流泪了。人们无疑可以收集到大量这种特异反应性的案例。这些案例告诉我们,不同的中枢在通过某些通道进行释放的力量方面,差异有多么地大。现在,要对人们观察到的随意动作和不随意动作的心理前事之间的差异进行解释,我们所需要的只是,产生出关于动作的感觉结果的观念的中枢,应当能够激起随意动作,但却要与后者脱离开来,除非是在罕见的个体那里。汤森(Townsend)上校能够随意让自己的心脏停止跳动,这个著名的案例是广为人知的。关于这整个的问题,见 D. H. 图克,《心对身的影响的例证》(*Illustrations of the Influence of the Mind on the Body*),第 14 章,第 3 节;还有 J. 布雷德,《对迷睡或人的蛰眠状态的观察》(*Observations on Trance or Human Hybernation*)(1850)。最新近报告的关于随意控制心脏的案例,是 S. A. 皮斯在 1889 年 5 月 30 日的《波士顿医学和外科学杂志》上发表的。

第二十六章 意志

自起作用。我们在感知觉的整个历史中，以及获得每一项技艺的过程中，都能观察到这一点。我们无视自己是用哪一只眼睛看的，因为在我们的运动和每一个网膜像之间的固定机械联结已经形成了。我们的运动是看的目的，网膜像是导向这些目的的信号。如果每个网膜像，无论它是什么，都能自动提示一个方向正确的运动，我们还怎么会需要去知道它是在右眼还是左眼呢？那个知识是多余的纷扰。在任何技艺或随意功能的获取中也是这样。射手最后只想到目标的准确位置，歌唱家只想到完美的声音，走钢丝的演员只想到他必须抵消其摇摆的杆子上的那个点。在所有这些人中，联结的机制已经变得如此完美，以致关于目的的思想中的每一个变化都在功能上与适合于实现那个目的的动作关联着。在他们是初学者的时候，他们既想到目的也想到手段：射手想到枪或弓的位置，或他的石子的重量；钢琴演奏者想到琴键在键盘上的可见位置；歌唱家想到他的喉咙或者呼吸；走钢丝的演员想到钢绳上的脚，或者杆子下面的手或下巴。但是渐渐地他们就能丢掉所有这些多余的意识了，而他们所做动作的可靠性恰恰是与这一点成比例的。

如果分析随意动作的神经机制，我们会看到，由于这条意识的简约原则，运动释放应该是没有感觉的。如果我们将一个动作的直接心理前事称为这个动作的心理线索，那么要让动作的次序固定不变，就只需每个单独的心理线索与一个特殊的动作之间有固定的联系。要十分精确地做出一个动作，只需这个动作即刻仅只遵循它自己的心理线索，而且这个心理线索不能唤起任何其他的动作。产生随意动作的最简单的可能安排就是，关于这个动作的不同外周结果(无论是本地的还是遥远的)的记忆意象①本身,应当各自构成心理线索,而且没有其他心理事实会干涉它们或者与它们相混合。一百万个不同的随意动作,需要大脑皮层中有一百万个不同的过程(每个过程都与一个动作的观念或者记忆意象相应),以及一百万个不同的释放通路。这样一切就都被清清楚楚地决定了,而且如果观念是正确的,动作就也是正确的。观念之后的一切东西都可能是完全没有感觉的,而运动释放本身也可以是无意识地完成的。

然而,神经支配感受的支持者说,运动释放本身必须被感受到,真正的心理线索一定是它,而不是关于动作的独特结果的观念。简约原则因而就被牺牲掉了,所有的经济性和简单性就都丧失了。因为将这个感受插入到动作观念和动作之间,可以得到什么呢?在神经通道的经济性方面一无所得;因为要将一百万个动作观念和一百万个运动中枢联结起来,而且每一个都有一种特殊的神经支配感受附在运动释放之上,所需的神经通道与同样的一百万个观念和一百万个无感觉运动中枢相联结所需的神经通道是一样地多。在精确性方面也是一无所得;因为神经支配感受能够增进其精确性的唯一可以想象的方式,是给动作观念模糊的心一个带有较清晰意象的停顿阶段,让它在做出准许之前镇定下来。但是,不仅动觉观念之间的有意识辨别比任何人声称的神经支配感受之间的细微差异清晰得多,而且即使情况不是这样,也不可能知道观念模糊的心,如何能从大量神经支配感觉(Innervationsgefühle)(即使它们有清晰的

---

① 哈利斯(Harless)教授在一篇许多方面都抢先我一步的文章["意志的器官"(Der Apparat des Willens),载于费希特的《哲学杂志》(*Zwitschrift f. Philos.*),第38卷,1861]中,使用了"结果表象"(Effectsbild)这个方便的词来指称这些意象。

第二十六章 意志

区分)中辨别出哪个恰好适合那个观念,哪个不适合。另一方面,清晰的观念会和唤起独特神经支配感受一样容易地直接唤起独特的动作。如果感受会由于模糊而出错,那肯定插入的感受阶段越少,我们的动作就越可靠。因此我们应该仅仅以前验的理由,将神经支配感觉看作一种纯粹的障碍物,并假定外周动作观念是充分的心理线索。

这个假定就这样否定了神经支配感受,那些辩护其存在的人理应用实证的证据来证明它。证据可以是直接的或者间接的。如果我们能够内省地将它们感受为某种与无人否定其存在的外周动作感受和动作观念明显不同的东西,那就是直接的和决定性的证据。不幸的是这样的证据并不存在。

没有关于存在神经支配感受的内省证据。每当我们寻找它,并且以为已经抓住了它,我们却发现,实际上我们得到的是一种外周感受或意象——我们在神经支配已经完成、动作正在进行或者已经完成时的那种感受。比如,我们关于举起胳膊或者弯曲手指的观念,是对举起的胳膊或弯曲的手指感受如何的有几分生动的感觉。没有其他心理材料可以构成这样的观念。在耳动之前,我们不可能有任何关于耳动的观念;所有其他器官也都是这样。

自从休谟的时代以来,这一直是心理学中的老生常谈,即我们只知道自己意志的外部结果,却不知道它最初发动起来的隐藏着的内部神经和肌肉的机制。[①] 神经支配感受的相信者们很容易承

[①] 我知道的最好的现代陈述是雅库(Jaccoud)做出的:《截瘫与运动失调》(*Des paraplégies et de l'Ataxie du Movement*)(巴黎,1864),第 591 页。

认这一点,却似乎很难充分意识到它的结果。在我看来,一个直接的结果就是让我们对所争论的感受的存在产生怀疑。无论什么人说在举起胳膊时他不知道收缩了多少块肌肉,是以什么顺序和强度收缩的,他都清楚地承认了运动释放过程是极为无意识的。无论如何,每一块单独的肌肉都不会有自己的清楚的神经支配感受。在其心理空间建构中大量使用了这些假定的感受的冯特①,自己也承认它们没有性质上的差异,在所有的肌肉那里感受都是一样的,而只是在强度上有所不同。心不是将它们用作对它正在做出或者将要做出的是哪一个动作的向导,而是对这个动作有多么强烈的向导。但这实际上不就是完全放弃了它们的存在吗?②

因为如果有任何对于内省是显而易见的事情,那就是我们肌肉收缩的强度通过来自肌肉本身及其附着点、来自关节附近,以及来自咽喉、胸部、面部和身体的一般固定点的传入感受,在客观的努力现象中,完全向我们显露出来。当我们想到某一程度而非其他程度的收缩能量时,构成我们思想材料的这种复杂的传入感受的聚合,就使得我们关于所要做出动作的准确强度,以及所要克服阻力的准确力量的心理意象,变得绝对地精确和

---

① 莱德斯道夫和梅纳特的《精神病学季度报告》》[《Leidesdorf u. Meynert's Vierteljsch. f. Psychiatrie》(1867),第 1 卷,第 1 册,第 36—37 节]。《生理心理学》,第 1 卷,316 节。

② 在《哲学评论》,XXVIII,第 561 页及以下诸页中对它们做出了辩护的富耶教授也承认(第 574 页),无论是什么运动,它们都是一样的,而且我们对于是对哪一个运动进行神经支配所做的全部辨别,都是传入的,包含动作之后的感觉和动作之前的感觉意象。

第二十六章 意志

独特了。

读者可以试着让自己的意志指向一个特殊动作,然后注意是什么构成了意志的方向。它会是动作执行时引起的不同感受的观念之外的任何东西吗?如果我们抽出这些感受,还会有任何标记、要素或者定位工具能够留下来,让意志可以用正确的强度去对正确的肌肉进行神经支配,而不会出错去支配错误的肌肉吗?除去这些关于结果的意象,我们远没有留下可以让意志投入其中的不同方向的完备分类,而是将意识留在了绝对和完全的真空之中。如果我意欲写下"彼得"而不是"保罗",直接先行于我的笔的移动的,是关于某些手指感觉、某些字母声音、纸上的某些外观的思想,而再无其他思想。

如果我要说出保罗而不是彼得这个词,引导发声的是关于落入我耳中的我的声音,关于我的舌头、嘴唇和咽喉上的某些肌肉感受的思想。所有这些都是进来的感受,而在关于这些感受的思想(动作由此在心理上具有了最完备的规定性)和动作本身之间,没有任何第三种心理现象存在的空间。确实有准许,同意的要素,或者动作将随后发生的决定。无疑,像在我自己心中一样,这在读者的心中构成了动作的随意性的本质。我将在后面对这个准许做详细的讨论。在这里我们可以完全忽略它,因为它是一个不变系数,对所有随意动作的影响都是一样的,无助于对它们进行的区分。没有人会声称,它的性质会因为比如使用的是右臂还是左臂而有所不同。

所以,关于一个动作的感觉结果的预期意象,再加上(在某些情况下)对这些结果将得到实现的准许,是内省能让我们察觉到的作为随意动作先行者的唯一心理状态。没有任何内省证据表明传出释放附有后来的或者相伴随的感受。做出这个准许所遇到的各种程度的困难,是一个极为重要的附带问题,这将在后面讨论。

此时读者可能还是会摇着头说:"但是你是在认真地说,所有我的动作强度对其目的的极精确的调整,都不是外出神经支配的吗?这里有一枚炮弹,还有一个纸箱子:我即刻准确地将它们各自从桌上提起,炮弹没有因为我的神经支配太弱了而拒绝上升,纸箱子也没有因为它太强了而突然飞向空中。这两种情况下动作的不同感觉结果的表象,能如此精细地在心中得到预示吗?或者,就算表象已经在那里,它们会在没有任何帮助的情况下,如此精细地使无意识运动中枢的刺激程度适合其工作,这是可信的吗?"正是这样!这是我对这两个质询的回答。我们对感觉结果有极精细的预示。如果有人在我们试图提起那个看上去很轻的箱子之前,在箱子里面装进沙子,或者用一个涂了色的木头仿制品替换我们知道的那个炮弹,为什么我们会那样惊诧?惊诧只能产生于得到的感觉与我们所预期的不同。但是事实上,如果我们很了解那些物体,与所预期的重量有非常微小的差异也会让我们惊诧,或至少会引起我们的注意。对于不了解的物体,我们开始会根据其外观来预期它的重量。对这种感觉的预期,对我们的提起动作实施了神经支配,而我们最初会把它"估量"得相当小。瞬间就能证明它是否太小了。我们的预期提升了,比如,我们瞬间想到了胸部和牙齿的一种状态,紧绷的后背,以及双臂的更加强烈的感受。它们在思

第二十六章　意志

想之前来到我们这里,有了它们,那个重物就上升到空中了。① 伯恩哈特(Bernhardt)②曾经以一种粗略的实验方式表明,在我们的意志是被动的,我们的四肢直接由于局部感应电流而收缩时,我们对阻力大小的估量,是和我们自己对它们进行神经支配的时候一样精细分级的。费里尔③曾经重复和证实了这些观察。它们的精确性并不高,哪方面也都不应当得到太多的强调;但是它们至少倾向于表明,传出过程即使有意识,也不会为知觉添加任何精确性。

由于不存在支持神经支配感受的直接内省证据,那么存在任何间接的证据或旁证吗?人们提出了很多这样的证据;但是经过批判性的考察就都瓦解了。让我们看看这是什么。冯特说如果运动感受是传入性质的,

---

① 参见苏里奥在《哲学评论》XXII 第 454 页的文章。——G. E. 米勒教授这样描述他的一些重量实验:如果在多次提起 3000 克的重物之后,我们突然要提起的重物只有 500 克:"于是提起这后一个重物的速度会让每一个旁观者吃惊,这个重物的容器和其中的全部内容常常会像带着手臂一起向上飞起,而提起它所用的能量有时与这个重物本身有时完全不成比例,以致容器里的内容会被抛出来落到桌子上,尽管这样的结果必须要克服一些机械障碍。这里的问题是出在运动冲动的错误适应上,关于这一点我们找不到更明显的证据了。"《弗吕格文库》,XLV. 47。比较第 57 页以及同一页上来自赫林的引文。

② 《精神病学文库》,III. 618—635。说也奇怪,伯恩哈特似乎认为,他的实验反驳的是传入肌肉感受的存在,而不是传出神经支配感受的存在——显然,因为他认为电流的特有震颤应该压倒所有来自那个部分的其他传入感受。但是以另外的方式来解释他的结果就远非自然了,即使暂且不论其他证据表明的被动肌肉感受存在的确定性也是如此。这个其他证据,被萨克斯在《雷谢尔和迪博伊斯的档案》(Reichert und Du Bois' Archiv)(1874)的第 174—188 页做了简要概括之后,在解剖学和生理学的根据方面,又被梅斯(Mays)置于了怀疑之中,《生物学杂志》,第 20 卷。

③ 《大脑的功能》,第 228 页。

那么就应当预期它们会随着在收缩中实际完成的外部或内部工作的量而增加和减少。然而情况并非如此,动作感觉的强度仅仅与动作冲动的强度成比例,这个冲动开始于支配运动神经的中枢器官。医生对疾病引起的肌肉结果病态改变的病例所做的观察,可以证明这一点。一只胳膊或者腿半瘫,因而必须做出极大的努力才能移动这个肢体的病人,能清楚地感受到这种努力:那个肢体对于他来说好像比以前更重了,好像灌了铅一样;所以,他感觉比以前做了更多的工作,而所做的工作或者一样多,或者甚至会更少。只是要得到这样的结果,他必须做出比以前更强的神经支配,有更强的运动冲动。①

全瘫病人也能意识到自己做出了最大的努力,来移动一个在床上保持着绝对静止、而且当然没有传入肌肉感受或者其他感受能够来自那里的肢体。②

但是费里尔博士在其《大脑的功能》中(美国版,第222—224页)轻而易举地处理了这一类的论证。他说:

然而,必须要将动作全部排除掉,才能采纳这样一种解释[如冯特的解释]。虽然偏瘫病人意识到自己在使劲努力,他还

---

① 《关于人和动物的灵魂的讲座》,I.222。
② 在一些实例中我们得到了相反的结果。H.查尔顿·巴斯琴博士[《英国医学杂志》(1869),第461页,注释]说:
"问一个下肢完全瘫痪了的人,在他想动一条腿而无效时,是否意识到了和肌肉对意志做出自然反应时他会经验到能量消耗相称的能量消耗。他会告诉我们,他只有一种完全的无力感,而且他的意志只是一个心理动作,完全感受不到任何在肌肉能够有力工作时他习惯经验到的能量消耗,而我认为,只有从肌肉的这种有力工作及其结果中,他才能获得充分的阻力观念。"

第二十六章 意志

是不能移动瘫痪的肢体,但是我们还是会发现他在做出某种强劲的肌肉用力。武尔皮安让人们注意到了下述事实,而我曾经反复证实了它,即当一个偏瘫病人想要握紧其瘫痪的那只手时,在做出这种努力的时候,他无意识地用那只好手做着这个动作。事实上,几乎不可能排除这样一个复杂情况的来源,而且如果不把这种情况考虑进去,就会在形成努力感觉的原因方面得出非常错误的结论。在肌肉收缩和相伴随的传入印象这件事上,虽然动作不是如所欲望的那样,对所做努力有所意识的条件还是存在着,无需我们被迫认为它依赖于中枢神经支配或者外出的流。

然而,甚至在偏瘫患者另一边肢体的无意识收缩被完全排除的情况下,也很容易做出能对这种努力感作出满意解释的性质简单的实验。

如果读者伸出右臂,让食指处于扣动手枪扳机的位置,那么,他无需真正移动手指,只需想象扣动扳机,就能经验到调用了能量的意识。这是在两只手都没有发生真正的肌肉收缩、没有任何可感知的身体紧张的情况下产生出能量意识的一个清楚实例。如果读者再次做这个实验,小心注意自己的呼吸状况,他就会观察到,他的努力意识是与胸部肌肉的固着同时发生的,而且与他感受到自己正在调用能量的大小相应,他让自己的喉门保持关闭,并主动收缩呼吸肌。让他将手指放在和前面一样的位置,一直不断地呼吸,他会发现无论他怎样将注意转向手指,在真正移动手指之前,他都经验不到一点点努力意识的迹象,而在移动手指时,这个意识落在了做着动作的肌肉上。只有在这个重要和持续在场的呼吸因素被忽略了(如它曾经有过的)的时候,将努力意识归于外出的流才说得上近乎有理。呼吸肌的收缩中有传入印象的必要条件,而这些印象能产生一般的努力感。如果不做主动的努力,除了由注意所指向的肌肉群的局域收缩,或者在收缩中无意识调动起的其他肌肉收缩所引起的那种努力意识以外,就不会有任何努力的意识产生出来。

我找不到一个努力意识的案例,不能用前面所说方式中的这一种或那一种得到解释。在所有的实例中,努力意识都取决于实际发生的肌肉收缩的事实。我已经尽力表明,它依赖于由收缩动作引起的传入印象。当传入印象的通路或者大脑中枢毁坏了时,就丝毫也没有肌肉感觉了。这一点已经得到确立,即负责理解来自肌肉收缩的印象的中枢器官,与送出运动冲动的中枢器官是不同的。但是当冯特论证说不可能是这样,因为这样感觉就会始终与肌肉收缩的能量并驾齐驱时,他忽略了呼吸肌的固着这个重要因素,而这是各个不同程度的一般努力感觉的基础。

对于费里尔的这些讨论,我没有什么要补充的了。① 任何人

---

① 可以加上明斯特贝格的话:"在举起手中的物体时,我没有任何关于意志能量的感觉。我首先感到头部附近的轻微紧张,但是这产生自头部肌肉的收缩,而不是对大脑释放的感受。这得到了下面这个简单事实的证明,即当移动右臂时,我在头部的右侧感到紧张,而运动释放却发生在头部的相反一侧。……在身体和四肢肌肉的最强收缩中,就好像是要强化它们,面部的肌肉会发生那些特殊的收缩(特别是皱眉和咬牙),头部的皮肤会发生那些紧张。这些特别会在做出努力的那一侧感受到的共鸣运动,也许是为什么我们将对最大收缩的觉知归因于头部区域,并称之为力的意识,而非外周感觉的直接原因。"(《意志行为》(1888),73、82)明斯特贝格的著作是一部短篇杰作,它发表于我的文本写出之后。我将会不断地提到它,并热诚地将其对神经支配感觉理论(Innervations-gefühl-theory)的最彻底的拒斥介绍给读者。

都可以对它们进行检验,而费里尔的话结论性地证明,没有动作在某处发生就不可能出现的对肌肉用力的意识,一定是一种传入的而非传出的感觉;是动作自身的结果,而非它的前事。关于为做出某个动作所需的肌肉力量的观念,因而就只能是对动作的感觉结果的预期意象。

既然神经支配感受的旁证不在整个的身体,那么它还会在哪里栖身呢?只有眼部肌肉这个它判断自己不可战胜的小小隐居之处。然而,那个堡垒也一定会倒塌,而且是在最弱的轰击之下。但是在进行轰击之前,让我们先回忆一下我们关于视觉眩晕或者对象运动错觉的一般原则。

我们在两组不同的情况下判断对象运动了:

1.当对象的视象在视网膜上移动,而我们知道眼睛是静止的时候。

2.当对象的视象在视网膜上是静止的,而我们知道眼睛是在运动的时候。此时我们感受到是我们在追随着对象。

在其中任何一种情况下,关于眼睛状态的错误判断都会引起视觉眩晕。

如果在第1种情况下,在我们的眼睛实际动着的时候我们以为它是静止的,我们就会得到网膜像的移动,而我们判断这个移动是由于真实的外部对象的运动而产生的。在看过奔流的水以后,或者通过运动着的火车车窗向外看,或者原地转动身体致头晕目眩之后,就会发生这样的情况。眼睛在我们没有想要转动它们的情况下经历了一系列的不随意转动,继续着先前不得不做出的转动以保证一直能看到对象。如果对象是向我们的右边旋转,转向静止对象的眼睛就还是会慢慢地转向右边。这些对象的网膜像就会像是对象转向了左边那样移动。我们于是试图通过随意和快速地将眼睛转向左边来捕捉它,而此时不随意的冲动又将眼睛转向右边,继续着这个貌似的运动;并且就这样进行下去。(见前面第89—91页)

如果在第 2 种情况下,在我们的眼睛实际不动时我们以为它们在动着,在我们只是凝视着固定不动的对象时,我们会判断我们是在追随运动的对象。这种错觉会发生在特殊的眼部肌肉突然和完全的瘫痪之后,而传出神经支配感受的支持者们则将这些错觉看作决断性实验(experimenta crucis)。赫尔姆霍茨写道:①

> 当右眼的外直肌或者它的神经瘫痪了时,这只眼睛就不能再转向右边。如果病人只将它转向鼻侧,它就能做出正常的动作,病人就能正确感知对象在视野中的位置。然而,一旦他试图将它向外转动,即转向右边,它就不再服从他的意志了,就会在中途停止不动,尽管眼睛和网膜像的位置并没有改变,对象却好像是在向右边飞奔。②

> 在这样的情况下,跟随着意志努力的既不是眼睛的实际移动,也不是相关肌肉的收缩,甚至不是肌肉里面紧张的增加。意志活动绝对不会在神经系统之外产生任何结果,

---

① 《视觉生理学》,第 600 页。
② 左边的健康眼应该是被遮盖住的。如果双眼看同一个视野,就会出现双像,这会让判断变得更加困难。然而,这个病人没用很多天或者很多个星期,就学会了正确地看。——威廉·詹姆士

第二十六章　意志

而我们对视线方向的判断却好像是意志实现了它的正常结果。我们相信它移向了右边，但是由于网膜像没有变化，我们就将错误地归于眼睛的移动也归于了对象。……这些现象让我们无法怀疑，我们只是通过由以力求改变眼睛位置的意志努力来判断视线方向的。我们的眼皮内也有一些微弱感受，……而且在过度向侧面转动时，我们会感受到肌肉的疲劳性紧张。但是所有这些感受都太微弱和模糊了，对于方向知觉没有用处。我们感受到的是，我们用什么意志冲动，以及多强的意志冲动，来将我们的眼睛转向一个给定的位置。

相同肌肉的部分瘫痪，人们称之为轻瘫，似乎更决定性地指向了相同的推论，即神经支配意志是独立于它的所有传入结果而被感受到的。我将引述一位新近的权威[①]对轻瘫的结果所做的解释：

> 当通向一块眼肌（比如一侧的外直肌）的神经发生部分瘫痪时，最先出现的结果就是，正常情况下能将眼睛向外转到极限位置所用的同样的意志刺激，此时却只能让眼睛轻微向外转大约20°。如果此时闭上健康的眼睛，看向位于那只部分瘫痪眼睛的外侧，眼睛必须转20°才能清楚看见它的地方的一个对象，病人就会感到好像他将眼睛向侧面移动了不止20°，而是移到了侧面的极限位置，因为为看见对象所需的神

---

① 艾尔弗雷德·格雷费，载于《全部眼科学手册》（*Handbuch der gesammten Augenheilkunde*），第6卷，第18—21页。

经支配冲动是一个完全有意识的活动,而瘫痪肌肉减弱了的收缩状态此时则处于意识之外。冯格雷费(Von Graefe)提出的触觉定位测试可以让我们看清病人此时所犯的错误。如果我们让他用同一侧手的食指快速触摸所看的对象,其食指移动的路线与外转20°的视线不是同一条线,前者会更接近最大可能向外的视线。

左眼外直肌瘫痪了的石匠,会将锤子打在自己的手上而不是凿子上,直到经验让他聪慧起来。

在这里,好像方向的判断只能产生自在看着对象时对直肌的极度神经支配。所有的传入感受都必须与在眼睛健康而且判断正确时所经验到的感受完全一样。在各个情况下眼球都是恰恰转动了20°,视象落在视网膜的相同部分,眼球上的压力与皮肤和结膜的紧张也都是完全相同的。只有一个感受能够改变,并将我们引向错误。那个感受一定是意志做出的努力,在一个情况下是适度的,而在另一个情况下则过度了,但是在这两种情况下都是纯粹的传出感受。

这个推论看上去美妙而清晰,但却是基于不完备的传入材料而做出的。那些作者都没有考虑在另一只眼睛那里发生着什么。这只眼睛在实验中一直被遮盖着,以防止双像和其他复杂情况的出现。但是如果考察了它在这些情况下的状态,人们就会发现它出现了一定会引起强烈传入感受的变化。而将这些感受考虑进来,立刻就会摧毁我所引述的那些作者以假定这些感受不在场为基础而得出的所有结论。现在我将着手表明这一点。①

让我们首先看一下完全瘫痪的情况,假定受影响的是右眼。设想病人想要将目光转向位于视野极右端的对象。如赫林曾经非常美妙地表明过的那样,双眼都由一个共同的神经支配动作而移动了,在这个实例中二者都移向了右边。但是那只瘫痪了的右眼在这个过程的中间突然停了下来,对象仍然显现在其凝视点右边很远的地方。同时,健康的左眼虽然被遮盖着,却仍然持续转动着,直到到达其最右边的限度。对于看着这两只眼睛的观察者来说,左眼看上去是在斜视。当然这种持续和极度的转动在眼球里引起了向右运动的传入感受,这个感受立刻将有病和未遮盖的那只眼中微弱的中心位置感受压下去了。病人通过左眼球感受到就好像他正在追赶一个他通过右视网膜感知到他追不上的对象。视觉眩晕的所有条件在这里都出现了:视象在视网膜上静止不动,

---

① G. E. 米勒(G. H. Müllet)教授[《论心理物理学的基础》(1878),第318页]是用文中提倡的方法对这个现象做出解释的第一个人。在还不知晓他这本书的时候,我于两年后发表了我自己的类似解释。

"马赫教授在其绝妙的创造性小书《感觉分析论文集》的第57页,描述了一种获得位置改变的人工方法,并且同样也用神经支配感受来解释这个结果。他说,'尽可能远地向左转动眼睛,并且将两大块灰泥紧压眼窝的右边。如果你这时努力尽可能快地向右看,由于眼睛的形状不是完全的球形,你只能部分地做到这一点,而且对象因而也看上去向右发生了相当大程度的位置改变。简短地说,向右看的单纯意志给了视网膜上所有的网膜像一个更大的**向右**的值。这个实验最初是出人意外的。'——我遗憾地说,我自己无法成功地做这个实验,——我不知道原因是什么。但是即使在它成功之处,在我看来,实验的条件对于马赫教授能够安全地得出理论结论来说,也太过复杂了。压进眼窝的灰泥,以及眼球紧贴着它的压力,必定会引起强烈的外周感觉,其强烈程度无论如何(只要种类是对的)都足以引起关于眼球位置的错误知觉,且不说马赫教授认为共存着的神经支配感受。"

以及关于眼睛在动的错误信念。

对于左眼球里的感受不应该引起关于右眼在动的信念这个异议,我将很快进行讨论。此刻让我们转向带有貌似视野位置改变的简单的部分瘫痪的情况。

在这里,右眼能够凝视对象,但是对左眼的观察却会让观察者发现,和在前一个情形中一样,它也强烈地向内斜视。病人在用手指指向对象时,所指的方向正是这只斜视着和被遮盖着的左眼的方向。如格雷费(Graefe)所说(虽然他未能理解他自己所做观察的真正意义),"次级斜视的那只眼[即左眼]的视线方向和手指指向的方向具有多么重要的一致性,这似乎完全没有得到充分的注意。"

总之,如果我们设想左眼球中一定程度的转动感觉,能够向病人提示那个其视象只落在右视网膜上的对象的位置,那么位置改变就完全能够得到解释了。① 那么,一只眼中的感受会与另一只眼

---

① 一种与所讨论病人的错觉基本完全类似的错觉,可以在实验中用赫林在《双筒望远镜视觉理论》(*Lehre von Binocularen Sehen*)的第 12—14 页描述的方法制造出来。我将引述赫尔姆霍茨对此做出的解释,由于它来自一位相信神经支配感觉(Innervationsgefühl)的人,所以具有特别的价值:"先让两只眼睛平行地看,然后闭上右眼,而左眼仍然看着无限远处的对象 a。这样,两只眼睛的方向就仍然没有改变,而且 a 会被看到在其正确的位置。现在将左眼调节到位于它和 a 之间视轴上的非常近的一个点 f(在赫林的实验中是一根针)。左眼的位置及其视轴,还有网膜像在上面的位置……都完全没有为这个动作所改变。但结果却是对象发生了明显的移动——向左的移动。一旦我们再次做出距离上的调节,对象马上就又回到它原来的位置了。在这个实验中,自身发生了改变的只有闭着的右眼的位置;当做出向 f 点调节的努力时,右眼的视轴也向这个点会聚了。……相反,我可以甚至在闭着双眼时让我的视轴叉开,

中的感受相混吗？肯定能，因为不仅东德斯和阿克米克（Adamük）通过其动物解剖实验，而且还有赫林通过其精巧的视觉实验，都已经证明对两只眼睛进行神经支配的机制是单一的，而且它们是作为一个器官起作用的——根据赫林的说法是双重眼，赫尔姆霍茨称之为独眼巨人之眼（Cyclopenauge）。对于这个受单一神经支配的双重器官的视网膜感受，我们无法自然地了解它们是属于左边的视网膜还是右边的视网膜。我们只是利用它们来知道其对象在什么地方。要有特别为此目的而进行的长时间练习，才能教会我们知道各个感觉落在了哪个视网膜上。同样，产生自眼球各个位置的不同感觉也只是用作对象位置的标记；直接凝视的对象习惯性地位于两个视轴的交叉点，但是我们没有任何关于一个视轴与另一视轴位置不同的单独意识。我们觉知到的只是对眼球中某种"紧张"的统一感受，并伴随着关于在前面这么远、右边或左边这么远的地方有我们看到的对象的知觉。因而一只眼中的"肌肉"过程与另一只眼中的视网膜过程，会和同一只眼中的这两个过程一样可能地结合起来，形成一个知觉判断。

另一个关于神经支配感受的旁证是由马赫教授提出的：

  如果站在桥上看桥下的流水，我们通常会感到自己是静

以致在上述实验中右眼会转向 a 的右面。这种分叉是慢慢实现的，因而没有让我产生移动错觉。但是当我突然放松叉开的努力时，右视轴就又会马上回到平行的位置，我立刻就会看到左眼凝视的对象向左移动了位置。所以，不仅睁着的眼睛的位置 a，还有闭着的眼睛的位置 b，都影响了我们对看到的对象所在方向的判断。睁着的眼睛固定不动，闭着的眼睛向右或向左移动，为睁着的眼睛所见对象，就也会显得是向右或向左移动了。"（《生理光学》，第 607—608 页）

止的，而水好像在动。然而，长时间看水的结果，却常常是使桥与观察者和周围环境一起好像突然向与水流相反的方向动起来，而水本身却呈现出停滞不动的样子。在这两种情况下对象的相对运动是相同的，所以一定有某种充分的生理学根据，说明为什么有时我们感到是它们的这个部分，有时又是那个部分在运动。为了方便地研究这个问题，我构造了一个由图87表示的简单装置。一块有简单图案的油布横着包住两个滚筒（每个2米长，间隔3英尺），并通过一根曲柄而保持着等速运动。在高出这块布大约30厘米的地方，有一根绳子横过这块布，绳上有一个结x，用来当作观察者眼睛的凝视点。如果在布运动时观察者用眼睛追随布上的图案，它会看到图案在运动，而他自己和周围环境是静止的。但是如果看着那个绳结，他马上就感到好像整个房间都在向布的相反方向运动，而布看上去是静止不动的。观看方式的这个改变所需的时间，取决于一个人暂时的倾向，但通常只需要几秒钟。一个人一旦理解了要点，他就能随意让这两个现象交替出现。每次对油布的追随都会让观察者静止不动；而每次凝视绳结或

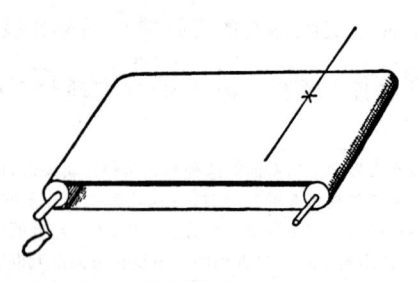

图 87

者不去注意那块油布以使它上面的图案变得模糊,都会让他感觉自己在运动。①

马赫教授这样解释这个现象:

> 如众所周知的,运动着的对象对眼睛施加了一种特有的运动刺激,它们吸引我们的注意和目光。如果目光真的追随着它们……我们就以为它们在运动。但是如果眼睛保持不动,而不是追随运动的对象,那一定是它所接收的持续不断的运动刺激,被同样持续不断的流入其运动器官的神经支配的流所抵消了。而这正是那个被固定凝视的点本身在向另一方向等速运动,而我们用眼睛追随着它时,所发生的情况。当这种情况出现时,任何被观看的不动的东西都一定会显得是在运动着。②

根据马赫的看法,那个绳结 x,那根绳,我们自己,以及我们所有不动的周围环境,因而都会显得是在运动,因为我们不断对眼球进行神经支配,以抵抗图案或者流水对它们的拖曳。我自己曾经在流动的河水之上重复进行过许多次这样的观察,但始终未能得到马赫所描述的那种完全的错觉。我得到了一种桥梁和我自己的身体运动的感觉,但是河水却似乎从来没有完全停止过流动:当我向另一个方向漂去时,它始终在一个方向上流动。但是,不管错觉是部分的还是完全的,马赫教授做出的一个不同解释在我看来

---

① 《感觉分析论文集》,第 65 页。
② 第 68 页。

似乎可以更自然地得到采纳。据说当我们的注意完全固定在运动着的油布上时，错觉就停止了，我们就将油布感知为它之所是；相反当我们将油布感知为模模糊糊运动着的背景，在我们直接凝视而且其位置相对于我们自己的身体没有变化的对象的后面时，错觉就又重新出现了。然而，这是每当我们在车里、在马背上或者在船上时都会有的那种意识。随着我们和我们的所有物向一个方向移动，整个的背景就向另一个方向移动。所以，我应该说马赫教授的错觉是与前面第 90 页描述的火车站上的错觉相类似的。另一列火车移动了，但是它让我们的车显得是在移动，因为由于它充满了整个窗口，所以在那时就相当于整个的背景。所以在这里，每当我们自己感觉好像是在水或油布的上方运动，后者就相当于是我们的背景。视网膜感受到的相对运动，被归于了它的那样一个组成部分，即我们更多看的是它自身，而非看作单纯遮引物的组成部分。这可以是油布上方的绳结，或者是我们脚下的桥梁，或者另一方面它也可以是油布的图案或者带着漩涡的水流。以同样的方法改变注意，我们也可以在月亮和透过月光的云层的貌似运动中制造出类似的变化。然而，我们关于视野的哪个部分是实在对象，哪个部分是背景的概念性认识中的这种变化，似乎与神经支配感受毫无联系。因此我不能将马赫教授的观察看作是支持这种感受存在的任何证据。①

---

① 对于文中的解释，我要感谢我的朋友和以前的学生 E. S. 德罗恩先生，在我自己对这个现象进行观察之前，我让他先做了观察。关于我们对视网膜和皮肤上相对运动的解释的变动，见前面第 173 页。

明斯特贝格给出了另外的理由来反对神经支配感受，我将对此做一些引述。第一，因此,支持神经支配感受的旁证似乎像内省证据一样垮掉了。但是,我们不仅能够反驳意在证明它的实验,而且还能提出否证它的实验。一个随意运动其肢体的人,一定会对这个肢体进行神经支配,而且如果他能感受到这个神经支配,他就应该能够利用这个感受来确定他的肢体在做什么,即使这个肢体本身是感觉缺失的。然而,如果这个肢体是完全感觉缺失的,他就完全不知道它在收缩中做了多少工作——换句话说,他对自己做出的神经支配的量没有知觉。格雷(Gley)和马利莱尔两位先生研究的一个病人很好地表明了这一点。他的两个胳膊和上身直到肚脐的地方,表层和深层都没有感觉,但是他的胳膊并没有瘫痪:

> 我们拿三只石瓶——其中的两只是空的,每个重250克;第三只里面装满了水银,重1850克。我们让 L……估量它们的重量,并且告诉我们哪一只最重。他说他发现这三个瓶子是一样的。我们做了两组实验,每组6个实验,两组之间有许多天的间隔。结果始终是一样的。几乎无需说,这个实验安排得非常审慎,他既不能通过视觉也不能通过听觉获取信息。

我们的运动观念都是微弱的观念,在这方面与记忆中的感觉复本相类似。如果它们是对外出释放的感受,它们就是原初意识状态,而非复本;以类推的方法来看,就应该像其他原初状态一样是生动的。——第二,我们的平滑肌在收缩时不会产生感受,它们也不能随意收缩,所以在两个特性上与随意肌不同。有什么比设想这两个特性是结合在一起的,而且我们之所以不能随意收缩比如说我们的肠子,是因为我们没有关于它们的收缩是什么感受的记忆意象,更自然呢? 如果人们假定的神经支配感受始终是那个"心理线索",我们就无法了解为什么甚至在收缩本身没有被感受到的情况下,比如在肠子这里,我们会没有这个线索,以及为什么它不能引起收缩。(《意志行为》,第87—88页)

他甚至在手里拿着那瓶水银时说,他发现它没有重量。……我们相继在他手里放(他的眼睛仍然被遮盖着)一块塑型的蜡、一根硬木头、一根厚橡胶管、一张纵折起来并且弄皱了的报纸,我们让他紧握这几个物体。他感受不到阻力的差别,而且甚至感知不到他手里有任何东西。①

格雷在另一处②引述了布洛赫(Bloch)博士所做的实验,这个实验证明,我们对自己四肢位置的感觉,绝对不依赖对所发生的神经支配的感受。布洛赫博士面对一扇两个面成大约90°角的屏风的角站着,他试图将自己的手对称地放上去,让两只手落在屏风两个面的相对应的点上,为此目的这两个点用方块标了出来。注意到平均误差以后,一只手被动地由一位助手带到其屏风那一面的点上,另一只手主动地在屏风相反的一面寻找相应的点。对应一致的准确度与两只手臂都受到随意神经支配时一样高,这表明在其中第一个实验中对于神经支配的意识并没有为四肢位置的感觉添加任何东西。布洛赫博士接着在用一只手的拇指和食指夹住一本书的一定页数的书页时,用另一只手的相同手指夹住相同页数的书页。在两根手指被橡胶带拉开,和两根手指都不受妨碍时,他都能把这件事情做得一样好,这表明,就涉及到动作的空间性质而言,在前一种情况下所需要的生理意义上更强的神经支配的流,对

---

① 《哲学评论》,XXIII. 442。
② 同上,XX. 604。

第二十六章　意志

于关于所做动作的意识没有任何影响。①

---

① 斯腾伯格(《弗吕格文库》,XXXVII.第1页)认为,他用下面的事实证明了神经支配感受,即当我们意欲要做出一个动作时,我们通常会认为这个动作做出了。我们已经在前面第105—106页看到了一些事实。斯腾伯格从埃克斯纳那里引述了这个事实,即如果我们在后面的磨牙之间放一块硬橡胶并且咬住,我们的前牙好像就真的相互接近了,虽然在物理的意义上这是不可能的。他提出了下面这个实验:将手掌放在桌子上,食指搭在桌边,尽可能地向回弯,桌子让其他手指保持着伸展的状态;然后试着在不去碰的情况下弯曲食指的最后一个关节。你没能做到,然而却以为你做到了。根据这位作者的看法,神经支配在这里又是被感受为了完成了的动作。在我看来,正如我在前面说过的,所有这些案例中的错觉都产生自习惯性的观念联想。通常,除非同时存在着一种对外部阻力的感觉,我们要做出动作的意志总是有我们已经动作了的感觉相跟随。其结果就是,在我们没有感觉到外部的阻力,而且肌肉和腱都绷紧了的情况下,恒常联结的观念就强得足以成为幻觉了。在牙齿的实验中,当咬肌的收缩不强烈时,阻力通常就会出现。我们并非很少咬紧像硬橡胶这样的东西;所以当我们这样做时,我们就会想象习惯性的结果。——截了肢的人经常会感受到被截去了的肢体,就好像它们仍然在那里,而且还能随意让自己感受到在移动它们。比如,与"动脚趾"的观念的相伴一生的感觉联想项(未被任何相反的感觉所纠正,因为由不存在的脚趾不会产生真实的无动作感觉),会跟随在这个观念之后,并且取代它。这个人会以为他的脚趾在"动"(参见《美国心理学研究会会刊》,第249页)。

洛布也用在我的文本写出之后所做的观察,来援救神经支配感受,但是这些观察并不比其他人的论证更能让我信服。洛布的事实是(《弗吕格文库》,XLIV.第1页):如果站在一个垂直面之前,双手处于不同的高度,我们同时让双手做出在我们看来有相同强度的动作,那只肌肉(由于胳膊的位置)已经有较大收缩的胳膊做出的动作,总是实际上更短。当胳膊的侧面不对称,也会产生相同的结果。洛布认为,两只胳膊都通过一种共同的神经支配而收缩,但是虽然这个神经支配对于已经有较大收缩的胳膊所起的作用相对较小,我们关于其同等强度的感受,压倒了来自两个肢体的进来的动作感觉的差异,并让我们以为它们经过的空间是一样的。"关于我们随意动作的范围和方向的感觉,相应地取决于我们意欲动作的冲动,而非取决于动作在活动的器官中造成的感受。"如果这就是洛布所说的基本法则,为什么只有在两只手同时移动时它才显示出效果?为什么不是在同一只手做出相继动作的时候?特别是,为什么不是当两只手对称地移动,或者在同一水平上移动时,给其中的一只手加上重量?加上重量的手当然比没有加重量的手需要更强的神经支配,才能向上移动相等的距离;然而,如洛布所承认的,我们不会趋向于过高估量这只手在这样的情况下所经过的路程。事实是,总之,这些神经支配感受很可能是不存在的。如果运动细胞是独特的结构,那么它们就会像运动神经干在后根被切掉之后一样没有感觉。如果它们不是独特的结构,而只是最后的感觉细胞,是"漏斗嘴"处的感觉细胞,① 那么,它们的意识就只是对动觉观念和感觉的意识,这个意识所伴随的是它们的活动的出现,而不是活动的释放。我们意识的整个内容和材料——动作意识,和关于所有其他事物的意识一样——的来源因而就是外周的,而且最初是通过外周神经来到我们这里的。如果有人问我们从这个感觉主义的结论中获得了什么,我的回答是我们无论如何都获得了简单性和一致性。在关于空间、信念和情绪的章节中,我们发现感觉比人们通常设想的要丰富得多;而这一章在这一点上与那些章节是一致的。那么,至于说感觉主义是一个废弃了所有内在创造性和自发性的丧失了名誉的信念,我要说的是,内在自发性的倡导者们在

洛布所研究的错觉是许多因素引起的复杂结果。在我看来,这些因素之一就是恢复到童年时期左右对称运动类型的本能倾向。在成年生活中,我们多半是交替着移动我们的胳膊;但是在婴儿时期,两边胳膊的自由运动几乎总是一样的。当移动方向是水平的时,它就是对称的,当移动方向是竖直的时,两只手就在同一水平面上。当快速做出动作时,最自然的神经支配就是让动作回到这个形式。同时,我们对两只手各自经过的长度的估量,像通常闭着眼睛做出这种估量时的情况一样(见洛布自己更早的文章,《有关手的感受空间的研究》(*Untersuchungen über den Fühlraum der Hand*),载于《弗吕格文库》,XLI. 107),主要是基于动作的显见速度和持续时间。两只手的持续时间是一样的,因为两只手的动作是同时开始和结束的。两手的速度在这个实验的条件下几乎不可能进行比较。广为人知的是,当我们两只手同时各"举"一个重量时,我们对重量的辨别是多么不完善;G. E. 米勒曾经很好地表明(《弗吕格文库》,XLV. 57),上举的速度是决定我们的重量判断的主要因素。要对两个动作的长度做出准确的比较,我们几乎想象不出比我们所讨论的实验的条件更不利的条件了。唯一显著的迹象是持续时间,我们会由此推知两个动作是等同的。我们因而就认为它们是等同的,尽管我们运动中枢里面的先天倾向阻止它们成为这样。

① 这决不是一种没有道理的看法。见第 1 卷第 65 页。

第二十六章 意志

为了这种自发性而辩护投入到外出释放中的能量的意识时,可以说是放弃了自发性的真正城堡。就算这样的意识不存在;就算我们关于动作的全部思想都由感觉构成;在对这一个而不是另一个所进行的强调、选择和采纳中,在对它说"让你成为我的实在"时,还是充分显示出了我们的内在主动性。在我看来,被动的材料和精神活动之间的真正界线就应当划在这里。将这条线划在与外出的神经波相联系的观念和与进来的神经波相联系的观念之间,肯定是错误的。[①]

如果在心里决定要做出的是哪一个动作的那一刻,我们用来辨别不同动作的观念始终都来自感觉,那么问题就出现了,"它们必须是哪一类的感觉呢?"我们还记得,我们区分过两种动觉印象,即由眼睛或耳朵或远处皮肤等等上的动作所造成的遥远动觉印象,和由运动部分本身、肌肉、关节等等上的动作造成的本地动觉印象。只有本地意象才构成我所说的心理线索,还是遥远意象也同样能构成这样的心理线索呢?

毫无疑问,心理线索可能或者是本地的或者是遥远的意象。

[①] 迈内·德比朗(Maine de Biran)、罗歇·科勒德、约翰·赫舍尔(John Herschel)先生、卡彭特博士、马蒂诺博士似乎都假定了一种力度感觉,在觉知到对我们意志的外部阻力时,我们通过这种力度感觉知悉外部世界的存在。我认为每一个外周感觉都给与我们一个外部世界。一只在我们皮肤上爬动的昆虫给我们的印象,像我们后背上一百磅的重量一样,是"外部的"。——我读过 M. A. 伯特兰(M. A. Bertrand)对我的观点的批评(《努力的心理学》(*La Psychologie de l'Effort*)(1889);但是由于他似乎认为我完全否认了努力的感受,所以尽管他说话的方式很有魅力,我还是无法从中得到益处。

虽然我们在开始学习一个动作的时候，本地感受似乎必须强烈地呈现在意识之前（参见第487页），但是以后就不必是这样了。事实上，规则似乎是，它们会趋向于越来越远离意识，而且我们对一个动作越是熟练，构成其心理线索的观念就会变得越"遥远"。我们感兴趣的是停留在意识中的东西；并且会尽可能快地摆脱所有其他东西。本地动作感受通常对于我们完全不具有实质性的趣味。让我们感兴趣的是动作要达到的目的。这样的目的通常是落在眼睛或耳朵，或有时是皮肤、鼻子或上腭上面的外在印象。让目的观念与正确的运动神经支配确定地联结起来，那么，关于神经支配的本地结果的思想，就会成为一个阻碍，和我们前面总结过的神经支配感受自身一样大的阻碍。心不需要它；仅仅目的就足够了。

关于目的的观念因而就趋向于让自己变得越来越完全充分了。或者无论如何，一旦动觉观念被唤起，它们就会被淹没在生动的动觉感受之中，立刻被这样的感受所压倒，以致我们没有时间觉知到它们的单独存在。在我书写时，我不会预期笔下流出的字母的样子或者它们在手指上的感受，是与我的感觉不同的东西。在我写出那些词之前，它们对我的心理的耳朵发出声响，而不是对心理的眼睛或者手。这是由于经常重复的动作会很快地跟随其心理线索出现。一个一旦想到就会得到认可的目的，会直接对实现这个目的的链条中的第一个动作的中枢进行神经支配，然后整个链条就准反射性地迅速展开，就如我在第一卷的第115—116页所描述的那样。

读者肯定会认为所有流畅和迅速的随意动作都是这样的。这是在动作开始处的唯一特殊准许。一个人对自己说，"我必须换衬衫",他不随意地脱掉了外套,手指以习惯的方式摆弄起背心的纽扣,等等;或者我们说,"我必须下楼",在知道这一点之前,我们就已经站起来走动了,并转动了门的把手;——这一切都是通过与一系列相继出现的引导性感觉相联系的目的观念而发生的。确实,每当我们的意识太过关注于手段时,我们就不能准确和确定地达到目的。我们越少想到双脚在梁上的位置,就在梁上走得越好。我们的意识越少是触觉和肌肉方面的(较少本地性),越专门是视觉方面的(较多遥远性),我们的投球或接球、投篮或削球就会做得越好。眼睛盯着目标的所在,手就会抓到它;想着你的手,你就很可能会错过目标。索瑟德(Southard)博士发现,他借助视觉线索比借助触觉线索能更准确地用铅笔尖触及一个点。在前一种情况下,他看一个小物体,并且在试着触及它之前闭上眼睛。在后一种情况下,他闭着眼睛放置它,然后在手移开以后试着再去触及它。借助触觉的平均错误(当结果最好时)是 17.13mm。借助视觉的平均错误只有 12.37mm。① ——所有这些都是内省和观察的显而易见的结果。但是,对于是什么神经机制使得它们成为可能,我们在现在的阶段还不需要去探究。

在第 18 章我们看到个体之间在心理意象方面的差异有多么地大。在被法国作者称为触觉的那种类型的想象中,动觉观念很可能比在我的解释中更加突出。我们不必期待单个的解释有太大

---

① 鲍迪奇和索瑟德,载于《生理学杂志》,第 3 卷,第 3 册。在这些实验中发现,最大程度的准确性,是在用眼睛或手定位对象和开始触碰它之间有两秒钟的时间间隔的情况下达到的。如果那个标记物是用一只手定位的,而必须要用另一只手去触及它,错误就比用同一只手定位和触及它要大得多。

的一致性,也不必过多地争论哪一个解释"真正"表现了那个过程。①

我相信我现在已经清楚地表明必须先行于动作以使之成为随意动作的那个"动作观念"是什么了。它不是关于动作所需的神经支配的思想。它是对动作的感觉结果的预期,这些感觉结果可以

---

① 在讨论病理学的案例中也必须要同样地小心。外周感觉缺失对随意力量的影响存在显著的差异。我在文中引述(第 490 页)的那类案例决不是唯一的类型。在那些案例中,病人能够在眼睛睁开时准确地移动其四肢,而在闭着眼睛的时候就不准确了。然而,在其他的案例中,感觉缺失的病人在眼睛闭着时完全不能移动肢体。(关于这两类案例的报告,见巴斯琴在《大脑》、彼耐特在《哲学评论》XXV. 478 的文章)彼耐特将这些(歇斯底里)案例解释为需要光的"动力发生"刺激(见前面第 377 页)。然而,它们的情况可能是视觉想象先天有缺陷,以致"心理线索"通常是"触觉的";而且当这个触觉线索由于动觉中枢的功能迟滞而失灵时,强烈得足以决定释放的唯一视觉线索,就只能是眼睛的真实感觉。——还有第三类案例,四肢失去了的全部感受性,甚至对于被动发生的动作也是这样,但是却能在闭着眼睛时准确地做出随意动作。彼耐特和费雷曾经报告过一些这样的有趣案例,这些案例发生在歇斯底里单侧感觉缺失病人中间。例如,他们能够随意准确地书写,虽然眼睛是闭着的,而且没有关于书写发生了的感受,他们中的许多人也不知道它是什么时候开始或者停止的。反复要求他们写出字母 a,然后说出他们写了多少次,一些人能确定这个数字,一些人则无法确定。他们中的一些人承认,他们是由关于做了什么的视觉想象所引导的。参见《生理学文库》,1887 年 10 月,第 363—365 页。初看起来对外神经支配的感受在这些案例中好像一定是存在的,而且一定会被觉知到。不存在其他病人意识到的引导性的印象,无论是直接的还是遥远的;而且除非存在着神经支配感受,否则书写就是不可思议的。但是,如果这样的感受出现在了这些案例中,并且足以准确地引导动作的相继,那么为什么在其他那些当眼睛闭上时动作就变得无序了的感觉缺失案例中,它们不足以做这样的引导呢?神经支配就在那里,否则就不会有动作;为什么对神经支配的感受消失了?如彼耐特所设想的(《哲学评论》,XXIII. 第 479 页),事实似乎是,这些案例不是支持神经支配感受的论据。它们是病理学上的奇事;而且那些病人并非真正感觉缺失了,而是意识的一个部分与其余部分奇怪地切断或离解开来了,感谢詹尼特、彼耐特和格尼先生,我们刚刚开始对这其余的部分有了理解,而且离解开来的部分(在这种情况下是动觉感觉)还是会继续在这其余的部分里产生出其通常的结果。比较在前面第 491 页所做的讨论。

是本地的或者是遥远的，有时确实是非常遥远的。这样的预期至少决定了我们的动作将会是什么。我一直就好像在说它们也可以决定这些动作将会存在。这无疑使许多读者感到不安，因为在许多涉及意志的情况下，确实就好像除了关于动作的单纯概念性认识之外，还需要有一个特殊准许，或者对这个动作的许可；而在我的解释中却完全没有这个准许。这将我们引到了意志心理学的下一个要点上。在我们摆脱了这么冗长乏味的初步问题之后，处理这个问题就比较容易了。

观念发动的动作

这里的问题是：单纯关于动作的感觉结果的观念就是动作的充分心理线索（第497页），还是必须要有以准许、决定、许可、意志命令或者其他同义的意识现象的形式存在的另一个心理前事，动作才能随后发生呢？

我的回答是：有时单纯有观念就足够了，但是有时以准许、命令或者表达同意的形式存在的另外的意识要素，必须干预和先行于动作。没有准许的情况是更为基本的，因为它们是较简单的一种。其他情况则涉及一种特殊的复杂性，这要在适当的时候才能进行充分的讨论。现在，让我们转向我们所说的观念发动的动作，或者说是仅只想到就会发生的动作的系列，这个意志过程的类型。

每当动作不犹豫地和立即跟随在心中的动作观念之后，我们就有了观念发动的动作。此时我们觉知不到处于动作的概念性认识和动作的执行之间的任何东西。当然，在这之间有各种神经肌肉的过程,但是我们对它们完全一无所知。我们想到那个动作,动作就完成了;这就是内省告诉我们的一切。如果我没有弄错,最先使用观念发动的动作这个名称(我相信是这样)的卡彭特博士,将它看作是我们心理生活的奇事之一。事实上它并非奇事,而只是除去了伪装的正常过程。在说话时,我开始意识到地板上的一枚别针,或者我袖子上的一些灰尘。没有打断谈话,我拂去灰尘或者拾起别针。我并没有做出明确的决定,对对象的单纯知觉和关于那个动作的一掠而过的观念,似乎本身就引起了那个动作。同样,我饭后坐在桌旁,发现自己不时地将坚果和葡萄干从盘子里拿出来吃掉。我已经吃完饭了,在热烈的谈话中我几乎没有注意到我在做什么,但是对那些果子的知觉以及关于我可以吃果子的一掠而过的观念,似乎不可避免地引起了那个动作。这里肯定没有明确的准许;就像在我们自己的所有习惯性的来来去去和对自己的重新整理中没有明确的准许一样,这些习惯性的来来去去和重新整理充满着一天里的所有时间,进来的感觉立即就会激发起它们,以致很难决定是否不该称它们为反射动作,而是随意动作。我们在第四章已经看到,一个导向目的的习惯性动作系列的中间的项,往往就属于这种准自动的类型。正如洛采所说:

> 我们看到在书写和钢琴弹奏的过程中有大量非常复杂的动作很快地一个跟随着一个出现,起激发作用的表象在意识中几乎持续不到1秒的时间,肯定不足以唤起除让自我无保留地服从于由表象进入动作的一般意志以外的任何其他意志。我们日常生活中的所有动作都是这样发生的:起立,走路,说话,所有这一切都从不需要意志的独特冲动,而是为纯

粹的思想流所充分引起的。①

在所有这一切中,快速而无抵抗的动作系列的决定性条件,似乎就是在心中不存在任何相冲突的观念。或者心里根本没有任何其他东西,或者心里的东西没有冲突。催眠被试实现的是前一个条件。问他在想什么,十之八九他会回答说"什么也没想。"其结果就是,他相信别人告诉他的一切,并且做出每一个暗示给他的动作。暗示可以是一个声音命令,也可以是在他面前做出所需的动作。催眠被试在某些条件下会重复他们听到你说的任何话,模仿他们看见你做的任何事情。费雷博士说,如果有人在一些清醒的神经过敏者的眼前反复合拢和张开自己的手,这些人很快就开始在他们自己的手指上有了相应的感受,并且马上就不可抗拒地开始做出他们看到的动作。在这些"准备"条件下,费雷博士发现他的被试能够有力地紧握手测力计,比突然被要求去做时握得更有力。几次被动重复一个动作,就能让许多虚弱的病人用更大的力量主动地做出这个动作。这些观察很好地表明,单单激起动觉观念如何就相当于中枢里为释放所需的一定量的紧张。②

我们知道严寒的早晨在没有生火的房子里从床上起来是怎

---

① 《医学心理学》,第293页。在其极为敏锐的关于意志的一章中,这位作者最为明确地坚持了这个立场,即我们所说的肌肉用力是一种传入的而非传出的感受;"我们必须一般地断言,在肌肉感受中我们感觉不到产生结果过程中的那个力,而只能在那个力已经以我们观察不到的方式,对我们的可动器官和肌肉施加了因果效力之后,感觉到已经在这些器官和肌肉中产生的作用。"(第311页)心理学的战役会多么经常地重复打响,每次都有更大规模的队伍,更多的装备,虽然并非总是有如此能干的将军!

② 费雷:《感觉与动作》(1887),第3章。

回事,知道我们内部的生命原则如何地抗拒这个苦难。大多数人可能都曾经在一些早晨躺一个小时也下不了这个决心。我们想自己该有多晚了,这一天要做的事情要耽误了;我们说,"我必须起床,这是不光彩的",等等;但还是感到温暖的床铺太舒服了,外面的寒冷太残酷了,就在决心似乎就要冲破阻力并做出决定性的动作时,它又变弱了并且一次次地延后。我们在这样的情况下是如何竟能起来的呢?如果从我自己的经验进行概括,我们往往是在完全没有任何挣扎和决定的情况下起床的。我们突然发现自己已经起来了。意识幸运地发生了失误;我们忘记了温暖和寒冷;我们陷入了与这一天的生活相联系的某种遐思状态,在这个过程中这个观念在我们心中一闪而过,"喂!我不能再躺在这里了"——这个观念在那个幸运的时刻没有唤起冲突的或者让人无法动作的暗示,因而立刻产生出了它适当的运动结果。正是我们在挣扎期间对温暖和寒冷的敏感意识,使我们无法活动,并让我们的起床观念处于愿望而非意志的状态。一旦这些抑制性的观念中止了,原初的观念就会起作用。

在我看来,这一案例以微小的形式包含了全部意志心理学的材料。事实上,我是通过考虑我自己这方面的现象,才最先深信我在这些书页里提出的这个学说的真实性的。关于这个学说我不需要在这里举出更多的例子了。[①] 这个学说之所以不是自明真理是因为我们有那么多没有引起动作的观念。但是我们会看到,毫无例外,在每一个这样的情况下,那都是因为其他同时出现的观念使它们失

---

① A. 贝恩教授(《感觉和理智》,第 336—348 页)和 W. B. 卡彭特博士(《心理生理学》,第 6 章)给出了大量的例子。

第二十六章　意志

去了冲动的力量。但是即使在这里，当一个动作由于相反观念的抑制而不能完全发生时，它也会有初期的发生。再次引述洛采的话：

> 伴随着撞球的打出，或者击剑者的刺戳，旁观者的胳膊也会发生轻微的运动；无师自通的讲述人在讲故事时带着许多手势；读者在全神贯注地阅读战争场景的描述时，会感受到自己的肌肉系统似乎合着他所看到的动作的节拍而发生轻微的紧张。我们越是沉浸于对能暗示这些结果的动作的思考，这些结果就越明显；随着一个复杂的意识在大量其他表象的支配下顶住了心理预期而快速变为外部动作，它们也就与之成比例地变得更微弱了。

最近非常流行的"意欲游戏"，所谓"读心术"的表演，或者更恰当的说是肌肉阅读的表演，就是基于肌肉收缩对于观念的这种初期服从（即使在有意的意图是不收缩肌肉时也是这样）。①

我们于是可以确定地断言，每一个动作表象都在某种程度上唤起作为其对象的实际动作；并且每当它没有被同时呈现给心的对立表象阻止这样做时，就会在最大程度上唤起这个动作。

当需要抵消对立性和抑制性的观念时，对动作的明确准许或

---

① 关于专家对"意欲游戏"（willing-game）的充分解释，见斯图尔特·坎伯兰（Stuart Cumberland）先生的文章："一位读心者的经验"（A Thought-reader's Experiences），载于《19 世纪》（Nineteenth century），XX. 867。格雷在 1989 年的《生理心理学协会公报》（Bulletins de la Société de Psychologie Physiologique）中给出了观念发动动作的一个很好的例子。让一个人全神贯注地想一个名字，告诉她你过一会儿要强迫她写下这个名字，让她拿起一支铅笔，你自己握着她的手。然后她很可能就会不随意地写出那个名字，以为是你在强迫她这样写。

者心理同意就起作用了。但是读者应当确信,如条件是简单的,就不需要有明确的准许。然而,以免他仍然会带有这个普遍的成见,认为没有"意志力行使"的随意动作是遗漏了王子部分的哈姆雷特,我还要做一些进一步的讨论。要理解随意动作以及它在没有准许或者明确决心的情况之下发生的可能性,我们着手的第一个要点,就是意识在本性上是冲动的这个事实。① 我们不是先有一个感觉或思想,然后必须要将某种有动力的东西加之于它,才能有动作发生。我们的感受的每一个脉冲,都是已经开始去激起动作的某个神经活动的关联物。我们的感觉和思想似乎都只是神经流的横断面,这些神经流的基本结果是动作,并且刚从一个神经流入就马上又从另一个神经流出。这种通俗看法,即认为单纯的意识本质上并不是活动的先行者,活动必须产生自某种外加的"意志力",是由我们长时间地想一个动作而没有动作发生这样的特殊情况而做的一种非常自然的推论。然而,这些情况并不是通常的模式;它们的出现是由于对立思想的抑制而。当阻碍解除时,我们就感到好像内部的弹簧松开了,而这就是使动作得以有效做出的另外的冲动或准许。我们很快就要研究这种阻碍及其解除。它充满了我们较高级的思想。但是在没有阻碍的地方,在思想过程和动作释放之间自然就没有裂缝。动作是感受的自然的直接结果,

---

① 意识达到某种强度,它的冲动性才能完全发挥效用,但我在这里不讨论这个事实。就像在所有其他自然事物中一样,在运动过程中存在着一种惰性。在某些个体那里,在某些时间(疾病、疲劳)这种惰性异常地大,我们会有一些动作的观念不产生任何可见的动作,而是将自己释放进刚刚开始形成的活动倾向或者情绪表达之中。运动部分的惰性在这里所起的作用,和对立观念在其他地方的作用是一样的。我将在后面考虑这种限制性的惰性,它显然不能给我在文中提出的法则造成任何根本性的改变。

不管感受的性质是什么。在反射动作中是这样，在情绪表达中是这样，在随意生活中也是这样。所以观念发动的动作并不是一个要把它缓和和解释过去的悖论。它遵从所有有意识动作的类型，而且我们必须由它开始来解释涉及到特殊准许的动作。

可以附带地说一下，抑制一个动作和执行一个动作一样不必有明确的努力或命令。它们二者都可能会需要它。但是在所有简单和通常的情况下，正如仅仅一个观念的出现就会激起动作一样，仅仅另一个观念的出现也会阻止这个动作的发生。试着在手指处于伸直状态的情况下去感受就好像在弯曲你的手指。很快它就会感受到想象中的位置变化；但是它没有可以感觉得到的移动，因为它实际上没有移动这一点也是你心中内容的一部分。丢弃这个观念，纯粹地想那个动作，除去所有的阻碍；立刻！在你全无努力的情况下动作就发生了。

清醒者的行为始终产生自两种相对立的神经力量。他的大脑细胞和纤维中的一些神经流，以无法想象的精细程度，作用于他的运动神经，而其他神经流，也是无法想象地精细，则作用于最初的神经流，阻止或者帮助它们，改变它们的方向或速度。这一切的结果就是，虽然神经流最终总是会经由某些运动神经而排出，但它们有时是由这一组有时是由那一组运动神经排出的；而且有时它们相互长时间地处于平衡的状态，以致会让肤浅的观察者以为它们完全没有排出。不过，这样的观察者必须记住，从生理学的观点看，一个姿势，一个眉上的表情，或者吐一口气，都是动作，和位置移动是一个动作一样。国王的呼吸和刺客的袭击一样可以杀人；有我们观念的神奇而无形的涌流相伴随的那些神经流的倾泻，不必始终都是爆炸性的或者具有物理上的显著性。

慎思之后的行动

我们现在可以来讨论在慎思的行动中,或者在心中有许多以对抗或融洽的方式相互联系的观念时发生了什么了。[①] 这些观念之中的一个就是行动观念。这个观念自己就能激发起一个动作;然而,呈现在意识中的一些另外的考虑阻碍了运动释放,而另一些考虑相反又诱使它发生。其结果就是人们所说的犹豫不决这种对内在不安的独特感受。幸运的是人们太熟悉它了所以不需要对它再进行描述,因为要描述它是不可能的。只要它持续着,有各种对象在注意之前,我们就是在慎思;当原初的提示最后或者占了优势并使动作发生,或者被其反对者决定性地压倒,我们就是在做决定,或是在表达支持这个或那个做法的随意准许。实施着强化或者抑制的观念,同时又被称为决定由以做出的理由或动机。

慎思的过程包含无限的复杂程度。在慎思的每一刻,我们的意识都是关于一个极为复杂的对象的,即一整套动机及其冲突的存在,就如在第一卷的第275页所解释过的那样。这个对象的整体始终有几分模糊地被意识到,作为我们注意的变动和观念"联想

[①] 我在这里只是因方便的缘故而使用普通的用语。当听到有许多观念同时呈现给心并且相互作用时,熟悉第九章内容的读者始终能够理解,这实际的意思是说,心里有一个观念,这个观念是关于许多相互联系的对象、目的、理由、动机的,其中有些是融洽的联系,有些是对抗的联系。有了这一告诫,我将不时不加犹豫地使用通俗的洛克用语,尽管我认为它是错误的。

第二十六章 意志

性"涌流的结果,它的一些部分会在一个时刻有几分清晰地在前景突出出来,而在另一时刻又是其他的部分突出出来。但是无论处于前景的理由多么清晰,无论多么迫切地要冲出堤坝并将运动结果带上正路,背景(无论是多么模糊地感受到的)都始终在那里;而背景的存在(只要犹豫不决还在持续)则起着对不可挽回的释放进行有效检查的作用。慎思可以持续数周或者数月,不时地占据心头。昨天好像充满着急迫性、活力和生命的动机,今天却奇怪地感到微弱、苍白和索然无味了。但是今天和明天一样问题并没有得到最后解决。某个东西告诉我们,这都是暂时的;变弱了的理由会再次变强,而较强的理由又会变弱;平衡还没有达到;检验我们的理由,而不是服从它们,仍然是这一天的常态,而且我们必须暂且等待,无论是耐心还是急躁,直到我们的心里"一劳永逸"地做出了决定。这种先是倾向于一个然后又倾向于另一个我们以为可能的将来情况,就像是一个物质性的物体在其弹性限度以内来回摆动。这里有内在的紧张,但是没有外在的入迷。而且很显然这种情况可以无限期地持续下去,在物理的事物和人心那里都是如此。然而,如果弹性消失了,堤坝破裂了,那个流就会冲破硬壳,摇摆结束了,决定不可更改地做出了。

决定可以由许多不同的方式产生。我将尝试简述它的最为典型的类型,只是要告诫读者这只是对症状和现象的内省解释,所有关于因果触动者(无论是神经的还是精神的)的问题,都将在后面进行讨论。

在具体的案例中支持或者反对行动的特殊理由当然是无限多

样的。但是有一些动机却始终或多或少地起着作用。其中之一就是慎思状态的急切；或者换句话说，是仅仅由于行动和决定本身是合意的，就倾向于去行动或做决定，并解除怀疑和犹豫的紧张。因此，在做出决定性行动的冲动变得极大时，我们常常会采取任何碰巧在我们心中最为生动的做法。

与这种冲动相反的，是我们对那种不可挽回性带有畏惧，这种畏惧常会导致一种性格，即不能迅速和有力地做出决定，除非意外地进入突然的活动。当决定迫在眉睫时，这两个相反的动机与所有其他呈现出来的动机交织在一起，并趋向于促成或者阻碍决定的做出。就它们单独对决定发生影响而言，这些动机的冲突是关于在什么时候做出决定的冲突。一个说"现在"，另一个说"还没到时候"。

动机之网的另一个恒常组成部分，是坚持已经做出的决定的冲动。人的性格差异中最显著的就是果断和优柔寡断的差异了。这个差异的生理和心理基础都还没有得到分析。它的表现是，在优柔寡断的人那里所有的决定都是暂时的，并且易于被推翻，而在果断的人那里，一旦拿定了主意，决定就是一劳永逸的，不会再受打扰。在每一个人的慎思过程中，常常会有某个可选方案突然有力地进来，自己独自占据慎思者的想象，并产生出对它自己有利的貌似拿定了主意的决定。每个人当然都了解这些不成熟的和假性的决定。从跟随其后的考虑来看，它们通常会显得荒谬可笑。但是不可否认，在性格果断的人那里，曾经做出过其中一个决定的偶然事件，其后确实会作为关于为什么不应该取消它，或者如果暂时取消了它，为什么应该再次做出这个决定的较为一般理由以外的一个动机加入了进来。我们有多少人会只是因为讨厌"改变想法"，就坚持某种除了片刻的漫不经心我们可能决不会采用的鲁莽做法。

五种类型的决定

现在转向决定自身的形式，我们可以区分出四种主要的类型。① 第一种可以被称为合理的类型。它是这样一些情况，在其中支持和反对一个给定做法的理由逐渐地和几乎觉察不到地自己就在心里安顿下来，最后达到有利于一个选项的平衡，于是我们无需努力或者不受约束地就采纳了这个选项。在合理地结清账目之前，我们会有一种关于证据还不齐全的冷静感受，这就使得行动悬而不发。但是某一天我们清醒过来，感到自己对事情的了解是正确的，再拖延也不会让我们问题有新的了解，最好是现在就把事情决定下来。在从怀疑到确信的这种从容的转变中，我们自己好像几乎是被动的；让我们做出决定的理由似乎出自事物的本性，我们的意志并没有起作用。然而，我们有一种完全的自由感，因为我们完全没有任何强迫感受。在这些情况下做出决定的结论性理由，通常是发现我们能够将这个情况归属于我们习惯于马上以某种老一套方式做出行动的一类。可以一般地说，每一个慎思的很大一部分都是在于仔细掂量对做与不做相关行动的各种可能的思考方式。一旦我们想到可以运用某个已是我们自我的一个牢固和稳定部分的行动原则，我们的怀疑状态就结束了。每天都要做出许多决定的当权者，有一组分类条目，每个条目都有自己的运动结果，并据此力

---

① 此处疑为笔误。应为"五种主要的类型"。——译者

求对每一个新出现的事物在其发生之时就做出分类。在新出现的事物属于没有先例的一类,因而没有预先准备好的准则可以应用于它的情况下,我们就最感到不知所措,并且为自己任务的不确定性而烦恼。然而,一旦看到通向熟悉分类的道路,我们马上就又变得从容了。在行动中和在推理中一样,重要的事情是寻找正确的概念。具体的两难困境不会在后背贴着标签来到我们这里。我们可以用许多名字称呼它们。聪明的人能够成功地找到最适合那个特殊时刻的需要的名字。"合理的"人是这样的人,他储备了许多稳定的和有价值的目的,在没有冷静地查明一个行动是有助于还是有损于其中的任何一个目的之前,他不会对这个行动做出任何决定。

在下面两种类型的决定中,最后的准许发生于证据"齐全"之前。通常哪一个做法都没有最高的和权威的理由。每一个做法似乎都是一种善,而没有仲裁者来判定哪一个善应当让位于另一个。我们渐渐厌倦了长时间的犹豫不决,到一定的时候我们可能会感到甚至一个坏的决定也比完全不做决定要好些。在这样的情形之下,常常会有某个偶然状况在特殊的时刻附着在我们的心理疲劳之上,会朝着其中一个选项的方向打破平衡,于是我们感到自己对它有了承诺,尽管相反的偶然事件同时也可能会产生相反的结果。

在第二种类型中,我们在一定程度上感受到让自己带着对偶然由外部决定的方向的无动于衷的默许,带着对我们采取这个做法和采取另一个做法终归是一样的好,而事情最终无论如何都肯定会足够对的确信,而随波逐流。

在第三种类型中,决定似乎同样是偶然的,但是它来自内部,

第二十六章 意志

而非外部。当强制性原则的缺乏令人困惑,悬而未决的状态令人不安时,我们常会发现自己好像是自动地,而且好像是通过我们神经的自发性释放,而向着那个两难困境的方向之一行动起来。但是,在难以忍受的压抑状态之后出现的这种运动感觉是如此地令人兴奋,以致我们热切地将自己投入了进去。"现在前进!"我们在心的深处喊叫着,"纵使天堂坠落。"我们很少预先想到这种不顾后果和欢欣鼓舞的能量付出,以致我们感到自己就像是为某种外来力量的炫耀而欢呼的被动旁观者,而不是随意的能动者。这种类型的决定太突兀,太激动,不会经常在本性寂寥而冷静的人那里发生。但是在情绪强烈、性格不稳定或者摇摆的人那里,这种情况则可能经常发生。而在震撼世界的人物那里,如拿破仑和路德那样的人等等,坚韧的情感与热烈的活动结合在一起,当情感的发泄碰巧为踌躇或忧虑所阻碍时,所做的决定往往很可能就是这种毁灭性的。洪水相当出乎意料地冲破了堤坝。这种情况的经常发生很充分地解释了为什么这些人物会倾向于有宿命的心态。宿命的心态本身肯定又强化了在兴奋的释放之路上刚刚起步的能量的强度。

还有第四种形式的决定,它常常像第三种形式的决定一样突然地结束慎思的过程。由于某个外部经验或者某个无法解释的内部负荷,我们的心情突然由从容和漫不经心转为庄重和紧张,或者也可能是反过来,此时这种决定就到来了。我们的动机和冲动的整个价值尺度于是就都发生了变化,就像观察者高度的改变给所见景色带来的变化一样。可能的最能让人庄重起来的动因是悲痛和恐惧的对象。当这些对象中的一个影响了我们时,所有"轻松的想入非非"的观念就都失去了动机的力量,所有严肃观念的动机力量就都成倍地增加了。其结果就是立即放弃我们一直把玩着的较为无关紧要的计划,并立即实际地接受至此一直得不到我们同意的较为严峻和认真的选项。所有这些让我们许多人重新做人的"心的改变"和"良心的唤起"等等,都可以被归于这一类。人格突然提升到另一个"高度",慎思立刻就结束了。①

534　　在第五类也是最后一类决定中,关于证据齐全以及理性已经结清了账目的感受可以出现,也可以不出现。但是在这两种情况下,在做决定时,我们都感受到就好像是我们通过自己的任性动作而使秤杆发生了倾斜;前一种情况是通过将我们的努力添加到单独无力将动作释放出来的逻辑理由的分量上而实现的;而后一种情况则是通过某种不是理由但起着理由作用的东西的一种创造性贡献而实现的。在这些情况下感受到的意志缓慢而无生气的发动,使它们成为了主观上与前面三种类型都完全不同的一个类型。意志之发动的形而上学意义是什么,这种努力能让我们对与动机不同的意志力做出一些什么推论,还不是我们现在关心的问题。主观地和现象地看,在前几种类型的决定中不存在的努力感受是与这些决定相伴随的。不管是由于严厉和赤裸的责任的缘故而凄凉地放弃各种丰富的世俗快乐,还是在两个同样愉快和美好,而且其间没有绝对客观或者强制性的取舍原则的互不相容的未来事实序列之间,做出沉重的决定,使一个永远不再可能,使另一个成为现实,无论是这二者中的哪一种情况,它都是一种孤凉和刻薄的动作,是寂寞的道德荒野中的远足。如果细加考察,它与前面三种类

---

① 我的同事 C. C. 埃弗里特(C. C. Everett)教授最先让我着重注意到这类决定。

型的主要区别似乎就在于,在那几种类型的情况中,心在对得胜的选项做出决定的那一刻,就将另一选项完全或几乎完全地丢弃到视线之外了,而在这里两个选项都稳定地保持在视线之中,而就在扼杀那个战败了的可能性的动作中,选择者知道在那一刻他让自己遭受了多大的损失。这是故意地把一根刺刺进自己的肉里;而与那个动作相伴随的内在努力的感觉,是使第四种决定类型与前三种类型形成鲜明对比,并使它成为一种完全独特的心理现象的要素。人的绝大多数决定都是无需努力的决定。在大多数人那里,只有相对少数的决定确有努力与最后的动作相伴随。在慎思过程中我们经常有一种关于此刻做出决定要付出多么大的努力的感受,我认为,我们被这个事实误导了,以为努力做出得比实际更加频繁。此后,在从容地做出决定之后,我们回想起这一点,而错误地以为我们在当时曾经做出了努力。

我们当然不能怀疑或否认努力作为一种现象事实存在于我们的意识之中。另一方面,它的意义也是最严重的意见分歧所在。如精神因果性的存在那般重要、如普遍前定或者自由意志那般重大的问题,都取决于它的解释。所以,我们有必要对意志努力感受发生的条件进行认真的研究。

努力的感受

当在前面一点的地方(第 526 页)我说意识(或者与之相伴随的神经过程)在本性上是冲动的时,我在注释中补充了一个附带条件,即它必须有足够的强度。不同种类的意识在激发动作的力量方面有显著的差异。一些感受的强度实际上有可能会低于释放点,而其他感受的强度则有可能会在释放点之上。我说实际上有可能的意思是指在普通情况下有可能。这些情况可能是习惯性的抑制,就像让我们每一个人都会产生一定程度慵懒的闲散(dolce far niente)的舒适感受,只能为冲动的刺激所克服;或者它们也可能表现为运动中枢本身的天然惰性或内在抵抗,使得在达到和超过某种内部紧张程度之后,爆发才有可能发生。不同的人以及同一个人在不同的时间,这些条件会有所不同。神经惰性可以有大有小,习惯性抑制可以减小或增大。特殊思想过程和刺激的强度也会独自发生变化,联想的特殊通路也会变得更加畅通或不畅通。因而就有了一些特殊动机相比于其他动机在实际的冲动效力方面发生变化的极大可能性。正是在正常情况下不那么有效力的动机变得更有效力了,以及在正常情况下较有效力的动机变得不那么有效力了的地方,通常无需努力的行动,或者通常从容的节制,就或者变得不可能了,或者需要做出努力才能实现。再做少许说明这些情况就更加显而易见了。

在不同种类动机的冲动力量方面有某种常规的比率,这是通常的意志健全的特性,只有在罕见的时间或者在罕见的个体那里这个比率才会被打破。通常最具冲动性的心的状态,或者是表象激情、欲求或情绪对象——简言之,本能反应对象——的心理状态;它们或者是对快乐或痛苦的感受或观念;或者是由于任何原因我们已经习惯于服从,以致对其做出反应的习惯已经根深蒂固了的观念;或者最后,与关于遥远对象的观念相比,它们是关于在场的或者在空间和时间上相近的对象的观念。与这些不同的对象比较起来,所有久远的考虑,所有高度抽象的概念性认识,不寻常的理由,以及不属于人类本能发展史的动机,都少有或者没有冲动力量。当它们真的占了优势时,那是通过努力而占优势的;因此不同于病理努力的正常努力,存在于所有非本能的行为动机起支配作用的地方。

意志的健全还需要在谁许或者行动之先的那个过程中具有一定程度的复杂性。每一个刺激或观念,在唤起它自己的冲动的同时,还必须激起其他的观念(相联结的和随之发生的)及其冲动,而行动必须不太慢也不太快地作为所有这样牵涉进来的力量的结果而随后发生。甚至在决定是果断的时候,在准许发出之前也有这样一种对情况的初步检查,以及关于哪个过程最好的预想。如果意志是健全的,预想就一定是正确的(即动机之间的比率就一定在总体上是正常的或者是不太异常的),行动就一定会服从这个预想的引领。

意志的不健全因而可以由许多方式发生。行动可能在刺激或者观念之后发生得太快,没有为激起约束性联想项留出时间——此时我们就有了急促的意志。或者,虽然这样的联想项出现了,但是冲动性和抑制性力量之间的正常比率可能会出现偏差,此时我们就有了任性的意志。而这种任性又可能产生自这许多原因之一——这里的强度太大或太小;那里的惰性太多或太少;或者在其他地方抑制力量太多或太少。如果将任性的外部症状放在一起进行比较,我们可以将它们分为两类,在其中的一类中正常的行动不可能,而在另一类中反常的行动不可控制。总之,我们可以分别称它们为阻塞的意志和爆发的意志。

然而，我们必须记住，由于作为结果的行动始终产生自在场的阻塞力量和爆发力量的比率，我们永远也不能仅仅通过外部症状就知道引起一个人意志任性的根本原因是什么，是由于一个成分的增加，还是由于另一个成分的减少。卸去平常的刹车和弄出更多的冲动蒸汽一样容易使一个人具有爆发性；原来欲望的变弱也和有了新的拦路虎一样，会让一个人以为事情是不可能的。如克劳斯顿（Clouston）博士所说，"马车夫可能会虚弱得不能驾驭驯养良好的马匹，马匹也可能会很难对付以致没有车夫能够拉住它们。"在某些具体的情况下（无论是爆发的还是阻塞的意志的情况）很难说清问题是出自抑制方面还是爆发方面的变化。然而一般地说，我们能够大致猜出真实的情况。

爆发的意志

比如，有一种正常的性格类型，冲动似乎很快就释放到了动作之中，抑制根本没有时间出现。这属于"敢作敢为"和"灵活"的气质，兴奋洋溢，话声不绝，这在拉丁人和凯尔特人中非常普遍，而冷血和精明的英国人的性格与之形成了鲜明的对照。这些人在我们看来像猴子，我们在他们看来像爬虫。我们完全无法判断，在阻塞型和爆发型的个体之间，哪一个生命能量的总量最大。一个拥有良好知觉和理智的爆发型的意大利人，会由于其内在的资源而成为引人注目的大人物，而一个阻塞型的美国北方人却会将这内在的资源隐藏在内部，并且几乎不会让你知道它在那里。这个意大利人将会是他那一伙人中的王者，唱所有的歌，说所有的话，领导聚会，搞恶作剧，亲吻所有的女孩，与男人作战，而且如果需要还会引领渺茫的希望和事业，所以旁观者会以为他的小手指比合乎体统的谨慎同伴的整个身体还更有活力。但是，谨慎的人可能始终都拥有所有这些可能性以及更多的东西，只要卸掉刹车，就很容易以相同的甚或更为猛烈的方式爆发出来。正是由于没有顾虑、后果和考量，由于每一时刻内心的看法都格外简单，爆发型个体才有了这样的运动能量和从容；他的任何情感、动机或思想都不必有更大的强度。随着心理进化的进程，人的意识变得更加复杂，每一个冲动所面临的抑制也随之增加了。但是这种抑制居支配地位的情况有坏的一面，也有好的一面；如果一个人的冲动基本上是有序和迅速的，如果他有勇气接受这些冲动的结果，而且有理智能力将它们成功地引向目标，那么他有这种一触即发的构造、而不是"蒙着一层思虑的惨白病容"就是件好事。历史上许多最成功的军事家和革命家都属于这种简单而机敏的冲动类型。对于沉思的和抑制的心来说，问题就难得多了。确实，他们能够解决更大量的问题；而且他们能够避免冲动型的人易犯的许多错误。但是在后者没有犯错误或者始终能够纠正错误的情况下，冲动的类型就是人的最有魅力和不可缺少的类型。①

---

① 在《哈佛月刊》(Harvard Monthly)第6卷第43页的"运动员的心理特质"(Mental Qualities of an Athlete)这篇精彩文章中，A. T. 达德利(A. T. Dudley)先生将很快就冲动的气质放在了第一位。"问他在某个复杂技巧中是如何做出某个动作的，为什么他在某个时刻要推或拉，他会告诉你说不知道；他是凭本能这样做的；或者是他的神经和肌肉自己这样做的。……这就是好的表演者的辨别特征：好的表演者对他的训练和练习充满信心，在关键性的表演中完全相信自己的冲动，而不会去思考每一个动作。而蹩脚的表演者则不能相信他的冲动性动作，始终不得不仔细思考。所以他不仅由于理解整个情境的缓慢而失去了机会，而且由于不得不始终要快速思考，所以在紧要关头就糊涂了；而一流的表演者不去思考，而是跟着冲动的指引去表演，他不断做出出色的表现，并在较大的压力下表演得更好。"

在婴儿时期,在某些极度疲惫的状态以及特殊的病理状态下,抑制力可能无法阻止冲动释放的爆发。于是在其他时间可能属于相对阻塞类型的个体就暂时有了爆发的性情。我在这里最好的做法就是抄录克劳斯顿的杰出著作中的几页内容了:①

6个月大的孩子完全没有心理抑制这种大脑能力;没有任何欲望或倾向为心理动作所阻止。……1岁时,了不起的自我控制能力的雏形在大多数孩子那里已经清楚地显露出来。他们会抵制去抓取火焰的欲望,他们不会弄倒牛奶罐,在想要跑开时他们会服从指令坐着不动,所有这些都是通过一种较高级的心理抑制实现的。但是控制力像手的动作一样是逐渐发展的。……看一个任何有资格的生理学家都认为是自动的,并且不受任何普通抑制力控制的比较复杂的动作,比如充分地刺激和逗弄一个一两岁的孩子,他会突然用力打你;突然袭击一个人,他会完全自动地做出防卫或者攻击的动作,或者做出这两种动作,而没有对自己的控制力。将一个明亮诱人的玩具放在1岁孩子的面前,孩子会立刻将这个玩具据为己有。将冷水放在一个极度口渴的人的面前,他会将水取过来并喝下它,而没有能力不这样做。神经能量的枯竭总是会降低抑制力。谁没有意识到这一点?"易激怒性"就是它的表现。许多人后备大脑力量——所有大脑性质中最有价值的那种——的储备都非常小,以致它很快就用完了,而你立刻就会看到他们很快就失去了自我控制力。他们在精神饱满时是

---

① T. S. 克劳斯顿,《心理疾病的临床演讲》(伦敦,1883),第310—318页。

第二十六章 意志

天使,在疲惫不堪时是魔鬼。构造正常的人有能量或者抵抗力量的多余储备,所以在各个方面的适当的过度,只要不是太经常地重复,就不会带来大的伤害,而没有这样的储备的人,过度工作、过度饮酒,或者小小的放荡都会让他们任凭病态冲动的摆布,而全无抵抗的力量。……太大量或者太经常地用尽其大脑抑制力的多余储备的人,真是不幸啊!……抑制这个生理学词汇,可以作为自我控制这个心理学和伦理学术语的同义词来使用,或者作为在特定方向行使的意志的同义词来使用。丧失自我控制是大多数类型的心理疾病的特征,但是这种丧失通常是以忧郁、躁狂、发狂或者妄想症状为主要表现的一般心理疾病的一部分。还有不那么多的其他病例,在其中抑制力的丧失是主要症状,而且在很大程度上是最显著的症状。……我将称这种类型的疾病为"抑制性精神失常"。一些这样的病例中有不可控制的暴力和破坏的冲动,另外一些有杀人的冲动,还有一些有不是由抑郁感受促使的自杀冲动,还有一些有做出兽性满足动作的冲动(求雌狂、慕男狂、色情狂、兽欲),还有一些有过量饮酒的冲动(嗜酒狂),还有一些有烧东西的冲动(放火癖),还有一些有偷窃的冲动(偷窃狂),另外一些有朝向各种不道德行为的冲动。冲动的倾向和病态的欲望在种类上不可计数。许多这些精神失常的种类都已经由独特的名称区分了开来。挖出并且吃掉死人的尸体(恋尸癖),离家出走并抛开社会的约束(漂泊狂),动作像野兽(变狼狂),等等。所有这些方面的冲动性动作,都可以由大脑较高级区域失去了控制力而发生,或者由大脑某些部分能量的过度发展而发生,这是正常的抑制力所不能控制的。马车夫可能会虚弱得不能驾驭驯养良好的马匹,马匹也会很难对付以致没有车夫能够拉住它们。这两种情况可能都产生自单纯的大脑紊乱。……或者可能是反射的。……自我、人、意志在那个时候可能都不存在。这种情况的最完备的例子就是在梦游或者癫痫无意识状态下发生的凶杀,或者是在催眠状态下做出的动作。在这样的案例中,完全没有对达到目的的有意识的欲望。在其他案例中会有意识和记忆出现,但却没有能力约束行动。最简单的例子就是一个低能者或者精神失常的人,看到某个艳丽夺目的东西就把它据为己有,或者是当他做出不恰当的性行为的时候。先前心智健全和精力旺盛的人可能会由于疾病而进入同样的状态。使得其他人不去做这类事情的动机对于这样的人不起作用。我认识一个偷窃的人,他说他对窃取的物品完全没有强烈的渴望,至少没有有意识的强烈渴望,但是他的意志处于暂时不起作用的状态,他无法抗拒人性所共有的一般的占有欲望。

不仅这些得到专门术语上的分类的低能者和精神失常者会表现出这种冲动的迅速和抑制的缓慢。询问你认识的半数普通酒鬼,为什么会这么经常地成为诱惑物的牺牲品,他们会说在大部分情况下都不知道为什么。他们觉得这就像是一种眩晕。他们的神经中枢变成了被每一个转瞬即逝的关于酒瓶和酒杯的想法而病理性地打开了的泄水道。他们并不渴望那种饮品;它的味道甚至可能让人反感;而且他们完全预知了第二天的懊悔。但是当他们想到或者见到那种液体时,他们就要去喝,而且不能自制:更多的他们就说不出来了。同样,一个人可能会过一种不停地恋爱或者性放纵的生活,虽然激起他这样做的,似乎是可能性的暗示或观念,而非他的感情或者欲望有太大的强度。他甚至可能在身体的方面一直是阳痿的。在这些人这里,冲动的自然(或者也可能是非自然的)通路是如此通畅,以致神经支配的程度稍有提高,就会发生溢出。这种状态在病理学中被称为"应激性虚弱"。神经组织兴奋过程中的初始或者潜在的阶段很短,没有机会让紧张在里面累积;结果就是在所有的兴奋和活动中,所参与的真实感受的量可能是非常小的。歇斯底里气质是这种不稳定平衡的典型的表演场。有这种气质的人会对某一类行为满怀似乎是最为真实而确定的反感,而就在下一个瞬间又会为诱惑所动而深陷其中。里伯特教授为其有趣的小型专著《意志的疾病》(The Diseases of the Will)中论述歇斯底里气质的那一章起了一个恰当的名称"任性的支配"(Le Règne des Caprices)。

另一方面,在神经组织保持着恰当的内部健康状态,抑制力正常甚至非同寻常地大的情况下,也可以出现紊乱和冲动的行为。在这样的情况下,冲动观念的力度异常强大,而对于大多数人来说只是对一种可能性的转瞬即逝的提示,就会成为对行动的痛苦渴望的迫切要求。讨论精神失常的著作中有许多关于这种病态的顽固观念的例子,在对这些观念进行的顽固抗争中,在最终被荡涤之前,不幸受害者的灵魂经常会遭遇极度的痛苦不安。一个实例就可以很有代表性;里伯特从卡尔梅尔(Calmeil)处引述道:[①]

---

① 在他的《疾病与意志》(Maladies de la Volonté)的第 77 页。

格莱纳德尔在婴儿时期失去了父亲,由他极爱的母亲抚养长大。16岁时,他的一直和蔼而温顺的性格发生了变化。他变得忧郁而且沉默寡言。在母亲的追问下,他最后决定做出坦白。他说,"我的一切都归功于你;我一心一意地爱你;但是一段时间以来一个不间断的观念驱使我要杀了你。要防止如此可怕的不幸事件发生,以防某一天那个诱惑会将我压倒:允许我去服兵役吧。"尽管有那个迫切的诱惑,他还是决心坚定,离开了家,成为了一个好士兵。一种逃离这里以便可以回家去杀害母亲的隐秘冲动还是在永无休止地刺激他。在他服役期结束的时候,这个观念与第一天一样强。他又开始了另一个服役期。杀人的本能持续着,但受害者换成了另一个人。他不再想到要杀死自己的母亲了——那个可怕的冲动日日夜夜地指向了他的嫂子。为了抵抗这第二个冲动,他判处自己永远离乡背井。此时他的一位老邻居来到了他的军团。格莱纳德尔说出了他的所有烦恼。那个人说,"平静下来,你不可能犯这个罪;你的嫂子刚刚过世了。"听到这些话,格莱纳德尔像得到释放的俘虏一般站立起来,心中充满了快乐。他出发旅行回他这么多年没有回过的儿时的家。但是在到达时,他看见嫂子还活着。他大叫一声,可怕的冲动又一次俘获了他。那天傍晚,他让哥哥将他绑紧。"用一根结实的绳子,将我像畜舍里的狼那样绑起来,然后去告诉卡尔梅尔医生……。"通过医生他进入了精神病院。在入院前的那天晚上他给这个机构的医生写了一封信:"先生,我将成为你的机构的病人。我在那里将表现得如我在军团里一样。你会以为我

第二十六章 意志

已经痊愈。我也许会不时地假装是这样。决不要相信我。也决不要以任何托词让我出去。如果我乞求放我出去,请你们加倍警惕;我会利用自由来做的唯一事情就是犯下一件我痛恨的罪行。"①

真正的嗜酒狂对酒的渴望,或者那些被征服者对鸦片或者三氯乙醛的渴望的强度,是正常人无法想象的。"如果屋角有一小桶朗姆酒,一门大炮不停地向我和这桶酒之间发射炮弹,我还是会忍不住从大炮前经过以得到那桶酒;""如果一边是一瓶白兰地,而另一边是张开着大口的地狱的深渊,而且我确信如果喝一杯酒就无疑会被推进深渊,我也忍不住不去喝酒;"很多这样的话会出自嗜酒狂之口。辛辛那提的马西(Mussey)博士讲述了这个案例:

> 几年前一个酒鬼被送进了这个州的救济院。在几天的时间里,他想出了各种对策要把朗姆酒弄到手,但都没有成功。然而最终他偶然想到的一个办法成功了。他走进这个机构的锯木场,将一只手放在木料上,另一只手握着斧头,只一击就将手砍了下来。他举起血淋淋的残肢,跑进房里叫喊着,"拿些朗姆酒来!拿些朗姆酒来!我的手掉了!"在当时的混乱和喧嚣之中,人们拿来了一碗朗姆酒,他将身体流血的部分伸进酒里,然后将碗举到嘴边畅饮起来,狂喜地喊叫着"现在我满足了。"J. E. 特纳(Turner)博士谈到过一个人,在治疗酒醉期

---

① 关于其他"冲动性精神失常"的案例,见 H. 莫兹利的《心理疾病中的责任》(*Responsibility in Mental Disease*),第 133—170 页,以及福布斯·温斯洛的《心和脑的不明疾病》(*Obscure Diseases of the Mind and Brain*),第 6、7、8 章。

间，在四个星期的时间里偷偷喝了6个装有病理标本的坛子里面的酒精。当问他为什么会做这种令人作呕的事情时，他回答说："先生，就像我不能控制心脏的跳动一样，我无法控制这种病态的嗜好。"①

爱的激情可以被称作偏执狂，我们所有人不管在其他方面是多么地心智健全，也都会遭受的。它可以与对其激发"对象"的轻视甚至仇恨共存，而且在它持续时，那个人的全部生活都会因其存在而改变。阿尔菲里（Alfieri）这样描述他自己的力量不同寻常的抑制力与他对某位女士异常兴奋的冲动之间的斗争：

> 让我自己感到不齿的是，我陷入了这样一种忧郁的状态，好像如果长时间地持续下去，就不可避免地会导致精神失常或者死亡。我持续地戴着这种有失体面的脚镣，直到将近1775年1月的末尾，在那之前常常被约束在界限之内的狂怒，以最猛烈的方式爆发了。一天晚上在歌剧院（意大利最乏味恼人的消遣）我在一位女子的包厢里度过了几个小时，她时而让我反感，时而让我爱恋。从歌剧院回来，我下定决心要让自己永远摆脱她的羁绊。经验曾经告诉我，逃避远不能让我坚持自己的决定，而是相反会倾向于减弱和毁灭它们；因此我有了让自己经受更严峻磨难的倾向，出于固执而独特的性格，我想象如果采取了会迫使我做出最大努力的方法，我就一

---

① G. 伯尔（G. Burr）在1874年12月《纽约心理学和医学法学杂志》（*N.Y. Psychological and Medico-Legal Journal*）上论"醉酒狂"（Insanity of Inebriety）的文章中引用的这段话。

第二十六章 意志

定会取得成功。我决定永远不离开这所房子,如我已经说过的,这所房子就在那位女士房子的对面;永远不注视她的窗户,不看她每天的进进出出,不听她的声音,虽然坚定地下决心她那方面任何直接或者间接的友好表示,任何亲切的回忆,总之,任何可以使用的其他方法,都再也不能诱使我去恢复我们的友谊。我决心不是将自己从不光彩的束缚中解放出来,就去死。为了让我的目的更加坚定,并让我不可能不承担丧失信誉之罪而动摇,我将自己的决定告诉了一个朋友,他与我关系密切,并且是我极为尊重的人。他曾经为我所陷入的心理状态而痛惜,但是不愿赞同我的行为,但也知道不可能说服我放弃它,所以他有一段时间不再来我的住所。在我写给他的几行字里,我简要地陈述了我做出的决定,并且作为我坚定决心的保证物,我寄去了自己长长的一缕难看的红头发。我有意将它剪下来,以防止我走出门去,因为当时除了乡下人和水手以外没有人梳着短发出现在公共场所。在信的末尾,我恳请他通过他的到场和榜样作用来强化和帮助我的坚韧。以这种方式被隔离在自己的住所,我没有了任何种类的人际交往,在最可怕的恸哭和呻吟中度过了最初的15天。我的一些朋友来访问我,对我的境况表现出同情,也许是因为我自己没有抱怨;但是我的外形和整个外表都显示出了我的痛苦。想要读点东西,我找来报纸,经常浏览整页的内容却一个词也没理解……到1775年的3月底之前,我在一种接近疯狂的状态中度过了两个多月的时间;但是大约在这个时候,一个新的想法闯入了我的心中,它渐渐平息了我的忧郁。

这个想法就是写诗。阿尔菲里继续描述了他在这些病痛状态之下写诗的最初尝试：

> 这种心血来潮给我带来的唯一好处，就是让我渐渐地与爱脱离开来，并唤起了我那长时间处于休眠状态的理性。我发现不再有必要让人用绳子把我绑在椅子上，以防止我离开这所房子并回到那位女士的房子了。这曾经是我想出来用强力使自己保持明智的办法之一。绳子隐藏在裹住我的一个大披风的下面，只有一只手保持着自由。所有来看我的人都没有猜疑我是这样被捆牢在那里的。我长时间地处在这种情境之下；我的看守伊莱亚斯是唯一知道这个秘密的人。每当我的狂热发作平息下来时，他就会如规定的那样为我松绑。然而，在我使用的所有异想天开的方法中，最奇特的就是在狂欢节快要结束的时候穿着化装舞会的服装出现在剧院里。我穿成了阿波罗。我冒险带着竖琴出场，在琴上尽我所能地弹奏，还吟咏了一些我自己写得不怎么样的诗句。这样的放肆行为与我的本性截然相反。我能为这样的场面提供的唯一托词就是我没有能力抗拒一种急迫的激情。我感到有必要在这种激情的对象和我之间放置一道不可逾越的屏障；而我看到的最坚固的屏障，就是我会由于继续一个我曾经公开嘲弄的恋爱而遭受的羞耻。①

顽固观念通常是无关紧要的，但是它可能会耗尽病人的生命。他感到手脏了，就必须洗手。他知道手并不脏；而为了摆脱那个

---

① 《自传》，豪厄尔版(1877)，第 192—196 页。

恼人的观念，他洗了手。然而，那个观念很快就又回来了，不幸的受害者丝毫也没有在理智上受到欺骗，却最终还是在盥洗池边度过了一整天。或者，他的衣服没有穿"好"；为了消除这个想法，他用了两三个小时的时间，把衣服脱下又穿上。大多数人都有患这种疾病的可能性。很少有人没有过这样的经历，即上床以后又想到可能忘了锁大门，或者忘了关闭燃气。很少有人不曾有的时候起来重复做这样的事情，不是因为他们相信这个事情真的没有做，而是因为只有这样他们才能消除让人忧虑的怀疑，才能入睡。①

阻塞的意志

与抑制不充分或者冲动过度的案例形成鲜明对照的，就是冲动不充分或者抑制过度的案例。我们都知道在第一卷第404页谈到过的那种情况，心在一些时候好像失去了集中的能力，不能集中注意于任何确定的事物。在这样的时候，我们目光呆滞，什么也不做。意识的对象不能触及内心或者穿过皮肤。它们就在那里，但却达不到生效的程度。在我们所有人这里，这种无效在场的状态是某些对象的正常状态。极度疲劳或者筋疲力尽几乎可以使所有对象都处于这种状态；而此时产生的与之类似的感情淡漠，在精神病院作为心理疾病的症状而被称为意志缺失。如前所述，意志的健全状态既需要预想的正确，也需要行动服从预想的引领。但

---

① 见《美国心理学杂志》I. 222 上考尔斯（Cowles）博士论"持人和固定的观念"（Insistent and Fixed Ideas）的文章；以及这个期刊的 III. 1 上纳普（Knapp）博士论所谓"怀疑狂"（Insanity of Doubt）的文章。后一篇文章中有关于这个问题的部分参考书目。

是在这里所涉及的病态条件下,预想可能完全未受影响,理智是清晰的,而行动却或者未能随后发生,或者是以某个另外的方式随后发生的。"我看到也觉察到更好的,随之而来却总是坏的"(Video meliora proboque, deteriora sequor)就是对后一种心理状态的经典表达。意志缺失这个名称特别适用于前一种状态。吉斯兰(Guislain)说,这些病人

> 能够依理性的命令而有内在的心理的意欲。他们经验到行动的欲望,但是没有能力像他们所应该的那样行动。……他们的意志无法越过特定的界限:人们会说他们内部的行动力量被阻塞住了:我意欲不能将自己转化为冲动性的意志,转化为主动的决定。一些这样的病人自己会对其意志的无力感到奇怪。如果你不管他们,他们就会整天待在床上或椅子上。如果有人对他们说话或者激发他们,他们能恰当地表达自己,虽然很简短;他们也能相当好地对事情做出判断。①

我们还记得,我在第二十一章说过,对象呈现给心的实在感,是与它作为意志刺激物的效力成比例的(还有其他因素)。在这里,我们看到了这个真理的对应面。那些(在这些冷漠状态下)不能达及意志、不能激起感情的观念、对象和考虑,似乎到目前为止都好像是遥远和不实在的。事物的实在性与其作为动机的有效性之间的联系,是一个始终没有说清楚的问题。人类生活的道德悲剧,几乎完全产生自这个事实,即通常衔接真理之见和行动的链环

---

① 里伯特的引述,在前面引用的书中,第39页。

断裂了，而且对那种刺激性的有效实在性的感觉没有附加在某些观念上。人们在单纯的感受和概念性认识方面并没有多大的差异。他们对于各种可能性的看法和他们的理想相差得也没有从他们的不同命运所推知的那么远。没有任何种类的人能够比那些长时间生活在知识与行动的矛盾之中，完全掌握着理论却从来不能让其柔弱性格挺立起来的无望的失败者、多愁善感的人、嗜酒者、阴谋家、"游手好闲的人"，有更好的情感，或者能更坚定不移地感受到较高和较低生活道路之间的不同。没有人像他们那样吃到知识之树的果实；就道德洞察力而言，与他们相比，为他们所反感的守秩序和成功的庸人还是吃奶的婴儿。然而他们的道德知识总是在背景中嘟嘟囔囔和隆隆作响，——识别、评论、抗议、渴望、半下决心——从不完全下决心，从未让其声音从低调转为高调，或者让其言词从虚拟式转为命令式，从未打破咒语，从未将舵轮掌握在手中。在像卢梭和雷蒂夫（Restif）这样的人物那里，好像低级动机掌控着所有的冲动效力。就像有路权的火车，它们也独占着通行的轨道。许多更为理想的动机与它们一同存在，但是前者从未启动，人的行为不受它们的影响，就像一列快车不受站在路边叫喊要搭车的旅行者的影响一样。直到最后它们都是无活动力的伴随物；由习惯性的眼高手低而产生的关于内在空虚的意识，是一个人在尘世所能忍受的最悲哀的感受之一。

我们现在一眼就看到什么时候努力会参与到意志当中。每当一个较为稀有和理想的冲动被召唤来抵消较为本能和习惯性的其他冲动时，它就会参与进来；每当强的爆发性趋向受到抑制，或者强的阻塞状态被克服时，它就会这样；出身高贵的灵魂（âme bien née），出生时就有仙人礼物的幸运孩子，在生活中不需要做出很多努力。另一方面，英雄和神经质的人则经常需要做出努力。在所有这些情况下，我们都会自发地将这种努力看作一种将其力量添加到最终占优势的动机力量之上的一种主动的力。当外部的力冲撞一个物体时，我们说，作为结果而产生的运动会发生在阻力最小或者牵引力最大的路线上。但这是一个奇怪的事实，即我们自发性的语言从来不会以这种方式谈及带有努力的意志。当然，如果我们以先验的方式着手，将阻力最小的路线定义为运动所循的路线，那么这个物理法则也必须适用于心理的领域。但是在意志的所有困难情况中，我们都感到当较为稀有和理想的动机占优势时，所采用的路线好像是阻力较大的路线，而较低劣动机的路线则好像是较好通过和容易的路线，甚至在我们拒绝这条路线的时刻也是如此。在外科医生的手术刀下忍住疼痛的叫喊的人，或者为了责任的缘故而使自己遭受社会指责的人，感到就好像他是在走着当时阻力最大的路线。他会谈到征服和战胜他的冲动和诱惑。

但是懒汉、酒鬼和懦夫从来都不会以那种方式谈论他们的行为，不会说他们抵抗他们的能量、战胜他们的节制、征服他们的勇气等等。如果我们一般性地将所有的行动动机都划分为嗜好和理想这两个方面，肉欲主义者从来都不会说他的行为是战胜其理想的结果，而道德家却总是说他的行为是战胜其嗜好的结果。肉欲主义者使用非活动性的术语，说他忘记了理想，没有理会责任等等；这些术语似乎意味着理想的动机本身无需能量或努力就能被取消，而且最强的单纯牵引力是在嗜好的路线上。与之相比较，理想的冲动似乎是一种必须人为进行强化才能占优势的更小的声音。努力就是它的强化者，它使事情看上去就好像虽然嗜好在根本上是一个固定的量，而理想的力则会在量上有所不同。但是，当一个理想的动机借助努力而战胜了巨大的感官阻力时，是什么决定了努力的量呢？就是那个阻力本身的大小。如果肉欲的嗜好小，努力就小。后者是由需要抵抗的巨大对手的出现而变大起来的。如果需要对理想的或道德的行动做一个简要定义，没有比这样说更适合了：它是发生在阻力最大的路线上的行动。

我们可以最简要地用符号表示这样的事实，P 代表嗜好，I 代表理想冲动，E 代表努力：

$$I 本身 < P。$$
$$I + E > P。$$

换句话说，如果 E 添加到 I 上，P 立刻就表现出最小的阻力，所以虽然有它，运动也还是发生了。

但是 E 似乎并不构成 I 的一个必要成分。它好像是外来的和事先不确定的。我们可以随意做出或多或少的努力，而且如果做出了足够的努力，我们还能将最大的心理阻力变成最小的。至少，这就是那些事实自然给我们留下的印象。但是我们现在不去讨论这个印象的真实性；让我们继续细节性的描述。

作为行动原动力的快乐和痛苦

对象和关于对象的思想起动我们的行动，但是行动所带来的快乐和痛苦则能改变行动的路线，并且控制它；以后，关于快乐和

550 痛苦的思想本身就获得了冲动和抑制的力量。并不是说关于快乐的思想本身也一定是快乐,通常正相反——不再痛苦(nessun maggior dolore)——如但丁所说,也不是说关于痛苦的思想一定是痛苦,因为,如荷马所说"悲伤往往后来成为乐事"。但是由于对于任何引起了它们的行动来说,当下的快乐是极大的强化者,而当下的痛苦是极大的抑制者,所以关于快乐和痛苦的思想与有最大冲动或者抑制力量的思想是同属一级的。这些思想与其他思想的确切关系因而是一个需要加以注意的问题。

如果一个动作感受起来是合意的,只要快乐持续着,我们就一遍又一遍地重复它。如果它让我们痛苦,我们的肌肉就立刻停止收缩。在这后一种情况下抑制是如此地完全,以致一个人几乎不可能慢慢地和故意地割伤自己或者切去身体的某一部分——他的手坚定地拒绝引起痛苦。而且有许多快乐,我们一旦开始品尝它们,几乎就强制性地将它们所由以产生的那个活动坚持下去。快乐和痛苦对于我们动作的影响非常广泛和彻底,有一种早熟的哲学曾经判定,这些快乐和痛苦是我们行动的唯一驱动力,每当它们好像不在场的时候,这只是因为它们是在激起行动的"遥远"意象中,所以被忽略了。

然而,这是一个大错误。快乐和痛苦对于我们动作的影响虽然重要,却远不是我们的唯一刺激。例如,它们与本能和情绪的表现就完全没有任何关系。谁会为微笑的快乐而微笑,为皱眉的快乐而皱眉呢?谁会为了避免不脸红的不舒服而脸红?或者,哪一个生气、悲伤或恐惧的人,会被他所做动作产生的快乐的驱使去做

第二十六章 意志

那些动作呢？在所有这些情况下，动作都是不可避免地由刺激对于构造得恰以那种方式做出反应的神经系统施加后面的力量（vis a tergo）而释放的。我们的狂怒、爱或者恐怖的对象，我们的眼泪和微笑的原因，无论是呈现给了我们的感官，还是只在观念中得到表象，都具有这种特有的冲动力量。心理状态的冲动性质是我们不能进一步深究的属性。一些心理状态比其他心理状态有更多的冲动性质，一些在这个方向，一些在那个方向上拥有这个性质。快乐和痛苦的感受拥有这个性质，关于事实的知觉和想象拥有这个性质，但都不是排他地或者特有地拥有它的。激起某种动作，对于所有的意识（或者作为意识基础的神经过程）都是根本的。在一种动物和对象那里它是一种动作，在另一种动物和对象那里它又是另一种动作，这个情况要由进化的历史来解释。不管实际的冲动是怎样出现的，我们都必须照其存在的样子来描述；那些认为在每一个实例中都一定要将它们解释为对快乐的神秘乞求和对痛苦的神秘厌恶的人，所遵循的是非常狭隘的目的论迷信。①

---

① 旧式快乐哲学的愚蠢要引起我们的注意（saute aux yeux）。以贝恩教授用触摸的快乐对喜欢社交和父母之爱所做的解释为例："触摸是基本和一般的感觉。……甚至在剩下的感觉分化之后，那种基本感觉仍然是心的最主要的感受性。轻柔而温暖的触摸，如果不是头等的作用，至少也与之相接近。轻柔的接触和温暖结合起来，就是相当大的快乐；虽然可能有一些微妙的作用不能还原为这两个方面，比如由于我们对其一无所知而称之为磁的或者电的作用的东西。将婴儿抱在双臂之中的那种震颤，就是某种超出了单纯温暖触摸的东西；而且它可以上升到心醉神迷的高度，然而在这种情况下，可能有共同起作用的感觉和观念。……在单纯的温柔而非性的情绪中，就只有使人愉快的触觉，除非我们假设有神秘的磁的作用。……总之，我们的爱的快乐开始和终止于肉体的接触。触摸是感情的始与终。作为终端的和使人满足的感觉，作为顶点，它必须是一种最高程度的快乐。……为什么快活的感受应该向我们的同类，而不是向持久不断的泉水发展？〔这个'应该'只不过是从较为现代的进化观点看才是有

552 　　也许对于反省来说,这样的狭隘目的论是有道理的,快乐和痛苦可能是行动的唯一可理解和合理的动机,是我们应当依此行动的唯一动机。那是一个伦理学命题,我们可以说出很多话来支持它。但是它不是心理学命题;而且,就我们实际上确实依其行动的动机而言,从它这里什么也推论不出来。这些动机是由无数的对象提供的,这些对象通过与让我们胸腔里发烧一样自动的过程,对我们的随意肌进行神经支配。如果快乐的想法能够促使行动发生,那么其他想法肯定也能。经验只能决定哪些想法能够做到这一点。关于本能和情绪的那两章已经向我们表明,这样的想法名目繁多;我们应该满足于这个裁决,而不要为寻求一种虚幻的简单化而牺牲一半的事实。

　　如果快乐和痛苦在我们最初的动作中不起作用,那么它们在

趣的。]肯定是在其他有感觉动物的相伴中,除了在获得生活必需品方面得到他们的帮助以外,还有快乐的源泉。要对此做出说明,我只能提出基本而独立的动物拥抱的快乐。"[注意,这里说的不是性的兴趣,而是"一般性的社交性"。]"每一个动物都愿意为这种快乐付出某种代价,即使只是友爱也是如此。所施与的一定量的物质恩惠,是回报以充满热诚的拥抱这种基本快乐的最终果实的必要条件。如果没有这些条件,给与的快乐……就很难得到说明;我们完全知道,没有这些帮助,对于像我们自己这样的存在来说,这种快乐就是一种非常贫乏的感情。……在我看来,始终构成父母感受之特性的拥抱年幼者的强烈快乐,一定存在于[父母本能的]根基之处。这样一种快乐一旦产生,就会将自身与年幼者的显著特征和样子联结起来,并且赋予这一切以极大的趣味。为了这种快乐,父母发现养育这种快乐的主体是必要的,并开始将照顾的功能看作愉悦的一个部分或条件。"(《情绪与意志》,第126、127、132、133、140页)贝恩教授没有解释,为什么保持在98华氏度的缎子靠垫,一般来说不会比我们的朋友和婴孩更容易给与我们所说的快乐。确实,靠垫可能缺少"神秘的磁作用"。我们大多数人会说,如果不是已经有了一种温柔,婴孩和朋友的皮肤都不会有这种磁作用。当崇拜对象的柔软手掌甚或"衣服边缘"偶然触碰到他时,年轻人会感受到一阵狂喜,可如果他事先没有被丘比特有力地射中,就很难感受到它。爱创造了狂喜,而不是狂喜创造了爱。而对于我们其他人来说,是否可能我们所有的社会德性都来自对握手或拍打后背的肉体快乐的欲求?

第二十六章 意志

我们最后的动作中,或者在已经成为习惯的人为获得的操作中所起的作用也一样。所有日常生活中的常规之事,穿衣和脱衣,上班和下班,完成工作中的各种操作,除了极少出现的情况以外,都与快乐和痛苦完全没有心理关联。它是观念发动的动作。正如我不是为了呼吸的快乐而呼吸,而只是发现我在呼吸一样,我也不是为了写作的快乐而写作,而只是因为我一旦开始了,并且处于持续以这种方式释放自己的理智兴奋的状态中,我就会发现我仍在写作。在无所事事地拨弄桌上的刀把时,有谁会声称这是为了它带给他的任何快乐,或者是为了他可以由此避免的痛苦。我们做所有这些事情,是因为在当时我们不得不做;我们神经系统的构造就是这样的,它们只能以那种方式流泄;而且对于我们许多慵懒的或者纯粹"神经质的"和局促不安的动作,我们完全说不出任何原因。

或者,一个害羞而又不善社交的人直接受到参加一个小型派对的邀请,又会怎么样呢?这是他讨厌的事情;但是你的出现对他施加了一种强制性,他想不出借口,所以就说好的,并在这同时为他所做的事情诅咒自己。他是并非每个星期都犯这类错误的并不常见的自持者(sui compos)。这类碍于情面的意志(voluntas invita)的实例不仅表明不能把我们的行为全部看作得到表象的快乐的结果,而且表明它们甚至不能被归类为得到表象的善的案例。与"快乐"的种类相比,"善"的种类包含了更多的对行动具有普遍影响力的动机。快乐通常只是因为我们认为它们是善而吸引我们。比如,斯宾塞先生就力劝我们,为了快乐对被我们视为善的健康的影响而追求快乐。但是,我们的行为并非总是以善的形式呈现给我们,就像它们并非总是以快乐的形式呈现给我们一样。所有病态的冲动和由疾病引起的固定观念都是与此相反的实例。此时，正是行为的坏的方面使得它有了令人眩晕的诱惑力。禁令一解除，吸引力就没有了。在我的大学时期，有一个学生把自己从一座学院大楼的一个上层窗口摔了出去，差点丧命。另一个学生，我的一个朋友，每天进出他的房间都必须经过那个窗口，并体验了一种要模仿那个行为的可怕诱惑。作为天主教徒，他告诉了他的指导者。这位指导者说，"好吧！如果你必须做，那就必须做，"并且补充说，"去吧，去做吧，"他的欲望立刻就消失了。这位指导者知道如何帮助一个病态的心。但是我们无需到病态的心那里去寻找这种单纯的坏和不愉快的偶然诱惑力的例子。每个有任何地方受伤或者疼痛（比如牙痛）的人，都会不时地按压那个地方以消除疼痛。如果我们附近有一种新的臭味，我们一定会再去闻它以再次证实它有多么地糟糕。就是今天，我一次又一次地向自己重复一个顺口溜，其令人厌恶的愚蠢就是它萦绕心头的力量。我讨厌它，但却无法摆脱它。

所以，相信快乐-痛苦理论的人（如果他们是坦率的），在运用其信条方面一定允许了大量的例外。对于坦率的贝恩教授来说，出自"固定观念"的行动相应地就是一块可怕的绊脚石。在他的心理学中，观念没有冲动功能，而只有"引导"功能，而

"要产生推动力，就需要有意志的正当刺激，即某种快乐和痛苦。……理智的联系不足以使行为在观念的召唤下发生（'固定观念'的情况除外）；"但是"如果通过做出一个我们清楚想到的行动而有任何快乐出现或持续下去，原因就是完全

的；引导的和推动的力量就都有了。"①

对于贝恩教授来说,快乐和痛苦是"意志的真正冲动"。②

如果没有在先的快乐或痛苦的感受——真实的或观念的,原初的或派生的——意志就不能被激发。透过掩盖着我们所说的动机的伪装,可以探知属于这两大类条件中的某个东西。③

相应地,当贝恩教授发现了这条规则的例外时,他拒绝将这个现象称为"真正随意的冲动"。他承认,这些例外"是由永不消亡的自发性、习惯和固定观念所支撑的"。④ 固定观念"横穿进意志的正当进程之中"。⑤

无利害的冲动与获得快乐和避免痛苦是完全不同的。……我能想到的唯一形式的关于无利害行动的理论,假定出于意志的行动和获得幸福并非始终是一致的。⑥

同情"与固定观念在这一点上是相同的,即它与意志有利于快乐的常规出动是冲突的。"⑦

贝恩教授因而承认了所有的基本事实。快乐和痛苦只是我们

---

① 《情绪与意志》,第352页。但是甚至贝恩自己的描述也歪曲了他的阐述,因为观念是作为"推动"力出现的,快乐是作为"引导"力出现的。
② 第398页。
③ 第354页。
④ 第355页。
⑤ 第390页。
⑥ 第295—296页。
⑦ 第121页。

部分活动的动机。但是他更愿意只将这些感受激起的那部分活动称为意志的"常规出动"和"真正冲动",①而将所有其他活动都看作仅仅是没有理性可言的矛盾和反常。这就等于抓住属里面的一个种,属名只用来称呼这个种,而让其他并列的种去叫其他可用的名字。这在根本上只是一种文字游戏。抓住"行动的动机"这个属,将其看作一个整体,然后在它的内部将"快乐和痛苦"的种和所有我们能发现的其他的种区分开来,这多么有助于提高清晰度和洞察力啊!

确实,在快乐和行动的关系中有一种复杂性,这部分地让将它当作唯一驱动力的人得到了辩解。这种复杂性应该得到我们的注意。

立即释放的冲动在快乐和痛苦的方面通常完全是中性的——比如呼吸的冲动。然而,如果这样的冲动被外部的力量抑制了,就会产生严重的不舒适的感受——比如哮喘时的呼吸困难。随着抑制的力量得到克服,不舒适的感受就解除了——就如我们在哮喘平息之后再度呼吸的时候那样。那种解除是快乐,而不舒适是痛苦;所以,在我们所有这样的冲动周围,似乎都缠绕着与动作的发生方式相关的快乐和痛苦感受的次级可能性。无论最初的行动动机是什么,这些由成就、释放或者实现而来的快乐和痛苦都存在着。成功地逃离危险让我们高兴,虽然肯定不是关于高兴的思想提示我们去逃离。完成实现所想望的肉欲放纵的步骤也会让我们高兴,但是这种高兴是最初所想望的快乐之外的附加快乐。另一

---

① 并参见贝恩在 Jas. 密尔的《人心的分析》第 2 卷第 305 页的注释。

方面,当任何活动(无论是如何激起的)在实际释放的过程中受到阻挡,我们就会烦恼和不快。直到释放再次开始,我们才能"平静"下来。在行动是中性的,或者行动的预期结果只是痛苦的时,和行动是为了明确的快乐的缘故而做出时,这种情况都是同样真实的。如果扑进油灯火焰的活动受到阻挡,蛾子可能会像其放荡行为被打断的酒色之徒一样气愤;我们会为某个不能给我们带来任何明显快乐的完全不重要的行动受到阻止而感到烦恼,这只是因为阻止本身是令人不快的。

现在让我们将行动为其缘故而做出的快乐,称为被追求的快乐。由此可以断定,甚至在一个行动没有追求任何快乐时,那个冲动一旦开始,由于伴随其成功实现的意外快乐和会因对它的打断而起的痛苦,那个行动本身也可能就是最快乐的行为。然而,快乐的行动和追求快乐的行动本身是两个完全不同的概念,虽然每当人们有意追求快乐时它们都会融合为一个具体的现象。我禁不住想,正是由于将被追求的快乐和单纯的成就的快乐混淆了起来,才使得行动的快乐理论对于普通人心显得似有道理。我们感受到一种冲动,无论它出自哪里;我们开始行动;如果受到阻碍,我们感受到不快;如果成功了,我们则感受到解脱。出于当下冲动的行动在当时总是快乐的;普通的享乐主义者说,我们为了所牵涉的快乐的缘故而行动,就表达了这个事实。但是谁不知道为使这种快乐成为可能,冲动必须已经作为一个独立的事实存在于那里?成功完成行动的快乐是这个冲动的结果,而不是它的原因。只有在你设法通过某种先前的方式事先让你的冲动得到实现,你才能得到成就的快乐。

确实，在特殊的场合（人心是如此地复杂）取得成就的快乐本身可以成为一种被追求的快乐；而这些情况往往构成了快乐理论易于关注的另一个要点。看看足球赛或者猎狐的活动。哪一个头脑清醒的人是为了狐狸自身的缘故而想要狐狸，或者在乎球是在这个球门还是在那个球门呢？然而，经验让我们知道，一旦我们能够在自己的内部激起某种冲动性的兴奋（无论是追上狐狸还是将球踢进特定的球门），克服抵抗性的阻碍而成功地将它发泄出来，我们的心中就会充满极度的快乐。我们因而有意和人为地让自己进入了那种强烈的冲动状态。需要有各种激起本能的条件出现，才能将它唤起；但是，一旦我们到场，它就会渐渐地爆发出来；我们在成功地取得成就的快乐中收获自己出力的回报，这个快乐远远超过了那只死狐狸或者射进门的球，是我们最初追求的对象。所以在责任义务方面通常也是这样。大量的行动都是一直带着沉重感完成的，而直到它们全部完成时，快乐才会在完成了它们的喜悦中出现。像哈姆雷特那样，对于每一个这样相继到来的任务，我们都说

    "哦！可诅咒的恶事

   我就是为纠正它而生！"

而且随后我们还常常会在发动起我们的最初冲动上外加上这个冲动，即"到全部都完成了的时候，我们会感到如此地高兴"，这个想法同样也有它的冲动刺激。但是取得成就的快乐有时固然能够因而成为一种被追求的快乐，这是并不表明在任何地方和任何时候那种快乐都一定是被追求的东西。然而，这似乎就是快乐哲学家们所假定的东西。他们也可以假定，由于没有轮船能够不附带地消耗煤而下海，由于一些轮船可以偶尔下海去试用它们的煤，所以

第二十六章 意志

没有轮船能够为了煤的消耗以外的任何其他动机而下海。①

正如我们不需要为了获得成就的快乐的缘故而行动,我们也不需要为了躲避抑制的不舒适的缘故而行动。这种不舒适完全产生自这个事实,即行动由于其他原因已经趋向于发生了。就是这些原初的原因促使行动持续下去,尽管抑制的不舒适有时会增强它们的冲动力量。

总之,我决不是要否认感受到和得到表象的快乐和痛苦在我们行为的动机中起着极为显著和重要的作用。但是我必须坚持认为,这不是唯一的作用,还有无数与这些心理对象同等的其他对象也拥有极为相似的冲动和抑制的力量。②

如果我们必须要用一个单一名称来称呼对象的冲动和抑制的性质所依赖的条件,那就最好称之为它们的兴趣。"兴趣"这个名称不仅涵盖了快乐和痛苦的,而且涵盖了病态地迷人的、可恼地缠人的、甚至只不过是习惯了的东西,因为注意通常走的是习惯的路

---

① 休谟的头脑比其信徒的头脑要清楚得多么多啊!"人们已经没有争议地证明,甚至通常被看作是自私的情感,也会让心超出自身而直达对象;虽然这些情感的满足使我们快乐,然而对这种快乐的期望却不是那些情感的原因,而是相反,情感在快乐之前,而且如果没有前者,后者就决不可能存在,"等等。[《论各种哲学》(*Essay on the Different Species of Philosophy*),第 1 节近结尾处的注释。]

② 关于支持文中观点的内容,可以参见 H. 西季威克(H. Sidgwick),《伦理学的方法》(*Methods of Ethics*),第 1 卷,第 4 章;T. H. 格林,《伦理学绪论》,第 3 卷,第 1 章,第 179 页;卡彭特,《心理生理学》,第 6 章,J. 马蒂诺,《伦理学理论的类型》(*Types of Ethical Theory*),第 2 部分,第 1 卷,第 2 章,第 1 节,以及第 2 卷,第 1 篇,第 1 章,第 1 节,第 3 段。关于反对文中观点的内容,参见莱斯利·斯蒂芬,《伦理学的科学》(*Science of Ethics*),第 2 章,第 3 节;H. 斯宾塞,《伦理学的材料》(*Data of Ethics*),第 9—15 节;D. G. 汤普森,《心理学体系》,第 4 部分,以及《心》,VI. 62。还有贝恩,《感觉和理智》,338—344;《情绪与意志》,436。

线,而我们注意的东西和我们感兴趣的东西是同义词。我们好像不应该在观念与运动释放通路可能具有的任何特殊关系中——因为所有的观念都与某些这样的通路有关系,而是应该在一种初步的现象,即使观念能够引起注意并在意识中占据优势的那种急迫中,寻找观念的冲动性的秘密。让它一度占据优势,让其他观念都不能取代它,那么任何在本性上属于它的运动结果就会不可避免地发生——简言之,它的冲动就会发生效用,并且会自然而然地表现出来。这是我们已经在本能、情绪、普通的观念发动的动作、催眠暗示、病态冲动以及碍于情面的意志(voluntas invita)中看到的情况,——起推动作用的观念只不过是得到注意的那一个。在快乐和痛苦是运动刺激物的情况下也同样——在它们激起自己典型的"随意"结果的同时,也将其他思想从意识中驱赶了出来。这也是在我们谈到过的五种"决定"类型中给出准许的时刻发生的事情。总之,我们看不到任何这样的情况,即对意识的顽固占据不是冲动力量的首要条件。它更明显地是抑制力量的首要条件。阻碍了我们的冲动的,只是想到了相反的理由——正是它们在心中的出现做出了否决,并使那些本来带有诱惑力的行动不可能完成了。如果我们能够忘记自己的顾虑、疑问和恐惧,我们此时会表现出多么狂放的能量啊!

意志是心和其"观念"之间的关系

因此,在所有这些初步的讨论之后逼近了意志过程的更为基本的性质时,我们发现自己越来越被驱使着要去专门考虑观念在心中得以占据优势的条件了。随着动机观念占据优势（一度作为事实），严格意义上的意志心理学就止步了。后来的动作完全是生理现象，依据生理学的法则，跟随着与观念相应的神经事件而发生。意欲在观念占据优势之时就终止了；就意欲自身而言，行动是否随后发生是一个完全不相干的问题。我意欲书写，动作随后发生。我意欲打喷嚏，动作没有发生。我意欲远处的桌子在地板上向我滑来；它也没有发生。我的意欲的表象像不能激起桌子的活动一样，也不能激发我的打喷嚏的中枢。但是，这两种情况下的意欲与我意欲书写时的意欲是同样真实和健全的。① 总之，意志是纯粹心理的或精神的事实，当有了稳定的观念状态时它就完全地完结了。运动的随后发生是一个依赖于执行神经节的额外现象，这些神经节的功能是在心之外的。

在圣维特斯舞蹈症和运动性共济失调病中，动作的表象和对动作的同意都是正常发生的。但是较低级的执行中枢混乱了，虽然观念释放了它们，却没有将它们释放得可以准确再现所预期的感觉。在失语症中，病人拥有他想要说出的一些语词的意象，但是当他张开嘴时，却听到自己发出的完全不是他想要发出的声音。

---

① 这句话是就笔者自己的意识而写的。但是许多人说，在他们不相信随后发生的结果的情况下，如桌子的情形，他们就无法意欲它。他们"无法产生让桌子移动的意志"。这种个人差异可能部分是语词上的。不同的人会将不同的含义附加到"意欲"这个词上。但是我倾向于认为，我们也有心理上的差异。当一个人知道自己没有能力时，他对一个事物的欲望被称为愿望（wish），而不是意欲。无能的感觉抑制了意志。只有撇开不可能的想法，我才能起劲儿地强烈想象桌子在地板上滑动，做出我所做的身体"努力"，并意欲它向我滑过来。一些人可能无法撇开这个想法，而且桌子在地板上静止不动的意象，可能抑制了它运动的相反意象，而后者正是意欲的对象。

561 这会让他感到愤怒和绝望——这样的情绪只是表明他的意志是如何地健全。瘫痪只是再进了一步。联想机制不仅混乱了,而且完全垮掉了。意志发生了,手却像桌子一样静止不动。瘫痪病人由其传入感觉中预期变化的缺失而能够觉知到这一点。他更努力地去尝试,比如,在心里想象肌肉"努力"的感觉,预期它将要发生。它确实发生了:他皱眉,他挺胸,他握紧另一只拳头,但是瘫痪了的胳膊像以前一样是不动的。①

于是我们发现,当我们问关于任何给定对象的思想是通过什么过程而在心中稳定地占据优势时,我们就达到了意志探究的核心之处。在思想无需努力就占据优势这方面,我们已经在关于感觉、联想和注意的几章里充分地研究了它们出现在意识之前和保持下去的法则。我们不再重温那个题目,因为我们知道,兴趣和联想就是我们的解释所必须依赖的语词,无论这些词有什么价值。另一方面,在思想占据优势时有努力现象相伴随这方面,情况则远没有那么清楚了。在关于注意的那一章,我们将对带有努力的有意注意的最后考虑延后了。现在我们将问题带至了这一点,我们看到,带有努力的注意就是任何意志作用所包含的一切。简言之,当最为"随意"时,意志的基本成就就是**注意**一个困难的对象并将它牢牢保持在心前。这样做就是准许;而且,当对象受到这样的注意时,立刻就会有运动结果发生,这只是一个生理附带事件。一个其预期运动结果直到某种可能是很远将来的条件得到实现时才

---

① 正常的瘫痪会发生在睡眠之中。我们在睡梦中意欲各种动作,但很少能够做出它们。在噩梦中,我们意识到这种无法做出动作的情况,并做出肌肉的"努力"。肌肉的努力似乎是有限制地发生的,限制于喉门的阻塞,并引起将我们弄醒的呼吸焦虑。

第二十六章 意志

能发生的决心,包含了除"现在"这个词以外的涉及运动准许的所有心理要素;我们的许多纯理论的信念也是同样。我们实际上在相应的章节已经看到,信念如何最终只是心的一种独特的占有,以及在被相信事物中感受到的与自身的关系;而且我们知道,有许多信念,需要有多么持久的注意努力才能将它们保持在这种状况,并不让它们为冲突的观念所取代。① (比较前面第321页。)

注意的努力因而是意志的基本现象。② 每位读者一定都通过自己的经验知道情况就是这样,因为每位读者都一定有过为某种激烈的情感所支配的感受。对于一个为不明智的情绪所困,不能

---

① 决心和信念当然都有准情绪类的直接运动结果,呼吸、姿势、内部言语动作等等的改变;但是这些动作不是决心和信念的对象。一般意志涉及的动作是意欲的对象。

② 我们必须小心地将这种纯粹的意志努力与通常与它相混的肌肉努力区分开来。后者包含肌肉的"用力"可以引起的所有外周感受。每当有大量这样的感受,而且身体不是"活力充沛"的时候,这些感受就相当令人不快,特别是当有呼吸停止、头部充血、手指、脚趾或肩膀的皮肤擦伤,以及关节紧张相伴随的时候。而且只是因为这样令人不快,心才必须做出意志的努力,来稳定地表象它们的实在性,从而让这种努力实现出来。它们碰巧由肌肉活动而变得真实,这纯属偶然。站立不动等着枪弹打来的士兵,预期着来自其肌肉被动状态的不快感觉。在预期的过程中,他的意志动作与为痛苦的肌肉努力所需的意志动作是一样的。对于二者来说,困难的地方都是在于把一个观念当作真实的来面对。

在不需要大量的肌肉努力或者"活力"充沛的情况下,动作观念的保持就不需要意志的努力,此时它是凭借较简单的联想法则而产生和保持的。然而,更通常的情况是,肌肉努力也包含意志的努力。失事船只上的水手疲劳不堪,浑身湿透,警戒着,躺下来休息。但是,四肢几乎还没有放松下来,"去抽水机那里!"的命令就又一次在他的耳边响起。他会、他能服从这个命令吗?就让他疼痛的身体躺着,让这只船如果愿意就沉下去,不是更好吗?所以他继续躺着,直到不顾一切地鼓起意志,他最终摇晃着移动双腿,再次去完成任务。此外,还有这样的实例,即准许的产生需要有强的意志努力,尽管肌肉的用力是无关紧要的,比如起床和在寒冷的早晨给自己洗澡。

像知道那个情绪是不明智的那样去行动的人来说,困难是什么呢?当然没有物理的困难。在物理上避免战斗和开始战斗一样容易;把钱装进自己的口袋和将它挥霍在自己的贪心上一样容易,躲开和走向卖弄风情的女子的大门一样容易。困难是心理的;那就是在心中保持住明智行动的观念的困难。在我们处于任何强烈的情绪状态时,大概就只有与之相合的意象出现了。如果其他意象偶然出现,立刻就会被压抑下去和排挤掉。如果我们是快乐的,就无法一直去想我们路途中的那许多不确定性和失败的风险;如果我们非常悲哀,就无法去想新的胜利、旅行、爱和快乐;如果燃起了复仇之心,就不会认为压迫者与我们自己本性相同。我们在狂热之时,别人的冷静劝告,是生活中最令人不快和使人恼火的事情。我们不能回答,所以就生起气来;因为凭借我们的情感所拥有的一种自我保护的本能,就感到这些扫兴的对象一旦有了一个立足点,就会一直不断地起作用,直到将那生命力的火花都冻结起来,让我们的空中城堡崩塌瓦解。这就是合理的观念对其他观念所必然产生的效果——如果它们能一度得到安静的申诉机会;相应地,情感始终在任何地方都会防止那些其他观念的更细微的声音被听到。"别让我去想它!别对我说那个!"这就是所有在心情激动之时感知到某种清醒思考要在半路中止它们的人发出的突然叫喊。我们感到"这是属于你的死亡入口(Hæc tibi erit janua leti)"。当她将死尸般的手指放在我们的心上说,"停下来!放弃!停止!回去!坐下!"时,在这个冷水澡中有某种如此冰冷的东西,某种看上去与我们的生命运动如此敌对的东西,在理性上如此否定的东西,以至无疑对于大多数人来说,这种稳定的作用在当时就好像是死亡的执行者。

然而,意志坚强的人听到那个细微的声音不会畏缩,当招致死亡的想法到来时,他直面它,允许它出现,靠近它,肯定它,并紧紧抓住它,而不管那些反抗它,并要将它从心中逐出的大量兴奋着的心理意象。通过坚定的注意努力而以这种方式得到保持,困难的对象很快就开始唤起它自己的同类和联想项,并且最终完全改变了那个人的意识倾向。他的行动随着意识也改变了,因为那个新对象一旦稳定地占据了他的思想领域,就确定无疑地会产生出它自己的运动结果。困难是在于去占据那个领域。虽然思想的自发倾向是完全相反的,注意还是必须紧张地保持在那一个对象上,直到最后它生长起来,可以让自己轻松地保持在心中。这种注意的紧张是意志的根本动作。而在大多数情况下,意志的作用实际上在自然不受欢迎的对象能稳定在思想中的时候就结束了。因为在这之后思想和运动中枢之间的神秘联系就开始起作用了,以我们甚至无法猜测的方式,身体器官自然地就服从了。

在所有这一切中,我们看到意志努力的直接作用点是如何只存在于心理世界中的。这整个的一出戏都是心理戏。整个的困难都是心理困难,是涉及思想对象的困难。如果我可以使用观念这个词而不提示联想主义的或者赫尔巴特派的虚构,我要说它是我们的意志运用其上的观念,是一个如果我们放手就会溜走,但我们不会放手的观念。努力的唯一成就,就是同意这个观念的完整出现。它的唯一功能就是让心中产生出这种同意的感受。只有一个办法可以实现这一点。要得到同意的观念一定不能闪烁不定,不能熄灭。它必须一直稳定地保持在心上,直到将心充满。心被一个观念及其适当的联想项充满,就是同意这个观念以及这个观念所表象的事实。如果观念是关于我们自己身体运动的观念,或者包括这个观念,那么我们就将如此辛苦得来的同意称为运动意志。因为自然会即刻"支持"我们,并且会通过她自己那方面的外部变化来让我们的内部意欲得以实现。她在任何其他场合都不会这样做。可惜她没有更慷慨些,没有造出一个其他部分也会立即服从我们的意志的世界!

在第531页谈到决定的"合理的类型"时,我说它通常会在找到对相关情况的正确概念性认识之时出现。然而,如果正确的概念性认识是反冲动的,人的全部理智机巧通常就会工作起来将它排挤到视线之外,为当时的事件巧立名目,那一刻的倾向借此就好像得到了认可,怠惰或者情感就可以不受阻碍地占优势了。酒鬼在每一次新的诱惑到来时会找出多少借口啊!这是一种新牌子的酒,为了这方面的知识修养他必须去品尝;它已经倒出来了,浪费它是罪恶;或者其他人都在喝酒,不喝是粗暴的;或者它只是有助于他的睡眠,或者有助于他做完这件工作;或者这不是饮酒,这是因为他太冷了;或者这是圣诞节;或者这是刺激他做出比以前更坚定的戒酒决定的手段;或者就这一次,一次不算数;等等,可以随意增加——事实上,它可以是除了做酒鬼以外你愿意说的任何东西。那个做酒鬼的概念性认识是不会在这个可怜人的注意中得到保持的。但是如果他一度得以从考虑各种饮酒机会的所有其他可能的方法中挑选出那种考虑方法,如果他历经艰险坚持认为这是一个酒鬼的所为而不是任何其他事情,他就不大可能会长期做一个酒鬼。他为成功保持稳定出现在心中的那个正确名称所付出的努力,就是让他得救的道德行为。①

所以,这种努力的功能在各个地方都是相同的:持久认可和采纳一个如果放任不管就会溜走的思想。在自发性的心理流动是朝向兴奋时,它可能就是冰冷而乏味的,在自发性的心理流动是朝向平静时,它可能就是巨大而艰难的。在一种情况下,努力不得不抑制爆发,而在另一种情况下,它又不得不去激发阻塞的意志。失事船只上精疲力尽的水手的意志是阻塞的。他的一个观念是关于疼痛的双手,关于全身与进一步的抽水动作相关的那种难以形容的疲惫,以及关于沉入睡眠之中的舒适的。而另一个观念却是关于吞没着他的饥饿大海的。他说"宁可要痛苦的劳作!";于是这就成为了现实,尽管有他由躺着不动而得到的相对舒适感觉的抑制性作用。但是,假如他同意躺下睡觉,在形式上也是完全一样的。通常,难以在心里保持的是关于睡觉和引向睡觉的东西的思想。一个受失眠症折磨的病人,只要能控制其思想的奔涌到完全不想任何东西(这是可以做到的)的程度,或者到在想象中将经文或者诗歌中的句子一个字母一个字母缓慢而单调地拼出的程度,那么几乎可以肯定会有特殊的身体结果随后发生,睡眠将会到来。困难的事情是让心保持在本性如此单调乏味的一系列对象上面。总之,去保持一个表象,去

---

① 参见亚里士多德的《尼各马可伦理学》(*Nichomachean Ethics*),VII.3;以及这本著作的 A. 格兰特先生版本的第 2 版,第 1 卷,第 212 及以下诸页中关于"实践三段论"学说的讨论。

思想，就是唯一的精神动作，这对于冲动性的人和阻塞性的人，对于心智健全的人和精神病患者都是一样。大多数躁狂者都知道他们的思想是疯狂的，但却发现它们太过迫切而无法抵挡。与这些思想比较起来，明智的真话是那么冷静，那么苍白，所以他们无法直面它们并且说，"只让这些成为我的实在！"但是如威根博士所说，通过充分的努力，

> 这样一个人就能暂时给自己上紧发条，并下决心不让混乱大脑的想法明白显示出来。许多记录在案的实例都和皮内尔(Pinel)所述的实例相类似。皮内尔说，比塞特医院的一位住院病人，经受了长时间的盘问，充分显露出理性恢复的迹象，却用"耶稣"二字在批准其出院的文件上签名，并在这之后做出了各种与那个妄想相联系的古怪行为。用这部[威根的]著作前面的部分谈到的那位绅士的说法，他曾为达到自己的目的而在盘问的过程中"紧紧把握住自己"；而一旦达到目的，他就又一次"让自己放松下来"，如果意识到他的妄想，也无法控制它。我在这样的人那里观察到，他们需要用相当长的时间才能给自己上紧发条达到完全自我控制的程度，在这种努力中内心经历着痛苦的紧张。……当其警戒为任何偶然的议论去除了，或者为长时间的盘问耗尽了的时候，他们就放任起来，不经过准备就无法再次打起精神。厄斯金(Erskine)讲述过这样一个人的故事，他对芒罗(Munro)医生对他无缘由的监禁提起了诉讼。被告律师对他进行了最严厉的查问，而没有发现任何精神失常的迹象，直到一位先生向他询问他用樱桃汁与其通信的一位公主的事情，他的神智立刻就不正

第二十六章 意志

常了。①

总之,意志中的心理过程的终点,意志直接应用其上的那个点,始终是一个观念。任何时候都有这样一些观念,我们在思想的入口瞥见其可厌外观的那一刻,就会像受到惊吓的马一样躲避开来。我们的意志可能会经验到的唯一阻力,就是由这样的观念而来的对受到注意的阻力。注意它是意志动作,而且是我们做出的唯一的内部意志动作。

我以这种过于简单的方式阐述这个问题,是因为我最想要强调这样一个事实,即意志首先不是我们的自我和心外物质的关系(如许多哲学家仍然坚持的),而是我们的自我和我们自己的心理状态之间的关系。但是当我不久前谈到心被一个观念填充就等同于同意那个观念的对象时,我的话在那时无疑会受到读者的质疑,现在我们要对这个话做出一些限制,然后才能继续下去。

---

① 《心的二元性》,第 141—142 页。出自同一本书(第 123 页)的另一个案例:"一位绅士出身尊贵,教养出众,拥有充足的财富,在经营一项最高级的贸易,……并且被引诱去从事了一项在当时似乎可行的投机买卖……却完完全全地毁掉了。像其他人一样,与一长串小的不幸事件相比,他更能经受住突然压倒一切的挫折,他在那种时刻的行为表现,受到了朋友们的无尽赞扬。然而,他退缩进了严格的隔绝状态,不再能做出慷慨举动,也不再能纵情享受构成了其生活幸福的仁慈感受,他用幻想来替代它们,渐渐陷入了易被激怒的沮丧状态,他通过失去理性,才慢慢地从中恢复过来。现在他幻想自己拥有大量的财富,并且毫不吝惜地施舍他想象中的财宝。从那时起他一直处于不严厉的看管之下,过着不仅幸福而且极乐的生活;理性地交谈,阅读报纸,每一个悲伤的故事都会引起他的注意。由于有大量空白支票的供应,他在一张支票上填入一个慷慨的数额,将它寄给受苦的人,然后坐在餐桌旁,幸福地确信他赢得了少许放纵于餐桌上的快乐的权利;然而,在与一位老朋友的严肃谈话中,他完全意识到了自己的真实状况,但是那个信念是如此痛苦,他不会让自己相信它。"

如果任何思想确实独一无二地填充了人心,这种填充就是同意,这是绝对正确的。至少在那个时候,这个思想携带着那个人和他的意志。但并不是说那个思想要得到同意,就必须独一无二地填充人心;因为我们经常是在想着其他事情(甚至是相反事情)的时候同意一些事情;而且事实上我们看到,将"第五种类型"的决定和其他类型的决定区分开来的(见第534页),确实恰恰就是取得胜利的思想与其他如果没有使它占据优势的努力就会抑制住它的思想的共存。所以注意的努力只是"意志"这个词所包含内容的一部分;它还包含同意我们还没有完全注意的某个事物的努力。通常,当一个对象独占我们的注意,而且它的运动结果正好处于起始点上之时,关于这些运动结果的迫在眉睫不可挽回的感觉本身,好像就足以突然形成抑制性的观念,并使我们停下来。此时我们需要做出新的努力来克服突然发生的犹豫,并坚持下去。所以,虽然注意是意志中的首要和根本的要素,但是表达对所注意事物之实在性的同意,通常是意志所包含的另一个和相当独特的现象。

　　读者自己的意识当然会告诉他我这些话的意思是什么。我坦白地承认,我没有能力对这个问题作任何进一步的分析了,也不能从其他角度来解释这个同意包含了什么。它似乎是一种独特的主观经验,我们可以指明它,却不能定义它。在此处我们恰恰处于我们在信念那里所处的位置。如果一个观念以某种方式刺激我们,好像与我们的自我建立了一种电的联系——我们就相信它是一个实在。如果它以另一种方式刺激我们,与我们的自我建立了另一种联系,我们就说,让它成为一个实在。与"是"这个词和"让它成为"这几个词相配的,有特殊的意识态度,而要对这样的态度进行解释则是徒劳的。和在语法中一样,陈述语气和祈使语气也是思想的终极范畴。这些语气附加给事物的"实在性质"与其他性质不同。它是与我们的生活的关系。它意味着我们对事物的采纳,我们对它们的关切,我们站在它们的一边。这至少是它对于我们的实际意义;在这之外它还会有什么意义我们不得而知。从只是将一个对象看作可能的,到决定或者意欲它成为实在的这一转变;对于它的个人态度从摇摆不定到稳定下来的变化;从"不在意"的心理状态到"我们是当真的"这种心理状态的改变,是生活中最为熟悉的事情之一。我们可以部分地列举出它的条件;我们还可以部分地追溯到它的结果,特别是当心理对象是我们自己身体的运动时,在相关心理变化发生后,它在外部将自己实现出来的那个重要结果。但是变化本身作为一个主观现象是我们无法用更简单的术语来解释的。

"自由意志"问题

当谈论它的时候,我们尤其必须从心中去除被称为"观念"的单独致动者的想象冲突。大脑过程可以是致动者,思想本身也可以是致动者。但是普通心理学所说的"观念"却只是所表象的整个对象的一些部分。所有同时出现在心中的东西,无论它是多么复杂的事物系统和关系,都是思想的一个对象。所以,"A-和-B-以及-它们-相互间的-不相容性-和-这个-事实-即-只有一个-可以-是-真的-或者-可以-成为-实在的-尽管-二者-

都有-可能性-或者-合意性"就可以是这样的一个复杂对象；而如果思想是慎思的,其对象就总是有某种这样的形式。现在,当我们从慎思转到决定时,整个对象也会发生变化。我们或者将A及其与B的关系全部消除掉,而只考虑B；或者在将二者都看作可能性之后,在下一步认为A是不可能的,B是或者马上将是实在的。在这两种情况下,都有一个新的对象出现在了我们的思想中；而在有努力发生的地方,就是从第一个对象到第二个对象的转变有困难的地方。在这里,我们的思想就像一扇沉重的门在铰链上转动；只是就努力感受上去是自发的而言,它不像是由某人的帮助,而像是由为这个场合而生的它自己的一种内部活动而转动的。

在1889年的巴黎国际会议上讨论过"肌肉感觉"的心理学家们最后同意,他们需要对这种内部活动在决定做出那一刻的出现有更好的理解。在一篇我认为趣味性和启发性胜过一致性和确定性的文章中,①富耶(Fouillée)似乎将我们的活动感觉分解为了对我们作为思想实存的存在的感觉。至少我是这样解释他的话的。②但是在第十章我们看到,要清楚地核实这样的思想过程,并将它与思想流的一些对象区分开来是多么地困难。富耶承认这一点；但是我认为他并没有完全意识到,如果一个人提出(见第一卷第301页)伴随着心中某些"对象"而出现的精神活动感受本身,只是一些其他对象,——也就是说,是在那时出现,而在其他主观变

---

① "努力的情绪,行动的良知"(Le sentiment de l'Effort, et la Conscience de l'Action),载于《哲学评论》,XXVIII. 561.
② 第577页。

化中不出现的眉毛、眼睛、喉咙和呼吸器官中的紧张感,这个人的观点是多么地强。如果事实确实如此,那么至少我们在努力中觉知到的活动的一部分,似乎就只是我们身体的活动;而许多思想者可能就会由此断定,这就"了结了"关于内部活动的"争端",并将整个内部活动的观点作为心理科学中的多余之物而消除了。

我看不到我如何能采纳这么极端的观点;虽然我必须重复在第一卷的第 296—297 页所做的坦白,即我没有完全理解我们如何会有这样的坚定信念,即思想是作为与世界的物质过程并行的特殊非物质过程而存在的。然而,我们确实只有假定这样的思想,才能使事物在现在成为可理解的;而且到目前为止无疑还没有心理学家否认思想的事实,被否定的至多是思想的推动力量。但是如果我们假定了思想的事实,我相信我们就必须也假定它的力量;我也看不出我们如何能够正确地将它的力量与其单纯的存在等同起来,说(富耶似乎是这样说的)因为思想过程的进行是一种活动,而活动在任何地方都是相同的;因为这个过程中的一些向前的步骤初看好像是被动的,而其他的步骤(如在对象要经过努力才出现的地方)初看起来又好像具有极高程度的主动性。所以,如果我们承认思想的存在,我们就应该承认,它们是以其呈现出来的样子存在的,也就是说,是作为相互跟随着,有时伴随努力,有时从容轻松的事物存在的;唯一的问题是,在有努力之处,努力是对象的固定函数(由对象施加于思想)吗?还是它是一种独立"变量",对于一个恒定的对象,努力可以或多或少呢?

在我们看来努力肯定是不确定的,而且好像甚至在对象是不变的时,我们也可以选择做出或多或少的努力。如果它确实是不确定的,我们将来的行动就是两可的或者非预先安排的:用通俗的话说,我们的意志是自由的。如果努力的量不是不确定的,而是以一种固定的方式与对象自身相联系,即在任何时候填充我们意识的任何对象,都永远注定要在那时和那里填充它,并迫使我们做出恰如其分的努力,不多也不少,——那么,我们的意志就不自由,我们的所有行动就都是预先注定的。所以,自由意志争论中的事实问题是极为简单的。它仅仅与我们在任何时候能够付出的注意或者同意的努力的量相关。这种努力的持续时间和强度是否是对象的固定函数?如我刚刚说过的,努力看上去仿佛是一个独立变量,仿佛在任何给定的情况下我们都可以做出或多或少的努力。

如果一个人放纵自己的思想长达几天或几周,直到最后这些思想终结于某个特别肮脏或者怯懦或者残忍的行动,就很难在他悔恨的过程中让他相信,他本来就是无法控制它们的;很难让他相信,这整个美好世界(他的行动在上面发出刺耳的声音)在那个关键的时刻需要并且强迫他做出那个行动,而且任何其他行动永远都是不可能的。但是另一方面,可以确定的是,他的所有不带努力的意志,都是其强度与次序皆由他的大脑这块物理东西的结构所机械决定了的兴趣和联想的结果;而事物的一般连续性和对世界的一元论看法,可以让人不可抗拒地认为,像努力这样的无关紧要的事实,不能对决定论法则的压倒性统治构成任何真实的例外。甚至在不带努力的意志中,我们也意识到不同的选项是可能的。这肯定是一个错觉;为什么不是所有的地方都有这个错觉呢?

我个人认为,在严格的心理学的基础上是无法解决自由意志问题的。在对一个观念给予一定量的注意努力之后,显然不可能

第二十六章 意志

确定是否原本可以给出更多或者更少的注意。要确定这一点,我们就不得不追溯到这个努力的前事,用数学的精确性来规定它们,用我们此时还毫无所知的法则证明,唯一可能与它们相一致的随后努力的量,恰恰就是实际发生的努力的量。对心理的或者神经的量的测量,以及像这种证明方法所包含的演绎推理,肯定永远都在人类所及的范围之外。严肃的心理学家或者生理学家甚至都不会冒险提出关于如何实际进行这种测量或推理的观点。所以,我们只能一方面依靠易带欺骗性的原始内省证据,一方面依靠前验的预设和或然性。喜欢平衡棘手问题的人,无需急着对此做出决定。像靡菲斯特对浮士德说的,他可以对自己说,"你还有很长时间(dazu hast du noch eine lange Frist),"因为双方提出的理由会一代一代积累得越来越多,讨论也会更加精细。但是如果我们思辨的乐趣不是那么强烈,如果喜欢先入之见超过了喜欢让问题保持开放,或者,像一位天才法国哲学家所说"对生活的爱对如此之多的话语感到愤慨(l'amour de la vie qui s'indigne de tant de discours),"渴望安宁或力量的感觉在我们内部觉醒,——那么,冒着自己犯错的危险,我们也必须让可选观点中的一个对于我们具有实在性;我们必须用它的观念填充我们的心,以使它成为我们的确定信条。笔者将此作为自由问题的一个可选方案,但是由于笔者观点的根据是伦理的而非心理的,所以他宁愿不在这本书里谈论这些。①

---

① 发表于 1884 年 9 月《(波士顿)一位论派评论》[*Unitarian Review (of Boston)*](第 22 卷,第 193 页)的关于"决定论的困境"(The Dilemma of Determinism)的演讲,以通俗的形式指出了这些根据。

然而，关于这个问题的逻辑在这里可以说几句。任何支持决定论的论证所能做的，最多就是使它成为一个清晰诱人的观念，对于任何坚守下面这个极重要的科学预设的人来说，不拥护这个观念就是愚蠢的。这个科学预设就是，世界必须是一个完整的事实，对一切事情的预测毫无例外都必须即使不是实际上也是在理论上可能的。使得人们去拥护相反观点的，是关于世界的这样一个道德预设，即应该存在的就能够存在，恶行不能是注定的，但是善行必须原本是可能的。但是当科学预设和道德预设这样相互冲突，又无法获得客观证据时，唯一的出路就是随意选择，因为怀疑论本身如果是一贯的，也是随意选择。同时，如果意志是非决定的，那么从其他可能的信念中随意选择出对意志非决定的信念，就是合适的。自由的第一个行为应该是确认它自己。如果非决定论是事实，我们就永远不该希望有任何其他达及真理的方法。所以对这一特殊真理的怀疑可能直到最后都是可以争论的，而相信自由意志的人所能做的，最多就是表明决定论的论证不是强制性的。我决不否认这些论证是诱人的；我也不否认，当这些论证在心中向对自由的信仰施压时，需要付出努力，才能让对自由的信仰伫立心中。

然而，有一个支持决定论的宿命论论证是完全错误的。如果一个人一次又一次地放任自己，他就很容易相信，环境、世代相传的习惯和一时的身体倾向，对好像是为这个时机生就的自发性，具有巨大的压倒性影响。他于是说"一切都是命中注定的"；"一切都是先已存在的事物的结果。即使那个时刻看上去是独创的，它也只是不稳定的分子以先已决定的方式被动地翻滚。没有办法抗拒这个趋向,也不能期待有任何新的力量到来;而且,也许与任何其他地方相比,在我做出的决定中真正属于我的东西是最少的。"这实际上并不是支持简单决定论的论证。在这个说法中始终充满着一种力量感觉,只要它强到足以逆潮流而进的程度,片刻之间它就可能使事情有所不同。一个以这种方式感受到他的自由努力不起作用的人,就会最敏锐地知道努力意味着什么,知道努力可能具有的独立力量。否则他怎么能这样意识到它的不在场和它的结果的不在场呢?但是真正的决定论所占据的是一块完全不同的阵地;它所断言的,不是自由意志不起作用,而是自由意志的不可思想性。它承认某种好像在逆潮流而进的**被称为**自由努力的现象,但是它宣称这是那个潮流的一部分。它说努力的各种变化不可能是独立的;它们不可能无中生有地产生出来,或者产生自第四个维度;它们是那些观念(这些观念就是潮流)本身的数学上的固定函数。宿命论是决定论的一个非常靠不住的帮手,它足够清楚地将努力看作一个独立变量,假如发生,就可能发生自第四个维度,但是它没有发生。它竭力想象的那种可能性,正是决定论所否定的。

但是,和绝对独立变量的不可设想性差不多,正是努力与那些无疑是前定的其他现象的连续性,使得现代科学人相信他们的努力一定是前定的。带有努力的决定渐渐汇入不带努力的决定中,很难说出界线在哪里。不带努力的决定又汇入观念发动的动作中,而后者又汇入反射动作中;以致将覆盖了这么多情况的方案绝对施用于一切情况的诱惑几乎是不可抗拒的。在有努力的地方和没有努力的地方一样,为慎思提供材料的观念本身是由联想机制带到心上的。而这个机制本质上是一个弧线和通路的系统,一个反射系统,无论努力是否在它的偶发事件之中都是这样。毕竟,反射方式是理解这件事情的普遍方式。从容的感受是思想展开自己的方式的被动结果。努力的感受为什么与之不同?利普斯教授在其极为清晰的决定论的陈述中,非但没有承认努力的感受表明所用的力量增加了,而是将它解释为失去力量的迹象。在他看来,每当一个力量在抵消另一个力量时消耗了自身(全部或者部分地),并因而不能产生出它自己可能有的外部作用时,我们就会说到努力。然而,敌对力量的外部作用也以相应的方式丧失了,"所以没有相反的努力就没有努力,……而且,努力和相反的努力只意味着两个原因会相互剥夺对方的有效性。"①如果这些力量是观念,严格地说,这两套力量都是努力的所在——趋向于爆发的和趋向于抑制它们的。然而,我们将较大的一团观念称为我们自己;将其努力看作我们的努力,并将较小观念团的努力看作阻力,②我们说我们的努力有时克服了来自阻塞者的惰性的阻力,有时克服了由爆发性意志的冲动所表现出来的阻力。确实努力和阻力都是我们的,而将我们的自我与这两个因素之一相等同则是一种错觉和说话习惯。我看不出任何人怎么能认识不到像他这种观点的迷人的简

---

① 见《精神生活的基本事实》,第 594—595 页;并与我们这本书第 1 卷第 448—454 页关于注意的一章中的结论相比较。

② 至少我解释利普斯教授的话是这个意思:"我们知道,我们的整个的我越是投身于欲求中,我们在每个欲求中就会自然而然地更加主动"(Wir wissen us naturgemass in jedem Streben umsomehr aktiv, je mehr unser *ganzes* Ich bei dem Streben betheiligt ist),u. s. w.(第 601 页)。

第二十六章 意志

单性(特别是当利普斯教授坚持的单独"观念"的神话般推动力被理解为大脑过程的推动力的时候)。我也看不出为什么即使不确定的量的努力确实发生了,我们也必须为了科学的目的而放弃它。在努力的不确定的量的面前,科学只是止步了。她可以完全从它那里抽离出来;因为在努力必须要应对的冲动和抑制中,已经有了比科学所能实际耕耘的更广大的一致性领域。即使努力完全是预定的,科学的预言也永远不能预测每一个个别突然事件被决定的实际方式。无论在这个世界上自由意志是否为真,像以往一样(一样而不是更多)心理学还将是心理学,① 科学还将是科学。然而,科学必须不断受到提醒,它的目的不是唯一的目的,她所需要并因而被正当假定了的固定不变的因果秩序,可能是封包在她完全无权支配的一个更宽广的秩序之中的。

因此我们可以对自由意志的问题完全不做解释了。正如我在第六章(第 453 页)所说,自由努力(如果它存在)的运作只能是让某个观念对象或者一个对象的一部分,在心中保持的时间更长一些或者更强烈一些。在作为真正的可能者而呈现的那些选项中,

---

① 像斯宾塞这样的话:"心理变化或者符合法则,或者不符合。如果它们不符合,这部著作,和所有关于这一主题的著作一样,就毫无意义;任何心理科学就都是不可能的。"(《心理学原理》,I. 503),——是不值得评论的。斯宾塞先生的著作,像所有其他"关于这一主题的著作"一样,讨论的是可能行为的一般条件,无论努力是小是大,我们全部的真实决定,都一定在这些条件之内。不管心理变化多么严密地符合法则,这样说都不会出错,即无论心理学"发展"到什么程度,个体的历史和传记都决不会事先写出。

577 它以这种方式让其中的一个生效。① 而且,虽然这样激活一个观念可能具有道德和历史方面的重大意义,然而,如果从动力学的方面考虑,它就是永远会被计算过程所忽略的那些生理方面的无穷小运作中的一个。

但是,虽然我将努力的量的问题作为心理学永远无需实际决

---

① 在决定论的著述中,有很多对于自由意志所需要的假定的讽刺描写。来自约翰·菲斯克《宇宙哲学》(第2部分,第17章)的下面这个段落就是一个例子:"如果意志的出现没有原因,那么一个必然的结果就是,我们不能从意志中推知在先的感受状态的性质。所以,如果发生了谋杀案,与被谋杀者最好的朋友相比,我们没有更好的先验理由来怀疑他的最坏的敌人。如果我们看见一个人从四层楼的窗户跳下,我们必须小心谨防仓促推断他的精神失常,因为他可能只是在行使他的自由意志;嵌置在人类胸腔里的对生命的强烈的爱,似乎与自杀或者自我自保的企图都没有关联。所以我们无法形成任何关于人类行动的理论。无数日常生活中的经验准则,体现着一代代人传承下来和组织起来的卓识远见,却完全不能给我们以引导;而且任何人可能会做出的任何事情都不会令人吃惊。就是在只有那些以前使他们去爱护、去囤积和去创作的感受的时候,母亲会扼死她的头生子女,守财奴会将长期珍藏的金子扔进大海,雕塑家会将他最近完成的雕像打碎。

陈述这些结论就是拒斥它们的前提。很可能没有自由意志学说的辩护者能够被说服去接受它们,甚至去挽救与他们紧密联系在一起的那个原理。然而两难的困境却是不可回避的。意志或者是被引起的,或者不是。如果它们不是被引起的,一种不可抗拒的逻辑就会将我们带入刚才提到的那种荒谬之中。如果它们是被引起的,自由意志学说就垮台了。……事实上,由自由意志学说直接推演出来的结论,不仅对于哲学,而且对于常识都非常令人震惊,以致如果精确思维不是一种稀有的现象,如何竟会有人相信这样一种信条,就是无法解释的了。这只是仅凭语词的力量就使人有了惯常性妄想的许多实例中的一个。……像自由意志哲学家们所做的那样,试图毁掉历史科学,他们就由一种不可抗拒的逻辑,而不得不将伦理学、政治学以及法学的基本原则与之一起毁掉了。如果严格地按照他们的理论来对待政治经济学,结果也好不了多少;而心理学则会变成混乱的行话。……否定原因就是肯定机会,而'在机会理论和法则理论之间,不可能存在妥协、互惠、采纳和借鉴。'用任何由自由意志学说提供的方法来书写历史,都是完全不可能的。"——这都是由于菲斯克先生没有在真正使一个人发生兴趣的可能者,和那些他完全不感兴趣的可能者之间做出区分。像心理学一样,自由意志仅只涉及前一种可能者。

定的问题而消除掉了,对于努力现象在我们个体的人自己眼中所具有的特别亲密和重要的性质,我还是必须简短地说几句。当然,我们用许多标准来衡量自己。我们的力量和智力,我们的财富,甚至我们的运气,都让我们的心里温暖,并让我们感到自己在生活中是一把好手。但是比所有这些东西更深,而且没有这些东西也能满足自身的,是对我们所做努力的分量的感觉。那些东西终归只是外部世界在内心的结果、产物和反映。但是努力却似乎属于一个完全不同的领域,它就像是我们所是的那种实在事物,而那些东西却只是我们所携带的外部事物。如果"搜寻我们自己的心并去驾驭它"是这部人类戏剧的目的,那么所寻找的东西似乎就是我们所能做出的努力。做不出任何努力的人就只是个影子;能够做出巨大努力的人就是英雄。围绕着我们的这个庞大世界,向我们提出了各种问题,并以各种方式检验我们。有些检验我们用轻松的行动来应对,有些问题我们用清楚的言词来回答。但是,曾经问过的最深的问题,就只能有一个回答,就是我们在说"是的,我意欲要它这样!"时所发生的意志的无声转向和心弦的紧绷。当一个可怕的对象出现时,或者当我们发现整个生活是一个黑暗的深渊时,我们中间的卑微者就对所处的情境完全失去了控制,他们或者通过转移注意来躲避困难,或者如果他们做不到这样,就会陷入哀怨而恐惧的崩溃状态。他们没有力量做出为面对和允许这样的对象所需的努力。但是英雄之心却与之不同。对于它来说,那个对象也是不祥而可怕、不受欢迎、与渴望之物不相容的。但是,如有必要它就能面对它们,不会因此而失去对生活其余部分的控制。世界因而在英雄那里找到了相配的对手和伙伴;而他为了保持精神振

578

奋和内心坚定所能做出的努力,是对他在人类生活竞赛中的价值和功能的直接测量。他能承受这个宇宙。他能够应对它,能够在将其软弱无能的同胞击倒的事物出现时保持住自己的信仰。他还能在其中找到一种强烈的兴趣,不是通过"鸵鸟般的遗忘",而是通过面对带有威慑对象的世界的纯粹的内在意愿。由此他变成了生活的主人和君主。此后他必须受到尊重;他成为了人类命运的一部分。无论是在理论的还是在实践的领域,我们都不关心也不会求助于那些没有冒险精神、或者没有在危险边缘生活意识的人。我们的宗教生活比惯常更多、而我们的实践生活比惯常更少地处于危险的边缘。但是正如我们的勇气时常是另一个人的勇气的映像,我们的信仰,如马克斯·米勒在某处所说,往往也是对另一个人的信仰的信仰。我们从英雄榜样那里获得了新的生活。先知比任何人都更深地饮下了那杯苦酒,但是他的面部表情是如此坚定,他说着如此强有力的振奋的话,以致他的意志成为了我们的意志,我们的生命被他自己的生命所点燃。

所以,不仅我们的道德,而且还有我们的宗教(就其是审慎的而言),都依赖于我们能够做出的努力。"你是否就是要它这样?"是我们问过的最深入的问题;我们每天里的每一个小时,关于最大和最小的事情,以及最具理论性和最具实践性的事情,我们都被问到这个问题。我们不是用语词,而是用同意或者不同意来回答这个问题。这些无声的回答是我们与事物的本性进行交流的最深的器官,这有什么奇怪! 它们所需的努力是对我们作为人的价值的衡量,这有什么奇怪! 我们付出的努力的量是我们对这个世界所做出的完全非派生的和原初的贡献,这又有什么奇怪呢!

第二十六章　意志

意志的培养

我们可以在较广或者较狭的意义上理解意志的培养。在较广的意义上，它是指一个人道德和明智行为训练的全部，以及一个人使手段适合目的的学习的全部，这包含了不同种类和不同复杂程度的"观念的联想"，以及抑制与所欲望目的无关的冲动和发起有利于目的的动作的力量。后面这些力量的获得，正是我所说的狭义的意志培养的意思。只是这后一种意义上的意志培养，值得在这里花费时间进行讨论。①

由于被意欲的动作有关于它自身的观念先行，意志培养的问题因而就是一个动作的观念如何激起这个动作本身的问题。如我们已经看到的，这是一种次级过程；因为我们的构造使得我们不能拥有任何关于一个动作的前验观念，不能拥有任何关于我们尚未做出的动作的观念。在那个观念能够产生之前，动作必须已经以一种盲目和意外的方式发生了，并留下这个动作的观念。换句话说，一个动作的反射的、本能的或者任意的做出，必须先行于这个动作的随意的做出。反射的和本能的动作，相对于本书的目的而言已经充分讨论过了。我也提到过"任意的"动作，目的是将来自内部原因的准偶然反射包括进来，或者将可能是由于特殊中枢里面的营养溢出而产生的动作包括进来，如贝恩教授在解释"自发性释放"时所

---

① 从教学法的观点看意志培养，见 G. 斯坦利·霍尔在 1882 年 11 月的《普林斯顿评论》上发表的文章，以及其中所含的一些参考书目。

假定的,他在对随意生活来源的讨论中极为重视这一点。①

那么,先前由一个动作引起的感觉过程,如何能够在再次兴奋时释放进这个动作的中枢呢?在这个动作最初发生时,运动释放最先出现,感觉过程随后出现;在随意的重复中,感觉过程(以弱的或者"观念的"形式兴奋起来)最先出现,运动释放随后出现。要说清这是如何发生的,也就是要用生理学的术语来回答意志培养的问题。显然,这是关于新通路的形成的问题;而唯一要做的事情就是提出假说,直到我们找到可以覆盖全部事实的假说。

一个新的通路是如何形成的?所有的通路都是释放通路,而释放始终发生在阻力最小的方向,无论进行释放的细胞是"运动的"还是"感觉的"。最小阻力的天生通路是本能反应通路;我提出我的第一个假说,即所有这些通路都是单向的,即从"感觉"细胞进入"运动"细胞,并从运动细胞进入肌肉,而从不会采取相反的方向。比如,运动细胞从不会直接唤起感觉细胞,而只能经由因它的释放而产生的身体动作所引起的进来的流。感觉细胞始终或者在正常状态下趋向于向运动区释放。让我们称这个方向为"向前的"方向。我将这条法则称为假说,但实际上它是不容置疑的真理。眼睛、耳朵或者皮肤的印象或观念,如果不引起动作,就不会来到我们这里,即使那个动作仅仅是感官的调节;而且我们所有的感觉和感觉意象序列中的项,都与运动过程相互交替和渗透,而我们对其中的大部分实际上都是意识不到的。另一个陈述这条规则的方式是

---

① 见他的《情绪与意志》,"意志",第 1 章。任意的动作这个名称,取自萨利,《心理学提纲》,第 593 页。

说,最初或者天生地,所有经过大脑的流都流向运动区,它们从那里流出,再也不会自己返回来。从这个观点看,感觉和运动细胞的区分不具有实质性的意义。所有的细胞都是运动的;我们只是将运动区的细胞、离漏斗口部最近的细胞称为典型的运动细胞。

这条法则的一个必然推论,就是"感觉"细胞不是天生就能相互唤起的;也就是说,在经验之先,事物的所有感觉性质都不具有在我们内部唤起在本性上与它相伴的任何其他感觉性质的观念的趋向。一个"观念"不会前验地唤起另一个观念;唯一的前验匹配发生在观念和动作之间。所有一个感觉事实提示另一个感觉事实的情况,都是通过已经由经验形成的次级通路发生的。

这个示意图(图 88)表明了在理论上缩减到只包含最少可能项的神经系统中发生的事情。一个到达感觉器官的刺激唤起感觉细胞 S;通过天生的或者本能的通路,这个细胞又释放运动细胞 M,后者引起肌肉的收缩;这种收缩又唤起第二个感觉细胞 K,它可以是"本地的"或者"动觉的"或者"遥远的"感觉的器官。(见前面第 488 页。)细胞 K 又释放进 M。如果这就是全部的神经机制,那么动作一旦开始,就是自我保持的,而且只有在这些部分枯竭了的时候才会停下来。根据皮埃尔·詹尼特的看法,这就是在僵住症中实际发生的情况。僵住症病人是感觉缺失的,不说话,也不动。就我们所能判断的而言,意识也没有了。然而,四肢会保持外部作用使它们所处的任何姿势,而且会长时间地保持这个姿势,如果这是一个勉强和不自然的姿势,这个现象就被夏尔科看作表明催眠被试没有在假装的为数不多的决定性测试之一,因为可以让被催眠者发生木僵,然后在清醒的意志完全无法达到的时间长度

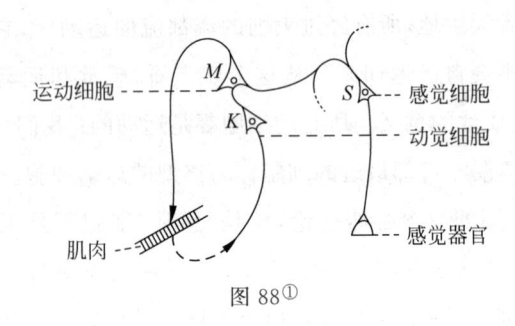

```
运动细胞 ---  M       S --- 感觉细胞
              K  ---     --- 动觉细胞
肌肉 ---               --- 感觉器官
```

图88①

内保持其四肢的伸展状态。詹尼特认为,在所有这些情况下,大脑里远离中心的观念活动过程都暂时失常了。比如,病人对抬起的胳膊的动觉感觉,是在催眠者抬起那条胳膊时产生的,这个感觉释放进运动细胞,后者又通过肌肉再现出那种感觉,等等,神经流在这个闭合圈中流动,直到这些流由于那些部分的枯竭而变弱,胳膊就慢慢地落下来了。我们可以将从肌肉到 K,从 K 到 M,再从 M 到肌肉的这个圈称为"运动圈"。如果不是同时进行的其他过程抑制了收缩,我们就将全都是僵住症患者,并且一个肌肉收缩一旦开始,就永远无法让它停下来。所以抑制不是一个偶发事件;它是我们大脑生活的一个基本和不间断的要素。有意思的是,默西埃博士通过一条不同的推理路线也得出了这个结论,即我们停止一

---

① 这个图和后面的图都是纯粹图解性的,一定不要以为它们包含任何关于原生质过程或者轴索过程的理论。根据哥尔吉(Golgi)和其他人的看法,这些过程来自细胞基底,而且每一个细胞只有一个。它们单独构成一个神经网络。读者当然也能理解,我从此刻到本章末尾所做的假设性建构,全都不是作为对于所发生事情的确定解释而提出的。我的目的只是以某种多少有点象征性的方式清楚地表明,新通路的形成和习惯的养成等等,是可以以某种机械的方式来设想的。比较在第一卷第 81 页的注释中说过的话。

个已经发生的动作的能力,完全归功于外部的抑制。①

对由 K 释放进 M 的一个强大的抑制者,似乎是对 K 的感觉本身所带有的痛苦或者其他令人不快的性质;相反,如果这个感觉明显是愉快的,这个事实就趋向于推进 K 向 M 的释放,并使那个原始的运动圈保持运行。快乐和痛苦在我们的心理生活中所起的作用是如此之大,我们还是必须承认,关于它们的大脑条件,我们绝对是一无所知的。很难想象它们拥有特殊的中枢;更难在每一个中枢里面找到可能会产生出这些感受的特殊过程。让一个人试着随意用完全机械的术语来表示大脑的活动,我发现完全不可能列举出所要的事实而不提及它们的心理的方面。无论其他排泄的流和释放的情况是怎样的,大脑的排泄的流和释放都不仅仅是物理的事实。它们是心理-物理事实,而它们的精神性质似乎是其机械效力的共同决定因素。如果细胞中的机械活动在增加时会引起快乐,这些活动似乎就会因为这个事实而增加得更快;如果它们引起不愉快,这种不愉快似乎就会抑制这些活动。因此,这个现象的心理的方面是对那个机制所产生事物的鼓励或不利的评论,有点像对一个场景拍手称赞或者发嘘声表示憎恶。灵魂自己不呈现任何东西;不创造任何东西;所有的可能性都完全为物质的力量所支配;但是她在这些可能性中间进行选择;而且通过强化一个和抑制其他,她就不是作为一种"副现象",而是作为给了那个活动以道德支撑的某种东西而出现的。因此,在没有严格的机械原因来说明为什么从一个细胞发出的流会走这一条而不是另一条通

---

① 《神经系统与心》(1888),第 75—76 页。

路时，我会毫不犹豫地求助于这种有意识的评论的效力。① 但是，我感到必须用机械法则来解释这个流的存在及其流向任何一条通路的趋向。

我们考虑过了被缩减为只具有最低可能项的神经系统，在这样的系统中，全部通路都是天生就有的，抑制的可能性不是外在的，而是完全起因于所唤起感受的令人愉快或者令人不快的性质，现在让我们转向形成新的通路的条件。将感觉细胞连接起来的纤维使新通路得以可能；但是这些纤维最初是不通的，必须经由一个过程才能打通，我假说性地将这个过程陈述如下：感觉细胞在向前方向②上的每一次释放，都趋向于将位于释放细胞后面的细胞可能有的紧张排泄掉。正是后面细胞的排泄才最初将那些纤维打通了。其结果就是一个新形成的"通路"，由此时的"后面的"细胞通向"前面的"细胞；如果在以后的时间里后面的细胞被独立激发，这个通路就会趋向于在相同的方向上完成细胞的活动，激发起前面的细胞，并且在每一次使用中都让自己变得越来越深。

至此，"后面的细胞"代表大脑里面的所有感觉细胞，而不是正在释放的那个细胞；但是这样一条无限定地宽的通路实际上并不比没有通路更好，所以我在这里提出第三个假说，在我看来，这个假说和其他假说一起就可以覆盖所有的事实了。这个假说就是，最深的通路是在最能排泄的细胞和最大排泄的细胞之间形成的；

---

① 比较第一卷，第 137、142 页。
② 即朝向运动细胞的方向。

第二十六章　意志

最能排泄的细胞是刚刚释放过的细胞;而最大排泄的细胞是此刻正在释放或者其中的紧张正向着释放点提升的细胞。① 另一个示意图,即图89,将清楚地表明这个问题。让我们看看前一个示意图所代表的在肌肉收缩发生后细胞 K 向前释放进 M 中的那一刻所发生的操作。根据我们的第三个假说,通过虚线 p,它会排泄 S (在设想的情况下,它刚刚通过天生的通路 P 释放进 M,并引起了肌肉收缩),而结果就是 p 此时成为了一条由 S 通向 K 的新的通路。当 S 下一次受到外部刺激时,它就会不仅趋向于释放进 M, 而且也会释放进 K。于是,K 在为来自肌肉的进来的流所激发之前,就直接由 S 激发了;或者,翻译为心理的术语就是:一个感觉一旦在我们身上引起了动作,下一次我们有了这个感觉,它就趋向于提示出这个动作的观念,甚至是在这个动作发生之前。②

图 89

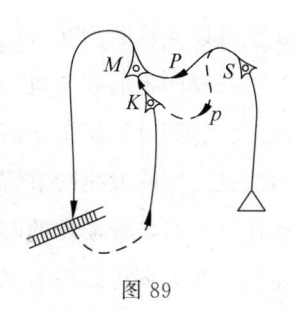

相同的原理也适用于 K 和 M 之间的关系。处于向前方向上的 M 排泄了 K,而通路 KM,虽然不是原初的或者天生的通路,但是成为了次级的或者习惯性的通路。此后,K 就可以以任何方式(而不是像以前那样从 S 或者从外部)被激起,并还是趋向于释放

---

① 很奇怪,这个大脑图式似乎为赫尔巴特式观念(Vorstellungen)的那些可厌的虚幻表现,提供了某种实在基础。赫尔巴特说,当一个观念为另一个观念所抑制时,它就与那另一个观念相融合,并在此后帮助它上升到意识之中。所以在这两个图式中,抑制就是联想的基础,因为文中所说的"排泄",就相当于对被排泄细胞的活动的抑制,这种抑制使得被抑制者能够在以后的时间使抑制者复苏。

② 见明斯特贝格:《意志行为》,第 144—145 页中的那个明白易懂的段落。

进 M；或者再一次用心理的术语来表达，关于动作 M 的感觉结果的观念，会成为产生那个动作本身的直接先行条件。

于是，我们最初的那个问题，即第一次作为动作结果发生的感觉过程，如何后来能够成为那个动作的原因的问题，在这里就有了答案。

从这个图式来看，很显然我们标记为 K 的细胞可以代表由运动释放所引起的本地感觉或者遥远感觉的所在之处。至于它是触觉、视觉还是听觉细胞，这是无关紧要的。对胳膊抬起时的感受的观念可以使胳膊抬起来；关于它在抬起时所产生的某种声音或者某种视觉印象的观念也一样可以使胳膊抬起来。所以我们看到，"心理线索"可以属于任何一种感官；而我们的示意图引导我们推出的就是实际发生的事情；也就是说，在我们的动作（比如说话的动作）中，与发音动作的起动最为相关的，在一些人那里是触觉的，在另一些人那里是声音的结果表象（Effectsbild）或记忆意象（第一卷，第 54—55 页）。然而，我们所有动作的原始"起动者"完全不是结果表象，而是感觉和对象，随后是由此获得的观念。

让我们现在转向在实际生活中最常遇到的更复杂和依次发生的连锁动作。我们意志的对象很少是单一的肌肉收缩；它几乎总是有序的连锁收缩，结束于让我们知道目标实现了的感觉。但是这个序列里面的各个收缩并不是每一个都得到清楚意欲的；每一个较早的收缩似乎是按照我们在第 6 章（在那里我们谈到习惯性的连锁动作产生自一系列继发组织起来的反射弧，第一卷第 116 页）谈到过的方式，通过它引起的感觉而唤起它的跟随者的。第一

第二十六章 意志

个收缩是得到清楚意欲的,而在意欲它之后,我们就让这个链条的其余部分自动运行下去。那么,这样一个有序的连锁动作最初是如何习得的呢?或者换句话说,一个运动中枢和另一个运动中枢之间的这种通路最初是如何形成的,以致第一个中枢的释放会让其他中枢始终以适当的次序释放?

在这个现象的持续期间,有运动释放和所产生的传入印象的快速交替。它们必须以确定的次序相联结;而且这个次序必须是已经习得的,即它必须已经从许多其他任意的次序中被挑选出来,并越来越成为唯一的次序。任意的传入印象掉落出去,被感受为正确的传入印象被选择出来,并混合进了链条之中。一个我们通过将许多感受正确的印象连在一起而主动习得的链条,与我们由别人以某种次序给我们印象而被动习得的链条没有根本的区别。为了使我们的观点更加精确,让我们看一个特殊的连锁动作的例子,就看背诵字母表的例子吧,在童年的时候是有人教我们去背诵的。

至此我们已经知道,关于 A 的声音或者发音感受的观念会使我们说出"A",关于 B 的声音或者发音感受的观念会使我们说出"B",等等。但是我们现在想要知道的是,为什么对已经说出了 A 的感觉会让我们说出"B",为什么关于已经说出了 B 的感觉会让我们说出"C",等等。

要理解这一点,我们必须回忆一下在我们最初按照次序学习字母时发生了什么。有人一遍又一遍地向我们重复 A、B、C、D,我们模仿那些声音。与每一个字母相应的感觉细胞相继被唤起,以致每一个细胞(根据我们的第二条法则)都必定已经"排泄了"刚好在前面兴奋的细胞,并留下一个通路,那个被排泄的细胞此后就趋

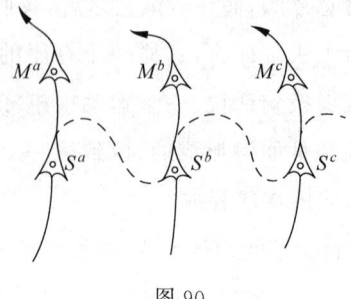

图 90

向于由这个通路释放进排泄了它的那个细胞之中。让图 90 中的 S^a、S^b、S^c 代表三个这样的细胞。其中每一个后面的细胞，在做出向运动方向的释放时，都会从前一个细胞引出一个流，由 S^a 引出 S^b，由 S^b 引出 S^c。细胞 S^b 在这样排泄了 S^a 之后，如果 S^a 再次兴奋起来，它就趋向于释放进 S^b；而 S^c 在排泄了 S^b 之后，S^b 以后就会释放进 S^c，等等。——这一切都是经由虚线进行的。现在，让字母 A 的观念出现在心中，或者换句话说，让 S^a 被唤起：会发生什么呢？要发出那个字母的声音，神经流不仅要从 S^a 流入运动细胞 M^a，而且还要流入细胞 S^b。片刻之后，当 M^a 释放的结果通过传入神经又返回来，并再次激发 S^a 时，这后一个细胞就受到抑制而不能再次释放进 M^a 并复制出那个"原始运动圈"(在此处，它是连续发出字母 A 的声音)了。这是因为这个事实，即已经在进展中并趋向于释放进其运动联想项 M^b 的 S^b 中的过程，在现有条件下是 S^a 的兴奋的较强排泄通道。结果就是，M^b 释放了，字母 B 的声音发出了；而与此同时，S^c 接收了 S^b 的部分溢流；而且，片刻之后，通过重复前面那样的机制，声音 B 就传进了耳朵，释

第二十六章 意志

放进了发出声音 C 的运动细胞；等等。图 91 表示了所涉及的整套过程。

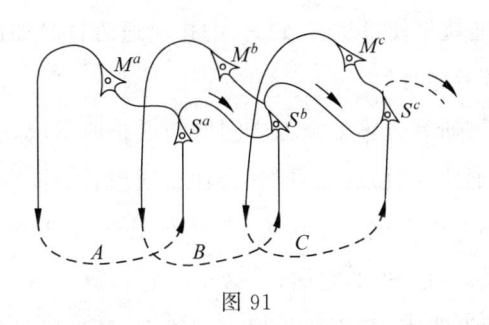

图 91

我们没有立即了解的唯一事情，就是为什么"在现有条件下"从 S^a 到 S^b 的通路会是 S^a 的兴奋的较强排泄通道。如果图中的细胞和纤维构成了整个大脑，我们就可以设想出或是机械的或是心理的原因。机械的原因可能是在于这条一般法则，即像 S^b 和 M^b 这样的兴奋正处于上升阶段的细胞，是比像 M^a 这样刚刚释放过的细胞更强的排泄者；或者它可能是在于这个事实，即流出 S^b 进入 S^c 和 M^c 的神经流的扩散也已经开始了；它还在于一条更进一步的法则，即排泄往往发生在扩散最宽的方向上。其中的任何一个推测都可能是为什么我们一旦说了 A 就不会再次说出它的充分的机械原因。但是我们一定不能忘记，这个过程还有心理的一面，我们也不能假装没有看到这个可能性，即由初始的流所唤起的那种感受，可能是它们中的一些立即被抑制，而其他一些的流动则得到促进的原因。毫无疑问，在我们发出一个字母的声音之前，背出字母表的一般性意图就已经在那里了；毫无疑问，与那个意图相应，沿着将在后面被唤起的细胞和纤维的整个系统，广泛出现了预兆性的紧张的提高。只要这种紧张的提高感受起来是好的，每一个增进它的流就都得到促进，每一个减低它的流就都受到抑制；而这可能就是使得从 S^a 到 S^b 的排泄通道暂时如此强大的一个主要的"现存条件"。①

我们刚刚研究过感觉细胞之间的新通路的形成，这样的通路就是"联想"通路，我们现在看到，为什么联想总是向前进展的；比如，为什么我们不能倒背字母表，为什么虽然 S^b 释放进了 S^c，S^c 却没有任何释放进 S^b 的趋向，或者至少它释放进 S^b 的可能小于释放进 S^a 的可能。② 根据我们提出的原则，最初形成的通路只能是从刚释放过的细胞流向正在释放的细胞；而现在，要让神经流反过来流动，我们就必须重新学习颠倒了次序的字母。于是，在感觉细胞之间就有了两套联想通路，这两套联想通路都是可能的。我在图92中将它们表示了出来，为了简单性的缘故，略去了运动的方面。虚线是反向的通路，是新近通过耳朵听到以ＣＢＡ的次序说出的字母而建立起来的。

同样的原则可以解释无论相继连接到多长的新通路的形成，

---

① L. 兰格(L. Lange)和明斯特贝格关于"缩短的"或者"肌肉的"反应时间的实验（见第一卷第 432 页）表明，在动力学上，对一整套可能排泄通道的这种预期性准备，是一个多么强有力的事实。

② 恰恰在我对这些书页进行校对的时候，我收到了《心理学与感官生理学杂志》(*Zeitschrift für Psychologie u. Physiologie der Sinnesorgane*)的第 2 期，其中有不受约束的年轻的明斯特贝格发表的实验，这些实验表明，撇开介于其间的动作，相继的观念之间没有联结。由于我的解释曾经假定，较早兴奋的感觉细胞排泄较晚兴奋的细胞，他的实验和推论如果是可靠的，就会推翻我的所有假设。所以（在这么晚的时候）我只能向读者提及明斯特贝格先生的文章，希望我自己能够在另一个地方再次考察这个问题。

第二十六章 意志

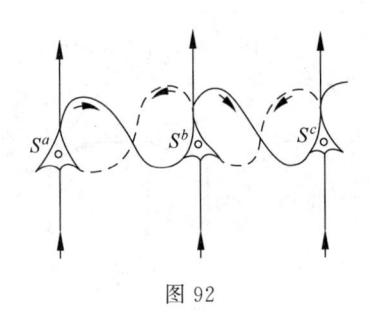

图 92

但是如果要用更复杂的例子来进行说明则显然是愚蠢的。所以我只回到儿童和火焰的例子(第一卷第 25 页)，表明我们多么容易就可以将它解释为一种"纯粹的大脑皮层事务"(同上，第 80 页)。火焰的视觉刺激了皮层中枢 S^1，后者通过本能的反射通路释放进负责抓握动作的中枢 M^1。在这个动作的结果返回到中枢 S^2 时，它就引起了烧灼感受；而这个中枢又通过第二条天生的通路释放进负责缩回手的中枢 M^2。缩回手的动作刺激了中枢 S^3，而就我们所关心的而言，这是发生的最后一件事情。那个孩子下一次再看见蜡烛，他的大脑皮层就已经有了第一次经验留下来的次级通路。直接在 S^1 的后面受到刺激的 S^2，排泄了前者，M^1 还没有来得及释放，S^1 就已经释放进了 S^2；换句话说，火焰的视觉在引起它的自然反射结果之前，就提示了烧灼的观念。结果就是 M^1 的抑制，或者是 M^1 在完成之前就被 M^2 所压倒了。——所有这些获得性的通路系统的典型生理特征，就在于这个事实，即新形成的感觉扩散不断向前方的事物排泄，并因而打破了否则就会出现的"运动圈"。但是，即使撇开僵住症，我们也会看到"运动圈"还是会不时地回来。学习随意做出一个简单动作的婴儿，不会顾及这个动作

图 93

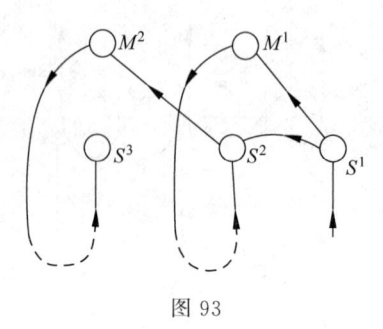

以外的其他动作,一直重复这个动作直到疲倦为止。他们是如何咿咿呀呀重复着说出每一个新词的啊！我们成年人一旦偶然开始"心不在焉地",也就是说没有想到任何它后面可能有的词的序列,说出某个没有意义的词时,也时常会发现自己在一遍又一遍地重复这个词。

在结束这些已经太长的生理学方面的思考之前,还要谈一点。我已经(第一卷第 71 页)提示了为什么在失去大脑组织之后会有同等的神经支配建立起来,以及为什么进来的刺激会在间隔一段时间之后再由其先前的通路出去的原因。现在我能解释得更好些了。让 S^1 代表狗在听到"伸出脚爪"的命令时的听觉中枢。它惯于释放进运动中枢 M^1,S^2 代表这个释放的动觉结果;但是现在 M^1 已经被手术所破坏了,所以 S^1 尽其所能地释放进了其他身体动作之中,呜咽、抬起那只错的爪,等等。动觉中枢 S^2 也在同时为 S^1 的命令所唤起,而这只可怜动物的心却在为对一些进来的感觉的期待和欲望而激动着,而它所期待和欲望的感觉与实际做出的

第二十六章 意志

动作引起的感觉完全不同。这后一种感觉没有激起"运动圈",因为它们是令人不快和抑制的。但是,如果通过偶发事件,S^1 和 S^2 确实释放进了通向 M^2 的通路,由此脚爪又出来,而且 S^2 最后由内部也由外部所激发,那么就没有抑制,"运动圈"就形成了:S^1 一次又一次地释放进 M^2,从一个点到另一个点的通路加深了很多,以致最后它成了在 S^1 被激起时的常规流出渠道。没有任何其他通路能有机会在相同的程度上建立起来。

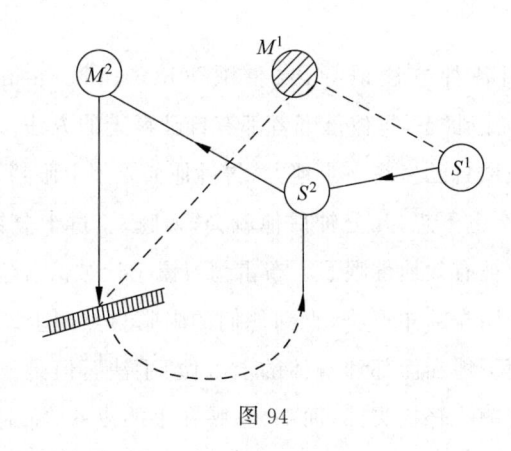

图 94

第二十七章 催眠术

催眠法和易感性

可以用各种方法诱导出"催眠"(hypnotic、mesmeric 或者 magnetic)恍惚状态,每位催眠者都有自己喜爱的方法。最简单的方法是让被试自己坐在一个地方,告诉他如果闭上眼睛,尽量让肌肉放松,什么也不想,几分钟后他就会"入睡"。过十分钟再回来,你会发现他被有效地催眠了。布雷德习惯于让被试看位于其前额附近的一个明亮的扣形物,直到他们的眼睛自然闭上。过去的催眠者自上而下地在面部和身体的上方做"手法",但是没有与面部和身体的接触。轻抚头部、面部、胳膊和手的皮肤,特别是眉毛和眼睛周围的皮肤,会有相同的效果。凝视被试的眼睛直到后者低垂下来;让他听手表的滴答声;或者只是让他在听你描述进入睡眠状态的感受的时候闭一会儿眼睛,向他"讲述睡眠",是一些催眠者使用的同样有效的方法;而对于受过训练的被试,任何他们曾经被以前的提示引导至所期待的结果的方法,都会取得成功。① 触碰

---

① 应该说,对被试不加干涉的方法,或者用简单语词提示睡眠的方法(那个地方的利埃博博士介绍的所谓南希方法),似乎在所有适用的地方都是最好的,因为它们不会带来任何偶然随眼睛的紧张而出现的后面的不便之处。不应该对新病人没有间隔地

一个告诉他们已经"磁化了"的物体，喝"磁化了"的水，收到一封发出让他们睡觉的指令的信，等等，都是经常使用的方法。最近利埃茹瓦(Liégeois)在距离被试1½公里的地方，通过电话向被试做了带有催眠意思的暗示，而催眠了他的一些被试。在一些被试那里，如果事先告诉他们在某一天的某一个钟点他们会进入恍惚状态，预言就会实现。一些歇斯底里症病人会由一种强烈的感觉，如一声锣响或者照进眼睛的强光，而立刻进入催眠性僵住状态。对身体的某些部位施加压力（皮特里斯称之为区域催眠（zones hypnogènes)），会在一些歇斯底里症病人那里快速引起催眠性睡眠。这些区域在不同的被试那里有所不同，最常发现的地方是前额的部位和拇指根部周围。最后，正常睡眠中的人可以通过语词暗示或者轻柔得不会弄醒他们的接触而转变至催眠状态。

一些催眠者显得比另一些催眠者在对被试的控制方面更成功。我得知格尼先生（他对催眠理论做出了有价值的贡献）自己从来不施催眠术，而不得不将其他人的被试用于自己的观察。另一方面，利埃博(Liébault)宣称他催眠了92%的来者，而斯德哥尔摩的韦特斯特兰德(Wetterstrand)说，在718个人中只有18个人没有为他所影响。一些这样的差异无疑来自催眠者个人"权威"方面的不同，因为成功的首要条件是被试对进入恍惚状态有坚定的预

做各种不同的提示。应该不时地唤醒他，然后再次催眠，以避免出现心理上的混乱和兴奋。在最后唤醒被试之前，你应该告诉他一切都已经结束了等等，告诉他你现在要将他恢复到他的自然状态，从而取消你已经灌输给他的所有幻象性的暗示。对于有时会发生在第一、二次迷睡之后的头痛、倦怠等等，催眠者必须在一开始就通过有力地向被试保证，这类事情决不会是催眠的结果，被试一定不会发生这类事情等等，从而将它们消除掉。

期。这还在很大程度上取决于催眠者在解释被试面相方面的老练程度,这使他能够在恰好合适的时刻发出正确的命令,并把命令"塞给"被试。这些条件解释了这个事实,即催眠者催眠得越多,就越成功。伯恩海姆说,一个人如果不能成功催眠他催眠过的 80% 的人,他就还没有学会这项操作。对于一些催眠者除此之外是否还有奇特的"磁力"这个问题,我现在不做裁决。① 通常很难催眠 3 或 4 岁以下的儿童和精神失常的人,特别是白痴。这似乎是由于不可能让他们持续将注意集中在关于即将到来的恍惚状态的观念上。婴儿期以上的所有年龄可能都是同样可以催眠的,所有种族和性别也是如此。足以帮助集中注意的一定量的心理训练,似乎是一个有利条件,对于结果的某种暂时性的漠不关心或者被动性也是这样。"意志"天生的坚强或脆弱与这个问题绝对没有任何关系。频繁进入恍惚状态能极大地增加被试的易感性,而很多最初抗拒的人在试了几次之后就屈服了。莫尔(Moll)博士说,他不止一次在 40 次无果的尝试之后取得了成功。一些专家认为,每一个人本质上都是能被催眠的,唯一的困难是在于在一些个体那里,抑制性的心理成见会比较习惯性地出现,然而,这些心理成见会在某一时刻突然被消除掉。

用一种使人振奋的声音说"好,醒过来!",或者有相同意思的话,就可以瞬间消除恍惚状态。在萨尔皮特里尔医院,他们通过拍

---

① 一些事实似乎会指向那个方向。参见比如 P. 德斯派因(P. Despine),《梦游症科学研究》(*Étude Scientifique sur le Somnambulisme*),第 286 及以下诸页中描述的那个人的案例。

打被试的眼皮而唤醒被试。自下而上的催眠手法也有唤醒的作用；洒冷水也有同样的作用。任何东西都能唤醒预期被那个东西唤醒的病人。告诉他在数到5之后他就会醒来，他就真的会这样。告诉他5分钟后醒来，他就很可能会准时醒来，即使这打断了可能是你暗示过的某种令人兴奋的戏剧性表演。——如莫尔博士所说，任何声称要对催眠状态做出生理学解释的理论，都必须要将这个事实考虑进去，即像听见"醒来！"这个词这样简单的事情，就可以终结它。

关于催眠状态的理论

很难说我们理解了被诱导出来的催眠状态的基本性质。不进入争论的细节，我们可以说对于这个问题人们主要持有三种观点，我们可以分别把它们称为

1. 动物催眠理论；
2. 神经作用理论；以及最后
3. 暗示理论。

根据动物催眠理论，在催眠者和被试之间有直接的力的通道，被试由此而成为了催眠者的傀儡。现今对于所有的普通催眠现象而言，这个理论已经被人们放弃了，一些人只将他作为对例外出现的少数结果的一种解释。

根据神经作用理论，催眠状态是有预先倾向的病人进入的一种特殊病理状态，而且在这种状态中，除了被试心理上对结果的预期之外，特殊的物理致动者具有引起特殊症状的能力。萨尔皮特

里尔医院的夏尔科教授和他的同事承认,很少能发现这种状态的典型形式。他们于是将其称为大催眠(le grand hypnotisme),并说它是与癔病癫痫相伴随的。易受这种催眠术控制的病人如果突然听到响亮的声音,或者意外地看向强光,就会进入僵住催眠状态。她的四肢和身体对传递给它们的运动不作任何抵抗,却能永久保持施加于它们的姿势。眼睛瞪着,却对疼痛等等没有感受性。如果将她的眼皮合上,僵住状态就变成了嗜睡状态,其特征是明显的意识丧失,以及完全的肌肉放松,只有催眠者的手揉捏的肌肉或击打的腱,或者一些受到压迫的神经干除外。于是相关的肌肉,或者为相同的神经干所支配的肌肉,就进入了一种或多或少固定了的强直性收缩状态。夏尔科用神经-肌肉的超兴奋性这个名称来称呼这种症状。嗜睡状态可以最初由凝视任何东西或者由施加于闭着眼睛的眼球上的压力引起。摩擦头顶会使病人从前面两种状态中的任何一种转入梦游状态,她在这个状态中是警觉和健谈的,并易于受到催眠者的所有暗示的影响。梦游状态也可以最初由凝视一个小的物体而诱导出来。在这种状态中,作为嗜睡状态特征的有准确限度的肌肉收缩,不会在前面描述的操作之后发生,出现的是身体所有区域的僵硬倾向,而这有时又会发展成为一般性的肌肉强直,这是由轻轻触摸皮肤或者拍打皮肤所引起的。夏尔科称它为皮肤-肌肉的超兴奋性。

人们还描述了在观察者看来是独立于心理预期的许多其他症状,我只提及其中比较有趣的症状。打开嗜睡中的病人的眼睛,会使她转入僵住状态。如果只有一只眼睛被打开了,身体相应的一半就变成僵住的了,而另一半却仍保持在嗜睡的状态。同样,抚摸头的一边会使病人进入半嗜睡或半僵住和半梦游的状态。将磁铁（或某种金属）接近皮肤，会让这些（以及许多其他的）半-状态转移到相反的一边。自动重复每一个听到的声音（"模仿言语"），据说是由施加于下颌椎或者上腹部的压力引起的。摩擦头上言语中枢的区域会引起失语症。后枕骨后面的压力会决定模仿动作。海登汉描述了一些由轻拍脊柱的各个部分而引起的奇怪的自动动作倾向。人们还多次注意到了一些其他症状，如脸红和手凉，眼睛发亮和充血，瞳孔扩张。也有人报告了视网膜血管的扩张和调节痉挛。598

暗示理论否认有任何特殊的催眠状态可以被称之为恍惚状态或者神经症。前面描述的所有症状，以及将要在后面描述的症状，是我们所有人都在某种程度上拥有的那种赞同外部暗示、认可我们强烈想象的东西、按照让我们预期的那样行动的心理易感性的结果。萨尔皮特里尔医院病人的身体症状全部都是预期和训练的结果。最初的病人偶然做了医生认为是典型的事情，并且重复了这样的事情。其后的被试"明白了"，遵从了已经建立起来的传统。要证明这一点，就必须有这样的事实，即三个经典的阶段及其成组的症状，只被报告为在萨尔皮特里尔医院是自发地发生的，尽管在任何地方的病人中，它们都可能是由有意的暗示引起的。据说眼睛的症状，红了的脸、加快了的呼吸等等，都不是进入催眠状态的过程的症状，而只是在使用看向明亮物体的方法时眼部紧张的结果。在使用简单词语暗示的南希的被试中就没有这些症状。各种反射性结果（失语症、模仿言语、模仿等等）都只是在催眠者的作用下诱导出的习惯，他无意识地驱使被试进入他想要让他进入的方向。磁的作用、向上和向下的催眠手法的相反效果等等,都得到了类似的解释。甚至那种似乎是更进一步的症状得以出现之首要条件的困倦和无活动力的状态,也被说成仅仅是由于心预期它会到来这个事实;尽管它对其他症状的影响可以说并不是生理的,而是心理的,它自身容易通过暗示得到实现这个事实,就鼓励了被试预期进一步的暗示会同样容易得到实现。暗示理论的激进辩护者因而就在剥夺了被试的自发性,并使他被动服从外部暗示的特殊迷睡样状态的意义上,否认了催眠状态的存在。迷睡本身只是暗示之一,而且事实上能够在没有初步引出这个状态的情况下,让许多被试表现出其他那些催眠现象。

可以说,现在暗示理论已经在很大程度上战胜了萨尔皮特里尔医院的人们所持的神经作用理论,包括这个理论主张的三个阶段,以及认为在被试的心的合作之外,由物理的致动者引起的明确症状。但是这样说是一回事,说不存在可以被称之为催眠恍惚状态的特殊生理条件,不存在被试对外部暗示的易感性比平时更大的特殊神经平衡状态、"协调减退"、"分离",或随便你怎么称呼的东西,却完全是另一回事。所有的事实似乎都证明,在病人出现这种恍惚样的状态之前,暗示产生的都是一些非常无足轻重的结果,但是,它一旦出现,暗示的力量就没有限度了。这里所说的状态与普通睡眠有许多相似之处。事实上有可能每次入睡时我们都短暂地经历了它;而且我们可以这样来最为自然地描述催眠者和被试之间通常的关系,我们可以说前者通过对后者说些足以不让其睡得更深、又不会将他唤醒的话,来使后者悬浮在清醒和睡眠之间。独处的催眠病人,或者会酣睡,或者会完全醒来。催眠执拗病人的

第二十七章 催眠术

困难,是在于正确地捕捉到他们的过渡时刻,并让它持久下去。让眼睛不动并放松身体的肌肉,能引起催眠状态,正如它们有助于入睡一样。普通睡眠的最初阶段以特殊的注意分散状态为特征。与我们日常的信念和思想习惯完全不协调的意象出现在了意识之中。日常的信念和思想习惯或者完全消失了,或者可以说是缓慢地退回到了心的背景之中,并让不协调的意象独占主导地位。而且,这些意象获得了异常的生动性;它们先是"睡前幻觉",然后,随着睡得更深,又变成了梦。于是那种"单一观念症"(mono-ideism)或者作为困倦特征的无力或不能"恢复"背景观念,无疑是那时大脑中发生的特殊生理变化的结果。同样,作为催眠意识特征的类似的单一观念症,或居于支配地位的想象与也许能充当其"还原物"的其他思想的离解,也一定同样产生自一种特殊的大脑变化。我使用的"催眠恍惚状态"这个术语,完全没有告诉我们那个变化是什么,但是它标记了它存在这个事实,因而是一个有用的表达。催眠意象的极大生动性(由它们的运动结果来判断),当正常生活恢复时对它们的遗忘,在其后的催眠中再次突然唤起和记起它们,频繁发生的感觉缺失和超敏感性,这一切都表明,我们醒时的轻信和"可暗示性"不是用来解释那些现象的类型,并让我们到睡眠和梦,或者到被称为自动症、双重意识或者"第二"人格的更深的人格改变那里,去寻找催眠恍惚状态的真实类似物。① 甚至最好的催眠被试,在有意做出的实验将它显露出来之前,一直也不曾有任

---

① 无论在一些方面多么类似,这个状态都不与睡眠完全相同。特别是它的较浅阶段与睡眠和梦不同,因为这些阶段几乎完全是以肌肉的无力和强迫性为特征的,而人们没有在普通睡眠中注意到这样的情况,而且在睡眠中完全糊涂的心,在较浅的催眠恍惚状态却可以相当清楚地意识到发生的一切。

何人猜到过他们拥有这么显著的易感性。催眠者让他们的眼睛或者注意短时间集中,以进入合适的阶段,通过谈话让他们保持在这样的阶段,并且在这种状态中,使他们成为他的全部暗示的傀儡。但是所有清醒生活中的普通暗示都不曾这样控制过他们的心。

因此,只要我们将催眠恍惚状态看作必要条件,暗示理论就可以被认为是正确的了。夏尔科的三个状态,海登汉的奇怪的反射动作,以及曾经被称为恍惚状态自身的直接结果的所有其他身体现象,都不是这样的。它们是暗示的产物,恍惚状态没有自己特殊的外部症状;但是如果没有恍惚状态,特殊的暗示就始终不能成功。①

恍惚状态的症状

这解释了许多曾被收集起来作为催眠状态典型特征的那些完全不明确的症状。习惯法则对催眠被试的支配甚至强于对清醒被试的支配。任何一种个人特质,任何一个由某一被试在最初的实验中偶然落入的把戏,通过引起注意,都会变得千篇一律,充当模仿的模式,并成为一个学派的范例。最初的被试训练了催眠者,催眠者又训练了其后的被试,他们所有人都完全真诚地共谋,发展出一个完全任意的结果。被试对于他们心会意通的催眠者的一切,

---

① 人们曾经太过随意地使用"暗示"这个词,就好像它解释了所有的奥秘:被试服从时,那是由于"催眠者的暗示";被试表现得难以驾驭,那是因为他曾对自己做出的"自我暗示",等等。什么都解释的东西,也就什么也没有解释;而且我们必须记住,这里需要解释的是这个事实,即在被试的特定状态下,暗示会发挥在任何其他时候都不会有的作用;通常不受觉醒意志作用的功能,会受到这些暗示的影响;而且通常所有这一切都是在对其没有事后记忆保留下来的情况下发生的。

时常有着不同寻常的敏锐和细微的知觉,这使他们很难忽略任何他所预期的东西。因此,一个人很容易在新的被试那里证实他在以前的被试身上看到的东西,或者证实他听到或者读到过的任何预期的症状。

最早为作者们观察到的症状全都被认为是典型的。但是随着观察到的现象的倍增,作为这种状态的标志的最特殊症状的重要性降低了。这在很大程度上减轻了我们眼前的工作。在着手列举催眠恍惚的症状时,我会将自己限制于那些有在本质上有趣味,或者与人的正常功能有相当大差异的症状上。

首先是失忆症。在施催眠术的最初阶段,病人记得发生了什么,但是随着连续的催眠,他沉入了更深的状态,这通常跟随着记忆的完全丧失。他可能曾被带入最生动的幻觉和戏剧性的行为,并且表露出最强烈的貌似的情绪,但是醒来时却什么也回忆不起来。从梦中醒来的时候也会发生同样的事情——梦境很快就无法回忆了。但是正如我们可以通过遇到出现在其中的人或物体而想起它或它的部分,受到巧妙提醒的催眠病人通常也能想起在催眠恍惚状态中发生的事情。遗忘的一个原因似乎是催眠中的行为与醒时的观念系统是分离的。记忆需要有连续的联想序列。德博甫以这个方式进行推论,在被试在催眠期间开始的一个动作(如洗手)进行到中间的时候唤醒了被试,发现他们此时就能记得催眠的状态。这个动作将两个状态连接了起来。但是人们通常可以只是通过在催眠中告诉他们说他们将会记得,而使他们记得。而且,只要两次催眠的内容不是互不相容的,一次催眠中的动作通常就会在另一次催眠期间或者自发地、或者在命令之下被回忆起来。

易感性。病人相信催眠者对他说的一切,并且会做后者命令他做的一切。甚至通常无法由意志控制的结果,如打喷嚏、分泌、脸红和脸色变得白、体温和心跳的改变、行经、膀脏的动作等等,也可以由催眠者在被试催眠期间的坚定断言,以及由此引起的被试对结果将要发生的确信而发生。由于几乎所有要描述的现象都是这种提高了的易感性的结果,所以我就不再讨论一般性的问题了,而是接下去对这种特性做详细讨论。

对随意肌产生的效果似乎是最容易得到的效果;而催眠的一般例行做法就是首先去激发它们。告诉病人他睁不开眼或者张不开嘴,松不开手或者放不下举起的胳膊,不能从座位上站起来,或者不能从地上拾起某个物体,他立刻就突然感到在这些方面完全没有能力了。这个效果通常产生自拮抗肌的不随意收缩。但是人们同样可以很好地暗示比如一只胳膊的瘫痪,此时这只胳膊就会一动不动地挂在被试身体的一侧。借助于摆弄相关的身体部分,很容易通过暗示引起僵住性和强直性的僵硬。在公开表演中受人喜爱的表演之一,就是一个人极度僵直地伸展开四肢,头在一个椅子上,双脚的后跟在另一个椅子上,像一块木板一样。对所施加姿势的僵住式的保持不同于随意做出的相同姿势。随意水平伸出的胳膊,最多在一刻钟之后就会由于疲劳而落下,而在它落下之前,这个人的不适会通过胳膊的晃动、呼吸的紊乱等等显露出来。但是夏尔科曾经表明,在催眠僵住中伸出的胳膊,虽然可能也会很快落下来,但却是缓慢并且不伴随晃动落下来的,同时呼吸一直保持着平稳。他正确地指出,就这个症状而言,这表明有一种很深的生

第二十七章 催眠术

理变化,并且构成了反对假装的确凿证据。而且,一个僵住姿势可以持续许多个小时。——有时,一种表情姿势,握紧的拳头、皱眉,会逐渐引起身体其他肌肉的交感动作,以致到最后,一幅恐惧、愤怒、鄙视、祈求或者其他情绪状态的生动画面,就以罕见的完美产生了出来。这个效果的出现似乎是由于第一次收缩对那种心理状态的暗示。口吃、失语症,或者说不出某些词、发不出某些字母的音,都很容易由暗示所引起。

很容易向健全的被试暗示所有感官方面的幻觉和每一种可以想象的妄想。情绪效果通常非常活跃,哑剧式的表演非常富有表现力,以致人们很难不去相信某种"心理超兴奋性"是催眠状态的伴随物之一。你可以让被试以为他感到寒冷或者灼热,发痒或者满身是土,或者身上湿了;你可以让他把土豆当桃子吃,或者把醋当香槟酒喝。①氨水在他闻起来像是香水;椅子会成为狮子,扫帚柄会成为美丽的女人,街上的噪声会成为管弦乐队演奏的音乐等等,除了你的发明创造能力和旁观者的耐心以外,没有限度。②错觉和幻觉构成了公开表演中的主要事件。在成功地向被试暗示他的人格变成了婴儿、街头男孩、穿戴好要去参加派对的年轻女士、竞选演说台上的讲演者或者拿破仑大帝的人格时,喜剧效果就达

---

① 暗示的香槟可以造成醉酒的完全性发作。甚至有人说暗示曾经治愈过真正的醉酒。

② 暗示出来的幻觉可以有负后像相跟随,就像它是实在的对象时那样。很容易用一张白纸上暗示出来的有颜色的十字幻觉来证实这一点。被试在转向另一张纸时,会看见一个互补色的十字。彼耐特和费雷曾经表明,棱镜或者镜子会使幻觉成双,透镜能将其放大,而且它们会以许多其他形式,有实在物体那样的光学表现。这些观点已经在第128页及以后诸页讨论过了。

到了顶峰。甚至可以将他变成一头野兽或者一个像椅子或地毯这样的无生命之物,而在每一种情况下,他都能带着很少能在剧院中看到的真诚和热情,表演出那个角色的所有细节。在这些情况下,杰出的表演是对被试在假装的猜疑的最好回答——如此熟练的假装者一定早已在舞台上找到了他的真正职业。幻觉和过分戏剧化的妄想通常都伴有一定深度的催眠恍惚状态,并且随后就是完全的遗忘。被试在催眠者的命令下突然惊讶地从这些幻觉和妄想中醒来,并且可能在一段时间里看上去有点儿茫然。

处于这种状态下的被试会接收和执行犯罪的暗示,表演偷窃、伪造罪、纵火罪或者谋杀罪。女孩会相信催眠者结婚了等等。然而,说在这些情况下被试是没有自发性的纯粹傀儡是不公平的。在与给他的暗示相和谐的事情的进行方面,他的自发性确实没有中止。他从催眠者那里获取文本;但是在表演的时候,他可能会极大地放大和发展它。只有对于与被暗示的妄想相冲突的观念系统,他才丧失了自发性。前者因此就"系统化"了;意识的其余部分与它隔绝开来,被排除在它的外面,与它相脱离了。在极端情况下,心的其余部分似乎真的被消除掉了,催眠被试似乎确实改变了人格,成为了处于我们在第 10 章研究过的"次级"状态的存在。但是妄想的统治通常不会这么绝对。如果被暗示的事物太令人反感,被试会极力抗拒并因而紧张地激动起来,甚至会达到歇斯底里发作的程度。冲突的观念一直在背景中沉睡,只允许前景中的观念行其所好,直到有真实的突然事件发生,它们才会主张自己的权利。正如德博甫所说,被试温顺地让自己屈服于那种操作,用你给他的纸板做的短剑刺戳,因为他知道它是什么,用手枪开枪射击,因为他知道它没有子弹；但是你无法让他成为真正的谋杀者。确实,被试通常很清楚他们在扮演角色。他们知道自己所做的事情是荒谬的。他们知道自己看见、讲述并且据此行事的幻觉并非真的存在。他们会笑话自己；而且在被问到的时候,他们始终能辨认出自己所处状态的反常,并称之为"睡觉"。人们经常会在他们的脸上注意到一种嘲弄的微笑,就好像他们正在演一场喜剧,而且他们甚至会在"清醒过来"的时候说他们一直在假装。这些事实曾经误导了极端怀疑的人,使他们对任何催眠现象的真实性都产生了怀疑。但是,除了关于"睡觉"的意识以外,这些事实并不会发生在较深的状态之中；而且在确实发生了的时候,它们也只是"单一观念症"不完备这个事实的一个自然结果。背景思想仍然存在,并拥有对暗示做出评论的能力,但是却没有能力抑制其运动和联想方面的效果。一种类似的情况在清醒状态也经常出现,一种冲动让我们失去自制力,而我们的"意志"就像一个无能为力的旁观者在惊讶地观望。你每一次对他们进行催眠,这些"假装者"都继续以相同的方式假装,直到最后他们被迫承认,如果有假装,它也与清醒时自由随意的假装完全不同。

真实的感觉和暗示出来的假的感觉都可以被消除掉。仅凭催眠者做出不会感到疼痛的保证这种麻醉剂,腿和乳房就可以切除,孩子就可以生出来,牙齿就可以拔掉,总之,最疼痛的经历都可以经受。同样,病态的疼痛可以消除,神经痛、牙痛、风湿病可以治愈。饥饿感这样被消除了,一个病人可以在14天里没有任何营养的摄入。这些暗示出来的感觉缺失中的最有趣者,是那些局限于某些知觉对象的感觉缺失。可以使被试看不见某个人,而且只看不见这个人,或者使他听不见某些词而不是其他的词。① 在这种情况下,感觉缺失(或者人们曾经所称的负幻觉)是易于变得系统化的。与被弄得看不见的那个人相关的其他东西,也可能会被排除在意识之外。听不见他说的话,感受不到他的触碰,看不见他从口袋里拿出的东西,等等。他挡着的物体看上去就好像他是透明的。关于他的事实被忘记了,说出他的名字时也辨识不出来。当然,在这种暗示出来的感觉缺失的系统化扩展的完全性方面,存在极大的差异,但是人们可以说始终存在着某种朝向它的趋向。比如,当被试自己的一个肢体被弄得感觉缺失了时,他对这个肢体的动作的记忆和感觉通常也没有了。彼耐特讲述过对被试暗示某个 M.C. 看不见了案例中,在这个案例中这种现象表现得很有意思。她仍然能看见 M.C.,但却把他看成了陌生人,失去了对其名字和存在的记忆。——没有什么比让被试忘记自己的名字和生活状况更容易了。这是能够最快获得成功的暗示之一,甚至对于新手也是如此。对一个人生命中某些阶段的系统化失忆也可以暗示,比如让被试回到他 10 年前的状况,不再记得中间这些年的事情。

伴随这些系统化感觉缺失和失忆症的心理条件是非常奇特的。感觉缺失并非是真正感觉上的,因为如果你让催眠被试看不见白纸上的一个真实的红十字(比如),但让他凝视纸上在红十字上面或者附近的一个小圆点,在将眼睛转到一张空白的纸上时,他却会看见那个十字的蓝-绿色后像。这证明它对他的感受性起了

---

① 有一种普通的表演把戏,使被试在脱掉外衣之后无法再将胳膊伸进外衣袖子里去。利埃茹瓦用对外衣必要部分的感觉缺失来解释这件事情。

作用。他感受到了它，但是没有感知它。他仿佛主动地忽略了它，拒绝辨识它。在纸或者黑板上画一笔，告诉被试那里没有这一笔，他看见的就只有干净的纸或黑板。然后，在他没有看着的时候，在原来那一笔的周围画上与那一笔完全一样的其他笔画，然后问他看见了什么。无论新的笔画有多么地多，无论它们是以什么次序排列的，他每次都会一个一个地指出所有的新笔画，而遗漏掉原来的那一笔。同样，如果将一个16度的棱镜放在他一只眼睛的前面（两只眼睛都一直睁着），从而使他看不见的最初的那个笔画变成双重的，他就会说此时他看见了一个笔画，并指向通过棱镜所见的形象所在的方向。

显然，他完全不是看不见那种笔画。他只是看不见那种笔画里位于黑板或者纸上一个特殊位置的那单独的一笔，——也就是说，看不见一个特殊的复杂对象；而且，这样说也许显得自相矛盾，为了在附近有了其他笔画时仍然看不见它，他必须要极为准确地将它和与它一样的其他笔画区分开来。作为完全看不见它的开始，他"统觉"了它！如何理解心的这种状态并非易事。如果添加新的笔画能让第一个笔画成为可见的，理解这个过程就会简单得多。那样就会有被统觉为总体的两个不同对象，——带有一个笔画的纸，带有两个笔画的纸；而且，看不见前者，他也能看见后者上面的所有东西，因为他首先是将它统觉为一个不同的总体的。

当新的笔画不是对原初那一笔的单纯重复，而是与那一笔结合起来形成一个完整对象（如一张人脸）的线条时，这一类的过程有时（并非总是）就会发生。于是催眠恍惚状态中的被试就会将他先前看不见的线条看作那张脸的一部分，从而恢复对那个线条的视觉。

当有一只棱镜放在一只眼睛的前面,这只眼睛能够看见先前看不见的那条线了,而另一只眼睛是闭着的或者被遮盖住时,闭上这只眼不会产生任何影响;那条线仍然是可见的。但是如果之后移去棱镜,片刻之前还能看见那条线的那只眼就也看不见它了,两只眼睛就都回复到了它们原初看不见的状态。

在这些情况下,我们要应对的不是感觉上的感觉缺失,也不是单纯的不能注意,而是某种复杂得多的情况;即对将某些对象主动不记入在内和断然排除这些对象。这就像一个人与某人"断绝往来","忽视"一个主张,或者"拒受"他意识到其存在的一种考虑的"影响"。因此,一个热爱美国自然景色的人,会发现自己能够完全忽略和忽视木栅栏和篱笆,以及路边普遍的杂乱无章,而陶醉于景色中其他美丽如画的元素,而对于一个刚刚到来的欧洲人来说,栅栏的存在是如此地惹眼,以致会破坏他的愉快享受。

格尼、詹尼特和彼耐特曾经表明,被忽视的元素保存在被试意识的一个分立的部分中,这个部分能以某些方式被开发出来,并且大显身手(见第一卷第 209 页)。

感官的超敏感性是像感觉缺失一样普通的症状。皮肤上的两个点能够在小于正常距离的情况下得到分辨。触觉也很精细,(如德博甫告知我的)在一个被试的指尖上平放一张从一堆相同空白卡片中抽出来的卡片之后,她就能根据它的"重量"再次将它从那一堆里面挑选出来。在这里,我们接近了那条界线,即对于许多人来说需要有某种超出普通感官(无论多么敏锐)的东西来解释的那条界线。我曾看见被试在催眠者的口袋里从一堆 20 枚其他硬币中反复拿出一枚硬币,①用被试的话说因为这枚硬币更有"分量"。——听觉方面的超敏感性可以使被试在分隔开的房间里听到手表的嘀嗒声,或者听到催眠者讲话的声音。——伯格森(Bergson)报告了视觉方面超敏感性的一个最为奇特的例子,被试看上去是在从背面阅读催眠者举着看的书,而实际上却是在读反射在催眠者眼角膜上的那一页的影像。同一个被试还能用裸眼辨别显微镜制片中的细节。塔盖(Taguet)和索韦尔(Sauvaire)报告了一些被试能够通过非反射物体的反映或者通过不透明的纸板看见事物的"视觉超敏感性"的案例,这类案例好像并不属于现在所说的类型,而是属于"心理的研究"。——催眠中视觉超敏感性的通常检验,是让被试产生关于空白纸板上的一幅图画的幻觉,然后将这张纸与许多其他类似的纸混合起来的那种受人喜爱的把戏。被试总是能在原来的那张纸上再次找到那幅图画,而且,在这张纸被翻转或者颠倒过来时,也能永不出错地辨识出来,尽管旁观者必须借助一些技巧才能再次将它识别出来。被试留意到卡片上的特征,这些特征太小了,在清醒时的观察中无法察觉。② 如果有人说旁观者用他们的举止、呼吸等等引导了他,那也只是对其超敏感性的另一种证明;因为他无疑确实意识到了比在清醒状态中所能注意到的更微妙的个人迹象(特别是其催眠者心理状态的迹象)。我们可以在所谓的"磁感应协调"中找到这一类例子。这个名称所指的是这个事实,即在深度催眠或者较浅的催眠中,每当做出了暗

---

① 采取了针对温度差异和其他暗示条件的预防措施。
② 然而应该说,旁观者将无标记的卡片和纸张相互区别开来的能力,比人们自然猜想的要大得多。

示，被试就只能听见和看见催眠者，或者催眠者清楚地唤醒了他对他们的感觉的那些旁观者。在他服从催眠者那方面的最微弱的信息时，来自任何其他人的最为强烈的诉求对于他来说都好像是不存在的。如果处于僵住状态，他的四肢只有在被催眠者移动了时才会保持那个姿势；当其他人移动它们时，它们就会落下来，等等。更为值得注意的事实是，病人通常会对催眠者触碰的任何人做出反应，或者他甚至会以无论多么隐蔽的方式用手指指向这个人。只要人们进一步承认，他的感官对于催眠者的所有动作都极为敏锐，那么所有这一切就都可以通过预期和暗示得到合理的解释。① 如果催眠者离开房间，他通常会表现得极为焦虑和不安。E. 格尼先生的一个中意的实验，是把被试的双手放在一块不透明的隔板后面，并让催眠者指向一根手指。那根手指马上就变得没有感觉或者僵硬了。一位旁观者与此同时指向另一根手指，却始终不能让它也没有感觉或者僵硬起来。当然，在催眠状态期间，这些受过训练的被试已经建立起了对催眠者的选择性协调，但是这个现象也出现在其中一些被试的清醒状态中，甚至出现在他们的意识全神贯注于与第四方的活跃谈话之时。② 我承认，当看到这些实验时，我知道我们不得不承认，不同的人的发散物之间有我们叫不出名字的差异，以及存在着一种我们无法形成清晰的概念性

---

① 然而，必须再说一遍，我们在这里接近了也许是未知的交流力量和方式。被试没有理由预期他要被施行的远距离催眠，似乎在一些非常少有的案例中得到了很好的确认。关于这些问题的信息，一般而言可以参见《精神研究协会会刊》各处。

② 同样，在这里相关的知觉一定发生于普通意识的阈限之下，可能是发生于我们不得不经常承认其存在的分离的自我或者"第二"状态之中。

认识、却似乎通过催眠恍惚状态而在一些被试那里发展出来的对这些发散物的辨别感受性。——关于磁石和金属作用的不可思议的报告,即使像许多人声称的那样产生自催眠者的无意图的暗示,也肯定涉及超敏感的知觉,因为催眠者尽可能地隐瞒让磁石起作用的时刻,被试却不仅以一种难以理解的方式在那个时刻发现了它,而且可能还会发展出催眠者(肯定在最初)没有预期到的效果。单侧挛缩、动作、瘫痪、幻觉等等传到了身体的另一边,幻觉消失了,或者变成了互补色,暗示的情绪变成了相反的情绪,等等。许多意大利的观察与法国的观察是一致的,而结果就是,如果无意识暗示是这个情况的根本原因,那么病人就会表现出一种很强的能力,来猜出预期他们所做的是什么事情。这种超敏感的知觉就是我们现在关心的问题。① 它的形式还不能说已经得到了规定。

暗示可以造成组织营养的改变。这些效果通向了治疗学——我不打算在这里讨论这个题目。但是我可以说,在某些挑选出来的被试那里,对充血、烧灼、水疱、凸起的丘疹或者鼻子或皮肤出血的暗示,可以产生出这样的效果,我们似乎没有合理的根据来怀疑这一点。鲍曼、贝尔容(Berjon)、伯恩海姆、布吕、布科拉、夏尔科、德博甫、迪蒙帕利耶(Dumontpallier)、福卡雄(Focachon)、福雷尔

---

① 我自己在一个被蒙住眼睛的被试身上,证实了许多前面所说的效果,我在他这里第一次尝试那些效果,而且相信他从来也没有听说过那些效果。然而,在给蒙眼布添上一块不透明隔板的那一刻,效果就不再与磁石的接近相一致了,以致看上去就好像视知觉对于这些效果的产生曾经是有帮助的。我没能对被试进行观察,所以始终都解不开这个谜。当然我没有有意识地给予他任何关于我在期待什么的提示。

(Forel)、让德拉斯克(Jendrássik)、克拉夫特-埃宾(Krafft-Ebing)、利埃博、利埃茹瓦、利普(Lipp)、马比勒(Mabille)和其他人近来都证明了一些这样的效果。德博甫和利埃茹瓦曾经通过暗示停止了一个人的烧灼效果,还有另一个人的水疱效果。德博甫在萨尔皮特里尔医院看了由暗示产生的皮肤烧灼之后,推理说如果疼痛观念能够引起红肿,这一定是因为疼痛本身就是红肿刺激物,而从真实的烧灼中去除了它,那就意味着没有红肿,这个推理将他引向了他的实验。他将真正的烧灼剂(以及起疱剂)应用于皮肤上对称的位置,断言在其中的一边不会感受到疼痛。结果是在那一边出现了干的焦痂,而且(如他向我保证的)随后没有留下疤痕,而在另一边则出现了化了脓和随后结了疤的寻常水肿。这解释了在被试催眠恍惚状态中对其身体进行的一些打击是无害的。要测试假装,人们通常会将针刺进指甲的下面或者刺穿舌头、吸入强氨等等。如果被试没有感受到,这些刺激似乎就不会留下事后的结果。人们会想起报告所说的托钵僧在虔诚的仪式中让自己身体所受之伤是没有出现红肿的。另一方面,由描画线条或者将物体压在那里而暗示出的皮肤上沿特定的线的变红和出血,使我们对关于出现在某些参加天主教神秘仪式者手上、脚上、两侧以及前额的烙印的描述,有了新的看法。正如经常发生的那样,一个事实在一种受欢迎的解释出现之前一直是受到否认的。然后它就会相当容易地得到承认;而且,曾被断定对于支持一个主张(只要教会愿意做出这个主张)来说非常不充分的证据,在一位有好名誉的圣者由此被归类进"癔病癫痫症"的那一刻,就证明对于现代科学启蒙来说是相当充分的。

第二十七章 催眠术

余下的还有两个话题，即暗示的后催眠作用，以及暗示在清醒状态中的作用。

后催眠的或者延迟的暗示，是在催眠中给予病人，而在清醒后产生效果的暗示。这些暗示在一定数量的病人中取得了成功，甚至在利埃茹瓦报告的一个案例中，暗示的执行被选定在一个久远的时间——几个月甚至一年。人们能够以这种方式让病人在从催眠中醒来时感到疼痛，或者瘫痪，或者饥饿或口渴，或者产生正或负的幻觉，或者做出其种奇异的动作。可以命令相关效果不是马上出现，而是在间隔一段时间之后出现，而且那个时间间隔可以由被试去计量，也可以用某种信号来标记。在信号发出或者时间到了的那一刻，直此一直处于完全正常的清醒状态中的被试，就会经历那种暗示的效果。在许多实例中，在这样服从于暗示的时候，他似乎会再次进入催眠状态。下述事实证明了这一点，即幻觉或者暗示的表演一结束，他就忘记了它，否认关于它的所有知识，等等；也由这个进一步的事实所证实，即在这个表演中他是"可暗示的"，也就是说，他可以在命令之下产生新的幻觉等等。片刻之后，这种可暗示性就消失了。然而，我们不能说再次进入催眠恍惚状态是后催眠状态下执行命令的绝对必要条件，因为被试可能既不可暗示，也没有失忆，却可能是在尽其意志的全力与这个冲动的荒谬性做着斗争，他感受到这个冲动出现了，但是不知它为什么会出现。在这些案例中，就像在大多数案例中一样，他忘记了在先前的催眠中这个冲动已经暗示给了他；他将它看作是在自己的内部出现的；而且，在服从它的时候，他经常会临时凑出用以向旁观者辩护它的某种或多或少可信或巧妙的动机。总之,他是带着对个人自发性和自由的通常认识而行动的;不相信意志自由的人,在表明自由意志是一种错觉的尝试中自然会充分利用这些案例。

这些延迟暗示唯一的真正神秘的特征,就是病人在暗示执行之前的间隔时间里完全不知道这些暗示已被放置在了他的心中。它们通常会在预先指定的时间涌现出来,虽然不久之前你还徒劳地试图让他回忆这些暗示产生的情境。最重要的那类后催眠暗示当然是与病人的健康相关的暗示——排便、睡眠,以及其他身体功能。最有趣的(幻觉除外)是与未来的催眠恍惚状态相关的暗示。可以决定病人在几点几分,或者依什么信号,主动再次进入催眠恍惚状态。可以让他在将来对过去在他这里没有取得成功的另一个催眠者具有易感性。或者,在一些案例中更为重要的是,能够通过暗示某些人此后将再也不能使他进入睡眠状态,从而让他在所有未来时间里都远离可能带有危险的催眠作用。这确实是针对无知的人模糊谈论的"催眠的危险"的简单而自然的保护。知道自己极为易感的被试,应该决不会让他不能完全信任其道德谨慎的催眠者来为自己催眠;他能够利用自己信任的催眠者的暗示来保护自己,以防止其他知道他的弱点的人可能会想要从他这里拿走的自由。

使得命令能够保持到它的执行时刻到来的机制,是一个引起过大量讨论的谜题。格尼的实验以及皮埃尔·詹尼特和其他人对一些歇斯底里症梦游者所做的观察,似乎证明它是存储在意识中的;不只是器官方面的,而且保持着它的那个意识是分离的,是与被试的心的其余部分相脱离的。总之,在这里,实验产生出了我们经常谈论的那些"第二"人格状态中的一个。只是在这里这个第二状态是与第一状态共存并交替着的。格尼用占写板来开发第二意识的绝妙想法。他发现，一些既是催眠被试又是自动书写者的人，如果将他们的手放在一块占写板上（在他们从一次催眠中醒来之后，在这次催眠中他们接收了要在后面的一个时间做某件事情的暗示），就会无意识地写出与这个命令或者与它相关的某件事情。这表明，他们内部有某个能够只用手来表达自己的东西，在持续地想着那个命令，而且可能只想着那个命令。这些研究为对所谓的"第二"人格状态进行可能的实验研究展现了新的远景。

据一些观察者说，一些被试在清醒状态几乎和在睡眠中一样服从暗示，甚至服从性更强。不仅肌肉现象，还有人格改变和幻觉，都被记录为是催眠者给予简单肯定的结果，而没有先前的"施迷"或者进入"催眠睡眠"状态的仪式。然而就我所知，这些都是受过训练的被试，而且在催眠者做出肯定时，病人必须明显地集中注意，并凝视（无论多么短暂）催眠者的眼睛。因此，极快速引发的催眠恍惚状态有可能是这些实验取得成功的前提条件。

现在我已经谈过了催眠恍惚状态的所有比较重要的现象。关于它们与治疗或者法庭方面的关系，这里不是恰当的谈论场合。关于这一主题的近期著述数量非常庞大，但有很多是重复的。谈论这个问题的最为言简意赅的著作是 A. 莫尔博士写的《催眠术》(*Der Hypnotismus*)（柏林，1889；刚刚被翻译为英文，纽约，1890）。这是一部极为完备和审慎的著作。其他最值得推荐的作品都在注释中做了增补。①它们大多都包含历史性的概述和大量的参考书目。德索瓦(Dessoir)发表了完备的参考书目(柏林,1888)。

---

① 彼耐特和费雷,"动物催眠"(Animal Magnetism),载于《国际科学论丛》;A. 伯恩海姆,"暗示疗法"(Suggestive Therapeutics)(纽约,1889);J. 利埃茹瓦,"论暗示"(De la Suggestion)(1889);E. 格尼,《心》,第9卷中的两篇文章。——在近期对于这一主题历史的兴趣的复苏中,知道费城的约翰·基尔斯利·米切尔(John Kearsley Mitchell)博士那部极好的批判性科学著作的人相对不多,是一件憾事。它完全值得与布雷德的研究相媲美。见上述作者的"五篇论文"(Five Essays)(S. 韦尔·米切尔编辑,费城,1859)第141—274页。

第二十八章　必然真理和经验的作用

在最后这一章，我将讨论有时被人们称为心理发生的问题，并设法弄清外部环境中的事物之间的联系，能够在多大程度上解释我们以某些方式而不是以其他方式对事物进行思考并做出反应的倾向，即使我们个人对所说的事物完全没有过经验，或者几乎没有过经验。一些命题是必然的，这是为人熟知的真理。如果我们将这些术语放在一起思考，我们就必须将"相等"这个谓词指派给"平行四边形的对边"这个主词，而我们却无需以任何这样的方式将比如说"下雨"这个谓词指派给"明天"这个主词。不可靠的术语匹配被普遍认为是产生自"经验"；确定的匹配则被归因于心的"有机结构"。这个结构又被所谓的前验论者设想为有着先验的来源，或者无论如何都是不能由经验来解释的；而进化经验论者认为它也因经验而产生，只不过不是个体的经验，而是我们尽可以想到的那么遥远的祖先的经验。我们的情绪和本能的倾向，我们将某些动作与关于某些事物的知觉或者思想联系在一起的无法抗拒的冲动，也是我们的先天心理结构的特征，而且像必然判断一样，也被前验论者和经验论者以同样的冲突方式做了解释。

在这一章我将努力说清楚三件事情：

（1）在人们普遍理解的经验这个词的意义上，人类的经验和个体的经验一样不能解释我们的必然判断或前验判断；

（2）没有可靠的证据让人相信，我们的本能反应是祖先在相同环境中所受训练的产物，是在我们出生之时传给我们的。

（3）我们的有机心理结构的特征，完全不能由我们与外部环境的有意识的交流来解释，而是必须被理解为先天性的变异，最初是"偶然的"①，但是后来就作为人类的固定特征而传递了下去。

总之，我要辩护的是前验论者对那些事实所做的解释；虽然我应该力辩（如后面将会呈现出来的那样）一种关于其原因的自然主义看法。

我要说的第一件事就是，所有学派（无论它们在其他方面是如何地不同）都必须承认，冷、热、快乐、痛苦、红、蓝、吵闹、安静等等基本性质，都是我们主观本性的原初的、先天的或者前验的属性，尽管需要有经验的触碰来唤醒它们进入到真实的意识之中，而且如果没有经验的触碰，它们就会永远地沉睡下去。

关于感受与在其触碰下感受才有了活力的实在之间的关系，我们可以提出两个假说，这两个假说都是如此。因为第一，如果一个感受没有反映将它唤起并且我们认为它与之相符合的实在，如果它没有反映任何心外的实在，它当然就是一个纯粹的心理产物。根据其定义，它就不可能是任何其他的东西。但是第二，即使它确实精确地反映了实在，它本身仍然不是那个实在，它是后者的一个复制品，是心理反应的结果。心拥有恰恰以那种复制的方式做出反应的能力，这只能被理解为是它的本性与在它之外的真相的本性的一种和谐，一种可以由此断定双方的性质一致的和谐。

---

① 达尔文意义上的"偶然"，属于现在的研究程度还无法达及的因果循环。

第二十八章 必然真理和经验的作用

因此,这些要素的原初性并不是一个有争议的问题。哲学家们的争论只是关系到它们**相结合的形式**。经验主义者主张,这些形式只能作为这样一种结合的结果而产生,即结合起来的要素最初是为外部世界的印象所唤起的;相反,前验论者坚持认为,无论如何,一些结合的方式来自于这些要素自身的性质,经验怎样也无法改变这个结果。

何谓经验?

"有机心理结构"这个短语命名了这个有争议的问题。心有没有这样的结构?它的内容是从一开始就排列好的,还是这些内容的可能有的排列只是经验在一个完全可塑的基座上将它们搅来搅去的结果?现在要说清的第一件事情就是,当我们谈论"经验"时,我们给这个词附加了一种确定的意义。经验的意思是指关于会给我们施加印象的某种外来事物的经验,无论是自发地还是由于我们自己的努力和行为而施加的印象。正如我们都知道的,印象会影响某些次序和共存的状态,而心的习惯会仿照印象的习惯,以致我们对事物的意象会具有与外部的时间空间排列相似的时间和空间排列。观念的恒常结合与固定不变的外部共存与次序相符合,观念的偶然结合与偶然的外部共存与次序相符合。我们确信火会烧伤我们,水会把我们弄湿,不太确信闪电之后会有雷鸣,完全不能确信一只陌生的狗是会朝我们吠叫还是会让我们从旁边走过。经验时时以这些方式塑造我们,使我们的心成为了世界上的事物之间时间和空间联系的一面镜子。我们内部的习惯原则最终固定了这个摹本,以致我们发现甚至很难想象外部秩序如何可能与它之所是有所不同,而且我们不断地由现在去猜测未来会是什么样子。从一个思想转到另一个思想的这些习惯,是我们在出生时并不具有的心理结构的特征;我们能够在经验的塑造之手处看到这些特征的生长,能够看到经验是多么经常地破坏她自己的作品,并用新的秩序来替换更早时候的那一个。在事物的时间和空间上的结合这个问题上,"经验的秩序"因而毫无疑问是我们思想形式的真正原因(vera causa)。它是我们的老师,我们至尊的帮手和朋友;它的名字代表着某个有真实和确定用途的东西,应该一直受到尊敬,并且不应该受到较为模糊的意义的牵累。

如果心中观念之间的所有联系,都能被解释为如此之多从外部以这种方式固定下来的感觉材料的结合,那么,在这个词的普通和惯用的意义上,经验就是心的唯一的塑造者。

心理学中的经验学派基本上认为我们可以这样来解释这些联系。在我们这一代人以前,人们所指的只是个体的经验。但是如果现今有人说,应将人心现有的样子归功于经验,那么他所指的也包括祖先的经验。斯宾塞先生关于这个问题所做的陈述是最早引人注目的,值得在这里全部引用:①

> 关于内部联结通过对外部持存者的经验的积累而适应那些外部持存者的假设,是与我们关于心理现象的全部实际知

---

① 这部分是在《心理学原理》的第 207 节,在题为"理性"一章的末尾。我将一些词用了斜体,是为了表明这一解释的实质是要求有数量上频繁发生的经验。这一评论的意义将会出现在后面。(参见下文第 641—642 页)

第二十八章 必然真理和经验的作用

识相一致的。虽然就反射动作和本能而言,这个经验假说似乎并不充分;但是其表面上的不充分性只有在我们无法获得证据的地方才会出现。而且,甚至在这里,我们所能得到的为数不多的事实也指向这样的结论,即自动的心理联系产生自对无数代人持续下来的经验的记录。

简言之,情况是这样的:人们同意,除了绝对牢固的以外,全部心理关系都是由经验决定的。人们承认,在其他条件相同的情况下,这些心理关系的各种强度是与经验的增加成比例的。这是一个无法避免的必然推论,即无限多的经验会产生牢固的心理关系。尽管这种无限多的经验无法为单独的个体所经受,但它却可以为构成了一个民族的相继的个体所经受。而且,如果诱发的倾向可以在神经系统中传递,那么就可以推断,所有的心理关系,从必然的到偶发的,都产生自对相关外部关系的经验;并由此而与它们和谐一致。

所以,这个经验假说是一个充分的解释。本能的发生,记忆和理性之由此产生,以及理性行动和推理固化成本能,全都可以由这条单一的原则来解释,即心理状态之间的联结是与相应外部现象之间的关系在经验中重复的频率成比例的。

一旦为下述法则所补充,即习惯性的心理相继势必带来某种对这类相继的遗传倾向,在持续不变的条件下,这样的倾向会一代代地累积起来,那么,在其他条件相同的情况下,心理状态的联结是与它们在经验中相继出现的频率成比例的这条普遍法则,就能对所谓的"思想形式"做出解释了。我们看到,被称为本能的那些复合反射动作的建立,就可以在内部关系通过不断的重复就与外部关系相符合了这个原则之下得到理解。我们现在看到,构成我们空间和时间观念的那些固化的、牢固的和本能的心理关系的建立,可以根据同样的原则得到理解。因为如果甚至对于单个有机体在生命中经常经验到的外部关系来说,接近于自动的相应内部关系也建立了起来——如果像引导野蛮人用箭射中一只鸟那样的心理改变的结合,通过不断地重复,组织得几乎无需想到所经历的调整过程就可以完成——如果这一类的技能可以传递得很远,以致特殊的才能(这些才能只是部分组织起来的心理联系)成为了特殊人种的特征;那么,如果存在为所有生物体在其清醒生命的所有时刻都经验到的某些外部关系——绝对不变、绝对普遍的关系——就会有绝对不变和绝对普遍的相应的内部关系建立起来。在空间和时间的关系中我们就有这样的关系。适应于这些客观关系的主观关系的建立是累积的,不是只在人的每一个种,而是贯穿了所有相继的种;因此,这样的主观关系比所有其他关系都变得更为固化了。由于每个人在其每一个知觉和每一个动作中都能经验到,所以外部存在之间的这些联系,一定也因为这个原因,而有牢固的内部感受之间的联系与之相回应。作为非我中所有其他关系的基础,它们必须在作为自我中所有其他关系之基础的概念那里得到回应。作为恒常的和无限重复的思想要素,它们一定会成为思想的自动要素——不可摆脱的思想要素——"直观形式"。

在我看来,这就是经验假说和先验论者的假说之间唯一可能的和解;这二者中的哪一个自身都是站不住脚的。康德

第二十八章 必然真理和经验的作用

的学说遇到了难以克服的困难(如我们在后面将会看到的那样);而对手的学说单独地看也面对着同样难以克服的困难。认为在经验之先心是一块白板,就是忽略了这个问题——组织经验的能力来自哪里? 不同生物的种以及同一种中不同个体的这种能力的不同程度又是从何而来的? 如果在出生时只有对印象的被动感受性,为什么马不能像人一样是可教育的?如果说是语言起了作用,那为什么同一个家里养的猫和狗不会有同等程度和种类的智力? 以其现在的形式来理解,这个经验假说意味着,有确定组织的神经系统的出现是一个无关紧要的事情——一个无需考虑的事实! 然而,它是一个十分重要的事实——在某种意义上,是莱布尼茨和其他人的批评者所指向的事实——没有这个事实,经验的同化就是不可解释的。一般地说,在整个动物界,动作都依赖于神经结构。生理学家向我们表明,每一个反射动作都意味着某些神经和神经节的作用;复杂本能的发展伴随着神经中枢及其交连接合的复杂性;同一个动物在不同的阶段,如幼虫和成虫阶段,本能会随着神经结构的变化而变化;而当我们前进到拥有高级智力的动物时,神经系统的规模和复杂性就会有极大的增加。明显的推论是什么? 那就是协调印象和做出合适动作的能力,始终意味着先已存在着某些以特定方式排列的神经。人类大脑的意义是什么? 那就是大脑各部分之间的许许多多已经建立起来的关系,代表着心理改变之间的许许多多已经建立起来的关系。大脑纤维之间的每一个恒常联结,都相应于那个种的经验中的现象的恒常联结。正如持续存在于鼻孔感觉神经和呼吸肌运动神经之间的有组织排列,不仅使打喷嚏成为可能,而且在新生婴儿那里,还意味着此后会打出喷嚏来;因此,所有持续存在于婴儿大脑神经之间的有组织排列,也不仅使得某些印象的结合成为可能,而且还意味着这样的结合会在其后产生——意味着在外部世界存在着相应的结合——意味着对认识这些结合已有准备——意味着理解它们的能力。确实,由此而来的复合心理改变的发生,不会像所例举的简单反射动作那般准备就绪并具有自动的精确性——确实,似乎需要有一些个体经验来将它们建立起来。但是,虽然这部分地是由于这个事实,即这些结合是高度复杂的,其发生的方式极为多样,所以是由不那么完全一致的心理关系构成的,并因而需要经过更多的重复来完善它们;在更大的程度上,这是由于在出生之时大脑组织是不完备的,而且在其后的20或者30年的时间里不会停止其自发的发展这个事实。那些声称知识完全产生自个体的经验,忽视与神经系统的自体发展相伴随的心理进化的人,所犯错误之大,就好像他们将全部身体的成长和结构都归因于锻炼,而忘记了发展出成年人体形的先天趋向。如果婴儿一出生就拥有尺寸标准而且结构完备的大脑,这些人的立场就不会那么站不住脚。但是事实上,在整个童年和青少年时期展现出来的逐渐增加的智力,更应归因于大脑组织的完善,而非个体的经验——这一真理得到了下述事实的证明,即在成年人的生活中有时会表现出在受教育阶段从未得到发挥的某种能力的极高天赋。毫无疑问,个体获得的经验为全部的思想提供了具体材料。毫无疑

第二十八章 必然真理和经验的作用

问,存在于脑神经之间的有组织或半有组织的排列,在它们与之相符合的外部关系呈现出来之前,是不能产生知识的。毫无疑问,儿童的日常观察和推理促进了正在自发进化的复杂神经联系的形成;正如儿童日常的蹦跳促进了其四肢的发展一样。但是这样说与说其智力完全是由其经验产生的,完全是两回事。那是一个完全不可接受的学说——一个使得大脑的出现变得毫无意义的学说——一个使得白痴现象变得不可理解的学说。

所以,在神经系统中存在某些先已建立的与环境中的关系相应的关系这个意义上,"直观形式"的学说具有真实性——不是它的辩护者认为的真实性,而是一种并行的真实性。与绝对的外部关系相应,在神经系统的结构中建立起了绝对的内部关系——在出生之前就以确定神经联系的形式潜存着的关系;先行于并且独立于个体经验的关系;与最初的认知一起自动显露出来的关系。而且,如我们在这里所理解的,如此前定的不仅有这些基本关系,还有许多多少具有恒常性的其他关系,这些关系先天地由具有或多或少完备性的神经联系体现出来。但是,这些前定的内部关系,虽然独立于个体经验,却并非一般地独立于经验:它们是为先前的动物的经验所决定的。从这个一般论证所得出的必然结果是,人脑是一个有组织的记录器,记录着在生命进化的过程中,或者更确切地说,在通向人类的那个系列的动物进化的过程中获得的无限多的经验。最为一贯和频繁的经验的结果成功地传给了后代,是本金和利息;慢慢地发展成潜在于婴儿大脑中的高级智能——婴儿在其后的生活中练习它,也许还强化它,或者进一步使它复杂化——而且,带着微小的补充,它又被传给了更远的后代。所以欧洲人比巴布亚人经遗传而多得到了20至30立方英寸的大脑。所以在人类的某些低等民族那里几乎不存在的比如音乐能力,在高等民族那里却是先天的。所以从数不清手指的数目,并且说的语言也只包含名词和动词的未开化人之中,最终出现了牛顿和莎士比亚这样的人。

这是一段杰出而有诱惑力的陈述,而且无疑包含大量的真理。不幸的是,它没有进入到细节之中;而当细节得到详细考察时,如我们很快就要做的那样,我们就会发现很多细节似乎无法以这种简单的方式得到解释,于是我们就要选择是否认我们某些判断的经验起源,还是扩大经验这个词的意义,以将这些情况包括进它的结果之中。

大脑结构起源的两种方式

如果我们采取前面的路线,就会遭受一个有争议的困难。"经验哲学"从无法追忆的时代起就是神学思维方式的反对者。在经验这个词的周围有一个反超自然主义的光环;所以如果任何人对声称属于它的任何功能表达了不满,他就很容易被看作只能由对教义问答书的忠诚所推动,或者以某种方式只关心蒙昧主义的利益。我完全确信,仅仅以此为根据,我很快要说的话,将会使这成为对于我的许多读者来说是莫名其妙的一章。"他否认经验!"他们惊呼,"否认科学;相信心是由奇迹创造的;是天赋观念的彻底的老派支持者!够了!我们不再要听这种老朽的蠢话。"失去能够

第二十八章 必然真理和经验的作用

成为大规模追随者的读者很遗憾,但我感到给出经验这个词的确切意思甚至比他们的相伴更重要。"经验"不是指与每一个超自然原因相对的每一个自然原因。它指的是一种特殊的自然力量,其他更为隐秘的自然力量完全可以很好地与它共存。我们应该赞成反超自然主义的科学态度,但是我们应该摆脱其词语偶像和拖累。

自然可以用许多方法产生出相同的结果。她可以通过在适当的时刻将构成某个人类卵子的分子向特定的方向倾斜,而制造出一个"天生的"绘图员或者歌手;或者,她可以产生出一个没有才华的孩子,让他在学校度过勤奋而成功的岁月。她可以用钟声或者一剂奎宁让我们的耳朵鸣响;通过在我们的眼前铺展一片金凤花,或者将少许山道年粉混进我们的食物来让我们看见黄色;通过真正让某些周围的事物变得危险,或者通过用引起我们大脑病理改变的一击,让我们对周围的事物充满恐惧。显然,我们需要两个词来命名这两种运作方式。在一种情况下,自然致动者产生出了使致动者自身得到认识的知觉;而在另一种情况下,它们产生出了使某些其他事物得到认识的知觉。在第一种情况下,"经验"教给心的是经验自身的秩序——"内部关系"(用斯宾塞的短语来说)通过记住和认识了产生它的"外部关系"而与后者相"符合"。而在另一种自然致动者的情况下,教给心的东西与自然致动者本身没有任何关系,而是与某种完全不同的外部关系相关。一个图示可以表示出这些选项。B 代表世界中的人类大脑。所有带着由它出发的箭头的小 o 是自然对象(如日落等等),它们通过感觉作用于大脑,并且在这个词的严格意义上给予了大脑经验,通过习惯和联想教给它什么是它们通常的秩序。所有大脑中和大脑外的小x,是同样使大脑发生了改变,却没有使大脑产生关于它们自己的认识的其他自然对象和过程(在卵子中,在血液中等等)。耳鸣不会透露出奎宁的属性;音乐天赋不会让人了解胚胎学;(也许是对荒僻处的)病态恐惧也不会让人知道大脑病理学;但是朦胧的日落和次日的降雨在心里结合在一起,却复制和讲述着外部世界中落日和降雨的次序。

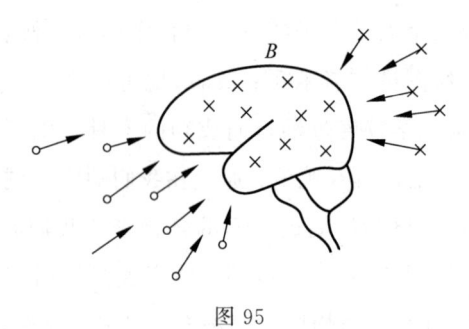

图 95

在动物的进化中,有两种方式可以使一个动物的种更加适合它的环境。

第一,所谓的"适应"方式,环境自身可以通过让栖居其中的动物练习、固化和习惯某些次序,来改变这些动物,而且人们通常认为,这些习惯是可以遗传的。

第二,达尔文先生所说的"偶然变异"的方式,一些幼仔生来就带有能帮助它们及其后代生存的特性。没有人怀疑,这种类型的变异往往是可以遗传的。

斯宾塞先生称第一种方式为直接平衡,第二种方式为间接平

第二十八章 必然真理和经验的作用

衡。两种平衡当然都肯定是自然和物理的过程,但是它们属于完全不同的物理领域。直接的影响是明显的和能够接近的事物。而另一方面,幼仔中发生的变异的原因则是分子的和隐藏的。直接的影响是最宽泛意义上的动物"经验"。如果它们影响的是有心理活动的动物,它们就是意识经验,并且是其结果的对象和原因。也就是说,结果是在于这种经验自身得到记忆的趋向,或者使这种经验的要素在其后能正如它们在经验中结合的样子在想象中结合起来的趋向。在前面的图示中,这些经验全部是为 o 所代表的。另一方面,x 则代表心理改变的间接原因——我们不能马上意识到、而且不是它们所引起结果的直接对象的原因。其中的一些是出生前发生的分子事件;还有一些是在不稳定和错综复杂的脑组织中形成的较为直接结果的附属和遥远的结合,也可以说是非有意的结合。一些个体现今拥有的对音乐的易感性无疑就是这样一种结果。它没有动物学上的效用;它与自然环境中的任何对象都不相符合;它纯粹是拥有听觉器官的一个偶然事件,一个依赖于不稳定和无关紧要的条件的偶然事件,两个兄弟中可能只有一个人拥有它,而另一个人没有。对晕船的易感性也是如此,这非但不是由对其"对象"(如果起伏的甲板可以算是它的对象)的长时间体验引起的,而是不久就会为它所终止了。我们更高级的审美、道德和精神的生活似乎都是由这种附属和偶发的感情所构成的,后者好像是由后楼梯进入了心中,或者更确切地说它们根本就没有进入心中,而是偷偷摸摸地出生在了家里。不对心受到冲击的这两种方式做出区分,就没有人能够成功地处理心理发生或者心理进化因素的问题。严格意义上的"经验"方式是前门,是五个感官之门。

以这种方式作用于大脑的致动者立即就成为了心的对象。其他的致动者则不是这样。谈起两个也许有着同样好的绘画技能的人,一个是无师自通的天生的天才,另一个只是工作室里顽强的努力用功者,如果说他们的技能同样都应该归功于"经验",这简直就是愚蠢的。他们各自技能的原因,是在于完全不同的自然因果循环。①

所以,如果读者允许,我要将"经验"这个词限制于通过简单习惯和联想的前门方式对心起作用的过程。随着讨论的进行,什么是后门效果也会逐渐地清晰起来;因此,我将径直转向对我们发现

---

① 《生物学原理》,第3部分,第11、12章。——戈尔茨和洛布发现,在切掉脑的枕叶时,狗的性格会变得温顺,而在切掉脑的额叶时,其性格会变得凶猛。"一只起初极为易怒的狗,从来都不让人触碰,甚至在两天的禁食之后,也拒绝吃我手里的面包——对双侧枕叶做了手术之后,就变得对人完全信任和无害了。他的这些部位经受过五次手术……每一次手术都使他的脾气变得更好;以至于最后(正如戈尔茨在他的狗那里观察到的)他会让其他的狗拿走他正在啃着的骨头。"(洛布:《弗吕格文库》,XXXIX.300)友善对待和训练的过程可以有类似的效果。但是,用同一个名字来称呼这两种如此不同的原因,并且两次都说,是这个动物的"外部关系经验"教给了他好脾气,这是多么地荒唐。然而实际上,所有忽视产生心理变化的"前门"和"后门"方式之区分的作者们正是这样做的。

这些后门感情中最显著者之一,就是对醉酒诱惑的易感性。这(在醉酒这个词的最宽泛的意义上,如绝对戒酒主义者对这个词的使用)是人性最深的功能之一。如果没有酒精,人生的诗歌和悲剧的一半都会消失了。实际上,对酒精的渴望是如此之大,在美国,酒精的销售额相当于肉类和粮食加在一起的销售额。然而,哪种祖先的"外部关系"是造成我们这种特殊反应的原因呢?唯一的"外部关系"就是酒精本身,它相对来说只是近来才进入到这个环境之中的,而且,非但不是我们的心理结构生出对它的喜爱,而是通过只让对它的喜爱不那么强的人的家族生存下来,而趋向于从我们的心理结构中将对它的喜爱根除掉。对醉酒的喜爱是大脑的一种完全偶然的易感性,是为着完全不同的用处而进化出来的,而且我们要到分子的领域而不是任何可能的"外部关系"的秩序中去寻找它的原因。

的真实心理结构的详细考察。

基本心理范畴的发生

我们发现:1. 感觉的基本类别,以及对个人活动的感受;

2. 情绪;欲望;本能;价值观念;审美观念;

3. 时间、空间和数的观念;

4. 差异与相似及其程度的观念。

5. 事件之间的因果依赖的观念;目的和手段的观念;主体与属性的观念。

6. 肯定、否定、怀疑、假定任何上述观念的判断。

7. 前面的判断逻辑上包含和排除的判断,或者互不相干的判断。

现在我们可以在一开始就假定,所有这些思想形式都有一个自然的起源,如果我们能够找到它。我们必须在每一项科学研究的一开始就做出这个假定,否则就没有前进的诱惑力了。但是我们很可能会偶然想到的关于其起源的第一个解释是一个陷阱。所有这些心理作用都是认识对象的方式。现今的大多数心理学家都相信,对象首先以某种自然的方式从它们中间造就出一个大脑,然后将这些各种各样的认知情感印在上面。但这是如何做到的?普通进化论者对这个问题的回答过于简单了。多数人的想法似乎是,由于我们此时只是要亲知一个复杂对象,它只需经常呈现给我们,所以,做出这样的普遍设想就一定是合理的,即如果有足够的时间,所要认识的各种对象和关系的单纯呈现,就一定会终结于对这些对象和关系的认知,以及所有的心理结构自始至终都是以这种方式进化出来的。任何普通的斯宾塞派的人都会告诉你,正如关于蓝色对象的经验将蓝颜色置入了我们心中,硬的对象让它感受到硬,大和小的对象在世界中的呈现也让它有了大小观念,运动的对象让它觉知到运动,对象的相继教给了它时间。同样,在一个有着不同的施加印象的事物的世界中,心就一定会获得一种差异感,而在世界中的相似部分落到它的上面时,则会在它的里面激发起相似性知觉。时有时无的外部次序,自然会在它的里面引起疑惑和不确定的预期,并最终会产生出析取式的判断;而"如果 a,则 b"这种假言形式,则肯定是因外部世界中不变的次序而产生的。这样看来,如果外部秩序突然改变了它的要素和方式,我们就没有认识这种新秩序的能力了。我们最多会产生挫败感和混乱感。但是渐渐地,新出现的秩序会像旧秩序一样对我们产生作用;在时间的进程中,适合于认识已经改变了的世界的另一套心理范畴就会出现。

只要我们给它时间,外部世界就必然会建立起它自己的心理复本这个观点,模糊地看是那么地轻易和自然,以致人们很难知道该如何开始去批评它。然而,有一件事情是明显的,即我们此时亲知复杂对象的方式,完全不必与我们的原初意识要素出现的方式相类似。确实,此时只需一种新的动物呈现给我,将其意象永久地印在我的心上;但这是因为我已经拥有了用来认识它的所有不同属性的范畴,并且拥有了用来回忆这些属性相关联的秩序的记忆。我此时已经预先形成了用于所有可能对象的范畴。对象只需将这些范畴从沉睡中唤醒。但是对这些范畴本身做出解释则是一件完全不同的事情。我认为,我们必须承认,各种基本感受的起源是一段隐秘的历史,甚至在已经有了某种让外部世界得以开始作用其上的神经组织之后也是如此。甚至此时被认识事物的单纯存在通常也不足以引起关于它们的知识。我们的抽象和一般的发现通常是作为幸运的想象而发生的;而只是事后(après coup)我们才发现它们是与其种实在相符合的。即刻产生出它们的是先前的思想,实在与这些思想以及这些思想的大脑过程毫无关系。

为什么那些原初的意识要素,感觉、时间、空间、相似、差异和其他关系,不是这样?为什么它们不是通过后门方法,不是通过形态上的偶发事件和效果的内部积聚而非对象的"感觉呈现"这样的物理过程而产生的?总之,为什么它们不是纯粹的特异反应和自发变异,由于好运(其中的幸存者)而认识了对象(即在我们主动与它们打交道的过程中给我们以引导),而非在任何可以理解的意义上直接由对象派生出来?我认为,随着讨论的进展,我们会发现这个观点越来越具有可信性。①

---

① 在一篇题为"特异反应性"(《心》,VIII. 493)的杰出文章中,格兰特·艾伦先生试图表明,我们不可能想象大脑中偶发的形态改变,产生自任何可以使动物适应其环境的心理变化。艾伦先生说,如果自发变异曾经作用于大脑,它的产物应该是白痴或者胡言乱语的疯子,而非自然的管理者和解释者。只有环境能够让我们在适应它自身的方向上发生改变。但是我认为,我们应该对思想所依赖的大脑中的分子变化更多一点了解,之后才能自信地谈论其可能变异的结果会是什么。应该说,艾伦先生做出了值得称赞的努力去清楚地考虑它们。对于我来说,他的想法还是有一种太过纯粹的解剖学味道。同时,这篇论文和同一作者发表在《大西洋月刊》(Atlantic Monthly)上的另一论文,可能和任何以激进的方式将斯宾塞的理论应用于人类历史事实的做法,是一样严肃的尝试。

所有这些要素都是外部对象的主观复本。它们不是外部对象。任何受过教育的人甚至都不会认为它们的第二性质是与对象相似的。它们的性质取决于做出反应的大脑,而不是激发它的刺激。对于快乐和痛苦、努力、欲望和厌恶这样的性质,以及像对原因和实体、否定和怀疑的感受来说,这就更加显而易见是真实的了。所以这里有一份内在形式的本土资源,其起源神秘莫测,而且,在"施加印象"这个动词的任何可以理解的意义上,它们无论如何都不仅仅是由外部"施加印象"的。

然而,它们的时间和空间关系是由外部施加印象的——进化心理学家必须相信,至少有两个外部事物是与我们关于它们的思想相似的,这就是对象处于其中的时间和空间。事物之间的时间和空间关系确实在内部印出它们自己的复本。空间中并列的事物施加印象于我们,并且持续以它们存在于那里的关系为我们所思想。时间中相继的事物也同样。所以,在经验这个词的合法的意义上,通过经验确实可以解释我们大量的心理习惯,我们的许多抽象信念,以及我们所有关于具体事物及其行为方式的观念。诸如火能烧伤和水能弄湿、玻璃能折射、热能让雪融化、鱼在水里生存而在陆地上死亡等等这样的真理,构成了最精致教育的不小的一部分,并且是兽类和教养程度最低的人的教育的全部。在这里,心是被动和从属的,是一个没有自主性的复本,命中注定和不加抵抗地由外部所塑造。看到时间空间中这些近邻关系的广泛结果,是联想主义学派的功绩;而他们对单纯邻近关系原则的过度应用,不应该遮蔽这一原则在他们的手中为心理学提供的极大帮助。所

第二十八章 必然真理和经验的作用

以,就我们的大部分思想而言,我们可以明了地将它阐述为由外部施加于我们的一堆习惯。在我们的这一部分思想中,我们内部关系的结合程度,用斯宾塞先生的话说,是与外部关系的结合程度成比例的;我们思想的原因和对象是一个;而且,到目前为止,我们是唯物主义进化论者宣称我们所是的东西,是我们环境的单纯的衍生物和造物,仅此而已。①

但是,现在事情变得复杂了,因为由外部刺激施加于我们记忆的意象并非局限于单纯的时间空间关系,它们最初是在这样的关系中产生的,但却以各种方式复苏(取决于大脑通路的复杂程度及其组织的不稳定性),并形成诸如判断形式的次级结合,这些判断形式本身并不与实在存在的形式或者经验在我们这里发生的形式相一致,但却能通过经验在被赋予了记忆、预期和感到怀疑、好奇、相信和否定的可能性的心中发生的方式得到解释。经验结合的发生是或多或少不变的,可变的,或者从来都不会发生。关于一个事物的观念会引起对另一事物的固定的、摇摆的或者否定的预期,产生出肯定的、假言的、选言的、疑问的和否定的判断,以及关于某些事物的现实性和可能性的判断。所有判断中的属性和主体的分离(这违反了自然存在的方式),同样可以通过知觉逐个在我们这里产生的次序而得到解释,一个模糊的核随着得到我们越来越多的关注而渐渐具有了细节。自休谟以来的联想主义者们已经对这些特殊的次级心理形式做过大量的适当处理。

---

① 在我前面关于习惯、记忆、联想和知觉的章节中,所有这些事实都已经得到了适当的处理。

联想主义者也试图用属性结合起来呈现给我们的频率来解释辨别、抽象和概括。我认为这更不成功。在关于辨别的一章,我已经寻求在"通过变化着的伴随物而离解的法则"之下,用被动的经验次序来做出尽可能多的解释。但是读者看到还是为主动的兴趣和未知的力量留下了多么大的运作空间。在关于想象的一章,我同样努力地要公正处理关于概括和抽象的"混合意象"理论。关于这些问题我不需要在这里多说什么了。

自然科学的产生

我们思考外部实在的"科学"方式是极为抽象的方式。对于科学来说,事物的本质不是它们看起来的样子,而是依据奇怪的法则而相互来去运动的原子和分子。关于与遇到外部关系的频率相应地由这种关系产生出来的内部关系的解释,在科学构想这里遭受了最严重的失败。科学思想的秩序与实在存在的方式或者实在呈现给我们的方式是非常不一致的。科学思想完全是通过选择和强调而进行的。我们将大量的可靠事实分为单独的本质,一般性地设想特殊存在着的东西,并且通过分类而在它自然的周边环境中不留任何东西,将相邻接的东西分离开来,将两极分离的东西接合起来。实在是作为充实体而存在的。它的所有部分都同时存在,每个部分都与任何其他部分一样实在,而且对于使得这个整体恰是它之所是而言都同样必不可少。但是我们既无法经验也不能思想这个充实体。我们经验的东西,呈现给我们的东西,是一团混乱

第二十八章 必然真理和经验的作用

的相互打扰的支离破碎的印象;①我们思想的东西,是假想材料和
法则的抽象系统。②

---

① "最初感知到的自然秩序,在每一瞬间都呈现出一团接一团的混乱。我们必须将每一团混乱都分解为单个的事实。我们必须学会在混乱的前事中看见大量清楚的前事,在混乱的结果中看见大量清楚的结果。假定我们做到了这一点,这本身也不能告诉我们每一个结果始终伴随着哪一个前事。要确定这一点,我们必须努力不仅在我们的心里,而且在自然之中,将事实相互分离开来。然而,必须首先进行的是心理分析。而每一个人都知道,不同的心智在进行心理分析的方式中存在着巨大的差异。"(J. S. 密尔:《逻辑学》,第 3 卷,第 7 章,第 1 节)

② 我引用题为"反射动作和一神论"(Reflex Action and Theism)的演讲,发表于 1881 年 11 月的《一位论派评论》,在 1882 年 1 月和 2 月的《哲学批评》上译出。"构思和推理的能力,完全是为了在我们通过感觉获得的印象世界中完全不存在,却由情绪的和实践的主观性所确立的目标而工作的。它将我们的印象世界转变为一个完全不同的世界,我们的概念性认识的世界;而这个转变是为了我们的意志本性,而不是为了任何其他目的而发生的。破坏了意志的本性,破坏了明确的主观目以及关于某些结果、形式和秩序的偏爱和喜好,就不会有一点点重塑我们原经经验秩序的动机留存下来。但是,由于我们拥有我们确实拥有的复杂意志构造,重塑就一定会发生,无处可逃。世界的内容以与我们的主观兴趣如此异质的秩序,被给与我们每一个人,以至我们几乎无法通过想象的努力,来对自己描画出它是什么样子。我们必须完全打破那个秩序,通过从中挑选出对我们有影响的东西,并将它们与其他遥远的、我们认为与它们"有关"的东西联系起来,才能辨认出次序和趋向的明确线索,预知特殊的倾向并为它们做好准备,才能在原来的混乱之处享有简单与和谐。你在此刻获得的无偏见地加在一起的真实经验的总和,不是一种完全的混乱吗?我声音的紧张、房间内外的光线和阴影、风的低语、钟表的嘀嗒声、以及你个人碰巧发生的各种器官感受,这些确实能构成为一个整体吗?它们中的大多数对于你来说应该变得不存在,而少数其他几个——我希望,是我正在发出的声音——应当唤起你记忆中的一些与这一情景毫无关系地方,那些适合在我们称为理性的思想序列中与它们相结合的联想项,这难道不是你在它们当中实现心智健全的唯一条件吗?——我说理性的,是因为它导向我们的某个器官能够察知的结论。对于仅仅是被给与的秩序,我们不具有察知的器官或能力。此刻给与我们的实在世界,是它现在全部的存在和事件的总和。但是我们能够思想这样一个总和吗?我们能够瞬间意识到,在一个确定的时间点上全部存在的截面图是什么样子吗?在我说着话,飞虫嗡嗡叫时,一只海鸥在亚马孙河口捉到了鱼,一棵树在阿迪朗

这种科学代数,与给予我们的实在并没有直接的相似性,却(十分奇怪)能够适用于它。也就是说,它给出的表达式,在给定的地点和时间,能够被翻译为实值,或被解释为落于我们感官的那团混乱的确定部分。它因而成为了我们的预期及理论乐趣的实际向导。但是我看不出任何了解事实的人如何可能将我们的系统称为通常意义上的"经验"的直接结果。每一个科学构想最初都是某个人大脑里面的一种"自发变异"。[①]一个构想被证明是有用和适用的,却有上千个构想都由于它们的无用而消亡了。这些构想的发生完全与同样由不稳定的大脑通路产生出来的诗歌灵感和智慧闪

达克旷野倒下,一个人在德国打喷嚏,一匹马死在鞑靼地方,双胞胎在法国出生。这意味着什么? 这些事件相互之间,及其与上百万和它们一样相互分离的其他事件的同时发生,可以形成一个理性的纽带,并将它们结合成任何对于我们来说意味着一个世界的东西吗? 然而,真实的世界秩序,正是这种并行的同时发生,而非任何其他东西。除了要尽可能快地摆脱这种秩序,我们与它没有任何其他关系。正如我说过的,我们打破它:我们将它分成各种历史,将它分成各种艺术,将它分成各种科学;然后我们就开始感到舒服了。我们将它分出上万个单独的序列。我们对其中任何一个序列的反应,都能做到好像其他序列都不存在。我们在它的部分之间发现完全不曾给与过感觉的关系,——数学关系,正切,平方,以及根和对数函数,——而且,我们在无数的这类关系中,将一些关系称为基本的和立法的,并忽视其他关系。这些关系只是对于我们的目的来说才是基本的,其他关系也和它们一样真实和在场;我们的目的是简单领悟和预知。简单的概念性认识和预知,难道不是纯粹的主观目标吗? 它们是我们所说的科学的目标;奇迹中的奇迹,尚未得到任何哲学彻底解释的奇迹,就是这个被给与的秩序很适合于被重塑。它对我们许多科学的、审美的和实践的目的和目标,都表现出了可塑性。"参见霍奇森:《内省的哲学》,第 5 章;洛采:《逻辑学》,第 342—351 节;西格瓦特(Sigwart):《逻辑学》,第 60—63、105 节。

① 在发表于 1880 年 10 月《大西洋月刊》上的一篇题为"伟大的人,伟大的思想和环境"的文章中,读者可以找到更多关于这些话的说明。我在那里试图表明,心理和社会的进化都要以达尔文的方式来设想,而且严格意义上的环境的功能,在更大程度上是对由无形的力量所产生的形式的选择,而不是产生这样的形式,——产生,是前达尔文进化论者所想到的唯一功能,也是像斯宾塞和艾伦先生这样的当代进化论者所强调的唯一功能。

第二十八章 必然真理和经验的作用

现是同类的。但是,诗歌和智慧(如古代人的科学)就是它们"自己的存在理由",不必经受进一步检验的挑战,而"科学"构想却必须通过被"证实"来证明其价值。然而,这种检验是它们得以保持的原因,而不是其产生的原因;人们也可以用主词和谓词相应于它们与之"符合"的"外部关系的持存"的"结合",来解释阿特穆斯·沃德(Artemus Ward)的笑话的起源,就像用同样极不真实的方式对待科学构想的发生那样。

科学所相信的最为持久的外部关系,从来都不是经验的问题,而是必须通过排除过程,也就是说通过忽略始终出现的条件,来使之脱离开经验。机械学、物理学和化学的基本法则都属于这一类。自然齐一性原则也属于这一类;我们必须在最难对付的现象底下并且不管这些现象才能探求到它;而且我们对其真理性的确信更像是宗教信仰,而不是对一种证明的赞同。如我们在前面所断言的那样,在这个词的字面意义上,经验在我们心中产生的唯一结合,是近似准确的自然法则,以及具体事物的习性,如热能使冰融化,盐能腌制肉类,鱼离开水会死亡,等等。① 我们承认的这类"经

---

① "毫无疑问,我们的经验世界开始于能引导我们预期曾经发生在我们身上的事情还会再次发生的那类联想。这些联想引导婴儿朝它的奶妈而不是父亲要奶,引导孩子相信他看见的苹果味道不错;它们在使他想要得到它的同时,也让他惧怕装着他的苦药的瓶子。但是,这些联想中的一部分通过经常性的重复而得到巩固,另一部分却被相对立的经验破坏了;这个世界对于我们来说就划分成了两个区域,我们在其中的一个区域感到舒适自在,总是有把握地预期相同的次序;而另一个区域则充满着更迭、易变和偶发的事件。

"……从大的范围说,偶发事件是日常的事情,如果它有时侵入了由秩序所统辖的领地,我们也不必感到惊奇。而且,机会的反复无常力量的某次具体表现,很容易帮助

验真理"构成了人类智慧的巨大的部分。"科学"真理必须要与这些真理相一致,否则就会被当作无用的东西放弃掉;但它们并不是像较简单的真理那样以被动联想的方式在心中出现的。甚至那些用来证明某个科学真理的经验,多半也是在人们已经猜想到那个真理之后得到的人为的实验室经验。不是经验造成了"内部关系",而正是内部关系造成了经验。

在经验尽其所能之后发生在大脑中的事情,是发生在为外部力量所塑造的每一团物质——比如每一个我可以用双手做出的布丁或者灰浆——里面的事情。从外部进行的塑造,使元素进入了一种排列,这样的排列将新的内部力量释放出来以产生出它们的

我们克服进一步的思考可能会在例外中发现的困难。确实,例外具有一种特有的魅力;它是惊奇的题材,一种惊讶($\theta\alpha\nu\mu\alpha$),而且在纯粹联想的这个第一阶段使我们得以采纳自信以为真的规则的那种轻信,与我们采纳与这些规则相冲突的奇迹的那种轻信,在程度上是一样的。

"关于自然的通俗信念的整个历史,都驳斥了这个观点,即关于普遍物理秩序的思想,有可能是通过对特殊知觉的纯粹被动接受和联想而产生的。正如所有人都是从已知情况推论出未知情况这一点是毫无疑问的一样,这个方法,如果限制在自发呈现自身的现象材料上,决不会导向对普遍齐一性的信念,而只会导向关于法则和无法则性混杂交替着统辖世界的信念,这也同样是确定无疑的。从严格的经验主义观点看,存在的只有特殊知觉的总和,一方面是与它们一致者,另一方面是与它们矛盾者。

"这个世界比初看起来更有秩序这一点,在人们寻找那个秩序之前是不会被发现的。寻找它的最初冲动产生于实践的需要:在必须要实现目的的地方,我们必须知道可信的手段,它确实无误地拥有一种属性,或者产生一种结果。但是实践需要只是我们思考真正知识条件的最初的偶因;甚至在没有这种需要的地方,也仍然会出现促使我们超出单纯联想阶段的动机。因为不是出于同样的兴趣,或者是同样地没有兴趣,人们对那些相似者与相似者相联系的自然过程,以及相似者与不似者相联系的自然过程进行思考;前一种过程与他思考的条件相一致,后一种过程则不是这样;在前一种过程中,他的概念、判断和推理都应用于实在,而在后一种过程中,则没有这样的应用。所以,最初他不假思索就有了的理智上的满足,最终在他内部激起了去寻找实现于整个现象世界、作为他自己思想之基本要素和指导原则的理性的连续性、齐一性和必然性。"(C. 西格瓦特:《逻辑学》,II. 380—382)

第二十八章　必然真理和经验的作用

结果。附随于经验之上，并构成我们自由心理活动的观念的随机扩散和重置，完全产生自这些次级内部过程，即使大脑面对的是完全相同的"外部关系"，在不同的大脑之间，这些过程也有巨大的差异。较高级思想过程产生的原因，与生面团的发酸和发酵、灰浆的配置、混合物中沉淀物的下沉的一致性，远比与将这些物理聚合体混合起来所做的操作的一致性高得多。我们关于相似联想和推理的研究告诉我们，人的全部优越性都取决于他有能力使大脑中为最经常性的外部结合所磨出的通路断裂开来。不稳定性的原因，为什么断裂处一时是在这个点，一时又是在那个点的原因，在我们看来是完全模糊的。（第一卷第 580 页；第二卷第 364 页）关于这种特性的唯一清楚的事情，似乎就是它的断裂的性质，以及单纯诉诸人的"经验"并不足以对它做出解释这一点的确定性。

当我们从科学的系统转到审美的或者伦理的系统时，每个人都乐意承认，虽然元素是经验的，但是它们被编织进的关系的特殊形式，是与被动接受的经验秩序不相一致的。审美和伦理的世界是理想世界，是乌托邦，是一个外部关系持续与它相对立，而我们同样持续地努力要使它成为现实的世界。为什么我们这么顽强地渴望要改变自然的给定秩序？只是因为与事物之间单纯的时间空间关联的频率相比，它们之间的其他关系对于我们来说更有趣，也更有吸引力。这些其他关系全都是次级的和产生自大脑的，大部分是我们感受性的"自发变异"，一些经验元素和时间空间的排列由此可以获得一种否则就不会被感受到的一致性。确实，习惯性的排列也能变得一致起来。但是这种仅仅习惯性的一致性，是被感受为真实内部一致性的模仿者和仿制品的;而智能的一个标志就是决不会将这二者混淆起来。

因此,在我们的思想对象之间存在着理想的和内部的关系,在任何可以理解的意义上,这些关系都不能被解释为外部经验秩序的再现。在审美和伦理的领域,它们与这个秩序相冲突——早期基督徒与他的天国、当代无政府主义者与其抽象的正义梦想会告诉你,在真正的秩序到来之前,现存的秩序必须连根带枝都毁灭掉。我们思想对象之间的那些被说成是"科学的"关系的特性是,虽然它们与伦理和审美的关系一样,都不是外部秩序的内部再现但是它们不与那个秩序相冲突,一旦通过内部力量的作用而出现,就会——至少它们中的一些关系,即存在时间长得足以成为有案可查之事的那些关系——与我们的印象所影响的时间和空间关系相一致。

换句话说,虽然将自然的材料转译为伦理的形式是缓慢而困难的,但是转译为审美的形式就较为容易;转译为科学的形式则相对容易和完备。确实,这种转译可能永远也没有完结。知觉的秩序不会仅凭我们的命令之词就退让,其正确的概念性的替代者也不会由此就出现。① 这通常是一场殊死的战斗;而许多像约翰尼斯·米勒(Müller)这样的科学家在做过一番研究之后会说,"工作是带血的"(Es klebt Blut an der Arbeit)。但是一次又一次的胜

---

① 参见霍奇森:《内省的哲学》,第1卷,第5章。

第二十八章 必然真理和经验的作用

利使我们确信,敌人难逃失败的厄运。①

---

① 对成为"科学的"的热望,是现在这一代人的一个种族偶像,我们每一个人都和母亲的乳汁一起将它吸入,以至我们很难想象一个人会感受不到它,更难自由地把它看成它所是的那种十分特殊和单方面的主观兴趣。但是事实上,甚至在人类有教养的成员中也很少有人拥有它;它只是在一两代人之前才被发明出来。在中世纪,它只是指不虔敬的巫术;甚至现在它影响东方人的方式,也在一位土耳其下级法官写给一位英国旅行者索要统计信息的信中体现了出来。A.莱亚德(Layard)先生将这封信印在了他的《尼尼微和马比伦》(Nineveh and Babylon)的末尾。这份文件充满了启发性,我不能不把它全部放在这里。它是这样写的:

"我显赫的朋友,快乐的人!

"你要求我做的事情既困难又无用。虽然我在这个地方度过了我所有的日子,但是我既没有数过房子,也没有探查过居民的数量;至于一个人将什么载在了他的骡子上,另一个人把什么收藏在他的船底,这不是我应该关心的事情。但是,最重要的是,至于这座城市过去的历史,上帝只知道在伊斯兰之剑到来之前异教徒吞噬掉了多少卑污和混乱。我们询问这些是没有益处的。

"哦,我的灵魂!哦,我的羔羊!不要探求与你无关的事情。你来到我们这里,我们迎接你:平安无事。

"关于一条真理你已经说了许多,没有发生伤害,因为说者是一个人,听者是另一个。按照你们的人的方式,你从一个地方漫游到另一个地方,直到没有什么使你幸福和满足。我们(赞美上帝)在这里出生,而且从来不想离开它。那么,关于人之间的一般交流的观念,可能会给你的知性留下任何印象吗?上帝禁止!

"听着,我的儿子!没有任何智慧能比得上对上帝的信仰!他创造了世界,我们能够像他一样去洞察他的创造之谜吗?我们说,看这颗星在围绕那颗星转动,还有这另一颗星拖着尾巴来去往复了这么多年!随它去吧!它出自他的手,他会引导和指导它。

"但是你会对我说,哦,站到一边去,我比你见多识广。如果你认为你在这方面比我强,别客气。赞美上帝,我不寻求自己不需要的东西。你的博学是在我所不关心的事情上;你看到的东西,是我所蔑视的。更多的知识会让你长出两个肚子,或者,你会用你的眼睛来寻找天堂吗?

"哦,我的朋友!如果你要幸福,就只有上帝!不做坏事,你就不会惧怕人和死亡;因为你的时刻肯定将会到来!

"谦卑的

"伊玛姆·阿里·匝地

纯科学的产生

我现在已经一般性地陈述了自然科学与严格意义上的经验的关系,我会在后面再回到这个问题上,来完成我所要说的话。现在我将转到分类学、逻辑和数学这些所谓纯的或前验的科学上来。关于这些科学,我的论题是,就我们的经验而言,在作为世界秩序的结果这一点上,它们甚至还比不上自然科学。**纯科学仅仅表示比较的结果**;比较不是我们经验外部印象秩序的可以想象的结果——它是我们心理结构的一个家生的(第 627 页)部分;所以,纯科学是由其产生与经验毫无关系的一堆命题构成的。

首先,考虑一下比较的性质。事物之间相似和差异的关系与我们经验这些事物的时间空间秩序没有任何关系。设想上帝创造的一百个拥有记忆和比较能力的存在。设想相同的一批感觉以不同的秩序在他们每一个人那里留下了印记。让他们中的一些人对每一个感觉最多只能有一次。让一些人反复有这个感觉,其他人反复有另一个感觉。让每一个能想到的排列占据优势。然后,关掉幻灯表演,让这些人处在无尽的空无之中,除了可以默想的记忆以外一无所有。在他们长时间的空闲中,他们自然而然就会开始摆弄起他们经验中的成分,将它们重新排列,对它们进行分类,将灰色放在白和黑之间,将橙色放在红和黄之间,并找到所有其他程度的相似和差异。而且,在全部一百个人中,这种新的建构将会完全相同,原初经验次序的差异对这种重新排列不起任何作用。任何一个和每一个形式的次序都会产生相同的结果,因为结果表现的是感觉的内部性质之间的关系;而它们的外部相继问题是与此完全不相关的。黑和白的差异,在它们始终紧挨着的世界里和在它们始终相距甚远的世界里一样大;在它们很少出现的世界里和在它们始终出现的世界里一样大。

但是"持存的外部关系"的提倡者可能还是会回到这个责难上:他会说,正是这些使我们确信白和黑不同;因为在一个黑有时和白相似有时又与白不同的世界中,我们决不会这么确信。因为在这个世界中黑和白始终都是不同的,关于其差异的感觉才成为了思想的一种必然形式。这一对颜色,以及差异的感觉,这两个方面是不可分地不仅被我们自己,而且被我们的祖先所经验的,已经在心里不可分地联系了起来。不是通过任何使得差异成为它们可能激起的唯一感受的基本的心的结构;不是,而只是因为它们确实经常有差异,以致最后我们就无法想象它们做任何别的事情,并让我们接受了刚刚提到过的对于单一经验就足以使我们感到这种关系在它们那里具有必然性的那种动物所做的难以置信的解释。

我不知道斯宾塞先生是否同意这一点;——我也不在意,因为有比这位含糊作者所说的话的意思更迫切需要找到答案的秘密。但是对于我来说,对我们的差异判断所做的这样一种解释是完全不可理解的。这种解释说,现在我们发现黑和白不同,是因为我们曾经总是发现它们是这样。但是为什么我们总是发现它们是这样?为什么差异总是和关于黑和白的思想一起突然出现在我们的脑子里?一定有主观或者客观的理由。主观的理由只能是,我们的心就是这样建构的,差异感是黑和白之间唯一可能的有意识转换;客观的理由只能是,差异始终作为一个客观事实和这些颜色一起存在于心外。主观的理由用内部结构解释外部的频繁,而不是用外部的频繁解释内部结构;所以放弃了经验理论。客观理由只是说,如果存在外部差异,心就必须要知道它——这完全不是解释,而只是诉诸了这个事实,即心以某种方式确实知道那里有什么。

唯一要做的明确的事情,就是放弃所声称的解释的伪装,并回到这个事实上来,即差异感无疑已经以某种自然的方式,但也是我们没有理解的方式出现了。在任何情况下它走的都是后楼梯;而且从一开始,它碰巧就是使意识感受到(作为这种反应的结果)从一对对比项中的一个到另一个的转换的唯一反应方式。

在注意到事物的差异和相似及其程度时,心感受到自己的活动,并给这个活动起了比较这个名字。它不必比较自己的材料,但是一旦被激起去这样做,它就能够比较它们,并且只会有一个结果,而这就是那些材料本身性质的一种固定结果。差异和相似因而是观念对象或者概念性认识本身之间的关系。要知道黑和白是否不同,我完全不必顾及经验世界;单纯的观念就足够了。我用黑意指的东西与我用白意指的东西不同,无论这两个颜色是否存在于我的心外(extra mentem meam)。如果它们确实这样存在,它们就一定是不同的。白的东西可以变黑,但是它们的黑与它们的白不同,只要我使用的这三个词有确定的意义。①

---

① "虽然发烧的人会从在另一时间产生甜味的糖里尝出苦味,他心中的苦的观念,却就像他只尝过苦的东西那样,是清晰的,而且与甜的观念不同。同一种物体通过味觉在一个时间产生出甜的观念,在另一时间产生出苦的观念,这两个观念并不会混淆起来,就像同一块糖同时在心中产生出的白和甜的观念,或者白和圆的观念不会混淆起来一样。"洛克《人类理解论》,第2卷,第11章,第3节。

我将在下文称所有表示时间和空间关系的命题为经验命题；称所有表示比较之结果的命题为理性命题。这后一个命名在某种程度上是随意的，因为人们通常并不把相似和差异看作事物之间仅有的理性关系。然而，下面我将着手表明有多少其他通常认为是独特的理性关系能够被分解为这些关系，以致我的理性命题定义最终（我相信）被证明并非像它现在看上去的那么随意。

均等差异和间接比较的序列

在第 12 章我们看到，心能够在相继的时刻意指相同的东西，以及它渐渐地拥有了许多持久和固定的意义、观念对象或者概念性认识，其中的一些是普遍性质，像我们例子中的黑和白，还有一些是个别事物。我们现在看到，不仅对象是持久的心理所有物，而且它们的比较结果也是持久的。对象及其差异一起构成了一个不变的系统。以相同方式比较的相同对象，总是产生出相同的结果；如果结果不同，那么对象就不是最初所指的对象。

我们可以将这最后一条原则称为恒常结果公理。这条原则适用于我们所有的心理运作，不仅在我们进行比较时，而且在我们相加、划分、分类或者以任何可以想象的方式推断一个给定问题的时候都适用。它的最为一般的表达就是"以相同方式操作的相同者产生出相同者。"在数学中，它的形式是"等量加等量，或者等量减等量，结果相等"，等等。我们还会再次遇到这个问题。

我们观察到的下一件事情是，比较操作可以在它自己的结果上重复进行；换句话说，我们可以去思考我们发现的各种相似和差异，并将它们相互比较,得到更高一个等级的差异和相似。心于是就觉知了一组一组的类似差异,并形成了相互间有相同种类和数量差异的项的序列,这些项在相互继起的时候,保持着连续增加的恒常方向。我们在第十三章(第490页)看到,这种意义上的一系列操作的恒常方向,是一个基本的心理事实。"A不同于B不同于C不同于D,等等",只有在差异是在同一个方向上的时候才构成一个序列。在任何这样的差异序列中,所有的项都恰恰以相同的方式与其前任不同。1、2、3、4、5的数,……音乐中半音音阶上的音符,就是熟悉的例子。一旦心将这样的序列作为整体把握了,它就感知到两个远离的项比两个相近的项差异更大,任何一个项与遥远后继者的差异都比与邻近后继者的差异大,而且,只要始终都是相同的种类,无论那些项是什么,或者无论差异属于哪一种,情况就都是如此。

这条**间接比较原则**可以简短地(尽管是模糊地)用这个表述来表达"比多者更多是比少者更多"——多和少这两个词只是代表在一个恒常差异方向上的增加程度。这样的表述覆盖了所有可能的情况,例如比早更早是比晚更早,比坏更坏是比好更坏,在东边的东边是在西边的东边,等等,还可以随意举出很多。① 用符号表示,我们可以将其写作 a＜b＜c＜d……,并且说任何中间的数都可以被消除掉,而我们无需对已经写下的东西做任何改变。

间接比较原则只是适用于许多同类相关项序列的法则的一种形式,这条法则说,略去中间项,关系仍然不变。如我们很快就会看到的,这条**略去中间项**或者**关系传递公理**,在逻辑学中是推论的

---

① 参见布拉德利:《逻辑学》,第226页。

基本原则,在算术中是数字序列的基本属性,在几何学中是直线、平面和平行线的基本属性。从总体上看,它似乎是人的思想的最广和最深的法则。

在一些项的清单上,比较的结果可能是没有差异或者等同,而不是差异。在这里,中间项也可以被略去,而间接比较的进行会带来由间接等同公理"等同者的等同者相等同"所表示的一般结果,这条公理是数学科学的伟大原则。这也同样只是心的敏锐性的结果,而且是完全独立于经验联结的秩序的。用符号表示:a＝b＝c＝d……,就一些项的消除而言,结果与我们在前面看到的相同。

分 类 序 列

这样我们就有了一个相当复杂的必然和不变的理想的比较真理的系统,一个适用于以任何顺序或频率经验到的项,甚至适用于从来不曾经验过或者将来也不会被经验的项(如心的想象性建构)的系统。这些比较真理导致了分类。由于某种不知道的原因,打破经验的秩序,用将经验材料按次序归类,一步步地从差异着手,不知疲倦地考虑这些材料序列的交叉和连合处,是心的一种极大的审美乐趣。大部分科学中的最初步骤都纯粹是分类的。在分类中,事实很容易被归入丰富和复杂的序列之中(如植物和动物以及化合物那样),看到这些序列心里就会有一种独特的满足感;而其真实材料自然适合于连续分类的世界,在这一点上就是一个更加理性的世界,一个比不是这样的世界更能让心感到亲密的世界。但是刚刚逝去的那一代前进化论的自然主义者们,将分类看作对上帝之心的终极洞察，让我们充满了对其所行路线的赞美。自然让我们做出这些分类这个事实，就是对自然的怀抱中有他的思想的证明。就经验事实不能被连续分类而言，迄今经验至少在我们渴求线路的那一条路线上不是理性的。

逻 辑 序 列

与比较功能非常类似的是判断、谓述或者包含的功能。事实上，这些基本的理智功能是相互交错的，我们用这个还是那个名称来称呼一个给定的心理运作，通常只是一个实际方便的问题。比较产生出相似事物的群组；而此时（通过辨别和抽象）则产生出对于相似的那些方面的概念性认识。群组是属或类，那些方面是性质或属性。性质又是可以比较的，形成更高等级的属，而它们的属性又被选了出来；结果我们就有了一种新的序列，谓述的序列或者包含类的类的序列。所以，马是四足动物，四足动物是动物，动物是机器，机器易于磨损，等等。在这样的序列中，一些项的匹配起初可能已经在非常不同的时间和不同的情况下得到了辨认。但是记忆可能要在之后才会将它们联系起来；而每当它这样做了，我们的理解连续增加的能力就会让我们意识到它们是为相同的关系结合起来的相继项的一个单一系统。①

每当我们有了这样的意识，我们就可能会觉知到一种最具理

---

① 将它们理解为形成了一个单一系统，就是布拉德利先生所说的构成全部推理之基础的建构活动。此时伴随发生的对我在下一段落所说的附加关系的觉知，是这位作者所说的检查活动。参见《逻辑学原理》，第2卷，第1部分，第3章。

第二十八章　必然真理和经验的作用

智意义的附加关系,因为逻辑的整个结构都建立在它的上面。间接谓述原则或包含原则,是适用于一系列相继谓述的唯一的略去中间项公理。它表示的是这个事实,即序列中的任何较早的项与任何较晚的项的关系,和它与任何中间项的关系是相同的;换句话说,任何拥有一个属性的事物,都拥有那个属性的所有属性;或者更简单地说,任何属于某一种类的事物,都属于那个种类所属的种类。对这一陈述做一点解释,就可以表明它所包含的全部内容。

我们在关于推理的那一章已经知道,让我们抽取出属性并对其进行谓述的重要动机是什么。这就是我们变化着的实践目的要求我们在不同的时间把握住实在的不同角度。但是对此我们应当满足于"看到它的整体",并总是相似的。然而,那个目的使得一个方面成为了基本的;所以,要避免注意的分散,我们就将实在看作好像暂且就只是那个方面,我们放开了它的多余的规定。简言之,我们用那个方面代替了整个的实在事物。对于我们的目的来说,那个方面能够被用来代替整体,而且这二者能够被看作是相同的;而是这个词(它在直言判断中将整体与它的方面或属性匹配起来)表示了(除了别的以外)所进行的识别操作。对于某些实践目的而言,谓述序列 a 是 b、b 是 c、c 是 d……与等式序列 $a=b$、$b=c$、$c=d$ 等等非常相似。

但是我们谓述的目的是什么?终极地看,它可能是我们所中意的任何事情;但是邻近地和直接地看,它始终是对手中的对象是否属于与那个终极目的相联系的一类的某种好奇的满足。通常,这种联系并不明显,我们只是在首先发现对象 S 属于 M 类,而 M 本身又与 P 相联系,才发现对象 S 属于与 P 相联系的一类的。

因此，用一个例子来确立我们的观念，我们对天狼星会怎样移动有一种好奇（我们的终极目的是征服自然）。天狼星是否是那类在视线中移动的东西，这一点并不明显。然而，当我们发现它属于其光谱中氢线有变化的那类事物的时候，当我们考虑到那类事物是在视线中移动的事物的时候；我们就得出结论说天狼星确实是在视线中移动的。无论天狼星有什么属性，天狼星都是（is）；在我们的思想中，它的形容词的形容词可以替代它自己的形容词，而且，只要我们坚守已有的明确目的，我们的知识就不会有任何损失。

现在请注意，这种对中间类的消除和是的沿线传递，起因于我们对是这个词的意思的洞察，以及对任何出那种关系联系起来的项的序列的构成的洞察。它与任何特殊的事物是或不是什么没有任何关系；但是无论任何给定的事物可能是什么，我们都知道它也是那个所是的无论什么。从一个角度把握是的相继，就是理解由它们联结起来的项之间的这个关系；正如把握一系列相继的等量，就是理解它们自始至终的相等。因此，间接包含原则表示的是理想对象的关系。心可以从容地在任何一套其中的一些意思可以谓述其他意思的意思（无论最初是如何获得的）中找到它。在我们将它们连成一串的那一刻，在那一刻我们就知道，我们能够放弃中间项，能够像使用附近的项那样来使用遥远的项，并且用属来代替种。这表明，间接包含原则与特殊的经验秩序，或者与项的外部共存和次序，没有任何关系。如果它只是习惯和联想的自然结果，我们就会被迫认为它不具有普遍有效性；因为在一天中的每一时刻，我们都会遇到我们以为属于这一类或者那一类的事物，但是在后来又知道它们并不拥有那个类的任何属性，它们并不属于那个

第二十八章 必然真理和经验的作用

类的类。然而,我们不是用这些案例来纠正这条原则,而是用这条原则来纠正那些案例。我们说,如果我们称之为 M 的事物没有 M 的属性,那么我们就或者是错误地将它称为了 M,或者弄错了 M 的属性;或者它不再是 M,而是已经发生了变化。但是我们从来不会说,它是一个没有 M 属性的 M;因为将一个事物看作是 M 类的,我的意思是指它应该有 M 的属性,属于 M 的类,尽管我可能永远不能在实在世界中找到任何是 M 的东西。这条原则出自于我对许多相继的是所表示的意思的知觉。这个知觉和关于黑不是白的知觉不能由雪永远不会变黑的事实所确证,或者不能由摄影师的相纸一旦放在阳光下就会变黑的事实所削弱一样,也不能为一组外部事实所确证,或者为另一组外部事实所削弱。

无限延伸的相继谓述的抽象图式,以及它所包含的所有的替换可能性,因而就是产生于我们思想的结构和形式的一个不可改变的真理体系。如果任何真实的项确实纳入了这样的图式,它们就会遵从它的法则;它们是否能够纳入进来,则是一个涉及自然事实的问题,对这个问题的回答只能通过经验来确定。形式逻辑是以概略的形式追踪以相继的是联系起来的项的所有遥远关系,并列举出它们相互替代的可能性的科学的名称。对于我们的间接包含原则,她给出过各种阐述,其中最好的一个可能就是这个宽泛的表达,即在任何心理操作中相同者都可以替换相同者。①

---

① 实在只有在证明是相同的时,才属于这种情况。如果它们不能相互替代,对于我们当下的目的来说,它们目前就不是相同的;虽然对于其他目的以及在其他方面,它们也许是可替代的,并被看作是相同的。当然,离开了目的,没有任何实在是绝对和完全相同的。

651　普通逻辑序列只包含三个项——"苏格拉底、人、会死"。但是我们还有"复合三段论"——苏格拉底、人、动物、机器、衰弱、会死,等等——将这些表现为一些项被消除了的三段论,是违反心理学的。逻辑存在的基础,是我们将序列作为一个整体来把握的能力,而且它包含的项越多越好。这种对通过大量的项而推进的同一方向的综合意识,显然是兽类和智力低下的人所不能达到的,并给予了我们强大的推论性思想的能力。能够将一连串的是作为整体——它们所连接起来的对象可以是观念的或实在的、物理的、心理的或符号的,这无关紧要——来把握的心,也能将略去中间项原则应用于它。所以逻辑清单在其起源和基本性质上,正像我们不久前刚刚谈到的那些等级分类清单。作为所有推理基础的"理性命题",表达它的各种形式中的述全与述无(dictum de omni et nullo),思想的基本法则,因而就只是通过某种幸运的变异而能同时了解一个包含多于两个项的序列的心所拥有的比较功能的结果。① 所以,到目前为止,系统性分类和逻辑都被看作只是辨明差异和相似的能力的偶然结果,严格意义上的经验秩序与这种能力完全没有任何关系。

但是,(我们接着可以问)如果系统性分类的终极理论意义是如此之小——因为根据事物的单纯相似程度来考虑事物的方式,总是会在可以有其他考虑方式的时候让位于这些方式——事物之间的

---

① 换句话说,一个超越了冯特所宣称的人类思维之基本形式的单纯二分式思维的心(《生理心理学》,II. 312)。

第二十八章 必然真理和经验的作用

逻辑关系怎么会构成处理生命事实的一个如此强大的工具呢？

第 22 章已经给出了理由（见前面第 335 页）。这个世界有可能是一个其中的所有事物都不相同，其中的属性都是终极的、没有进一步的谓述的世界。在这样一个世界中，类和单独的事物一样多。我们永远也不能将一个新事物归在一个旧的类之下；或者如果我们能够，后面也不会有结果发生。或者，这也可能是一个在其中无数事物都同属一类，但是没有一个具体事物能够长时间地保持为同一类事物，所有物体都处于流动之中的世界。同样，虽然我们能够进行归类和推论，逻辑对我们也没有实际用处，因为我们命题的主词在我们谈话时可能已经变化了。在这样的世界里，逻辑关系也会成立，并且会像它们现在这样得到认识（确定地），但是它们只是构成了一个单纯的理论图式，对生活毫无用处。但是我们的世界不是这样的世界。它是一个非常特殊的世界，并且径直给了逻辑以可乘之机。至少它包含的一些事物与其他事物属于同一类；一些事物始终保持着它们曾经所是的类；它们的一些属性牢固地结合在一起，并且总是一起被发现。我们通过严格意义上的经验而知道哪些事物是后面这些事物，而经验的结果是体现在"经验命题"之中的。每当我们遇到这样一个事物，我们的洞察力就会注意到它属于某个类；我们的知识立刻就会召回那个类所属的类，然后是那个类的类，等等；这样片刻的思考就会让我们知道，那个事物属于一个遥远得我们永远无法直接感知那种联系的类。在中间项的头顶上飞跃至这最后的类，是这里的智力运作的基本特征。显然，它是我们感到理解了连续增加的单纯结果；与组成那个序列（并且可能全部是经验的)的单个命题本身不同,它与事物在其中得到经验的时间和空间秩序毫无关系。

数　学　关　系

关于被称为系统性分类和逻辑推论的前验必然性就说这么多。被认为是思想的前验必然性的其他材料匹配,是数学判断,以及某些形而上学命题。对于后者我们将在后面进行考虑。至于数学判断,它们全部都是在第 644 页定义过的意义上的"理性命题",因为它们表示的仅仅是比较的结果。数学科学处理的仅仅是相似者和相等者,而非共存与次序。所以它们起初就与经验秩序没有关系。数学的比较是数和广延的量之间的比较,分别产生出算术和几何。

数似乎首先表示的是在辨别事物时我们一下一下的注意。这一下一下的注意以或大或小的群组的形式保持在记忆里,而这些群组是可以比较的。如我们所知,辨别在心理学上是由作为整体的事物的活动性所促成的(第 173 页)。但是我们还在每一个事物中辨别出部分;所以,任何一个给定现象所可能是的事物的数目,最终取决于我们考虑它的方式。如果不加划分,一个球就是一;如果由半球所组成,就是二。一个砂堆是一个事物,或者两万个事物,因为我们可以选择去数它。我们数单纯的一下一下的注意,形成节律,又比较和命名这些节律,以此自娱。渐渐地在我们心中就形成了数的序列。像全部带有连续增加方向的项的清单一样,这个序列也带有对它的项之间的那些居间关系的感觉,对此我们是用"比多者更多者比少者多"这个公理来表示的。事实上,这个公理似乎只是一种说明这些项确实形成了一个增加序列的方式。但是除此之外,我们还觉知到我们一下一下的计数之间的一些其他关系。我们可以在我们愿意的地方打断它们,然后再次进行下去。我们始终感到这种打断没有改变一下一下的计数本身。我们可以一直数完 12;或者数到 7 然后中止,然后再数 5,但是那一下一下的计数仍然是相同的。我们于是在计数活动和打断或者组群活动之间做出了区分,就像在一个不变的物质和对它所做的单纯晃来晃去的操作之间做出的区分那样。这个物质就是原初的单元或者那些一下一下的东西;所有的组群或者结合方式都不会使它发生改变。总之,数的结合是其单元的结合,这是算术的基本公理,①产生出诸如 7+5＝8+4 这样的结果,因为二者都＝12。间接相等的一般公理,即相等者的相等者是相等的,在这里出场了。② 我们的意义恒常性原则,在应用于一下一下的计数时,也产生了这条公理,即以相同方式操作(打断,组群)的相同的数,总是会产生出相同的结果,或者就是相同的。怎么可能不是这样呢?没有任何东西变化了。

算术及其基本原理因而是独立于我们的经验或者世界的秩序的。算术的材料是心理材料;它的原理产生于这个事实,即这些

---

① 据称格拉斯曼(Grassman)在(a+b)+1 = a+(b+1)这个算术的基本公理中表达了这一点。

② 比较《敬献给策勒的哲学论文》(*Philosophische Aufsätze, Ed. Zeller gewidmet*)(莱比锡,1887)中赫尔姆霍茨更技术性地表达的论文"数数与测算"(Zählen u. Messen),第 17 页。

材料形成了一个序列,我们可以在任何我们愿意的地方切入这个序列,而不使材料发生变化。经验主义学派曾经不可思议地试图将数的真理解释为外部事物共存的结果。约翰·密尔将数称为事物的物理性质。在密尔看来,"一"的意思是我们得到的一种被动感觉,"二"是另一种,"三"是第三种。然而,相同的事物能够给予我们不同的数的感觉。比如,像 。。。 这样排列的三个事物,与 。°。 这样排列的三个事物作用于我们的方式是不一样的。但是经验告诉我们,每一个可以以这其中的一种方式排列的真实对象群组,也总是能够以另一种方式排列,还有,2+1 和 3 因而是计数始终相互"共存"的事物的方式。我们关于这些事物"共-存"(这是密尔使用的与之意义相同的一个词)的信念的顽固性,完全是我们拥有大量关于它的经验的结果。因为所有事物,无论会给与我们什么其他感觉,至少都给了我们数的感觉。那些可以为同一个事物相继激起的数的感觉,是我们认为相等的数;那些同一个事物拒绝激起的数的感觉,是我们认为不相等的数。

  这是我对密尔学说所能做出的尽可能清晰的复述了。① 而它的失败就写在它的明面上。如果这就是算术之有效性的唯一根据,算术就要遭遇不幸了!同样的实在事物可以有无数的方式来计数,而且从一种数的形式不仅可以转到它的等量者(如密尔提示的),还可以转到它的不同者,如物理的偶发事件或者我们注意方式的突变可以决定的。我们关于一加一永恒和必然等于二的观

---

  ① 对于原始的陈述,参见 J.S.密尔的《逻辑学》,第 2 卷,第 6 章,第 2、3 节;以及第 3 卷,第 24 章,第 5 节。

第二十八章　必然真理和经验的作用　　747

点，如何能在一个我们每次将一滴水和另一滴水加在一起得到的都不是二而还是一的世界中保持它自己呢？在一个我们每次将一滴水和少许生石灰加在一起得到的都是一打或者更多的世界中呢？——它没有比这样的经验更好的根据了吗？最多我们可以说一加一通常等于二。我们的算术命题就永远也不会有它们现在所有的自信语调。那种自信的语调来自于这个事实，即它们只处理抽象和观念性的数。说一加一等于二我们意指什么；我们由它得出二；甚至在每次一个事物与另一事物到了一起时，都有第三个事物物理地（根据密尔的想法）产生出来的世界中，它仍然意指二。我们是我们的意思的主人，我们在我们意指的事物和我们对待它们的方式之间，在我们一下一下的计数本身和我们对它们进行的聚拢和分离之间做出区分。

　　密尔不仅应该说"所有的事物都是可数的"。为了证明他的要点，他还应该表明，它们是明确可数的，而众所周知它们并不是这样。只有抽象的数本身才是明确的，只有我们在心里创造出来并作为理想对象而紧紧抓住的数才始终是相同的。具体的自然事物总是能够以各种各样的方式被计数。如密尔自己不得不说的，"我们只需设想一个被分割为四个相等部分的事物（而且所有事物都可以被设想为是这样分割的），"就可以在其中发现四这个数，等等。

　　数与经验的关系正像逻辑中"类"的关系。只要一个经验保持着它的类，我们就能用逻辑处理它。只要它保持着它的数，我们就能用算术处理它。然而，显然事物在不断地改变着它们的数，正如它们改变着它们的类。它们不断地分裂和融合。复合物及其元素从来都不具有数的同一性,因为元素显然有很多,而复合物显然只有一个。除非我们一直不将算术应用于生活,否则我们就必须以某种方式制造出比我们能自发找到的更多的数的连续性。因此,拉瓦锡发现了在复合物和元素中都相同的重量单位,虽然体积单位和性质单位都改变了。一个伟大的发现!现代科学通过否认复合物的存在而超越了它。对于科学来说不存在像"水"这样的东西;那只是对 H_2 和 O 进入了 H—O—H 的位置、并以一种新的方式作用于我们感官时的一个方便叫法。关于原子、热、气体的现代理论,事实上只是获得不能由感觉经验表明的事物数的恒常性的极度人为的手段。科学说,"可感的事物不是适合我的事物,因为它们在变化中不能保持在数量上不变。可感的性质不是适合我的性质,因为它们很难计数。然而,这些假设的原子是适合我的事物,这些假设的质量和速度是适合我的性质;它们始终都是可数的。"

通过这样精密的发明,付出了这样的想象力,人们确实成功地为自己制造了一个在其中实在事物无论如何都要受算术法则控制的世界。

数学的另一个分支是几何学。它的对象也是观念的创造物。无论自然界里是否有圆,我都知道我用圆意指的是什么,并且能坚持我的意思;当我意指两个圆时,我意指的是两个同类的事物。恒常结果公理(见前面第 645 页)适用于几何学。以相同的方式(加、减或者比较)处理相同的形状,会产生出相同的结果——它们怎么会不是这样呢?间接比较公理(第 645 页)、逻辑公理(第 648 页)和数的公理(第 654 页)全都适用于我们在空间中想象的形状,

第二十八章　必然真理和经验的作用

因为这些形状相互之间相似或有差异，形成为类，并且是可数的事物。这些一般原则适用于空间形状，也适用于其他心理构想，除了这些原则以外，也有一些只与空间形状相关的公理，我们必须简要地对这些公理做一些思考。

三个这样的公理表明的是直线、平面和平行线的同一。共有两个点的直线、共有三个点的平面、共有一个点的与一条给定的线平行的线，各处都是重合的。一些人说，我们对这些公理的确信来自对其真实性的重复经验；另一些人说，这来自对空间性质的一种直观的亲知。这二者都不对。我们足够多地经验了经过两个点结果又分开了的线，只是我们不会称它们为直线。平面和平行线也是同样的情况。我们对于自己用这每一个词意指什么有明确的观念；当有某种不同的东西提供给我们的时候，我们会看到那种不同。几何学里面的直线、平面和平行线，只是我们理解连续增加的能力的单纯发明。我们说，这些形状的进一步的延续与其最后可见部分的关系，将会和它们与较先前部分的关系是一样的。所以，(由适用于所有常规序列的略去中间项公理)可以推知，这些形状中为其他部分所分离开的部分，必定像邻接的部分一样在方向上是一致的。事实上，使得我们关心这些形状、给这些形状以美感、并使它们成为我们心中的固定构想的，正是这种各个地方方向上的一致性。但是显然，如果共有一个共同部分的两条线或者两个平面，要在这个部分之外分离开来，就只能是因为至少它们之中的一个的方向改变了。线和平面的分离的意思是改变了方向，是与先前存在的部分有了一种新的关系；而有了一种新关系的意思是不再是直的或者平的了。如果我们说的一条平行线的意思是指永远也不会与第二条线相交的线；如果我们有一条经过一个点的这样的线，那么，任何经过那个点、且不与第一条线重合的第三条线，都必定会向第一条线倾斜，而如果向它倾斜，就必定会接近第二条线，也就是说，不再与它相平行。这里无需涉及任何外围空间的属性：只需要有对一致方向的明确构想，以及始终一致地坚守自己的观点。

为几何学所特有的另外两个公理是，形状可以在空间中移动而不发生变化，以及对一个给定量的空间进行再分的方式的变化，不会改变这个空间的总量。① 这后一个公理与我们发现在数的方面成立的东西是类似的。"整体等于它的部分"是对它的一种简略表达。一个在脖子处被切两半的人，与在脚踝处被切两半的人，不是同一个生物学意义上的整体；但是在几何学的意义上，不管我们在哪里切开他，他都是同一个整体。关于形状可以在空间中移动的那条公理，与其说是公理，不如说是一个假定。只要它们可以这样移动，无论把这些形状放在哪里，形状之间就都保持着一些固定的相等和差异。但是如果空间的转变扭曲或者扩大了形状，那么相等关系等等的表达就始终必须再加上一个位置限制。一种像我们的几何学这样绝对确定的几何学，如果它的扭曲和变形的法则是确定的，就可以在对这样一种空间的假设之下被发明出来。然而，它比我们的几何学要复杂得多；我们的几何学做的是最简单的可能假设，而且足够幸运地发现我们的经验空间似乎是与这

---

① 再分本身不消耗空间。在所有的实际经验中，再分确实是消耗空间的。它们在几何形状方面消耗空间。但是为了简单起见，我们在几何学里假定了违背经验并且不消耗空间的再分。

个假设相一致的。

通过这些原则,一切都相互关联起来,我们可以探知大量形状的相等,甚至是那些初看起来几乎毫无相似之处的形状之间的相等。我们在心里移动和旋转它们,发现它们的部分会发生叠加。我们加进对它们进行再分或者扩大的想象的线,发现新的形状以让我们知道旧的形状也相等的方式是相似的。于是最终所有种类的形状都可以用其他形状来表示,我们关于一些其他种类事物也是或者与之相等的那些种类事物的知识扩展了。

其结果就是为了某些目的而可以被看作是同一的心理对象的一个新系统,一个几乎可以无限延长的是的新序列,就像数之间的相等序列,其中的一部分是由乘法表表示出来的。而不管自然的共存和次序,不管我们所说的形状是否被经验过,所有这一切最初就是这样。

序列意识是理性的基础

分类、逻辑和数学都产生自对其构想进行比较的心的单纯活动,无论这些构想是从何而来的。形成所有这些科学的基本条件,是我们已经能够理解这样的序列,能够分清它们是同质的还是异质的,辨别出它们拥有我曾称之为"增加"的明确方向。这种序列意识是人的一种完善性,它是逐渐进化出来的,并且在人与人之间有着惊人的差异。无法将它解释为外部印象间习惯性联想的结果,所以我们必须将它归因于大脑内部生长的因素,无论这些因素是什么。然而,一旦获得了这种意识,间接思想就成为了可能;有了对一个序列的觉知,我们可能还会觉知到略去这个序列中的一些项之后,余下的项之间的关系还是完全相同的;并因此产生了对自然地相互分离着,以致我们否则就决无可能将它们放在一起进行比较的事物之间的关系的知觉。

然而,略去中间项这个公理只适用于一些特殊的序列,其中有我们考虑过的那些序列,在这些序列中反复发生的关系或者是差异关系、相似关系、类的关系、数的相加关系,或者是相同的线或平面方向上的延伸关系。因此它不是思想的单纯形式法则,而是来自于思想内容的性质。我们不能普遍地说,在所有同质相关的项的序列中,遥远成员的相互关系与附近成员的相互关系是一样的;因为那通常是不真实的。A 不是 B 不是 C 不是 D……这个序列,就不允许将这种关系追溯到遥远的项之间。我们从两个否定中不能做出任何推论。更具体地说,一个女人的情人不会通常也爱她所爱的人,或者一个对立者的对立者也不会与前者与之对立的人相对立。杀了杀人者的人,并没有杀被后者所杀的人;一个人的熟人或敌人,不必相互也是熟人或敌人;在第三个东西上方的两个东西,也并非必然地在相互的上方。

所有的略去中间项和关系传递都发生在同质序列中。但是并非所有的同质序列都允许略去中间项和关系传递。这取决于它们是什么序列,它们包含的是什么关系。[①] 由于这个事实,即语言有时允许我们越过略去了的中间项来传递一个关系的名称,有时不

---

① 参见 A. 德摩根:《一个设想的逻辑体系的纲要》(*Syllabus of a proposed System of Logic*)(1860),第 46—56 页。

允许我们这样做,所以不要说它是一个单纯的词语联想问题;正如我们将一些人称为其遥远的和直接的后代的"祖先",却拒绝称他们为这些人的"父亲"。有一些关系是内在可传递的,而其他关系则不是这样。比如,作为一个条件的条件的东西,也是以那个条件为条件的东西的条件——"原因的原因是结果的原因"。另一方面,否定和挫败的关系是不可传递的:挫败一个挫败者的东西,并没有挫败后者所挫败的东西。术语的改变不能消去这两种情况之间本质上的不同。

只有对这些观念本身的清晰了解才能表明略去中间项的公理是否适用于它们。它们的直接和遥远的联系都产生于它们的内部性质。我们设法以某些方式来思考它们,将它们纳入某些关系之中,而我们发现有时我们做得到,有时却做不到。被思考的对象本身之间是否存在内在和本质的联系这个问题,实际上与我们是否能够通过在心里将它们联结起来而获得任何新的知觉,或者通过有结果的心理操作而从一个转到另一个的问题,是一回事情。在一些观念和操作的情况下我们会得到结果;但是在其他情况下则没有结果。结果的产生完全是由于那些观念和操作的性质。以蓝色和黄色为例。我们能够以一些方式对它们进行操作,但是不能以另外的方式操作。我们能够比较它们;但是我们不能将一个加到另一个上面,或者将一个从另一个那里减去。我们可以把它们归于一个共同的类,颜色;但是我们不能使一个成为另一个的类,或者从一个推论出另一个。这与经验没有任何关系。因为我们能够将蓝色颜料加进黄色颜料,再把它减去,两次都能产生结果。但是我们完全知道，这不是蓝色和黄色的特性或者性质本身的加或减。①

因此这是一个不可否认的事实，即心中充满了必然和恒久的关系，这些关系是心在其观念的构想之间发现的，它们形成了一个确定的系统，独立于经验在时间和空间中将这些构想的原型相连结的频度顺序。

我们是否应该继续将这些科学称为一堆"直观的"、"天赋的"或者"前验的"真理呢？② 我个人愿意这样。但是由于长时间的争议使得许多可敬的人对这些术语的整个含义产生了厌恶，所以我不愿意使用这样的术语。不疏远这些读者的最为谨慎的做法，就是叫响不朽的洛克的名字。事实上，我在前面几页所做的事情，只

---

① 参见洛克的《人类理解论》，第 2 卷，第 27 章，第 6 节。
② 一些读者会期待我进入到关于先验真理是"分析的"还是"综合的"这个以前的争论中去。在我看来，这个区分似乎是康德最不幸的遗赠之一，因为不可能把它弄清楚。没有人会说像"等距离的线在任何地方都不会相交"这样的分析判断是纯粹的同义反复。这个谓词是设想和命名主词的一种新方式。在我们最伟大的自明之理中有某种"扩展性的"东西，在说出这样的判断之后，我们的心的状态比说出它们之前更丰富了。在这样的情况下，"在哪一个点上，心的新状态就不再内含于旧的状态之中了？"这个问题模糊得无法回答。定义综合命题的唯一清晰方式，就是说它们至少表达了两个材料之间的关系。但是很难找到任何一个不能被解释为是在这样表达的命题。甚至词语定义也是这样表达的。像最近 D. G. 汤普森先生试图证明所有必然判断都是分析的(《心理学体系》，II，第 232 页及以下诸页)这样的辛苦尝试，似乎相应地只是费力又没有价值的东西(nugæ difficiles)，比浪费纸墨好不了多少。一旦人们停止将康德相信的那种"为所有可能经验立法的性质"归于任何先验的真理(无论是分析的还是综合的)，所有的哲学兴趣就都从这个问题消失了。我们自己已经否定了这样的立法性质，并且主张要由经验本身来证明，它的材料是否能够与先验关系在其间成立的那些观念性的项相同化。因此，分析-综合的争论对于我们来说没有任何的意义。总的来说，我所知道的新近对这个问题的最好处理，是 A. 斯皮尔(Spir)的一部著作，我想是他的《思想与实在》(Denken und Wirklichkeit)，但是我现在找不到页码了。

是更明确地表达了洛克第四卷的学说：

> 相同不变事物之间的相同关系的不变性这个观念，此时向他表明，如果一个三角形的三个角有一次相等于两个直角，它们就永远相等于两个直角。因此他确信，在这方面，一次为真者就永远为真；有一次相互契合的观念就永远相互契合……由于这个原因，数学中的特殊理证可以提供一般性的知识。所以，如果对相同的观念永远拥有相同的习惯性关联和关系这一点的知觉不是知识的充分根据，那么数学中就不会有关于一般命题的知识了。……所有的一般知识都只存在于我们自己的思想中，并仅仅包含在我们对抽象观念的沉思之中。只要我们感知到了它们之间的任何契合或者不契合，我们就拥有了一般知识；通过相应地将这些观念的名称在命题中放到一起，我们就能确定地说出一般的真理。……关于这样的观念，我们一旦知道些什么，就将持久和永远地为真。因此，对于所有的一般知识，我们只能在自己的心里寻找和发现它，而且只有通过检查我们自己的观念，才能让我们获得这种知识。属于事物本质的真理（即抽象观念）是永恒的，只有通过对那些本质的沉思才能被发现。知识的产生是由于我们心中的观念（无论它们是什么）在那里产生出了一些一般命题。……所以这样的命题被称为"永恒真理"，……因为一旦抽象观念的命题为真，那么在过去或者将来的任何时候，每当一个拥有这些观念的心再次产生出这些命题，这些命题就实际上始终是真的。因为名称被认为永远表示相同的观念，而相同的观念相互之间又不变地拥有相同的习惯性关联，所以关于

任何抽象观念的命题一旦为真，就必定成为永恒的真理。

但是，心仅仅通过思考它自己的固定意义而发现的这些永恒真理、这些"契合"，除了我说过的东西以外，是什么呢？——某些序列中的项之间的相似和差异、直接和间接的关系。分类是连续比较，逻辑是间接包含，算术是不同组的一下一下注意的间接相等，几何学是不同切割空间方式的间接相等。这些永恒真理都与事实毫无关系，与世界上的是什么与不是什么毫无关系。逻辑不说苏格拉底、人、会死或不死是否存在；算术不会告诉我们在哪里可以找到7、5和12；几何学不会断言圆和长方形是实在的。所有这些科学让我们确信的是，如果在任何地方发现了这些东西，那些永恒真理就适用于它们。因此洛克从未尝试过要告诉我们

"我们对其真或假可以拥有确定知识的普遍命题与存在无关。……这些普遍和自明的原则，只是我们关于自己比较一般或全面的观念的恒常、清楚和明白的知识，不能让我们对任何心外的事物有所确信；它们的确定性的基础只在于关于每一个观念自身以及它与其他观念的区别的知识；只要它们在我们心中，我们就不会将它们弄错。……数学家是就长方形或圆在他自己心中的观念上的所是，来思考它们的真理和属性的。因为有可能他在一生中都永远找不到它们的数学上的存在（即一丝不苟地真实）。但是他对属于圆或任何其他数学形状的任何真理或属性所拥有的知识，甚至对于现存的实在事物也是真的和确定的；因为这样的命题所涉及和意指的实在事物，只是真正与他心中的那些原型相契合的东西。三

角形的三个角与两个直角相等,这对于三角形的观念而言是真的吗?对于任何地方实际存在着的三角形而言,这也是真的。无论有什么其他不与他心中的观念精确适合的形状存在,这都与那个命题完全没有关系。因此,他确信他关于这类观念的所有知识都是真正的知识;因为,只把事物看作是与他的这些观念相契合的,他就确信在这些形状只在他的心中有一种观念的存在时他对它们所拥有的知识,在它们在物质中有一种实在的存在时也是真的。"但是"有任何物体或者什么物体存在,我们要尽我们的感官之所能来发现。"①

洛克相应地区分了"心理的真理"和"实在的真理"。② 前者具有直观的确定性;后者则依赖于经验。我们只能假设地断言关于实在事物的直观真理——也就是说,通过假设完全与直观命题的观念性主词相一致的实在事物存在。

如果我们的感觉能够证实这个命题,那么就一切顺利。但是注意先验命题的尊严在洛克的手中奇怪地下降了。古代人不加进一步的询问,就认为它们揭示了实在的构造。人们认为,原型物存在于我们思想它们的关系之中。心的必然性是存在之必然性的保证;而且直到笛卡尔的时代,怀疑论才有了这样的进展(在"独断的"圈子里),使得这个保证自身也必须得到保证,而且必须将神的真实性作为坚守我们的自然信念的理由。

但是,在外部实在方面,拥有洛克的直观命题也没有让我们的

---

① 第4卷,第9章,第1节;Ⅶ.14。
② 第5章,第6、8节。

处境变得更好。我们还是不得不"去到感觉那里"发现实在是什么。直观主义立场的辩护因而就是一场没有战果的胜利。我们心的结构所把握的永恒真理本身,并非必然能够把握心外的存在,而且,甚至对于全部的可能经验,它们也并非拥有如康德后来所说①的立法的性质。它们起初只是作为主观事实而令人感兴趣。它们在心中伫候,构成了一个美丽的观念之网;我们最多只能说,我们希望发现可以将这个网抛掷过去,以使观念的东西和实在的东西能够一致起来的实在。

这将我们带回到我们在很久前(见第 640 页)转移开注意的"科学"。科学认为她已经发现了这里所说的客观实在。原子和以太,只有可以由数来表示的质量和速度这样的性质,以及由分析公式表示的路径,这些才是数学-逻辑之网最终可以抛过去的东西,而且通过对它们而不是对感觉现象做出假设,科学就一年年地越来越有能力为自己制造出一个可以对其形成理性命题的世界。对于机械哲学来说,感觉现象是纯粹的错觉。我们凭本能相信的"事物"和性质并不存在。唯一的实在是永恒波动或者连续运动着的一大群固体粒子,它们这些无表情、无意义的位置改变构成了这个

---

① 顺便说一句,在康德表明我们必然思想的形式不是出自于经验的方式中,有一个奇怪的战术性错误。他强调经验在很大程度上与之相契合的思想形式,忘记了唯一完全不可能产生自经验的形式,是为经验所违背的形式。康德的追随者应该做的第一件事,就是找出"事物"的所有秩序都不会与之并行不悖的判断形式。这些确实就应该是心中的先天特征。我的这一评论应归功于 A. 斯皮尔,他的《思想与实在》的某个地方包含了这一思想。我自己已经在某种程度上表明,并将在下面的书页中进一步表明心的结构以这种方式所具有的创造性。

第二十八章 必然真理和经验的作用 759

世界的历史,并且可以从假设的最初排列和运动习惯中推断出来。数千年以前,人们开始将混乱的自然顺序和排列安排进了一种也许看上去可以理解的形式之中。许多是他们的理性秩序的观念蓝本:事物之间目的论的和审美的联系,原因和实体的纽带,以及逻辑和数学的关系。这些观念体系中最有希望的体系起初当然是那些比较丰富的体系,那些富有感情的体系。而最不加渲染和最没有希望的则是数学的体系;但是数学体系的应用的历史是一部持续取得成功的历史,而感情更丰富的体系的历史则相对缺少成效并且是失败的。① 考虑一下使你作为一个人而最为感兴趣的现象的那些方面,将这些现象归类为完善和不完善、目的和达到目的的手段、高和低、美和丑、积极和消极、和谐与不和谐、适合与不适合、自然与非自然等等,你不会得到任何的结果。在观念世界中,"珍贵的"这个类拥有独特的属性。珍贵的东西应当保存;无价值的东西应当为了它的缘故而被牺牲掉;为了它可以有例外;它的珍贵是其他事物活动等等的理由。但是所有这一切都不必发生在实在世界里面你的"珍贵"物体之上。你可以尽你所愿用感情的、道德的和审美的名称来称呼这些自然之物,你的称呼不会产生任何自然结果。它们也许属于你所声称的类,但是它们不属于"那个类

---

① 然而,甚至在晚至贝克莱的时代,也有人可以这样写:"在阅读其他书籍时,一个明智的人会选择将自己的思想集中在意义上,并将它付诸应用,而不是以对书中语言进行语法评论的方式将这些思想展开;所以在我看来,在详细考察自然之书时,追求将每个特殊现象还原为一般规则时的精确性,或者表明它是如何从它们那里得出的,有损心的尊严。我们应该向自己提出更高贵的见解,即重建和提升能够展望自然事物之美、秩序、广度和多样性的心;由此,通过严密的推论,扩展我们关于创世主之庄严、智慧和仁慈的见解,"等等。(《人类知识原理》,第 109 节)

的类"；最后一位这类了不起的体系制造者黑格尔，为了要从他用来称呼事物的名称进行推论，而不得不明确地拒绝逻辑。

但是当你给予事物数学和机械学的名称，称它们为正好处于这些位置的正好这么多的固体粒子，用恰好这样的速度来描述恰好这样的路径时，一切就都改变了。你的睿智在自然证实了你下一步要进行的全部演绎时就得到了报答。你的"事物"实现了你用来对它们进行分类的名称的所有结果。由于包含了星云宇宙论、能量守恒、关于热和气体的分子运动论等等而使我们大家引以为傲的现代机械-物理哲学，开始于这样的说法，即唯一的事实就是基本固体粒子的排列和运动，唯一的法则就是排列的变化所带来的运动变化。这种哲学所追求的理想是一种数学的世界公式，如果知道一个给定时刻的全部排列和运动，我们就有可能仅仅通过考虑几何、算术和逻辑的必然蕴涵，而计算出任何未来时刻的排列和运动。一旦我们有了这样一个简单明了的世界，我们就能将我们的前验关系之网抛到它所有的项的上面，并通过内在的思想必然性而从它的一个阶段进到另一个阶段。当然这是一个拥有最低限度理性要素的世界。感情的事实和关系一下子就被判处了死刑。但是产生出来的理性在形式上极为完备，以致在许多人看来这弥补了损失，并使思想者接受了无目的宇宙的观念，在这样的宇宙中人们喜爱的所有事物和性质，世间最甜美的名字（dulcissima mundi nomina），都只是我们想象力的错觉，这种错觉附着在一团偶然的尘埃之上，永恒的宇宙气象将会如形成它们时那般漫不经心地将后者驱散开来。

关于"科学"是从外部强加给心的,我们的兴趣与它的建构毫无关系的通俗见解,完全是荒谬的。渴望相信世界上的事物可以归入由内在理性所联系起来的类,这是科学也是感性哲学的根源所在;而最初的研究者始终都对他手中的材料是多么地具有可塑性保持着健全的意识。

赫尔姆霍茨在他的那本奠定了"能量守恒定律"基础的小书的开始说道,"寻找自然中的特殊过程由以被归于一般规则、再由这些规则演绎出来的法则,永远是物理科学的任务。很明显,这样的规则(如光的反射和折射法则,或者容气量的马里奥特和盖-吕萨克法则)只是用来涵盖整个类的现象的类属概念。寻找这些规则是科学的经验部门的事务。另一方面,它的理论部门则试图从过程的可见结果去发现它们的未知原因;试图通过因果法则去理解它们。……理论物理学的终极目标是找到自然中的过程的最后的不变原因。至于是否所有的过程实际上都能被归于这样的原因,换句话说,自然是否是完全可理解的,或者是否有变化能够避开必然因果法则而落入自发性或者自由的王国,这里不做确定;但是无论如何都很清楚,目标是使自然看上去可以理解[die Natur zu begreifen]的科学,必须开始于对她的可理解性的假设,并本着这个假设来得出结论,直到无可辩驳的事实表明这个方法的限度。……之后,对自然现象一定要被还原为不变的终极原因的假设,又使得人们一定会发现不随时间发生变化的力一定就是这些原因。现在,在科学中我们已经发现了物质带有不变的力(不可毁坏的性质)的那些部分,并称之为'化学'元素。那么,如果我们想象世界是由带有不变性质的元素组成的,那么在这样一个世界中唯一可能的变化就是空间变化,即运动,而唯一能够改变力的活动的外部关系就也是空间的,或者换句话说,那些力是效果完全取决于空间关系的推动力。更准确地说:自然现象必须被还原为[zurückgeführt,被设想为,被归类为]带有不变推动力,仅根据空间关系而活动的质点的运动。……但是点与点之间除了距离以外没有空间关系,……而且它们相互施与的推动力只能引起距离的变化——即作为引力或者斥力。……而且它的强度只能取决于距离。所以,物理学的任务最后就变成了这样,即将现象归之于强度随距离变化的不变的引力和斥力。这一任务的完成同时也就是自然之完全可理解性的条件。"①

不能更直率地表达导向这一假设的主观兴趣了。使得这个假设是"科学的"而非仅仅是诗意的,使得赫尔姆霍茨及其同类成为发现者的,是自然事物的活动最后证明就好像它们是被设想的那样。它们的表现就像单纯在拉来推去的原子的表现;而且,就它们被足够清楚地转译为分子的术语以检验这一点而言,人们会发现,某种难以置信的观念对象,即包含了它们的彼此距离和速度的数学总和,在它们的所有运动中都是恒定的。这个总和被称为所考虑的分子的总能量。它的恒定性或者"保持",使得它从中逻辑演绎出来的关于分子和中心力的假说有了那个名称。

任何其他的数学-机械理论的情况也是这样。它们都是感觉经验向其他形式的转译,是用其间类、数、形式、相等等观念性关系成立的事物代替其间这样的关系不成立的事物;是与关于

---

① 《力的维系》(*Die Erhaltung der Kraft*)(1847),第 2—6 页。

第二十八章　必然真理和经验的作用

经验到的形式为假而观念的形式为真的陈述，以及为恰恰在我们逻辑地推论其观念性关联物应处的时间和地点出现的新感觉经验所辩护的陈述联系在一起的。因此，波动假说使我们能够预测暗环和色环、变形、色散、离开我们的有声物体的音高变化等，分子假说导致了对蒸气密度、凝固点等等的预测——所有这些预言都成真了。

因此，一旦心将世界看作是由像只有数量和往复运动属性的物体这样少而简单的现象构成的时，这个世界对于根据演绎的必然性从它的一个特征推至另一个特征的心来说，就变得更加有序和理性了。

形而上学的公理

但是，与这些为世界所证实的项之间的观念性关系在一起的，还有尚未得到证实的其他观念性关系。我指的是在下述形而上学和美学公理中阐述出来的命题（表达的不再是单纯的比较结果），如"事物的本原是一"；"存在的量不变"；"自然是简单而恒定的"；"自然经由最短的路径行事"；"无中不能生有"；"非包含在内者不能演化出来"；"结果中的一切必定在原因之中"；"一个事物只能在它所在之处起作用"；"一个事物只能影响与它同类的事物"；"无因则无果（Cessante causa, cessat et effectus）"；"自然不会发生飞跃"；"事物属于分离的和不变的类"；"任何事物的存在和发生都有原因"；"世界在所有的方面都可以为理性所理解"；等等，等等。多到可以让人厌腻的这样的原则，①可以恰当地被称为理性预设，而非事实命题。如果自然确实遵从了它们，她就会在这个范围内更具有可理解性；而我们同时又试图这样去考虑她的现象，以表明她确实遵从了它们。在一定的程度上我们成功了。比如，自然允许我们设想那种因没有更好的术语我们称之为"能量"的奇怪的距离和速度的总和，而不是模糊地假定为不变的那个"存在的量"。一旦自然让我们将结果和原因看作处于两个相继位置的相同分子，她就让我们用"结果就是原因"取代了结果"包含在原因之中"。——但是在这些初期成功的周围（就像在分子世界的周围，只要我们将那些为其缘故而必须判处死刑的常识中的错觉的"事物"作为分子世界的"结果"而加之于它），仍然铺展开了一个广阔的非理性化事实的领域，这个领域中的事物只是在一起，我们无法经由理想的"理性"途径从其中的一个转到另一个。

并非这些较为形而上学的理性预设是绝对不结果实的——虽然在像经院哲学家那样将它们作为直接的事实命题而使用时，它们是完全不结果实的。② 它们作为理想有一种多产性，并且让我们

---

① 也许所有这些预设里最有影响者，是说世界的本性必定是可以让我们对其做出笼统陈述的。

② 比如，考虑一下"无人能超越自身"（nemo potest supra seipsum）和"无人能给别人自己没有的东西"（nemo dat quod non habet）这两条公理，在我取自使用广泛的《里伯瑞托逻辑学与形而上学的经院哲学纲要》（scholastic compendium of Logic and Metaphysics of Liberatore）第三版（Rome，1880）中对"达尔文主义"的这个驳斥中的使用："这个假设……恰恰与形而上学的原则相冲突，这些原则表述的是那些不被运动的实体的本质，而且，结果不能超越原因。当然，就像达尔文所说的，较低的物种会朝着较高级的物种进化，那么他从哪里获得这种更大的出色力量呢？从它们的缺乏中。但是，那没有的也不能给予。而且，那较小者也绝不能产生较大者，或非不能产生是。

第二十八章 必然真理和经验的作用

一直不安地和努力地去再造感觉的世界,直到它的界线与这些理想的界线变得更加一致。比如"任何事物的发生都有原因"这条原则。对于我们所说的原因意指什么,或者因果性是在于什么,我们没有明确的观念。但是这条原则表达了一种要求,要求现象之间的某种比表现为单纯习惯性的时间顺序更深的内部联系。总之,"原因"这个词是一位未知之神的祭坛;一个表示着所期待塑像的所在之地的空的基座。任何相随的项真正在内部的同属一处,如果被发现,都会作为原因这个词所要代表的东西被接受下来。所以我们寻找,再寻找;在分子系统中,我们在关于物质与排列变化相同一的看法中找到了一种内部的同属关系。也许通过进一步

除此之外,这些之前物种的自然在转化中被塑造时究竟是被保存呢还是被毁灭? 如果是前者,变化将会同样是偶然的,事实上,就像我们在不同种类生物的繁衍那里看到的。如果是另外一种情况,达尔文的假设事实上就成立了,事实会倾向于它们自身的毁灭。为了反对所有的自然的倾向,与之完全相反的是,所有自然的东西都倾向于自身的保存,没有什么事物通过行动者的相反的行动而趋向毁灭。"(Hæc hypothesis ... aperte contradicit principiis Metaphysicæ, quæ docent essentias rerum esse immutabiles, et effectum non posse superare causam. Et sane, quando, juxta Darwin, species inferior se evolvit in superiorem, unde trahit maiorem illam nobilitatem? Ex ejus carentia. At nihil dat quod non habet; et minus gignere nequit plus, aut negation positionem. Præterea in transformatione quæ fingitur, natura prioris specie, servatur aut destruitur? Si primum, mutation erit tantum accidentalis, qualem reapse videmus in diversis stirpibus animantium. Sin alterum asseritur, ut reapse fert hypothesis darwiniana, res tenderet ad seipsam destruendam; cum contra omnia naturaliter tendant ad sui conservationem, et nonnisi per actioinem contrarii agentis corruant.)这些观念上恰当的关系是否在动植物的祖先和后代之间成立,这只是一个事实问题。如果不成立会怎么样呢? 只是我们不能继续将动植物的事实归入在其中这些观念关系成立的类。因此,我们不能再用"种"这个名称来称呼动物的种类;不能将生殖称为一种"生产",或者将一个后代当作其祖先的"结果"。如果我们愿意,项和关系的观念图式可以保留;但它必须是纯心理的,而不能应用于不顾观念图式而我行我素的生命。然而,我们大多数人宁愿去怀疑像"事物不会趋向于自己的毁灭"这样的抽象公理是否表达了任何重要的观念关系。

的寻找,我们会发现其他种类的内部同属关系,甚至是在分子与分子在我们心中引起的"第二性质"等等之间的内部同属关系。

　　这一点怎么重复都不为过,即我们任何一个理性关系的理想系统对实在世界的成功应用,都使我们可能会发现其他系统也适用的希望得到了辩护。形而上学应当以物理学为榜样而振作起来,只需承认她所肩负的是更为长久的任务。自然可以被重建,不,肯定会被重建,远远超越我们现在的所及之处。有多远?——这是只有未来的全部科学和哲学的历史才能回答的问题。① 我们的任务是心理学,我们甚至不能跨过那个更大问题的门槛。

　　除了导致刚刚讨论过的形而上学原则的心理结构以外,还有一种心理结构在下面的原则中表现出来。

审美的和道德的原则

　　审美原则实际上是像一个音符和它的三度音和五度音一起发声和谐悦耳,或者土豆需要盐这样的原理。我们永远都是这样,当一些印象来到心前时,其中的一个印象就会要求或者排斥其他印象与之相伴。在某种程度上,习惯原则能够解释这些审美的联系。当一种结合反复被经验到时,它的各个项的联结就变得令人愉快了,或者至少它们的破裂就变得令人不快了。但是要以这种方式解释所有的审美判断却是荒谬的;因为众所周知,自然的经验是多么难以达到我们的审美要求。许多所谓的形而上学原则实际上只是审美感受

---

① 比较 A. 里尔:《哲学批评》,第2卷,第1册,第1部分,第3章,第6节。

第二十八章 必然真理和经验的作用

的表达。自然是简单和不变的;不会发生飞跃,或者只做出飞跃;是在理性上可理解的;在量上既不增加也不减少;产生自一个本原,等等,——除了对我们的理智要是应对的是这样一种自然,它会感到多么愉快这种感觉以外,所有这样的原则还能表达什么呢?这种感受的主观性与自然随后也客观地证明就是那样的,当然是相当和谐的。

我们的心理结构产生出来的道德原则,能够完全通过形成了内部联结的习惯性经验来解释的也相当地少。无论有多少事实可以证明这种同一性,正确都不仅仅是普通,错误也不仅仅是奇特。道德判断也不是由公众意见最为不变和有力地施加给我们的判断。一个人要做出的最为独特和特别的道德判断,是在没有前例的情况下和单独的突发事件中做出的,此时没有流行的词藻华丽的格言可用,而只有隐藏的神谕可以说话;而它常会赞同相当不同寻常和对于获得大众赞许来说于己不利的行为。促成这一结果的力量,是构成当时事情材料的基本观念之间的微妙的和谐与不和谐。有一些这样的和谐无疑与习惯有关;但是对于它们的大部分而言,我们的感受性必定是一种额外现象,与大脑功能的关联就和对复杂音乐作品之美妙的认识一样是次级的。高级道德感受性和高级音乐感受性一样,不能用外部关系结合在一起的频率来解释。① 以对正义或

---

① 在上千个异常敏感气质的例子中,我们来看这一个:"我必须离开社会。我宁愿经受来自野兽的双倍危险和来自岩石的十倍危险。我惧怕的不是痛苦,不是死亡,——而是人的仇恨;这里面有某种东西是如此地可怕,以致我宁愿遭受任何伤害,也不愿通过报仇来引起或增加一个人的仇恨。……另一个自杀的充分理由是,今天早晨我对道格拉斯夫人发了脾气(完全不是因为她的过错)。我至少没有背叛自己,但是我想到,一年遭受一次发生这类事件的可能性,是坏得足以让生命变得不能忍受了。使用恼怒语词的耻辱,对于我来说是无法忍受的。"[埃尔顿·哈蒙德(Elton Hammond),引自《亨利·克拉布·鲁滨逊日记》(*Henry Crabb Robinson's Diary*),第 1 卷,第 424 页。]

公正的判断为例。一个人会本能地根据一件事情是与他自己还是与其他人有关,而对每一件事情有不同的判断。人们经验地注意到每一个其他人也都是这样。但是渐渐地一个人有了这样的判断,即"对于另一个处境类似的人不正确的事情,对于我也不可能是正确的";或者"我的欲望的满足内在地并不比任何其他人的欲望的满足更必要";或者"另一个人有理由为我做的事情,我也有理由为他做";①立刻,全部习惯了的东西就都被颠覆了。只在少数狂热的头脑中颠覆才是严重的。但是它的颠覆应归于后门过程而非前门过程。一些人的心对逻辑的一致性和不一致性异常敏感。当他们将一个事物归于一个类时,他们必须将它看作也属于那个类的类,否则就会感到完全不协调。在许多方面我们确实将自己与其他人归为一类,并用一个共同的名字称呼他们和我们自己。在有同一位天父,不能询问出身,不为自然天赋而受感激或责备,拥有相同的欲望、痛苦和快乐的方面,总之,在大量的基本关系方面,他们是与我们一致的。因此,如果这些就是我们的本质,那么,在任何包含我们中的一方的命题中,我们就应该能够替代其他人,其他人也能够替代我们。所选择的本质越基本、越具有共同性,推理越简单,②所追求的正义就越是根本的和无条件的。生活就是基于考虑事情的抽象方式而得出的结论和我们本能地将这些事情感知为单个事实所导致的相反结论之间的一场长期斗争。对于基于老练和特殊实

---

① 比较 H. 西季威克,《伦理学的方法》,第 3 卷,第 13 章,第 3 节。
② 一位绅士告诉我,他对于向女人开放哈佛医学院有一个令人信服的论证。这就是:"女人不是人吗?"——这个大前提当然必须得到承认。"她们没有资格拥有全部的人权吗?"我的朋友说,他还从未遇到过任何能够成功驳倒这一推理的人。

例做判断、并且在论证方面表现不佳的人来说,逻辑的正义坚持者总是显得迂腐和机械。有时抽象思考者的方式更好,有时依靠本能的人的方式更好。但是,正如我们在关于推理的研究中发现,不可能制定任何的标准,来将对一个具体情况的正确的概念性认识和混乱区分开来(见第336、350页),所以在这里我们也不可能给出任何一般的规则,来裁决什么时候将一个具体情况看作是独特的,什么时候将它与其他情况放入一个抽象的类里是在道德上有益的。①

---

① 将各种情况看作严格地属于抽象的类,你就处在了冷酷的视角和正义的视角上。完全免于偏见的纯理性主义,拒绝看到一个人所面临的情况是完全独特的。基于一种原本的性质,将一个人出生的国家、父辈的住所、母亲去世的床铺,甚至如果需要还有母亲本人,与那么多不同属的所有其他样本一样对待,这总是可能的。它在清晰的冷光之下将世界展现出来,其中不存在任何感情的暗黑烟雾和多愁善感的沼泽之光。断然和直接的行动变得容易了——看看拿破仑或腓特列一世那样的人的生涯。但是问题始终存在,"烟雾和水气不值得保留吗?"非逻辑地拒绝使用具体事物之属的单纯法则来处理这些具体事物,造成了戏剧性的人类历史。固执地坚持半斤不是八两(tweedledum is *not* tweedledee),是生活的要义。看看犹太人和苏格兰人,看看他们悲惨的党派纷争和派系争论,他们的忠诚、爱国精神和排外主义,——他们的编年史现在成为了一部经典遗产,因为天才人物加入了进来并在其中发声。如果任何人认为一个事物是重要的,它就是重要的。历史的过程是在于一些人逐渐狂热地认为一些特殊的事物具有无限的重要性,而另一些人却无法同意这个信念。波斯的沙哈拒绝去德比赛马会,说"我已经知道一匹马会比另一匹跑得更快。"在他这里"哪匹马?"的问题是不重要的。任何问题都可以通过将它的全部答案纳入一个共同的题目而变得不重要。想象一下如果运动员忘记了哈佛和耶鲁的绝对不同,将二者都当成了更高一个属的学院里面的一个,大学球类运动和比赛会是怎样。非常有效的通往漠不关心的道路,无论是对恶还是善,是在于对更高级的属的思想。"当我们的面前有食物时,"想要对那类的善漠不关心,马可·奥勒留说,"我们必须获得这样的印象,即这是一条鱼的尸体,这是一只鸟或者一头猪的尸体;而这瓶费勒年酒只是一点葡萄汁,这件紫色长袍只是用贝类动物的血染成的羊毛。这些印象就是这样的,它们触及事物本身并且渗入其中,我们于是知道它们是哪种事物。我们应该一生都以与此相同的方式来行动,在存在着看上去最值得我们认可的事物的地方,我们就应该揭穿它们,看到它们是毫无价值的,并且拿掉所有颂扬它们的语词。"[朗(Long)的译本,VI.13]

675　需要有单独的一章才能对我们获得审美和道德判断的方式进行充分的处理,我不方便在这部书中放进这样的一章。只要说这些判断表达了思想对象之间的内在和谐与不和谐;虽然经常重复的外部结合通常会显得和谐,但是所有的和谐都不是这样产生的,我们对许多和谐的感受是心的一种次级的和附带的功能,这就够了。在实在世界被断言为和谐之处,就这些和谐超越了经验而言,它们显然只是理性的预设。关于个别的和普遍的善是一,关于在同一个主体那里,幸福和善必定结合在一起的伦理学命题,就是这类预设的例证。

对前面内容的总结

现在我将通过对我们已经得出的最重要的结论做一个简要概述,来总结我们取得的进展。

676　心在这个意义上拥有先天的结构,即它的一些对象,如果以某些方式一起来考虑,就会产生出明确的结果;以及如果考虑的是相同的对象,那么就不可能有其他的考虑方式,也不可能有其他的结果。

这些结果就是全部由包含判断和比较判断所表达的"关系"。

包含判断自身也包含在逻辑法则之下。

比较判断是在分类中以及在算术和几何科学中表达的。

斯宾塞先生认为我们对观念之间分类的、逻辑的和数学的关系的意识,产生自相应的"外部关系"影响我们心的频率,这个看法是难以理解的。

无疑，我们关于这些关系的意识有自然的起源。但是，我们应当到使得大脑生长的内部力量中，而不是到任何外部刺激在那个器官中犁出的单纯的"经常性"联想通路中去寻找它。

但是无论如何还是任由我们对这些关系的感觉发生，可以说这些关系本身在心中形成了一个解理线的固定系统，我们通过这个系统自然地从一个对象转到另一个；由这些解理线联系起来的对象，通常并不是由任何习惯性的时间空间联想联系着的。因此，我们在事物的经验秩序和它们的理性比较秩序之间做出了区分；而且，只要有可能，我们就设法将前者转化为后者，因为二者之中它更适合我们的理智。

与单纯地将事物作为时间空间中的个体并列起来或者分离开来（这是它们的原始知觉秩序）相比，对事物进行的任何归类（特别是如果这些类形成了序列，或者如果它们相继地相互包含）都是考虑事物的一种更加理性的方式。任何将事物同化于在其间这种分类关系（包括遥远和间接的运作）成立的项的做法，都是将事物带入更理性的图式的方式。

运动中的固体物就是这样的项；而机械哲学只是考虑自然的一种方式，它使得自然中的事物能够沿着我们心理结构中的一些更自然的理解线来得到安排。

其他的自然线是道德和审美的关系。哲学仍然在设法这样来思考事物，以使这些关系看上去也能在它们之间成立。

只要事物还没有成功地得到这样的思考，道德和审美的关系就只在理性存在者(entia rationis)，即心中的项之间成立；而且，对于外面的实在世界来说，道德和审美的原则就仍然只是预设，而不是命题。

所以存在着大量前验的或者直观的必然真理。通常，这些只是比较真理，而且最初它们表达的是单纯心理的项之间的关系。然而，自然却表现得就好像它的一些实在与这些心理项是同一的。只要自然是这样表现的，我们就能做出关于自然事实的前验命题。科学和哲学的目的是让可辨认的项变得更多。到目前为止，已经证明更容易将自然事物同一于带有机械秩序的心理项，而非带有感情秩序的心理项。

最宽泛的理性预设是，世界在所有的方面都是可以依照某个观念系统的方式而为理性所理解的。全部的哲学论战都是关乎这一信仰的。一些人说他们已经能够看到通向理性的道路；其他人说除了机械的道路以外，任何其他道路都是无望的。对于一些人来说，甚至连世界的存在这个事实都似乎是非理性的。对于这些人心来说，非实存是比存在更自然的事情。至少有一位哲学家说，事物相互之间的关联性无论如何都是非理性的，一个关系的世界永远也不能成为可理解的。[①]

就我们有机心理结构的理论部分而言，可以说至此我已经完

[①] "任何实际的对象都在其自身，即在自己的本质上与自己同一，并且是无条件的"(An sich, in seinem eignen Wesen, ist jedes reale Object mit sich sellbst identisch und unbedingt)——即"先天的最普遍的知识"(allgemeinste Einsicht a priori)，而"源自经验的最为普遍者"(allgemeinste aus Erfahrung)是"所有能够被认识的都是有条件者"(Alles erkennbare ist bedingt)。(A. 斯皮尔：《思想与实在》。也比较赫尔巴特和黑格尔。)

第二十八章 必然真理和经验的作用

成了我在这一章的开始所宣布的计划。它既不能产生自我们自己的,也不能产生自我们祖先的经验。现在我转向我们有机心理结构的实践的部分。情况在这里有少许不同;结论虽然是在同一个方向上,却绝不可能表达得如此肯定。

为了尽可能地简短和简单,我将以本能为例,并设想读者熟悉第 24 章的内容,直入问题的中心。

本能的由来

本能一定或者

(1) 每一个都是以完备的形式被专门创造出来的,或者

(2) 是逐渐进化的。

由于第一个选项如今已经过时了,我直接进入第二个选项。关于本能进化方式的两个最著名的提议,是与拉马克(Lamarck)和达尔文的名字联系在一起的。

拉马克声称,动物有需要,为了满足需要,它们养成了一些习惯,这些习惯逐渐变成了许多既无法抗拒也不能改变的倾向。这些倾向一旦获得,就通过传递给年幼者而使自己得到传播,这样它们就先于所有的训练而存在于新的个体之中。所以,只要外部的生存条件保持不变,相同的情绪、相同的习惯和相同的本能,就能一代一代不变地保持下去。① 刘易斯先生称其为"失效的智能"理论。斯

---

① Philosophie Zoölogique,第 3 部分,第 5 章,"论本能"(de l'Instinct)。

宾塞先生的表述比拉马克更清晰,所以我下面引述他的话:①

> 从这个毫无疑问的假定开始,即在个体或者种中出现的每一个新形式的情绪,都是某个先已存在的情绪的变形,或者是几个先已存在的情绪的复合,那么,知道什么始终是先已存在的情绪就会给我们以极大的帮助。例如,当我们发现很少有低等动物表现出任何对于积聚的喜爱,以及这种感受也不存在于婴儿期时;当我们看到怀抱中的婴儿表现出恼火、恐惧和惊奇,却没有表现出任何对持久占有的欲望时;看到一个没有贪婪情绪的动物却能感受依恋、妒忌和对赞许的喜爱时,——我们会猜想为财产所满足的感受是由更简单和更深的感受复合而来的。我们会得出结论说,就像当一只狗藏起一块骨头时,在它的内部一定存在一种预期的饥饿的满足,所以同样地,在所有获得或者拥有任何东西的情形下,最初一定存在着为那个东西所满足的感受的观念上的兴奋。我们可以进一步断言,当智力处于这样的状态,即各种对象为不同的目的而被利用的时候;如在未开化的人中间那样,当不同的需

---

① 应该说,斯宾塞先生关于本能的最正式的阐述,是在他的《心理学原理》一书中同一名称的那一章。罗马尼斯博士在其《动物心理进化》的第17章,重新表述和批评了斯宾塞先生那一章里面的学说。我必须承认,我没有能力用可理解的术语来陈述它的模糊之处。它将本能看作反射动作的进一步发展和智力的先行者,——这对于许多本能来说也许是对的。但是,它将这些本能的形成归因于单纯的"经验增殖",最初是简单的,通过简单的反射动作让神经系统"与外部关系相符合",然后是复杂的,通过"复合的反射动作"来使神经系统"符合",这样,在它所给出的东西之外如果没有一个线索,它就太玄妙而难以理解了。如果我们假定反射动作是保留下来的偶然的先天特质,整个问题就变得十分简单了。

第二十八章　必然真理和经验的作用

求通过适合用作兵器、居所、衣服和装饰物的物品而得到满足的时候,——占有的活动就不断包含了合意的联想,并因而是令人愉快的,而不受它所促成的目的的影响。如在文明的生活中,当所获得的财产带来的不是一种满足,而是能够提供各种满足的时候,获得财产的快乐就与它所促成的每一种快乐都更加不同了——更完全地分化为了一种独立的情绪。① 众所周知,在新发现的无人居住的岛屿上,禽鸟是如此地无所畏惧,以致允许人们用棍子把它弄倒,但是经过几代的时间,它们就畏惧人了,人一接近它就飞走,而且小鸟和老鸟都会表现出这种畏惧。如果不将这种变化归因于最不畏惧的鸟被杀光了,而比较畏惧的保留了下来并得到繁殖(考虑到为人所杀的鸟数量不大,这是一个并不充足的原因),它就必须被归因于经验的积累,而每一个经验都必须被看作是对它的产生起了作用。我们必须断言,在每一只带着因人所受的伤而逃开、或者为鸟群里其他鸟的叫喊而警觉的鸟那里,……都建立起了

---

① 对贪婪的这种解释与我们自己的解释不同。我们不否认,联想主义的解释是对我们很多占有感受的一种真实描述,另外我们还承认一种完全原始的欲望形式。(见前面第422及以下诸页)对于这种情况的可靠性,必须由读者来判断。表面的现象肯定是支持我们的内部存在着某些与被据为己有之物随后的用途完全脱离开来的贪婪。它们的诱惑力来自它们对我们的美感产生了影响,我们于是就希望拥有它们。闪耀的、硬的、金属的、奇特的和漂亮的东西;特别是奇怪的东西;看上去像人造物或者模仿其他物体的自然物体,——这些构成了人类要攫取的一类东西,就像喜鹊攫取碎布一样。它们只是让我们着迷。哪一所房子里没有盛满这种无人知道可以做什么,却由盲目的本能从垃圾筒中救出的无意义零碎杂物的抽屉和橱柜?看看从海边或林中散步回来的人,人人都拿着石头或者贝壳样的奇形怪状之物,或者树皮条或者形状怪异的菌类,这些东西乱丢在房子里,一天天变得更加难看,直到最后理性战胜了盲目倾向,将它们清扫出去。

人的外貌和由人直接或间接带来的疼痛之间的观念联想。而且我们还要进一步断言,促使鸟飞走的意识状态,最初只是以前在人靠近之后出现的疼痛印象的观念再现;随着直接的或者共鸣的疼痛经验的增加,这样的观念再现也变得更生动和更多了;因此,这样的情绪在初始的阶段,只是再现出来的以前经验过的疼痛的聚合。由于在代代相继的过程中,这个物种的幼鸟开始在受到人的伤害之前就表现出对人的恐惧,所以人们不可避免地会推论,这个物种的神经系统已经在器官结构上为这些经验改变了;我们没有选择,只能断言,当一只幼鸟这样飞起来时,这是因为通过一种早期的反射动作,由人的靠近而在它那里产生的感觉印象,必然会造成其祖先在相同情况下曾经兴奋起来的所有神经的部分兴奋;这种部分兴奋有疼痛意识相伴随;这样产生的模糊的疼痛意识是真正的情绪——这种情绪不能分解为特殊的经验,所以看上去是同质的。*如果这就是对所说事实的解释,那么它就适用于所有的情况。如果情绪在这里是这样产生的,那么它在各处就都是这样产生的。*如果是这样,我们就必然会断言,不同民族所展现出来的情绪变化,以及文明人和未开化的人由以区分开来的那些较高级的情绪,都可以根据相同的原理来解释。而且,这样的断言让我们强烈地猜想,各种情绪总的来说是各自这样起源的。[①]

[①] H. 斯宾塞:《普遍进步的说明》(*Illustrations of Universal Progress*)(纽约,1864)中的"贝恩评论"(Review of Bain),第 311、315 页。

显然,"情绪"这个词在这里也指本能,——我们称为本能的动作是斯宾塞先生讨论了其起源的那种情绪的表达或者表现。如果习惯能够这样在个体的生命之外产生效果,如果年幼者的神经系统中生来就有父母神经系统如此痛苦获得的改变,那么这样扩大它的影响的重要性(实践和理论的)就怎么说也不为过。原则上,本能这时就与"次级自动"习惯是一回事了,而它们中的许多起源于在祖先生活中做出,并通过一代代的重复、添加和联结而完善起来的尝试性实验,就是一件比较容易理解的事情了。

因此,当代的本能研究者就曾经留心去发现能够确立这种解释的可能性的全部事实。考虑到它所要承受的结论之重,这个清单并不很长。让我们从斯宾塞所论证的人的贪婪和恐惧开始。恐惧的其他情况有 T. A. 奈特(T. A. Knight)在其六十年的观察中注意到的丘鹬的更多的胆怯,以及达尔文唤起人们注意的各个地方的大体型鸟比小体型鸟表现出来的更强烈的胆怯。我们还可以加上——

运动犬的"站住以头指向猎物"和"衔回"等等的倾向,看上去至少部分产生自训练,但是在优良品种那里却完全是先天的。正是在这些品种中,如果雄亲或者雌亲不曾在野外受过训练,就被认为对这一窝幼崽是不好的。

驯养的马和牛的顺从。

驯养兔子的幼仔的温顺——年幼的野兔是极胆小的。

在遭到严重猎捕的地方,年幼的狐狸最为警惕。

驯养的鸭子孵出的野鸭会飞走。但是如果经过几代留在身边,幼仔就变得温顺了。①

年幼的野蛮人在特定的年龄会返回到森林中。

带到墨西哥高原的英国灰狗,最初由于变稀薄了的空气而不能很好地奔跑。它们的幼崽则完全克服了这个困难。

刘易斯先生在某处②谈到过一只小猎狗的幼犬,它的父母曾经被教会了"乞求",它时常会自发性地做出乞求姿势。达尔文谈到一个法国孤儿,在法国的外面养大,耸起肩来却和他的祖先一样。③

在音乐家的家庭里,音乐才能通常会一代代地增长。

布朗-西夸的因遗传而患癫痫病的天竺鼠,它们的父母是通过脊髓和坐骨神经上的外科手术而患上癫痫病的。成年天竺鼠通常会失去某个后趾,而年幼者除了患有癫痫以外,往往还会生来就没有相应的趾。一侧颈交感神经被切除的天竺鼠的后代,那只耳朵会更大,眼球会更小等等,就像它们的父母手术后的样子。毁掉髓质的"索状体",在同一只动物那里,会使一只眼睛充血并扩大,并引起一只耳朵生坏疽。在这类父母的幼崽中也会出现相同的症状。

身体上的改良,灵巧的手和脚等等,会出现在几代以来都教养良好和富裕的家庭里。

"神经质的"气质也会在久坐的脑力劳动者的后代中形成。

酒鬼产生出不同形式的堕落的后代。

---

① 里伯特:《论遗传》(*De l'Hérédité*),第 2 卷,第 26 页。
② 在斯宾塞的《生物学》第 1 卷第 247 页引述(没有给出参考书目)。
③ 《情绪的表达》(纽约),第 287 页。

第二十八章 必然真理和经验的作用

近视眼是由世世代代的室内工作造成的。人们发现欧洲城市中的学龄儿童比相同年龄的农村儿童发生近视眼的情况要多得多。

后面这些情况是结构特性而非功能特性的遗传。但是由于结构能够产生功能,所以也可以说原理是一样的。在其他适应性①结构改变的遗传中,可以提到的还有:

"美国北方佬"的风格。

瘰疬、佝偻病以及不良生活状况下的其他疾病。

家养奶牛的乳房和持久的乳汁。

由于不需要竖起而下垂着的"奇特的"兔子耳朵。

一些品种的狗、驴等等的耳朵的同样情况。

鼹鼠和各种穴居动物的退化了的眼睛。

家养的鸭子由于祖先停止了飞翔而缩小了的翅骨。②

不同的作者用来作为支持关于本能起源的"失效的智能"理论证据的全部事实差不多就是这些了。

达尔文先生的理论是关于对偶然产生的动作趋向的自然选择理论。

---

① "适应性"改变是由外部条件对一个器官或有机体产生的直接效果而引起的改变。晒黑的肤色、结茧的双手以及肌肉的韧性都是例证。

② 关于这些以及其他事实,参见 Th. 里伯特:《论遗传》;W. B. 卡彭特:《当代评论》,第 21 卷,第 295、779、867 页;H. 斯宾塞:《生物学原理》,第 2 部分,第 5、8、9、10 章;第 3 部分,第 11、12 章;C. 达尔文:《家养的动物和植物》(*Animals and Plants under Domestication*),第 12、13、14 章;萨姆尔·巴特勒(Sam'l Butler);《生活和习惯》(*Life and Habit*);T. A. 奈特:《哲学学报》,1837;E. 迪普伊(E. Dupuy):《大众科学月刊》,第 11 卷,第 332 页;F. 帕皮隆(F. Papillon):《自然和生命》(*Nature and Life*),第 330 页;克罗瑟斯(Crothers),载于《大众科学月刊》,1889 年 1 月(或 2 月)。

他说,"认为在一代以内通过习惯而获得了更多的本能,然后通过遗传在后代中传递,这是最为严重的错误。可以清楚地表明,我们所知道的最奇妙的本能,即蜜蜂和许多蚂蚁的本能,不可能是这样获得的。① 人们会普遍承认,对于每一个物种在当下生存条件下的安康来说,本能和有形结构一样重要。在变化了的生存条件下,本能的轻微改变至少有可能对一个物种是有利的;而且如果能够表明本能的变化确实一直这么小,那么我看自然选择在任何有益的程度上保存和不断积累本能的变异就没有任何困难了。我相信,所有最复杂和最奇妙的本能都是这样产生的。……我相信,相对于对本能的偶然变异的自然选择——也就是说,对由与造成身体结构轻微变异相同的未知原因所产生的变异的自然选择——的效果来说,习惯效果的重要性完全是次级的。"②

支持达尔文先生观点的证据太复杂了,无法在这里给出。在我自己看来,这个观点是相当有说服力的。如果一个人了解了达尔文的理论,再去重读支持拉马克理论的那一系列实例,他就会发现,其中的许多实例是不相关的,而且一些实例既有利于这一边,也有利于另一边。在许多实例中这一点都很明显,我无需逐一地指出。比如耸肩的孩子和乞求的小狗,能证明的东西就有点太多了。这样的例子很独特,所以它们提示的是自发变异,而不是遗传

---

① 因为,由于是由无性昆虫表现出来的,单纯练习的结果不可能一代代地积累起来。——威廉·詹姆士
② 《物种起源》,第7章。

第二十八章 必然真理和经验的作用

的习惯。在其他的实例中，观察还需要证实，比如对一代运动犬和赛马不加训练所产生的结果，在圈养情况下出生的年幼野兔和年幼的驯养兔子之间的差异，对许多代野鸭进行圈养的累积效果，等等。

同样，大型鸟、岛屿上经常与人相遇的鸟、丘鹬和狐狸的警惕性的增加，可能是由于这个事实，即比较大胆的家族都被杀掉了，而只有天生胆小的留了下来了，或者就是由于老鸟通过做出榜样而将个体的经验传递给幼鸟，从而出现了一种新的训练传统。——身体上的改良、神经质的气质、美国北方人风格等等，也都需要得到比在拉马克学说那里多得多的辨别性处理。没有真实的证据表明，在贵族或者知识分子家庭中身体上的改良和神经质趋向于一代代地累积；也没有任何证据表明，移民到美国的欧洲人所经历的那个方向上的变化，没有全部体现在第一代生长于我们国家的孩子们的身上。在我看来，事实全部都指向那里。同样，在墨西哥出生的灰狗能更好地呼吸，无疑是由于小狗的胸部出生后适应了较稀薄的空气。

明显的神经退化无疑可以从父母到孩子累积起来，而且由于父母在这方面通常会由于自己不规则的生活习惯而变得更糟，所以人们就倾向于将孩子的退化归因于这个原因。这又是一个轻率的结论。因为神经的退化无疑是一种最初原因未知的疾病；而且像其他"偶然变异"一样，它也是遗传的。但它最终会不再遗传；而且在我看来，由它的自然历史得出任何有利于获得性特质遗传的结论都是十分不公正的。酗酒者子女的退化也不能证明他们经遗传获得了其父母由酒精损坏了的神经系统；因为通过在他们的胚胎物质仍由父母饱含酒精的血液提供营养时作用于这种物质,这种毒物通常有机会在他们出生之前就直接作用于他们自己的身体。然而,在许多情况下,酗酒的父母自己在神经上就已经退化了,而酗酒习惯只是其疾病的一个症状,这种疾病以这样或者那样的形式传递给了他们的孩子。

还有天竺鼠经遗传而获得的肢体残缺。但是,这些是适用于动物的普通规则的惊人例外,很难被用作典型过程的实例。家牛的驯服肯定部分起因于人的选择,等等。总之,这些证据是一堆无用的东西。

此外,试图详细研究遗传习惯理论的作者们,总是不得不在某处承认不可解释的变异。所以斯宾塞承认

> "社会性只能开始于通过某种轻微变异而使得个体分散开来的趋向比通常更弱的地方。……我们所有的家养动物都向我们表明,完全可以设想足以开始这一过程的心理性质的轻微变异:它们的性格和喜好上的差异是明显的。社会性就这样出现了,而最适者的生存就趋向于使它得以保持和增加,遗传来的习惯的效果又会进一步强化它。"① 再有,在写到怜悯的快乐时,斯宾塞先生说:"这种感受不是通过遗传来的经验效果产生的,而是属于一个完全不同的群组,可以追溯到最适者的生存——追溯到偶然变异的自然选择。所有的身体欲望,还有更简单的性本能或者父母本能,都包含在这个群组之中,这后两种本能使得所有的种得以保存,并且一定是在心理

---

① 《心理学原理》,II. 561。

进化得更高级过程开始之前就已经存在的。"①

诸如像笔迹、高兴时的奇怪手势、睡眠期间的特殊动作等等这样的行为举止上的表现和微不足道的特性的遗传,也被引用来支持获得性习惯遗传的理论。说也奇怪;因为在世界上的所有事物里面,这些表现似乎最像是特殊变异。它们通常是缺陷或怪癖,可以为个体所受教育以及他实际获得的东西的压力所阻碍,但是又因天生的程度太高而无法抑制,并且在他的子女以及他自己这里都可以突破所有的人为障碍。

我的文本实际上和在 1885 年写下它时的样子一样。那时我着手得出一个试探性的结论,大意是说,我们的大部分本能无疑都必须被看作后门发生方法的产物,而非严格意义上的祖先经验的产物。获得的祖先习惯是否在这些本能的产生中起了任何的作用,仍然是一个开放的问题,肯定或者否定都同样是草率的。然而,在那个时间之前,弗里堡的魏斯曼(Weismann)教授就已经开始了对拉马克理论的一场十分认真的抨击,②而他的辩论最终在自然主义者中间激起了广泛的兴趣,以致从前人们几乎毫不犹豫接受的理论好像几乎就到了被抛弃的境地。

所以我将在自己的讨论中加进魏斯曼对所认为的证据的一些

---

① 同上,第 623 页。
② 《论遗传》(Uber die Vererbung)(耶拿,1883)。魏斯曼教授的《论遗传》(Essays on Heredity)(1889)近期以文集的形式用英文发表了。

批评。首先,他自己持有一种吸引人的血统理论,① 这使他认为,父母在一生中获得的任何特质都会遗传给胚胎,这是前验地不可能的。这里不是讨论那个理论的地方。只需指出,这使得他成为了拉马克和斯宾塞理论的更尖锐的批评者,否则他就不会有这么尖锐。在魏斯曼看来,能够使父母身体中的胚胎受到影响的唯一方式,是好或坏的营养。它们可以由此以各种方式发生退化或者完全丧失生命力。它们也可以通过血液受到天花、梅毒或其他易传染疾病的侵染,要不然就是被毒杀。但是父母的那些并非天生具有的神经结构和习惯的特质,除非偶然通过胚胎自己的某种同时发生的变异,否则它们是决不可能获得的。根据那条无人怀疑的著名法则,偶然变异当然会发展成趋向于传给后代的特质。

提到那种经常听到的主张,即在一些家族中一代代人的才能的增加,是由于相关能力训练结果的遗传(巴赫、伯努利、莫扎特等),他敏感地说,如果那个能力一直受到训练,它就会无限多代地增长下去。事实上,它很快就达到了最大值,然后我们就不再听说它了,当一种特质面临各种各样近亲通婚的结果时,就总是会发生这样的事情。

魏斯曼教授将术后天竺鼠的遗传性的癫痫和其他退化,解释为幼仔通过父母的血液受到感染的结果。他认为这些父母的血液由于最初的外伤性损伤而遭受了一种病理改变。没有求助于器官停用的任何直接结果的遗传,他用自己的随机交配理论十分令人

---

① 最好的表述在《论胚质的连续性》(*Essay on the Continuitat des Keimplasmas*)(1885)中。

满意地解释了停用器官的逐渐废弃,对此我必须参考他自己的文字。最后,他彻底批判了我们偶尔听到的关于动物遗传性肢体残缺(狗的耳朵和尾巴等等)的传闻,并引证了他自己长时间对老鼠所做的一系列实验。这些老鼠他繁殖了很多代,每一次都切除父母双方的尾巴,而丝毫也没有影响持续生出来的幼仔尾巴的长度。

归根结底,支持拉马克理论的最有力的论证,仍然是由斯宾塞在其小文(顺便说一句,几乎是他写过的最有力的作品)"生物进化的要素"(The Factors of Organic Evolution)中极力主张的那个前验论证。斯宾塞先生说,由于身体所有部分的偶然变异都是相互独立的,如果动物的整个组织都只是因这样的偶然变异而产生的,那么我们现在在那里发现的那么多的相互适应与和谐,就几乎不可能是在任何有限的时间内出现的。相反我们必须设想,各个变化的部分,通过特别的运用,而将其他部分带入了与它们自己的和谐之中,运用的结果保持了下来,并传给了幼崽。这当然构成了一个重大假定,否定了只对偶然变异进行选择这种观点的充分性。但是必须承认,在支持适应性改变是遗传的这个相反观点方面,我们也许迄今还没有一个明确的证据。

所以,我必须重申,我确信所谓的经验哲学未能证明其观点,并以此来结束心理结构的发生这一章。无论是将祖先的经验考虑进来,还是限制于个体出生后的经验,我们都不能相信,心中的各个项的联结是环境施加于心的相应联结的简单复本。我们认知的一小部分确实是这样的。但是就逻辑的、数学的、伦理的、美学的和形而上学的命题而言,这样的断言不仅不真实,而且完全不可理解；因为这些命题完全没有说到事物的时间和空间秩序，而且很难理解，像密尔和斯宾塞对它们所做的这样肤浅和模糊的解释，怎么可能是由善于思考的人提出来的。

我们的心理结构的原因无疑是自然的，并且像我们的所有其他特质一样，是与我们神经结构的原因相联系的。我们的兴趣，我们的注意倾向，我们的运动冲动，我们喜爱的审美的、道德的和理论的结合，我们理解关系图式的能力，正像基本关系本身，时间，空间，差异和相似，以及感受的基本种类，都是以我们目前还不能解释的方式出现的。甚至在心理学的最清晰的部分，我们的洞察力也是非常微不足道的。而一个人越是真诚地探索心理发生的实际进程，探索我们作为人类而获得自己拥有的特殊心理属性的步骤，他就越清楚地发觉"慢慢聚拢的暮色逼近了完全的黑夜"。

索　引

（索引页码为原书页码，即本书边码。罗码数字Ⅰ、Ⅱ分别代表第一卷、第二卷。只提到过著作标题的作者，一般没有列入这个索引。）

ABBOTT, T. K. 阿博特, II. 221

Abstract ideas 抽象观念, I. 468, 508; II. 48

Abstract qualities 抽象性质, II. 329—337, 340

Abstraction 抽象活动, I. 505; II. 346 及以下诸页。见 *distraction*

Accommodation, feeling of 调节感受, II. 93, 235

Acquaintance 亲知, I. 220

Acquired characters 获得性特性, 见 *inheritance*

Acquisitiveness 贪婪, II. 422, 679

Actors 演员, 表演时的情绪, II. 464

Adaptation of mind to environment results in our knowing the impressing circumstances 心对环境的适应使得我们认识作用于我们的环境, 625 及以下诸页

Æsthetic principles 审美原则, II. 639, 672

After-images 后像, I. 645—647; II. 67, 200, 604

Agoraphobia 广场恐怖症, II. 421

Agraphia 失写症, I. 40, 62

ALFIERI 阿尔菲里, II. 543

ALLEN. G. 艾伦, G., I. 144; II. 631

Alteration of one impression by another one simultaneously taking place 一个印象为另一个同时发生的印象所改变, II. 28 及以下诸页, 201

Alternating personality 交替性人格, I. 379 及以下诸页

Ambiguity of optical sensations 视感觉的含糊性,II. 231—237

AMIDON 阿米登,I. 100

Amnesia in hysterical disease 歇斯底里疾病中的失忆症,I. 384 及以下诸页;伴随感觉缺失,386,682;在催眠恍惚中,II. 602。见 *forgetting*

Amputated limbs, feeling of 对截去肢体的感受,II. 38—39,105

Anæsthesia in hysterics 歇斯底里发作中的感觉缺失,I. 203 及以下诸页;涉及相关的失忆症,386;其间做出的动作,II. 105,489—492,520—521;和情绪,455—456;催眠中,606—609

Analogies, the perception of 关于类比的知觉,I. 530

Analysis 分析,I. 502;II. 344

Anger 愤怒,II. 409,460,478

Aphasia 失语症,运动的,I. 37,62;感觉的,I. 53—54—55;视觉的,I. 60;其中的失忆症,640,684;II. 58

Apperception 统觉,II. 107 及以下诸页

Apperception, transcendental Unity of 统觉的先验统一,I. 362

Appropriateness, characterizes mental acts 适当性,是心理动作的特征,I. 13

A*praxia* 精神性失用症,I. 52

A *priori* connections exist only between objects of perception and movements, not between sensory ideas 前验的联结只存在于知觉对象和动作之间,而非感觉观念之间,II. 581。前验观念和经验,第28章。前验命题,II. 661—665

ARCHER, W. 阿彻,W,II. 464

Arithmetic 算术,II. 654

Articular sensibility 关节感受性,II. 189 及以下诸页

Association 联想,第十四章:不是观念的,而是思想到的事物的,I. 554;例子,555 及以下诸页;它的速度,557 及以下诸页;接近联想,561;联想的基本法则,566;"混合的"联想,571;联想的条件,575 及以下诸页;相似联想,578;三种联想的比较,580;随意思想中的联系,583;对比联想,593;联想学说的历史,594;联想

是定位的手段,II.158及以下诸页;相似联想与推理的联系,345及以下诸页

Associationism 联想主义,I.161

Associationist theory of the self 联想主义的自我理论,I.342,350及以下诸页;联想主义的空间知觉理论,II.271及以下诸页

Asymbolia 失示意能,I.52

Attention 注意,第十一章——可能注意多少个事物,I.405及以下诸页;对同时出现的视觉和声音的注意,411及以下诸页;各种注意,416;被动的,417;随意的,42及以下诸页;注意的结果,424及以下诸页;它对反应时间的影响,427—434;与由于感官适应而产生的紧张感受相伴随,434—438;涉及对对象的想象或前知觉,438—444;可以被看作是单纯的结果,448及以下诸页

AUBERT,H. 奥博特,H,II.235

"*Ausfallserscheinungen*" 机能缺失现象,I.75

Auditory centre in brain 大脑中的听觉中枢,I.52—56

Auditory type of imagination 听觉类型的想象,II.60

Auytomatic writing 自动书写,I.393及以下诸页

AUSTEN,JANE 奥斯汀,简,I.571

Automaton-Theory 自动机-理论,第5章:假设的而不是证明的,I.134—138;反对它的理由,138—144;应用于注意,448

——在本书中不予理会,II.583

AZAM,Dr. 阿泽姆医生,I,380

Babe and candle,scheme of 婴儿和蜡烛的图式,I.25

Baby's first perception 婴儿最初的知觉 II.8,34;他的最早的本能动作,404及以下诸页

BAER,VON 冯贝尔,I.639

BAGEHOT,W. 白芝浩,I.582;II.283,308

BAIN 贝恩,论意识到自身的序列,313;论自爱,328,354;论注意,444;论联想,485,530,561,589,601,653;II.6,12,69,186,271,282,296,319,322,372—373,463,466,551,554—555

BALLARD 巴拉德, I. 266

BALZAC 巴尔扎克, I. 374

BARTELS 巴特尔斯, I. 432

BASTIAN, H. C. 巴斯琴, H. C. II. 488

BAUMANN 鲍曼, II. 409

BAXT 博克斯特, I. 648

BEAUNIS, E. 博尼斯, II. 492

BECHTEREW 贝希德莱, I. 407

Belief 信念, 第 21 章: 对感觉的信念, II. 299 及以下诸页; 对情绪对象的信念, 306 及以下诸页; 对理论的信念, 311 及以下诸页; 信念和意志, 319。见 reality

BELL, C. 贝尔, C., II. 483, 492

BERGSON, J. 伯格森, J., II. 609

BERKELEY 贝克莱, I. 254, 469, 476; II. 43, 49, 77, 212, 240, 666

BERNHARDT 伯恩哈特, II. 502

BERNHEIM 伯恩海姆, I. 206

BERTRAND, A. 伯特兰, II. 518

BESSEL 贝塞尔, I. 413

BINET, A. 彼耐特, I. 203 及以下诸页; II. 71, 74, 128 及以下诸页, 130, 167, 491, 520

BLACK, R. W. 布莱克, II. 339

BLEEK 布勒克, II. 358

Blind, the, their space-perception 盲人, 他们的空间知觉, II. 202 及以下诸页; 恢复视觉之后, 211—212; 盲人的幻觉, 323; 盲人的梦境, 44

Blindness, mental 心理盲, I. 41, 50, 66。见 sight, Hemiopia 等

BLIX 布利克斯, II. 170

BLOCH 布洛赫, II. 515

Blood, its exciting effect on the nerves 血液, 它对神经的刺激作用, II. 412—413

BLOOD, B. P. 布拉德, B. P., II. 284

Blood-supply to brain 大脑供血, I. 97

BOURNE, A. 伯恩, A., I. 391

BOURRU, Dr. 布吕博士, I. 388

BOWDITCH, H. P. 鲍迪奇, H. P., 他的反应时间测时器, I. 87; 论所见运动中的对比, II. 247; 论膝反射, 380; 触觉与视觉的比较, 520

BOWEN, F. 鲍温, F., 214

BOWNE, B. P. 鲍恩, B. P., 论知识, I. 219

BRADLEY, F. H. 布拉德利, I. 452,

索　引

474,604；II.7,9,284,648

Brain, its functions 大脑,它的功能,第 2 章；青蛙的大脑,I.14；狗的大脑,33；猴子的大脑,34；人的大脑,36；与大脑半球相比较的低级中枢,9—10,75；大脑中的循环,139；它与心的联系,176；"整个"大脑不是实在的物理事实,176；它的变化和思想的变化一样细致,234；它的将要消逝的振动在意识的产生中起作用,242

——环境对它的影响,626 及以下诸页

Brain-process 大脑过程,见 neural process

Brain-structure, the two modes of its genesis 大脑结构,它的产生的两种方式,II.624

BRENTANO 布兰塔诺,I.187,547

BRIDGEMAN, LAURA 布里奇曼,劳拉,II.62,358,420

Broca's convolution 布罗卡回,I.39,54

BRODHUN 布罗德洪,I.542

BROWN, THOS. 布朗,托马斯,I.248,277,371；II.695

Brutes, the intellect of 兽类的智力,II.348 及以下诸页

BUCKE, R. M. 布克,R. M.,II.460

BUBNOFF 巴诺夫,I.82

BURKE 伯克,II.464

BURNHAM, W. H. 伯纳姆,I.689

BUROT, Dr. 比罗博士,I.388

CAIRD, E. 凯尔德,I.366,469,471,II. 及以下诸页

CALMEIL, A. 卡尔梅尔,A.,II.524

CAMPANELLA 坎帕内拉,II.464

CAMPBELL, G. 坎贝尔,G.,I.261

CARDAILLAC 卡代拉克,I.247

CARLYLE, T. 卡莱尔,I.311

CARPENTER, W. B. 卡彭特,W. B.,论习惯的形成,I.110；对于习惯的伦理学评论,120；言语中的错误,257；记忆的消失,374；论感受不到疼痛,419；论观念发动的动作,II.522

CARVILLE 卡维尔,I.69

Catalepsy 僵住症,I.229；II.583

CATTELL 卡特尔,论反应时间,I.92,432；524；论辨认,407,648；论注意,20；论联想时间,558 及

以下诸页

Cause, consciousness a 意识是一个原因, I. 137; II. 583, 592

Centres, cortical 皮层中枢, I. 30 及以下诸页; 运动的, 31; 视觉的, 41; 听觉的, 52; 嗅觉的, 57; 味觉的, 58; 触觉的, 58

Cerebral process 大脑过程, 见 *neural process*

Cerebrum 大脑, 见 *Brain*, *Hemispheres*

CHADBOURNE, P. A. 查德伯恩, P. A., II. 383

Characters, general 一般特性, II. 329 及以下诸页

CHARCOT 夏尔科, I. 54—55; II. 58, 596

Chloroform 氯仿, I. 531

Choice 选择, 见 *selection*, *interest*

Circulation in brain 大脑中的循环, I. 97; 感觉刺激对大脑中的循环的作用, II. 374 及以下诸页, 悲痛时大脑中的循环, 443—444

Classic and romantic 古典的和浪漫的, II. 469

Classifications 分类, II. 646

CLAY, E. C. R. 克莱, E. C. R., I. 609

Cleanliness 爱清洁, II. 434

Clearness 清晰度, I. 426

CLIFFORD 克利福德, I. 130—132

CLOUSTON 克劳斯顿, II. 114, 284—285, 537, 539

COBBE, F. P. 科博, F. P., I. 374

Cochlea, theory of its action 耳蜗作用的理论, II. 169

Cognition 认知, 见 *knowing*

COHEN, H. 科恩, H., I. 365

COLERIDGE, S. T. 科尔里奇, S. T., I. 572, 681

Collatera linnervations 并行的神经支配, see *vicarious function*

Comparison 比较, 第13章; 通过比较发现的关系, 与关系项的时间和空间秩序没有任何关系, II. 641; 间接比较, 489, 644; 见 *difference*, *likeness*

Composition, of Mind out of its elements 心由其要素构成, 见 *Mind-Stuff theory*; 由构成而来的差异, I. 491

COMTE, A. 孔德, A., I. 187

Conceivability 可想象性, I. 463

Conceptions 概念性认识，第 12 章；定义，I. 461；——它们的持久性，464 及以下诸页；自身不会发展，466 及以下诸页；抽象的，468；普遍的，473；本质上是目的论的，II. 332

Conceptual order different from perceptual 概念的秩序与知觉的秩序不同，I. 482

Concomitants, law of varying 共变法，I. 506

Confusion 困惑，II. 352

Consciousness 意识，它的处所，I. 65；它的分布，142—143；它的选择功能，139—141；在形式上是个人的，225；是连续的，237，488；缺乏的意识，251；自我意识不是基本的，273；对象意识是最重要的，274；总是有偏爱的和选择性的，284 及以下诸页，见 *selection*；对思想过程的意识，300 及以下诸页；意识的跨度，405

Consent, in willing 意欲中的同意，II. 568

Considerations 思考，I. 20

Constructiveness 建构性，II. 426

Cogtiguity, association by 接近联想，I. 561

Continuity of object of consciousness 意识对象的连续性，I. 488

Contrast, of colors 颜色的对比，II. 13—27；温度的对比，14；两种对比理论，17 及以下诸页，245；运动的对比 245 及以下诸页，250

Convolutions, motor 运动脑回，I. 41

Cortex, of brain, experiments on 大脑皮层实验，I. 31 及以下诸页

Cramming 临阵磨枪，I. 663

Credulity, our primitive 我们的原始轻信，II. 319

CUDWORTH, R. 卡德沃斯，R.，II. 9

"Cue", the mental 心理"线索"，II. 497，518

CUMBERLAND, S. 坎伯兰，II. 525

Curiosity 好奇，II. 429

CZERMAK 切尔马克，II. 170，175

DARWIN, C. 达尔文，C.，II. 432，446，479，484，678，681—682—684

Darwinism, scholastic reputation of 达尔文主义的学术声誉，II. 670

Data, the, of psychology 心理学的材

料, I.184

DAVIDSON, T. 戴维森, T., I.474

Deaf-mute's thought in infancy 聋哑人婴儿时期的思想, I.266

Deafness, mental 心理聋, I.50, 55—56。见 hearing

DEAN, S. 迪安, S., I.394

Decision, five types of 五种类型的决定, II.531

Degenerations, descending in nerve-centres 神经中枢里下行的退化, I.37, 52

DELABARRE, E. 德拉巴尔, E., II.13—27, 71

DELBŒUF, J. 德博甫, J., I.455, 531, 541, 542, 548—549; II.100, 189, 249, 264, 605, 609, 612

Deliberation 慎思, II.528 及以下诸页

Delusions, insane 精神病人的妄想, I.375; II.114 及以下诸页

Depth 深度, 见 third dimension

DESCARTES 笛卡尔, I.130, 200, 214, 344

DESTUTT DE TRACY 德斯杜特·德特拉西, I.247

Determinism must be postulated by psychology 心理学必须预设决定论, II.576

DEWEY, J. 杜威, J., I.473

Dichotomy in thinking 思想中的二分, II.654

DICKENS, C. 狄更斯, C., I.374

DIETZE 迪策, I.407, 617

Difference, not resolvable into composition 差异, 不能转变为构成, I.490; 最容易在同一个属的种之间注意到, 529; 差异的量级, 531; 能察觉的最小量, 537 及以下诸页; 查明的方法, 540 及以下诸页

——位置差异, II.167 及以下诸页; 我们的差异知觉的发生, 642

Diffusion of movements, the law of 运动扩散定律, II.372

Dimension, third 第三维度, II.134 及以下诸页, 212 及以下诸页, 220

Dipsomania 嗜酒狂, II.543

Disbelief 不相信, II.284

Discrimination 辨别, 第13章; 有利于辨别的条件, I.494; 通过练习提高辨别能力, 508; 空间的辨别, II.167 及以下诸页。见 *differ-*

ence

Dissociation 离解, I. 486—487; 通过变化着的伴随物而离解的法则, 506

——ditto, II. 345, 359

——心的一个部分与另一个部分的离解, 见 Janet, Pierre

Distance, between terms of a series 序列中的项之间的距离, I. 530

——空间中的距离, 见 third dimension

Distraction 分心, I. 404。见 inattention

Dizziness 眩晕, 见 vertigo

Dog'scortical centres, after Ferrier 狗的皮层中枢, 根据费里尔, I. 33; 根据芒克, I. 44—45; 根据卢西亚尼, I. 46, 53, 58, 60; 用于特殊肌肉的皮层中枢, 64; 切除了大脑半球; 70

DONALDSON 唐纳森, II. 170

DONDERS 东德斯, II. 235

Double images 双像, II. 225—230; 252

Doubt 怀疑, II. 284, 318 及以下诸页; 怀疑狂, 545

DOUGAL, J. D 道格尔, II. 222

Drainage of one brain-cell by another 一个脑细胞为另一个所排泄, II. 583 及以下诸页

Dreams 梦, II. 294

DROBISCH 德罗比施, I. 632, 660

Drunkard 酒鬼, II. 565

Drunkenness 醉酒, I. 144; II. 543, 565, 628

Dualism of object and knower 对象和知者的二元论, I. 218, 220

Duality, of Brain 大脑的二元性, I. 390, 399

DUDLEY, A. T., on mental qualities of an athlete 达德利, A. T. 论运动员的心理特质, II. 539

DUFOUR 迪富尔, II. 211

DUNAN 杜南, Ch., II. 176, 206, 208—209

Duration, the primitive object in time-perception 持续时间, 时间知觉中的原初对象, I. 609; 我们对短暂持续时间的估量, 611 及以下诸页

"Dynamogeny" "动力发生", II. 379 及以下诸页, 491

EBBINGHAUS, H. 埃比希豪斯, I. 548, 676

Eccentric projection of sensations 感觉的偏心投射, II. 31 及以下诸页, 195 及以下诸页

Education of hemispheres 大脑半球的训练, I. 76. 见 *pedagogic remarks*

Effort 努力, II. 534—537; 肌肉努力, 562; 道德努力, 549, 561, 578—579

EGGER, V. 埃格, V., I. 280—281—282; II. 256

Ego, Empirical 经验自我, I. 291 及以下诸页; 纯粹自我, 342 及以下诸页; "先验"自我, 362; 批评, 364

Elementary factors of mind 心的基本要素, 见 *Units of consciousness*

ELSAS 埃尔萨斯, I. 548

EMERSON, R. W. 爱默生, R. W., I. 582, II. 307

Emotion 情绪, 第25章; 与本能是连续的, II. 442; 对典型情绪的描述, 443—449; 产生于对生物体刺激的反射效果, 449 及以下诸页; 情绪的分类, 454; 感觉缺失者的情绪, 455; 没有正常刺激时的情绪, 458—460; 表达情绪的结果, 463 及以下诸页; 压抑情绪的结果, 466; 较细致的情绪, 469 及以下诸页; 情绪的神经过程, 472; 个体差异, 474; 特殊情绪的演变, 477 及以下诸页

Empirical ego 经验自我, I. 290

Empirical propositions 经验命题, II. 644

Emulation 竞赛, II. 409

Ennui 无聊, I. 626

Entoptic sensations 内视感觉, I. 515 及以下诸页

Equation, personal 个人时差, I. 413

"Equilibration" "平衡", 直接的和间接的, 627

Essences, their meaning 本质, 它们的意义, II. 329 及以下诸页; 富有感情的和机械的, 665

Essential qualities 基本性质, 见 *essences*

ESTEL 埃斯特尔, I. 613, 618

Evolutionism demands a "mind-dust" 进化论需要"心的微粒", 146

EXNER 埃克斯纳, 论人的皮层中枢, I. 36; 论中枢的"围堵", 65; 他的心理反应测时器, 87; 论反应时间, 91; 论对快速相继的知觉, 409; 论注意, 439; 论时间知觉, 615, 638, 646; 论运动感受, II. 172

Experience 经验, I. 402, 487; Relation of experience to necessary judgments 经验与必然判断的关系, 第 28 章; Experience defined 经验的定义, II. 619 及以下诸页, 628

Experimentation in psychology 心理学中的实验, I, 192

Extradition ofsansations 感觉的引渡, II. 31 及以下诸页, 195 及以下诸页

Fallacy, the Psychologist's 心理学家谬误, I. 196, 278, 153; II. 281

Familiarity, sense of 熟悉感, 见 recognition

Fatalism 宿命论, II. 574

Fatigue 疲劳, 缩短意识的跨度, I. 640

Fear, instinct of 恐惧的本能, II. 396,

415; 恐惧的症状, 446; 病态的, 460; 恐惧的根源, 478

FECHNER 费克纳, I. 435—436, 533, 539 及以下诸页, 549, 616, 645; II. 50, 70, 137 及以下诸页, 178, 464

Feeling, synonym for consciousness in general in this book 感受, 在这部书中一般是意识的同义词, I. 186; 关系感受, 243

FÉLIDA X. 费利达 X, I. 380—384

FÉRÉ, CH. 费雷, CH., II. 68, 378 及以下诸页

FERRIER, D. 费里尔, D., I. 31, 46—47—48, 53, 57—58—59, 445; II. 503

FERRIER, JAS. 费里尔, 詹姆斯, I. 274, 475

Fiat, of the will 意志的准许, II. 501, 526, 561, 564; 568. 见 *decision*

FICHTE 费希特, I. 365

FICK 菲克, I. 150

FISKE, J. 菲斯克, J., II. 577

Fixed ideas 固定观念, 见 *insistent ideas*

FLECHSIG'S Pyramidenbahn 弗莱克

西希的椎体束,I.37

FLINT,R.福林特,R.,II.425

FLOURENS,P.弗卢朗,P.,I.30

Force,supposed sense of 力的假定的意义,II.518

Forgetting 遗忘,I.679及以下诸页;II.370—371.见 anmesia

FOUILLÉE,A.富耶,A.,II.500,570

FRANÇOIS-FRANCK 弗朗西斯-弗兰克,I.70

FRANKLIN,Mrs. C. L.,富兰克林,C. L.夫人,II.94

FRANZ,Dr.弗朗兹医生,II.62

Freedom, of the will 意志自由,II.569及以下诸页

"Fringe" of object 对象的"边缘",I.258,281—282,471—472,478

Frog's nerve-centres 青蛙的神经中枢,I.14

Fusion of feelings unintelligible 感受的融合不可理解,I.157—162;II.2.见 Mind-stuff theory

Fusion of impressions into one object 印象融合进一个对象,I.484,502;II.103,183

GALTON,F.高尔顿,I.254,265,685;论心理意象,II.51—57;论群居生活,430

General propositions, what they involve,全称命题,它们包含什么,II.337及以下诸页.见 universal conceptions

Genesis of brain-structure, its two modes,大脑结构的发生,它的两种方式,II.624

Genius 天才,I.423,530;II.110,352,360

Gentleman, the mind of the 绅士的心,II.370

Geometry 几何学,II.658

Giddiness 眩晕,见 vertigo

GILLMAN,B. I.吉尔曼,B. I.,I.95

GLEY,I.格雷,I.,II.514—515,525

GOLDSCHEIDER 戈德沙伊德,II.170,192及以下诸页,200

GOLTZ 戈尔茨,I.9,31,33,34,45,46,58,62,67,69,70,74,77

Gorilla 大猩猩,II.416

GRAEFE,A.格雷费,A.,II.507,510

GRASHEY 格拉希,I.640

GRASSMAN, R.格拉斯曼,R.,

II. 654

Gregariousness 群居生活，II. 430

GREEN，T. H. 格林，T. H.，I. 247，274，366—368；II. 4，10，11

Grief 悲痛 II. 443，480

GRIESINGER，W. 格里辛格，W.，II. 298

Grübelsucht 质询癖，II. 284

Guinea-pigs，epileptic，etc. 天竺鼠，患癫痫病的等，II. 682—687

GUISLAIN 吉斯兰，II. 546

GURNEY，E. 格尼，E.，I. 209；II. 117，130，469，610

GUYAU 居约，II. 414，469

Habit 习惯，第 4 章：由于大脑物质的可塑性，I. 105；依赖于神经中枢里的通路，107；习惯的发生，109—113；一连串习惯的机制，114—118；它们需要某种感觉，118；伦理的和教学法的准则，121—127；是联想的基础，566；记忆习惯，655

Habits may inhibit instincts 习惯会抑制本能，II. 394；习惯解释了我们的一大部分知识，632

HALL，G. S. 霍尔，G. S.，I. 96—97，558，614，616；II. 155，247，281，423

Hallucination 幻觉，感觉是一种真实的幻觉，II. 33；对失去肢体的幻觉，38，105；对情绪感受的幻觉，459

Hallucinations 幻觉，II. 114 及以下诸页；睡前幻觉，124；幻觉的大脑过程，122 及以下诸页；催眠幻觉，604

HAMILTON，W. 汉密尔顿，W.，I. 214，215，274，406，419，569，578，682，II. 113

HAMMOND，E. 哈蒙德，E.，II. 673

Haploscopic method 双眼视觉仪的方法，II. 226

HARLESS 哈利斯，II. 497

HARTLEY 哈特利，I. 553，561，564，600

HARTMANN，R. 哈特曼，R.，II. 416

Hasheesh-delirium 印度大麻制品引起的谵妄，II. 121

Hearing 听觉，它的皮层中枢，I. 52

Heat，of mental work 脑力劳动中的热，I. 100

HECKER 赫克, II. 480

HEGEL 黑格尔, I. 163, 256, 366, 369, 666

HEIDENHAIN 海登汉, I. 82

HELMHOLTZ, H. 赫尔姆霍茨, H., I. 285; 论注意, 422, 437, 441; 论辨别, 504, 516—521; 作为范畴的时间, 627—628; 后像, 645, 648; 论颜色对比, II. 17 及以下诸页; 论感觉, 33; 论耳蜗, 170; 论眼的会聚, 200; 头部倒置的视觉, 213; 论标示感觉的东西, 218 及以下诸页, 243—244; 论内视对象, 241—242; 论所见运动中的差异, 247; 论浮雕, 257; 论视野测量, 266 及以下诸页; 论空间知觉理论, 279; 论神经支配感受, 493, 507, 510; 论能量守恒, 667

Hemiamblyopia 偏侧弱视, I. 44

Hemianopsia 偏盲, I. 41, 44; II. 73

Hemispheres 大脑半球, 它们与低级中枢的区别, I. 20; 它们的训练, 24, 67; 大脑半球中的功能定位, 30; 意识的唯一处所, 65; 去除青蛙大脑半球的结果, 17, 72—73; 鱼, 73; 鸟, 74, 77; 啮齿动物, 74; 狗, 70, 74; 灵长类动物, 75; 不是没有天生的通路, 76; 它们由低级中枢的进化, 79

HENLE. J. 亨利, J., II. 445, 461, 481

HERBART 赫尔巴特, I. 353, 418, 603, 608, 626

Hereditary transmission of acquired characters 获得性特性的遗传传递, 见 inheritance

HERING, E. 赫林, E., 论注意, I. 438, 449; 论重量的比较, 544; 论纯感觉, II. 4; 论颜色对比, 20 及以下诸页; 论感觉的占位性质, 136 及以下诸页; 论后像和会聚, 200; 论双像的距离, 230; 论立体视觉, 252; 论视觉中的再现, 260 及以下诸页; 论闭着的眼睛的运动, 510

HERZEN 赫茨恩, I. 58; 论鸡眼上的反应时间, 96; 论脑温, 100; 论昏厥, 273

HITZIG 希齐格, I. 31

HOBBES, T. 霍布斯, T., I. 573, 587, 594 及以下诸页

HODGSON, R. 霍奇森, R., I. 374, 398

HODGSON, S. H. 霍奇森, S. H., 论意识的惰性, I. 129—130, 133; 论自我, 341, 347; 论概念秩序, 482; 论联想, 572 及以下诸页, 603; 论随意重整, 588—589; 论时间中的"现在", 607

HOFFDING, H. 赫夫丁, H., I. 674; II. 455

HOLBROOK, M. H. 霍尔布鲁克, M. H., I. 665

HOLMES, O. W. 霍尔姆斯, O. W., I. 88, 405, 582

HOLTEI, VON 冯霍尔泰, I. 624

Horopter 双眼单视界, II. 226

HORSLEY, V. 霍斯利, V., I. 35, 59, 63

HORWICZ 霍维茨, I. 314, 325—327

HOWE, S. G. 豪, S. G., II. 358

Human intellect 人的智力, 与兽类智力的比较, II. 348 及以下诸页; 依赖于相似联想, 353 及以下诸页; 人的智力的不同等级, 360; 它所依赖的大脑特性, 366, 638

HUME 休谟, I. 254; 论人格同一性, 351—353, 360; 联想, 597; 因大脑法则而产生, 564; 论心理意象, II. 45—46; 论信念, 295—296, 302; 论快乐和意志, 558

Hunting instinct 狩猎本能, II. 411

HUXLEY 赫胥黎, I. 130—131, 254; II. 46

HYATT, A. 海厄特, A., II. 102

Hylozoism 物活论, 见 mind-stuff theory

Hyperæsthesia, in hypnotism 催眠中的感觉过敏, II. 609

Hypnotism 催眠, I. 407; II. 128, 351; 一般解释, 第 27 章; 方法, II. 593; 催眠理论, 596; 催眠恍惚状态的症状, 602 及以下诸页; 后催眠暗示, 613

Hysterics 歇斯底里发作, 它们所谓的感觉缺失和无意识, I. 202 及以下诸页

Ideal objects 观念对象, 它们之间的永恒和必然的关系, II. 639, 661. 见 conception

"Ideas" "观念", 观念理论, I. 230; 与对象相混淆, 231, 276, 278, 399, 521; 它们不作为我们思想的部分而存在, 279, 405, 553; 柏拉图

的,462;抽象的,468 及以下诸页;普遍的,473 及以下诸页;相同的观念决不会出现两次,480—481

Ideation 观念活动,没有独特的中枢,I. 764;II. 73

Identity,sense of 同一性的含义,I. 459;同一性的三个原则,460;不是相似的基础,492

Identity, personal 人格同一性,I. 238,330 及以下诸页;基于对同一性的普通判断,334;由于我们感受的相似和连续而产生,336;洛采论同一性,350;只是相对地真,372

Ideo-motor action the type of all volition 观念发动的动作是所有意志的类,II. 522

Idiosyncrasy 特异反应,II. 631

"Idomenians" 伊多曼尼安斯,II. 214

Illusions 错觉,II. 85 及以下诸页,129,232 及以下诸页,243—266. 见 hallucination

Images,double, in vision 视象,视觉中的双像,II. 225—230

Images, mental, not lost in mental blindness,etc. 意象,心理意象在心理盲中没有丧失等等,I. 50, 66;II. 73

——通常是模糊的,II. 45;视觉意象,51 及以下诸页;听觉意象,160;运动意象,61;触觉意象,165;清醒和睡眠之间的意象,124—126

Imagination 想象,第 18 章:它在不同个体那里是不同的,II. 51 及以下诸页;有时会留下一个后像,67;想象的大脑过程,68 及以下诸页;与感觉没有位置的不同,73;是成形的,82

Imitation 模仿,II. 408

Immortality 不朽,I. 348—349

Impulses,morbid 病态冲动,II. 542 及以下诸页. 见 instincts

Impulsiveness of all consciousness 所有意识的冲动性,II. 526 及以下诸页

Inattention 注意缺乏,I. 404,455 及以下诸页

Increase,serial 连续增加,I. 490

Indeterminism 非决定论,II. 569 及以下诸页

INGERSOLL, R. 英格索尔 II. 469

Inheritance of acquired characters 获得性特性的遗传 II. 367, 678 及以下诸页

Inhibition 抑制, I. 43, 67, 404; II. 126, 373; 本能的抑制, 391, 394; 一个皮层过程被另一个所抑制, 583

Innervation 神经支配, 神经支配的感受, II. 236, 493; 它是不必要的, 494 及以下诸页; 不存在关于它的证据, 499, 518

——并行的神经支配, 见 *vicarious function*

Insane delusions 精神失常者的妄想, I. 375; II. 113

Insistent ideas 顽固观念, II. 545

Instinct 本能, 第 24 章; 定义, II. 384; 是一种反射冲动, 385 及以下诸页; 既不是盲目的也不是不变的, 389; 相同动物中的相反本能, 392; 人拥有比其他哺乳动物更多的本能, 393, 441; 它们的短暂性, 398; 特殊的本能, 404—441; 本能的起源, 678

"Integration" of feelings 感受的"整合", 斯宾塞的理论, I. 151 及以下诸页

Intelligence 智能, 对其出现的测试, I. 8; 低级大脑中枢的智能, 78 及以下诸页

Intention to speak 说话的意图, I. 253

Interest 兴趣, I. 140, 284 及以下诸页, 402—403, 482, 515 及以下诸页, 572, 594; II. 312 及以下诸页, 344—345, 634

Intermediaries, the axiom of skipped 略去中间项公理, II. 646

Introspection 内省, I. 185

Inverted head, vision with 将头倒转过来的视觉, II. 213

JACKSON, HUGHLINGS 杰克逊, 休林斯, I. 29, 64, 400; II. 125—126

JANET, J. 詹尼特, J., I. 385

JANET, PAUL 詹尼特, 保罗, I. 625; II. 40—41

JANET, PIERRE 詹尼特, 皮埃尔, I. 203 及以下诸页, 227, 384 及以下诸页, 682; II. 456, 614

JASTROW 贾斯特罗, I. 88, 543,

545；II.44,135,180

JEVONS,W.S. 杰文斯,W,S.,I.406

Joints,their sensibility 关节的感受性,II.189 及以下诸页

Judgments, existential 存在判断,II.290

Justice 正义,II.673

KANDINSKY,V. 坎丁斯基,V.,II.70,116

KANT 康德,I.274,331,344,347；他的范畴的"先验"演绎,360；他的谬误推理,362；批评,363—366；论时间,642；论对称图形,II.150；论空间,273 及以下诸页；论实在,296；前验综合判断,661，以及它们与经验的关系,664

Kinæsthetic feelings 动觉感受,II.488 及以下诸页,493

"Kleptomania" "盗窃癖",II.425

Knee-jerk 膝盖上跳,II.380

Knowing 知道（认识）,I.216 及以下诸页；心理学假定它,218；不能还原为任何其他关系,219,471,688

Knowledge 知识,它的两种类型,I.211；自我知识对于知识来说不是基本的,274；知识的相对性,II.9 及以下诸页；知识的发生,630 及以下诸页

Knowledge-*about* 关于的知识,I.221

KÖNIG 柯尼西,I.542

KRIES,VON 冯克里斯,I.96,547；II.253

KRISHABER 克里谢巴,I.377

KUSSMAUL,A. 库斯莫尔,A.,I.684

LADD.G.T. 莱德,G.T.,I.,687；II.3,311

LAMARCK 拉马克,II.678

LANDRY 兰德里,II.490,492

LANGE,A. 兰格,A.,I.29,284

LANGE,C. 兰格,C.,II.443,449,455,457,460,462

LANGE,K. 兰格,K.,II.111

LANGE,L. 兰格,论反应时间,肌肉的和感觉的,I.92

LANGE,N. 兰格,N.,论想象中的肌肉要素,I.444

Language,as a human function 作为一种人的功能的语言,II.

356—358

LAROMIGUIÈRE 拉罗米吉埃，I. 247

Laughter 大笑，II. 480

LAZARUS 拉扎勒斯，I. 624，626；II. 84，97，369，429

LE CONTE, JOSEPH 勒孔特，约瑟夫，II. 228，252，265

LÉONIE 利奥尼，詹尼特的催眠恍惚被试，I. 201，387 及以下诸页

LEVY, W. H. 利维，W. H.，II. 204

LEWES 刘易斯，论青蛙的脊髓，I. 9，78，134；论作为一种代数的思想，270；论"前知觉"，439，442；论肌肉感受，II. 199；论幼犬的乞求，400；论失效的智能，678

LEWINSKE 莱温斯基，II. 192

LIBERATORE 里伯瑞托，II. 670

LIEBMAN, O. 利布曼，O.，论作为机器的大脑，I. 10；II. 34

LIÉGEOIS, J. 利埃茹瓦，J.，II. 594，606

Light, effects of, on movement 光对动作的影响，II. 379

Likeness 相似，I. 528

LINDSAY, T. L. 林赛，T. L.，II. 421

LIPPS 利普斯，论"无意识"感觉，I. 175；论观念理论，603；时间知觉，632；论肌肉感受，II. 200；论距离，221；论视错觉，251，264；论空间知觉，280；论实在性，297；论努力，575

LISSAUER 利绍尔，I. 50

Local signs 位置标记，II. 155 及以下诸页，167

Localization, in hemispheres 大脑半球中的定位，I. 30 及以下诸页

Localization 定位，II. 153 及以下诸页；一个感觉对象在另一个中的定位，II. 31 及以下诸页，183 及以下诸页，195 及以下诸页

LOCKE, J. 洛克, J.，I. 200，230，247，349，390，462，483，553，563，679；II. 210，306，644，662—664

"Locksley Hall" "洛克斯利大厅"，I. 567

Locomotion, instinct of 位置移动的本能，II. 405

LOEB 洛布，I. 33，44；ii. 255，516，628

Logic 逻辑，II. 647

LOMBARD, J. S. 隆巴德，J. S.，I. 99

LOMBARD, W. 隆巴德, W., II. 380
LOTZE 洛采, I. 214; 论不朽, 349; 论人格同一性, 350; 论注意, 442—443; 论感觉的融合与辨别, 522; 论位置标记, II. 157, 495; 论意志, 523—524
LOUIS V. 路易斯 V., I. 388
Love 爱, 性爱, II. 437, 543; 父母之爱, 439; 贝恩对爱的解释, 551
LOWELL, J. R. 洛厄尔, J. R., I. 582
LUCIANI 卢西亚尼, I. 44—45—46—47, 53, 60

MCCOSH 麦科什, I. 501
MACH, E. 马赫, E., 论注意, I. 436; 论空间感受, 449; 论时间感受, 616, 635; 论运动对比, II. 247; 论视觉倒置, 255; 论可能性, 258; 论神经支配感受, 509, 511
Magnitude of differences 差异的量级, I. 530 及以下诸页
MALEBRANCHE 马尔布兰奇, II. 9
MANOUVRIER 马努夫里耶, II. 496
Mania, transitory 暂时性躁狂, II. 460
Man's intellectual distinction from brutes 人与兽类的智力差异, II. 348 及以下诸页
MANSEL, H. L. 曼塞尔, H. L., I. 274
MANTEGAZZA, P. 曼泰加扎, P., II. 447, 479, 481
MARCUS AURELIUS 马可·奥勒留, I. 313, 317; II. 675
MARILLIER, L. 马利莱尔, L., I. 445; II. 514
MARIQUE 马里克, I. 65
MARTIN, H. N. 马丁, H. N., 99; II. 3
MARTINEAU, J. 马蒂诺, J., I. 484 及以下诸页, 506; II. 9
MAUDSLEY, H. 莫兹利, H., I. 113, 656
MAURY, A. 莫里, A., II. 83, 124, 127
Mechanical philosophy, the 机械哲学, II. 666 及以下诸页
Mechanism vs. intelligence 机制对智能, I. 8—14
Mediate comparison 间接比较, I. 489
Mediumship 灵媒, I. 228, 393 及以下诸页
MEHNER 梅纳, I. 618
Memory, 第 16 章: 它依赖于物质条件, I. 2; 大脑半球的基本功能,

20；记忆的丧失，373 及以下诸页；歇斯底里发作中的记忆，384 及以下诸页；注意有助于记忆，427；原初记忆，638，643；对记忆现象的分析，648；心理意象的复苏不是记忆，649；记忆的原因，653 及以下诸页；联想的结果，654；好记忆的条件，659；兽类的保持能力，660；多重联想，662；记忆的改进，667 及以下诸页；它的有用性依赖于大量的遗忘，680；它的衰退，683；对记忆的形而上学解释，687 及以下诸页

Mentality 心理性，它出现的标志，I. 8

Mental operations，心理运作，同时性的，I. 408

MERCIER, C. 默西埃，C.，论意识的惰性，135；论抑制，II. 583

MERKEL 默克尔，I. 542—543—544

Metaphysical principles 形而上学的原理，II. 669 及以下诸页

Metaphysics 形而上学，I. 137, 401

Meyer's experiment on color-contrast 迈耶的颜色对比实验，II. 21

MEYER, G. H. 迈耶，G. H.，II. 66, 97—98

MEYNERT, T. 梅纳特，T.，他的大脑图式，I. 25, 64, 72

MILL, JAMES 密尔，詹姆斯，I. 277, 355, 470, 476, 485, 499, 597, 651, 653

——II. 77

MILL, J. S. 密尔，J. S.，I. 189；论自我的统一性，356—359；论抽象观念，470；探究的方法，590；论无限性和联想，600；论空间，II. 271；论信念，285, 322；论推理，331；论自然的秩序，634；论算术命题，654

MILLS, C. K. 米尔斯，C. K.，I. 60

Mimicry 模仿，它对情绪的影响，II. 463—466

Mind 心，依赖于大脑条件，I. 4, 553；心出现的标志，8；陈述它与大脑的关系的困难，176；它在心理学中的意思是什么，183, 216

Mind-Stuff theory 心的要素理论，第6章；一个进化的假设，I. 146, 176；它的一些证明，148；作者对这些证明的解释，154；感受不能混合，157 及以下诸页，II.

2,103

Miser, associationist explanation of the 联想主义对守财奴的解释, II. 423 及以下诸页

MITCHELL, J. K. 米切尔, J. K., II. 616

MITCHELL, S. W. 米切尔, S. W., I. 381; II. 38—39, 380

Modesty 庄重, II. 435

MOLL, A. 莫尔, A., II. 616

MO LYNEUX 莫利纽克斯, II. 210

Monadism 单子论, I. 179

Monism 一元论, I. 366—367

Monkey's corticalcentres 猴子的皮层中枢, I. 34—35, 46, 59

MONTGOMERY, E. 蒙哥马利, E., I. 158

Moral principles 道德原则, II. 639, 672

MORRIS, G. S. 莫里斯, G. S., I. 365

MOSSO 莫索, 论大脑供血, I. 97—99 ——使用体积描记器的研究, I. 378; on fear, 419, 483

Motorcentres 运动中枢, I. 31 及以下诸页

"Mortor circle" "运动圈", II. 583

Motor strands 运动索, I. 38; 特殊肌肉的运动索, I. 64

Motor type of imagination 运动类型的想象, II. 61

Movement, perception of 运动(动作)知觉, 由感觉表面得到的, II. 171 及以下诸页; 在视觉中起的作用, 197, 203, 234—237; 动作的产生, 第 22 章[应为 23 章——译者]; 需要引导性的感觉, 490; 感觉缺失期间的错觉性的动作知觉, 489; 产生自每一种意识, 526

MOZART 莫扎特, I. 255

MULLER, G. E. 米勒, G. E., I. 445, 456—458; II. 198, 280, 491, 502, 508, 517

MULLER, J. 米勒, J., I. 68; II. 640

MULLER, J. J. 米勒, J. J., II. 213

MULLER, MAX 米勒, 马克斯, I. 269

MUNK, H. 芒克, H., I. 41—43—44—45—56, 57—58—59, 63

MUNSTERBERG 明斯特贝格, 论梅纳特方案, I. 77; 论带有智力操作的反应时间, 432; 论联想, 62; 论时间知觉, 620, 637; 论想象, II. 74; 论肌肉的感受性, 189; 论

意志,505；论神经支配感受,514；论联想,590

Muscles 肌肉,如何在神经中枢里得到表现,I.19

Muscle-reading 肌肉阅读,II.525

Muscular sense 肌肉感觉,它的皮层中枢,I.61；它的存在,II.189及以下诸页,197及以下诸页；它在空间知觉中是微不足道的,197—203,234—237

Music 音乐,它的偶然发生,II.627；687

MUSSEY 马西,II.543

Mutilations, inherited 遗传的肢体残缺,II.627

MYERS, F. W. H. 迈尔斯,W. H.,I.400；II.133

Mysophobia 不洁恐怖,II.435,545

NATURE, the order of 自然的秩序,它与我们思想的秩序是不一致的,II.634及以下诸页

NAUNYN 农因,I.55

Necessary truths are all truths of comparison 必然真理都是比较真理,II.641及以下诸页,651,662.见 *experience*, *a priori connections* 等

NEIGLICK 奈格里克,I.543

Neural process 神经过程,知觉中的,I.78及以下诸页；习惯中的,105及以下诸页；联想中的,566；记忆中的,655；想象中的,II.68及以下诸页；知觉中的,82及以下诸页,103及以下诸页；幻觉中的,122及以下诸页；空间知觉中的,143；情绪中的,474；意志中的,580及以下诸页；联想中的,587及以下诸页

Nitrous oxide intoxication 笑气致醉,II.284

Nonsense 无意义的话,它是如何不被察觉的,I.261

Normal position in vision 视觉中的正常位置,II.238

NOTHNAGEL 诺斯内格尔,I.51,60—61

Number 数,II.653

OBERSTEINER 奥伯斯坦纳,I.87,445

Object 对象,这个词的使用,I.275,471；与认识它的思想的混

涓,278

Objective world 对象世界,在自我之前被认识,I.273;它的原初的统一性,487—488;同上,II.8

Objects versus ideas 对象对观念,I.230,278

Old-fogyism 顽固守旧的人,II.110

ORCHANSKY 奥查斯基,I.95

"Overtone"(psychic)"泛音"(心理的),I.258,281—282

Pain 痛苦,I.143;它与意志的关系,II.549 及以下诸页,583—584

PANETH 帕内斯,I.64,65

Parallelism, theory of, between mental and cerebral phenomena 心理和大脑现象的平行论,见 *Automaton-theory*

Paresis of external rectus muscle 外直肌的轻瘫,II.236,507

PARINAUD 帕里诺,II.71

Partiality of mind 心的偏爱,见 *interest, teleology, intelligence, selection, essences*

Past time, known in a present feeling 在现在的感受中认识的过去时间,I.627;直接的过去是现在的持续时间区域的一部分,608 及以下诸页

Patellar reflex 膝反射,II.380

Paths through cortex 皮层中的通路,I.71;它们的形成,107—112;II.584 及以下诸页;联想依赖于它们,567 及以下诸页;记忆依赖于它们,655 及以下诸页,661,686

PAULHAN,F. 波尔汉,F.,I.250;408;670;II.64;476

Pedagogic remarks 教育方面的评论,I.121—127;II.110,401—402,409,463,466

Perception 知觉,第19章;与感觉相比,II.1,76;包含再现过程,78;是关于可能对象的,82 及以下诸页;不是无意识推论,111 及以下诸页;知觉的速度,131

Perception-time 知觉时间,II.131

PEREZ,B. 佩雷斯,I.446;II.416

Personal equation 个人在观察上的误差,I.413

Personality, alterations of 人格交替,I.373 及以下诸页

PFLUGER 弗吕格,论青蛙的脊髓, I. 9, 134

Philosophies, their test 各种哲学及其检验, II. 312

Phosphorus and thought 磷与思维, I. 101

Phrenology 颅相学, I. 27

PICK, E. 皮克, E., I. 669

PITRES 皮特里斯, I. 206

Planchette-writing 占卜写板上的书写, I. 208—209;393 及以下诸页

Plasticity, as basis of habit, defined 作为习惯基础的可塑性的定义, I. 105

PLATNER 普拉特纳, II. 208

PLATO 柏拉图, I. 462

Play 玩耍, II. 427

Pleasure, as related to will 与意志相关的快乐, I. 143;II. 549;583—584

Points, identical, theory of 对应点理论, II. 222 及以下诸页

Possession, Spirit-灵附现象, I. 393 及以下诸页

Post-hypnotic suggestion 后催眠暗示, II. 613

Practical interests 实践兴趣,它们对辨别的影响, I. 515 及以下诸页

Prayer 祷告, I. 316

"Preperception" "前知觉", I. 439

Present 现在,现在的时刻, I. 606 及以下诸页

PREYER 普赖尔, II. 403

Probability determines what object shall be perceived 可能性决定什么对象被感知到, II. 82, 104, 258, 260—263

Problematic conceptions 成问题的概念性认识, I. 463

Problems, the process of solution of 解决问题的过程, I. 584

Projection of sensations, eccentric 感觉的偏心投射, II. 31 及以下诸页

Projection, theory of 投射理论, II. 228

Psychologist's fallacy, the 心理学家谬误,见 *Fallacy*

Psycho-physic law 心理-物理法则, I. 539

Pugnacity 好斗, II. 409

Pure Ego 纯粹自我, I. 342

PUTNAM,J.J. 普特南,J.J.,I.61

Questioning mania 问题躁狂,II.284

RABIER 拉比尔,I.470,604

Rational propositions 理性命题,II.644

Rationality is based on apprehension of series 理性基于对序列的理解,II.659

Rationality,postulates of 理性预设,670,677

Rationality,sense of 理性的含义,I.260—264;II.647

Reaction-time 反应时间,I.87;简单的,88;它测量的不是有意识的思想,90;兰格关于肌肉反应时间和感觉反应时间的区分,92;它的变化,94—97;受预期注意的影响,427 及以下诸页;智力运作过程之后的反应时间,432;辨别之后的反应时间,557;知觉之后的反应时间,II.131

Real size and shape of visual objects 视觉对象的真实大小和形状,II.179,237 及以下诸页

Reality 实在性(实在),对实在性的知觉,第 21 章;不是一种特有的意识内容,286;各种实在,287 及以下诸页;每一个对象都有某种实在性,291 及以下诸页;对它的选择,290;实践的,293 及以下诸页;实在意味与自我的关系,295—298;感觉与实在性的关系,299;情绪的实在性,306

Reason 理性,I.551。见 Logic

Reasoning 推理,第 22 章;它的定义,II.325;包含对本质的挑选,或洞察,329;推理和抽象,332;它的效用依赖于这个世界的特殊构造,337 及以下诸页,651;依赖于相似联想,345

Recall 回忆,I.578,654

"Recepts" "接受物",II.327,349,351

Recognition 辨认,673

Recollection,voluntary 随意回忆,585 及以下诸页

REDINTEGRATION 重整,I.569

"Reductives" "还原物",II.125,291

Reflex acts 反射动作,I.12;反应时间测量的是它,90;连锁的习惯是由反射动作的链条构成

的, 116

REID, THOMAS 里德, 托马斯, I. 609, 78; ii. 214, 216, 218, 240, 309

Relating principle 关联性的本原, I. 687—688

Relation, feelings of 关系感受, I. 243 及以下诸页; 空间关系, II. 148 及以下诸页

Relations, inward, between ideas 观念之间的内部关系, II. 639, 642, 661, 671; 关系传递原理, 646

Relief 浮雕, II. 254—257. 见 *third dimension*

RENOUVIER, CH. 雷诺维尔, CH., I. 551; II. 309

Reproduction in memory 记忆中的再现, I. 574 及以下诸页, 654; 随意的, 585 及以下诸页

Resemblance 相似, I. 528

Respiration, effects of sensory stimuli upon 感觉刺激对呼吸的影响, II. 376

Restitution of function 功能的复原, I. 67 及以下诸页

Restoration of function 功能的恢复, I. 67 及以下诸页

Retention in memory 记忆中的保持, 653 及以下诸页

Retentiveness, organic 器官的保持能力, I. 659 及以下诸页; 它是不可改变的, 663 及以下诸页

Retinal image 网膜像, II. 92

Retinal sensibility 视网膜感受性, 见 *vision, space, identical points, third dimension, projection* 等

Revival in memory 记忆中的复苏, I. 574 及以下诸页, 654

REYNOLDS, MARY 雷诺兹, 玛丽, I. 381

RIBOT, TH. 里伯特, TH., I. 375; on attention, 444, 446, 680, 682

RICHET, CH. 里奇特, CH., I. 638, 644—646—647

RIEHL, A. 里尔, A., II. 32

ROBERTSON, G. C. 罗伯逊, G. C., I. 461; II. 86

ROMANES, G. J. 罗马尼斯, G. J., II. 95, 132, 327—329, 349, 351, 355, 397

Romantic and classic 浪漫的和古典的, II. 469

ROSENTHAL 罗森塔尔，79

ROSS，J. 罗斯，J.，I. 56—57

ROYCE，J. 罗伊斯，J.，I. 374；II. 316—317

ROYER-COLLARD 罗耶·科勒德，I. 609

RUTHERFORD 拉瑟福德，II. 170

Sagacity 洞察，II. 331，343

Sameness 同一性，I. 272，459，480，II. 650

SCHAEFER，W. 谢弗，I. 35，53，59，63

SCHIFF，M. 希夫，M.，I. 58，78，100

SCHMID 施密德，I. 683

SCHMIDT，H. D. 施密特，H. D.，II. 399—400

SCHNEIDER，G. H. 施耐德，G. H.，论习惯，I. 112，118—120；论运动知觉，II. 173；论动作的进化，380；论本能，387—388，411，418，439

SCHOPENHAUER 叔本华，II. 33，273

SCHRADER 施拉德，I. 72 及以下诸页

Science, the genesis of 科学的发生，II. 665—669

Sea-sickness, susceptibility to, an accident 对晕船的易感性是一个偶然事件，II. 627

Seat of consciousness 意识的处所，I. 65；灵魂的处所，214；没有原初的感觉处所，II. 34

Sciences, the natural 自然科学，自然科学产生的因素，II. 633 及以下诸页；一位土耳其下级法官的观点，640；假定带有不变性质的事物，656

Sciences, the pure 纯科学，它们只表达比较的结果，II. 641；分类，646；逻辑学，647；数学，653

Secretiveness 隐匿性，II. 432

SEGUIN 塞甘，I. 48，75

Selection 选择，意识的一个基本功能，284 及以下诸页，402，594；II. 584；对视觉实在的选择，II. 177 及以下诸页，237；对一般而言的实在的选择，290，294；对本质性质的选择，333，370，634

Self 自我，自我意识，第 10 章；不是原初的，I. 273；经验自我，I. 291；它的构成，292；物质的自我，

292；社会的自我，293；精神的自我，296；可以分解为定位在头里面的感受，300 及以下诸页；人格同一性的意识，330 及以下诸页；它的变化，373 及以下诸页

Self-feeling 自我感受，I. 305 及以下诸页

Self-love 自爱，I. 317；它是对某些对象的强烈冲动和情绪的名称；我们不爱我们的单纯个体性本原，323

Self-seeking 自利，I. 307 及以下诸页

Selves, their rivalry 多个自我及其竞争，I. 309 及以下诸页

Semi-reflex acts 半反射动作，I. 13

Sensation 感觉，注意能增加其强度吗？I. 425；思想的终端，471

——第 17 章；与知觉相区别，II. 1，76；它的认知功能，3；纯感觉是一种抽象，3；思想的终端，7

Sensations 感觉（复数），不是复合物，I. 158 及以下诸页；II. 2；人们假定它们由一个更高原理而进行的结合，I. 687；II. 27—30；它们相互间的影响，II. 28—30；它们的偏心投射，31 及以下诸页，195 及以下诸页；它们在相互内部的定位，183 及以下诸页；它们与实在的关系，299 及以下诸页；它们与情绪的关系，453；它们的融合，见 *Mind-stuff theory*

Sensationalism 感觉主义，I. 243；受到唯灵论的批评，687

——同上，II. 5；空间知觉领域的感觉主义，受到的批评，216 及以下诸页；它的困难，231—237；辩护，237 及以下诸页，517

SERGI 瑟吉，II. 34

Serial increase 连续增加，I. 490；II. 644

Series 序列，II. 644—651，659 及以下诸页

SETH, A. 塞思，A.，II. 4

Sexual function 性功能，I. 22

Shadows, colored 有色阴影，II. 25

Shame 羞耻感，II. 435

SHOEMAKER, Dr. 舒梅克博士，I. 273

Shyness 羞怯，II. 430

Sight 视觉，它的皮层中枢，I. 41 及以下诸页，66

Sign-making 符号制造，人的一种差异性，II. 356

Signs, local 位置标记，II. 155 及以下诸页

SIGWART, C. 西格瓦特，C.，II. 634—636

SIKORSKY 西科尔斯基，II. 465

Similarity, association by 相似联想，I. 578；II. 345, 353

Skin, discrimination of points on 皮肤上的点的辨别，I. 512

Sleep, partial consciousness during 睡眠中的部分意识，I. 213

Sociability 善于交际，II. 430

Somnambulism 梦游，见 hypnotism, hysterics

Soul 灵魂，灵魂理论，I. 180；灵魂的不可达及，187；灵魂的本质是思想（根据笛卡尔），200；灵魂的处所，214；关于灵魂存在的论证，343 及以下诸页；对于心理学来说是一个不必要的假说，350；与先验自我相比较，365；关联性本原，499

Space, the perception of 空间知觉，第 20 章；三个维度的原始广延，II. 134—139；空间秩序，145；空间关系，148；空间知觉中的定位，153 及以下诸页；实在空间是如何在心中建构的，166 及以下诸页；运动在空间知觉中所起的作用，171—176；广度的测量，177 及以下诸页；原初混乱的广度感觉的综合，181 及以下诸页；关节表面在空间知觉中所起的作用，189 及以下诸页；肌肉在空间知觉中所起的作用，197 及以下诸页；盲人如何感知空间，203 及以下诸页；视觉空间，211—268；对应点理论，222；投射理论，228；对感觉理论困难的解释和回答，231—268；对空间知觉主张的历史性概述，270 及以下诸页

SPALDING, D. A. 斯波尔丁，D. A.，II. 396, 398, 400, 406

Span of consciousness 意识的跨度，I. 405, 640

Speech 言语，它的"中枢"，I. 55；它在心理学中的误导性影响，I. 194；没有它思想就是不可能的，269. 见 Aphasia, Phrenology

SPENCER 斯宾塞,他的"适应"的解决方案,I. 6;论神经中枢里面通路的形成,109;论心物之间的裂缝,147;论意识的起源,148;论神经震荡的"整合",151—153;论关系感受,247;论自我的统一性,354;论可想象性,464;论抽象活动,506;论联想,600;论时间知觉,622,639;论记忆,649;论辨认,673;论感受和知觉,II. 13,180;论空间知觉,272,282;论情绪的发生,478及以下诸页;论自由意志,576;论获得性特质的遗传,620及以下诸页,679;论"平衡",627;论认知的发生,643;论社会性和怜悯的发生,685

SPINOZA 斯宾诺莎,II. 288

SPIR,A. 斯皮尔,A.,II. 665,677

"Spirit-control" "精神控制",I. 228

Spiritualist theory of the self 唯灵论的自我理论,I. 342;II. 5

Spiritualists 唯灵论者,I. 161

STANLEY,HENRY M. 斯坦利,亨利 M.,II. 310

STARR,A. 斯塔尔,A.,I. 54,56

Statistical method in psychology 心理学中的统计学方法,I. 194

STEINER 斯坦纳,I. 72—73

STEINTHAL 施泰因塔尔,I. 604;II. 107—109

STEPANOFF 斯特帕诺夫,II. 170

Stereoscope 立体镜,II. 87

Stereoscopy 立体观测,II. 223,252. 见 third dimension

STERNBERG 斯腾伯格,II. 105,515

STEVENS 史蒂文斯,I. 617

STEVENS,E. W. 史蒂文斯,E. W.,I. 397

STORY,JEAN 斯托里,琼,I. 263

Stream of Thought 思想流,第 9 章:图解式的表示,I. 279—282

STRICKER,S. 斯特里克,S.,II. 62 及以下诸页

STRUMPELL,A. 施特林派尔,A.,I. 376,445,489,491

STRUMPELL,Prof. 施特林派尔教授,II. 353

STUART,D. 斯图尔特,D.,I. 406,427

STUMPF,C. 斯顿夫,C.,论注意,I. 426;论差异,493;论印象的融合,522,530—533;论强的和弱

的感觉,547;论知识的相对性,II.11;论广度感觉,219,221

Subjective sensations 主观感觉,I.516 及以下诸页

Substance,spiritual 精神实体,I.345

Substantive states of mind 心的实体状态,I.243

Substitution of parts for wholes in reasoning 在推理中部分替换整体,II.330;相同者替换相同者,650

Subsumption,the principle of mediate 间接包含原则,II.648

Succession,not known by successive feelings 相继不能为相继的感受所知,I.628;vs. duration,609

Suggestion,in hypnotism 催眠中的暗示,II.598—601;post-hypnotic,613

Suicide 自伤,I.317

SULLY,J. 萨利,J.,I.191;II.79,221,272,281,322,425

Summation of stimuli 刺激的聚合,I.82;感受要素的聚合,151;后者是不可接受的,158

Superposition,in space-measurements 空间测量中的叠加,II.177,266 及以下诸页

Symbols as substitutes for reality 作为实在替代物的符号,II.305

Sympathy 同情,II.410

Synthetic judgments a priori 前验综合判断,II.661—662

Systems, philosophic, sentimental, and mechanical 哲学的、富有感情的和机械的体系,II.665—667

Tactile centre 触觉中枢,I.58

Tactile images 触觉意象,II.65

Tactile sensibility 触觉感受性,它的皮层中枢,I.34,61,62

TAINE,H. 泰恩,H.,论自我的统一性,I.355;前者的改变,376;论回忆,658,670. 论感觉的投射,II.33;论意象,48,以及它们的"还原",125—126;论实在,291

TÀKACS 塔卡斯,II.490

TARDE. G. 塔德,G.,I.263

TAYLOR,C. F. 泰勒,C. F.,II.99

Tedium 单调,I.626

Teleology, created by consciousness 由意识创造的目的论,I.140—141;智能的本质,482

——涉及本质的事实，II.335；它在自然科学中的无用性，665

Tendency, feelings of 对趋向的感受，I.250—254

THACKERAY, W. M. 撒克瑞，W. M.，II.434

Thermometry, cerebral 大脑测温，I.99

"Thing" "事物"，II.184,259

Thinking, the consciousness of 对思想的意识，I.300及以下诸页

Thinking principle 思想本原，I.342

Third dimension of space 空间的第三个维度，II.134及以下诸页，212及以下诸页，220

THOMPSON, D. G. 汤普森，D. G.，I.354；II.662

THOMSON, ALLEN 汤姆森，艾伦，I.84

Thought 思想，一般说来是意识的同义词，I.186；思想流，第9章：它趋向于个人的形式，225；同一个思想决不会出现两次，231及以下诸页；在什么意义上它是连续的，237；可以通过任何表达项来进行，260—268；什么构成了它的理性性质，269；是认知的，271；不是由部分组成的，276及以下诸页，II.79及以下诸页；总是对它的一些对象有偏向的，I.284及以下诸页；作为一个过程的对于它的意识，300及以下诸页；当下的思想就是思想者，369,401；依赖于物质的条件，553

"Thought reading" "读心术"，II.525

Time, occupied by neural and mental processes 神经和心理过程占据的时间，见 *reaction-time*

——对它的无意识感知，201

Time, the perception of 时间知觉，第15章；开始于持续时间，I.609；与空间知觉的比较，610及以下诸页；没有感知到的空的时间，619；它的非连续涌流，621,637；象征性设想的长的间隔，622及以下诸页；我们对其长度估量的变化，623及以下诸页；作为基础的大脑过程，627及以下诸页

TISCHER 蒂舍尔，I.524,527

Touch, cortical centre for 触觉的皮层

中枢,I.58

Trance 催眠恍惚状态,见 *hypnotism*

Transcendentalist theory of the Self 先验论的自我理论,I.342,360 及以下诸页;批评,363 及以下诸页

Transitive states of mind 心的过渡状态,I.243 及以下诸页

TSCHISCH,VON 冯奇希,I.414,560

TUKE,D.H. 图克,D.H.,II.130,413

TAYLOR,E.B. 泰勒,E.B.,II.304

Tympanic membrane 鼓膜,它的触觉感受性,II.140

TYNDALL 廷德尔,I.147—148

UEBERWEG,I. 尤伯维格,I.,187

Unconscious states of Mind 心的无意识状态,它们的存在的证明,I.164 及以下诸页。反驳,164 及以下诸页

Unconscious ness,无意识,I.199 及以下诸页;在歇斯底里发作中,202 及以下诸页;对无用感觉的无意识,517 及以下诸页

Understanding of a sentence 对句子的理解,I.281

Units,psychic 心理单元,I.151

Unity of original object 原初对象的统一性,I.487—488;II.8;183 及以下诸页

Universal conceptions 普遍的概念性认识,I.473.见 *general propositions*

Unreality,the feeling of 对非实在的感受,II.298

VALENTIN 瓦伦丁,I.557

Varying concomitants,law of dissociation by 通过变化着的伴随物而离解的法则,I.506

VENNUM,LURANCY 维纳姆,鲁兰西,I.397

Ventriloquism 口技,II.184

VERDON,R. 弗登,R.,I.685

Vertigo 眩晕,II.89.心理眩晕,309;视觉的,506

Vicarious function of brain-parts 大脑部分的替代功能,I.69,142;II.592

VIERORDT 维尔罗特,I.616 及以下诸页;II.154,172

VINTSCHGAU 温特施高,I.95—96

Vision with head upside down 头部倒置的视觉,II. 213

Visual centre in brain 大脑中的视觉中枢,I. 41 及以下诸页

Visual space 视觉空间,II. 211 及以下诸页

Visualizing power 视觉想象力,II. 51—60

Vocalization 发声,II. 407

Volition 意志,见 Will

VOLKMANN, A. W. 沃尔克曼, A. W. , II. 198, 252 及以下诸页

VOLKMANN, W. , VON VOLKMAR 沃尔克曼, W. 冯沃尔克玛, I. 627, 629, 631. II. 276

Voluminousness, primitive, of sensations II. 134

Voluntary thinking 随意思想,I. 583

Vulgarity of mind 心的粗俗,II. 370

VULPIAN 武尔皮安,I. 73

WAHLE 瓦勒,I. 493

WAITZ, TH. 魏茨, TH. , I. 405, 632; II. 436

Walking, in child 儿童的行走,II. 405

WALTER, J. E. 沃尔特, J. E. , I. 214

WARD, J. 沃德, I. 162, 454, 548, 562, 629, 633; II. 282

WARREN, J. W. 沃伦, J. W. , I. 97

WAYLAND 韦兰,I. 347

WEBER, E. H. 韦伯, E. H. ,他的"法则",I. 537 及以下诸页. 论皮肤上的空间知觉,II. 141—142；论肌肉感受,198

WEED, T. 威德, T. , I. 665

WEISMANN, A. 魏斯曼, A. , II. 684 及以下诸页

Wernicke's convolution 韦尔尼克回, I. 39, 54—55

"WHEATSTONE'S experiment" 惠特斯通的实验,II. 226—227

WIGAN, Dr. 威根博士, I. 390, 675; II. 566—567

WILBRAND 威尔布兰德,I. 50—51

Will 意志第 26 章；涉及对过去动作的记忆,它只是同意这些动作再次发生,II. 487—518；这种记忆可能包含动作的本地或远端结果的意象,518—522；观念发动的动作,522—528；慎思之后的行动,528；决定,531；努力,535；爆发的意志,537；阻塞的意志,546；

意志与快乐和痛苦的关系,549 及以下诸页;意志与注意的关系,561;终止于"观念",567;意志非决定论的问题,569;心理学必须假设决定论,576;意志的培养所涉及的神经过程,579及以下诸页

Will, relations of, to Belief 意志与信念的关系,II. 320

WILLS, JAS. 威尔斯,詹姆斯,I. 241

Witchcraft 巫术,II. 309

WOLFE, H. K. 沃尔夫,H. K.,I. 674,679

WOLFF, CHR. 沃尔夫,CHR.,I. 409,651

World, the peculiar constitution of the 世界的特殊构成,II. 337, 647,651—652

Writing, automatic 自动书写,I. 393

及以下诸页

WUNDT 冯特,论额叶,I. 64;论反应时间,89—94,96,427及以下诸页,525;论内省的方法,189;论自我意识,303;论对声音鸣响的知觉,407;论对同时发生的事件的知觉,411及以下诸页;论韦伯的法则,534及以下诸页;联想时间,557,560;论时间知觉,608,612及以下诸页,620,634. 论位置标记,II. 155—157;论眼球肌肉,200;论感觉,219;论外直肌的轻瘫,236;论对比,250;论某些错觉,264;论神经支配感受,266,493;论作为综合的空间,276;论情绪,481;论二分式思维,654

Zöllner's pattern 佐尔纳图形,II. 232

译 后 记

在 2000 年前后,我的学友霍桂桓作为《西方思想经典文库》的主编,邀请我翻译詹姆士的《心理学原理》一书。译出的第一至第九章和第一至第十三章,先后在中国城市出版社出版。后因忙于其他工作,这项庞大而耗时的翻译工作就停了下来。直到 2013 年这件事情才得以继续下去。2016 年 4 月完成了全书翻译的初稿。之后又用了一年多的时间,完成了对初稿的统校工作。全书作者注皆按原书形式译出。

在这部书的翻译完成之际,我首先感谢霍桂桓最初的邀请,以及他在整部书的翻译过程中给予的多方面的帮助。

我要感谢廖申白教授在 2013 年以后对这项翻译工作的鼓励、支持和参与。书中第二十二至第二十五章翻译的初稿,是由廖申白教授完成的。

我还要感谢在外来语的翻译方面给予了帮助的学者。第一至第十三章的外来语翻译,是霍桂桓请多位学者帮助完成的。非常遗憾的是,因原始资料丢失,也因间隔时间太长,这几章外来语译者的姓名已经无法回忆起来了。第十四至第二十八章的外来语翻译,是中国社会科学院哲学研究所的何博超研究员和中山大学哲学系的田书峰教授帮助完成的。詹姆士书中使用的外来语较多,外来语的翻译还涉及大量的资料查阅,所以这也是一件繁重的工作。在此，我对帮助完成外来语翻译的学者朋友表示感谢。没有他们的帮助，这部书的翻译是不可能完成的。

田平
2018 年 4 月 19 日

图书在版编目(CIP)数据

心理学原理:全两卷／（美）威廉·詹姆士著；田平译.--北京：商务印书馆，2024. -- ISBN 978-7-100-24715-3

Ⅰ.B84

中国国家版本馆CIP数据核字第2024ZB0038号

权利保留，侵权必究。

心理学原理
（全两卷）

〔美〕威廉·詹姆士 著
田平 译

商 务 印 书 馆 出 版
（北京王府井大街36号 邮政编码100710）
商 务 印 书 馆 发 行
北京市十月印刷有限公司印刷
ISBN 978-7-100-24715-3

2024年12月第1版	开本 850×1168 1/32
2024年12月北京第1次印刷	印张 52

定价：258.00元